# 현대통계학

유지성 · 오창수 공저

傳 英 社

# 서 문

오늘날 우리는 가히 정보의 홍수라고 할 만큼 엄청난 양의 정보 속에 살아가고 있다. 이렇게 많은 양의 정보 속에서 살아가면서도 우리는 더욱더 많은 정보를 요구하고 있다. 이렇게 많은 정보를 생활화하기까지에는 많은 정보들을 효율적으로 그리고 신속히 처리할 수 있는 정보처리능력의 발달이 전제되고 있음을 지적하지 않을 수 없다.

통계학의 위치와 책무는 신속하고 원활한 정보처리능력의 제고에 있다고 할 수 있다. 아울러 통계학은 통계학 그 자체가 독자적인 연구대상 분야일 뿐만 아니라 여타 학문 분야에서 연구방법론의 일환으로 중요한 역할을 하고 있다. 따라서 본 현대통계학은 넓게는 사회과학 연구방법론의 발전이라는 차원에서, 그리고 좁게는 상경계열 연구방법론의 발전이라는 차원에서 내용이 구성되었고, 또 편제가 이루어졌다.

이 책을 집필함에 있어서 가장 역점을 둔 부분은 난해한 것으로만 알려져 있는 통계학을 어떻게 하면 누구나가 쉽게 접근할 수 있는 것으로 만들 수 있을까 하는 것이었다. 이러한 맥락에서 내용을 전개함에 있어서 독자들이 보다 쉽게 이해할 수 있도록 적절한 예제를 많이 이용하였으며 파란색 박스를 이용하여 중요내용들을 정리하였다. 또 추상적인 통계이론들이 실제의 경제·경영문제에 어떻게 적용될 수 있는지를 보여주기 위하여 '응용사례'를 많이 제시하였다.

본서는 두 학기 강의를 전제로 하여 내용을 구성하였다. 각 장에서 내용의 흐름상 생략할 수 있는 부분이나 상대적으로 어려운 부분은 *로 표시하였다. *표시는 내용이 중요하지 않다는 의미는 아니며, 강의의 양이 부담이 가는 경우 생략할 수 있다는 의미로 표시하였다. 따라서 *표시가 된 부분이나 연습문제는 강의의 상황에 따라서 선별적으로 가르치면 될 것으로 생각한다. 한 학기 강의용으로 본서가 이용될 경우에는 제 1 장~제15장과 제17장의 *표시가 없는 부분 중에서 선별적으로 강의하면 가능할 것으로 생각된다.

본서가 출판되기까지에는 많은 분들의 도움을 받았다. 원고를 작성할 때 PC작업을 묵묵히 도와준 지석만 군을 비롯한 한양대의 여러 학생들, 여러 가지 조언을 해 주신 한양대 상대의 교수님들과 서울시립대의 김경희 교수에게 감사드린다. 특히 PC작업·SAS작업·교정 등 힘든 일을 헌신적으로 도와준 대학원 경영학과의 오승철 군에게 감사드린다. 오 군의 도움이 없었다면 이 책의 출간이 훨씬 늦어졌을 것이다.

끝으로 본서의 출판을 기꺼이 추진해 주신 박영사의 안종만 사장과 황인욱 영업부장, 그리고 촉박한 기일임에도 불구하고 온갖 어려움을 무릅쓰고 치밀하면서도 신속한 편집솜씨를 발휘해 주신 편집국장을 비롯한 여러분들 특히 노현철 과장과 이만수, 표지 제작의 장 진, 그림과 마지막 필름수정의 박미나 선생에게 각별한 사의를 표하는 바이다.

1995년 2월

저　자

# 차 례

## 제 1 장 서 론



## 제 2 장 자료의 처리

## 제 3 장 자료의 측정



## 제 4 장 확률이론의 기초

## 제 5 장 확률변수와 확률분포

## 제 6 장 이산확률분포

## 제 7 장　연속확률분포

## 제 8 장 표본추출과 표본통계량

## 제 9 장 표본분포



## 제 10 장 통계적 추정이론

## 제 11 장 평균의 구간추정



## 제 12 장 비율과 분산의 구간추정

## 제 13 장 통계적 가설검정이론



## 제 14 장 평균에 대한 가설검정

## 제 15 장 비율과 분산에 대한 가설검정



## 제 16 장 분산분석

## 제 17 장 단순회귀분석

## 제 18 장 회귀분석의 통계적 추론



## 제 19 장 다중회귀분석

## 제 20 장 카이제곱($\chi^2$)검정



## 제 21 장 비모수통계학

## 제 22 장 시계열분석과 지수

## 제 23 장 통계적 의사결정

# 1. 서　론

## 제 1 절 통계학의 본질

統計(statistics)라는 말은 두 가지 의미를 내포하고 있는데, 그 하나는 수치로 표시된 정보이며, 다른 하나는 그러한 정보를 다루는 방법을 지칭한다. 일반적으로 통계학자들은 전자를 統計資料(statistical data), 후자를 統計方法(statistical methods)이라고 구분하여 사용하고 있다.

오늘날 우리는 일상생활에서 많은 수치들을 대하고 있다. 인구·실업률·증권시세·수출입액·경제성장률 등의 기록들이 여러 가지 방법으로 계수화되고 있는데, 이렇게 수치로 표시된 정보를 통계 또는 통계자료라 한다.

이러한 통계자료를 통하여 우리는 불확실성하에서 예측도 할 수 있고 여러 가지 대안들을 검토하여 합리적인 의사결정을 위한 방법도 강구하게 된다. 즉 불확실한 상황 속에서 타당성 있는 결론이나 합리적인 의사결정을 하기 위하여 수치로 표시된 자료를 수집·분석 및 해석하는 것을 통계방법이라 한다.

**통계학의 정의**

統計學(statistics)이란 통계자료를 수집·조직·제시·분석 및 해석하는 과학적인 방법이며, 또 표본자료를 이용하여 모집단의 모수에 대한 추론을 행하여 이를 근거로 불확실한 상황하에서 타당성 있는 결정을 내릴 수 있는 제반 원칙과 방법을 연구하는 독립된 학문이다.

통계학은 의사결정을 도와주는 수단으로서 거의 모든 학문적 연구에 사용되고 있다. 광고비와 상품판매량은 일차함수의 관계로 나타낼 수 있는가? 수백 명 정도의 유권자를 대상으로 현직 국회의원의 재선을 예측할 수 있는가? 새로 개발된 약품의 효과를 어떻게 검정(test)할 수 있는가? 장기와 단기의 한계소비성향이 케인즈(John M. Keynes)의 말처럼 차이가 있다고 할 수 있는가? 수치로 표시될 수 있는 자료를 이용하여 이와 같은 문제들에 대한 결론을 도출하려고 하는 사람들에게 통계학은 필수적인 도구이다. 그러므로 그들에게는 통계자료를 수집 분석하고 해석하는 올바른 통계방법에 관한 지식이 필수불가결한 것이다.

## 제 2 절 기본용어

다른 학문에서와 마찬가지로 통계학에도 고유의 의미를 갖고 있는 용어들이 있으며 통계학을 공부함에 있어 우선 이들과 친숙해져야 한다. 여기에서는 가장 일반적으로 많이 사용되는 용어들 만을 정의하고, 그 이외의 용어들에 대하여는 관련된 내용을 설명하면서 정의하기로 한다.

### 모집단과 표본

대부분의 경우 통계조사는 조사대상 전체를 대상으로 하기 보다는 조사대상으로부터 추출한 표본을 대상으로 행하는 것이 일반적이다. 즉 조사대상이 되는 집단이 너무 대규모이거나 또는 집단전체를 대상으로 하는 경우에는 막대한 비용이 소요된다는 등의 이유로 집단의 일부를 선정하여 조사하게 된다. 만일 어느 한 조사자가 울산공업단지 내 근로자의 소득에 대한 연구를 하는 경우 모집단은 울산공업단지 내 전체근로자 개개인의 소득이 된다.

**모집단과 표본**

母集團(population)이란 어떤 특정 연구에서 연구대상이 되는 個體 또는 要素(element)들의 전체를 말한다. 또 모집단에서 추출한 모집단의 일부를 標本(sample)이라 부른다.

### 관 측 치

모집단을 구성하는 요소들은 각각의 특성을 가지고 있으며, 이들 특성에 대한 관찰 결과를 觀測値(observation)라 한다.

### 유한모집단과 무한모집단

모집단 내에 내포되어 있는 요소의 수에 의하여 모집단의 크기가 결정되며, 모집단은 그 크기에 따라 有限母集團(finite population)과 無限母集團(infinite population)으로 구분된다. 유한모집단은 모집단의 크기가 유한한, 즉 모집단이 한정된 수의 요소들로 구성되어 있는 모집단을 지칭하는 것이다. 반면에 무한모집단은 모집단의 크기가 무한한, 즉 무한히 많은 요소들로 이루어진 모집단을 말한다.

**통계량과 모수**

모집단에서 표본을 추출하는 경우 통계조사의 결과가 왜곡되거나 무의미한 것이 되지 않게 하기 위하여 표본의 크기는 클수록 바람직하며 또한 표본은 모집단을 잘 대표할 수 있어야 한다.

**통계량과 모수**

모집단 전체로부터 구할 수 있는 수치로서 모집단의 특성을 나타내는 특성치를 母數(parameter)라고 하며, 표본자료로부터 구할 수 있는 수치로서 표본의 특성을 나타내는 특성치를 統計量(statistic)이라고 한다.

모집단에서 모수를 정확히 구할 수 있으면 이상적이나 대부분의 경우 모수를 알기 힘들며, 이러한 상황하에서는 표본으로부터 계산된 통계량으로 모수를 추정하게 된다. 모집단이나 표본의 특성을 표시하기 위하여 평균·분산 등을 사용하는데, 모집단의 평균·분산과 표본의 평균·분산을 나타내는 기호는 달리 표시하여 사용한다. 즉 모집단의 평균은 $\mu$로, 표본의 평균은 $\bar{X}$로 나타낸다. 여기서 $\mu$는 모수이고 $\bar{X}$는 통계량이며 $\bar{X}$로 $\mu$를 추정하게 된다.

예를 들어 모수와 통계량을 설명해 보자. 한 국가의 노동인구 전체를 대상으로 실업인구를 조사한 결과 실업률이 6%였다면, 이 6%는 母數(즉 $\mu=6$%)가 된다. 반면에 경제연구소가 500명으로 구성된 표본을 선정하여 실업률을 계산한 결과가 5.9%였다면, 이 5.9%는 統計量($\bar{X}$)의 관측치가 되는 것이다. 이때 모수 $\mu=6$%는 현실적으로 구하기 힘든 경우가 대부분이므로 $\bar{X}=5.9$%로 모수를 추정하게 된다.

## 제 3 절 기술통계학과 추측통계학

통계학은 크게 記述統計學(descriptive statistics)과 推測統計學(statistical inferences)으로 구분하는 것이 일반적이다.

만약에 통계연구가 표본을 대상으로 하는 경우, 기술통계학의 목적은 표본으로부터 모집단에 관한 것을 추론한다든지, 또는 어떤 결론을 도출하려는 것이 아니다. 기술통계학의 범위는 통계자료를 토대로 예측(prediction)하려는 어떤 시도도 없이 자료를 수집 · 조직하며, 제시 · 분석하고 또 해석하는 것이다. 즉 기술통계학이란 모집단에 대한 추론이나 어떤 결론을 도출함이 없이 다만 표본을 기술하고 분석하는 통계학의 한 국면이라고 정의할 수 있다.

統計的 推論은 推測統計學이라고도 부른다. 추측통계학이란 표본을 기초로 하여 모집단의 특성을 추정(estimating)하고, 일반화(generalizing)하며, 또한 예측(predicting)하는 방법을 말한다. 즉 표본이 모집단을 대표하는 경우에 표본의 분석을 통하여 모집단에 대한 중요한 결론을 도출할 수 있다는 전제하에 이루어지는 통계학의 한 국면이 추측통계학인 것이다.

오늘날에는 추측통계학이 통계학의 주류를 이루고 있는데 그 이유는 모집단 전체를 분석하려면 많은 시간과 비용이 필요하며, 또 경우에 따라서는 모집단 전체를 분석하는 것이 불가능하므로 표본을 이용하여 모집단의 특성을 추론하는 것이 바람직하기 때문이다.

## 제 4 절 통계분석의 여러 단계

경제학이나 경영학에 적용되는 통계분석방법은 다른 분야와 마찬가지로 다음과 같은 5단계로 구분된다.

1) 문제의 정확한 파악
2) 표본설계
3) 자료의 수집
4) 자료의 분석(모수의 추정과 가설검정)
5) 의사결정

### 1. 문제의 정확한 파악

통계조사의 제 1 단계로 통계조사의 목적을 분명히 하여야 한다. 생산자가 생산을 하는 데 있어서 우선 어떤 제품을 생산할 것인지를 결정하고 또 제품의 질에 대한 지침을 세우게 된다. 그렇지 않는 한 생산자는 어떤 원료를 얼마나 이 생산공정에 투입해야 하는지를 결정할 수 없다. 마찬가지로 통계분석에 있어서 첫번째 문제는 무엇을 조사하려고 하는지를 분명히 하는 것이다. 그런 후에 조사자는 비로소 그 문제에 대한 타당성 있고 적합한 자료가 어느 것인지를 결정할 수 있는 것이다.

## 2. 표본설계

다음으로 조사자는 연구의 대상을 모집단으로 할 것인지 또는 모집단에서 추출한 표본으로 할 것인지를 결정해야 한다. 모집단을 대상으로 하는 연구를 母集團調査(census)라 부르고, 표본을 분석의 대상으로 하는 경우를 標本調査(sampling)라 한다. 대부분의 경우 모집단을 대상으로 조사하기 힘드므로 표본조사가 일반적이다.

표본조사에 있어서는 표본을 기초로 하여 모집단에 대한 추론을 하게 되므로 표본은 모집단을 적합하게 대표하는 것이어야 한다. 그러므로 모집단을 대표할 수 있는 올바른 표본을 얻는 것은 통계분석에서 중요한 것이다.

이러한 표본을 얻기 위하여 우리는 다음과 같은 질문을 할 수 있다. 즉 어떤 종류의 자료가 수집되어야만 하는가? 표본을 얻기 위하여 어떤 표본추출방법을 이용할 것인가? 표본의 크기는 어느 정도가 적합한가? 이러한 질문들이 소위 실험의 설계(experimental design) 또는 표본설계(sample design)의 분야에 속하는 것이다. 모집단의 형태나 조사의 목적에 따라 각기 그들 나름대로 장점을 가지고 있는 여러 가지 형태의 표본설계방법들이 있다.

## 3. 자료의 수집

연구의 대상이 되는 문제가 정확히 파악되고 또 실험의 설계가 이루어졌으면 다음 단계는 자료를 蒐集하는 일이다. 그리고 자료가 수집되었을 경우에는 자료들을 분석의 편의에 따라 조직하고 또한 이들을 쉽게 이해할 수 있도록 알기 쉽게 정리하여야 한다.

통계자료는 정보를 구하는 원천(source)에 따라 內部資料(internal data)와 外部資料(external data)로 구분할 수 있다. 수량화된 정보를 조직 내에서 구하였을 경우 이 자료를 내부자료라고 하며, 조직 밖에서 구하는 경우 이 자료를 외부자료라 한다. 외부자료는 구하는 방법에 따라 출판된 자료(published data)와 원자료의 조사(survey of original data)로 구분된다. 원자료의 조사는 표본을 이용하는 것이 일반적이며 직접관찰과 질문의 방법이 많이 사용된다.

### 4. 자료의 분석(모수의 추정과 가설검정)

객관적인 타당성을 갖는 자료가 수집되면 다음 단계는 수집된 자료를 이용하여 모수의 추정치인 통계량의 값을 구한 후 모집단의 모수를 추정하는 일이다. 또 모수의 추정치를 이용하여 모수의 신뢰구간을 설정하고 모수에 대한 가설검정을 행한다. 또 경우에 따라서는 여러 가지 통계적 모형들을 이용하여 자료를 분석하고 가설검정을 할 수도 있다. 이에 대한 자세한 사항은 제10장 이후부터 설명될 것이다.

### 5. 의사결정

통계자료의 분석이 끝난 다음에는 분석의 결과를 이용하여 경제나 경영문제에 관한 의사결정을 한다. 분석결과에 대한 올바른 해석은 올바른 의사결정을 하는 데 도움이 된다.

## □ 연습문제

1\. 1 통계학이란?

1\. 2 통계분석의 여러 단계를 간단히 설명하시오.

1\. 3 기술통계학과 추측통계학을 간단히 설명하시오.

1\. 4 모집단과 표본을 정의하시오.

1\. 5 모수와 통계량을 정의하시오.

# 2. 자료의 처리

## 제 1 절 통계자료

제 1 장에서 살펴본 바와 같이 우리는 일상생활에서 수치로 표시된 많은 정보를 대하고 있다. 그러나 여기서 주의해야 할 점은 어떤 정보가 數値로 표시되었다고 하여 이것이 곧 통계자료는 아니라는 것이다. 즉 통계분석을 위한 수량적 정보는 의미 있는 관계(significant relationships)를 나타내는 일련의 수치들이다. 바꾸어 말하면 통계자료란 비교·분석 그리고 해석될 수 있는 것이어야 한다.

대부분의 통계조사에서 자료를 수집하고 조직하며 기술하는 주목적은 이 자료를 근거로 모집단에 관한 특성을 일반화하려는 데 있다. 자료를 실험 또는 관찰을 통하여 얻는 일련의 특수한 값을 갖는 관측치들의 집합이라고 정의하면 자료는 표본을 형성하는 주체가 되는 것이다. 자료의 성격을 분명히하기 위하여 자료의 종류와 구분방법을 살펴보기로 한다.

#### 횡단면자료와 시계열자료

수량적 자료(numerical data)는 橫斷面資料(cross section data)와 時系列資料(time series data)로 구분할 수 있다.

횡단면자료란 예를 들면 중동전쟁이 시작되었다는 보도가 있는 날 오후에 주식시장에서 주가가 하락한 종목의 수, 또는 한 공장에서 하루에 생산한 가전제품 중 불량품의 수와 같이 어느 한 시점에서 수집한 자료를 말하며, 시계열자료는 1945년에서 1995년에 이르기까지 매년의 주가변화 또는 1970년 이후 매년 자동차 생산대수와 같이 일정한 기간을 두고 수집한 자료를 지칭한다.

#### 일변량·이변량·다변량자료

자료를 일변량(univariate)·이변량(bivariate) 그리고 다변량(multivariate)으로 구분하는 방법도 있다.

一變量資料(univariate data)란 어느 회사 주가의 변동에 관한 자료라든가 학생들의 통계학 성적 등과 같은 한 가지 속성, 즉 단일변수(single variable)에 대한 자료를 지칭한다. 그러나 때로는 사람의 키·몸무게와 같이 조사의 대상인 개체가 가지고 있는 두 가지 속성에 대하여 관찰하는 경우가 있다. 이 경우 관찰의 결과는 키와 몸무게라는 확연히 구분할 수 있는 두 가지 변수를 산출하게 되는데 이들에 대한 자료를 二變量資料라 한다. 그리고 조사대상인 개체가 가지고 있는 3가지 속성(예를 들어, 가계소득·가계소비·가계구성원 수) 또는 그 이상의 속성들을 동시에 관찰한 결과는 여러 개의 변수를 산출하게 되는데 이들에 대한 자료를 多變量資料라 한다.

**양적 자료와 질적 자료**

자료는 量的(quantitative)인 것일 수도, 또 質的(qualitative)인 것일 수도 있다.

주식의 수익률, 회사의 신제품 판매량 등과 같이 고유한 수치를 취하는 자료가 양적인 경우이고, 반면에 검사과정에서 생산품을 합격품과 불합격품으로 구분하거나 또는 대학에 재학 중인 학생들을 1, 2, 3, 4학년으로 범주화할 수 있는 자료가 질적 또는 범주적(categorical) 자료이다.

이번 장의 제 2 절과 제 3 절에서는 양적 자료의 처리방법에 대하여 설명하며, 제 4 절에서는 질적 자료의 처리방법에 대하여 설명하고자 한다.

## 제 2 절 도수분포

관찰이나 측정을 통하여 수집된 자료는 그들이 구해진 순서에 따라 기록되는 것이 통례이다. 그러므로 자료의 분석과 해석을 원활히 하기 위해서 이 자료들은 일차적으로 어떤 지침 또는 규칙에 따라 조직되어야 하고 또 표(table)나 그래프 등을 사용하여 제시되어야 한다.

한 예로 본래의 자료를 작은 값에서부터 큰 값의 순으로 또는 큰 값에서부터 작은 값의 순으로 자료를 배열(array)하는 것을 생각할 수 있다. 이러한 배열의 결과는 자료의 이해와 해석, 그리고 분석을 한층 더 용이하게 한다. 배열은 소량의 자료를 조직하는 데 있어서는 실제적이면서도 유용한 방법이긴 하나, 많은 자료를 조직하는 데 있어서는 역시 큰 부담이 되는 방법이다. 더욱이 배열로부터 얻을 수 있는 몇 가지 되지 않는 정보를 얻고 난 후에는 배열의 유용성은 사라지게 된다.

따라서 보다 많은 정보를 얻고 분석을 원활히 하기 위해서는 자료를 보다 간결한 형태로 압축시킬 필요가 있다. 세부사항을 나타내고 있는 자료를 크게 손상시키지 않으면서 자료를 요약하고 단순화시키기 위하여 度數分布表를 이용한다.

**도수분포표**

도수분포란 여러 계급들에 속하는 관측치들의 빈도수를 나타낼 수 있도록 자료를 정리한 것이며 종합된 자료를 수표로 나타낸 것이 도수분포표(frequency table)이다.

## 1. 도수분포표의 작성

도수분포표는 다음과 같은 순서로 작성된다.

1) 자료들이 집단화될 수 있도록 계급들(classes)을 설정하고

〈계급의 설정〉

(i) 자료의 범위(range : 자료들 중에서 제일 큰 값과 제일 작은 값의 차이)를 구하고,

(ii) 계급의 수를 결정한다. 대략적인 방법이긴 하나 계급의 수는 관측치 수의 제곱근과 거의 일치한다.

(iii) 계급의 크기를 동일하게 정한다.

2) 계급에 따라 자료를 정리한 다음

3) 각 계급에 속하는 빈도수(class frequency)를 계산한다.

예제 2.1

어느 증권회사의 인사부장이 직원들의 급여수준(연봉)에 대한 것을 연구하기 위해 다음의 〈표 2.1〉과 같은 100개의 관측치를 얻었다고 하자. 위에서 열거한 순서에 의하여 도수분포표를 작성해 보시오.

(풀이)

도수분포표를 작성하기 위해서는 제 1 단계로 계급을 설정하는 것이다.

(i) 주어진 자료에서 가장 작은 값은 16이며 가장 큰 값은 60이다. 〈표 2.1〉의 자료는 십만 원대에서 반올림하여 얻어진 것이며 실제의 범위는 60.5−

〈표 2.1〉 종업원 100명의 급여수준 (단위 : 백만 원)

| | | | | | | | | | |
|---|---|---|---|---|---|---|---|---|---|
| 57 | 34 | 28 | 36 | 42 | 49 | 55 | 19 | 27 | 30 |
| 21 | 24 | 45 | 49 | 54 | 31 | 37 | 36 | 41 | 46 |
| 44 | 43 | 39 | 34 | 35 | 32 | 27 | 29 | 33 | 41 |
| 51 | 46 | 41 | 37 | 33 | 52 | 35 | 28 | 37 | 38 |
| 29 | 33 | 34 | 40 | 32 | 36 | 37 | 31 | 39 | 37 |
| 31 | 43 | 29 | 45 | 34 | 33 | 47 | 28 | 40 | 41 |
| 34 | 36 | 48 | 38 | 41 | 45 | 33 | 47 | 36 | 44 |
| 16 | 60 | 35 | 39 | 29 | 32 | 39 | 41 | 42 | 35 |
| 43 | 32 | 40 | 41 | 37 | 34 | 40 | 35 | 46 | 42 |
| 33 | 35 | 42 | 45 | 38 | 39 | 47 | 34 | 37 | 46 |

15.5 = 45(왜 이렇게 되는지는 다음 절에서 명확히 밝혀질 것이다)가 된다.

(ii) 또 〈표 2.1〉의 자료는 100개의 관측치들로 구성되어 있고, 계급의 수는 관측치 수의 제곱근과 거의 일치하므로 $\sqrt{100} = 10$개가 된다. 그리고 계급의 크기가 일정하게 정해졌다면 계급의 크기 자체는 대략적으로 범위를 계급의 수로 나눈 것과 같게 된다.

(iii) 따라서 계급의 크기는 45/10 = 4.5가 된다. 그러나 계산의 편의상 계급의 크기를 5로 하기로 한다. 이 때 계급의 수는 10개에서 9개로 줄어든다는 점에 유의하기 바란다. 계급의 크기를 5로 하여 가장 적은 연봉인 1천 6백만 원에서부터 시작하면 제 1 계급은 16～20이 되고, 제 2 계급은 21～25가 되며, 제 3 계급 및 그 다음 계급들은 동일한 방법으로 결정된다.

〈표 2.2〉 표 2.1의 도수분포표(1)

| 계급한계<br>(단위 : 백만 원) | 빈 도 수<br>(종업원수) |
|---|---|
| 16～20 | 2 |
| 21～25 | 2 |
| 26～30 | 10 |
| 31～35 | 26 |
| 36～40 | 24 |
| 41～45 | 20 |
| 46～50 | 10 |
| 51～55 | 4 |
| 56～60 | 2 |
| 계 | 100 |

이상의 방법에 의하여 계급의 수와 크기가 결정되었으면 제 2 단계로 계급에 따라 자료를 정리하며, 제 3 단계로 각 계급 내에 속한 자료의 빈도수를 세어서 기록한다. 〈표 2.1〉의 자료에 대한 도수분포표는 〈표 2.2〉와 같다.

〈표 2.2〉와 같이 도수분포표로 조직되고 종합된 자료를 集團化資料(grouped data)라고 부른다. 비록 집단화하는 과정에서 자료의 상세성이 상당히 없어지는 단점은 있으나, 전체적인 윤곽이 분명해지기 때문에 여러 가지 중요한 관계들을 파악할 수 있는 이점이 있다. 그리고 〈표 2.1〉과 같이 조직과 종합이 이루어지지 않은 자료를 非集團化資料(ungrouped data)라고 부른다.

## 2. 계급의 기술

도수분포표에 관련된 몇 가지 용어에 대하여 알아보기로 한다. 〈표 2.2〉에서 16～20, 21～25 등과 같은 분류를 계급(class) 또는 계급간격(class interval)이라 한다. 그리고 첫번째 계급 16～20에서 16과 20을 階級의 限界(class limit)라 부르고, 이 때 특히 계급의 가장 작은 수 16을 하위계급한계(lower class limit), 계급의 가장 큰 수 20을 상위계급한계(upper class limit)라 한다.

〈표 2.1〉에서 급여에 대한 자료는 단위가 백만 원이므로 〈표 2.2〉에 기술된 계급한계와 실제의 계급한계 사이에는 차이가 있게 된다. 즉 〈표 2.3〉에서와 같이 實際階級限界(real class limit) 또는 階級領域(class boundary)은 첫번째 계급의 경우 15.5와 20.5, 두 번째 경우에는 20.5와 25.5 등과 같이 된다. 그리고, 두 번째 계급의 경우 하위계급영역(lower class boundary)은 20.5, 상위계급영역(upper class boundary)은 25.5가 된다.

어느 한 계급간격의 크기는 그 계급의 하위계급영역과 상위계급영역의 차를 말한다. 그리고 만약에 도수분포표의 모든 계급간격이 동일할 때 계급의 간격을 $c$로 표시하면 〈표 2.3〉의 경우

$$c = 20.5 - 15.5 = 5$$

가 된다.

각 계급의 하위계급한계(영역)와 상위계급한계(영역)의 중간에 위치하는 값을 階級點(class mark) 또는 中位點(midpoint)이라 하고, 이는 각 계급의 두 계급한계(영역)를 합하여 2 로 나누어 줌으로써 구할 수 있다. 위의 예에서 첫

번째 계급의 계급점은

$$\frac{(16+20)}{2}=18 \quad \text{또는} \quad \frac{(15.5+20.5)}{2}=18$$

이 된다.

이상의 설명을 기초로 하여 보다 상세하게 도수분포표를 작성하면 〈표 2.3〉과 같다.

〈표 2.3〉 표 2.1의 도수분포표(2)

| 계급한계<br>(단위: 백만 원) | 계급영역<br>(단위: 백만 원) | 중 위 점<br>$X_i$ | 빈 도 수<br>$f_i$ |
|---|---|---|---|
| 16～20 | 15.5～20.5 | 18 | 2 |
| 21～25 | 20.5～25.5 | 23 | 2 |
| 26～30 | 25.5～30.5 | 28 | 10 |
| 31～35 | 30.5～35.5 | 33 | 26 |
| 36～40 | 35.5～40.5 | 38 | 24 |
| 41～45 | 40.5～45.5 | 43 | 20 |
| 46～50 | 45.5～50.5 | 48 | 10 |
| 51～55 | 50.5～55.5 | 53 | 4 |
| 56～60 | 55.5～60.5 | 58 | 2 |
| 합 계 | | | 100 |

도수분포표의 작성에 있어서 첫번째 계급의 경우 하위계급한계가 없거나 또는 마지막 계급의 상위계급한계가 없는 경우 이를 開放階級間隔(open class interval)이라 한다. 만약에 위의 자료에서 연봉이 "6천만 원 그리고 그 이상"이라고 하였다면 이는 개방계급간격의 한 예로 상위계급한계가 없는 경우이다.

계급간격의 크기는 모든 계급에 걸쳐 반드시 같아야 되는 것은 아니다. 즉 소수의 극한값(크기가 매우 크거나 작은 값)을 포함하고 있는 경우, 자료들의 값이 상당한 차이가 있는 경우, 또는 관측치의 수가 수천, 수만에 이르는 경우에는 개방계급간격을 이용하거나 계급간격을 상이하게 설정하는 것이 도움이 된다.

## 3. 도수분포의 그림표 작성

수치로 표시된 자료의 성격을 파악하고자 하는 경우 자료를 시각적으로 제시하는 방법이 효과적일 경우가 많다. 자료를 수치로 표시할 것인지 또는 그림표로 표시할 것인지를 결정하는 일은 그다지 어려운 일이 아니다. 즉 자료가 수량적인 합계와 특성치들의 계산을 위한 기초로 사용되어질 경우에는 수표로 작성하는 것이 바람직하지만 자료에 내재하는 어떤 경향이나 관계를 보다 쉽게 이해시킬 필요가 있는 경우에는 그림표로 나타내는 것이 좋다.

도수분포를 그래프로 표시하는 데 가장 일반적이고도 편리한 방법으로 막대그림표(histogram)와 꺾은선그림표(frequency polygon)가 있다. 막대그림표

[그림 2.1] 표 2.3의 막대그림표

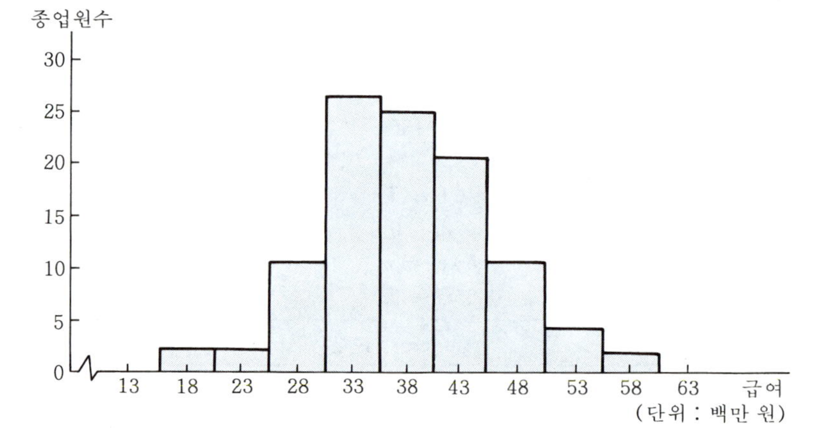


[그림 2.2] 표 2.3의 꺾은선그림표

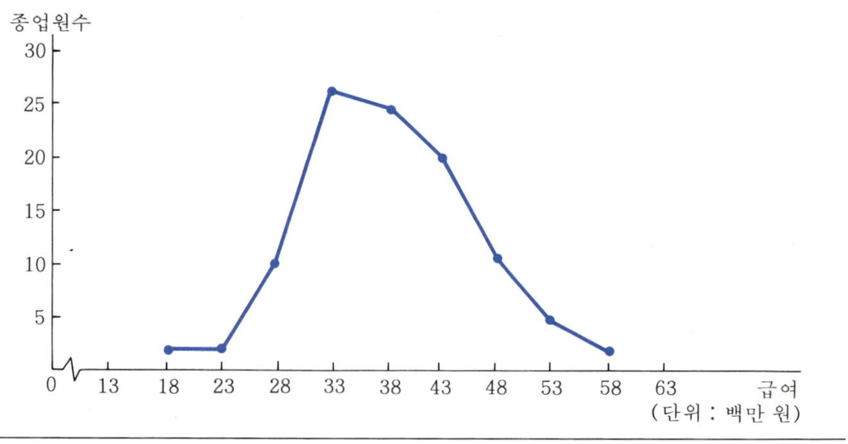

는 빈도수를 막대형태로 표시하는 방법으로, 〈표 2.3〉의 도수분포를 막대그림표로 나타내면 [그림 2.1]과 같게 된다.

꺾은선그림표는 도수분포표 내의 각 계급의 중위점을 연결한 선이므로 막대그림표가 이미 작성되었을 경우 각 막대 상단의 중간점들을 직선으로 연결하여 작성하게 된다. 〈표 2.3〉을 꺾은선그림표로 표시하면 [그림 2.2]와 같다. 꺽은선그림표의 장점은 분포의 윤곽이 훨씬 잘 나타나며 또 두 개 이상의 다른 도수분포를 같은 그림 위에 놓고 비교할 수 있다는 것이다.

## 제 3 절 상대 및 누적도수분포

지금까지의 논의는 계급빈도수들이 절대치로 주어진 소위 絶對度數分布를 위주로 하였는데 이제부터는 계급빈도수들이 각각 비율로 또는 누적적으로 표시되는 상대도수분포와 누적도수분포에 관하여 알아보기로 하자.

### 1. 상대도수분포

계급빈도수들이 비율로 표시되어 있을 때 이를 相對度數分布라 한다. 相對頻度數(relative frequency)는 각 계급에 포함된 절대계급빈도수(관측치의 수)를 전체 관측치의 수로 나누어 구한다. 상대빈도수는 대개의 경우 백분율로 표시되며, 둘 또는 그 이상의 분포를 비교하는 경우에 상당히 유용하다.

$$상대도수 = \frac{f_i}{n}$$

$$상대도수의\ 백분율 = \frac{f_i}{n} \times 100$$

여기서

$n$ : 표본의 수

$f_i$ : 각 계급에 포함된 관측치의 수

의사와 증권업자의 소득에 대한 〈표 2.4〉의 가상적 자료를 기초로 하여 두 분포를 비교하면 [그림 2.3]과 [그림 2.4]와 같다.

[그림 2.3] 절대도수분포

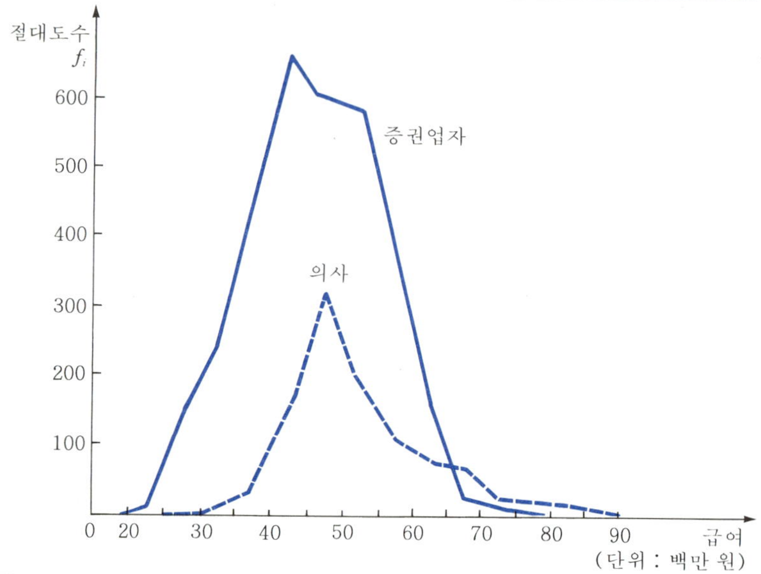


[그림 2.4] 상대도수분포

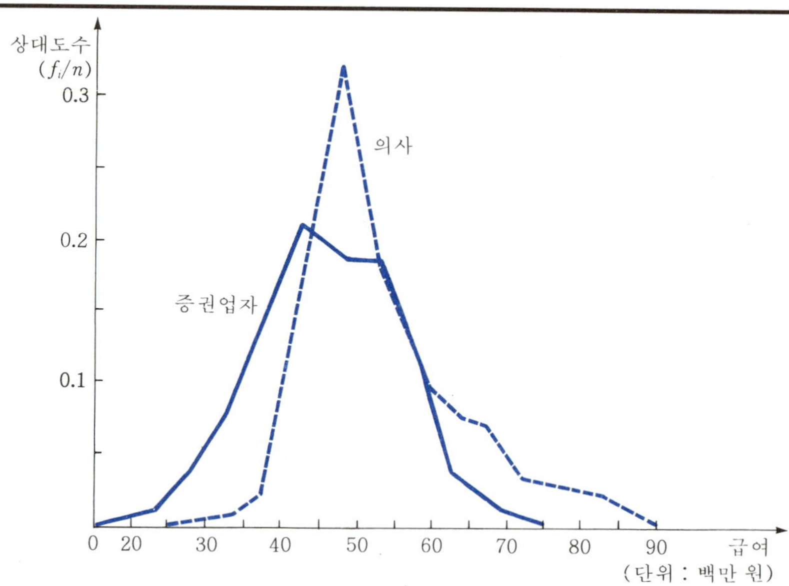

〈표 2.4〉 의사와 증권업자의 가상적 소득

| 소 득<br>(단위 : 백만 원) | 의 사 | | 증권업자 | |
|---|---|---|---|---|
| | $f_i$ | $f_i/n$ | $f_i$ | $f_i/n$ |
| 20.00∼ 24.99 | 0 | 0 | 11 | 0.003 |
| 25.00∼ 29.99 | 0 | 0 | 135 | 0.042 |
| 30.00∼ 34.99 | 1 | 0.001 | 247 | 0.077 |
| 35.00∼ 39.99 | 24 | 0.024 | 466 | 0.145 |
| 40.00∼ 44.99 | 150 | 0.150 | 658 | 0.205 |
| 45.00∼ 49.99 | 322 | 0.322 | 596 | 0.185 |
| 50.00∼ 54.99 | 185 | 0.185 | 579 | 0.180 |
| 55.00∼ 59.99 | 120 | 0.120 | 379 | 0.118 |
| 60.00∼ 64.99 | 78 | 0.078 | 115 | 0.036 |
| 65.00∼ 69.99 | 66 | 0.066 | 25 | 0.008 |
| 70.00∼ 74.99 | 22 | 0.022 | 3 | 0.001 |
| 75.00∼ 79.99 | 17 | 0.017 | 0 | 0 |
| 80.00∼ 84.99 | 15 | 0.015 | 0 | 0 |
| 합 계 | 1,000 | 1.000 | 3,214 | 1.000 |

의사의 관측치수는 1,000명이고 증권업자의 관측치수는 3,214명으로 관측치의 수(즉 각 표본의 크기)가 다르기 때문에 절대도수분포를 이용할 경우 소득분포를 비교할 수 없다. 이런 경우 비율로 표시된 상대도수분포를 이용하면 두 직업의 소득분포에 대한 비교를 할 수 있다.

## 2. 누적도수분포

**누적도수분포**

어느 한 계급간격의 상위계급영역보다 작은 모든 값에 속하는 빈도수의 총계를 그 계급간격 내의 빈도수를 포함하여 그 계급까지의 누적빈도수(cumulative frequency)라고 하며, 누적빈도수를 기록한 표를 누적도수분포표라고 한다.

조사의 목적에 따라 자료를 누적적으로 정리하는 것이 바람직한 경우가 있다. 예를 들어 서울에서 얼마나 많은 사람들이 1,000만 원 또는 그 이하의 연간소득을 갖고 있는가, 또는 어느 회사에서 제조한 자동차 타이어 중 얼마나 많은 타이어가 50,000km 또는 그 이상을 달릴 수 있는가 등은 누적도수분포가 작성되어 있는 경우 쉽게 답을 얻을 수 있다.

예를 들면, 〈표 2.3〉에서 계급간격 31∼35를 포함한 그 계급까지의 누적빈도수는

$$2+2+10+26=40$$

이 되며, 이는 40명의 연봉이 35.5백만 원 이하라는 것을 나타낸다.

### 누적도수분포와 해산도수분포

누적도수분포표는 "보다 적은"(less than) 또는 "보다 많은"(more than)의 두 형태로 작성될 수 있고 또한 이는 절대값 또는 비율로 기술될 수 있다. "보다 적은"의 형태를 취하는 누적빈도수를 기술한 누적도수분포를 以下누적도수분포("less than" cumulative frequency distribution) 또는 그대로 累積度數分布라 하고, "보다 많은"의 형태로 작성된 누적도수분포를 以上누적도수분포("more than" cumulative frequency distribution) 또는 解散度數分布(decumulative frequency distribution)라고 한다. 명시되지 않은 경우의 누적도수분포는 "보다 적은" 형태로 간주한다.

해산빈도수 또는 "보다 많은" 형태의 누적빈도수는 어느 한 계급간격의 하위계급영역보다 큰 모든 값에 속하는 빈도수의 총계를 말한다. 예로 〈표 2.

〈표 2.5〉 누적 및 해산도수분포표

| 계급한계 (단위 : 만 원) | 계급영역 (단위 : 만 원) | 중위점 $X_i$ | 빈도수 $f_i$ | 도수분포 상대 | 누적 | 해산 |
|---|---|---|---|---|---|---|
| 16∼20 | 15.5∼20.5 | 18 | 2 | 0.02 | 2 | 100 |
| 21∼25 | 20.5∼25.5 | 23 | 2 | 0.02 | 4 | 98 |
| 26∼30 | 25.5∼30.5 | 28 | 10 | 0.10 | 14 | 96 |
| 31∼35 | 30.5∼35.5 | 33 | 26 | 0.26 | 40 | 86 |
| 36∼40 | 35.5∼40.5 | 38 | 24 | 0.24 | 64 | 60 |
| 41∼45 | 40.5∼45.5 | 43 | 20 | 0.20 | 84 | 36 |
| 46∼50 | 45.5∼50.5 | 48 | 10 | 0.10 | 94 | 16 |
| 51∼55 | 50.5∼55.5 | 53 | 4 | 0.04 | 98 | 6 |
| 56∼60 | 55.5∼60.5 | 58 | 2 | 0.02 | 100 | 2 |
| 합 계 | | | 100 | 1.00 | | |

3〉에서 첫번째 간격 16~20의 해산빈도수는 100이 되며, 21~25의 경우는 98 (해당간격 이전의 빈도수들을 모두 빼고 해당간격 이후의 빈도수들을 모두 누적하여 더한 값)이 된다.

이상의 논의를 기초로 〈표 2.3〉을 재정리하여 보면 〈표 2.5〉를 얻을 수 있다.

### 누적도수분포의 표시방법

누적도수분포를 그림표로 표시하는 방법에는 階段式圖表(step diagram), 累積度數多角線(ogive), 그리고 완만한 累積曲線(smoothed cumulative curve 또는 smoothed ogive)의 3가지가 있다.

계단식도표는 계급들이 한 계급에서 다른 계급으로 연속되어질 때 각 계급 속에 포함되어 있는 빈도수들이 연속적으로 누적된 것을 그래프로 표시한 것이다. 즉 누적도수분포의 누적빈도수를 그래프로 표시한 것을 말하며 [그림 2.5]와 같이 나타낼 수 있다.

누적도수다각선은 누적분포를 선으로 표시하는 일종의 다각선 또는 꺾은선그림표이다. 누적도수다각선은 주로 補間法(interpolation)의 경우에 많이 사용된다. 즉 횡축의 어느 한 점을 선정하여 분포에서 이 점에 대응하는 관측치

[그림 2.5] 계단식 도표

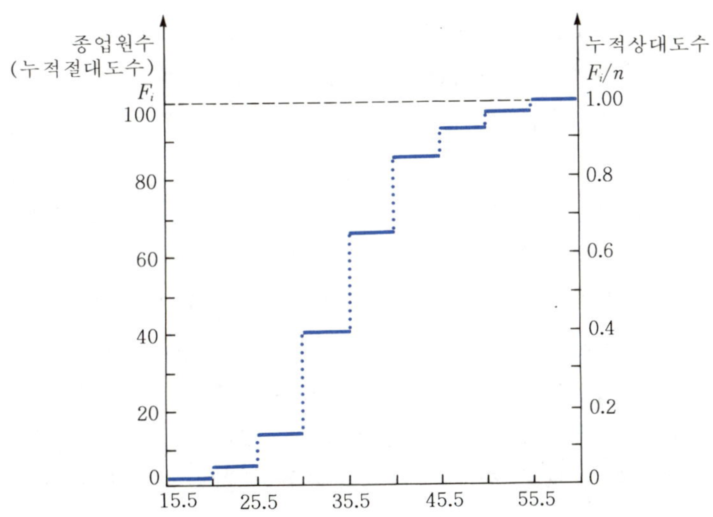

[그림 2.6] 누적도수다각선과 해산도수다각선

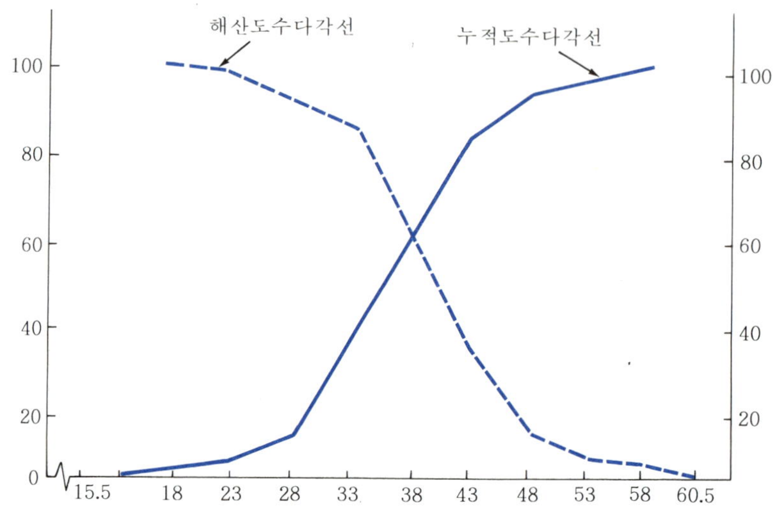


들의 수 또는 비율보다 적거나 많은 부분을 알려고 하는 경우에 많이 사용되는 유용한 방법이다.

**로렌츠곡선**(Lorenz curve)

누적빈도수가 유용하게 적용되는 경우는 소득분배연구에 사용되는 로렌츠曲線(Lorenz curve)에서 찾을 수 있다. 로렌츠곡선은 만약 소득분배가 균등하게 이루어졌다면 45° 기울기를 갖는 대각선으로 표시된다. 다음의 [그림 2.7]에서 곡선은 1963년도 미국의 소득분배자료(세금공제 이전의 소득기준)를 기초로 작성한 것이다.

45°의 기울기를 갖는 대각선과 굵은선으로 표시된 곡선간의 면적은 균등소득분배와 실제소득분배 사이의 차이를 나타내는 것이다. 이 경우 미국 국민 중 부유층에 속하는 10%가 총국민소득의 30%를, 그리고 빈곤층이라 할 수 있는 국민의 50%가 전소득의 22%를 차지하고 있음을 알 수 있다. 또한 다른 각도에서 보면 총국민소득의 거의 50%가 불과 25%의 국민에게 돌아가고, 나머지 50%가 국민의 75%에 돌아감을 알 수 있다.

로렌츠곡선은 연도별 혹은 국가간의 소득분배를 비교하는 데에도 유용하게 이용된다.

[그림 2.7] 로렌츠곡선

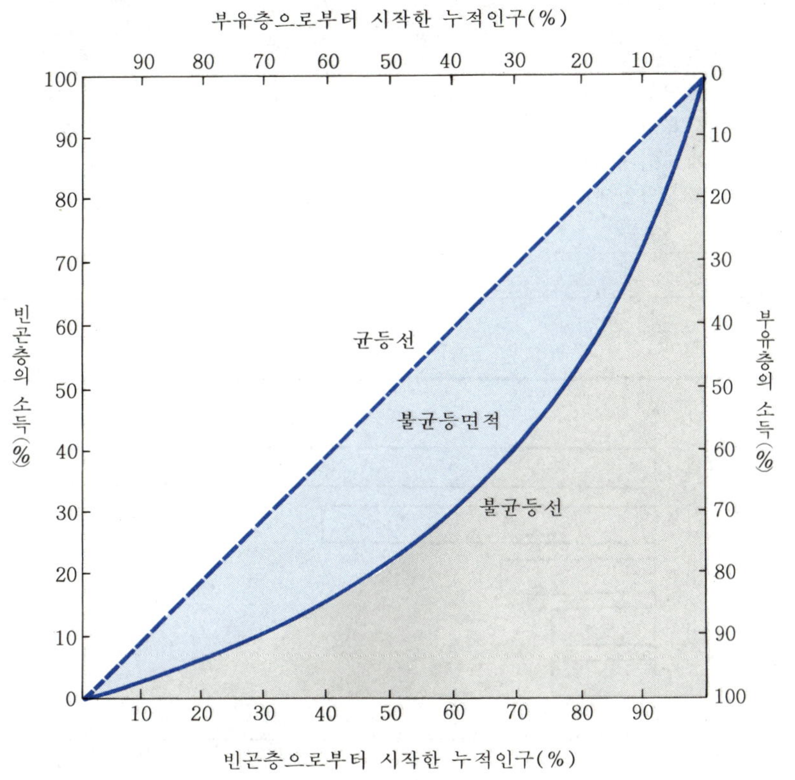


## 제 4 절 질적 자료(범주적 자료)의 처리

질적 자료란 관측치들이 비계량적인 자료를 말한다. 질적 자료는 도수분포를 이용하여 나타낼 수도 있고 막대그림표나 파이도표 등의 그래프를 이용하여 나타낼 수도 있다.

다음의 〈표 2.6〉은 어느 과 졸업생들이 취업한 기관을 분류한 범주적 도수분포의 한 예이다.

〈표 2.6〉의 범주적 도수분포를 기초로 하여 아래의 [그림 2.8]과 같은 수평막대그림표(horizontal bar chart)를 작성할 수 있다. 물론 〈표 2.6〉을 [그림 2.1]과 같은 일반적인 막대그림표로 작성할 수도 있다. 그리고 위의 수평막대

〈표 2.6〉 범주적 도수분포

| 범 주 | 도 수 | |
|---|---|---|
| | 절대치 | 상대치 |
| 무역회사 | 23 | 0.46 |
| 금융기관 | 13 | 0.26 |
| 제조업체 | 6 | 0.12 |
| 국영기업체 | 4 | 0.08 |
| 기 타 | 4 | 0.08 |
| 합 계 | 50 | 1.00 |

[그림 2.8] 취업기관의 수평막대그림표

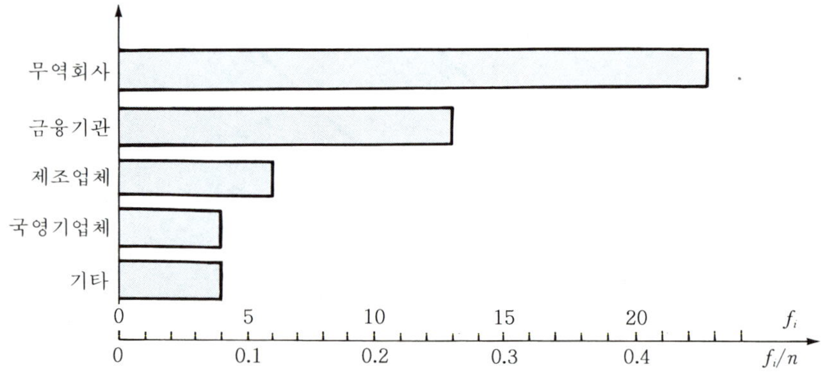


[그림 2.9] 취업기관의 파이도표

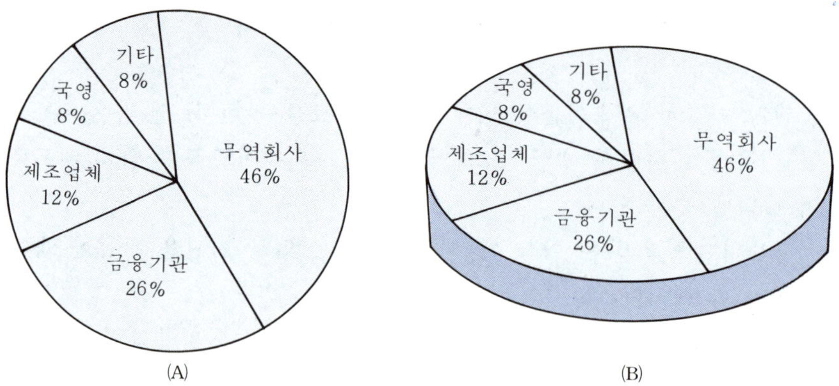

그림표에서 막대의 길이가 도수 또는 비율을 나타내며 막대의 넓이는 아무 의미가 없다.

질적 자료를 나타낼 수 있는 다른 방법은 파이圖表(pie chart)이다. 파이도표에서 전체 원은 총도수를 나타내며 이 원을 파이라고 부른다. 파이는 각 범주당 하나씩 범주(계급)의 수만큼 분할된다. 분할된 파이조각의 크기는 그 범주의 상대빈도에 비례한다.

〈표 2.6〉의 자료를 파이도표로 작성하면 [그림 2.9]와 같다.

## 연습문제

2.1 통계자료를 정의하고 종류를 설명하시오.

2.2 도수분포를 작성하는 여러 단계를 예를 들어 설명하시오.

2.3 국내 30대 제조업체의 작년 회계년도의 배당률은 다음과 같다. 배당률은 순이익의 비율로 표시되었다.

| 기 업 | 배당률(%) | 기 업 | 배당률(%) | 기 업 | 배당률(%) |
|---|---|---|---|---|---|
| 1 | 24.2 | 11 | 23.0 | 21 | 22.4 |
| 2 | 31.3 | 12 | 17.0 | 22 | 26.5 |
| 3 | 10.5 | 13 | 28.9 | 23 | 16.7 |
| 4 | 26.0 | 14 | 38.1 | 24 | 20.0 |
| 5 | 5.2 | 15 | 7.9 | 25 | 27.5 |
| 6 | 21.4 | 16 | 24.4 | 26 | 36.7 |
| 7 | 13.2 | 17 | 22.3 | 27 | 12.5 |
| 8 | 7.5 | 18 | 34.9 | 28 | 21.3 |
| 9 | 23.7 | 19 | 4.0 | 29 | 27.2 |
| 10 | 18.8 | 20 | 18.7 | 30 | 19.2 |

이 자료를 기초로 하여 :

(1) 첫번 계급의 하위계급한계를 0.0으로 하고 또 계급간격을 5.0으로

하여 도수분포표를 작성하시오.

(2) 막대그림표와 꺾은선그림표(frequency polygon)를 작성하시오.

(3) 상대도수를 구하시오.

(4) 以下누적도수분포표를 절대치와 상대치로 작성하시오.

(5) 以上누적도수분포표를 절대치와 상대치로 작성하시오.

(6) (4)에서 작성된 누적도수분포를 기초로 계단도표를 작성하시오.

(7) (4)와 (5)에서 작성된 누적도수분포를 기초로 누적도수다각선(ogive)을 작성하시오.

2. 4 다음은 어느 대학 경영학과 학생 36명의 평균학점(GPA)이다.

| | | |
|---|---|---|
| 2.0 | 3.0 | 2.8 |
| 1.5 | 3.9 | 1.9 |
| 3.3 | 4.0 | 3.0 |
| 2.0 | 3.3 | 2.3 |
| 3.6 | 2.2 | 1.5 |
| 2.8 | 2.0 | 2.5 |
| 3.3 | 2.7 | 2.8 |
| 2.9 | 2.5 | 2.7 |
| 1.9 | 3.7 | 2.4 |
| 3.2 | 2.5 | 4.0 |
| 1.4 | 2.7 | 1.9 |
| 2.6 | 2.0 | 2.4 |

(1) 평균학점이 작은 것부터 순서대로 배열하시오.

(2) 계급간격을 0.1로 하여 도수분포표를 작성하시오.

(3) 계급간격을 0.5로 하여 도수분포표를 작성하시오.

(4) 계급간격을 1.5로 하여 도수분포표를 작성하시오.

(5) (2), (3), (4)를 막대그림표(histogram)로 그려서 나타내고 이들간의 차이를 설명하시오.

(6) (3)번을 기준으로 누적도수분포표 · 계단도표 및 누적도수다각선을 작성하시오.

2. 5 다음의 자료는 가상적인 국가를 대상으로 조사한 개인의 소득을 나타낸 것이다. 이 자료를 기초로 하여 동일한 도표 위에 두 개의 로렌츠곡선을 작성하고 그 의미를 설명하시오.

| 가구당 소득<br>(단위 : 달러) | 1975년 | | 1995년 | |
|---|---|---|---|---|
| | 가구수(%) | 소득(%) | 가구수(%) | 소득(%) |
| 500 이하 | 5 | 1 | — | — |
| 500～999 | 15 | 4 | — | — |
| 1000～1499 | 14 | 5 | — | — |
| 1500～1999 | 12 | 6 | — | — |
| 2000～2499 | 10 | 7 | 5 | 3 |
| 2500～2999 | 8 | 7 | 15 | 7 |
| 3000～3499 | 7 | 6 | 21 | 8 |
| 3500～3999 | 7 | 8 | 11 | 9 |
| 4000～4499 | 6 | 9 | 10 | 9 |
| 4500～4999 | 5 | 10 | 9 | 10 |
| 5000～5499 | 2 | 11 | 9 | 10 |
| 5500～5999 | 1 | 11 | 7 | 12 |
| 6000～6499 | 3 | 6 | 4 | 14 |
| 6500 이상 | 5 | 9 | 9 | 18 |
| 계 | 100 | 100 | 100 | 100 |

# 3. 자료의 측정

제 2 장에서 우리는 표본자료가 어떻게 도수분포표에 의하여 간략하고 이해하기 쉬운 형태로 조직되고 표시되는지를 보았다. 도수분포는 자료를 조직하는 방법일 뿐만 아니라 한 변수의 분포 모양을 표시하는 기술적 측정치이기도 하다. 그러나 많은 경우에 조사대상이 되는 자료의 여러 가지 속성들을 보다 명확하게 하기 위하여 하나의 값으로 표시될 수 있는 수량적 측정치가 필요하다.

수량적 측정치는 다음과 같이 구분된다.

1) 중심경향도의 측정치(measures of central tendency) : 자료가 어디에 집중되어 있는가를 나타내 준다.
2) 산포도의 측정치(measures of dispersion) : 자료의 흩어져 있는 정도
3) 비대칭도의 측정치(measures of skewness) : 자료가 대칭에서 왼쪽이나 오른쪽으로 치우쳐 있는 정도

이제 수량적 측정치들을 차례로 살펴보기로 하자.

## 제 1 절 중심경향도의 측정

중심경향도의 측정치는 특성에 따라 여러 가지가 있다. 이들 중 가장 광범위하게 사용되는 것으로 산술평균, 중위수와 최빈치가 있으며, 이 이외에도 기하평균과 조화평균 등이 있다.

### 1. 산술평균

#### (1) **산술평균**(arithmatic mean 혹은 mean)

算術平均은 가장 많이 사용되는 평균치이며 간단히 평균이라고도 한다.

평균은 모집단의 평균과 표본평균으로 나누어 볼 수 있다. $N$개로 구성된 모집단의 각 관측치를 $X_1$, $X_2$, $\cdots$, $X_N$으로 나타낼 때 모집단의 평균 $\mu$('뮤'라고 읽음)는 $N$개의 관측치를 합한 값을 모집단 크기 $N$으로 나눈 값이다. $N$개의

구성원이 있는 모집단으로부터 표본크기 $n$인 표본을 뽑았을 때 $X_1$, $X_2$, $X_3$, …, $X_n$의 표본평균은 이 수치들의 총합을 $n$으로 나누어 구하며 $\bar{X}$('$X$ 바'로 읽음)로 표기한다.

모집단의 평균과 표본평균을 기호로 정의하면 다음과 같다.

**모집단의 평균**

$$\mu = \frac{X_1 + X_2 + X_3 + \cdots + X_N}{N} = \frac{1}{N}\sum_{i=1}^{N} X_i \tag{3.1}$$

**표본평균**

$$\bar{X} = \frac{X_1 + X_2 + X_3 + \cdots + X_n}{n} = \frac{1}{n}\sum_{i=1}^{n} X_i \tag{3.2}$$

### (2) 도수분포표에서의 산술평균

도수분포표만으로는 각 계급의 구간에 속해 있는 빈도수들이 어떤 수치를 가지고 있는지를 정확히 알 수 없다. 이 때에는 계급의 중위점(midpoint)을 그 계급의 대표값으로 생각하여 산술평균을 구한다.

도수분포표를 이용하여 산술평균을 구하는 식을 표시하면 다음과 같다.

**도수분포표에서의 산술평균**

$$\bar{X} = \frac{f_1 X_1 + f_2 X_2 + f_3 X_3 + \cdots + f_k X_k}{n} = \sum_{i=1}^{k} \frac{f_i X_i}{n} \tag{3.3}$$

여기서

$f_i$ : $i$번째 계급의 도수

$X_i$: $i$번째 계급의 중위수

$k$ : 계급의 수

다음 예제를 통하여 산술평균을 구해 보자.

예제 3. 1

세일(sale)기간 동안 H백화점의 지하슈퍼는 항상 붐빈다. 일 주일의 세일 기간 중 지하슈퍼에서 구매한 20명의 고객을 무작위로 선정하여 구매액을 조사한 결과가 다음과 같다.

〈표 3. 1〉 고객 20명의 구매액 (단위 : 만 원)

| | | | | |
|---|---|---|---|---|
| 0.8 | 1.2 | 2.6 | 2.8 | 3.3 |
| 3.4 | 3.7 | 4.0 | 4.5 | 5.3 |
| 5.8 | 6.1 | 6.2 | 6.5 | 7.1 |
| 7.3 | 7.4 | 7.6 | 7.8 | 9.2 |

이 자료를 기초로 식 (3. 2)와 (3. 3)을 이용하여 산술평균을 구하라.

(풀이)

1) 비집단화자료를 대상으로 하면,

$$\bar{X} = \frac{102.6}{20} = 5.13(\text{만 원})$$

2) 도수분포표로 자료를 집단화할 경우 $k=5$, $n=20$이다. 식 (3. 3)을 이용하여 $\bar{X}$를 구하면,

$$\bar{X} = \sum_{i=1}^{5} \frac{f_i X_i}{n} = \frac{102}{20} = 5.1(\text{만 원})$$

이상의 계산 결과 1)과 2)는 근소한 차이밖에 없음을 알 수 있다.

〈표 3. 2〉 예제 3. 1의 도수분포표 (단위 : 만 원)

| 구 매 액 (계급간격) | 중 위 점 $X_i$ | 고 객 수 $f_i$ | 총구매액 $f_i X_i$ |
|---|---|---|---|
| 0~2 이하 | 1 | 2 | 2 |
| 2~4 이하 | 3 | 5 | 15 |
| 4~6 이하 | 5 | 4 | 20 |
| 6~8 이하 | 7 | 8 | 56 |
| 8~10 이하 | 9 | 1 | 9 |
| 합 계 | | $\sum_{i=1}^{5} f_i = n = 20$ | $\sum_{i=1}^{5} f_i X_i = 102$ |

### (3) 가중평균(가중산술평균)

만일 $X$의 개별값에 가중치 $w_i$가 주어진 경우 가중평균은 다음과 같이 표시할 수 있다.

**가중평균(가중산술평균)**

$$\bar{X}_w = \frac{w_1 X_1 + w_2 X_2 + w_3 X_3 + \cdots + w_n X_n}{w_1 + w_2 + w_3 + \cdots + w_n} = \frac{\sum_{i=1}^{n} w_i X_i}{\sum_{i=1}^{n} w_i} \tag{3.4}$$

예제 3.2

어떤 학생의 한 학기 성적이 회계학(6학점)에서 B, 경영학(4학점)에서 A, 경제학(3학점)에서 A, 통계학(4학점)에서 B, 그리고 보험학(3학점)에서 C를 받았다. 이 대학의 평점제도는 A가 4점, B가 3점, C가 2점, 그리고 D가 1점으로 되어 있다. 이 경우 평점을 구하라.

(풀이)

$w_1 = 6,\ w_2 = 4,\ w_3 = 3,\ w_4 = 4,\ w_5 = 3$ 이고,

$X_1 = 3,\ X_2 = 4,\ X_3 = 4,\ X_4 = 3,\ X_5 = 2$ 이므로,

$$\bar{X}_w = \frac{(6\times3)+(4\times4)+(3\times4)+(4\times3)+(3\times2)}{6+4+3+4+3} = \frac{64}{20} = 3.2(\text{점})$$

### (4) 산술평균의 속성

평균은 몇 가지 흥미로운 수학적 속성을 가지고 있다.

**산술평균의 속성**

1) $n\bar{X} = \sum_{i=1}^{n} X_i$ (3.5)

2) $\sum_{i=1}^{n} (X_i - \bar{X}) = 0$ (3.6)

3) $\sum_{i=1}^{k} (X_i - \bar{X}) f_i = 0$ (3.7)

(여기에서 $X_i$는 도수분포에서 중위점, $k$는 계급의 수이다)

위 식들은 다음을 의미한다. 첫번째는 식 (3.2)의 양변에 $n$을 곱해 주면 $n\bar{X} = \sum X_i$가 되는데, 이는 산술평균에 관측치 $X_i$의 개수를 곱한 값은 관측치 각각의 합과 같다는 것을 의미한다. 두 번째[1]와 세 번째[2]는 각각의 관측치에서 평균을 뺀 편차(deviation)의 대수적 합은 0(zero)이 되는 것을 의미한다.

## 2. 중위수(median)

중위수는 보통 $M_d$로 표시되며 분포에서 특정한 위치를 차지하는 것에 관점을 둔 위치적 측정치이다.

### (1) 비집단화된 자료의 중위수

**중위수(median)**
중위수는 관측치들을 크기의 순으로 배열하였을 때 중간에 위치하는 관측치의 값을 말한다. $n$개의 개별관측치들을 크기에 따라 배열하였을 때 $\frac{(n+1)}{2}$번째 배열된 값이 중위수가 된다.

그러나 관측치의 수가 짝수인 경우에는 진정한 의미에서 중위수는 존재하지 않을 것이다. 그러므로 이러한 경우에는 배열의 중앙에 위치하는 두 관측치의 산술평균을 중위수로 간주한다. 예를 들어 60, 64, 65, 69, 70, 74와 같이 짝수로 된 관측치의 중위수는 $(65+69)/2 = 67$이 된다.

### (2) 도수분포표에서의 중위수 계산

집단화된 자료의 경우도 위와 유사하나 관측치의 수치들이 계급의 간격으로 분류되어 있기 때문에 개별관측치들은 본래의 값을 상실하고 계급간격으로 표시되므로, 배열을 통하여 얻은 중위수와 도수분포표를 통하여 얻은 중위수는 다를 수 있다.

---

1) $\sum_{i=1}^{n}(X_i - \bar{X}) = \sum_{i=1}^{n} X_i - n\bar{X} = n\bar{X} - n\bar{X} = 0$

2) $\sum_{i=1}^{k}(X_i - \bar{X})f_i = \sum_{i=1}^{k} X_i f_i - \bar{X}\sum_{i=1}^{k} f_i = n\bar{X} - n\bar{X} = 0$ (식 (3.3)과 $\sum_{i=1}^{k} f_i = n$을 이용함)

집단화된 자료에 대한 중위수는 실제 중위수의 근사치이며, 그러한 근사치는 補間法(interpolation method)을 이용하여 구할 수 있다. 보간법이 적용될 때 모든 자료는 연속적인 것으로 간주된다. 즉, 이산적 자료도 연속적인 자료로 취급하여 보간법을 적용하는 것이다. 또 한 계급 속에 포함된 관측치들의 값은 균등하게 분포된 것으로 가정한다.

도수분포표에서 중위수를 구하는 일반식은 다음과 같다.

**도수분포표에서 중위수의 계산공식**

$$M_d = L_M + \frac{\frac{N+1}{2} - F}{f_M} \cdot c \qquad (3.8)$$

여기서

$M_d$ = 중위수

$L_M$ = 중위계급의 하한치

$N$ = 자료에 포함된 전체 관측치의 수, 즉 총도수

$F$ = 중위계급 바로 전계급의 누적도수

$f_M$ = 중위계급에 속하는 관측치의 수(중위계급의 도수)

$c$ = 중위계급의 계급간격의 크기

식 (3.8)을 사용하여 예제 3.1의 중위수를 구하면,

$$M_d = 4 + \frac{\frac{(20+1)}{2} - 7}{4} \cdot 2 = 5.75(\text{만 원})$$

## 3. 최빈치(mode : $M_o$)

**최빈치**(mode)

일련의 수치로 이루어진 자료에서 가장 많이 일어나는 수치를 最頻値라고 하며, 도수분포표에서 도수가 제일 큰 계급을 최빈계급(modal class)이라고 한다.

비집단화된 자료에 대한 최빈치는 자료를 배열하여 값이 같은 관측치의

수를 조사하여 구한다. 집단화된 자료에 대한 최빈치를 구하는 데는 여러 가지 방법이 있는데 그 중 가장 간단한 방법은 최빈계급의 중위점을 최빈치로 하는 것이다.

**예제 3.3**

예제 3.1의 〈표 3.2〉를 이용하여 최빈치를 구하라.

(풀이)

〈표 3.2〉의 도수분포표에서 계급 "6~8 이하"가 가장 많은 도수를 내포하고 있는 최빈계급이다. 그리고 이 최빈계급의 중위점은 (6+8)/2 = 7로서 최빈치는 7(만 원)이 된다.

## 4. 기하평균과 조화평균

### (1) 기하평균

$n$개로 구성된 일련의 수치의 幾何平均(geometric mean)은 그 수치들 곱의 $n$제곱근이다. 비집단화자료에 대한 기하평균은 다음과 같이 나타낼 수 있다.

$$\text{기하평균}(G) = \sqrt[n]{X_1 \cdot X_2 \cdot X_3 \cdot \cdots \cdot X_n} \tag{3.9}$$

양변에 대수(logarithm)를 취하면 다음과 같다.

$$\log G = \frac{1}{n}\log(X_1 \cdot X_2 \cdot X_3 \cdot \cdots \cdot X_n)$$

$$\log G = \frac{\log X_1 + \log X_2 + \log X_3 + \cdots + \log X_n}{n} = \frac{\sum_{i=1}^{n} \log X_i}{n}$$

### (2) 조화평균

일련의 수치들에 대한 調和平均(harmonic mean)은 개별수치들의 역수에 대한 산술평균의 역으로 정의된다.

비집단화자료에 대한 조화평균을 구하는 식은 다음과 같다.

$$\text{조화평균}(H) = \frac{n}{\frac{1}{X_1} + \frac{1}{X_2} + \frac{1}{X_3} + \cdots + \frac{1}{X_n}} = \frac{n}{\sum_{i=1}^{n} \frac{1}{X_i}} \tag{3.10}$$

산술평균 및 기하평균과 마찬가지로 조화평균도 개개의 수치를 대상으로 구해진다. 따라서 극단값에 영향을 받게 되나 그 정도는 기하평균보다 작다. 산술평균 · 기하평균 및 조화평균의 대소관계는 다음과 같다.

$$\text{산술평균}(\bar{X}) > \text{기하평균}(G) > \text{조화평균}(H) \tag{3.11}$$

## 제 2 절 산포도의 측정

통계자료에 포함된 수치들은 그 크기가 다른 것이 일반적이다. 수치들의 크고 작음, 즉 수치들의 변동(variation)의 정도를 分散度 혹은 散布度(dispersion)라고 한다. 산포도를 측정한다는 것은 첫째, 산포도가 자료에 포함된 수치들 사이의 변동도를 표시하는 데 사용될 수 있다는 점과, 둘째 자료를 기술하거나 또는 비교하는 데 평균의 보완으로 사용될 수 있다는 점에서 중요하다.

[그림 3.1]은 평균은 같으나 자료가 퍼져 있는 정도가 다른 두 개의 분포를 나타낸다. [그림 3.1]의 A는 자료의 변동의 정도 즉 산포도가 작은 분포이며 B는 산포도가 큰 분포이다.

따라서 어떤 자료에 대한 정보나 분포에 대한 특징을 나타낼 때에는 자료의 평균과 산포도에 대한 측정치가 필요한 것을 알 수 있다. 산포도는 범위·

[그림 3.1] 평균은 같으나 산포도가 다른 두 분포

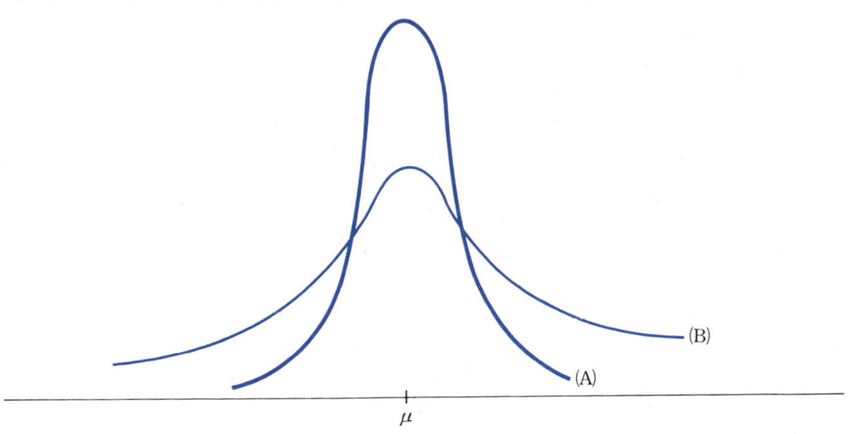

내사분위범위 · 내백분위범위 · 평균편차 · 분산 및 표준편차 등으로 측정할 수 있다.

## 1. 범　위

範圍(range)는 가장 단순한 산포도의 측정치로서 자료 속에 포함된 수치들 중 가장 작은 값과 가장 큰 값의 差이다.

예를 들어 15, 16, 26, 28, 30의 범위는 $R = 30 - 15 = 15$가 된다. 도수분포표의 경우에는 가장 큰 계급영역과 가장 작은 계급영역의 차 또는 첫번째 계급의 중위점과 마지막 계급의 중위점의 차를 말한다.

그러나 이러한 방법은 몇 가지 약점을 가지고 있다. 범위의 가장 큰 약점은 자료 속에 포함된 아주 크거나 작은 非正常值에 의해 영향을 받는다는 점이다. 또한 범위는 중간에 위치하고 있는 수치들의 분포상태에 대한 정보를 제공하지 못한다.

## 2. 내사분위범위

위에서 살펴본 범위의 결점을 극복하기 위한 산포도의 측정치로서 內四分位範圍(interquartile range)와 內百分位範圍(interpercentile range)가 있다.

내사분위범위는 분포의 중앙 50%만을 대상으로 하는 산포도의 측정치이며 $Q_1$으로 표시되는 제 1 사분위수(first quartile)와 $Q_3$로 표기되는 제 3 사분위수(third quartile)를 구한 다음 $Q_3$에서 $Q_1$을 차감하여 얻은 값이다.

$n$개의 관측치들을 크기에 따라 배열한 자료에서 사분위수의 위치는 제 1 사분위수가 $(n+1)/4$, 제 2 사분위수는 $(n+1)/2$로 이는 중위수와 동일하며 제 3 사분위수는 $3(n+1)/4$의 방법으로 결정한다.[3] 다만 내사분위범위는 범위의 경우와 마찬가지로 내사분위범위의 내부와 외부에 위치하고 있는 관측치들의 분포상태에 대해서는 어떠한 정보도 제공해 주지 못하는 약점이 있다.

3) 만약에 이 방법에 의하여 구한 위치가 소수로 되어 있는 경우에는 補間法을 이용하여 관측치를 구한다.

## 3. 내백분위범위

개별관측치들의 변동에 대해 보다 상세한 기술을 필요로 하는 경우에 內百分位範圍(interpercentile range)를 구한다.

일반적으로 $X._p$ 로 표기되는 $p$번째 百分位數(pth percentile)는 적어도 관측치의 $p$%가 $X$의 값보다 작거나 같은, 그리고 적어도 관측치의 $(100-p)$%가 $X$의 값보다 크거나 같은 $X$의 값이라 정의할 수 있다.

예제 3.4

경영학을 전공하기 위하여 해외 유학을 가고자 하는 학생이 TOEFL과 GMAT를 응시하여 다음과 같은 결과가 나왔다. 결과의 의미를 해석해 보자.

〈표 3.3〉 TOEFL과 GMAT 성적의 백분위수

| | 점 수 | 백분위수(percentile) |
|---|---|---|
| TOEFL | 580 | 89 |
| GMAT | 600 | 91 |

(풀이)

TOEFL의 경우 580점이 89백분위수라는 것은 전체 시험응시자 중에서 580점보다 작거나 같은 비율이 89%(580점보다 높거나 같은 비율은 11%이다)이고 GMAT의 경우 600점이 91백분위수라는 것은 전체 시험응시자 중에서 600점보다 작거나 같은 비율이 91%(600점보다 높거나 같은 비율은 9%이다)를 의미한다.

백분위수의 위치를 결정하는 방법은 $p(n+1)/100$에 의한다. 예를 들어 크기에 따라 배열된 100개의 관측치로 구성된 자료에서 10번째의 백분위수의 위치는,

$$\frac{10(100+1)}{100} = 10.10\text{번째}$$

가 되고 90번째 백분위수의 위치는,

$$\frac{90(100+1)}{100} = 90.90\text{번째}$$

이다. 이와 같이 위치를 결정한 다음, 자료에서 이 위치에 따른 관측치의 값을 구하면 그 값이 곧 10번째의 백분위수 또는 $X_{.10}$ 그리고 90번째의 백분위수 또는 $X_{.90}$이 된다. 이 때 계산된 위치가 소수인 경우는 보간법을 사용한다. 이렇게 구한 두 백분위수를 이용하여 $X_{.90}-X_{.10}$의 방법으로 구한 범위를 내백분위범위 또는 보다 정확하게 90－10백분위범위(90－10 percentile range)라 부른다.

내사분위범위와 내백분위범위는 범위에 비하면 보다 민감한 산포도의 측정치이다. 그러나 이들 측정치의 어느 것도 자료에 포함된 모든 관측치들의 값을 반영하지 못하고 또 평균치와 관련을 갖지 못하고 있다.

## 4. 평균편차

이상에서 논의한 개념들은 산포도의 위치적 측정치들이었다. 이제부터는 관측치 전체를 대상으로 하고 또 평균을 중심으로 하는 산포도의 측정치에 대해서 알아보기로 한다.

平均偏差란 평균과 개별관측치들과의 편차의 절대치를 모두 합하여 관측치의 수로 나누어 준 것이다.

**평균편차**(AD ; average deviation)

먼저 비집단화된 자료를 대상으로 한 평균편차는 다음 식을 이용하여 구한다.

$$AD=\frac{\sum_{i=1}^{n}|X_i-\bar{X}|}{n} \tag{3.12}$$

이 때 사용하는 평균치는 중위수와 산술평균인데 일반적으로 산술평균을 많이 사용한다. 절대치를 취하는 이유는 $\Sigma(X_i-\bar{X})=0$이 되기 때문이다.

## 5. 분산과 표준편차

표준편차는 평균편차보다 발전된 산포도의 측정치로서 이의 계산은 각 관측치와 평균의 편차를 절대치 대신에 제곱치를 사용한다는 것 이외에는 평균편차의 계산방법과 동일하다. 편차의 제곱치를 사용하는 것은 편차들의 합이 0(zero)이 되는 것을 방지해 줄 뿐만 아니라 절대치를 사용하는 것보다 수학적 분석에 훨씬 적합하다.

### (1) 모집단의 분산과 표준편차

모집단을 구성하는 각 항목의 관찰치가 $X_1$, $X_2$, $\cdots$ ,$X_N$이라면 모집단의 분산 $\sigma^2$과 표준편차 $\sigma$는 다음과 같다.

**모집단의 분산과 표준편차**

$$\sigma^2 = \frac{\sum_{i=1}^{N}(X_i - \mu)^2}{N}, \qquad \sigma = \sqrt{\frac{\sum_{i=1}^{N}(X_i - \mu)^2}{N}} \tag{3.13}$$

위 식에서 알 수 있듯이, 분산이란 각각의 관측치에 대한 평균과의 편차를 제곱하여 그 평균을 구한 것이다. 식 (3.13)으로부터 분산 $\sigma^2$이 0의 값을 갖기 위해서는 모든 관측치들이 다 같은 값을 가져야 한다.

각 관측치와 평균의 편차를 제곱한 제곱치의 합을 관측치의 수로 나누어 구한 값을 分散(variance)이라 하고 모집단의 분산은 $\sigma^2$으로, 표본의 분산은 보통 $S^2$으로 표기한다. 분산의 측정단위는 예를 들면 원$^2$ · 톤$^2$ 등과 같은 제곱치로 표시되므로 다루기에 어려운 점이 있다. 이렇게 분산에 관련된 어색한 단위들을 본래의 단위로 환원시키기 위해 분산의 제곱근을 취하게 된다. 분산의 제곱근을 標準偏差(standard deviation)라 하고 모집단의 경우는 $\sigma$, 표본의 경우는 보통 $S$로 표기한다.

표준편차는 분산의 제곱근이므로 분산의 특성을 모두 가지고 있을 뿐만 아니라 분석의 대상인 관측치 및 분포의 대표값인 평균과 동일한 단위를 사용하므로 일반적으로 널리 쓰이고 있다.

### (2) 표본의 분산과 표준편차

표본을 대상으로 하여 분산이나 표준편차를 계산할 때에는 모집단의 평균 $\mu$보다 표본의 평균 $\bar{X}$로 대신하게 되는데 이는 모평균 $\mu$를 모르기 때문이다. 관측치의 수가 $n$개인 표본에서 표본의 분산과 표준편차를 구하는 식은 다음과 같다.

**표본의 분산과 표준편차( Ⅰ )**

$$V^2 = \frac{\sum_{i=1}^{n}(X_i - \bar{X})^2}{n}, \qquad V = \sqrt{\frac{\sum_{i=1}^{n}(X_i - \bar{X})^2}{n}} \tag{3.14}$$

**표본의 분산과 표준편차( Ⅱ )**

$$S^2 = \frac{\sum_{i=1}^{n}(X_i - \bar{X})^2}{n-1}, \qquad S = \sqrt{\frac{\sum_{i=1}^{n}(X_i - \bar{X})^2}{n-1}} \tag{3.15}$$

많은 통계학자들이 표본의 분산과 표준편차를 $V^2$이나 $V$ 대신에 $S^2$이나 $S$로 정의한다. $n$ 대신에 $n-1$로 나눈 것은 모집단의 분산 $\sigma^2$을 추정하는데 $n-1$로 나눈 값이 더 적절하기 때문이다(그 이유는 통계적 추정이론에서 설명될 것이며 예제 10.1을 참고하기 바람).

표준편차를 간단히 계산할 수 있는 식을 나타내면 다음과 같다.[4)]

**표준편차의 간편계산법**

$$V = \sqrt{\frac{\sum X_i^2}{n} - \left(\frac{\sum X_i}{n}\right)^2} = \sqrt{\frac{\sum X_i^2}{n} - \bar{X}^2} \tag{3.16}$$

$$S = \sqrt{\frac{\sum X_i^2 - n\bar{X}^2}{n-1}} \tag{3.17}$$

---

4) $V = \sqrt{\frac{\sum(X_i - \bar{X})^2}{n}} = \sqrt{\frac{\sum(X_i^2 - 2\sum X_i \bar{X} + \sum \bar{X}^2}{n}}$

$= \sqrt{\frac{\sum X_i^2}{n} - 2\bar{X}^2 + \bar{X}^2} = \sqrt{\frac{\sum X_i^2}{n} - \bar{X}^2}$

(여기서 $\bar{X}^2$은 $(\bar{X})^2$을 의미한다)

**예제 3.5**

관측치 2, 3, 5, 7, 10(단위 : 톤)의 표준편차를 구하라.

〈표 3.4〉 표준편차 계산을 위한 자료

| | 관 측 치 $X_i$ | 편 차 $(X_i-\bar{X})$ | 편차의 제곱 $(X_i-\bar{X})^2$ | $X_i^2$ |
|---|---|---|---|---|
| | 2 | −3.4 | 11.56 | 4 |
| | 3 | −2.4 | 5.76 | 9 |
| | 5 | −0.4 | 0.16 | 25 |
| | 7 | 1.6 | 2.56 | 49 |
| | 10 | 4.6 | 21.16 | 100 |
| 합 계 | 27 | | 41.20 | 187 |

$$\bar{X}=27/5=5.4$$

$$V^2=\frac{\Sigma(X_i-\bar{X})^2}{n}=\frac{41.20}{5}=8.24, \qquad V=\sqrt{8.24}=2.87$$

$$S^2=\frac{41.20}{(5-1)}=10.3, \qquad S=\sqrt{10.3}=3.21$$

표준편차의 간편계산법을 사용하면

$$V^2=\frac{187}{5}-\left(\frac{27}{5}\right)^2=37.4-(5.4)^2=8.24, \qquad V=\sqrt{8.24}=2.87$$

$$S^2=\frac{187-5(5.4)^2}{5-1}=10.3, \qquad S=\sqrt{10.3}=3.21$$

### (3) 도수분포표에서의 분산과 표준편차

도수분포표에서의 분산과 표준편차는 다음 식을 이용하여 구할 수 있다. 자세한 것은 다음의 예제를 참고하기 바란다.

**도수분포표에서의 표준편차**

$$V=\sqrt{\frac{\Sigma f_i(X_i-\bar{X})^2}{n}}=\sqrt{\frac{\Sigma f_i X_i^2}{n}-\left(\frac{\Sigma f_i X_i}{n}\right)^2} \tag{3.18}$$

$$S=\sqrt{\frac{\Sigma f_i(X_i-\bar{X})^2}{n-1}}=\sqrt{\frac{\Sigma f_i X_i^2-n\bar{X}^2}{n-1}} \tag{3.19}$$

**예제 3. 6**

〈표 3. 1〉의 자료를 기초로 하여 분산과 표준편차를 구하라.

〈표 3. 5〉 도수분포표에서의 표준편차 계산 (단위 : 만 원)

| 구 매 액 (계급간격) | 중 위 점 $X_i$ | 고 객 수 $f_i$ | $x_i = X_i - \bar{X}$ | $f_i x_i$ | $f_i x_i^2$ |
|---|---|---|---|---|---|
| 0~ 2 이하 | 1 | 2 | −4.1 | −8.2 | 33.62 |
| 2~ 4 이하 | 3 | 5 | −2.1 | −10.5 | 22.05 |
| 4~ 6 이하 | 5 | 4 | −0.1 | −0.4 | 0.04 |
| 6~ 8 이하 | 7 | 8 | 1.9 | 15.2 | 28.88 |
| 8~10 이하 | 9 | 1 | 3.9 | 3.9 | 15.21 |
| 합 계 | | 20 | | 0 | 99.80 |

$\bar{X} = 5.1$ (예제 3. 1에서)

$$V^2 = \frac{\sum f_i x_i^2}{n} = \frac{99.80}{20} = 4.99, \qquad V = \sqrt{4.99} = 2.23(\text{만 원})$$

$$S^2 = \frac{99.80}{20-1} = 5.25, \qquad S = \sqrt{5.25} = 2.29$$

## 6. 변동계수

간혹 우리는 둘 또는 그 이상의 자료의 변동양태를 비교해야 할 필요가 있는 경우가 있다. 이 때 만약 각 자료에 포함된 관측치들이 동일한 단위로 표시되어 있고 또 그들의 평균이 거의 같다면, 그들간의 변동양태는 그들 각각의 분산 또는 표준편차를 이용하여 쉽게 비교를 할 수 있다. 그러나 이와 같은 조건이 만족되지 않는 경우에는 분산의 상대적 측정치에 의존할 수밖에 없다.

**변동계수(CV** ; coefficient of variation)

분산의 상대적 측정치로서 가장 많이 사용되는 것은 變動係數인데 이는 평균에 대한 표준편차의 비율이다.

$$CV = \frac{S}{\bar{X}} \tag{3.20}$$

예제 3.7

한 동물학자가 동물간의 몸무게에 대한 변동양태를 조사하기 위해 코끼리와 쥐를 대상으로 이들의 몸무게에 대한 다음과 같은 자료를 얻었다(단위 : 파운드).

$$\text{코끼리}(X_1) : \bar{X}_1 = 24{,}000$$
$$S_1 = 1{,}285$$
$$\text{쥐}(X_2) : \bar{X}_2 = 1.05$$
$$S_2 = 0.16$$

위의 자료를 보면, 코끼리의 경우가 표준편차가 크기 때문에 쥐보다 훨씬 큰 변화를 하는 것 같다. 그러나 평균에 대한 표준편차의 비율로 보면 코끼리의 경우가 쥐의 경우보다 작을 수도 있다. 이러한 경우 변동계수를 사용하여 이들 간의 변동양태를 비교할 수 있는 것이다. 즉 위의 경우에,

$$CV(X_1) = \frac{S_1}{\bar{X}_1} = \frac{1{,}285}{24{,}000} = 0.054 \text{ 또는 } 5.4\%$$

$$CV(X_2) = \frac{S_2}{\bar{X}_2} = \frac{0.16}{1.05} = 0.152 \text{ 또는 } 15.2\%$$

쥐의 경우 표준편차는 그 평균의 15.2%인 반면에 코끼리의 경우는 단지 5.4%에 지나지 않으므로 상대적으로 쥐의 무게의 변동양태가 코끼리에 비하여 거의 3배가 됨을 알 수 있다.

## 제 3 절 비대칭도의 측정

평균치와 산포도의 측정치 이외에 자료의 특성을 나타내는 데 사용되는 또 다른 측정치로서 非對稱度(skewness)가 있다. 비대칭도는 도수분포의 모양이 어떤지를 나타내는 데 유용하게 사용된다.

[그림 3.2] 대칭과 비대칭분포

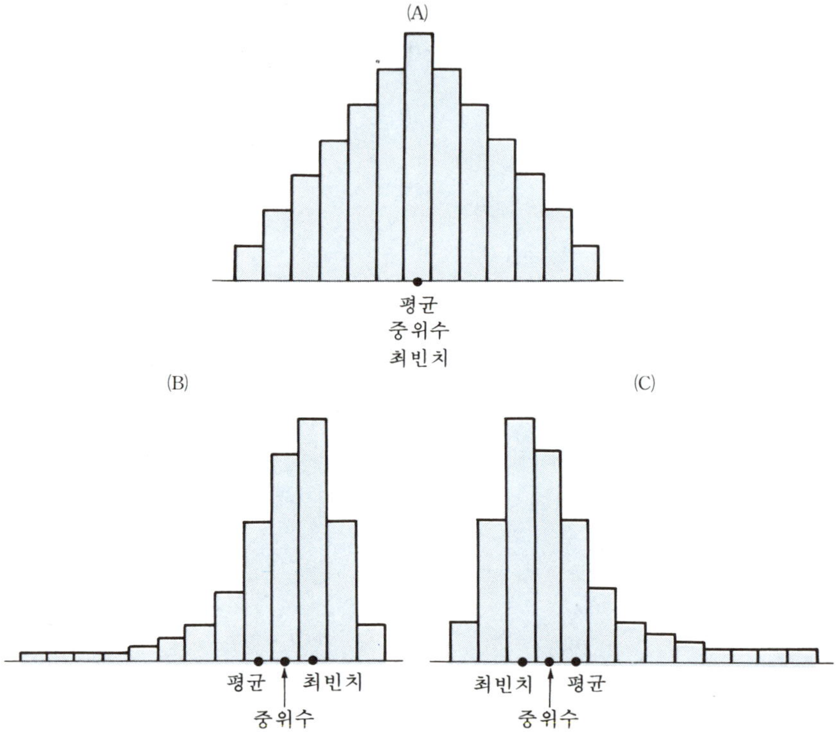


[그림 3.2] (A)에서와 같이 자료의 분포가 종의 모양 또는 대칭을 이루고 있는 경우에는 최빈치가 중앙에 위치하고 또 이 때 最頻值 = 平均 = 中位數의 관계가 성립한다. 그러나 최빈치의 위치가 분포의 왼쪽이나 오른쪽에 편재되어 있는 경우의 분포는 더 이상 최빈치 = 평균 = 중위수의 관계가 성립하지 않게 되며, 이러한 경우의 분포양태를 비대칭적이라고 한다. 특히 평균과 최빈치 간의 간격이 크면 클수록 비대칭도는 더욱 더 심화된다. 그리고 도수곡선이 正의 非對稱(positively skewed)이든 負의 非對稱(negatively skewed)이든 간에 중위수는 평균과 최빈치의 사이에 위치한다.

비대칭도를 측정하는 데는 여러 가지 방법이 있으나 피어슨(Karl Pearson)에 의해 제시된 방법에 국한하여 살펴보기로 한다.

피어슨 비대칭계수(Pearson's coefficient of skewness ; $Sk_p$)는 산술평균과 중위수의 차이와 표준편차 사이의 관계에 기초하고 있다.

피어슨의 비대칭계수

$$Sk_p = \frac{3(\bar{X} - M_d)}{S} \tag{3.21}$$

식 (3.21)에 의하면, 대칭분포의 경우에는 $Sk_p = 0$이고, 왼쪽으로 비대칭인 분포의 $Sk_p$는 음수(−)값을 갖고 ([그림 3.2]의 (B)), 그리고 오른쪽으로 비대칭인 분포의 $Sk_p$는 양수(+)값을 갖는다([그림 3.2]의 (C)).

예제 3.8

20명의 고객을 대상으로 조사한 구매액에 관한 〈표 3.2〉를 기초로 비대칭계수를 계산하라.

(풀이)

$M_d = 5.75$ 이므로,

$$Sk_p = \frac{3(5.1 - 5.75)}{2.29} = -0.85 \text{ 또는 } -85\%$$

따라서 구매액은 왼쪽 꼬리를 갖는 비대칭분포를 이루고 있다.

## 연습문제

3.1 중심경향도의 측정치로서 평균 · 중위수 및 최빈치를 설명하시오.

3.2 산포도를 설명하고 통계자료를 분석하는 데 왜 산포도의 측정치가 중요한지 이유를 설명하시오.

3.3 산포도의 측정치로서 평균편차와 표준편차를 설명하고 비교하시오.

3.4 어느 회사의 종업원의 급여수준(연봉)의 분포가 다음과 같은 표로 정리되었다.

| 계급구간 | 중위점($X_i$) | 도수($f_i$) | $X_i f_i$ | $X_i^2 f_i$ |
|---|---|---|---|---|
| 15－19 | 17 | 2 | 34 | 578 |
| 20－24 | 22 | 10 | 220 | 4,840 |
| 25－29 | 27 | 19 | 513 | 13,851 |
| 30－34 | 32 | 27 | 864 | 27,648 |
| 35－39 | 37 | 16 | 592 | 21,904 |
| 40－44 | 42 | 10 | 420 | 17,640 |
| 45－49 | 47 | 6 | 282 | 13,254 |
| 50－54 | 52 | 5 | 260 | 13,520 |
| 55－59 | 57 | 3 | 171 | 9,747 |
| 60－64 | 62 | 2 | 124 | 7,688 |
| 합　계 | | 100 | 3,480 | 130,670 |

(1) 중위수를 구하시오.

(2) 최빈치를 구하시오.

(3) 표본평균($\bar{X}$)를 구하시오.

(4) 표본분산과 표본표준편차 $V^2$, $V$, $S^2$, $S$를 구하시오.

(5) 피어슨의 비대칭계수를 구하시오.

(6) 변동계수($CV$)를 구하시오.

3. 5 300개의 사채의 수익률이 다음과 같다.

| 수익률(%) | 중위점($X_i$) | 도수($f_i$) | $f_i X_i$ | $X_i^2$ | $f_i X_i^2$ |
|---|---|---|---|---|---|
| －25－ 0 | －12.5 | 5 | －62.50 | 156.25 | 781.25 |
| 0－ 4 | 2.0 | 50 | 100.00 | 4.0 | 200.00 |
| 4－ 8 | 6.0 | 180 | 1,080.00 | 36.0 | 6,480.00 |
| 8－12 | 10.0 | 65 | 650.00 | 100.0 | 6,500,00 |
| 합　계 | | $n=300$ | 1,767.50 | | 13,961.25 |

(1) 수익률의 평균 $\bar{X}$를 구하시오.

(2) 표본분산 $S^2$과 표본표준편차 $S$를 구하시오.

3. 6 집단화된 자료에서 $p$번째 백분위수 $X_{.p}$를 구해 보자. $X_{.p}$를 구하는 공식은 식 (3.8)과 거의 동일하다. 식 (3.8)에서 중위수는 $.p$가 .50에 해당하는 것으로 생각하면 된다. 따라서

$$X_{\cdot p} = L_{\cdot p} + \frac{(.p)(N+1) - F}{f_{\cdot p}} C \qquad (3.22)$$

여기서

$L_{\cdot p}$ : $p$번째 백분위수를 포함하는 계급의 하한치

$f_{\cdot p}$ : $p$번째 백분위수가 포함된 계급의 관측치수(도수)

$.p$ : $p/100$

다음 자료는 과거 10년간 280개 기업의 연평균이윤을 나타낸다.

(단위 : 만 원)

| 연평균 이윤 | 도 수 | 누적도수 |
|---|---|---|
| − 25,000 | 14 | 14 |
| 25,000 − 50,000 | 30 | 44 |
| 50,000 − 75,000 | 50 | 94 |
| 75,000 − 100,000 | 70 | 164 |
| 100,000 − 150,000 | 57 | 221 |
| 150,000 − 200,000 | 24 | 245 |
| 200,000 − 300,000 | 12 | 257 |
| 300,000 − 400,000 | 13 | 270 |
| 400,000 − 500,000 | 3 | 273 |
| 500,000 − 1,000,000 | 3 | 276 |
| 1,000,000 − | 4 | 280 |
| 합 계 | 280 | |

(1) $L_{0.25}$, $f_{0.25}$, $C$, $F$를 구하시오.

(2) $X_{0.25}$를 구하시오.

(3) $X_{0.75}$를 구하시오.

(4) $X_{0.50}$ 즉 중위수($M_d$)를 구하시오.

3.7 어느 기업의 자산은 10억이다. 자산 내역은 주주들이 투자한 자본이 6억이며 은행의 부채가 4억이다. 주주들은 자신들이 투자한 자본으로부터 매년 6천만 원의 투자수익(즉 10%의 투자수익률)을 기대하며, 은행은 매년 2천만 원의 투자수익(즉 5%의 투자수익률)을 기대한다고 가정하자. 이 경우 기업의 경영자가 의사결정시 참고로 하여야 하는 투자된 전체 자본(자본+부채)의 가중평균비용을 구하시오.

# 4. 확률이론의 기초

통계조사의 대상인 모집단의 크기가 상당히 크거나 또는 무한대인 경우, 모집단의 평균이나 분산 등을 구하는 것은 용이한 일이 아닐 뿐만 아니라 실제로 많은 경우에 불가능하다. 그러나 우리는 모집단에서 추출한 표본을 이용하여 모집단의 특성을 조사할 수 있다. 이 경우 표본과 모집단과의 관계는 確率理論에 의하여 결정된다.

모집단에서 추출된 표본자료는 표본자료 자체를 위하여 연구되고 분석되는 것이 아니다. 즉 표본자료는 의사결정자가 어떤 상황에 대하여 이미 가지고 있는 지식(prior knowledge)을 수정하거나 또는 알려지지 않은 모집단의 모수에 대한 것을 일반화할 목적으로 연구되는 것이다. 不確實性下의 意思決定方法으로서의 통계학은 確率理論에 기초하고 있으므로 통계적 추론을 고찰하기 이전에 확률이론에 대한 이해가 선행되어야 한다.

이번 장에서는 먼저 확률이론의 기초가 되는 기본적인 집합이론을 설명한 후에 확률이론의 기본개념, 확률의 계산방법과 베이즈 정리에 대하여 고찰하려고 한다.

## 제 1 절 집합이론

### 1. 기본개념

집합은 '확연히 구분될 수 있는 동질의 사물 또는 수치들의 집단'이라고 정의할 수 있다. 집합을 이루는 구성원을 집합의 元素(elements)라 한다. 그러므로 집합을 다시 간단히 정의하면 '원소의 집단'이라고 할 수 있다. 집합의 표시법은 알파벳의 대문자를 집합을 표시하는 기호로 사용하고 이 집합에 포함되는 모든 원소들을 중괄호 속에 열거하는 것이다. 예를 들어 주사위를 던질 때 나오는 수의 집합을 표시하면 다음과 같다.

$$S = \{1, 2, 3, 4, 5, 6\}$$

$S$는 가능한 모든 원소의 집합으로 이를 全體集合(universal set)이라고 한다. 주사위를 던질 때 나오는 짝수의 집합을 $A$, 홀수의 집합을 $B$라고 하면 $A = \{2, 4, 6\}$, $B = \{1, 3, 5\}$가 된다. 집합 $A$나 $B$에 속하는 모든 원소들은

집합 $S$에 속하는 원소들이므로 집합 $A$나 $B$를 $S$의 부분집합(subset)이라고 한다.

## 2. 집합의 연산

### (1) 여 집 합

집합 $A$의 餘集合은 집합 $A$가 포함하는 원소들을 제외한 전집합의 원소들로 구성된 집합으로 보통 $\bar{A}$로 표기하고 "$A$바"라고 읽는다.

$$\bar{A}=S-A \tag{4.1}$$

예를 들어 $S=\{1, 2, 3, 4, 5, 6\}$, $A=\{1, 2, 3\}$이면 $A$의 여집합은

$$\bar{A}=S-A=\{4, 5, 6\}$$

이다.

### (2) 교 집 합

집합 $A$와 $B$의 交集合은 집합 $A$와 $B$에 공통적으로 속하는 원소들로 이루어지는 집합으로서 $A\cap B$로 표기되고 "$A$ 인터섹션 $B$"(또는 "$A$와 $B$")라고 읽는다. $S=\{1, 2, 3, 4, 5, 6\}$, $A=\{1, 2, 3\}$, $B=\{3, 4, 5\}$이면 $A$와 $B$의 교집합은 $A\cap B=\{3\}$이다.

### (3) 합 집 합

집합 $A$와 집합 $B$의 合集合은 집합 $A$나 $B$에 속하거나 또는 이들 두 집합($A$와 $B$)에 속하는 원소들의 집합을 말하며, 집합 $A$와 집합 $B$의 合集合은 $A\cup B$로 표기하고 "$A$ 유니언 $B$"(또는 "$A$ 혹은 $B$")라고 읽는다.

합집합의 계산은 다음과 같다.

$$A\cup B=A+B-A\cap B \tag{4.2}$$

앞의 교집합의 예에서

$$A\cup B=\{1, 2, 3\}+\{3, 4, 5\}-\{3\}$$

[그림 4.1] 집합의 연산(벤 다이어그램)

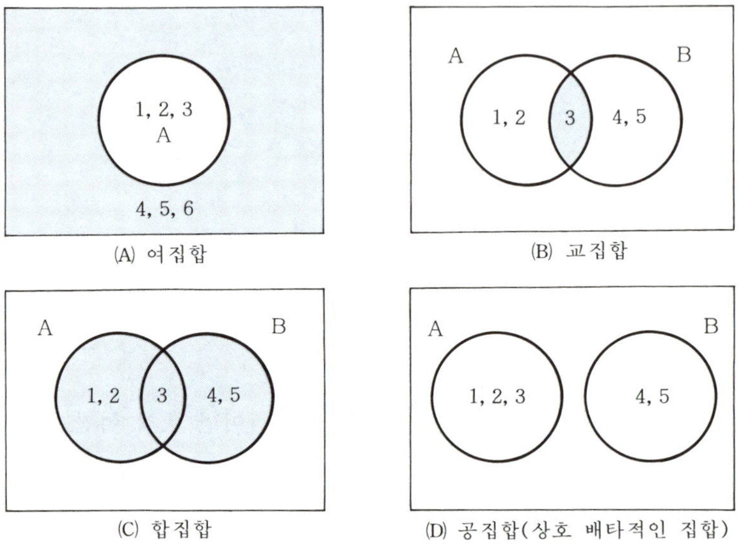


$$=\{1,\ 2,\ 3,\ 4,\ 5\}$$

가 된다.

### ⑷ 공 집 합

만일 집합 $A=\{1,\ 2,\ 3\}$이고, 집합 $B=\{4,\ 5\}$인 경우 $A\cap B$에는 해당원소가 없게 된다. 이와 같이 원소가 하나도 없는 집합을 空集合(empty set)이라고 하며 $\phi$로 나타낸다.

**상호배타적(mutually exclusive)인 집합**

두 집합에서 공통원소가 없는 경우(즉 $A\cap B=\phi$인 경우) 두 집합은 相互排他的이라고 한다. 상호배타적 집합일 경우의 합집합은 다음과 같다.

$$A\cup B=A+B \tag{4.3}$$

# 제 2 절 확률이론의 기본개념

확률은 우연현상을 다루는 것으로, 17C경에 불란서의 도박판에서 최초로 확률이 적용되었으며, 오늘날 확률이론은 수학과 통계학에서 중요한 위치를 차지하고 있다. 본 절에서는 확률이론의 기본용어, 확률의 정의 및 확률의 기본공리 등과 같은 확률이론의 기본개념에 대하여 설명한다.

## 1. 확률실험과 확률과정

**확률실험**(random experiment)

확률실험이란 실험을 해 보기 전에는 실험의 결과를 정확하게 예측할 수 없는 불확실한 실험을 말한다.

주사위를 굴린다든지, 투자된 주식의 투자수익률을 관찰한다든지 또는 한 유권자에게 어느 특정 후보를 지지하는지의 여부를 묻는다든지 하는 행위들은 모두가 하나 이상의 결과를 초래하는 것이므로 확률적이며 이러한 행위들이 確率實驗인 것이다.

또 이러한 시행(실험)이 단 한번 이루어지는 경우를 단일시행(single trial)이라 하고, 동일한 여건하에서 이러한 시행이 여러 번 반복되는 경우를 반복시행(repeated trial)이라 한다. 그리고 이러한 시행이 행해지는 과정을 確率過程(random process 또는 stochastic process)이라 한다.

## 2. 표본공간 · 표본점과 사상

집합이론과 확률이론에서 사용되는 용어들 중에는 동일한 개념이 다르게 표현되고 있는 경우가 있으므로 이것들의 상호관계를 명백히 할 필요가 있다.

확률이론에 집합을 응용할 때 ① 집합이론에서 실험의 모든 결과를 나타내는 전체집합(universal set)은 확률이론에서 標本空間이라고 하며, ② 전체집합을 구성하는 원소(element)는 확률이론에서 표본공간을 구성하는 標本點이라고 한다. 또 ③ 집합이론에서 부분집합(subset)을 확률이론에서는 事象이라고 한다.

**표본공간 · 표본점 · 사상**

실험에서 일어날 수 있는 모든 결과들의 집합을 標本空間(sample space), 실험에서 일어날 수 있는 결과 하나하나를 標本點(sample point), 표본공간의 부분집합을 事象(event)이라 한다.

예를 들어 주사위 하나를 던지는 경우에 나타날 수 있는 결과는 1, 2, 3, 4, 5, 6이다. 그러므로 표본점은 6개가 되고, 다시 이 6개의 표본점이 모여 하나의 표본공간을 이룬다. 표본공간을 $S$로 표기하면 이 경우의 표본공간과 표본점은 다음과 같이 기술할 수 있다.

$$S = \{1, 2, 3, 4, 5, 6\}$$

표본공간 $S$ 위에 정의된 하나의 사상 $E$가 표본공간 내의 하나의 표본점만으로 이루어진 경우를 單一事象(elementary event)이라 한다. 그리고 사상 $E$가 표본공간 내의 둘 이상의 표본점들로 이루어진 경우 그 사상을 複合事象(composite event) 또는 간단히 事象이라고 한다. 그러므로 주사위 하나를 던지는 경우에 표본공간 $S = \{1, 2, 3, 4, 5, 6\}$ 내의 각각의 표본점은 단일사상이며, $E_1 = \{1, 3, 5\}$나 $E_2 = \{2, 4, 6\}$ 등은 복합사상이다.

**상호배타적이며 완비적인 사상들**

표본공간 $S$가 $k$개의 상호배타적인 사상 $A_1, A_2, A_3, \cdots, A_k$로 이루어지고 $k$개의 상호배타적인 사상이 표본공간을 구성한다고 하자. 이와 같은 경우 $A_1, A_2, A_3, \cdots, A_k$를 相互排他的이며 完備的인 事象들(mutually exclusive and exhaustive events)이라고 한다.

$k$개의 사상들이 상호배타적이며 또한 완비적이라면 이 $k$개의 사상들은 표본공간의 分割(partition)을 이룬다. [그림 4.2]는 5개의 상호배타적인 사상들에 의하여 표본공간이 분할되어 있는 것을 보여 준다.

[그림 4.2] 상호배타적이며 완비적인 사상에 의한 표본공간의 분할($k=5$)

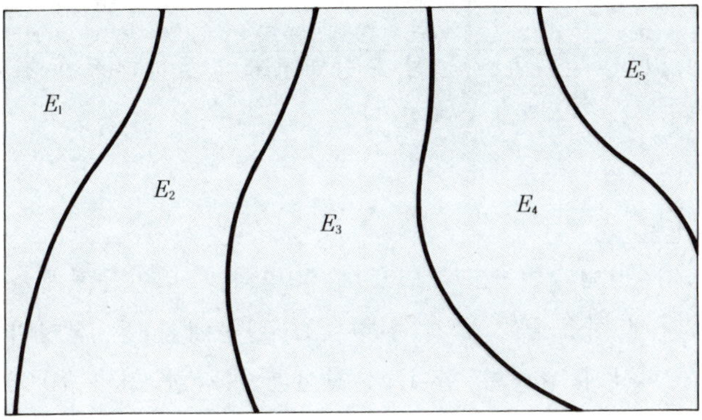


## 3. 확률의 정의

확률은 그 사상이 일어나지 않는 경우에 0, 그리고 그 사상이 확실히 일어날 경우에 1이 부여되며 0에서부터 1까지의 수치로 되어 있다. 이 때 야기되는 질문은 "어떻게 확률수치가 부여되었느냐" 하는 것이다. 이 질문에 대한 답을 얻기 위하여 확률의 정의를 살펴보자. 확률의 정의에 대한 견해는 일반적으로 객관적 확률과 주관적 확률로 구분되며, 객관적 확률은 다시 이론적 확률개념과 상대적 빈도수 확률개념으로 구분된다.

### (1) 객관적 확률

객관적 확률은 사전적(priori)으로 알 수 있는 이론적 확률개념과 사후적(posteriori)으로 관찰이 가능한 상대적 빈도수 확률개념으로 구분된다.

#### 이론적 확률

모든 가능한 결과가 발생할 가능성이 동일하고(equally likely) 각 결과가 상호배타적(mutually exclusive)일 때 상황에 따라서 어떤 사상이 일어나거나 일어나지 않을 여러 가지 경우의 확률을 정확히 계산할 수 있다. 이러한 상황과 가정하에서 얻어진 확률을 理論的 確率(theoretical probability)이라고 한다.

동전을 던질 때 앞면이 나올 확률이 1/2, 뒷면이 나올 확률이 1/2인 것은 동전을 던지지 않고도 알 수 있다. 이러한 확률을 이론적 확률이라고 한다.

**이론적 확률계산**

$$P(E) = \frac{m}{N} = \frac{\text{사상 } E\text{의 특징을 갖는 결과들의 수}}{\text{발생할 가능성이 동일하고 상호배타적인 전체 경우의 수}}$$

$P(E)$ : 사상 $E$가 발생할 확률 (4.4)

**예제 4.1**

A회사가 창립 30주년 기념으로 50명의 소비자들에게 사은품을 주려고 한다. 소비자가 사은품을 받기 위하여는 신문에 나온 신청서에 기재하고 그 신청서를 A회사에 보내야 한다. 신청서를 마감한 결과 10,000명이 신청하였다면 어떤 특정한 신청자가 사은품을 받을 확률은?

**(풀이)**

식 (4.4)의 정의로부터

$$P(\text{사은품 받음}) = \frac{50}{10{,}000}$$

### 상대적 빈도수 확률개념

반복시행의 실험에서 시행의 수($N$)에 대한 성공의 수($m$)의 비율을 상대적 빈도수(relative frequency)라 부른다. 동전 하나를 20회 던지는 경우 이론적 확률에 따라 앞면이 나오는 횟수의 기대치를 계산하면 $20 \times 1/2 = 10$회가 되지만 실제로 동전을 20회 던지는 경우 앞면의 나오는 횟수는 이론적 확률에 따른 기대치와는 다른 결과가 나타날 수 있다(예 : 9회). 그러나 시행의 횟수가 커짐에 따라 상대적 빈도수와 이론적 확률은 매우 가까워지는 것이 일반적이다.

만약에 동전 한 개를 여러 차례 계속하여 던지면, 이론적 확률인 1/2 (또는 0.5)에 매우 근사한 상대적 빈도수를 얻게 된다. 예를 들어 동전 한 개를 2,000번 던져서 950번의 앞면을 얻을 경우 상대적 빈도수는 $950/2000 = 0.475$이다. 또 20,000번 던져서 9,900번의 앞면을 얻으면 상대적 빈도수는 $9{,}900/20{,}000 = 0.495$ 등이 되어 0.5에 가까워진다.

그러므로 확률은 시행의 횟수가 무한히 커질 때 어떤 사상의 상대적 빈도수의 극한치(limiting value)로서 정의될 수 있다.

**상대적 빈도수 확률개념**

$$P(A) = \lim_{N \to \infty} \frac{m}{N} \tag{4.5}$$

$P(A)$ : 사상 $A$가 발생할 확률
$N$ : 총시행횟수
$m$ : 사상 $A$가 발생한 횟수

식 (4.5)는 "사상 $A$가 일어날 확률은 시행횟수 $N$이 무한대에 접근하는 경우의 상대적 빈도수 $m/N$의 극한값"이라고 읽는다.

#### (2) 주관적 확률

주관적 확률은 개개인의 주관적인 평가에 의존하는 확률을 말한다. 따라서 동일현상에 대하여 각기 다른 확률이 제시될 수 있고 수학적인 체계정립이 곤란하다. 주관적 확률은 상대적 빈도수 확률개념을 반영하고 있지 못하며 야구경기에서 어느 팀이 승리할 확률 등과 같이 한 번밖에 일어나지 않을 사건에 적용되는 경우가 많다. 주관적 확률의 예를 들어보면 판매사원 $A$는 회사 판매실적 경연대회에서 자신이 우승할 확률이 0.9라고 생각하는 반면에 판매부장이 생각하는 $A$의 우승확률은 0.5인 경우이다.

주관적 확률은 베이즈 의사결정(Bayesian decision theory) 등에서 유용하게 사용될 수 있다.

### 4. 확률의 기본공리

실험의 결과를 나타내는 사상을 $E_i$라고 하고 $E_i$가 발생할 확률을 $P(E_i)$라고 표기하면 $P(E_i)$는 다음의 기본공리를 따른다. 이와 같은 공리를 기본으로 確率理論의 전체체계가 구축된다.

**확률의 기본공리**

확률(probability)이란 표본공간 $S$에 있는 임의의 사상 $E$에 아래의 성질을 만족시키는 확률 $P(E)$를 부여하는 것을(집합함수 $P$를) 의미한다($E_1$, $E_2$, $E_3$, …, $E_k$는 상호배타적인 모든 가능한 사상).

(i) $0 \leq P(E_i) \leq 1$ (4.6)

(ii) $P(S) = 1$, 즉 $\sum_{i=1}^{k} P(E_i) = 1$ (4.7)

(iii) $P(E_1 \cup E_2 \cup \cdots \cup E_h) = P(E_1) + P(E_2) + \cdots + P(E_h)$ (4.8)

공리 (i)은 한 사상의 확률은 0 이상 1 이하이며 확률이 음수가 될 수 없다는 것을 보여 준다. $P(E_i) = 0$은 $E_i$가 절대 발생하지 않음을 $P(E_i) = 1$은 $E_i$가 반드시 발생함을 의미한다. 공리 (ii)는 [그림 4.2]와 같이 完備的인 性質(property of exhaustiveness)을 나타낸다. 즉 상호배타적인 모든 가능한 사상들의 확률의 합은 1이다. 공리 (iii)은 각 사상이 상호배타적일 경우, 이들 사상의 합집합에 대한 확률은 각 사상의 확률을 합한 것과 같다는 것을 의미한다.

## 제 3 절 확률의 계산

본절의 확률계산에서는 모든 가능한 결과들 각각이 동일하게 일어날 수 있다고 가정한다. 바꾸어 말하면 우리는 이론적 확률을 계산하려는 것이다. 이 경우 집합의 개념은 이와 같은 확률문제를 해결하는 데 매우 편리하게 이용된다.

### 1. 조건부확률

확률은 비조건부확률(unconditional probability)과 조건부확률(conditional probability)로 나눌 수 있다. 어떤 실험의 가능한 결과들이 전체집합을 형성하는 경우 이런 실험에 대한 확률을 非條件附確率이라고 하며 어떤 실험의 가능한 결과들이 전체집합의 부분집합인 경우의 확률을 條件附確率이라고 한다. 조건부확률의 경우 관심대상인 모집단은 전체집합보다 작아지고 전체집합의 부분집합이 분모로서 작용하여 확률이 계산된다.

다음의 예제를 이용하여 확률의 계산을 설명하고자 한다.

예제 4.2

어느 자동차공장에서 생산된 10,000개의 자동차를 색깔(color)과 모델(model)에 의하여 구분해 보니 〈표 4.1〉과 같다. ① 이 때 무작위로 한 대를 뽑았을 때 그 자동차가 흰색일 확률을 구하시오. ② 또 무작위로 뽑은 차의 모델이 $M_1$(이라는 조건하에)일 때 $M_1$모델의 색깔이 흰색일 확률을 구하시오.

(풀이)

1) 비조건부확률

실험의 가능한 결과에 대한 제한이 없으므로 비조건부확률 계산이 된다.

$$P(C_1) = \frac{4{,}600}{10{,}000} = 0.46$$

〈표 4.1〉 색깔과 모델에 의해 분류된 자동차

| | 색 깔 | | | |
|---|---|---|---|---|
| 모 델 | $C_1$(흰색) | $C_2$(자주색) | $C_3$(청색) | 합 계 |
| $M_1$ | 1,400 | 450 | 900 | 2,750 |
| $M_2$ | 1,300 | 350 | 800 | 2,450 |
| $M_3$ | 900 | 700 | 750 | 2,350 |
| $M_4$ | 1,000 | 250 | 1,200 | 2,450 |
| 합 계 | 4,600 | 1,750 | 3,650 | 10,000 |

2) 조건부확률

이제 조건부확률을 계산해 보자. 앞의 예에서 무작위로 뽑은 차의 모델이 $M_1$일 때 $M_1$모델의 색깔이 흰색일 확률을 구하자면 조건부확률의 개념이 도입된다.

〈표 4.1〉에서 2,750대의 $M_1$모델이 있고 이 중 1,400대가 흰색이며 이 1,400대는 집합 $C_1 \cap M_1$에 속한다. $M_1$이 주어진 조건하에서 $C_1$일 확률을 $P(C_1 | M_1)$으로 나타낸다. 여기서 $n(M_1)$은 $M_1$의 개수를 나타낸다.

$$P(C_1 | M_1) = \frac{n(C_1 \cap M_1)}{n(M_1)} = \frac{1{,}400}{2{,}750} = 0.51$$

조건부확률 $P(C_1 | M_1)$은 분모, 분자를 전체집합의 원소숫자인 $n(S)$로 나누어도 계산될 수 있다. 즉,

$$P(C_1 | M_1) = \frac{n(C_1 \cap M_1)/n(S)}{n(M_1)/n(S)}$$

이 때 분자가 의미하는 것은 모든 자동차 중에서 1대를 뽑았을 때 색깔이 흰색이면서 모델이 $M_1$일 확률이며, $P(C_1 \cap M_1)$을 의미한다. 또 분모가 의미하는 것은 무작위로 뽑은 자동차의 모델이 $M_1$일 확률이다. 따라서 위 식은 다음과 같이 표시된다.

$$P(C_1 | M_1) = \frac{P(C_1 \cap M_1)}{P(M_1)}$$

$$= \frac{1{,}400/10{,}000}{2{,}750/10{,}000} = \frac{0.14}{0.275} = 0.51$$

다음은 조건부확률의 일반적인 정의이다.

**조건부확률**

$B$가 주어진 조건하에서 $A$가 일어날 확률 $P(A|B)$는 다음과 같다.

$$P(A|B) = \frac{P(A \cap B)}{P(B)}, \qquad P(B) \neq 0 \tag{4.9}$$

## 2. 여사상의 확률

사상 $A$가 발생하지 않을 확률인 $P(\bar{A})$는 1에서 사상 $A$가 발생할 확률을 뺀 것과 같으며 이를 餘事象의 確率이라고 한다.

**여사상의 확률법칙**

$$P(\bar{A}) = 1 - P(A) \tag{4.10}$$

## 3. 확률의 덧셈법칙

확률의 덧셈법칙은 집합이론에서의 合集合의 계산과 같은 개념으로 다음과 같다.

**확률의 덧셈법칙**

$$P(A \cup B) = P(A) + P(B) - P(A \cap B) \tag{4.11}$$

〈표 4.1〉로 돌아가서 무작위로 뽑은 자동차가 모델 $M_1$이거나 흰색일($M_1$ 이면서 흰색도 포함) 확률을 구해 보면,

$$\begin{aligned} P(C_1 \cup M_1) &= P(C_1) + P(M_1) - P(C_1 \cap M_1) \\ &= \frac{4,600}{10,000} + \frac{2,750}{10,000} - \frac{1,400}{10,000} = 0.595 \end{aligned}$$

만일 $A$와 $B$가 상호배타적일 경우 $P(A \cap B) = 0$이므로 확률의 덧셈법칙은 다음과 같다.

**상호배타적인 경우의 확률의 덧셈법칙**

$$P(A \cup B) = P(A) + P(B) \tag{4.12}$$

## 4. 확률의 곱셈법칙

확률의 곱셈법칙은 집합이론에서 交集合의 개념에 해당된다.

(1) **종속사상**(dependent events)

만일 사상 $A$와 $B$가 서로 밀접하게 관련되어 있어서 사상 $A$가 일어나는 것이 사상 $B$가 일어나는 것에 의존한다면, $A$와 $B$를 從屬事象이라 부른다. 사상 $A$의 확률이 사상 $B$가 일어나는 데 달려 있는 경우를 조건부확률(conditional probability)이라 하고 $P(A|B)$로 표기한다.

식 (4.9)의 조건부확률공식으로부터 확률의 곱셈법칙을 유도할 수 있다.

**확률의 곱셈법칙**

$$\begin{aligned} P(A \cap B) &= P(B) \cdot P(A|B) \\ &= P(A) \cdot P(B|A) \end{aligned} \tag{4.13}$$

〈표 4.1〉에서 무작위로 뽑은 자동차가 $M_1$모델이면서 색깔이 흰색일 확률을 구해 보자. 구하는 확률은 $P(C_1 \cap M_1)$이므로 식 (4.13)을 이용하면

$$P(M_1 \cap C_1) = P(M_1) \cdot P(C_1 | M_1)$$
$$= \frac{2{,}750}{10{,}000} \cdot \frac{1{,}400}{2{,}750} = \frac{1{,}400}{10{,}000} = 0.14$$

또한 곱셈법칙은 두 개 이상의 사상들을 다루는 경우에도 적용될 수 있다. 세 개의 사상인 경우는 다음이 성립한다.

$$P(A \cap B \cap C) = P(A)P(B|A)P(C|A \cap B) \qquad (4.14)$$

예제 4.3

어느 TV대리점에서 재고로 남아 있는 100대의 TV 중 10대가 불량품이라 한다. 이 때 비복원의 방법으로 3대의 TV를 임의로 선택하는 경우 선택된 TV 3대가 모두 불량품일 확률을 구해 보자.

(풀이)

$D_i$를 $i$번째로 선택된 TV가 불량품인 사상이라 하면, 구하는 확률은

$$P(D_1 \cap D_2 \cap D_3) = P(D_1)P(D_2 | D_1)P(D_3 | D_1 \cap D_2)$$
$$= (10/100)(9/99)(8/98) = 0.000742$$

### (2) 독립사상과 통계적 독립성

둘 또는 그 이상의 사상들이 일어나는 데 사상들 상호간에 서로 영향을 주거나 받지 않는 경우 이 사상들을 獨立事象(independent events)이라 한다. 예를 들어 사상 $A$가 일어나는 것이 사상 $B$가 일어나는 데 영향을 미치지 않고 또 반대의 경우도 사실일 때 이들 사상 $A$와 $B$는 독립사상인 것이다. $A$와 $B$가 독립사상일 경우

$$P(A|B) = P(A)$$
$$P(B|A) = P(B) \qquad (4.15)$$

가 되므로 식 (4.13)의 곱셈법칙은 독립사상인 경우 식 (4.16)과 같이 되며 식 (4.16)은 사상 $A$와 $B$가 독립적이기 위한 필요충분조건이다.

이제 두 사상 $A$, $B$가 통계적으로 독립적일 필요충분조건을 고찰해 보자.

독립적 사상은 때로는 통계적 독립(statistically independent)이라고 불리지만 대부분의 경우 오해의 소지가 없으면 그냥 獨立的이란 말을 사용한다.

**사상 $A$와 $B$가 독립적이기 위한 필요충분조건**

동일한 표본공간 위에 규정된 사상 $A$와 $B$는

$$P(A \cap B) = P(A) \cdot P(B) \quad (4.16)$$

가 성립할 때 두 개의 사상 $A$와 $B$는 독립적이라고 한다.

### (3) 복원과 비복원추출

통계적 독립이나 종속은 표본을 추출하는 확률과정과 연관될 수 있다. 즉 종속사상은 비복원 확률표본추출의 결과이고 독립사상은 복원에 의한 확률표본추출의 결과이다.

비복원에 의한 확률표본추출(random sampling without replacement)이란 모집단에서 추출한 관측치를 다시 그 모집단에 포함시키지 않는 방법으로 $n$개의 관측치를 임의로(또는 확률적으로, at random) 추출하는 과정이다. 복원에 의한 확률표본추출(random sampling with replacement)은 모집단에서 일단 추출한 관측치를 또 다른 관측치를 추출하기 이전에 모집단에 포함시키는 방법으로 $n$개의 관측치를 임의로 추출하는 과정을 말한다.

**예제 4.4**

1) 복원추출: 5개의 검은 공과 4개의 흰 공이 들어 있는 주머니에서 공을 하나 꺼낸 다음 이를 다시 주머니에 집어 넣어, 즉 복원(with replacement)시켜 다시 또 하나의 공을 꺼내는 경우에 이 두 공들이 모두 검은 공일 확률을 구하시오.

2) 비복원추출: 이번에는 꺼낸 공을 주머니에 다시 넣지 않는 비복원(without replacement)인 경우 두 공이 모두 검은 공일 확률을 구하시오.

(풀이)

1) 이 경우 첫번째로 꺼낸 공이 흰 공이든 검은 공이든 간에 이 공을 다시 원상태로 복구시켜 두 번째의 공을 꺼내는 것이기 때문에 첫번째 공과 두

번째 공을 꺼내는 행위는 서로 영향이 없는 독립적인 것이다.

$A$를 첫번째로 꺼낸 공이 검은 공일 경우의 사상이라 하고, $B$를 두 번째로 꺼낸 공이 검은 공인 경우의 사상이라 하자. 그러면 주머니 속의 9개의 공 중에서 5개가 검은 공이므로 구하는 확률은 $P(A \cap B) = P(A)P(B) = 5/9 \times 5/9 = 25/81$이다.

2) $P(A \cap B) = P(A)P(B|A) = 5/9 \times 4/8 = 20/72$이다.

## 5. 결합확률과 주변확률

### (1) 결합확률

〈표 4.1〉과 같이 변수가 2개인 표본공간에서는 각각의 결과가 두 변수의 특성에 의하여 결정된다. 예를 들어 모델이 $M_1$이고 흰색인 자동차는 두 개의 사상 $M_1$과 $C_1$의 결합으로서 이루어진 결과이다. 이 결과의 확률을 $P(M_1 \cap C_1)$으로 나타낸다. 이와 같이 두 개 이상의 변수와 관련된 확률을 結合確率(joint probability)이라고 한다. 총 10,000대 중에서 $M_1 \cap C_1$인 자동차는 1,400대이므로 $P(M_1 \cap C_1) = 0.14$가 된다.

### (2) 주변확률

〈표 4.1〉과 같은 자료가 주어질 때 하나의 변수에 대한 확률인 주변확률에 대하여 설명해 보자. 무작위로 추출된 자동차가 $M_1$모델일 확률을 계산하면 〈표 4.1〉의 자료로부터 2,750/10,000임을 알 수 있다. 그런데 이것의 의미는 $M_1$모델이면서 색깔이 흰색 · 자주색 및 청색인 모든 자동차를 포함하는 사상의 확률이며, 따라서

$$\begin{aligned} P(M_1) &= P(M_1 \cap C_1) + P(M_1 \cap C_2) + P(M_1 \cap C_3) \\ &= \frac{1,400}{10,000} + \frac{450}{10,000} + \frac{900}{10,000} = \frac{2,750}{10,000} \end{aligned} \tag{4.17}$$

이 성립한다. 이 때 $P(M_1)$을 $M_1$의 周邊確率(marginal probability)이라고 하며 하나의 변수에 대한 주변확률은 해당되는 변수의 결합확률을 모두 합하여 구한다.[1)]

1) 자세한 것은 제 5 장의 제 6 절 결합확률분포를 참고하기 바람.

# 제 4 절 베이즈 정리*

지금까지 고찰한 확률에 관한 계산과 이론을 기본으로 하여 事前的 確率(prior probability)을 事後的 確率(posterior probability)로 수정하는 데 사용되는 베이즈 定理(Bayes' theorem)를 살펴보기로 한다. 수정은 보통 추가적인 정보가 있을 때에만 가능한 것이며 기업의 새로운 정보나 표본들을 통하여 구할 수 있는 추가정보는 조건부확률을 구하는 데 이용된다.

## 1. 베이즈 정리

[그림 4.3]과 같이 표본공간이 $B_1$, $B_2$, $B_3$, $B_4$의 相互排他的이며 完備的인(mutually exclusive and exhaustive) 事象들로 분할되어 있다고 하자. 사상 $A$는 [그림 4.3]과 같이 사상 $B$와 교집합을 형성한다고 하자. $B_1$, $B_2$, $B_3$, $B_4$는 상호배타적이므로 이들간에는 겹침(intersection)이 없다. [그림 4.3]에서 알 수 있듯이 사상 $A$가 일어날 확률은 다음과 같이 나타낼 수 있다.

$$P(A) = P(A\cap B_1)+P(A\cap B_2)+P(A\cap B_3)+P(A\cap B_4) \tag{4.18}$$

$$= P(\mathrm{I})+P(\mathrm{II})+P(\mathrm{III})+P(\mathrm{IV}) \qquad \text{([그림 4.3]에서)}$$

확률의 곱셈법칙에 의하면 $i=1, 2, 3, 4$인 경우

$$P(A\cap B_i) = P(A|B_i)P(B_i) \tag{4.19}$$

이므로 식 (4.19)를 식 (4.18)에 대입하면 $P(A)$는

$$P(A) = P(A|B_1)P(B_1)+P(A|B_2)P(B_2)$$
$$+P(A|B_3)P(B_3)+P(A|B_4)P(B_4) \tag{4.20}$$

이제 $B_i$의 사전적 확률인 $P(B_i)$와 $P(A|B_i)$가 주어진 경우 $B$의 사후적 확률인 $P(B_i|A)$를 구해 보자. $A$는 추가적인 정보를 말한다. 식 (4.9)를 이용하면

$$P(B_2|A) = \frac{P(A\cap B_2)}{P(A)} \tag{4.21}$$

$$= \frac{P(\mathrm{II})}{P(\mathrm{I})+P(\mathrm{II})+P(\mathrm{III})+P(\mathrm{IV})} \qquad \text{([그림 4.3]에서)}$$

[그림 4.3] 베이즈 정리를 설명하기 위한 벤 다이어그램

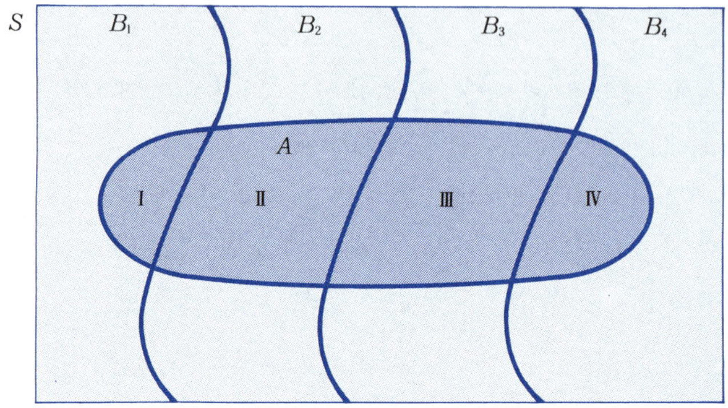


* $A$의 면적 = I + II + III + IV

식 (4.21)의 분자는 식 (4.19)에, 분모는 식 (4.20)에 나타나 있으므로 각각을 식 (4.21)에 대입하면 베이즈 정리가 된다. 식 (4.22)의 $B_2$는 $B_i$로 바꾸어 쓸 수 있다.

**베이즈 정리**

$$P(B_2|A)=\frac{P(A\cap B_2)}{P(A)}=\frac{P(A\cap B_2)}{\sum_{i=1}^{n}P(A\cap B_i)}$$

$$=\frac{P(A|B_2)P(B_2)}{\sum_{i=1}^{n}P(A|B_i)P(B_i)} \tag{4.22}$$

* $B_2$ 대신 $B_1$, $B_3$, …, $B_n$으로 대치가 가능하다.

## 2. 베이즈 정리에 대한 例

앞에서 고찰한 베이즈 정리를 예제를 통하여 그 의미를 설명해 보자.

**예제 4.5**

어느 커피제조회사에서는 4가지 타입(type)의 커피를 생산하고 있다. 각

타입의 품질등급은 보통(regular)과 고급(deluxe)의 두 가지이다. 모든 커피는 커피병에 담겨져서 포장된다고 하자. 이 회사가 생산하는 커피의 타입별 생산량비율은 다음과 같다.

〈표 4.2〉 커피타입의 생산량비율

| 타입(type) | 생산량비율(%) |
|---|---|
| 1 | 20 |
| 2 | 20 |
| 3 | 10 |
| 4 | 50 |
| 합 계 | 100 |

각 타입의 커피들에서 보통품질(regular)과 고급품질(deluxe)의 비율은 다음과 같다.

〈표 4.3〉 각 커피타입의 품질별 비율 (단위 : %)

| 타입(type) | 보통(regular) | 고급(deluxe) | 합 계 |
|---|---|---|---|
| 1 | 80 | 20 | 100 |
| 2 | 60 | 40 | 100 |
| 3 | 70 | 30 | 100 |
| 4 | 95 | 5 | 100 |

이제 이 회사의 공장장이 품질검사를 하기 위하여 전체생산품 중에서 한 병을 무작위로 선정하였다. 이 때 ① 선정된 생산품이 고급품질(deluxe)일 확률을 구하시오. ② 선정된 생산품이 고급품질(deluxe)인 경우 그 커피타입이 4번째 타입일 확률을 구하시오. ③ 앞의 두 가지 결과를 그림을 그려서 그 의미를 설명하시오.

(풀이)

1) $T_1$, $T_2$, $T_3$, $T_4$가 선정된 커피병이 각 타입의 커피를 담고 있는 사상을 나타내고 $D$는 고급품질(deluxe)의 커피를 담고 있는 사상을 나타낸다고 하자. 식 (4.18)과 식 (4.20)을 이용하면 $P(D)$는

$$P(D) = \sum_{i=1}^{4} P(D \cap T_i) = \sum_{i=1}^{4} P(D \mid T_i) P(T_i)$$

[그림 4.4] 예제 4.5에 대한 그림

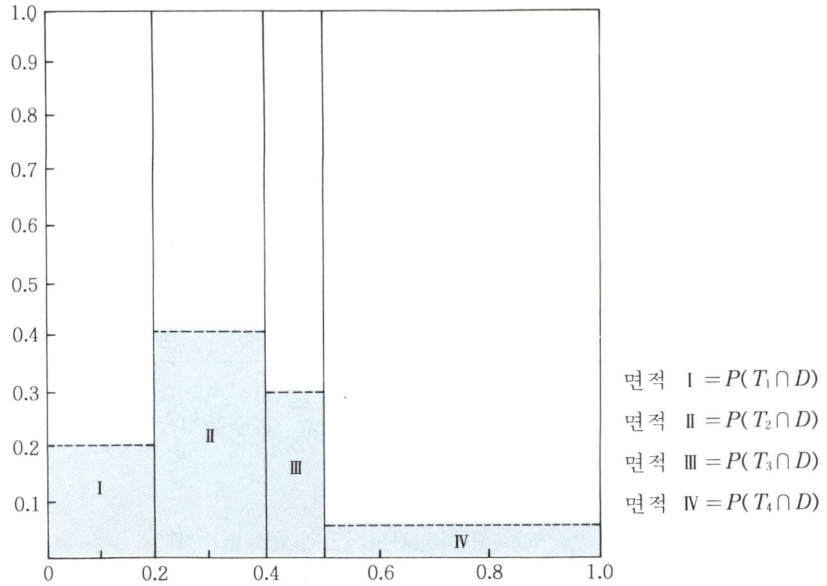


주 : 1) : 전체 청색면적 $P(D)$로서 전체 사각형면적($=1$)의 17.5%이다. 즉 $P(D)=0.175$
2) : 표본공간이 청색의 면적으로 제한될 경우 $T_4$의 청색면적은 청색면적 전체의 14.3%이다. 즉, $P(T_4|D)=0.143$이다.

위 식의 우변에 관한 정보는 문제에서 주어졌다. 즉 $P(D|T_1)$는 타입 1의 커피를 선정한 경우에 그 커피가 고급품질일 확률이며 이 경우 $P(D|T_1)=0.2$이다. 또 커피타입에 따른 생산량의 분포가 주어졌으므로 $P(T_1)=0.2$이다. 따라서 주어진 정보를 이용하면

$$
\begin{aligned}
P(D) &= (0.20)(0.20)+(0.40)(0.20)+(0.30)(0.10)+(0.05)(0.5) \\
&= 0.040+0.080+0.030+0.025 = 0.175 \\
&= P(\text{Ⅰ})+P(\text{Ⅱ})+P(\text{Ⅲ})+P(\text{Ⅳ})
\end{aligned}
$$

따라서 무작위로 생산품 하나를 뽑을 때 고급품질의 커피일 확률은 17.5%이다.

2) $P(T_4|D)$를 구하기 위하여는 베이즈 정리인 식 (4.22)를 이용한다.

$$
\begin{aligned}
P(T_4|D) &= \frac{P(\text{Ⅳ})}{P(\text{Ⅰ}+\text{Ⅱ}+\text{Ⅲ}+\text{Ⅳ})} \qquad \text{([그림 4.4]에서)} \\
&= \frac{P(D|T_4)\,P(T_4)}{P(D)}
\end{aligned}
$$

$$= \frac{(0.05)(0.50)}{0.175} = 0.143$$

따라서 고급품질의 커피가 선정되었다는 가정하에서 그 커피가 타입 4의 커피일 확률은 14.3%이다.

3) [그림 4.4]는 이와 같은 계산들의 의미를 시각적으로 보여 준다. 표본공간이 전체 생산품인 경우 청색의 면적은 고급품질의 커피일 확률로 전체 사각형면적(표본공간)의 17.5%이다. 또 표본공간을 고급품질의 커피로 한정하는 경우(이 경우의 표본공간은 청색의 면적) 전체 청색면적에서 $T_4$의 청색면적이 차지하는 비율이 $P(T_4|D)$이며 14.3%이다. 따라서

$$P(T_4|D) = \frac{P(\text{IV})}{P(\text{I} + \text{II} + \text{III} + \text{IV})} = \frac{P(\text{IV})}{P(\text{전체 청색면적})} = 0.143$$

베이즈 정리와 조건부확률에 대하여는 제 4 장의 응용사례를 꼭 참고하기 바라며 관심이 있는 독자는 제23장의 베이즈 의사결정방법도 참고하기 바란다.

## 제 5 절 계산방법

### 1. 곱셈원칙

**곱셈원칙**(multiplication principle)

어떤 실험(experiment) $E_1$에는 $n_1$가지의 가능한 결과(outcomes)가 있으며 이 가능한 결과의 각각에 대하여 행해지는 실험 $E_2$는 $n_2$가지의 가능한 결과를 가지고 있다고 하자. 또 실험 $E_i$는 이전의 실험이 시행된 후에 $n_i$ 가지의 가능한 결과를 가지고 있다. 이제 $E_1$실험을 행한 뒤 $E_2$를 시행하고 그 다음에 $E_3$를 수행하고 이를 계속하여 $E_m$까지 수행할 경우 가능한 총결과의 수는

$$n_1 \cdot n_2 \cdot n_3 \cdot \cdots \cdot n_m \tag{4.23}$$

이 되며 이를 곱셈원칙이라고 한다.

예제를 통하여 곱셈원칙을 설명해 보자.

예제 4.6

어느 패션모델이 봄철용으로 회색($G$)과 분홍색($P$)의 모자 2개와 빨간색($R$)·흰색($W$)·검은색($B$) 및 노란색($Y$)의 코트를 가지고 있다. 이 모델이 모자 하나와 코트 하나를 선택하려는 경우에 몇 가지 방법이 있을까?

(풀이)

$E_1$은 패션모델이 먼저 회색과 분홍색 모자 중에서 하나를 선택하는 실험이며 그 선택된 모자에 빨간색·흰색·검은색·노란색 코트를 결합시키는 실험이 $E_2$가 된다. $n_1 = 2$, $n_2 = 4$이므로 가능한 총 결과의 수는

$$n_1 \cdot n_2 = 2 \times 4 = 8$$

가지가 된다.

곱셈원칙을 잘 나타낼 수 있는 다른 방법은 [그림 4.5]와 같은 나무가지그림(tree diagram)을 그리는 것이다. 이 그림에서 모자는 $n_1 = 2$가지의 가능한 결과가 있으며 각 결과에 대하여 결합되는 코트는 $n_2 = 4$가지의 가능한 결과가 있는 것을 확인할 수 있다.

[그림 4.5] 나무가지그림(tree diagram)

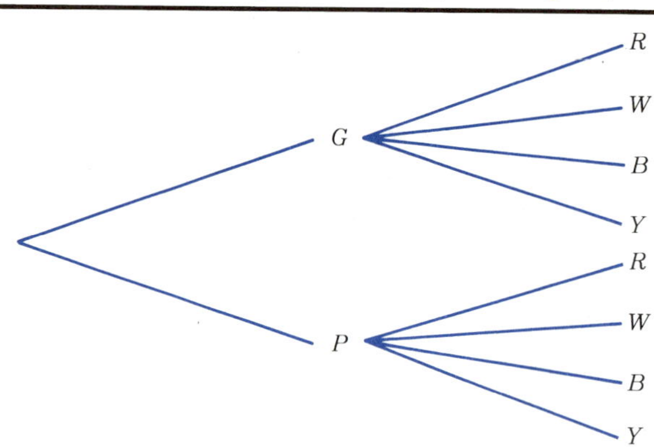

## 2. 순열(permutation)

$n$개의 대상물(objects)로 이루어진 집합에서 $r$개($r \leq n$)의 대상물을 선택하는 데 있어 그 선택의 順序가 고려되는 경우 나타날 수 있는 배열들(arrangements)의 각각을 順列이라고 한다.

어느 한 집합에 있어서 순열의 총수는 선택된 대상물의 수에 따라 다르게 된다. 선택된 대상물의 수가 ① 집합 내에 포함된 대상물 전체인 경우와 ② 집합 내에 포함된 대상물의 일부인 경우로 나누어 설명해 보자.

### (1) 선택된 대상물이 집합 내의 모든 대상물인 경우

선택된 대상물이 집합 내의 모든 대상물인 경우에 있어서의 순열의 총수는 위의 예제 4.6과 유사한 방법으로 구할 수 있으며, 그 절차는 다음의 예제 4.7과 같다.

**예제 4.7**

3개의 문자로 구성된 한 집합 $\{A, B, C\}$에서 한번에 3개의 문자를 선택하는 경우의 순열의 총수를 구하라.

(풀이)

이 세 문자의 순서를 고려한 배열들의 경우를 나타내면 다음과 같다.

[그림 4.6] 세 문자의 순열의 수

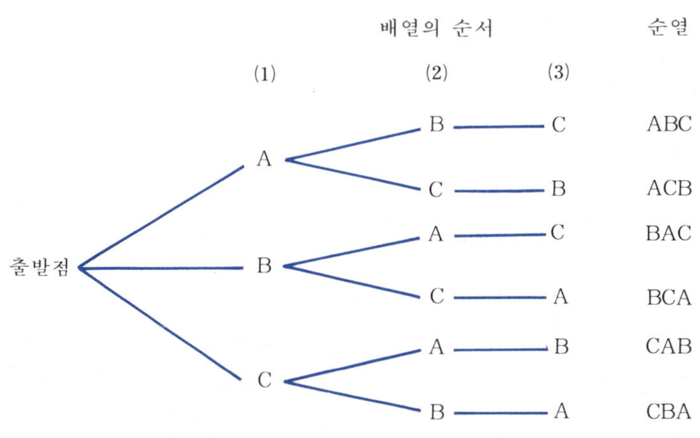

이 경우에 모두 6개의 순열이 있음을 알 수 있다. 그런데 여기서 유의해야 할 점은 배열 *ABC*와 *ACB*가 다르다는 점이다. 즉, 이 두 배열이 같은 문자로 구성되어 있다고 할지라도 순열에서는 각 문자의 순서를 고려하기 때문에 이 두 배열은 서로 다른 배열로 취급되는 것이다. 이 예제에서 순열의 총수는 곱셈의 원칙을 이용하여 계산할 수 있다.

[그림 4.6]을 이용하여 순열을 설명해 보자. 먼저 (1)열에서 선택할 수 있는 문자의 수는 3가지($n_1 = 3$)이다. 3개의 문자 중에서 첫번째로 선택할 수 있는 문자가 결정되면 각 순열에 있어서 두 번째로 선택할 수 있는 문자의 수는 두 개($n_2 = 2$)가 있으며 (2)열에 표시되었다. 3개의 문자 중 각 순열에서의 첫번째와 두 번째 위치를 차지하는 2개의 문자가 결정되면 나머지 한 개($n_3 = 1$)의 문자가 세 번째에 놓이게 된다. 그러므로 순열의 총수는

$$3 \times 2 \times 1 = 6$$

이 된다. 이상의 관계를 기호를 사용하여 일반화하면 다음과 같이 된다.

**$n$개의 대상물에서 $n$개를 선택하는 경우 순열의 총수**

$$_nP_n = n(n-1)(n-2)(n-3)\cdots 3 \cdot 2 \cdot 1 = n! \qquad (4.24)$$

$n!$: $n$ 팩토리얼(factorial)로 읽음

이 경우 유의해야 할 점은, 만약에 $n = 0$이면

$$0! = 1 \qquad (4.25)$$

이 된다는 점이다. 식 (4.24)를 사용하여 위의 예제 4.7을 계산하면

$$_3P_3 = 3! = 3 \times 2 \times 1 = 6$$

### (2) 집합 내에 포함된 대상물의 일부를 선택하는 경우

집합 내에 포함된 대상물의 일부를 선택하는 경우의 순열의 총수는 $n$개의 대상물에서 순서를 고려한 크기 $r$인 부분집합의 개수이다.

집합 내 일부의 대상물을 선택하는 경우도 전체 대상물이 선택되는 경우의 순열계산과 마찬가지로 곱셈원칙을 사용할 수도 있고 또 아래와 같은 공

식을 사용하여 구할 수도 있다.

**$n$개의 대상물에서 $r$개를 선택하는 경우 순열의 총수($r \leq n$)**

$$_nP_r = \frac{n!}{(n-r)!} \tag{4.26}$$

$$= n(n-1)(n-2)(n-3)\cdots(n-r+1) \tag{4.27}$$

위 식 (4.27)에서 유의할 점은 식의 우변에 있는 마지막 항인 $n-r+1$은 $[n-(r-1)]$을 풀어 쓴 것이다. 또한 $r=n$인 경우, $(n-r+1)=1$이 되므로 식 (4.27)은 식 (4.24)와 같게 된다.

예제 4.8

20명으로 구성된 어느 모임에서 회장, 부회장 그리고 총무를 선출하려는 경우에 몇 가지 방법으로 이들을 선출할 수 있겠는가?

(풀이)

이 문제는 배열의 순서가 고려되어야 하는 순열의 문제이다. 즉 예를 들면 회장에 A, 부회장에 B, 그리고 총무에 C가 선출되는 경우와, 회장에 B, 부회장에 C, 그리고 총무에 A가 되는 경우는 서로 완전히 다르기 때문이다.

여기에서는 $n=20$, $r=3$이므로

$$_{20}P_3 = 20 \times 19 \times 18 = 6{,}840$$

또는

$$_{20}P_3 = \frac{20!}{(20-3)!} = \frac{20 \times 19 \times 18 \times 17!}{17!} = 6{,}840$$

즉 20명에서 3명을 선출하는 방법은 6,840가지가 된다.

## 3. 조합(combination)

$n$개의 대상물에서 선택된, 순서를 무시한 크기 $r$인 부분집합의 수를 조합의 총수라고 하고 부분집합의 각각을 組合이라고 한다.

집합 내에 포함되어 있는 대상물들의 일부를 선택할 경우 조합의 총수는 먼저 순열의 총수를 구한 다음 동일한 대상물들로 구성되어 있는 순열들을 하나의 조합으로 취급하여 구한다. 이러한 과정을 다음의 예제를 통하여 고찰해 보기로 하자.

**예제 4.9**

세 개의 문자로 이루어진 한 집합 $\{A, B, C\}$에서 두 개의 문자를 선택하는 경우의 조합의 수를 구하라.

(풀이)

먼저 세 개의 문자에서 두 개를 선택하는 순열의 수는

$$ {}_3P_2 = \frac{3!}{(3-2)!} = \frac{3\times2\times1}{1} = 6 $$

이 된다. 다음으로 동일한 두 개의 문자로 이루어진 순열의 수는

$$ {}_2P_2 = 2! = 2\times1 = 2 $$

가 된다. 그러나 동일한 문자들로 구성된 두 개의 순열은 하나의 조합으로 취급되므로, 구하고자 하는 조합은 다음과 같이 된다.

$$ \frac{{}_3P_2}{2!} = \frac{6}{2} = 3 $$

이상에서의 설명은 [그림 4.7]의 나무도표를 보면 더욱 분명해진다.

[그림 4.7] 순열과 조합의 관계

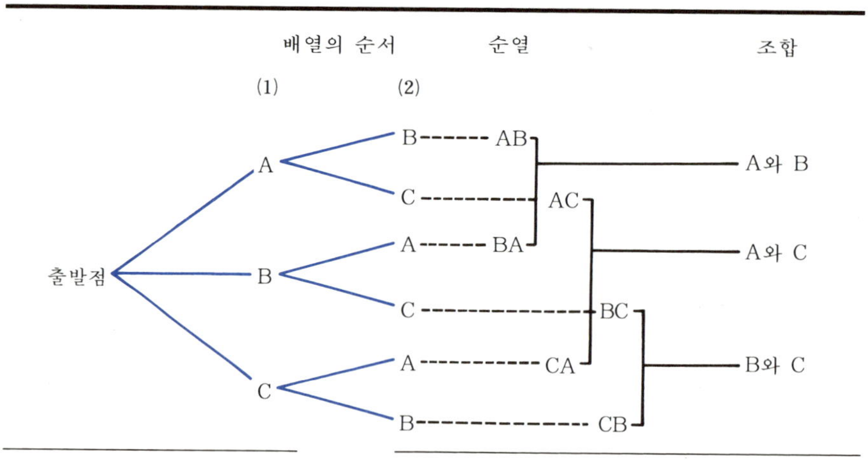

이상의 설명을 기초로 조합을 구하는 방법을 일반식으로 정리해 보자.

**$n$개의 대상물에서 $r$개를 선택하는 경우 조합의 총수**

$$_nC_r = \binom{n}{r} = \frac{_nP_r}{r!} = \frac{n!}{r!(n-r)!} \tag{4.28}$$

예제 4.9를 식 (4.28)을 이용하여 구하면 다음과 같다.

$$_3C_2 = \frac{3!}{2!(3-2)!} = \frac{3\times2\times1}{(2\times1)\times1} = 3$$

조합에 대하여 지금까지의 설명을 기초로 하면 다음의 관계가 성립하는 것을 알 수 있다.

$$_nC_1 = \binom{n}{1} = n \tag{4.29}$$

$$_nC_n = \binom{n}{n} = \frac{n!}{n!(n-n)!} = \frac{n!}{n!0!} = 1 \tag{4.30}$$

$$_nC_{n-r} = \binom{n}{n-r} = \frac{n!}{(n-r)!(n-n+r)!} = {_nC_r} \tag{4.31}$$

식 (4.31)은 $n$개의 대상물에서 $r$개를 선택하는 조합의 수는 $n$개의 대상물에서 $(n-r)$개를 선택하는 조합의 수와 같다는 것을 의미하며, 이는 조합의 수를 계산하는 데 매우 편리한 식이다.

**예제 4.11**

다음을 계산하라.

(1) $_3C_2$ (2) $_{100}C_{98}$

**(풀이)**

(1) $_3C_2 = {_3C_{3-2}} = {_3C_1} = \dfrac{3!}{1!(3-1)!} = 3$

(2) $_{100}C_{98} = {_{100}C_{100-98}} = {_{100}C_2} = \dfrac{100!}{2!(100-2)!} = \dfrac{100\times99}{2} = 4{,}950$

## 연습문제

4. 1 상호배타적이고 전체완비적인 사상(mutually exclusive and collectively exhaustive events)를 설명하시오.

4. 2 통계적 독립과 통계적 종속을 설명하시오.

4. 3 다음의 서술이 맞는지를 설명하시오.

(1) 만약 $A$와 $B$가 상호배타적이라면 $A \cap B = \phi$이므로 $P(A \cap B) = 0$이다.

(2) 만약 $A$와 $B$가 독립적이고 또 $P(A) \neq 0$, $P(B) \neq 0$이라면 $A$와 $B$는 상호배타적이 될 수 없다.

4. 4 아래와 같이 주어진 집합을 기초로하여 다음의 집합을 구하시오.

$S = \{5, 6, 7, 8, 9, 10\}$

$A = \{5, 7, 9, 10\}$

$B = \{5, 7, 8\}$

(1) $A \cup B$　　(2) $A \cap B$　　(3) $\bar{A}$　　(4) $\bar{B}$

4. 5 어느 석유회사에서는 $A$와 $B$의 두 곳에 석유시추를 하려고 한다. 전문가의 예측에 의하면 경제성이 있는 양질의 석유가 나올 가능성은 $A$의 경우 20%이고 $B$의 경우는 25%이다. 또 $A$에서 경제성이 있는 석유가 나올 경우 $B$에서도 경제성 있는 석유가 나올 확률은 80%이다(즉 $P(B|A) = 0.8$). 만일 $B$에서 경제성이 있는 석유가 나올 경우 $A$에서도 경제성이 있는 석유가 나올 확률을 구하시오.

4. 6 $P(A) = 0.60$, $P(B) = 0.30$ 그리고 $A$와 $B$는 상호배타적이다.

(1) $P(A \cup B)$와 $P(A \cap B)$를 구하시오.

(2) 사상 $A$와 $B$는 독립적인가?

4. 7 하나의 주사위를 던저서 '짝수'와 '홀수'가 나오는 두 사상들은 상호배타적이며 전체완비적인가?

4. 8 $P(A)=0.30$, $P(B)=0.25$, $P(A\cap B)=0.20$일 때

(1) $P(A\cup B)$, $P(A|B)$, $P(B|A)$를 구하시오.

(2) 사상 $A$와 $B$는 독립적인가?

4. 9 아래의 표는 어느 대학의 졸업생 1,000명을 대상으로 하여 그들의 대학 전공과 졸업 후 종사하고 있는 직종별로 분류한 것이다.

| 전 공 | | 직 | | | 종 | | |
|---|---|---|---|---|---|---|---|
| | | 회계업무 $A_1$ | 은행 $A_2$ | 전기계통 $A_3$ | 판매계통 $A_4$ | 기타 $A_5$ | 계 |
| $B_1$ | 회계학 | 60 | 15 | 10 | 5 | 10 | 100 |
| $B_2$ | 경영학 | 20 | 50 | 10 | 65 | 5 | 150 |
| $B_3$ | 인문대학 | 1 | 2 | 2 | 10 | 60 | 75 |
| $B_4$ | 사회대학 | 2 | 20 | 8 | 20 | 70 | 120 |
| $B_5$ | 공학 | 2 | 5 | 188 | 5 | 50 | 250 |
| $B_6$ | 기타 | 30 | 50 | 55 | 60 | 110 | 305 |
| 합 계 | | 115 | 142 | 273 | 165 | 305 | 1,000 |

(1) 1,000명의 그룹에서 무작위로 한 명을 뽑을 때 뽑힌 사람이 다음이 될 확률을 구하시오.

① 회계학 전공 ② 은행에 근무 ③ 은행에 근무하는 회계학 전공 ④ 은행에 근무하는 가정하에 회계학 전공 ⑤ 회계학 전공이거나 공학 전공 ⑥ 회계학 전공이거나 은행에 근무

(2) 다음의 확률을 계산하시오.

(i) $P(B_3)$ (ii) $P(A_4)$

(iii) $P(B_3\cap A_4)$ (iv) $P(A_4)\cdot P(B_3|A_4)$

(v) $P(A_4\cup B_3)$ (vi) $P(A_4\cup A_3)$

(vii) $P(A_1|B_1)$

(3) 직종과 전공은 독립적인가? 그 근거를 설명하시오.

4.10* 어느 카드회사에서 고객의 특별주문을 받아서 처리하는 $W$, $X$, $Y$의 세 여직원이 있다. $W$는 특별주문의 50%를 처리하며 $X$는 20%, $Y$는 30%를 처리한다. $W$가 주문서의 작성시 실수하는 경우는 100건 중 1건이며 $X$는 100건 중 4건, $Y$는 100건 중 2건이다. 어떤 고객이 주문서

의 작성이 잘못되어 주문한 상품과 다르게 받았을 때 $W$가 주문서를 작성하였을 확률을 구하시오.

4.11* 어느 공장에서 기계 Ⅰ, Ⅱ, Ⅲ 은 모두 TV부속품을 만드는 기계인데 각 기계의 불량률은 기계 Ⅰ이 2%, 기계 Ⅱ가 1%, 기계 Ⅲ이 3%이다. 그리고 이 공장의 TV부속품의 총생산량 중에서 기계 Ⅰ이 35%, 기계 Ⅱ가 25%, 기계 Ⅲ이 40%를 생산한다.

(1) 어느 날 생산된 총 TV부속품 중에서 하나를 임의로 선택하였을 때, 그것이 불량품($D$)일 확률을 구하시오.

(2) 이제 선택된 TV부속품이 불량품이면 그것이 기계 Ⅲ에서 생산되었을 확률을 구하시오.

(3) 불량품이 관측된 후에는 Ⅲ의 사후적 확률이 사전적 확률보다 크다. 그 이유를 설명하시오.

4.12 어느 은행에서는 고객에게 창립기념 사은품을 주려고 한다. 고객은 15개의 사은품 중 2개를 선택할 수 있을 때, 가능한 선택의 수는 얼마인가?

4.13 농구대잔치의 결승전에 $A$, $B$팀이 격돌하게 되었다. $A$팀의 선수는 총 9명이고 $B$팀은 총 12명이다. 각 팀은 5명씩을 선정하여 경기를 한다. 10명의 선수들을 다르게 구성하는 방법의 수는 몇 가지인가?

## □ 응용사례

# 조건부확률을 이용한 신제품생산에 대한 의사결정

### 1. 상황설명과 예상기대이윤

어느 회사에서는 신제품으로 가죽쇼파를 생산하려고 하며 개당 판매이윤은 100,000원으로 예상하고 있다. 이 회사에서는 우리 나라 소비자의 5%가 이 가죽쇼파를 구입할 것이라고 추정하고 있다. 더 자세한 자료는 소비자의 연간소득을 기준으로 연간소득이 3천만 원 이상인 소비자의 26%가, 3천만 원 이하인 소비자의 1%가 새로운 가죽쇼파를 구입할 것이라고 추정되었다. 또, 우리 나라 전체 소비자의 16%가 연간소득이 3천만 원 이상이고 84%가 연간소득이 3천만 원 이하이다.

이 회사가 신제품을 인구 1백만 명인 어느 지역만을 대상으로 판매하려고 한다. 이 회사는 판매 첫해에 40억 원 이상의 이윤을 얻을 수 없다면 신제품에 투자하지 않을 예정이다.

1) 초기투자비용인 40억 원을 고려하지 않을 때 예상 연간이윤 $\pi_1$은

$$\pi_1 = (0.05)(1{,}000{,}000)(100)$$
$$= 5{,}000{,}000(\text{단위 : 천 원})$$

이 된다. 여기서 0.05는 신제품을 구입할 것이라고 추정되어진 소비자의 비율이며, 1백만 명은 판매지역의 소비자 수, 10만 원(100으로 표시됨)은 개당 판매이윤이다. 50억 원은 회사가 최저이윤으로 설정한 40억 원보다 크므로 회사는 투자를 하기로 결정하게 된다.

2) 회사는 40억 원을 투자하기 전에 판매지역에서 연간소득이 3천만 원 이상인 소비자의 비율을 알아보기 위하여 추가적인 자료들을 수집하였다. 이 자료에 의하면 판매지역에서 3천만 원 이상의 소비자 비율은 10%로 우리 나라 전체 평균인 16%보다 작은 비율이었다. 이 추가적인 정보로 인하여 회사의 의사결정은 바뀌게 된다. 가죽쇼파를 구입하려고 예상되는 소비자 수는 100,000명(판매지역의 연간소득이 3천만 원 이상의 소비자 수)의 26%이고 나머지 900,000명의 1%이므로 회사의 연간이윤 $\pi_2$는

$$\pi_2 = [(0.26)(100{,}000) + (0.01)(900{,}000)] \cdot (100)$$
$$= (26{,}000 + 9{,}000)(100)$$
$$= 3{,}500{,}000(\text{단위 : 천 원})$$

35억은 투자 첫해에 초기투자비용을 회수하지 못하므로 회사는 신제품 생산을 하지 않기로 결정하게 된다.

## 2. 조건부확률을 이용한 접근방법

앞에서 우리 나라 소비자의 5%가 가죽쇼파를 구입할 것이라고 예상되었다. 이 말은 우리 나라 소비자 중에서 무작위로 한 명을 뽑으면 그 사람이 가죽쇼파의 구매자가 될 확률이 0.05라는 것이다. 다음을 정의하자.

$A_1$ : 연간소득이 3천만 원 이상인 사상
$A_2$ : 연간소득이 3천만 원 이하인 사상
$B$ : 가죽쇼파의 구매자인 사상

앞에서 주어진 조건(추정)에 의하면 다음이 성립한다.

$$P(B|A_1) = 0.26$$
$$P(B|A_2) = 0.01$$

1) 처음 조건하에서 무작위로 한명을 뽑을 때(즉 우리 나라 전체에서 뽑으나 판매지역에서 뽑으나 동일하다) 가죽쇼파를 구입할 확률인 $P(B)$는 식 (4.18)이나 식 (4.20)에 의하여

$$P(B) = P(B|A_1) \cdot P(A_1) + P(B|A_2) \cdot P(A_2)$$
$$= (0.26)(0.16) + (0.01)(0.84)$$
$$= 0.0416 + 0.0084(A_1\text{의 } B\text{면적} + A_2\text{의 } B\text{면적})$$
$$= 0.05$$

가 된다. 따라서 앞에서 계산한 것과 같은 이윤을 구하게 된다.

사상 $A_1$, $A_2$, $B$가 다음의 벤 다이어그램에 표시되어 있다. 그림에서 $A_1$의 일부인 사상 $B$는 $A_1$의 26%이고 $A_2$의 일부인 사상 $B$는 $A_2$의 1%이다. 전체적으로 사상 $B$는 $A_1$과 $A_2$를 합한 면적의 5%가 된다.

[그림 1] 조건부확률의 벤 다이어그램(1)

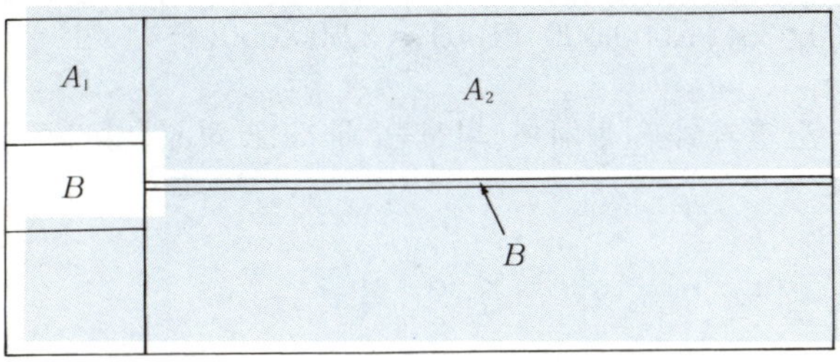


2) 이 회사에서 판매하려고 하는 지역의 소득분포는 우리 나라 전체의 소득분포와는 다르다는 것이 추가적인 자료에 의하여 알려졌다. 판매지역의 경우 연간소득이 3천만 원 이상인 사람의 비율이 전체보다 작으며, 이는 [그림 2]에서의 $A_1$ 면적이 [그림 1]에서의 $A_1$ 면적보다 작아지는 것을 의미한다. 그러나 $B$가 $A_1$에서 차지하는 비율은 두 그림이 동일하다. 추가정보가 주어진 경우 $A_1$은 10%, $A_2$는 90%가 되며, 그림에서 알 수 있듯이 전체 면적 중에서 $B$가 차지하는 비율은 작아지게 된다.

[그림 2] 조건부확률의 벤 다이어그램(2)

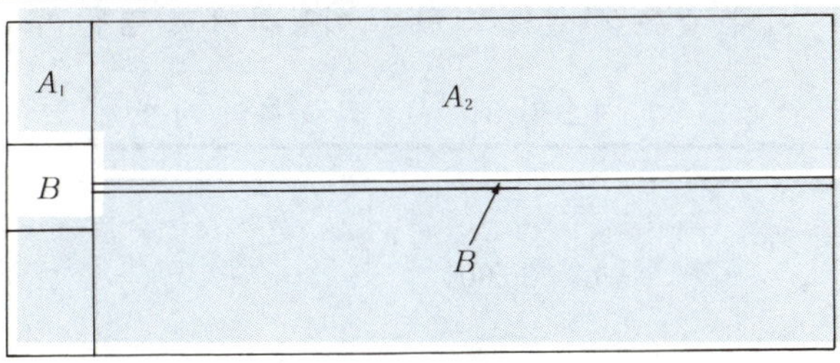


새로운 정보하에서 판매지역에서 무작위로 소비자 한 명을 뽑을 때 그 사람이 구매자인 확률 $P(B)$는

$$\begin{aligned} P(B) &= P(B|A_1) \cdot P(A_1) + P(B|A_2) \cdot P(A_2) \\ &= (0.26)(0.10) + (0.01)(0.90) \\ &= 0.026 + 0.009 (A_1\text{의 } B\text{면적} + A_2\text{의 } B\text{면적}) \\ &= 0.035 \end{aligned}$$

따라서 처음에 예상한 5%보다 작은 3.5%(판매지역 소비자의 3.5%)만이 가죽쇼

파를 구입할 것이라고 예상되므로 기대이윤 $\pi_2$는

$$\pi_2 = (0.035)(1{,}000{,}000)(100) = 3{,}500{,}000(\text{단위: 천 원})$$

으로 앞에서 구한 결과와 일치하며 회사는 투자를 하지 않기로 결정하게 된다.

## 3. 베이즈 정리를 이용한 사후적 확률

이제 베이즈 정리를 이용하여 의미 있는 추가적인 확률을 구해 보자. 연간소득이 3천만 원 이상인 사전적인 확률(prior probability)을 $P(A_1)$으로 표시할 때 $P(A_1) = 0.10$이다. 무작위로 뽑힌 사람이 가죽쇼파의 구매자(이 경우는 판매 전이므로 가상구매자)라는 추가적인 조건이 주어질 경우 그 사람의 연간소득이 3천 만 원 이상일 확률 즉 사후적 확률(posterior probability)인 $P(A_1|B)$를 베이즈 정리를 이용하면

$$P(A_1|B) = \frac{P(A_1 \cap B)}{P(B)} = \frac{0.026}{0.035} = 0.743$$

추가적인 정보(즉 뽑힌 사람이 구매자)가 있는 경우 $A_1$의 확률은 10%에서 74.3%로 증가하였다. 이와 같은 사실도 그림을 이용하여 설명될 수 있다.

[그림 3] 사후적 확률의 계산

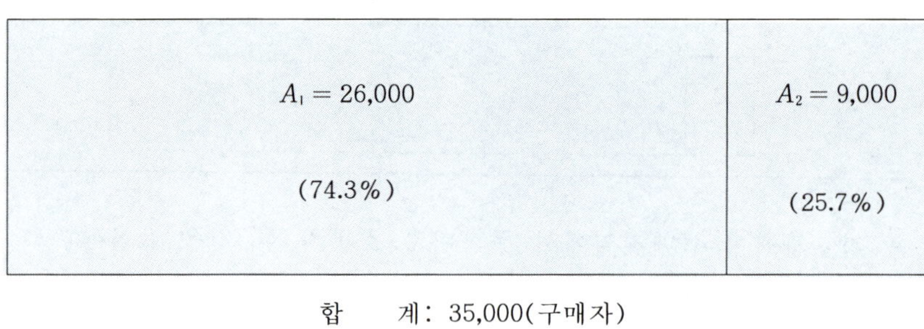


판매지역의 소비자 백만 명 중에서 35,000명(즉 3.5%)이 가죽쇼파를 구입하므로 무작위로 뽑힌 사람은 이 35,000명 중의 한 사람이다. 3천만 원 이상의 연간소득을 가진 소비자는 100,000명이므로 이 중 26,000명(26%)이 구매자이다. 나머지 900,000명의 소비자 중에서는 1%인 9,000명이 구매자가 된

다. 이것은 35,000명의 구매자가 26,000명(연간소득이 3천만 원 이상)과 9,000명(연간소득이 3천만 원 이하)으로 구성되어 있는 것을 의미한다. 연간소득이 3천만 원 이상인 26,000명은 전체 구매자의 74.3%이다. 즉 26,000/35,000 = 0.743이다.

# 5. 확률변수와 확률분포

제 5 장에서는 확률변수와 확률분포의 개념을 도입하여 확률에 대한 설명을 계속하려고 한다. 먼저 이산확률변수를 소개하고 그 기대치와 분산을 구하는 과정을 설명한 후 2개 이상의 확률변수들에 대한 결합확률분포와 그들의 공분산 및 상관관계에 대하여 고찰하려고 한다.

## 제 1 절 확률변수

우리는 제 4 장 제 2 절에서 불확실한 결과들을 발생시키는 확률실험에 대하여 설명하였다. 이제 우리는 확률실험의 결과들에 수치(numerical values)를 부여하는 과정에 초점을 맞추려고 한다. 여기에서 확률변수의 개념이 나타난다.

예를 들어 서울에 소재한 ABC자동차판매대리점이 하루에 판매하는 자동차에 대하여 조사하는 확률실험에서 실험의 결과를 판매된 차의 수(number)로 표시할 수 있다. 이 경우

$$X = \text{판매된 차의 수(number)}$$

라고 한다면 $X$를 確率變數(random variable)라고 한다. 확률변수가 취할 수 있는 수치는 실험의 결과에 달려 있다. 예를 들어, 어떤 날에 3대의 차가 판매되었으면 확률변수는 3의 값을 가지며(즉, $X=3$), 다른 날에는 4대의 차가 판매되었다면 확률변수는 4의 값을 가지게 된다(즉, $X=4$).

몇 가지 추가적인 실험들과 이에 연관된 확률변수가 〈표 5.1〉에 나타나 있다.

〈표 5.1〉 확률변수의 예

| 실 험 | 확률변수($X$) | 확률변수의 가능한 값 |
|---|---|---|
| 1. 주식에 투자된 투자금액의 월 수익률을 조사함 | 주식의 월 수익률 | $-100 \le x \le 200$(%) |
| 2. 통계학 수강생의 평균점수를 조사함 | 통계학 시험점수 | $0 \le x \le 100$(점) |
| 3. 슈퍼마켓을 방문하는 시간당 고객의 수를 조사함 | 시간당 방문하는 고객의 수 | 0, 1, 2, ⋯, 1,000(명) |
| 4. 100개의 생산품의 품질검사를 함 | 불량품의 수 | 0, 1, 2, ⋯, 100(개) |

이제 확률변수를 다음과 같이 정의한다.

**확률변수**(random variable)
확률변수란 확률실험에서 나타날 수 있는 모든 결과에 대하여 數値를 부여하는 것을(함수를) 의미한다. 확률변수는 일반적으로 알파벳의 끝 부분의 대문자(예 : $X, Y, U, V, Z, W, Y$)로 표시한다.

어느 집단의 키를 조사한다든지 증권의 수익률을 연구하는 등의 실험결과는 그 결과가 자연스럽게 수치로 표현되기 때문에 확률변수로서 정의하는데 문제가 없다.

그러나 동전을 던지는 실험에서 그 결과를 앞면·뒷면으로 표현한다면(즉, $X$= 앞면 혹은 뒷면) 실험의 결과에 수치가 부여되지 않기 때문에 확률변수가 될 수 없다. 이런 경우에는 적절한 기준에 따라 실험의 결과에 수치를 부여하면(즉, 앞면의 경우 $X=0$, 뒷면의 경우 $X=1$) 확률변수가 될 수 있다.

확률변수는 離散確率變數(discrete random variable)와 連續確率變數(continuous random variable)로 구분한다.

이산확률변수는 확률변수가 취하는 값이 셀 수 있을 정도로 한정되어 있는 경우이고, 연속확률변수는 확률변수가 취하는 값이 무한인 경우를 말한다. 동전 4개를 던질 때 나오는 앞면의 수를 확률변수 $X$로 한다면, 확률변수 $X$가 취할 수 있는 값은 0, 1, 2, 3, 4의 5가지 숫자로 제한된다. 따라서 이 때의 확률변수 $X$는 이산확률변수이다.

그러나 TV광고시간·키·새로 개발된 건전지의 수명·증권의 수익률·화재의 손실액 등을 확률변수로 정할 경우는 이러한 확률변수가 취할 수 있는 값들은 무한히 많다. 예를 들어, 화재로 인한 손실액이 0원에서 1천만 원이라면 이 구간 내에서 손실액의 값은 무한히 많다. 이러한 확률변수를 연속확률변수라고 한다.

# 제 2 절 이산확률분포

## 1. 확률함수

확률분포를 설명하기 위하여 다음의 예를 고려해 보자. 동전을 두 번 던질 때 앞면을 H, 뒷면을 T라고 하면 가능한 결과들의 집합은 S = {HH, HT, TH, TT}로 표시될 수 있다. 이제 확률변수 $X$를 동전을 두 번 던질 때 나타나는 앞면의 수로 정의하면 $X = 0, 1, 2$의 값을 가진다.

각 확률변수가 취하는 값에 대한 확률을 계산하여 보자. 앞면이 한 번도 나오지 않을 확률 $P(X=0)$은 결과가 TT인 경우이므로 1/4이며, 앞면이 한 번 나올 확률 $P(X=1)$은 결과가 HT나 TH인 경우이므로 1/2이다. 두 번 모두 앞면이 나올 확률 $P(X=2)$는 결과가 HH인 경우이므로 1/4이다. 〈표 5.2〉와 같이 확률변수가 취할 수 있는 모든 값들(즉, $X = 0, 1, 2$)과 이에 대응하는 각각의 확률을 표시한 것을 確率分布라고 한다.

〈표 5.2〉 동전을 두 번 던지는 경우의 확률분포

| 확률변수($X$) | $P(X=x)=f(x)$ |
|---|---|
| 0 | 1/4 |
| 1 | 1/2 |
| 2 | 1/4 |

확률분포를 다음과 같이 정의한다.

**확률분포**(probability distribution)

확률분포란 어떤 확률변수가 취할 수 있는 모든 값들과 이 값들이 나타날 가능성을 상대도수로 표시한 것이다. 이산확률변수의 확률분포를 확률질량함수(probability mass function) 혹은 확률함수(probability function)라고 하며, 연속확률변수의 확률분포를 확률밀도함수(probability density function)라고 한다.

ABC판매대리점에서 하루에 판매되는 차의 수 $X$는 〈표 5.3〉과 같은 확

〈표 5.3〉 $X$의 확률함수

| $x$ | $f(x)$ |
|---|---|
| 0 | 0.18 |
| 1 | 0.39 |
| 2 | 0.24 |
| 3 | 0.14 |
| 4 | 0.04 |
| 5 | 0.01 |
| 합 계 | 1.00 |

[그림 5.1] 그림으로 나타낸 확률함수

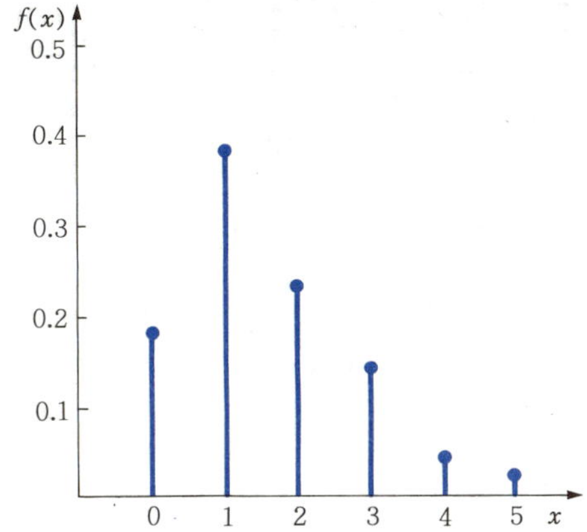


률분포를 한다고 한다. $X$의 확률함수를 $f(x)$로 나타내며, 이는 확률변수 $X$가 어떤 특정한 값인 $x$를 취하는 확률을 나타낸다. 예를 들어, 하루에 판매되는 차의 수가 0인 경우의 확률, 즉 $P(X=0)$을 $f(0)$으로 표시한다. 〈표 5.3〉에서 $f(0)=0.18$임을 알 수 있다. 여기서 확률변수는 대문자 $X$로, 그 확률변수가 취하는 특정한 값은 소문자 $x$로 나타내는 것에 유의하여야 한다.

확률변수 $X$의 확률함수를 나타내는 방법은 〈표 5.3〉과 같이 표로 나타내는 방법 이외에 [그림 5.1]과 같이 그림을 이용하여 나타낼 수도 있다. 〈표 5.3〉의 확률함수는 각 $x$값에 대응하는 확률을 별도로 표시하여 나타내고 있다. 그러나 많은 이산확률변수의 확률함수는 모든 가능한 $x$에 대한 $f(x)$를 하나의 식으로 나타낼 수 있는데, 제 6 장에서 고찰할 확률함수들은 이와 같은 경우에 해당된다.

이산확률변수 $X$의 확률함수 $f(x)$는 확률이기 때문에 제 4 장에서 설명된 확률의 기본공리를 만족시켜야 한다. 즉,

$$f(x) \geq 0,\ \sum f(x) = 1,\ P(X \in A) = \sum_{X \in A} f(x)$$

등이며 그 의미는 확률의 기본공리와 동일하다.

〈표 5.4〉 $X$의 누적분포함수

| $x$ | $F(x)$ |
|---|---|
| 0 | 0.18 |
| 1 | 0.57 |
| 2 | 0.81 |
| 3 | 0.95 |
| 4 | 0.99 |
| 5 | 1.00 |

[그림 5.2] 그림으로 나타낸 누적분포함수

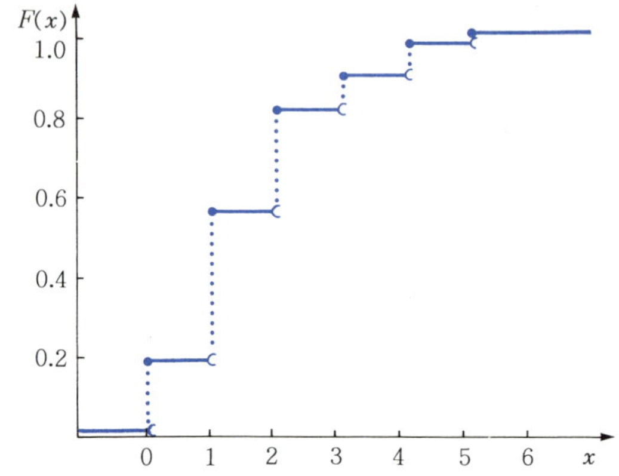


## 2. 누적분포함수

이산확률변수의 확률함수 $f(x)$는 확률변수가 어떤 특정한 값을 취하는 확률을 나타낸다. 예를 들어 ABC판매대리점이 하루에 차를 3대 판매할 확률은 $f(3)=0.14$이다. 한편, 우리는 확률변수가 어떤 특정한 값보다 작거나 같은 값을 취하는 경우의 확률에 관심이 있을 수 있으며, 이런 경우에 사용되는 것이 누적분포함수이다.

누적분포함수는 $F(x)$로 표시되며 $F(x)$는 확률변수 $X$가 특정한 값 $x$보다 작거나 같을 확률을 나타낸다. 앞의 예에서 하루에 판매되는 차의 수가 3대 이하일 확률은 $F(3)$이며 $F(3)$은 $f(x)$를 이용하여 나타낼 수 있다.

$$\begin{aligned} F(3) &= P(X \leq 3) = f(0)+f(1)+f(2)+f(3) \\ &= 0.18+0.39+0.24+0.14 \\ &= 0.95 \end{aligned} \tag{5.1}$$

이와 유사하게 $F(1)=f(0)+f(1)=0.57$이다. 모든 $x$에 대하여 $F(x)$를 구하면 〈표 5.4〉와 같이 나타낼 수 있는데 이 표를 累積分布函數(cumulative distribution function ; CDF) 혹은 간단히 分布函數(distribution function ; DF)라고 한다.

이산형 확률변수의 누적분포함수에 대한 정의와 중요한 성질을 정리하면 다음과 같다.

1) 누적분포함수의 정의

$$F(x) = P(X \leq x) \tag{5.2}$$

2) 누적분포함수의 성질

(i) $F(x)$는 확률이므로 $0 \leq F(x) \leq 1$

(ii) $F(x)$는 $x$의 非減少函數(nondecreasing function)이다. 즉

$a < b$이면 $F(a) \leq F(b)$

(iii) 확률변수가 취할 수 있는 가장 큰 값과 같거나 그보다 더 큰 값을 $y$라고 하면 $F(y) = 1$이다. 또 확률변수가 취할 수 있는 가장 작은 값보다 더 작은 값을 $z$라고 하면 $F(z) = 0$이다.

(iv) $X$가 이산형 확률변수라면 $F(x)$는 계단함수(step function)가 되며 각 계단의 높이는 확률 $P(X = x)$와 같다.

누적분포함수의 정의에서 대문자 $X$는 하루에 판매되는 자동차의 수를 나타내는 확률변수이고, 소문자 $x$는 실험결과 발생되는 관측치인 $X$의 특별한 값이다. 즉,

$$\begin{gathered} F(1) = P(X \leq 1) \\ F(2) = P(X \leq 2) \\ \vdots \qquad \vdots \\ F(x) = P(X \leq x) \end{gathered}$$

임에 유의하여야 한다. $F(x)$는 $F(1)$, $F(2)$, $\cdots$, $F(5)$ 등을 일반화하여 표시한 것이며, 확률함수 $f(x)$도 $f(1)$, $f(2)$, $\cdots$, $f(5)$ 등을 일반화하여 표시한 것이다. 따라서 $f(x)$나 $F(x)$의 $x$는 항상 소문자 $x$이어야 한다.

누적분포함수의 세 번째와 네 번째 성질을 설명하여 보자. 확률변수가 취할 수 있는 가장 큰 값보다 같거나 큰 값을 $y$라고 하면 $y = 6$인 경우 [그림 5.2]에서 알 수 있듯이 $F(6) = 1$이다. 또 $z = -1$인 경우 [그림 5.2]에서 알 수 있듯이 $F(-1) = 0$이다. 또 [그림 5.2]에서 나타나듯이 $F(x)$는 계단함수이다. $F(1) = 0.57$이고 $F(0) = 0.18$이므로 $P(X = 1)$은

$$P(X=1)=F(1)-F(0)=f(1) \qquad (5.3)$$
$$=0.57-0.18=0.39$$

가 되는 것을 [그림 5.2]를 통하여 확인할 수 있다.

## 제 3 절 기 대 치

확률변수의 분포에 대한 기술적 측정치로 가장 많이 사용되는 것은 중심경향도의 측정치로서 期待値와 산포도의 측정치로서 分散이다.

### 1. 기대치의 의미와 계산

앞의 예에서 하루에 판매되는 자동차의 수인 확률변수는 $X$는 0, 1, 2, 3, 4, 5 등의 여러 가지 값을 가지므로 우리는 $X$를 대표할 수 있는 값을 찾는 경우가 많다. 예를 들어, 하루에 판매되는 자동차의 평균대수를 알고 싶은 경우 평균판매대수를 $X$의 대표값으로 생각할 수 있다. 확률변수 $X$의 대표값으로 가장 많이 쓰이는 것이 확률변수 $X$의 기대치이다. 따라서 우리가 확률변수의 확률분포를 구한 다음에는 확률변수의 기대치를 계산하게 된다.

이산확률변수의 기대치(expected value)는 확률변수가 취하는 모든 값에 대한 가중평균(weighted average)이다. 여기서 가중치는 각 확률변수의 값에 부여된 확률을 말한다. 이산확률변수 $X$의 기대치인 $E(X)$를 구하는 식은 식 (5.4)와 같다.

**이산확률변수의 기대치**

$$E(X)=\mu=\sum_{\text{모든 } x} xf(x) \qquad (5.4)$$

확률변수의 기대치는 $E(X)$나 $\mu$를 사용하여 나타내며 기대치를 구하는 방법은 각각의 확률변수값에 이에 대응하는 확률을 곱한 다음 그 결과를 모두 합하면 된다.

〈표 5.5〉는 ABC판매대리점에서 하루에 판매되는 자동차 대수의 기대치

〈표 5.5〉 기대치의 계산

| $x$ | $f(x)$ | $x \cdot f(x)$ |
|---|---|---|
| 0 | 0.18 | 0 |
| 1 | 0.39 | 0.39 |
| 2 | 0.24 | 0.48 |
| 3 | 0.14 | 0.42 |
| 4 | 0.04 | 0.16 |
| 5 | 0.01 | 0.05 |
| | | $E(X)=1.50$ |

[그림 5.3] 가중평균으로서의 기대치

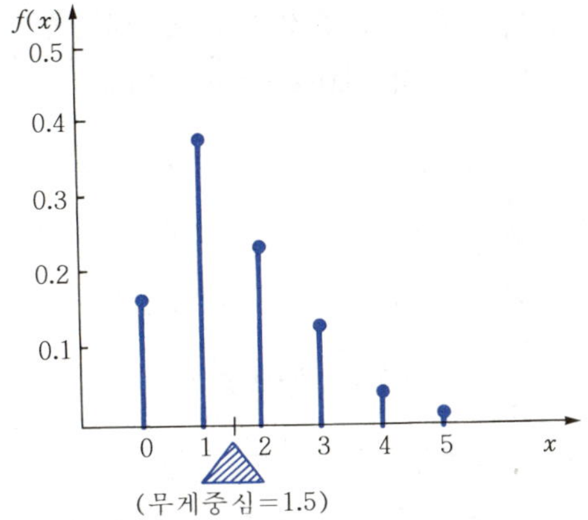


를 계산하는 과정을 표시한 것이다. [그림 5.3]은 가중평균으로서의 기대치이다. 즉 $x=1.5$는 [그림 5.3]에서 무게중심에 해당된다.

확률실험이 수없이 많이 행하여지는 경우 확률변수의 기대치는 장기적인 관점에서 확률변수가 갖는 평균값이라고 해석할 수 있다. 확률변수의 기대치는 다음 번 실험이 행하여질 때 나오는 값이란 의미는 아니다. 실제로 앞의 예에서 하루에 판매되는 자동차의 수는 1.5가 될 수 없다. 그러나 ABC판매대리점에서 앞으로 오랜 기간 동안 자동차를 판매한다면 기대값인 1.5대는 하루에 판매될 자동차 대수의 평균값에 대한 좋은 추정치가 될 수 있다.

예를 들어, 이 대리점에서 향후 3개월 동안 60일만 영업을 한다고 하는 경우 향후 3개월 동안 예상판매대수는

$$60 \times 1.5 = 90(\text{대})$$

가 될 것으로 예측할 수 있다. 따라서 향후 3개월간의 자동차 수급계획을 세우는 경우 기대치는 의사결정에 유용한 정보를 제공한다.

## 2. 기대치의 속성

확률변수 $X$의 기대치 $E(X)$를 알면 $X$의 1차함수로 표시된 새로운 확률변수의 기대치는 다음과 같은 기대치의 속성을 이용하여 계산할 수 있다.

**기대치의 속성**

1) 확률변수 $X$에 상수 $c$를 더해 준 경우, 새로운 확률변수$(X+c)$의 기대치는 $X$의 기대치에 $c$를 더해 준 것과 같다. 즉,

$$E(X+c)=E(X)+c \tag{5.5}$$

2) 확률변수 $X$에 상수 $c$를 곱해 준 경우, 새로운 확률변수$(cX)$의 기대치는 $X$의 기대치에 $c$를 곱해 준 것과 같다. 즉,

$$E(cX)=cE(X) \tag{5.6}$$

3) 확률변수 $X$에 상수 $c$를 곱해 주고, 또 상수 $d$를 더해 준 경우, 새로운 확률변수$(cX+d)$의 기대치는 $X$의 기대치에 $c$를 곱해 주고 또 $d$를 더해 준 것과 같다. 즉,

$$E(cX+d)=cE(X)+d \tag{5.7}$$

4) 상수 $c$의 기대치는 그 상수 $c$와 같다. 즉,

$$E(c)=c \tag{5.8}$$

5) 두 확률변수 $X$와 $Y$의 합의 기대치는 확률변수 $X$의 기대치와 확률변수 $Y$의 기대치의 합과 같다. 즉,

$$E(X+Y)=E(X)+E(Y)$$
$$E(aX+bY)=aE(X)+bE(Y) \tag{5.9}$$

**예제 5. 1**

의사결정자들은 확률변수 그 자체보다 확률변수의 함수에 더 많은 관심이 있을 수 있다. 즉, ABC대리점의 경영자는 하루에 판매되는 자동차 대수보다 하루의 예상이윤에 더 많은 관심이 있다고 하자. ABC대리점은 자동차 한 대 판매당 300(단위 : 천 원)의 이윤을 얻고 그 이외에 자동차를 대여해 준 대가로 매일 200(단위 : 천 원)의 고정이윤을 얻는다고 하자. 이 경우 ABC대리점의 하루이윤($W$)은 다음과 같이 표시되는 확률변수가 된다.

$$W(\text{하루이윤})=300X+200$$

이 경우 $W$의 기대치를 구하시오.

(풀이)

식 (5.7)에서 $c=300$, $d=200$의 경우에 해당되므로

$$\begin{aligned} E(W) &= E(300X+200) = 300E(X)+200 \\ &= 300(1.5)+200 = 650 \end{aligned}$$

# 제 4 절 분 산

## 1. 분산의 의미와 계산

기대치는 확률실험이 반복되는 경우에 확률변수가 취하는 결과의 평균값을 제공하여 주지만, 그러한 반복적 실험결과의 하나하나가 어떻게 퍼져 있는지에 대해서는 아무런 정보도 제공하지 못한다. 그러므로 이러한 변동도를 측정할 필요가 있는 경우에 사용되는 가장 중요한 특성치가 分散(variance)이다.

분산의 제곱근을 標準偏差(standard deviation)라고 하며, 분산과 표준편차는 다음 식을 이용하여 구한다.

**분산의 계산**

$$\mathrm{Var}(X) = \sigma_X^2 = \sum (x-\mu)^2 f(x) \tag{5.10}$$

$$= E(X^2) - \mu^2 \tag{5.11}$$

**표준편차의 계산**

$$\mathrm{SD}(X) = \sigma_X = \sqrt{\mathrm{Var}(X)}$$

식 (5.10)의 $x-\mu$는 확률변수의 값이 기대치와 얼마나 떨어져 있느냐를 나타내 주며 이를 제곱한 값이 $(x-\mu)^2$이다. 식 (5.10)은 분산이 $(X-\mu)^2$이라는 새로운 확률변수의 기대치라는 것을 보여 준다. 즉 분산이란 확률변수 $X$가 평균 $\mu$에서 떨어져 있는 정도(의 제곱)의 평균을 나타내는 개념이다.

앞의 예에서 하루에 판매되는 자동차 대수의 분산을 구해 보자. 분산의

〈표 5.6〉 분산의 계산

| $x$ | $(x-\mu)^2$ | $f(x)$ | $(x-\mu)^2 f(x)$ | $x^2 f(x)$ |
|---|---|---|---|---|
| 0 | $(-1.50)^2$ | 0.18 | 0.4050 | 0 |
| 1 | $(-0.50)^2$ | 0.39 | 0.0975 | 0.39 |
| 2 | $(0.50)^2$ | 0.24 | 0.0600 | 0.96 |
| 3 | $(1.50)^2$ | 0.14 | 0.3150 | 1.26 |
| 4 | $(2.50)^2$ | 0.04 | 0.2500 | 0.64 |
| 5 | $(3.50)^2$ | 0.01 | 0.1225 | 0.25 |
| | | | $\sigma^2 = \sum(x-\mu)^2 f(x) = 1.2500$ | 3.50 |

계산시에는 식 (5. 11)이 더 많이 사용된다(증명은 보론을 참고하기 바람).

식 (5. 11)을 사용하는 경우 Var($X$)는

$$\begin{aligned} \mathrm{Var}(X) &= E(X^2) - \mu^2 \\ &= 3.5 - (1.5)^2 = 1.25 \end{aligned}$$

가 되어 동일한 결과를 얻는다. $X$의 표준편차는 다음과 같다.

$$\sigma_X = \sqrt{\mathrm{Var}(X)} = \sqrt{1.25} = 1.118$$

## 2. 분산의 속성

분산의 중요한 속성들을 정리하면 다음과 같다. 두 변수 $X$와 $Y$가 독립이 아닌 경우 분산의 속성들은 제 7 절에서 설명될 것이다(식 (5. 14)의 증명은 보론을 참고하기 바람).

**분산의 중요한 속성**

1) $\mathrm{Var}(c) = 0$ (5. 12)

2) $\mathrm{Var}(X+c) = \mathrm{Var}(X)$ (5. 13)

3) $\mathrm{Var}(cX) = c^2\ \mathrm{Var}(X)$ (5. 14)

4) $\mathrm{Var}(cX+d) = c^2\ \mathrm{Var}(X)$ (5. 15)

5) $X$와 $Y$가 독립적인 확률변수인 경우

$$\mathrm{Var}(X+Y) = \mathrm{Var}(X) + \mathrm{Var}(Y) \quad (5.16)$$

* 여기서 $c$와 $d$는 상수이다.

예제 5.2

예제 5.1에서 $W=300X+200$으로 정의되었다. 이 때 $W$의 분산과 표준편차를 구하시오.

(풀이)

$$\begin{aligned} \mathrm{Var}(W) &= \mathrm{Var}(300X+200) \\ &= (300)^2\ \mathrm{Var}(X) = 90{,}000(1.25) \\ &= 112{,}500 \\ \sigma_W &= \sqrt{\mathrm{Var}(W)} = \sqrt{112{,}500} \\ &= 335.41 (\text{단위 : 천 원}) \end{aligned}$$

## 제 5 절 체비셰프(Chebyshev)의 정리*

산포도의 측정(제 3 장의 제 2 절)에서 언급하였듯이 자료의 모든 값들이 평균을 중심으로 몰려 있는 경우에 변동도 또는 산포도는 작으며, 반대로 자료들이 평균에서 멀리 위치하고 있는 경우에는 변동도 또는 산포도는 커지게 된다. 바꾸어 말하면, 자료에서 계산된 표준편차가 작다면 이는 자료를 구성하는 값들이 평균을 중심으로 몰려 있다는 것을 의미하고, 반대로 표준편차가 크다면 자료를 구성하는 값들이 평균에서 멀리 확산되어 있음을 의미하는 것이다.

러시아의 수학자 체비셰프(P. L. Chebyshev)는 이러한 산포도와 표준편차의 관계에 대하여 매우 유용한 법칙을 제시하였는데 이 법칙을 '체비셰프의 정리'(Chebyshev's Theorem)라 한다.

**체비셰프(Chebyshev)의 정리**

평균이 $\mu$, 표준편차가 $\sigma$인 확률변수 $X$의 확률분포가 주어진 경우 $X$의 값이 평균으로부터 $k$배의 표준편차 범위를 벗어나는 확률은 $1/k^2$을 초과하지 않는다. 즉,

$$P(|X-\mu| \geq k\sigma) \leq \frac{1}{k^2} \qquad (5.17)$$

[그림 5.4] 체비셰프(Chebyshev)의 정리

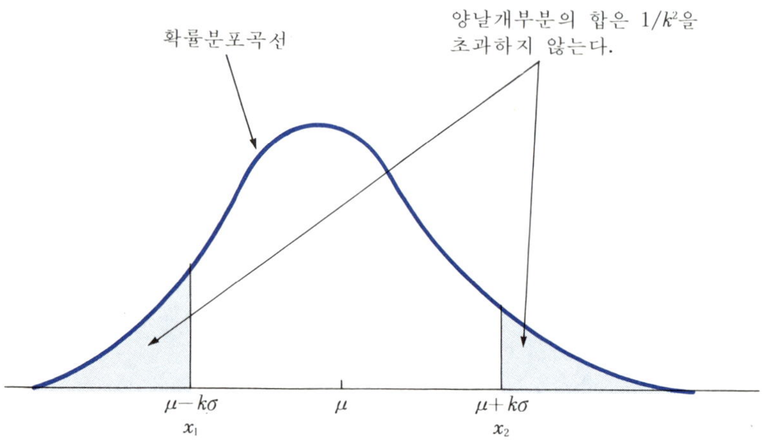


이는 다시 다음과 같이 바꾸어 정의할 수 있다. "평균이 $\mu$, 표준편차가 $\sigma$인 확률변수 $X$의 확률분포가 주어진 경우 $X$의 값이 평균으로부터 $k$배의 표준편차 이내에 포함될 확률은 적어도 $1-1/k^2$이다." 즉,

$$P(\mu - k\sigma < X < \mu + k\sigma) \geq 1 - \frac{1}{k^2} \tag{5.18}$$

체비셰프의 정리는 어떤 종류의 확률분포에도 적용될 수 있다. 그리고 이 정리가 의미하는 것을 그림을 통하여서 살펴보면 [그림 5.4]와 같다. 즉 $x_1$ $(=\mu - k\sigma)$에서 $x_2(=\mu + k\sigma)$에 이르는 범위의 밖에 속하는 $X$값의 확률(즉 청색으로 표시된 두 꼬리부분 면적의 합)은 $1/k^2$을 초과하지 않는다.

**예제 5.3**

토마토 케첩을 만드는 회사에서는 기계가 병에 토마토 케첩을 넣는다. 한 병당 케첩의 평균무게는 14이고 표준편차는 0.04이다. 생산되는 제품 중에서 적어도 몇 퍼센트가 한 병당 케첩의 무게가 13.9와 14.1 사이에 있는가?

**(풀이)**

표준편차가 0.04이므로 0.1은 $\sigma$의 2.5배이다(0.1/0.04 = 2.5). 식 (5.18)을 이용하면 $1-1/k^2 = 1-1/(2.5)^2 = 0.84$이다. 따라서 적어도 84%의 제품이 13.9와 14.1 사이에 있다.

# 제 6 절 결합확률분포*

이제까지 고찰한 확률분포는 하나의 확률변수에 대한 것이다. 그러나 실제로 의사결정을 하는 경우 둘 또는 그 이상의 확률변수가 관련된 분포의 분석을 기초로 하는 경우가 많다.

둘 또는 그 이상의 확률변수가 관련되어 있는 상황하에서 결정되는 확률분포를 結合確率分布(joint probability distribution)라 한다. 그리고 단 두 개의 확률변수만이 관련되어 있는 경우의 결합확률분포를 이변량분포(bivariate distribution)라 하고, 둘 또는 그 이상의 확률변수와 관련되어 있는 경우의 결합확률분포를 다변량분포(multivariate distribution)라고 부른다.

본 절의 논의에서는 두 확률변수의 결합확률분포를 위주로 하여 고찰하기로 한다.

## 1. 결합확률분포

결합확률분포의 개념을 설명하기 위하여 ABC대리점의 300일 동안의 판매실적을 고려해 보자. 〈표 5.7〉의 자료는 하루에 판매된 자동차 대수뿐만 아니라 하루에 근무한 판매사원의 수도 나타내 준다. 예를 들어, 300일 중 15일은 한 명의 판매사원이 근무하고 한 대의 자동차도 판매하지 못한 날들이며, 300일 중 33일은 한 명의 판매사원이 근무하고 1대의 자동차를 판매한 날들이다. 이제 하루에 판매된 자동차 대수라는 확률변수 $X$ 외에 하루에 근무하는 판매사원의 수를 확률변수 $Y$라고 정의하자.

$X$와 $Y$의 두 개의 확률변수를 이용하여 $X$와 $Y$의 결합확률함수 $f(x, y)$를 정의할 수 있다. 예를 들면, $f(0, 1)$은 $x=0$(0대의 판매대수)와 $y=1$(한 명의 판매사원)인 경우의 확률을 나타낸다. 〈표 5.7〉의 자료를 이용하여 각각의 상대도수를 부여할 수 있다. 0대의 판매대수와 1명의 판매사원에 해당되는 날들은 300일 중 15일이므로 $f(0, 1)=15/300=0.05$의 값을 부여할 수 있다. 이와 유사하게 $f(1, 1)=33/300=0.11$ 등으로 상대도수를 각 경우마다 부여하면 〈표 5.8〉과 같은 $X$와 $Y$의 결합확률분포를 얻는다.

$X$와 $Y$의 결합확률분포를 그림으로 나타내면 [그림 5.5]와 같다. 각 좌

〈표 5.7〉 ABC 대리점의 300일 간의 판매자료

| 판매대수($X$) | 판매사원의 수($Y$) 1 | 2 | 3 | 합 계 |
|---|---|---|---|---|
| 0 | 15 | 34 | 5 | 54 |
| 1 | 33 | 78 | 6 | 117 |
| 2 | 23 | 45 | 4 | 72 |
| 3 | 17 | 14 | 11 | 42 |
| 4 | 2 | 7 | 3 | 12 |
| 5 | 0 | 2 | 1 | 3 |
| 합 계 | 90 | 180 | 30 | 300 |

[그림 5.5] $X$와 $Y$의 결합확률분포

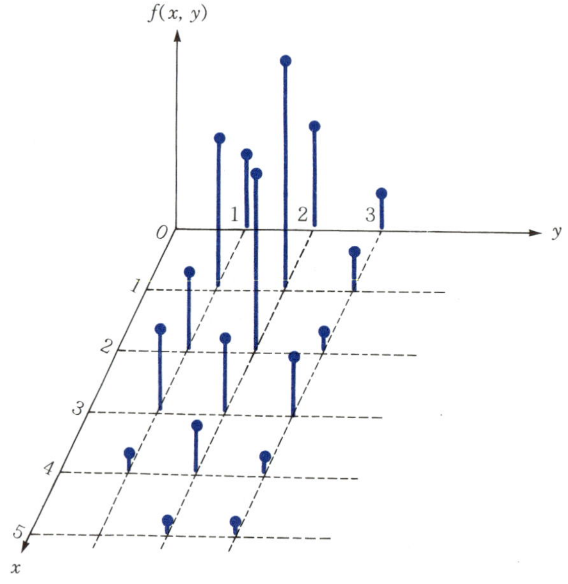


표에서의 높이는 그 좌표가 발생할 확률을 나타낸다.

## 2. 주변확률분포

확률변수 $X$와 $Y$의 개별적인 확률분포는 〈표 5.8〉의 주변(margins)에 나

〈표 5.8〉 $X$와 $Y$의 결합확률분포와 주변확률분포

| 판매대수($X$) | 판매사원의 수($Y$) 1 | 2 | 3 | 합계( = $X$의 주변확률) |
|---|---|---|---|---|
| 0 | 0.050 | 0.113 | 0.017 | $0.18 = f_1(0)$ |
| 1 | 0.110 | 0.260 | 0.020 | $0.39 = f_1(1)$ |
| 2 | 0.077 | 0.150 | 0.013 | $0.24 = f_1(2)$ |
| 3 | 0.056 | 0.047 | 0.037 | $0.14 = f_1(3)$ |
| 4 | 0.007 | 0.023 | 0.010 | $0.04 = f_1(4)$ |
| 5 | 0.000 | 0.007 | 0.003 | $0.01 = f_1(5)$ |
| 합 계 | 0.300 | 0.600 | 0.100 | 1.00 |
| ($Y$의 주변확률) | $f_2(1)$ | $f_2(2)$ | $f_2(3)$ | |

타나 있다. 〈표 5.8〉의 行의 합은 $X$의 확률분포를 나타내고 있다. 즉, $P(X=0)=0.18$, $P(X=1)=0.39$ 등이다. 〈표 5.8〉의 列의 합은 $Y$의 확률분포를 나타내고 있다. 즉, 판매사원 1명이 근무하는 확률, 즉 $P(Y=1)$은 0.3이다.

두 개의 확률변수의 개별확률분포가 〈표 5.8〉의 주변(margins)에 나타나므로 $X$와 $Y$의 개별확률분포를 周邊確率分布(marginal probability distribution)라고 한다.

X의 주변확률함수(marginal probability function)를 $f_1(x)$, $Y$의 주변확률함수를 $f_2(y)$로 표시한다. 따라서 $f_1(2)$는 $x=2$인 확률을 $f_2(1)$은 $y=1$인 확률을 나타낸다. 〈표 5.8〉에서 알 수 있듯이 $f_1(x)$와 $f_2(y)$는 다음과 같이 구할 수 있다.

**주변확률함수의 계산**

$$f_1(x) = \sum_y f(x, y) \tag{5.19}$$

$$f_2(y) = \sum_x f(x, y) \tag{5.20}$$

## 3. 두 이산확률변수의 독립성

두 개의 확률변수 $X$와 $Y$는 다음과 같은 경우에 독립적이라고 한다.

**두 이산확률변수의 독립성**

두 이산확률변수 $X$와 $Y$는 다음이 성립하면 독립적이고, 그렇지 않으면 종속적이다.

$$f(x,\ y) = f_1(x) \cdot f_2(y) \tag{5.21}$$

ABC대리점의 〈표 5.8〉의 경우 $X$와 $Y$가 독립적이기 위해서는 $f(0,\ 1) = f_1(0) \cdot f_2(1)$이어야 한다. $f_1(0) = 0.18$, $f_2(1) = 0.30$이므로 $f_1(0) \cdot f_2(1) = (0.18)(0.30) = 0.54$이다. $f(0,\ 1)$은 0.050이므로 $X$와 $Y$는 독립적이 아니다.

$X$와 $Y$가 종속적인 관계를 갖는 것을 증명하기 위해서는 식 (5.21)이 성립이 되지 않는 하나의 경우만 예시하면 된다. 즉 $f_1(0) \cdot f_2(1) \neq f(0,\ 1)$만 보이면 된다. 그러나 $X$와 $Y$가 독립적인 것을 증명하기 위해서는 $f_1(x) \cdot f_2(y) = f(x,\ y)$가 모든 $x$와 y에 대하여 성립하는 것을 보여야 한다.

## 4. 조건부확률분포

제 4 장에서 고찰한 조건부확률의 개념과 동일하다. 제 4 장에서

$$P(A \mid B) = \frac{P(A \cap B)}{P(B)}$$

가 성립하는 것을 설명하였다. 이제 $Y$가 주어진 것을 조건으로 한 $X$의 확률함수를 $g(x \mid y)$로 나타내기로 하면

$$g(x \mid y) = \frac{f(x,\ y)}{f_2(y)} \tag{5.22}$$

로 정의된다. 따라서 $f(x,\ y)$는

$$f(x,\ y) = g(x \mid y) \cdot f_2(y) \tag{5.23}$$

이 성립한다. $X$와 $Y$가 독립적인 경우는 식 (5.21)을 식 (5.22)에 대입하면 $g(x \mid y) = f_1(x)$가 성립한다. 이와 같은 논의는 제 4 장에서 설명한 조건부확률의 개념과 동일하다는 것을 알 수 있다.

예제 5.4

$g(0 \mid 1)$의 의미를 설명하고 그 값을 구하시오.

(풀이)

$g(0 \mid 1)$은 $y=1$인 조건하에서 $x=0$인 확률을 의미한다. 따라서 〈표 5.8〉의 첫번째 列만을 고려하면 된다. 즉 판매사원이 1명 근무하는 조건하에서 판매대수가 하나도 없는 확률이다.

$$g(0 \mid 1)=\frac{f(0,\ 1)}{f_2(1)}=\frac{0.050}{0.300}=0.16667$$

## 5. 두 변수의 함수의 기대치

기대치의 개념은 둘 또는 그 이상의 변수들을 포함하고 있는 함수에 대하여도 적용될 수 있다. 만약 $h(X,\ Y)$가 두 변수 $X$와 $Y$의 함수라면 $h(X,\ Y)$도 하나의 확률변수이므로 $h(X,\ Y)$의 기대치는 다음과 같다.

$$E[h(X,\ Y)]=\sum_y \sum_x h(x,\ y)\cdot f(x,\ y) \tag{5.24}$$

$f(x,\ y)$도 확률함수이므로 변수가 하나인 $f(x)$와 같이 제 4 장의 확률의 기본공리를 충족시켜야 한다.

새로운 확률변수 $h(X,\ Y)$의 특수한 4가지 형태는 다음과 같다.

$$h(X,\ Y)=X+Y \tag{5.25}$$

$$h(X,\ Y)=X-Y \tag{5.26}$$

$$h(X,\ Y)=X\cdot Y \tag{5.27}$$

$$h(X,\ Y)=(X-\mu_X)(Y-\mu_Y) \tag{5.28}$$

$h(X,\ Y)=(X-\mu_X)(Y-\mu_Y)$의 기대치를 共分散이라고 하며, 이에 대하여는 제 7 절에서 설명될 것이다. $h(X,\ Y)=X+Y$의 기대치를 〈표 5.8〉을 이용하여 구해 보자. $(X,\ Y)$가 취할 수 있는 경우는 18가지로 각 경우에 그 경우가 발생할 확률인 $f(x,\ y)$를 곱하여 그 결과를 모두 더하면 $h(X,\ Y)$의 기대치가 된다. 즉,

$$E[h(X,\ Y)]=E(X+Y)=\sum_x \sum_y (x+y)f(x,\ y) \tag{5.29}$$

$$= (0+1)f(0, 1) + (0+2)f(0, 2) + (0+3)f(0, 3) + (1+1)f(1, 1) + \cdots + (5+3)f(5, 3) = 3.3$$

또 식 (5.9)를 이용하여 구하면 다음과 같다.

$$E(X+Y) = E(X) + E(Y) = 1.5 + 1.8 = 3.3 \tag{5.30}$$

식 (5.29)와 식 (5.30)의 등식이 성립하는 것은 자명하다. 따라서 $X+Y$의 기대치(또는 $X-Y$의 기대치)는 식 (5.29)보다 식 (5.30)을 이용하는 것이 편리하다. 그러나 식 (5.29)는 두 변수로 구성된 함수(즉, 확률변수)와 그 함수(즉, 확률변수)가 발생할 확률을 대응시켜서 기대치의 정의대로 기대치를 구한 것이므로 의미가 있는 식이다.

## 제 7 절 공분산과 상관계수*

### 1. 공 분 산

결합확률분포와 관련되어서 고찰할 중요한 개념 중의 하나가 共分散(co-variance)이다.

앞에서 정의한 $h(X, Y) = (X-\mu_X)(Y-\mu_Y)$인 경우 $h(X, Y)$의 기대치를 구하면 공분산이 된다.

**공 분 산**

공분산은 두 개의 변수 $X$와 $Y$의 상호연관도를 측정하는 기준으로 사용되며 다음과 같이 정의한다.

$$\text{Cov}(X, Y) = \sigma_{X,Y} = E[(X-\mu_X)(Y-\mu_Y)] \tag{5.31}$$

$$= E(XY) - E(X)E(Y) \tag{5.32}$$

$X$와 $Y$가 독립인 경우 $E(XY) = E(X)E(Y)$이므로 공분산은 0이다.

공분산의 정의로부터 $(X-\mu_X)$와 $(Y-\mu_Y)$가 동시에 '+'이거나 혹은 동시에 '−'인 경우 Cov$(X, Y)$는 '+'의 값을 가지며 부호가 서로 다른 경우 Cov$(X, Y)$는 '−'값을 갖는다. 즉, 평균치보다 큰(작은) $X$와 평균치보다 큰(작은) $Y$가 대응되면 공분산은 '+'의 값을 갖고, 평균치보다 큰(작은) $X$와 평균치보다 작은(큰) $X$가 대응되면 공분산은 '−'의 값을 갖는다. 또 공분산이 0인 경우는 $X$와 $Y$가 아무 관계가 없는 경우이다.

주식시장의 예를 들어 공분산을 설명해 보자. 어떤 사건(예 : 호경기, 금융시장의 개방, 가뭄과 더위 또는 남북교역의 허용 등)이 발생한 경우, 모든 주식의 가격이 함께 오르거나 함께 떨어지는 것은 아니다. 예를 들어, 여름철에 혹심한 가뭄과 더위가 계속되는 경우 청량음료회사(A)와 에어컨회사(B)의 주가는 오르나 우산회사(C)의 주가는 떨어진다. 이 경우 A와 B의 공분산은 '+'이며 A와 C의 공분산은 '−'이다.

**예제 5.5**

어떤 투자자의 포트폴리오를 구성하는 두 증권의 수익률 $X$, $Y$에 대한 분포가 〈표 5.9〉와 같이 주어졌다. 이 경우 투자금액은 증권 $X$에 60%, 증권 $Y$에 40% 투자되었다고 하자. 이 포트폴리오의 기대수익률과 $X$, $Y$의 공분산을 구하시오.

(풀이)

1) 증권 $X$의 수익률을 $X$, 증권 $Y$의 수익률을 $Y$, 포트폴리오의 수익률을 $R_p$라고 하면 $R_p$는 확률변수이다.

$$R_p = 0.6X + 0.4Y$$

따라서

$$\begin{aligned}
E(R_p) &= \sum_y \sum_x (0.6x + 0.4y) f(x, y) \qquad \text{(식 (5.24) 이용)} \\
&= E(0.6X + 0.4Y) \\
&= 0.6E(X) + 0.4E(Y) \qquad \text{(식 (5.9) 이용)} \\
&= (0.6)(5.10) + 0.4(6.9) \\
&= 5.82(\%)
\end{aligned}$$

2) 포트폴리오를 구성하는 $X$와 $Y$의 공분산을 계산하는 과정들이 〈표

〈표 5.9〉 두 증권 $X$, $Y$의 수익률의 확률분포

| (1) 사 건 | (2) 사건확률 $P(X=x, Y=y)=f(x, y)$ | (3) 증권 $X$의 수익률 | (4) 증권 $Y$의 수익률 |
|---|---|---|---|
| $a$ | 0.10 | 5.0 | −1.0 |
| $b$ | 0.40 | 7.0 | 6.0 |
| $c$ | 0.30 | −4.0 | 2.0 |
| $d$ | 0.20 | 15.0 | 20.0 |
| | 1.00 | $E(X)=5.10$ | $E(Y)=6.9$ |
| | | $\text{Var}(X)=45.89$ | $\text{Var}(Y)=48.09$ |

주 : 사건 $a$(예 : 경기불황)가 일어난다면 $X$의 수익률은 5.0%, $Y=-1.0$%가 된다. 따라서 $a$가 일어날 확률이 0.10이면 이는 $f(5.0, -1.0)=0.10$이다.

〈표 5.10〉 포트폴리오를 구성하는 $X$와 $Y$의 공분산

| (1) 사건 | (2) 확률 | (3) $X$ | (4) $Y$ | (5) $X-\mu_X$ | (6) $Y-\mu_Y$ | (7) [ = (5)·(6)·(2)] | (8) $XY$ | (9) [ = (8)·(2)] |
|---|---|---|---|---|---|---|---|---|
| $a$ | 0.1 | 5.0 | −1.0 | −0.1 | −7.90 | 0.079 | −5.0 | −0.5 |
| $b$ | 0.4 | 7.0 | 6.0 | 1.90 | −0.90 | −0.684 | 42.0 | 16.8 |
| $c$ | 0.3 | −4.0 | 2.0 | −9.10 | −4.90 | 13.377 | −8.0 | −2.4 |
| $d$ | 0.2 | 15.0 | 20.0 | 9.90 | 13.10 | 25.938 | 300.0 | 60 |
| | | $\mu_X=5.10$ | $\mu_Y=6.9$ | | | 공분산 = 38.71 | | $E(XY)=73.9$ |

5. 10〉에 나타나 있다.

식 (5. 31)을 이용한 공분산은 〈표 5. 10〉의 제 7 列의 아래에 나타나 있다. 식 (5. 32)를 이용한 공분산은 〈표 5. 10〉의 제 9, 3, 4 열 밑의 값들($E(XY)$, $\mu_X$, $\mu_Y$)을 이용하면

$$\begin{aligned}\text{Cov}(X, Y) &= E(XY)-E(X)E(Y)\\ &= 73.9-(5.10)(6.90)\\ &= 38.71\end{aligned}$$

이 되어 제 7 列 밑의 값과 일치한다.

이제 $X$, $Y$가 독립적이 아닌 경우 분산의 속성에 대하여 고찰해 보자.[1] 다음 식들을 식 (5. 16)과 비교해 보기 바란다.

1) 식 (5. 33)의 증명은 보론을 참고하시오.

**$X$와 $Y$가 독립적이 아닌 경우 분산의 속성**

1) $\text{Var}(X+Y) = \text{Var}(X) + \text{Var}(Y) + 2\text{Cov}(X, Y)$ (5.33)

2) $\text{Var}(X-Y) = \text{Var}(X) + \text{Var}(Y) - 2\text{Cov}(X, Y)$ (5.34)

3) $\text{Var}(aX+bY) = a^2\text{Var}(X) + b^2\text{Var}(Y) + 2ab\text{Cov}(X, Y)$ (5.35)

**예제 5.6**

예제 5.5에서 포트폴리오수익률 $R_p$의 분산을 구하시오.

(풀이)

$$\begin{aligned}\text{Var}(R_p) &= \text{Var}(0.6X+0.4Y)\\ &= (0.6)^2\ \text{Var}(X) + (0.4)^2\ \text{Var}(Y) + 2(0.6)(0.4)\ \text{Cov}(X, Y)\\ &= (0.6)^2(45.89) + (0.4)^2(48.09) + 2(0.6)(0.4)(38.71)\\ &= 42.80\end{aligned}$$

## 2. 상관계수

공분산의 크기는 $X$와 $Y$의 단위에 따라 달라지므로[2] 단위와 관계없이 $X$와 $Y$의 관계를 측정하기 위하여 공분산을 $X$의 표준편차와 $Y$의 표준편차로 나누어 값을 구할 때 그 값을 $X$와 $Y$의 상관계수(coefficient of correlation)라고 한다. 상관계수는 공분산을 표준편차들로 나눔으로써 단위가 표준화되며[3] 상관계수는 $-1$과 $+1$ 사이의 값을 갖는다.

**$X$와 $Y$의 상관계수**

$$\rho_{XY} = \frac{\text{Cov}(X, Y)}{\sigma_X \cdot \sigma_Y} \qquad (-1 \le \rho \le 1) \tag{5.36}$$

$\sigma_X$ : $X$의 표준편차, $\sigma_Y$ : $Y$의 표준편차

---

2) $X$와 $Y$를 어느 학생의 키와 몸무게라고 하자. $X$의 단위를 m, $Y$의 단위를 kg으로 하는 경우와 $X$의 단위를 cm, $Y$의 단위를 g으로 하는 경우를 비교하면 동일한 데이타를 이용하여도 후자의 공분산이 $100 \times 1000$(1m=100cm, 1kg=1,000g)배가 더 큰 결과가 나온다. (식 5.31 참조.)

3) $X$의 단위를 cm, $Y$의 단위를 g으로 할 때 공분산이 100,000배가 되지만 $\sigma_X \cdot \sigma_Y$도 100,000배가 되므로 식 (5.36)에 의하여 상관계수는 단위에 영향을 받지 않게 된다.

[그림 5.6] 두 변수 $X$, $Y$의 상관관계

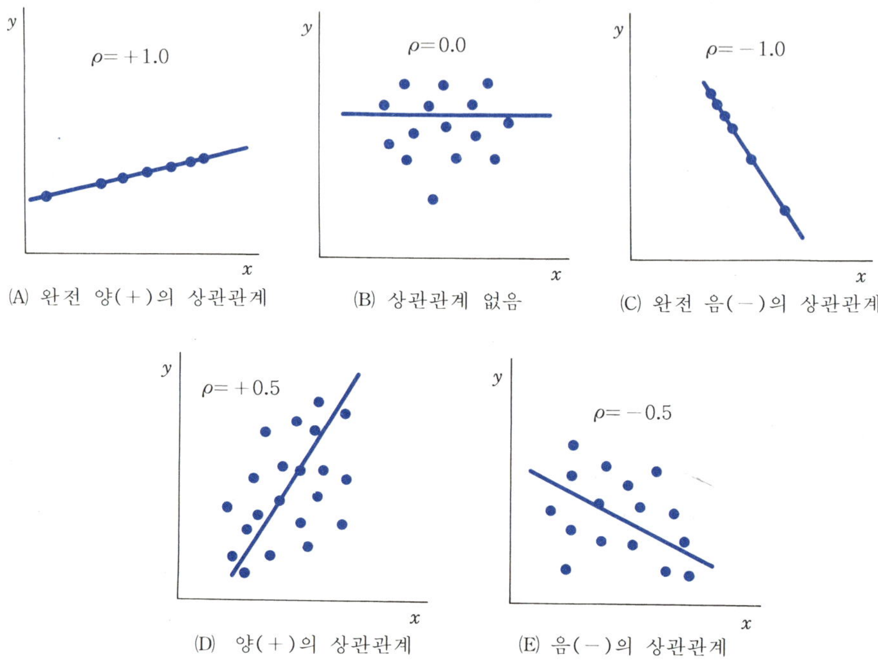


상관계수가 +1인 경우는 두 변수가 완전한 비례관계임을 의미하며(즉, 두 변수가 완전한 직선관계이고 기울기가 '+'인 경우), 상관계수가 −1이라고 함은 두 변수가 완전한 반비례관계(즉, 두 변수가 완전한 직선관계이고 기울기가 '−'인 경우)를 의미한다. 상관계수가 0인 경우는 두 변수가 서로 선형적 관계가 없음을 의미한다.[4] 따라서 상관계수가 0에 가까워질수록 두 변수간에 서로 관계가 없으며, 상관계수가 +1이나 −1에 가까워질수록 두 변수 사이의 관계가 높아짐을 의미한다.

**예제 5.7**

예제 5.5와 5.6의 예에서 두 증권 $X$, $Y$ 사이의 상관계수를 구하고 이를 이용하여 포트폴리오수익률의 분산을 구하시오.

4) "선형적"관계의 의미는 제17장의 제 4 절(p. 400)을 참고하기 바람.

(풀이)

$$\rho = \frac{\text{Cov}(X, Y)}{\sigma_X \cdot \sigma_Y} = \frac{38.71}{\sqrt{45.89}\sqrt{48.09}} = 0.824$$

$$\begin{aligned}\text{Var}(aX+bY) &= a^2\text{Var}(X) + b^2\text{Var}(Y) + 2ab\text{Cov}(X, Y)\\ &= a^2\text{Var}(X) + b^2\text{Var}(Y) + 2ab \cdot \rho \cdot \sigma_X \cdot \sigma_Y \qquad (5.37)\\ &= (0.6)^2(45.89) + (0.4)^2(48.09) + 2(0.6)(0.4)(0.824)\sqrt{45.89}\sqrt{48.09}\\ &= 42.80 \text{(예제 5.6의 결과와 동일)}\end{aligned}$$

## □ 보 론

1) 식 (5.11) : $\sigma_X^2 = E(X^2) - \mu^2$의 증명

$$\begin{aligned}\text{Var}(X) &= \sum(x-\mu)^2 f(x) = \sum x^2 f(x) - 2\mu\sum xf(x) + \mu^2\sum f(x)\\ &= \sum x^2 f(x) - 2\mu^2 + \mu^2 (\because \sum f(x) = 1)\\ &= E(X^2) - \mu^2\end{aligned}$$

2) 식 (5.14) : $\text{Var}(cX) = c^2\text{Var}(X)$의 증명

$$\begin{aligned}\text{Var}(cX) &= E[(cX)^2] - [E(cX)]^2 = c^2E(X^2) - [cE(X)]^2\\ &= c^2\{E(X^2) - [E(X)]^2\} = c^2\text{Var}(X)\end{aligned}$$

3) 식 (5.33) : $\text{Var}(X+Y) = \text{Var}(X) + \text{Var}(Y) + 2\text{Cov}(X, Y)$의 증명

$$u = X - E(X), \qquad w = Y - E(Y)$$

라면

$$\text{Var}(X) = E(u^2), \qquad \text{Var}(Y) = E(w^2)$$

이다.

$$(u+w)^2 = [(X+Y) - \{E(X) + E(Y)\}]^2$$

이므로

$$\begin{aligned}\text{Var}(X+Y) &= E[(u+w)^2] = E(u^2 + w^2 + 2uw)\\ &= E(u^2) + E(w^2) + 2E(uw)\\ &= \text{Var}(X) + \text{Var}(Y) + 2\text{Cov}(X, Y)\end{aligned}$$

## 연습문제

5. 1 다음을 간단히 설명하시오.

(1) 확률변수와 확률분포
(2) 계단함수
(3) 기대치와 기대치의 속성
(4) 분산과 분산의 속성
(5) 체비셰프정리
(6) 이변량분포와 다변량분포
(7) 공분산
(8) 이산확률분포
(9) 연속확률분포

5. 2 확률변수 $X$의 확률함수가 아래와 같다.

| $x$ : | $-1$ | 0 | 1 |
|---|---|---|---|
| $f(x)$ : | 1/5 | 3/10 | 1/2 |

(1) $2X$, $(X-0.3)^2$에 대한 확률함수를 구하시오.
(2) $E(2X)=0.6$, $E[(X-0.3)^2]=0.610$임을 증명하시오.

5. 3 아래와 같은 확률함수를 갖는 확률변수 $X$의 분산을 구하시오.

| $x$ : | 10,025 | 10,050 | 10,075 |
|---|---|---|---|
| $f(x)$ : | 0.2 | 0.3 | 0.5 |

5. 4 확률변수 $X$의 분산이 0.8인 경우 확률변수 $5X$, $2X$, $X/2$의 분산은?

5. 5 5개의 불량품이 포함된 총 12개의 야구공이 들어 있는 주머니에서 비복원에 의한 방법으로 3개의 공을 추출하였다. 표본 내의 불량품의 수($D$)에 대한 확률분포함수와 누적분포함수가 아래와 같음을 증명하시오.

| $d$ : | 0 | 1 | 2 | 3 |
|---|---|---|---|---|
| $f(d)$ : | 7/44 | 21/44 | 14/44 | 2/44 |
| $F(d)$ : | 7/44 | 28/44 | 42/44 | 44/44 |

5. 6* 아래에 주어진 결합분포를 대상으로 하여 $E(X)$, $E(Y)$, $E(XY)$를 구

하고, 확률변수 $X$와 $Y$가 독립적인지 종속적인지를 밝히시오.

| | | $X$의 값 | | | |
|---|---|---|---|---|---|
| | | 0 | 1 | 2 | 3 |
| | 1 | 1/8 | 0 | 0 | 1/8 |
| $Y$의 값 | 2 | 0 | 2/8 | 2/8 | 0 |
| | 3 | 0 | 1/8 | 1/8 | 0 |

5. 7* H백화점의 종업원들의 총 근무시간은 월 평균 10,000시간과 100시간의 표준편차를 갖는다.

(1) 무작위로 뽑은 달의 근무시간이 9,800시간~10,200시간일 확률을 구하시오.

(2) 월 근무시간을 어느 범위로 하면 그 범위에 관측치가 적어도 99%로 관측되는가?

5. 8 자동차사고 1건당 손실액의 분포가 다음과 같이 주어졌다. 평균손실액을 구하시오.

| 손실액(단위 : 천 원) | 확 률 |
|---|---|
| 0 | 0.90 |
| 200 | 0.04 |
| 500 | 0.03 |
| 1,000 | 0.01 |
| 2,000 | 0.01 |
| 3,000 | 0.01 |

5. 9 어느 주식의 수익률은 다음과 같은 분포를 갖는다고 한다. 기대수익률과 수익률의 분산과 표준편차를 구하시오.

| 상 황 | 수 익 률 | 확 률 |
|---|---|---|
| 호 황 | 0.20 | 0.15 |
| 현상유지 | 0.10 | 0.70 |
| 불 황 | −0.20 | 0.15 |

5.10* 두 주식에 투자하려고 한다. 주식 A의 수익률의 표준편차는 0.2이며, 주식 B의 수익률의 표준편차는 0.4이다. 투자비율은 주식 A에 40%, 주식 B에 60%이며 두 주식의 수익률의 상관계수는 0.6일 때 이 포트폴리오의 분산을 구하시오(Hint: $R_p = 0.4A + 0.6B$).

5.11* $X$와 $Y$의 결합확률함수가 다음과 같다.

$$f(x, y) = \frac{x+2y}{18}, \qquad x = 1, 2, \qquad y = 1, 2$$

(1) 주변확률함수 $f_1(x)$, $f_2(y)$를 구하시오.

(2) $X$와 $Y$는 독립적인가?

(3) $\mu_X$, $\sigma_X^2$, $\mu_Y$, $\sigma_Y^2$을 구하시오.

(4) Cov($X$, $Y$)를 구하시오.

(5) $X$와 $Y$의 상관계수 $\rho$를 구하시오.

## 응용사례

# 공분산과 상관계수를 이용한 투자위험의 분석

계란은 한 바구니에 담지 말라는 투자격언이 있다. 분산투자를 하는 경우 투자수익률에 대한 위험을 어떻게 낮출 수 있는가를 공분산과 상관계수의 개념을 이용하여 고찰해 보자.

### 1. 확률변수로서의 수익률

주식의 수익률(the rate of return)은 그 주식에서 얼마나 이익을 얻었는가를 나타내는 척도이다. 예를 들어, 100만 원을 투자한 주식의 시장가격이 110만 원이 되었으면 그 주식의 수익률은

$$\frac{110}{100} - 1 = 1.1 - 1.0 = 0.1 \text{ 혹은 } 10\%$$

가 된다. 만일 250만 원을 투자한 주식의 시장가격이 220만 원으로 하락하였으면 그 주식의 수익률은

$$\frac{220}{250} - 1 = 0.88 - 1.00 = -0.12 \text{ 혹은 } -12\%$$

가 된다. 이와 같은 수익률은 투자의 결과가 나오기 전에 미리 알 수 없으므로 하나의 확률변수이다. 주식 1과 주식 2의 수익률을 확률변수 $R_1$과 $R_2$로 각각 표시하고, $R_1$과 $R_2$의 평균·분산 및 상관계수를 다음과 같이 표시하기로 하자.

$$E(R_1) = \mu_1 \qquad E(R_2) = \mu_2$$

$$\mathrm{Var}(R_1) = \sigma_1^2 \qquad \mathrm{Var}(R_2) = \sigma_2^2$$

$$\rho = \frac{\sigma_{1,\,2}}{\sigma_1 \sigma_2} \qquad (\sigma_{1,\,2}\text{는 주식 1과 주식 2의 공분산})$$

## 2. 위험(risk)의 의미

투자된 주식의 수익률이 확률변수가 되는 것은 앞에서 설명하였다. 주식 1과 주식 2의 수익률의 분포가 다음과 같다고 하자.

〈표 1〉 두 주식의 수익률의 분포

| 상 황 | 확 률 | 주식 1의 수익률($R_1$) | 주식 2의 수익률($R_2$) |
|---|---|---|---|
| 호 황 | 0.25 | 0.3 | 0.5 |
| 현상유지 | 0.5 | 0.2 | 0.2 |
| 불 황 | 0.25 | 0.1 | −0.1 |

주식 1의 기대치와 주식 2의 기대치는 같지만 주식 1의 분산은 주식 2의 분산보다 작다.

주식 1의 경우 분산이 작아서 미래의 수익률(확률실험의 결과)은 비교적 안정적이며 주식 2는 분산이 크기 때문에 미래의 수익률이 변동이 심하다. 분산의 정의상 분산이 큰 것은 미래수익률이 기대수익률과 큰 차이가 날 가능성이 높다는 것이다. 투자론에서의 위험이란 미래의 수익률이 기대수익률에서 얼마나 벗어나는가를 의미한다. 따라서 수익률의 분산은 투자위험에 대한

[그림 1] 주식 1과 주식 2의 분산의 비교

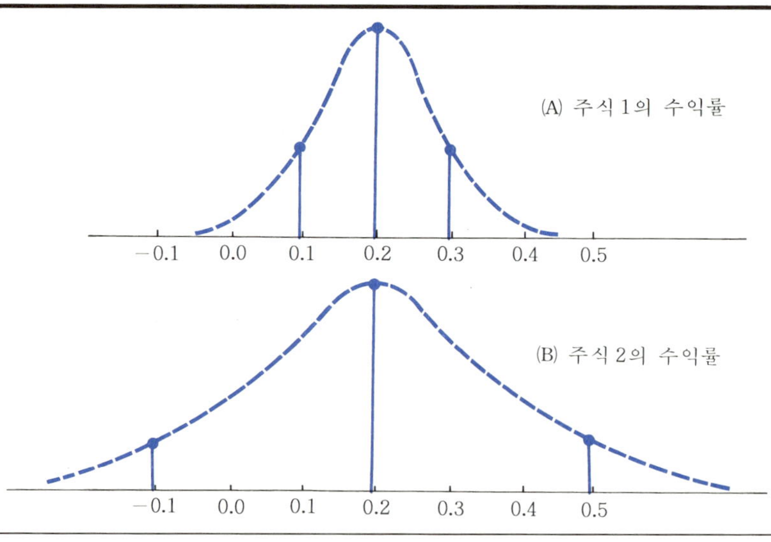

척도가 된다. 즉, 주식 2는 주식 1보다 위험이 크다.

## 3. 포트폴리오 수익률에 대한 위험을 감소시키는 방법

이제 투자금액의 일부를 주식 1에, 나머지를 주식 2에 투자하려고 한다. 투자비율은 주식 1에 $a$, 주식 2에 $b$를 투자한다. 여기서 $a+b=1$이며 두 가지의 주식으로 구성된 포트폴리오의 수익률 $R_p$는 확률변수이며($R_1$은 주식 1의 수익률, $R_2$는 주식 2의 수익률이다)

$$R_p = aR_1 + bR_2$$

로 나타낼 수 있다. 만일 100만 원의 투자금액에서 60만 원을 주식 1에, 40만 원을 주식 2에 투자하면 $R_p = 0.6R_1 + 0.4R_2$이다. 만일 $R_1 = 0.2$, $R_2 = -0.1$로 판명되면 포트폴리오의 수익률은 $R_p = (0.6)(0.2) + (0.4)(-0.1) = 0.08(8\%)$이 된다. 이것은 60만 원이 투자된 주식 1에서는 $60 \times 0.2 = 12$만 원의 수익을 얻고 40만 원이 투자된 주식 2에서는 $40 \times (-0.1) = -4$만 원의 손실을 보았기 때문에 전체로는 $12-4=8$만 원의 수익이 있으며, 이는 전체 투자금액 100만 원의 8%가 된다.

이제 관심의 대상이 되는 것은 확률변수인 포트폴리오수익률의 분산이다. $R_p$의 기대수익률과 분산은 다음과 같다.

$$E(R_p) = \mu_p = a\mu_1 + b\mu_2$$

$$\mathrm{Var}(R_p) = \sigma_p^2 = a^2\sigma_1^2 + b^2\sigma_2^2 + 2ab\sigma_{1,2} \quad (1)$$

$$= a^2\sigma_1^2 + b^2\sigma_2^2 + 2ab \cdot \rho \cdot \sigma_1 \cdot \sigma_2 \quad (2)$$

식 (2)에서 알 수 있듯이 $\rho$의 값에 따라 $R_p$의 분산, 즉 $R_p$의 위험이 달라진다. 즉, $\rho$의 값이 $-1$에 가까운 값일수록 $\mathrm{Var}(R_p)$는 작아짐을 알 수 있다.

$$\mu_1 = 0.20, \qquad \mu_2 = 0.10$$

$$\sigma_1 = 0.26, \qquad \sigma_2 = 0.16$$

이라는 가정하에서 $a$, $b$ 및 $\rho$를 변화시키면서 $\mathrm{Var}(R_p)$의 값을 고찰해 보자.

〈표 2〉에서 알 수 있듯이 포트폴리오의 수익률에 대한 위험(분산)을 줄이기 위하여는 $\rho$가 $-1$에 가까운 값을 갖는 두 주식을 포트폴리오에 편입시키

〈표 2〉 $\rho$값의 변화에 따른 포트폴리오 수익률의 분산

| 포트폴리오 번 호 | $a$ | $b$ | $\mu_p = a\mu_1 + b\mu_2$ | $\sigma_p = \sqrt{a^2\sigma_1^2 + b^2\sigma_2^2 + 2ab \cdot \rho \cdot \sigma_1 \cdot \sigma_2}$ | | | | |
|---|---|---|---|---|---|---|---|---|
| | | | | $\rho = +1.0$ | $\rho = +0.5$ | $\rho = 0$ | $\rho = -0.5$ | $\rho = -1.0$ |
| 1 | 1.00 | 0.00 | 0.200 | 0.260 | 0.260 | 0.260 | 0.260 | 0.260 |
| 2 | 0.75 | 0.25 | 0.175 | 0.235 | 0.218 | 0.199 | 0.178 | 0.155 |
| 3 | 0.50 | 0.50 | 0.150 | 0.210 | 0.184 | 0.153 | 0.114 | 0.050 |
| 4 | 0.25 | 0.75 | 0.125 | 0.185 | 0.163 | 0.136 | 0.104 | 0.055 |
| 5 | 0.00 | 1.00 | 0.100 | 0.160 | 0.160 | 0.160 | 0.160 | 0.160 |

면 된다. $\rho$가 $-1$에 가깝다는 의미는 수익률의 변화가 반대방향으로 움직이는 두 주식이어야 한다. 흔한 예로 주식 1은 우산사업, 주식 2는 아이스크림 사업이라고 하면 $\rho$는 음수값을 가지므로 $\text{Var}(R_p)$는 작아진다.

# 6. 이산확률분포

제 5 장에서는 확률변수와 확률분포의 기본적인 개념에 대하여 고찰하였다. 확률분포는 이산확률분포와 연속확률분포로 구분된다. 확률분포의 종류는 상당히 많이 있으나 제 6 장과 제 7 장에서는 가장 기본적인 확률분포에 대하여만 설명하고자 한다.

제 6 장에서는 이산확률분포인 베르누이분포 · 이항분포 · 포아송분포 · 초기하분포 · 다항분포 및 기하분포와 음이항분포를 설명하며 정규분포를 비롯한 기본적인 연속확률분포는 제 7 장에서 설명하고자 한다. 그 이외에 가설검정에서 중요한 역할을 하는 연속확률분포인 $\chi^2$분포 · $t$분포 · $F$분포에 대하여는 제 9 장에서 별도로 고찰하기로 한다.

## 제 1 절 베르누이분포

### 1. 베르누이실험(시행)

베르누이실험(Bernoulli experiment)이란 실험결과가 상호배타적이며 완비적인 두 가지 결과로만 나누어질 수 있는 확률실험이다. 몇 가지 예를 들어 보자.

동전을 한 번 던지는 실험에서 실험의 결과는 앞면 아니면 뒷면의 두 가지 뿐이며 다른 결과는 발생할 수 없다. H그룹의 입사시험에 응시한 경영학과 졸업생의 시험결과는 합격이나 불합격이며 다른 결과는 기대할 수 없다. 품질검사를 하기 위하여 공장의 생산품 하나를 무작위로 뽑았을 경우 그 결과는 불량품이거나 불량품이 아닌 경우의 두 가지 결과만이 가능하다. 이 이외에도 베르누이 실험의 예는 무수히 많다.

이제 $X$를 베르누이실험에서 나오는 결과라고 하자. 동전을 던지는 실험을 예로 들면 $X$=앞면 혹은 뒷면이 된다. 확률변수는 실험의 결과가 수치로 표시되어야 하기 때문에 $X$를 앞면 혹은 뒷면으로 정의하면 $X$는 확률변수가 될 수 없다.

따라서 동전을 던졌을 때 나오는 결과인 $X$를 확률변수로 만들고 싶으면 각각의 결과에 수치를 부여해야 한다. 일반적으로 1과 0을 부여하며 1인 경우를 성공, 0인 경우를 실패로 정의하여 사용한다. 즉 실험의 결과 $X$를

$X = 1$ (성공인 경우)
$\quad\; 0$ (실패인 경우)

로 정의하면 $X$는 확률변수가 된다. $X$의 확률분포를 베르누이분포(Bernoulli distribution)라고 하며 식 (6.1)과 같다.

베르누이실험에서 성공의 확률을 $p$로 하면 실패의 확률은 $1-p$가 되며 $1-p$는 보통 $q$로 표시한다.

**베르누이분포**

$$f(x) = p^x(1-p)^{1-x}, \qquad x = 0,\ 1 \tag{6.1}$$

**베르누이분포의 기대치와 분산**

$$E(X) = p \tag{6.2}$$

$$\text{Var}(X) = p(1-p) = pq \tag{6.3}$$

베르누이분포의 기대치와 분산을 구하는 과정은 〈표 6.1〉과 같다.

〈표 6.1〉 베르누이분포의 기대치와 분산의 계산

| $x$ | $f(x) = p^x(1-p)^{1-x}$ | $xf(x)$ | $(x-p)^2 f(x)$ |
|---|---|---|---|
| 1(성공) | $p$ | $p$ | $(1-p)^2 p$ |
| 0(실패) | $q(=1-p)$ | 0 | $(0-p)^2(1-p)$ |
| 합 계 | 1 | $E(X) = p$ | $\text{Var}(X) = p(1-p)$ |

## 2. 베르누이과정

베르누이실험을 여러번 반복하는 경우(즉 동전을 10번 던진다든지 생산품을 복원으로 20개 계속적으로 추출한다든지 하는 경우) 다음 조건을 만족하면 베르누이過程(Bernoulli process)이라고 한다.

첫째, 각 베르누이실험이 독립적이어야 한다.

둘째, 각 실험마다 성공의 확률 $p$는 동일하여야 한다.

이 베르누이과정은 이항분포를 설명하는 기초가 된다.

# 제 2 절 이항분포

## 1. 이항확률변수

성공의 횟수는 중요한 의미를 갖는다. 예를 들어 동전을 10번 던지는 경우 앞면(성공)이 나오는 횟수나 100개의 생산품을 뽑았을 때 나오는 불량품(성공)의 수 등은 성공의 횟수로 우리의 관심의 대상이 된다.

동전을 10번 던지는 경우 나오는 각각의 결과를 $X_1$, $X_2$, …, $X_{10}$이라고 할 때 각각의 결과는 확률변수이다. 만약 앞면(성공)이 나오면 $X_i$,=1, 뒷면(실패)이 나오면 $X_i=0$이라고 할 때 $Y=X_1+X_2+\cdots+X_{10}$은 동전을 10번 던지는 경우 나오는 앞면의 수(성공의 횟수)를 의미한다. 이 때 $Y$는 성공의 횟수라는 새로운 확률변수가 되며 $Y$를 二項確率變數라고 부른다.

**이항확률변수**

$n$번 반복되는 베르누이시행에서 나타나는 각각의 결과를 $X_1$, $X_2$, …, $X_n$이라고 할 때 성공의 횟수 $Y$를 이항확률변수라고 하며 다음과 같이 정의된다.

$$Y=X_1+X_2+\cdots+X_n \tag{6.4}$$

## 2. 이항확률변수의 확률분포

이제 이항확률변수 $Y$의 확률분포에 대하여 살펴보기로 하자. 동전을 3번 던지는 실험을 가정하자. 이 경우 실험의 결과는 독립적이며 또한 각 동전의 앞면(H)이 나올 확률($p$)도 0.5로 동일하다. 이제 앞면을 H, 뒷면을 T, 앞면이 나올 확률을 $p$, 그리고 뒷면이 나올 확률을 $q(=1-p)$로 표기한다. 이항확률변수 $Y$가 취할 수 있는 값은 {0, 1, 2, 3}이 되며 $Y$가 각각의 값을 가질 확률은 〈표 6.2〉에 계산되어 있다.

〈표 6.2〉의 마지막 열에 표시되어 있는 수치 1, 3, 3, 1을 이항계수(bino-

〈표 6.2〉 동전 3개를 던지는 경우 나오는 앞면의 수에 대한 이항분포

| 앞면의 수 $y$ | | 각 경우의 확률 | 확 률 $f(y)=P(Y=y)$ |
|---|---|---|---|
| 0 | TTT | 1/8 | $1p^0q^3=1/8$ |
| 1 | HTT | 1/8 | |
| | THT | 1/8 | $3p^1q^2=3/8$ |
| | TTH | 1/8 | |
| 2 | HHT | 1/8 | |
| | HTH | 1/8 | $3p^2q^1=3/8$ |
| | THH | 1/8 | |
| 3 | HHH | 1/8 | $1p^3q^0=1/8$ |
| 합 계 | | 1.0 | 1.0 |

mial coefficient)라 부르는데, 이는 $n$개의 대상물에서 $x$개를 한 번에 선택하는 조합으로 표시한다. 위의 예에서

$$\binom{3}{0}=\frac{3!}{3!0!}=1$$

$$\binom{3}{1}=\frac{3!}{1!2!}=3$$

$$\binom{3}{2}=\frac{3!}{2!1!}=3$$

$$\binom{3}{3}=\frac{3!}{3!0!}=1$$

그러므로 〈표 6.2〉의 마지막 열은 다음과 같이 다시 쓸 수 있다.

$$P(Y=0)=\binom{n}{0}p^0q^{n-0}=\binom{3}{0}(0.5)^0(0.5)^3=\frac{1}{8}$$

$$P(Y=1)=\binom{n}{1}p^1q^{n-1}=\binom{3}{1}(0.5)^1(0.5)^2=\frac{3}{8}$$

$$P(Y=2)=\binom{n}{2}p^2q^{n-2}=\binom{3}{2}(0.5)^2(0.5)^1=\frac{3}{8}$$

$$P(Y=3)=\binom{n}{3}p^3q^{n-3}=\binom{3}{3}(0.5)^3(0.5)^0=\frac{1}{8}$$

이상의 관계를 일반화하면 이항확률함수(binomial probability function)라고 부르는 이항분포(binomial distribution)의 식을 구할 수 있다.

**이항분포**

이항분포는 각 시행에 대한 성공의 확률이 $p$일 때 $n$번의 독립시행에서 정확히 $y$개의 성공을 얻을 확률로서 아래와 같이 $n$과 $p$의 두 모수로서 정의된다.

$$P(Y=y)=f(y)=\binom{n}{y}p^{y}q^{n-y} \tag{6.5}$$

$Y$가 모수 $n$, $p$인 이항분포를 하는 것을 다음과 같이 표시한다.

$$Y \sim b(n,\ p)$$

예제 6.1

H손해보험회사에 보험금이 청구되는 보험사고의 20%가 도난에 의한 손해라고 한다. 10건의 보험금 청구가 있을 때 도난에 의한 손해가 정확히 ① 1건 ② 3건일 확률을 구하시오.

(풀이)

도난에 의한 손해건수를 $Y$라고 하면 $Y$는 이항분포를 한다.

1) $p=0.20$, $n=10$이므로

$$P(Y=1)=f(1)=\binom{10}{1}(0.20)^{1}(0.80)^{9}=0.2684$$

2) $P(Y=3)=f(3)=\binom{10}{3}(0.20)^{3}(080)^{7}=0.2013$

## 3. 이항분포에 대한 누적확률표

다른 이산확률변수와 마찬가지로 이항확률변수의 누적분포함수를 정의할 수 있다. 예를 들어 $n=10$, $p=0.5$인 경우 $y=3$보다 작거나 같을 확률을 이항분포를 이용하여 구하려고 하면

$$P(Y \leq 3)=P(Y=0)+P(Y=1)+P(Y=2)+P(Y=3)$$

이 된다. 그러나 식 (6.5)를 이용하여 윗식을 구하는 것은 쉬운 일이 아니다. 이 경우 二項分布의 累積確率表를 이용하면 쉽게 구할 수 있다. 〈표 6.3〉은

〈표 6.3〉 이항분포의 누적확률표(부록의 [표 1]을 참고)

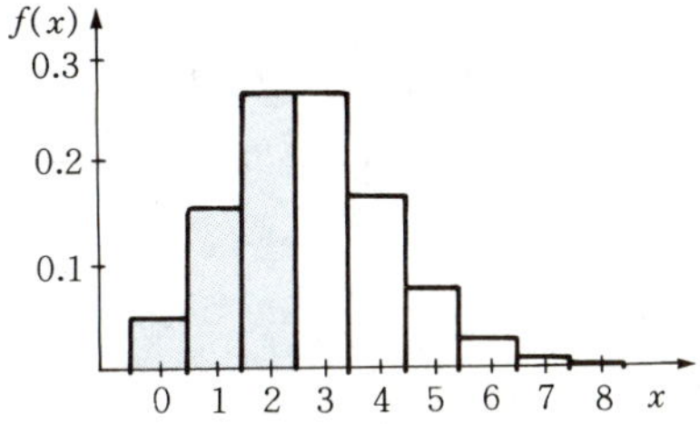

표에 나타난 값들은 $n$과 $p$에 따른 이항분포의 누적확률인 $F(y)=P(Y\leq y)$를 나타낸다.

예 : $n=9$, $p=0.3$일 때 성공횟수 $Y$가

(i) 2 이하일 확률 $=P(Y\leq 2)$
$=0.4628$(옆 그림)

(ii) 2일 확률 $=P(Y=2)$
$=P(Y\leq 2)-P(Y\leq 1)$
$=0.4628-0.1960$
$=0.2668$

| n | y | p 0.10 | 0.20 | 0.30 | 0.40 | 0.50 |
|---|---|---|---|---|---|---|
| 9 | 0 | 0.3874 | 0.1342 | 0.0404 | 0.0101 | 0.0020 |
| | 1 | 0.7748 | 0.4362 | 0.1960 | 0.0705 | 0.0195 |
| | 2 | 0.9470 | 0.7382 | 0.4628 | 0.2318 | 0.0898 |
| | 3 | 0.9917 | 0.9144 | 0.7297 | 0.4826 | 0.2539 |
| | 4 | 0.9991 | 0.9804 | 0.9012 | 0.7334 | 0.5000 |
| | 5 | 0.9999 | 0.9969 | 0.9747 | 0.9006 | 0.7461 |
| | 6 | 1.0000 | 0.9997 | 0.9957 | 0.9750 | 0.9102 |
| | 7 | 1.0000 | 1.0000 | 0.9996 | 0.9962 | 0.9805 |
| | 8 | 1.0000 | 1.0000 | 1.0000 | 0.9997 | 0.9980 |
| | 9 | 1.0000 | 1.0000 | 1.0000 | 1.0000 | 1.0000 |
| 10 | 0 | 0.3487 | 0.1074 | 0.0282 | 0.0060 | 0.0010 |
| | 1 | 0.7361 | 0.3758 | 0.1493 | 0.0464 | 0.0107 |
| | 2 | 0.9298 | 0.6778 | 0.3828 | 0.1673 | 0.0547 |
| | 3 | 0.9872 | 0.8791 | 0.6496 | 0.3823 | 0.1719 |
| | 4 | 0.9984 | 0.9672 | 0.8497 | 0.6331 | 0.3770 |
| | 5 | 0.9999 | 0.9936 | 0.9527 | 0.8338 | 0.6230 |
| | 6 | 1.0000 | 0.9991 | 0.9894 | 0.9452 | 0.8281 |
| | 7 | 1.0000 | 0.9999 | 0.9984 | 0.9877 | 0.9453 |
| | 8 | 1.0000 | 1.0000 | 0.9999 | 0.9983 | 0.9893 |
| | 9 | 1.0000 | 1.0000 | 1.0000 | 0.9999 | 0.9990 |
| | 10 | 1.0000 | 1.0000 | 1.0000 | 1.0000 | 1.0000 |

이항분포의 누적확률표(부록의 [표 1]을 참고하시오)의 일부이다. 다음의 예제를 통하여 그 이용법을 살펴보자.

**예제 6.2**

판매사원(salesperson) A는 하루에 9명의 잠재고객을 만난다. 과거의 경험으로 볼 때 잠재고객이 구매를 하는 확률은 0.3이다. 이 때 다음을 구하시오.

1) A가 하루에 2명 이하에게 판매하는 확률

2) A가 하루에 정확히 2명에게 판매하는 확률

3) A가 하루에 적어도 2명에게 판매하는 확률

(풀이)

A의 하루 판매건수를 $Y$라고 하면 $Y$는 $b(9, 0.3)$이다. $n=9$, $p=0.3$인 경우 이항분포의 누적확률표를 이용하여 구해 보자.

1) $P(Y \leq 2) = 0.4628$ (〈표 6.3〉 참조)

2) $P(Y=2)=P(Y \leq 2)-P(Y \leq 1) = 0.4628-0.1960 = 0.2668$

3) $P(Y \geq 2) = 1-P(Y \leq 1) = 1-0.1960 = 0.8040$

## 4. 이항분포의 특성

### (1) 이항분포의 기대치와 분산

이항확률변수 $Y$의 기대치와 분산은 제 5 장에서 설명된 기대치와 분산의 정의에 의하여 구할 수 있다. 동전을 3번 던질 때 나타나는 앞면의 수에 대한 기대치와 분산을 구하는 방법이 〈표 6.4〉에 나타나 있다.

〈표 6.4〉 이항확률변수 $Y$의 기대치와 분산($n=3$, $p=0.5$)

| $y$ | $f(y)$ | $yf(y)$ | $[y-E(Y)]^2$ | $[y-E(Y)]^2 \cdot f(y)$ |
|---|---|---|---|---|
| 0 | $\frac{1}{8}$ | 0 | $\left(-\frac{12}{8}\right)^2$ | $\frac{144}{512}$ |
| 1 | $\frac{3}{8}$ | $\frac{3}{8}$ | $\left(-\frac{4}{8}\right)^2$ | $\frac{48}{512}$ |
| 2 | $\frac{3}{8}$ | $\frac{6}{8}$ | $\left(\frac{4}{8}\right)^2$ | $\frac{48}{512}$ |
| 3 | $\frac{1}{8}$ | $\frac{3}{8}$ | $\left(\frac{12}{8}\right)^2$ | $\frac{144}{512}$ |
| 합 계 | 1.00 | $E(Y)=\frac{12}{8}$ | | $\text{Var}(Y)=\frac{384}{512}$ |

〈표 6.4〉와 같이 이항분포의 기대치와 분산을 구하는 방법은 $n$이 이 큰 경우에는 매우 복잡한 작업이 된다. 이항분포의 기대치와 분산을 구하는 간편한 방법을 설명해 보자.

$n$번의 베르누이과정에서 각 결과를 $X_1$, $X_2, \cdots, X_n$이라고 하면 성공횟수 $Y$는 $X_1+X_2+\cdots+X_n$이었다. 여기서 $X_1$, $X_2, \cdots, X_n$은 베르누이 시행의 정의상

1) $X_1$, $X_2, \cdots, X_n$은 서로 독립적인 확률변수이고

2) $X_1$, $X_2, \cdots, X_n$은 각각 성공확률이 $p$인 베르누이분포를 한다. 따라서

3) $E(X_1) = E(X_2) = \cdots = E(X_n) = p$

$\mathrm{Var}(X_1) = \mathrm{Var}(X_2) = \cdots = \mathrm{Var}(X_n) = pq$

이다. 이와 같은 성질을 이용하면 이항분포의 기대치와 분산 및 표준편차($\sigma_Y$)를 쉽게 구할 수 있다.

**이항확률변수의 기대치와 분산**

$$E(Y) = E(\sum_{i=1}^{n} X_i) = p+p+p+\cdots+p = np \tag{6.6}$$

$$\mathrm{Var}(Y) = \mathrm{Var}\left(\sum_{i=1}^{n} X_i\right) = pq+pq+pq+\cdots+pq = npq \tag{6.7}$$

$$\sigma_Y = \sqrt{\mathrm{Var}(Y)} = \sqrt{npq} \tag{6.8}$$

**예제 6.3**

식 (6.6)과 (6.7)을 이용하여 $n=3$, $p=0.5$인 경우의 기대치와 분산을 구하시오.

(풀이)

$$E(Y) = np = 3\times0.5 = 1.5\left(=\frac{12}{8}\right)$$

$$\mathrm{Var}(Y) = npq = 3\times0.5\times0.5 = 0.75\left(=\frac{384}{512}\right)$$

따라서 〈표 6.4〉에서 구한 결과와 일치함을 알 수 있다.

### (2) 이항분포의 형태

이항분포의 모양은 $p$와 $n$의 값에 의하여 결정된다. 그러나 만약에 $p=$

[그림 6.1] $n$과 $p$의 결합에 따른 이항분포의 모양

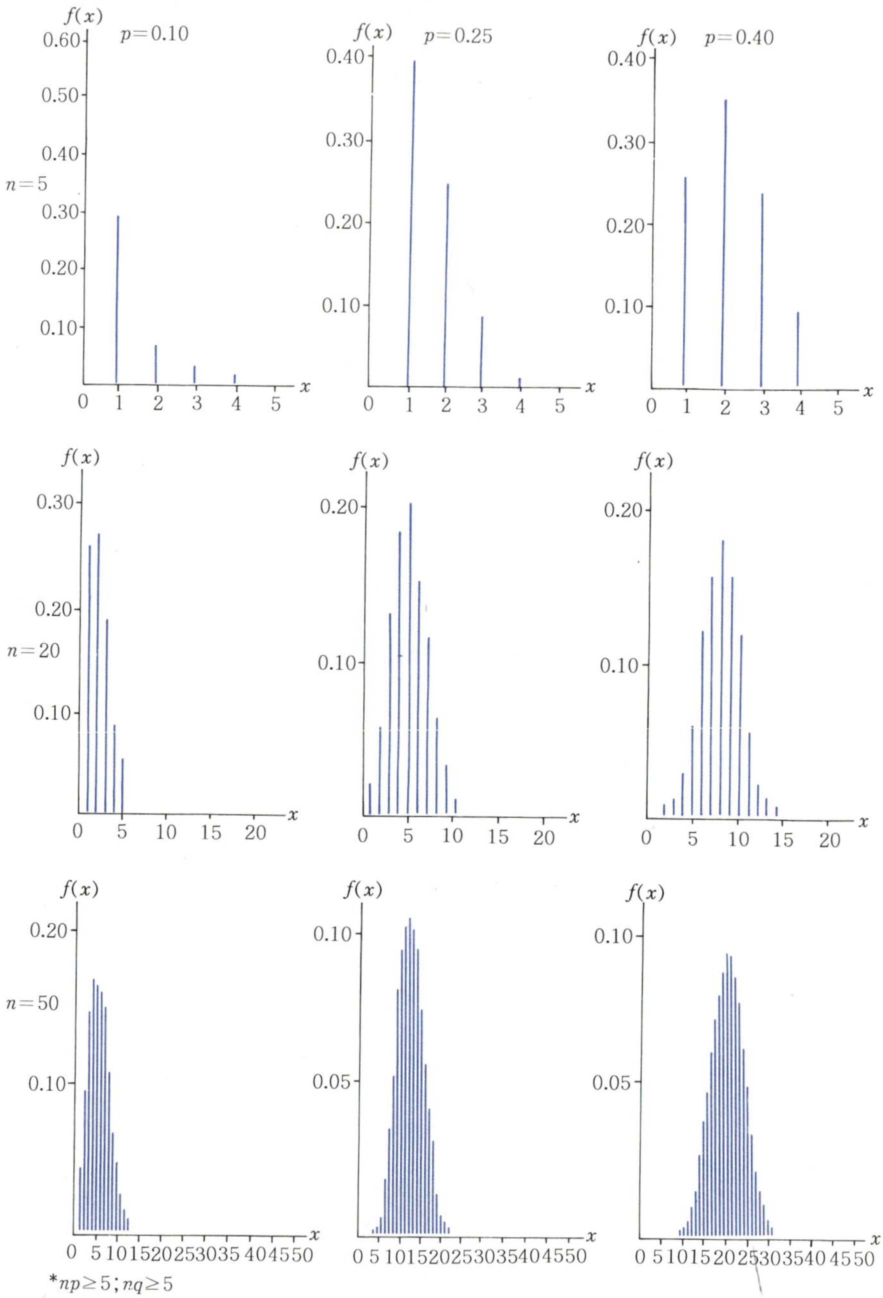

$q=0.5$ 이면 $n$의 값이 관계없이 이항분포의 형태는 대칭이 된다. $n$의 크기가 주어졌을 때 $p$와 $q$의 차이가 크면 클수록 분포의 비대칭도는 크게 된다. $p$가 $q$보다 작을 경우의 분포는 오른쪽으로 비대칭(正의 비대칭)을 이루며([그림 6.1] 참조) 반대일 경우에는 왼쪽으로 비대칭(負의 비대칭)을 이룬다.

[그림 6.1]은 여러 가지 $n$과 $p$의 조합에 따른 이항분포의 형태를 나타낸다. 이 그림은 $p$의 값에 상관없이 $n$의 크기가 커짐에 따라 분포는 연속적이 될 뿐만 아니라 대칭에 접근함을 보여준다. 그러므로 $n$의 크기가 증가함에 따라 $p=q=0.5$의 여부에 관계없이 이항분포는 연속적이고 대칭인 분포로 접근한다는 사실을 확인할 수 있다. 연속적이며 대칭인 종의 모양을 갖는 분포를 정규분포라 하므로 $n$의 크기가 무한대인 경우 이항분포는 정규분포에 접근하게 된다.

## 제 3 절 포아송분포

### 1. 포아송분포

포아송분포는 주어진 시간·생산량 또는 길이 등과 같은 單位區間(unit interval)에서 어떤 특정 사건이 발생하는 수에 관련된 분포이다. 포아송 확률변수의 예를 들면, 어느 백화점의 스포츠용품코너에 시간당 찾아오는 고객의 수, 경부고속도로상에서 시간당 발생하는 교통사고의 수, 어느 전화교환대에 분당 걸려 오는 전화횟수 등과 같다.

포아송 확률변수에 대한 조건은 다음과 같다.

1) 어느 구간(시간·공간·거리)에서 발생하는 사건의 수는 다른 구간에서 발생하는 사건의 수와는 독립적이다.
2) 주어진 구간에서 사건이 일어날 확률은 주어진 구간의 길이에 비례한다.
3) 충분히 작은 구간에서 두 번 이상의 사건이 일어날 가능성은 무시할 정도로 아주 작다.

이러한 조건을 만족시키는 분포를 프랑스의 수학자 포아송(S. D. Poisson)의 이름을 따서 포아송분포라 한다. 포아송분포는 단위구간당 발생하는 사건의 수에 대한 확률을 나타낸다. 포아송분포의 모수는 $\lambda$로 표시하며 $\lambda$는 단위구간당 발생하는 사건의 수의 평균을 나타낸다.

포아송 확률변수 $X$의 확률함수는 다음과 같이 정의된다.

**포아송분포**

$$f(x)=\frac{e^{-\lambda}\lambda^{x}}{x!},\qquad x=0,\ 1,\ 2,\cdots \tag{6.9}$$

$x$ : 발생횟수

$\lambda$ : 평균발생횟수(모수)

$e$ : 2.71828⋯

## 2. 포아송분포의 특성

포아송분포의 기대치와 분산은 동일하다.

**포아송분포의 기대치와 분산**

$$E(X)=\mathrm{Var}(X)=\lambda \tag{6.10}$$

포아송분포는 오른쪽으로 비대칭(정의 비대칭)인 기울기를 갖는다. 그러나 $\lambda$(기대치)의 크기가 증가할수록 [그림 6.2]와 같이 포아송분포의 비대칭도는 감소하여 대칭에 접근한다.

포아송분포는 단위구간의 크기에 의존하는 평균 $\lambda$에 의하여 결정되며 $\lambda$는 단위구간이 변함에 따라 비례적으로 변한다. 예를 들어 단위구간이 두 배로 되면 $\lambda$도 두 배가 된다.

**예제 6.4**

어느 회사의 교환대에 분당(단위구간) 평균 4통의 전화가 걸려 온다. 즉 $\lambda=4$이다. 다음을 구하시오.

1) 앞으로 2분 동안에 두 통화 이하의 전화가 걸려 올 확률

2) 앞으로 30초 동안 한 통의 전화도 걸려 오지 않을 확률

**(풀이)**

1) 기대치는 분당 4통의 전화가 걸려 오는 것으로 주어졌고, 또 포아송

[그림 6.2] $\lambda = 1, 2, 8$인 경우의 포아송분포

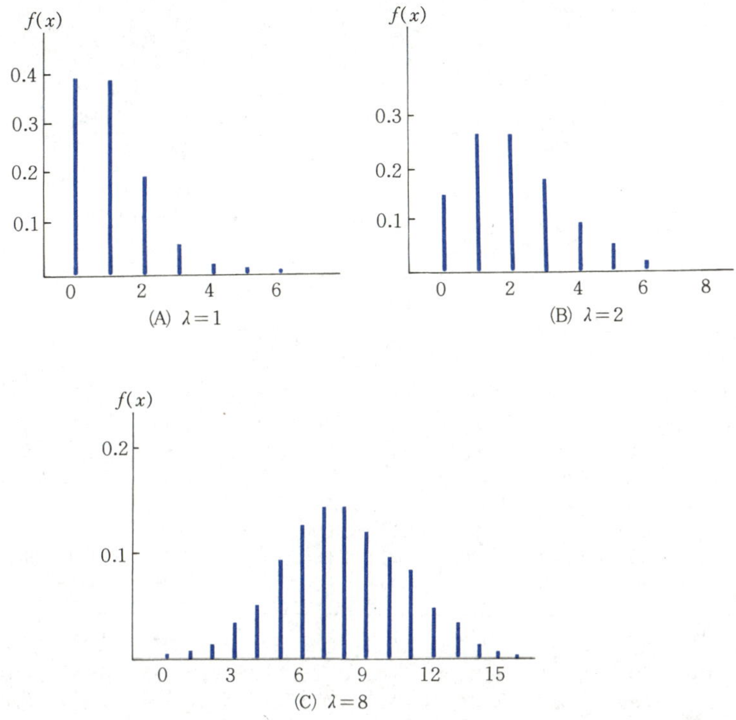


변수의 경우 그의 기대치는 단위구간(여기서는 분당)의 크기에 비례하므로 2분당 기대치는 $\lambda = 4 \times 2 = 8$통의 전화가 걸려 오는 것임을 알 수 있다. 그러므로 구하고자 하는 확률은 부록의 누적포아송분포의 [표 2]를 이용하면, $\lambda = 8$인 경우 $P(X \leq 2) = 0.014$이다.

2) 30초당 걸려 오는 전화의 평균($\lambda$)은 $\lambda = 4 \times 1/2 = 2$가 되므로,

$$P(X=0) = \frac{e^{-2}2^0}{0!} = e^{-2} = 0.135$$

## 3. 누적포아송분포표의 이용

포아송분포에서 식 (6.9)를 이용하여 특정 $x$가 발생할 확률을 계산하는 것은 쉬운 일이 아니다. 따라서 평균발생횟수 $\lambda$에 따른 발생횟수 $x$의 확률을 표로 미리 작성하고 이 표를 이용하여 특정 $x$가 발생할 확률을 구한다.

## 〈표 6.5〉 누적포아송분포표

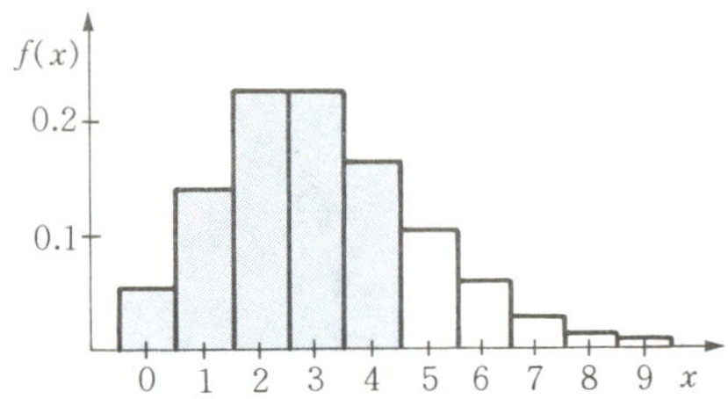


표에 나타난 값들은 $\lambda$에 따른 포아송분포의 누적확률인 $F(x)=P(X\leq x)$를 나타낸다.

예 : $\lambda=3$일 때 발생횟수 $x$가

(i) 4 이하일 확률 $=P(X\leq 4)$
$=0.815$

(ii) 4일 확률 $=P(X=4)$
$=P(X\leq 4)-P(X\leq 3)$
$=0.815-0.647=0.168$

| | $\lambda=E(X)$ | | | | | | | | | |
|---|---|---|---|---|---|---|---|---|---|---|
| $x$ | 0.1 | 0.2 | 0.3 | 0.4 | 0.5 | 0.6 | 0.7 | 0.8 | 0.9 | 1.0 |
| 0 | 0.905 | 0.819 | 0.741 | 0.670 | 0.607 | 0.549 | 0.497 | 0.449 | 0.407 | 0.368 |
| 1 | 0.995 | 0.982 | 0.963 | 0.938 | 0.910 | 0.878 | 0.844 | 0.809 | 0.772 | 0.736 |
| 2 | 1.000 | 0.999 | 0.996 | 0.992 | 0.986 | 0.977 | 0.966 | 0.953 | 0.937 | 0.920 |
| 3 | 1.000 | 1.000 | 1.000 | 0.999 | 0.998 | 0.997 | 0.994 | 0.991 | 0.987 | 0.981 |
| 4 | 1.000 | 1.000 | 1.000 | 1.000 | 1.000 | 1.000 | 0.999 | 0.999 | 0.998 | 0.996 |
| 5 | 1.000 | 1.000 | 1.000 | 1.000 | 1.000 | 1.000 | 1.000 | 1.000 | 1.000 | 0.999 |
| 6 | 1.000 | 1.000 | 1.000 | 1.000 | 1.000 | 1.000 | 1.000 | 1.000 | 1.000 | 1.000 |

| $x$ | 1.1 | 1.2 | 1.3 | 1.4 | 1.5 | 1.6 | 1.7 | 1.8 | 1.9 | 2.0 |
|---|---|---|---|---|---|---|---|---|---|---|
| 0 | 0.333 | 0.301 | 0.273 | 0.247 | 0.223 | 0.202 | 0.183 | 0.165 | 0.150 | 0.135 |
| 1 | 0.699 | 0.663 | 0.627 | 0.592 | 0.558 | 0.525 | 0.493 | 0.463 | 0.434 | 0.406 |
| 2 | 0.900 | 0.879 | 0.857 | 0.833 | 0.809 | 0.783 | 0.757 | 0.731 | 0.704 | 0.677 |
| 3 | 0.974 | 0.966 | 0.957 | 0.946 | 0.934 | 0.921 | 0.907 | 0.891 | 0.875 | 0.857 |
| 4 | 0.995 | 0.992 | 0.989 | 0.986 | 0.981 | 0.976 | 0.970 | 0.964 | 0.956 | 0.947 |
| 5 | 0.999 | 0.998 | 0.998 | 0.997 | 0.996 | 0.994 | 0.992 | 0.990 | 0.987 | 0.983 |
| 6 | 1.000 | 1.000 | 1.000 | 0.999 | 0.999 | 0.999 | 0.998 | 0.997 | 0.997 | 0.995 |
| 7 | 1.000 | 1.000 | 1.000 | 1.000 | 1.000 | 1.000 | 1.000 | 0.999 | 0.999 | 0.999 |
| 8 | 1.000 | 1.000 | 1.000 | 1.000 | 1.000 | 1.000 | 1.000 | 1.000 | 1.000 | 1.000 |

| $x$ | 2.2 | 2.4 | 2.6 | 2.8 | 3.0 | 3.2 | 3.4 | 3.6 | 3.8 | 4.0 |
|---|---|---|---|---|---|---|---|---|---|---|
| 0 | 0.111 | 0.091 | 0.074 | 0.061 | 0.050 | 0.041 | 0.033 | 0.027 | 0.022 | 0.018 |
| 1 | 0.355 | 0.308 | 0.267 | 0.231 | 0.199 | 0.171 | 0.147 | 0.126 | 0.107 | 0.092 |
| 2 | 0.623 | 0.570 | 0.518 | 0.469 | 0.423 | 0.380 | 0.340 | 0.303 | 0.269 | 0.238 |
| 3 | 0.819 | 0.779 | 0.736 | 0.692 | 0.647 | 0.603 | 0.558 | 0.515 | 0.473 | 0.433 |
| 4 | 0.928 | 0.904 | 0.877 | 0.848 | 0.815 | 0.781 | 0.744 | 0.706 | 0.668 | 0.629 |
| 5 | 0.975 | 0.964 | 0.951 | 0.935 | 0.916 | 0.895 | 0.871 | 0.844 | 0.816 | 0.785 |
| 6 | 0.993 | 0.988 | 0.983 | 0.976 | 0.966 | 0.955 | 0.942 | 0.927 | 0.909 | 0.889 |
| 7 | 0.998 | 0.997 | 0.995 | 0.992 | 0.988 | 0.983 | 0.977 | 0.969 | 0.960 | 0.949 |
| 8 | 1.000 | 0.999 | 0.999 | 0.998 | 0.996 | 0.994 | 0.992 | 0.988 | 0.984 | 0.979 |
| 9 | 1.000 | 1.000 | 1.000 | 0.999 | 0.999 | 0.998 | 0.997 | 0.996 | 0.994 | 0.992 |
| 10 | 1.000 | 1.000 | 1.000 | 1.000 | 1.000 | 1.000 | 0.999 | 0.999 | 0.998 | 0.997 |
| 11 | 1.000 | 1.000 | 1.000 | 1.000 | 1.000 | 1.000 | 1.000 | 1.000 | 0.999 | 0.999 |
| 12 | 1.000 | 1.000 | 1.000 | 1.000 | 1.000 | 1.000 | 1.000 | 1.000 | 1.000 | 1.000 |

〈표 6.5〉는 부록의 누적포아송분포표의 일부이다. 다음 예제를 통하여 누적포아송분포표의 이용에 대하여 고찰해 본다.

**예제 6.5**

H백화점의 스포츠용품 코너에 찾아오는 고객의 수는 10분당 1명이다. 30분을 기준으로 할 때 찾아오는 고객의 수가 ① 4명보다 작을 확률 ② 정확히 4명일 확률 ③ 4명보다 클 확률(즉, 5명 이상일 확률)을 구하시오.

**(풀이)**

10분당 평균 1명이므로 30분당 평균($\lambda$)은 3명이 된다. 즉 $\lambda = 1 \times 3 = 3$이 된다.

1) $P(X \leq 4) = 0.815$ (표에 의하여)

2) $P(X = 4) = P(X \leq 4) - P(X \leq 3) = 0.815 - 0.647 = 0.168$

3) $P(X > 4) = 1 - P(X \leq 4) = 1 - 0.815 = 0.185$

## 4. 이항분포와 포아송분포의 관계

이항분포에 대한 근사치는 포아송분포를 이용하여 구할 수 있다. $X$가 $b(n, p)$인 이항분포를 하는 경우 $n$이 크다면 이항분포 대신 포아송분포를 사용하여 근사치를 구할 수 있다. $n$이 큰 경우에 근사치는 만족할 만하다. 특히 $n \geq 20$, $p \leq 0.05$인 경우 이 근사치는 상당히 정확하며, $n \geq 100$, $np \leq 10$인 경우는 매우 정확하다.

모수가 $n$, $p$인 이항분포의 기대치는 $np$이므로 포아송분포를 이용할 때

〈표 6.6〉 $np = 2$일 때 이항분포와 $\lambda = 2$일 때 포아송분포

| $n$ | $p$ | 이항분포 $P(Y=1)$ | 이항분포 $P(Y=4)$ |
|---|---|---|---|
| 5 | 0.4 | 0.2592 | 0.0768 |
| 10 | 0.2 | 0.26844 | 0.0881 |
| 20 | 0.1 | 0.27017 | 0.0898 |
| 50 | 0.04 | 0.27060 | 0.0902 |
| 100 | 0.02 | 0.27065 | 0.0902 |
| $\lambda = 2$인 경우의 포아송분포: $P(X=1) = 0.27067$ | | | $P(X=4) = 0.09014$ |

모수 $\lambda$ 대신에 $np$를 이용한다. 〈표 6.6〉은 $np=\lambda=2$로 고정시키고 $n$과 $p$가 다른 경우의 $Y=1$, $Y=4$일 확률을 실제 이항분포를 이용하여 구하고 그 값을 $\lambda=2$인 경우의 포아송분포에서 $X=1$, $X=4$일 확률과 비교하였다.

〈표 6.6〉에서 알 수 있듯이 $n$이 크고 $p$가 작으면 포아송분포를 이용하여 구한 근사치는 만족할 만하다.

**예제 6.6**

어떤 전구생산공장에서 생산하는 전구들의 2%가 불량품이라고 한다. 전구 한 상자에는 전구가 100개 들어 있다. 전구 한 상자에 불량품이 ① 4개 또는 그 이상일 확률 ② 정확히 4개일 확률을 구하시오.

(풀이)

1) 불량품의 수를 $Y$라고 하면 $Y$는 이항분포를 한다. 따라서 4개 이상의 불량품이 들어 있을 확률은

$$P(Y \geq 4)=\sum_{y=4}^{100}\binom{100}{y}(0.02)^y(0.98)^{100-y}$$
$$=1-0.859=0.141$$

이다. 이를 계산하기란 쉬운 문제가 아니므로 포아송분포의 이항분포에 대한 근사법을 사용하면,

$$\lambda=np=100(0.02)=2$$

그러므로, 포아송확률변수 $X$를 이용하면

$$P(X \geq 4)=1-P(X \leq 3)$$
$$=1-0.857=0.143$$

2) 정확히 4개의 불량품이 있을 확률은

$$P(X=4)=P(X \leq 4)-P(X \leq 3)$$
$$=0.947-0.857=0.090$$

이 결과를 〈표 6.6〉의 $n=100$, $p=0.02$인 경우와 비교하기 바란다.

# 제 4 절 초기하분포*

## 1. 초기하분포

이항분포는 모집단이 무한하거나 또는 표본의 개개 관측치들이 서로 독립적이 될 수 있도록 복원의 방법에 의하여 추출되었다는 가정에 기초하고 있다. 그러므로 표본으로 추출될 개개 관측치들의 확률은 동일하게 된다. 그러나 그 속에 포함된 요소들이 두 개의 그룹으로 분류될 수 있는 유한모집단에서 비복원의 방법으로 표본을 추출하는 경우에 각 관측치들의 확률은 서로 다르게 된다. 이 경우에 적용하는 것이 超機何分布이다.

하나의 모집단이 총 $N$개의 요소로 구성되어 있다고 하자. 이 중 $k$개의 요소가 "성공"의 특성을 가지고 있으며, 나머지 $N-k$개의 요소가 "실패" 즉 반대의 특성을 가지고 있다고 하자. 이 모집단에서 $n$개의 요소를 비복원의 방법으로 무작위추출한다면, 이 경우 일어나는 차례차례의 사상은 종속적이 되며 또 성공의 확률도 추출할 때마다 변하게 된다. 이러한 상황하에서 표본의 크기가 $n$인 표본에서 성공의 수가 정확히 $x$개인 확률을 구하려고 한다. 이 경우에 성공의 수 $X$를 超幾何變數(hypergeometric variable)라고 한다. 이제 초기하확률변수의 확률함수를 유도하는 방법을 살펴보자.

먼저 $N$개의 요소들로 구성된 모집단에서 $n$개의 표본을 추출하는 방법(또는 조합)의 총수는 ${}_NC_n$이 되며, 전체 성공의 수 $k$에서 $x$개를 추출하는 방법과 $N-k$에서 $n-x$개의 요소를 추출하는 방법의 총수는 곱셈법칙을 적용하여 $\binom{k}{x}\binom{N-k}{n-x}$가 된다.

**초기하분포**

모수가 $N$(모집단의 수), $n$(표본의 수), $k$(모집단에서 성공의 수)인 초기하확률변수 $X$($n$개의 표본에서 성공의 수)의 확률함수는 다음과 같다.

$$f(x) = \frac{\binom{k}{x}\binom{N-k}{n-x}}{\binom{N}{n}} \qquad (6.11)$$

예제 6.7

상자 안에 초콜릿이 20개 들어 있다. 그 중 5개는 흰색이고 15개는 고동색이다. 상자에서 4개를 선택하였을 때 흰색 초콜릿이 2개가 포함될 확률은 얼마인가?

(풀이)

$$P(X=2)=\frac{\binom{5}{2}\binom{15}{2}}{\binom{20}{4}}=0.217$$

## 2. 초기하분포의 기대치와 분산

$k/N$을 $p$라고 표시하면 초기하변수 $X$의 기대치와 분산은 다음과 같다.

**초기하분포의 기대치와 분산**

$$E(X)=np \tag{6.12}$$

$$\mathrm{Var}(X)=\left(\frac{N-n}{N-1}\right)np(1-p) \tag{6.13}$$

여기서

$$p=k/N$$

식 (6.13)의 $(N-n)/(N-1)$은 유한모집단수정계수(finite population correction factor)로 표본이 비복원추출인 경우 분산을 구할 때 사용된다.

예제 6.8

예제 6.7에서 4개를 선택할 때 나오는 흰색 초콜릿의 수를 $X$라고 할 때 $E(X)$와 $\mathrm{Var}(X)$를 구하시오.

(풀이)

이 경우 $N=20$, $n=4$, $k=5$이다.

$$E(X)=np=n\cdot(k/N)=4(5/20)=1$$

$$\mathrm{Var}(X)=\left(\frac{N-n}{N-1}\right)n\left(\frac{k}{N}\right)\left(\frac{N-k}{N}\right)$$

$$=\left(\frac{20-4}{20-1}\right)(4)\left(\frac{5}{20}\right)\left(\frac{20-5}{20}\right)=\frac{12}{19}$$

## 3. 다변량 초기하분포

이제 실험결과가 두 개 이상인 경우를 고려해 보자. $N$개의 요소가 있는 모집단이 첫번째 종류가 $N_1$개, 두 번째 종류가 $N_2$개, …, $k$번째 종류가 $N_k$개가 있다고 하자. 표본크기가 $n$인 표본을 추출할 경우 이 표본이 첫 번째 종류가 $x_1$개, 두 번째 종류가 $x_2$, …, $k$번째 종류가 $x_k$개로 구성되어 있을 확률은 다음 식으로 구할 수 있다. 이 분포를 다변량 초기하분포라고 한다.

**다변량 초기하분포**

$$f(x_1,\ x_2,\cdots x_{k-1})=\frac{\binom{N_1}{x_1}\binom{N_2}{x_2}\cdots\binom{N_{k-1}}{x_{k-1}}\binom{N_k}{n-x_1-x_2-\cdots-x_{k-1}}}{\binom{N}{n}} \qquad (6.14)$$

**예제 6.9**

경제학원론을 수강한 100명의 학생을 대상으로 학점을 조사하였다. 이 100명 중에서 20명은 A, 30명은 B, 35명은 C, 10명은 D, 그리고 5명은 F를 받았다. 이 100명에서 임의로 25명을 표본으로 뽑는데, 1명씩 뽑되 복원시키지 않고(한꺼번에 25명을) 뽑는다. 이 때 각 표본이 뽑힐 확률은 $1/\binom{100}{25}$이 된다. 이제 25명의 표본에서 A를 받은 학생의 수를, $X_1$, B를 받은 학생의 수를 $X_2$, C를 받은 학생의 수를 $X_3$, D를 받은 학생의 수를 $X_4$, 그리고 F를 받은 학생의 수를 $X_5=25-X_1-X_2-X_3-X_4$라고 하자. $X_5$는 $X_1$, $X_2$, $X_3$ 및 $X_4$가 주어지면 자연적으로 주어지므로 변수가 아니다. 따라서 $X_1$, $X_2$, $X_3$, $X_4$의 결합확률함수는

$$f(x_1,\ x_2,\ x_3,\ x_4)=\frac{\binom{20}{x_1}\binom{30}{x_2}\binom{35}{x_3}\binom{10}{x_4}\binom{5}{25-x_1-x_2-x_3-x_4}}{\binom{100}{25}}$$

가 된다. 이 때 $X_1=5$, $X_2=7$, $X_3=5$, $X_4=6$(따라서, $X_5=2$가 된다)일 확률은

$$f(5, 7, 5, 6)=\frac{\binom{20}{5}\binom{30}{7}\binom{35}{5}\binom{10}{6}\binom{5}{2}}{\binom{100}{25}}$$

이 된다.

## 4. 이항분포와 초기하분포의 관계

예를 들어 10,000명의 조합원으로 구성된 지하철노조에서 3,000명이 임금인상을 위한 파업에 동조한다고 가정하자. 만일 이들 조합원 전체에서 10명을 비복원의 방법으로 임의추출했을 때 이 표본 중 정확하게 $x$명이 파업에 동조하는 확률은 초기하분포를 이용하면 다음과 같다.

$$f(x)=\frac{\binom{3,000}{x}\binom{10,000-3,000}{10-x}}{\binom{10,000}{10}}$$

그러나 만약에 10명의 표본을 복원에 의한 방법으로 추출한다면 각 독립시행의 확률은 3,000/10,000 또는 0.3으로 일정할 것이다. 그러므로 이 경우 표본 내의 조합원 중 파업에 동조하는 조합원의 수 $Y$에 대한 확률을 구하는 방법으로는 이항분포가 적당하며 또 확률함수는 다음과 같게 된다.

$$f(y)=\binom{10}{y}(0.3)^{y}(0.7)^{10-y}$$

이렇게 $n$이 매우 작고, 반면 $N$이 매우 큰 상황에서는 성공의 확률은 매 추출시마다 별로 변하지 않게 되고, 따라서 각 추출시 확률은 독립적인 것으로 생각할 수 있다. 그러므로 이런 경우 이항확률은 초기하확률에 매우 근사적인 값이 된다.

일반적으로 $n$이 $N$에 비하여 아주 작은 경우에는 다음의 관계가 성립한다.

$$\frac{\binom{k}{x}\binom{N-k}{n-x}}{\binom{N}{n}} \fallingdotseq \binom{n}{x}\left(\frac{k}{N}\right)^{x}\left(\frac{N-k}{N}\right)^{n-x} \qquad (6.15)$$

식 (6.15)는 소규모 표본이 대규모의 모집단으로부터 추출된 경우에 비복원, 복원 어느 것에 의하든 매우 근사한 결과를 얻을 수 있다는 것을 의미한다. 이러한 관계가 성립되는 대략적인 표본의 크기는 $n \le 0.05N$이다.

## 제 5 절 다항분포*

이항분포는 실험의 결과가 상호배타적이며 완비적인 두 가지 결과로만 나누어지는 경우의 분포이고 多項分布(multinomial distribution)는 실험의 결과가 상호배타적이며 완비적인 세 가지 이상의 결과로 나누어지는 경우의 분포이다([그림 4.2]를 참고하시오).

이항분포와 마찬가지로 다항분포도 실험이 $n$번 독립적으로 시행되는 것을 가정한다. 즉, 다항분포는 이항분포의 연장으로서 이항계수를 다항계수로 대체한 것에 불과한 것이다.

다항분포는 다음과 같은 조건이 만족되는 일련의 반복적인 실험을 대상으로 한다.

1) 실험은 상호배타적이며 완비적인(mutually exclusive and exhaustive) $k$개의 가능한 결과 $A_1, A_2, \cdots, A_k$를 갖는다.
2) 실험은 $n$번 독립적으로 시행된다.
3) 각 시행에서 $P(A_i) = p_i (i = 1, 2, \cdots, k)$이며 $\sum_{i=1}^{k} p_i = 1$이다.

**다항분포**

$n$번의 독립적 시행에서 $A_i (i = 1, 2, \cdots, k)$가 일어나는 횟수를 확률변수 $X_i$라고 하고 $A_i$가 $x_i$번$(i = 1, 2, \cdots, k)$ 일어날 확률이 다음과 같을 때 $X_1, X_2, \cdots, X_k$는 다항분포를 따른다고 한다(여기서 $\sum_{i=1}^{k} x_i = n$, $P(A_i) = p_i$, $\sum_{i=1}^{k} p_i = 1$)

$$P(X_1 = x_1, X_2 = x_2, \cdots, X_k = x_k) = \frac{n!}{x_1! x_2! \cdots x_k!} (p_1)^{x1} (p_2)^{x2} \cdots (p_k)^{xk} \quad (6.16)$$

식 (6.16)이 성립함을 살펴보자. $x_1$개의 $A_1$, $x_2$개의 $A_2, \cdots$, $x_k$개의 $A_k$를 구별하여 늘어놓을 수 있는 경우의 수는

$$\binom{n}{x_1, x_2, \cdots, x_k} = \frac{n!}{x_1!\ x_2! \cdots x_k!} \tag{6.17}$$

이며 이들 각 경우의 확률은

$$(p_1)^{x1}(p_2)^{x2}\cdots(p_k)^{xk} \tag{6.18}$$

이므로 식 (6.16)이 성립한다. 식 (6.16)을 다항분포라고 부르는 이유는

$$\Sigma \frac{n!}{x_1!x_2!\cdots x_k!}(p_1)^{x1}(p_2)^{x2}\cdots(p_k)^{xk} = (p_1+p_2+\cdots+p_k)^n = 1 \tag{6.19}$$

이 되기 때문이다. 여기서 $\Sigma$의 범위는 $x_1+x_2+\cdots+x_k=n$인 음이 아닌 정수 $x_1, x_2, \cdots, x_k$의 모든 집합에 대하여 적용된다. 즉 다항식 $(p_1+p_2+\cdots+p_k)^n$을 전개하면 그 항들은 $P(X_1=x_1, X_2=x_2, \cdots, X_k=x_k)$가 된다. 이항분포는 $k=2$인 경우로 $(p+q)^n$을 전개한 경우이다.

**예제 6.10**

어떤 회사의 생산품은 정상적인 상태에서 60%는 양호하고 30%는 보통이며 10%는 불량하다고 한다. 생산라인에서 복원의 방법으로 임의로 20개의 제품을 선택할 때 양호한 제품의 수를 $X$, 보통제품의 수를 $Y$, 불량제품의 수를 $Z=20-X-Y$라고 할 때 $P(X=15, Y=4, Z=1)$를 구하시오.

(풀이)

$$\begin{aligned} P(X=15,\ Y=4,\ Z=1) &= P(X=15,\ Y=4) \\ &= \frac{20!}{15!\,4!\,1!}(0.6)^{15}(0.3)^4(0.1)^1 \\ &= 0.0295 \end{aligned}$$

**예제 6.11**

다변량 초기하분포를 예시한 예제 6.9에서 이번에는 25명을 복원으로 뽑는다고 가정할 때 $X_1=5$, $X_2=7$, $X_3=5$, $X_4=6$, $X_5=2$일 확률은?

(풀이)

비복원의 가정을 복원으로 하면 다변량 초기하분포는 다항분포가 된다. 즉,

$$P(X_1=5,\ X_2=7,\ X_3=5,\ X_4=6,\ X_5=2)$$
$$=\frac{25!}{5!\ 7!\ 5!\ 6!\ 2!}\left(\frac{2}{10}\right)^5\left(\frac{3}{10}\right)^7\left(\frac{35}{100}\right)^5\left(\frac{1}{10}\right)^6\left(\frac{1}{20}\right)^2$$

## 제 6 절 기하분포와 음이항분포*

베르누이시행에서 횟수를 고정시키지 않고 $r$번째의 성공이 일어날 때까지 베르누이시행을 계속한다고 가정하자. 여기서 확률변수는 $r$번째의 성공이 일어날 때까지 나타난 실패의 횟수이다.

### 1. 기하분포

$r=1$인 경우를 생각해 보자. 여기서 성공의 확률이 $p$인 베르누이시행에서 첫번째 성공이 일어날 때까지 발생한 실패의 횟수를 $X$라고 하면 $X$는 기하분포를 하며 $X$의 확률함수 $f(x)=P(X=x)$와 기대치 및 분산은 다음과 같다.

**기하분포**(geometric distribution)

$$f(x)=(1-p)^x p, \quad x=0,\ 1,\ 2,\ \cdots \tag{6.20}$$

$$E(X)=\frac{1-p}{p}=\frac{q}{p} \tag{6.21}$$

$$\mathrm{Var}(X)=\frac{q}{p^2} \tag{6.22}$$

### 2. 음이항분포

이번에는 $r$번째의 성공이 일어날 때까지의 실패의 수를 $X$라고 하면 $X$는 음이항분포를 따른다. 꼭 $r$번의 성공과 $x$번의 실패를 가져오기 위한 시행의 횟수는 $x+r$이며 $X$의 확률함수는 처음$(x+r-1)$번의 시행에서 꼭 $(r-1)$

번의 성공이 있을 확률 $\binom{x+r-1}{r-1}p^{r-1}(1-p)^x$와 $(x+r)$번째 시행에서 성공이 일어날 확률 $p$의 곱과 같다.

음이항분포의 확률함수와 기대치 및 분산은 다음과 같다.

**음이항분포**(negative binomial distribution)

$$f(x)=\binom{x+r-1}{r-1}p^r(1-p)^x, \qquad x=0,\ 1,\ 2,\cdots$$

$$=\binom{x+r-1}{x}p^r(1-p)^x, \qquad x=0,\ 1,\ 2,\cdots \tag{6.23}$$

$$E(X)=\frac{rq}{p} \tag{6.24}$$

$$\mathrm{Var}(X)=\frac{rq}{p^2} \qquad (q=1-p) \tag{6.25}$$

예제 6.12

어떤 부품제작기계가 불량품을 생산할 확률은 0.01이다. 각 부품은 생산과 동시에 품질검사를 받는다. 이런 품질검사가 독립적인 시행이라고 가정할 때 하나의 불량품을 찾아내기 위하여 적어도 100개의 부품을 검사하여야 할 확률을 구하시오.

(풀이)

기하분포를 이용하면 된다. 즉 기하분포에서 $X=99,\ 100,\ 101,\cdots$인 경우의 확률을 더하면 된다.

$$\begin{aligned}
&P(X=99)+P(X=100)+P(X=101)+\cdots \\
&=(0.99)^{99}0.01+(0.99)^{100}0.01+(0.99)^{101}0.01+\cdots \\
&=(0.99)^{99}0.01[1+0.99+(0.99)^2+\cdots] \\
&=(0.99)^{99} \\
&=0.3695
\end{aligned}$$

## □ 연습문제

6. 1 베르누이(Bernoulli)과정이란?

6. 2 이항변수(binomial variable)란?

6. 3* 이항분포와 초기하분포의 관계를 설명하시오.

6. 4 이항분포와 포아송분포의 관계를 설명하시오.

6. 5 포아송분포의 조건을 설명하시오.

6. 6* 이항분포와 다항분포의 차이점을 설명하시오.

6. 7* 다항분포와 다변량 초기하분포의 차이점을 설명하시오.

6. 8 동전 한 개를 5번 던졌다. 앞면이 한번도 나오지 않을 확률과 앞면이 5번 나올 확률을 구하시오.

6. 9 5개의 주사위를 동시에 던졌다. 4가 한번도 나오지 않을 확률과 5개의 주사위 모두가 4를 나타낼 확률을 구하시오.

6.10 어느 기계를 사용하여 생산한 제품 중 1%는 불합격품이라 한다.

(1) 복원의 방법에 의하여 제품 4개를 임의로 추출한 표본에서 불합격품이 하나도 없을 확률과 또 많아야 하나가 불합격품일 확률을 구하시오.

(2) 50개의 제품이 있는 경우에 불합격품의 기대치 · 분산 그리고 표준편차를 구하시오.

6.11 두 개의 빨간 공과 세 개의 흰 공이 들어 있는 주머니가 있다. 복원의 방법으로 한번에 하나씩 꺼낸다고 하자.

(1) 3개의 공을 꺼내는 경우 빨간 공이 하나도 없거나 하나 · 둘 그리고 세 개일 확률을 각각 구하시오.

(2) (1)에 대한 기대치와 분산 및 표준편차를 구하시오.

6.12* 연습문제 6.11을 비복원의 경우로 하여 답하시오.

6.13 어느 대학에서 지금까지 통계학을 신청한 학생들 중 20%의 학생들이 F학점을 받았음이 조사에서 밝혀졌다. 이번 학기에 통계학을 신청한 학생수는 20명이라 한다.

(1) 두 학생 또는 그 이하가 F학점을 받을 확률을 구하시오.

(2) 정확히 4명의 학생이 F학점을 받을 확률을 구하시오.

(3) 4명 또는 그 이상이 F학점을 받을 확률을 구하시오.

(4) F학점을 받을 학생들의 기대치를 구하시오.

6.14 통계학 시험문제는 ○, × 의 20문제로 구성되어 있다. 어떤 수강생은 통계학 시험준비가 안되어 있어서 무작위로 ○, ×를 표시하기로 하였다. 이 학생이 맞힌 문제의 수를 $Y$라고 할 때

(1) $P(Y=5)$ (2) $P(Y \geq 8)$을 구하시오.

6.15 우편으로 아동복을 판매하는 회사는 고객이 아동복을 받은 후 일 주일 안에 반품을 하는 비율이 0.2인 것을 알고 있다. 이 회사가 6명으로부터 주문을 받은 경우

(1) 반품하는 사람의 수 $Y$가 0인 확률

(2) 반품하는 사람의 수 $Y$가 2인 확률을 구하시오.

6.16 어느 은행점포에 도착하는 고객의 수는 1분당 1명이다. 은행지점장은 고객 서비스를 위하여 몇 명의 직원을 창구에 배치할 것인지에 대한 의사결정을 하기 위하여 매 10분당 고객의 수가 10, 12, 15명보다 클 확률을 구하려고 한다. 각각의 확률을 구하시오.

6.17 어느 회사에서 제조한 자동차 타이어가 외부요인에 의하여 펑크가 나는 경우는 평균 매 25,000km에 한 번이라 한다. 이러한 펑크 발생이 포아송분포를 따른다고 가정할 때, 다음의 확률을 구하시오.

(1) 5,000km을 달리는 경우 2번 또는 그 이상 펑크가 날 확률은?

(2) 50,000km을 달리고도 펑크가 한 번도 나지 않을 확률은?

6.18 어느 공장에서 생산되는 TV 중 10%는 불량품이라 한다. 이 공장에서 생산된 TV에서 10대를 임의추출하는 경우에

(1) 이항분포와 포아송분포를 사용하여 정확히 3대가 불량품일 확률을

구하시오.

(2) 위의 두 분포의 경우에 대한 기대치와 분산을 계산하고 결과를 비교하시오.

**6.19** 서울 강남구의 전기요금 청구서는 한전의 강남지소에 설치된 전기사용계기를 직원이 읽어서 요금을 부과한다고 하자. 평균적으로 1%의 전기요금 청구서가 부정확하다고 할 때 800명에게 부과한 전기요금 중에서 6개가 부정확할 확률을

(1) 이항분포를 이용하여 구하시오(실제의 계산은 상당히 복잡해진다).

(2) 포아송분포를 이용하여 근사치를 구하시오.

(3) 연습문제 6.18의 경우와 비교하여 연습문제 6.19의 근사치가 더 정확한 이유를 설명하시오.

6.20 광화문 네거리에 있는 한 공중전화 사용횟수가 매 10분당 $\lambda = 3.2$회로 포아송분포를 한다고 하자. 10분 동안 이 공중전화를 이용하는 횟수가 아래와 같은 경우의 확률은?

(1) 5회 또는 그 이하

(2) 0회

(3) 적어도 1회

6.21 어느 직장에 평균적으로 3분에 2번의 비율로 전화가 걸려 온다. 전화가 걸려 오는 횟수가 근사적 포아송분포를 한다고 가정한다면 9분 동안에 5번 이상의 전화가 걸려올 확률을 구하시오.

6.22* K전자회사가 생산하는 반도체는 정상적인 생산상태에서 제품의 95%는 우수하며 4%는 보통이며 1%는 불량하다고 한다. 수만 개의 반도체 중에서 품질검사를 위하여 임의로 20개의 반도체를 선택하여 보통품의 수($X$)와 불량품의 수($Y$), 우수품의 수($Z$)를 조사하였다. 이 때

(1) $X=1,\ Y=0$일 확률 $(Z=19)$

(2) $X=1,\ Y=1$일 확률 $(Z=18)$

6.23* 해태와 LG의 야간 야구경기에 관전하는 관중들의 23%가 잠실경기장으로부터 10km 범위 내에 거주하며, 59%가 10~50km 범위 사이에 거

주하며, 18%가 50km 범위 밖에 거주한다고 한다. 혼잡스러운 야구장에서 20명의 사람을 무작위로 뽑았을 때 7명은 10km 내에, 8명은 10~50km에, 5명은 50km 밖에 거주하는 확률을 구하시오.

## 응용사례

# 포아송분포와 재고관리

제조업체·도매업자 및 소매업자들은 대부분 많은 양의 재고를 가지고 있으며 적정한 재고관리를 위하여 노력하고 있다. 재고관리는 회사의 총이윤에 큰 영향을 미친다. 즉 재고가 너무 많다면 회사는 재고품의 보관비용 및 보험비용을 지출하고 초과로 보유하는 재고에 대한 자금조달 등의 부담을 진다. 또 재고가 너무 적다면 회사는 재고가 바닥이 날(stockouts) 위험을 가지게 된다. 따라서 재고관리의 목표 중의 하나는 재고가 하나도 없게 되는 확률을 일정 비율(%)의 범위 안(예: 5%범위 안)으로 하면서 가장 낮은 수준의 재고를 유지하는 것이다.

A회사는 PC를 판매하는 회사이다. 이 회사의 경영자는 재고관리를 위한 자료를 조사한 결과 회사가 공장에 재주문한 PC가 창고에 도착하는 데 걸리는 기간(배달기간: delivery period)은 10일이며, 재고품의 판매수는 10일당 평균 6대인($\lambda=6$) 포아송분포를 따른다고 한다.

이 회사의 경영자는 재고관리의 기준으로 재고품이 하나도 남지 않게 되는 확률을 5% 이내로 하려고 한다. 재고품의 판매수를 $X$라고 하면 $X$는 $\lambda=6$인 포아송분포를 한다.

A회사의 경영자가 재고품이 5개가 남아 있을 때 PC에 대한 재주문을 하는 경우, 재고가 바닥이 날 확률은 배달기간 동안 판매되는 PC의 수(즉 $\lambda=6$인 포아송확률변수 $X$)가 재주문할 시점에서의 재고품의 수(즉 5개)보다 클 확률을 말한다. 즉 재고가 바닥이 날 확률은

$$P(X>5)=1-P(X\leq 5)=55.432\%$$

이다. 재고품의 수가 9개일 때 PC에 대한 재주문을 하면 재고가 바닥이 날 확률은

$$P(X>9)=1-P(X\leq 9)=1-0.91608=8.392\%$$

이다. 또 경영자가 재고품의 수가 10개일 때 PC에 대한 재주문을 하면 재고가 바닥이 날 확률은

$$P(X > 10) = 1 - P(X \leq 10) = 1 - 0.95723 = 4.262\%$$

A 회사 재고관리의 목표가 재고가 바닥이 날 확률을 5% 내에서만 허용하고 동시에 가장 낮은 재고수준을 유지하려고 한다면 이 회사의 경영자는 재고품의 수가 10개로 떨어지면 PC에 대한 재주문을 하여야 한다.

다음 표는 배달기간(10일) 동안 재고의 평균판매대수 $\lambda$와 회사에서 허용한 재고가 바닥이 날 확률에 따른 재주문의 시기(즉 재고품의 개수)를 나타내고 있다. 표에서 알 수 있듯이 A 회사의 경영자가 재고가 바닥이 날 확률을 4% 안으로 제한하고 $\lambda = 6$인 경우 재주문시점은 재고품의 수가 11개 있을 경우이다.

〈표 6.7〉 재주문이 필요한 최저 재고의 수준

| 배달기간(10일) 동안 평균판매대수($\lambda$) | 허용된 재고바닥의 최대확률(%) | | | | | | | |
|---|---|---|---|---|---|---|---|---|
| | 20 | 15 | 10 | 8 | 5 | 4 | 2 | 1 |
| 2 | 3 | 3 | 4 | 4 | 5 | 5 | 5 | 6 |
| 4 | 6 | 6 | 7 | 7 | 8 | 8 | 9 | 9 |
| 6 | 8 | 9 | 9 | 10 | 10 | 11 | 12 | 12 |
| 8 | 10 | 11 | 12 | 12 | 13 | 13 | 14 | 15 |
| 10 | 13 | 13 | 14 | 15 | 15 | 16 | 17 | 18 |

# 7. 연속확률분포

# 제 1 절 연속확률변수

## 1. 확률밀도함수

제 7 장에서는 확률변수가 주어진 범위 내에서 어떠한 값이라도 가질 수 있는 連續確率變數(continuous random variable)에 대하여 살펴보기로 하자. 연속확률변수의 예는 서울에서 뉴욕까지의 비행시간, 새로 개발된 전구의 수명, 투자된 증권의 수익률, 학생들의 신장, 하루의 기온 등을 들 수 있다.

이와 같은 연속확률변수는 어떤 범위구간 내에 무한히 많은 값을 내포하고 있으므로 연속확률변수가 취하는 어떤 특정값의 확률은 0(zero)이 된다. 그러므로 연속확률분포는 어떤 특정값에서의 확률을 나타내는 것이 아니고 어느 구간의 확률을 나타낸다. 이러한 관점에서 연속확률분포를 나타낼 때 확률질량함수 대신에 確率密度函數(probability density function 또는 p.d.f.)라는 개념을 사용한다.

확률밀도함수는 다음과 같은 특징을 갖는다.

**확률밀도함수의 특징**

1) 확률밀도함수는 언제나 (+)값을 갖는다. 즉

$f(x) > 0$

2) 확률밀도함수 아래에 있는 전체면적은 1.0이다. 즉

$$\int_{-\infty}^{\infty} f(x)\,dx = 1 \qquad (7.1)$$

3) 확률밀도함수에서 어떤 특정한 값을 가질 확률은 0이다.

$$P(X = a) = 0 \qquad (7.2)$$

4) 확률밀도함수에서의 확률은 확률변수가 어떤 특정한 두 값 사이에 있을 확률로 표시된다. 즉 $P(a \le X \le b)$는 구간 $[a, b]$에서, 확률밀도함수 $f(x)$와 $x$축 사이의 면적이다. 즉

$$P(a \le X \le b) = \int_a^b f(x)\,dx \qquad (7.3)$$

5) 확률밀도함수에서 어느 특정한 값을 가질 확률은 0이기 때문에(이것은 적분공식에서 $\int_a^a f(x) = 0$과 일치한다) 다음 식이 성립한다.

$$P(a \le X \le b) = P(a < X \le b) = P(a \le X < b) = P(a < X < b) \tag{7.4}$$

특정한 확률밀도함수의 확률계산은 부록의 표를 이용하여 계산한다. 그러나 부록의 표 자체는 식 (7.3)이나 식 (7.5)를 이용하여 계산된 표임을 인식하여야 한다.

[그림 7.1] 확률밀도함수의 확률계산

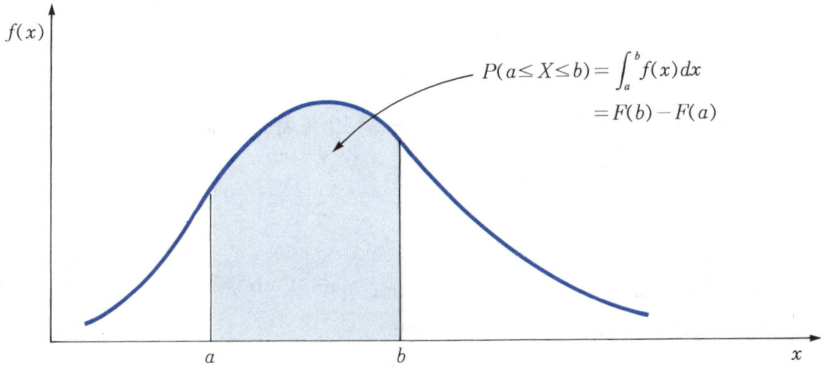


## 2. 누적분포함수

이산확률변수의 경우와 마찬가지로, 연속확률변수가 $X$의 어느 값보다 작거나 같을 확률을 누적분포함수(CDF)라 부르고 다음과 같이 표기된다.

$$F(x) = P(X \le x) = \int_{-\infty}^{x} f(t)\, dt \tag{7.5}$$

$f(x)$를 적분하면 $F(x)$가 되고, $F(x)$를 미분하면 $f(x)$가 된다. 즉, $F'(x) = f(x)$가 성립한다. $F(x)$는 감소하지 않는(non-decreasing) 함수이다.

누적분포함수의 특성은 다음과 같다.

$$P(a < x < b) = F(b) - F(a), \qquad a < b \tag{7.6}$$

$$F(-\infty) = P(X < -\infty) = 0 \tag{7.7}$$

[그림 7.2] 확률밀도함수와 누적분포함수

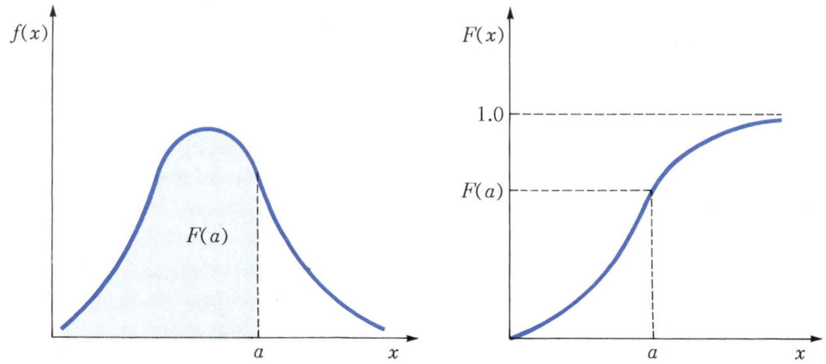


$$F(\infty) = P(X < \infty) = 1 \tag{7.8}$$

식 (7.8)은 확률밀도함수 아래에 있는 총면적이 1, 즉 $X$의 분포의 총확률이 1이라는 것을 의미한다.

예제 7.1

$X$는 연속확률변수이고 그 확률밀도함수가 $f(x) = 2x(0 \le x \le 1)$이다. 이 경우 $X$의 누적분포함수는 다음과 같다.

$$F(x) = \begin{cases} 0 & x < 0 \\ \int_0^x 2t\,dt = x^2 & 0 \le x < 1 \\ 1 & x \ge 1 \end{cases}$$

주어진 $f(x)$나 $F(x)$를 이용하면 연속확률변수의 어느 구간의 확률을 구할 수 있다.

$$P(X \le 0.5) = \int_0^{0.5} 2x\,dx = (0.5)^2 - (0)^2 = 0.25 \quad (f(x) \text{ 이용})$$
$$= F(0.5) = 0.5^2 = 0.25 \quad (F(x) \text{ 이용})$$
$$P(0.5 \le X \le 0.8) = \int_{0.5}^{0.8} 2x\,dx = (0.8)^2 - (0.5)^2 = 0.39 \quad (f(x) \text{ 이용})$$
$$= F(0.8) - F(0.5) = 0.8^2 - 0.5^2 = 0.39 \quad (F(x) \text{ 이용})$$
$$P(0.5 \le X \le 1.5) = F(1.5) - F(0.5) = 1 - 0.25 = 0.75 \quad (F(x) \text{ 이용})$$

[그림 7.3]　예제 7.1의 p.d.f.와 CDF

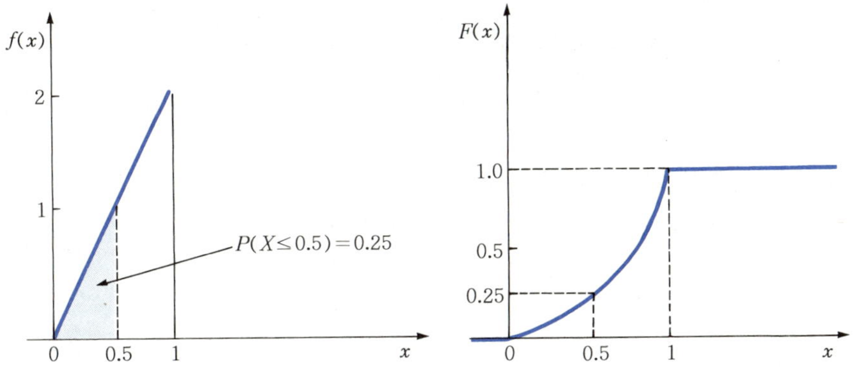


$$P(X > 0.9) = 1 - P(X \leq 0.9) = 1 - 0.9^2 = 0.19 \quad (F(x)\text{이용})$$

## 3. 연속확률변수의 기대치와 분산

연속확률변수의 기대치와 분산의 정의는 이산확률변수에서 사용한 $\Sigma$ 대신에 $\int$(적분기호)을 사용하는 것을 제외하고는 이산확률변수와 같다. $X$가 연속확률변수이고 확률밀도함수를 $f(x)$라고 하면 $X$의 기대치와 분산은 다음과 같다.

**연속확률변수의 기대치와 분산**

$$E(X) = \mu = \int_{-\infty}^{\infty} xf(x)\, dx \tag{7.9}$$

$$\mathrm{Var}(X) = \sigma^2 = \int_{-\infty}^{\infty} (x-\mu)^2 f(x)\, dx \tag{7.10}$$

$$= E(X^2) - [E(X)]^2$$

$$= \int_{-\infty}^{\infty} x^2 f(x)\, dx - \mu^2 \tag{7.11}$$

**예제 7.2**

예제 7.1의 확률변수 $X$의 평균과 분산을 구하시오.

$$E(X) = \mu = \int_0^1 x(2x)\,dx = \left[\frac{2}{3}x^3\right]_0^1 = \frac{2}{3}$$

$$\begin{aligned}\mathrm{Var}(X) &= \sigma^2 = E(X^2) - \mu^2 \\ &= \int_0^1 x^2(2x)\,dx - \left(\frac{2}{3}\right)^2 = \left[\left(\frac{2}{4}\right)x^4\right]_0^1 - \frac{4}{9} = \frac{1}{18}\end{aligned}$$

이제 연속확률분포의 개념을 보다 명확히 하기 위하여 균등분포에 대해 간략하게 고찰한 다음 정규분포를 설명하기로 한다.

## 제 2 절 균등분포*

확률변수 $X$의 확률밀도함수가 $a$에서 $b$에 이르는 전체구간에 걸쳐 일정하다면 $X$는 均等分布(uniform distribution)를 갖는다. 여기서 $a$와 $b$는 균등분포의 모수이다. 균등분포 $f(x)$는 다음과 같다.

**균등분포의 확률밀도함수**[$X \sim U(a,\ b)$로 표시]

$$f(x)\begin{cases}\dfrac{1}{b-a}, & a \le x \le b\text{인 경우} \\ 0\quad, & \text{그렇지 않은 경우(예 : } x<a,\ x>b\text{)}\end{cases} \tag{7.12}$$

[그림 7.4] 균등분포

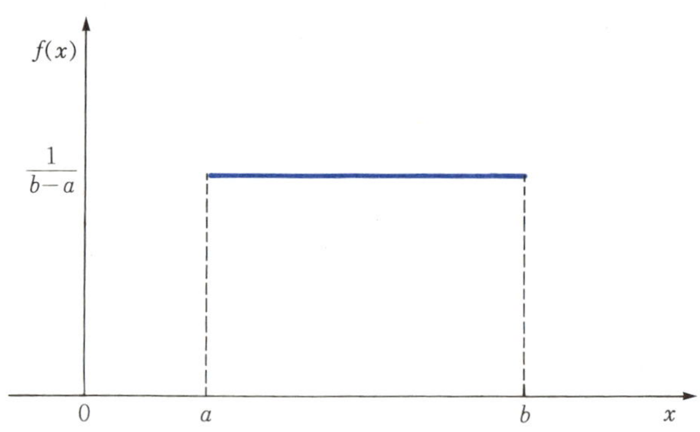

균등분포 $f(x)$를 그림으로 표시하면 [그림 7.4]와 같다.

식 (7.12)로부터 다음과 같이 균등확률변수의 누적분포함수 $F(x)$를 구할 수 있다.

$$F(x)=\begin{cases} 0 \quad , & x \le a\text{인 경우} \\ \dfrac{x-a}{b-a}, & a < x < b\text{인 경우} \\ 1 \quad , & x \ge b\text{인 경우} \end{cases} \tag{7.13}$$

균등분포의 기대치와 분산은 다음과 같다.

**균등분포의 기대치와 분산**

$$E(X)=\frac{a+b}{2} \tag{7.14}$$

$$\mathrm{Var}(X)=\frac{(b-a)^2}{12} \tag{7.15}$$

**예제 7.3**

연속확률변수의 기대치와 분산을 구하는 식[식(7.9)와 식(7.11)]을 이용하여 균등분포의 기대치와 분산을 유도하시오.

(풀이)

$$\begin{aligned} E(X) &= \int_a^b xf(x)\,dx = \int_a^b x\left(\frac{1}{b-a}\right)dx \\ &= \left(\frac{1}{b-a}\right)\int_a^b x\,dx = \frac{a+b}{2} \end{aligned}$$

$$\begin{aligned} \mathrm{Var}(X) &= E(X^2)-[E(X)]^2 \\ &= \int_a^b x^2\left(\frac{1}{b-a}\right)dx-\left(\frac{a+b}{2}\right)^2=\frac{(b-a)^2}{12} \end{aligned}$$

**예제 7.4**

균등분포는 생명보험(보험수리학)의 기본 모델에 응용이 될 수 있다. 확률변수 $X$를 사망시 연령이라 하고 $X$가 모수 0과 100인 균등분포를 따른다고 하자. ① 이 경우 어떤 사람이 60세 이후에 사망할 확률을 구하시오. ② $X$의 기대치를 구하시오.

(풀이)

$X \sim U(0,100)$이므로 $f(x)$를 그림으로 표시하면 다음과 같다.

[그림 7.5] $X \sim U(0,100)$

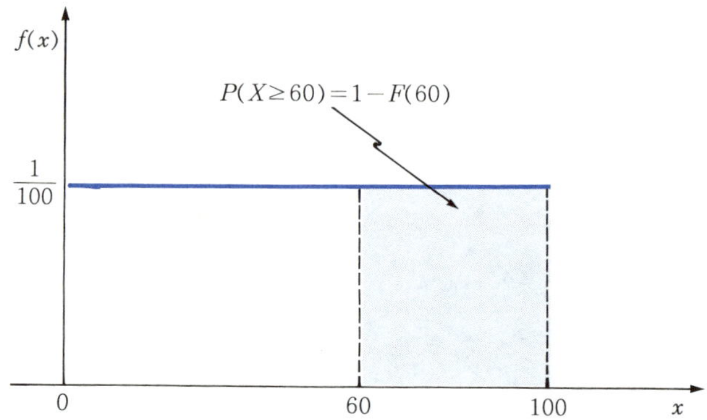


1) 60세 이후에 사망할 확률은 $P(X \geq 60)$이므로

$$P(X \geq 60) = 1 - P(X < 60) = 1 - F(60)$$
$$= 1 - \frac{60}{100} = \frac{40}{100} = 0.4$$

2) $E(X) = \frac{a+b}{2} = \frac{0+100}{2} = 50$

$E(X)$는 평균수명을 의미한다.

## 제 3 절 정규분포

통계조사의 대상이 되는 대부분의 통계자료는 정규분포 또는 정규분포에 근사한 형태이다. 정규분포(normal distribution)는 확률분포들 중 가장 중요한 분포로서, 이를 그래프로 표시하면 정규곡선(normal curve)이라 불리우는 분포곡선이 鍾 모양의 대칭 형태를 취한다. 연속확률분포(continuous probability distribution)의 대표적 경우인 정규분포는 가장 광범위하게 사용되는 확률분포로 일반정규분포와 표준정규분포로 나누어진다.

## 1. 일반정규분포

정규분포란 확률변수 $X$가 연속적인 값을 취하고 그의 평균과 분산이 각각 $\mu(-\infty < \mu < \infty)$와 $\sigma^2(\sigma^2 > 0)$이며, 또 확률밀도함수가 다음과 같은 경우의 확률분포를 말한다($\mu$와 $\sigma^2$이 모수이다).

**정규분포의 확률밀도함수**[$X \sim N(\mu, \sigma^2)$으로 표시]

$$f(x) = \frac{1}{\sigma\sqrt{2\pi}} e^{-\frac{1}{2}\left(\frac{x-\mu}{\sigma}\right)^2}, \quad -\infty < x < \infty \tag{7.16}$$

여기서

$\mu$ : 평균(모수)

$\sigma^2$: 분산(모수)

$\pi$ : 상수(≒3.1416)

$e$ : 상수(≒2.71828)

독자들은 식 (7.16)을 암기할 필요가 없으며 몇 번 대하는 사이에 자연스럽게 이해될 것이다. 또 부록의 수표를 이용하면 정규분포의 확률을 쉽게 계산할 수 있다.

이제 정규분포의 성질에 대하여 설명해 보자.

1) 정규분포는 정규곡선 아래의 영역이 완전히 $\mu$와 $\sigma^2$의 값으로 정의된다는 의미에서 모수 $\mu$와 $\sigma^2$을 갖는다.
2) 식 (7.16)에서 $X$의 특정값과 $\mu$의 차이인 $(X-\mu)$가 제곱되었으므로 $(X-\mu)$의 절대값을 동일하게 하는 $X$의 두 상이한 값은 동일한 확률밀도를 갖는다. 따라서 정규분포는 $\mu$를 중심으로 대칭이다.
3) 지수 $-(x-\mu)^2/2\sigma^2$이 음수(−)라는 사실은 $\mu$와 $X$의 편차가 크면 클수록 $X$의 확률밀도는 점점 더 작아지는 것을 의미한다. 그러므로 정규분포는 $X=\mu$에서 최대값이 되는 單峰(unimodal)의 형태를 취한다.
4) [그림 7.6]에서 볼 수 있듯이 밀도곡선의 기울기는 급격히 하락하고 밀도곡선하의 99% 이상의 영역이 $\mu \pm 3\sigma$의 범위 내에 위치하므로 $\mu$로부터 멀리 떨어진 구간의 확률은 무시해도 좋으리만큼 작은 것이다.

[그림 7.6] 정규분포의 형태

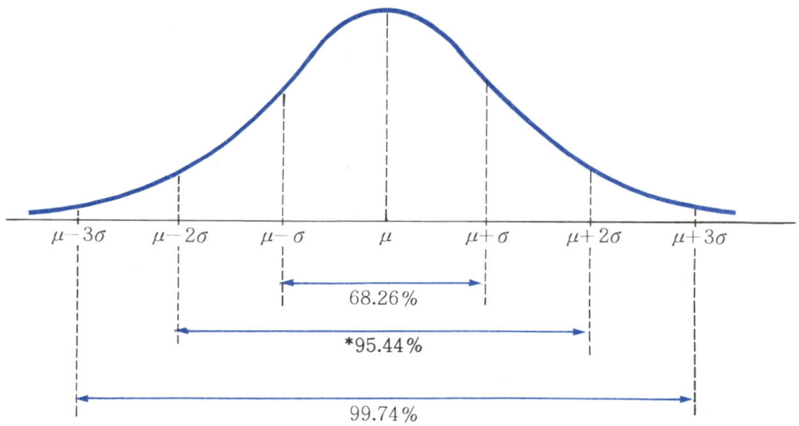


*주 : 그림은 정규분포를 갖는 변수의 관찰치의 95.44%가 $\mu\pm2\sigma$범위에 있음을 의미.

[그림 7.7] 정규분포곡선의 형태

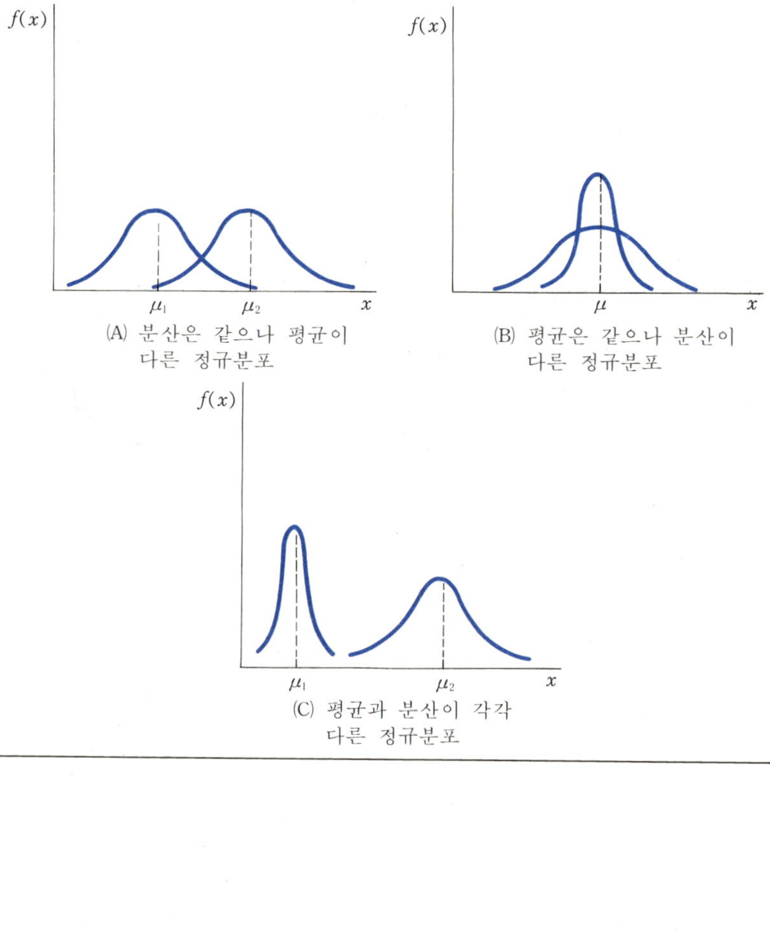

정규분포의 이러한 속성으로 인하여 범위가 유한한 다른 분포들을 정규분포를 이용하여 유추할 수 있다.

5) $\mu$값의 변화는 정규곡선을 좌우로 이동시키는 반면에 $\sigma$값의 변화는 정규곡선의 모양을 변화시킨다. 이러한 관계를 표시한 것이 [그림 7.7]이다.

다음은 앞으로 많이 사용될 정규분포에 관한 정리들이다.

[정리 7.1]

확률변수 $X$가 정규분포를 따를 때 $X$의 일차함수로 표시되는 새로운 변수 $Y=aX+b$ 역시 정규분포한다(따라서, $Z=\frac{X-\mu}{\sigma}$도 정규분포한다).

$$E(Y)=E(aX+b)=a\mu+b \tag{7.17}$$

$$\text{Var}(Y)=\text{Var}(aX+b)=a^2\sigma^2 \tag{7.18}$$

[정리 7.2]

서로 독립적인 확률변수들인 $X_1$, $X_2$, $\cdots$, $X_k$가 평균이 $\mu_i$, 분산이 $\sigma_i^2$ $(i=1, 2, 3, \cdots, k)$인 정규분포를 따를 때 이들의 합 $S$ 역시 정규분포를 한다. 만일 $S=a_1X_1+a_2X_2+\cdots+a_kX_k$라면

$$E(S)=a_1\mu_1+a_2\mu_2+\cdots+a_k\mu_k \tag{7.19}$$

$$\text{Var}(S)=a_1^2\sigma_1^2+a_2^2\sigma_2^2+\cdots+a_k^2\sigma_k^2 \tag{7.20}$$

예제 7.5

$X$가 $N(\mu, \sigma^2)$인 정규분포를 할 때 표준화된 확률변수 $Z$는 $Z=\frac{X-\mu}{\sigma}$이다. $Z$의 기대치와 분산을 구해 보자.

(풀이)

$Z$는 다음과 같이 쓸 수도 있다.

$$Z=\frac{1}{\sigma}X-\frac{\mu}{\sigma}$$

이 때 $1/\sigma$과 $\mu/\sigma$는 상수이므로 [정리 7.1]로부터 $Z$는 정규분포(표준정규분

포)를 한다. $Z$의 기대치를 구해 보면,

$$E(Z)=E\left(\frac{1}{\sigma}X-\frac{\mu}{\sigma}\right)=\frac{1}{\sigma}E(X)-\frac{\mu}{\sigma}$$

$$=\frac{1}{\sigma}\cdot\mu-\frac{\mu}{\sigma}=0 \qquad (7.21)$$

그리고 $Z$의 분산은

$$\mathrm{Var}(Z)=\left(\frac{1}{\sigma}\right)^2\cdot\mathrm{Var}(X)$$

$$=\left(\frac{1}{\sigma}\right)^2\cdot\sigma^2=1 \qquad (7.22)$$

따라서 $Z$는 평균이 0, 분산이 1인 정규분포를 한다. 즉 $Z\sim N(0,\ 1)$.

## 2. 표준정규분포

**표준정규분포**

어느 정규분포의 평균이 0이고 표준편차가 1(분산 또한 1)인 경우 그 정규분포를 標準正規分布라고 한다. 만일 $X$가 정규분포를 따르면 $X$를 표준화시킨 다음과 같은 확률변수 $Z$는 표준정규분포를 한다.

$$Z=\frac{X-\mu}{\sigma} \qquad (7.23)$$

$$f(z)=\frac{1}{\sqrt{2\pi}}e^{-z^2/2} \qquad (7.24)$$

표준화된 정규변수란 정규확률변수 $X$가 취하는 특정값과 평균과의 편차를 표준편차의 단위로 전환시킨 것으로 $X$를 표준화된 정규변수인 $Z$로 전환시키는 경우를 그림으로 표시하면 [그림 7.8]과 같다.

정규분포는 연속확률분포이므로 어느 구간의 확률을 구하기 위해서는 정규분포를 그 구간에서 적분하여야 한다. 그러나 식 (7.16)에서 알 수 있듯이 정규분포는 쉽게 적분할 수 있는 형태가 아니며, $\mu$와 $\sigma$의 값에 따라 각각의

[그림 7.8] $X$에서 $Z$로의 전환

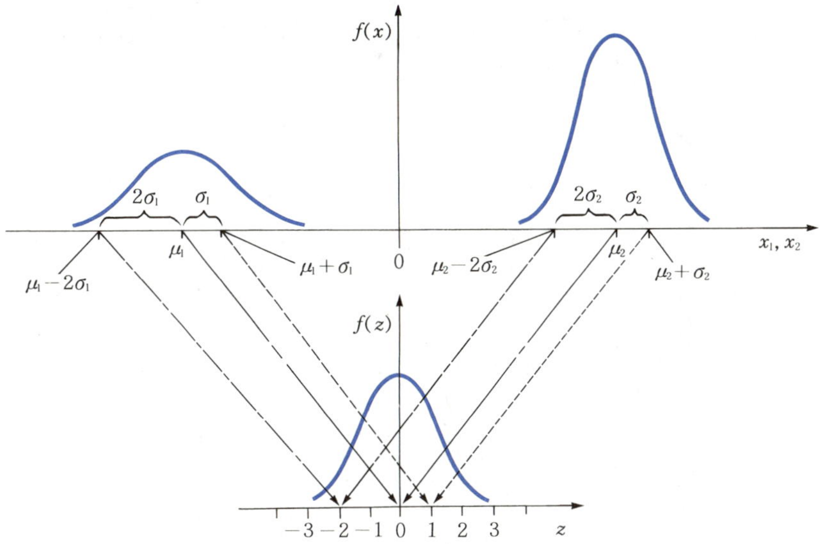


확률도 다르므로 하나의 표로 만들어 사용하기도 쉽지 않다. 이러한 이유로 정규분포 중에서 표준화된 표준정규분포의 누적확률표를 만들고 이를 이용하여 다른 정규분포의 확률을 계산하게 된다.

[그림 7.8]에서 알 수 있듯이 $P(\mu-\sigma \leq X \leq \mu+\sigma) = P(-1 \leq Z \leq 1)$이므로 표준정규분포를 이용하여 정규분포의 확률을 구할 수 있다.

## 3. 표준정규분포의 확률계산

앞에서 언급한 바와 같이 어떤 정규분포의 확률은 표준정규분포를 이용하여 계산할 수 있다. 표준정규분포의 확률계산을 부록의 표준정규분포의 누적확률표를 이용하여 구해 보자.

예를 들어 $Z=0.45$와 $Z=1.06$인 경우 $P(Z \leq 0.45)$와 $P(Z \leq 1.06)$를 구해 보자. 〈표 7.1〉에서 알 수 있듯이 $P(Z \leq 0.45) = 0.6736$, $P(Z \leq 1.06) = 0.8554$이다.

〈표 7. 1〉 표준정규분포의 누적확률표[ $\Phi(z)$ ]

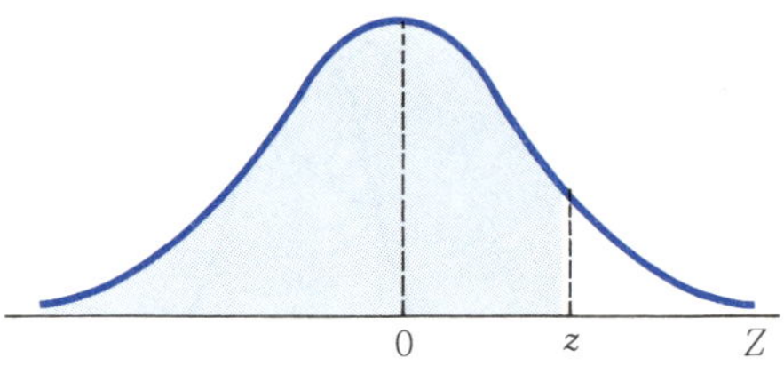


표 안의 값들은 표준정규분포의 누적확률을 나타내며 그림의 파란색 부분의 면적을 나타낸다.

$P(Z \le z) = \Phi(z)$,
$P(Z \le -z) = \Phi(-z) = 1 - \Phi(z)$

예 : $P(Z \le 1.96) = \Phi(1.96) = 0.975$

| $z$ | 0.00 | 0.01 | 0.02 | 0.03 | 0.04 | 0.05 | 0.06 | 0.07 | 0.08 | 0.09 |
|---|---|---|---|---|---|---|---|---|---|---|
| 0.0 | .5000 | .5040 | .5080 | .5120 | .5160 | .5199 | .5239 | .5279 | .5319 | .5359 |
| 0.1 | .5398 | .5438 | .5478 | .5517 | .5557 | .5596 | .5636 | .5675 | .5714 | .5753 |
| 0.2 | .5793 | .5832 | .5871 | .5910 | .5948 | .5987 | .6026 | .6064 | .6103 | .6141 |
| 0.3 | .6179 | .6217 | .6255 | .6293 | .6331 | .6368 | .6406 | .6443 | .6480 | .6517 |
| 0.4 | .6554 | .6591 | .6628 | .6664 | .6700 | .6736 | .6772 | .6808 | .6844 | .6879 |
| 0.5 | .6915 | .6950 | .6985 | .7019 | .7054 | .7088 | .7123 | .7157 | .7190 | .7224 |
| 0.6 | .7257 | .7291 | .7324 | .7357 | .7389 | .7422 | .7454 | .7486 | .7517 | .7549 |
| 0.7 | .7580 | .7611 | .7642 | .7673 | .7703 | .7734 | .7764 | .7794 | .7823 | .7852 |
| 0.8 | .7881 | .7910 | .7939 | .7967 | .7995 | .8023 | .8051 | .8078 | .8106 | .8133 |
| 0.9 | .8159 | .8186 | .8212 | .8238 | .8264 | .8289 | .8315 | .8340 | .8365 | .8389 |
| 1.0 | .8413 | .8438 | .8461 | .8485 | .8508 | .8531 | .8554 | .8577 | .8599 | .8621 |
| 1.1 | .8643 | .8665 | .8686 | .8708 | .8729 | .8749 | .8770 | .8790 | .8810 | .8830 |
| 1.2 | .8849 | .8869 | .8888 | .8907 | .8925 | .8944 | .8962 | .8980 | .8997 | .9015 |
| 1.3 | .9032 | .9049 | .9066 | .9082 | .9099 | .9115 | .9131 | .9147 | .9162 | .9177 |
| 1.4 | .9192 | .9207 | .9222 | .9236 | .9251 | .9265 | .9279 | .9292 | .9306 | .9319 |
| 1.5 | .9332 | .9345 | .9357 | .9370 | .9382 | .9394 | .9406 | .9418 | .9429 | .9441 |
| 1.6 | .9452 | .9463 | .9474 | .9484 | .9495 | .9505 | .9515 | .9525 | .9535 | .9545 |
| 1.7 | .9554 | .9564 | .9573 | .9582 | .9591 | .9599 | .9608 | .9616 | .9625 | .9633 |
| 1.8 | .9641 | .9649 | .9656 | .9664 | .9671 | .9678 | .9686 | .9693 | .9699 | .9706 |
| 1.9 | .9713 | .9719 | .9726 | .9732 | .9738 | .9744 | .9750 | .9756 | .9761 | .9767 |
| 2.0 | .9772 | .9778 | .9783 | .9788 | .9793 | .9798 | .9803 | .9808 | .9812 | .9817 |
| 2.1 | .9821 | .9826 | .9830 | .9834 | .9838 | .9842 | .9846 | .9850 | .9854 | .9857 |
| 2.2 | .9861 | .9864 | .9868 | .9871 | .9875 | .9878 | .9881 | .9884 | .9887 | .9890 |
| 2.3 | .9893 | .9896 | .9898 | .9901 | .9904 | .9906 | .9909 | .9911 | .9913 | .9916 |
| 2.4 | .9918 | .9920 | .9922 | .9925 | .9927 | .9929 | .9931 | .9932 | .9934 | .9936 |
| 2.5 | .9938 | .9940 | .9941 | .9943 | .9945 | .9946 | .9948 | .9949 | .9951 | .9952 |
| 2.6 | .9953 | .9955 | .9956 | .9957 | .9959 | .9960 | .9961 | .9962 | .9963 | .9964 |
| 2.7 | .9965 | .9966 | .9967 | .9968 | .9969 | .9970 | .9971 | .9972 | .9973 | .9974 |
| 2.8 | .9974 | .9975 | .9976 | .9977 | .9977 | .9978 | .9979 | .9979 | .9980 | .9981 |
| 2.9 | .9981 | .9982 | .9982 | .9983 | .9984 | .9984 | .9985 | .9985 | .9986 | .9986 |
| 3.0 | .9987 | .9987 | .9987 | .9988 | .9988 | .9989 | .9989 | .9989 | .9990 | .9990 |

| $\alpha$ | 0.100 | 0.050 | 0.025 | 0.010 | 0.005 |
|---|---|---|---|---|---|
| $z_\alpha$ | 1.282 | 1.645 | 1.960 | 2.326 | 2.576 |

[그림 7.9] 표준정규분포의 누적확률

예제 7.6

표준정규분포의 누적확률표를 이용하여 다음의 확률을 구해 보자.

1) $P(Z \leq 0.45)$

표에서 0.4의 행과 0.05의 열이 만나는 곳의 값이 0.6736이다. 따라서

$$P(Z \leq 0.45) = \Phi(0.45) = 0.6736$$

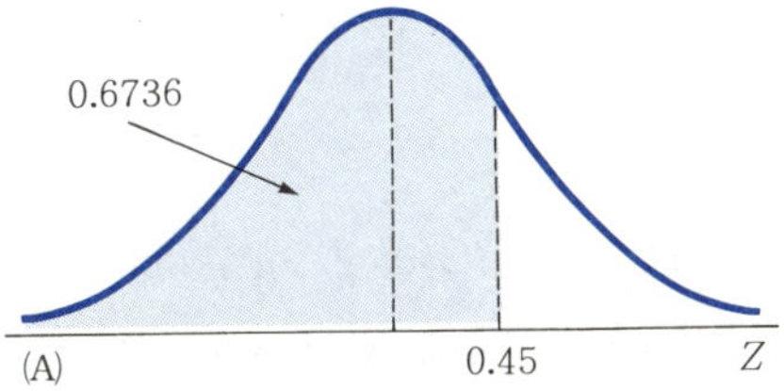


2) $P(Z \geq 2.00)$

표가 나타내고 있는 것은 $Z$값의 왼쪽 면적이므로 다음과 같이 변형한다.

$$\begin{aligned} P(Z \geq 2.00) &= 1 - P(Z \leq 2.00) \\ &= 1 - \Phi(2.00) \\ &= 1 - 0.9772 \\ &= 0.0228 \end{aligned}$$

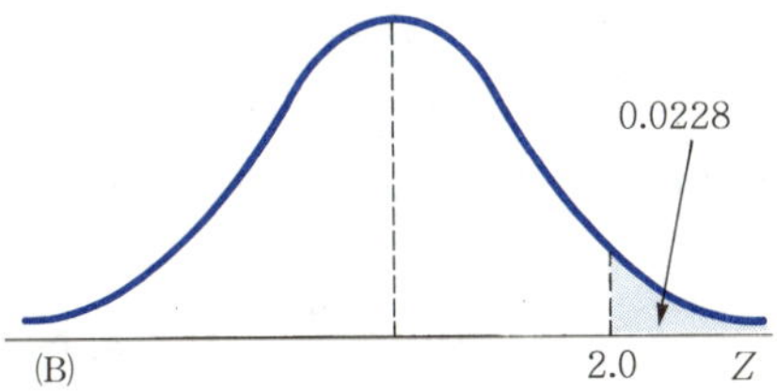


3) $P(Z \leq -2.00)$

표에서는 $Z$값이 음수인 것은 나와 있지 않다. 표준정규분포의 대칭성을 이용하여 다음과 같이 변형한다.

$$\begin{aligned} P(Z \leq -2.00) &= P(Z \geq 2.00) \\ &= 1 - P(Z \leq 2.00) \\ &= 1 - \Phi(2.00) \\ &= 1 - 0.9772 \\ &= 0.0228 \end{aligned}$$

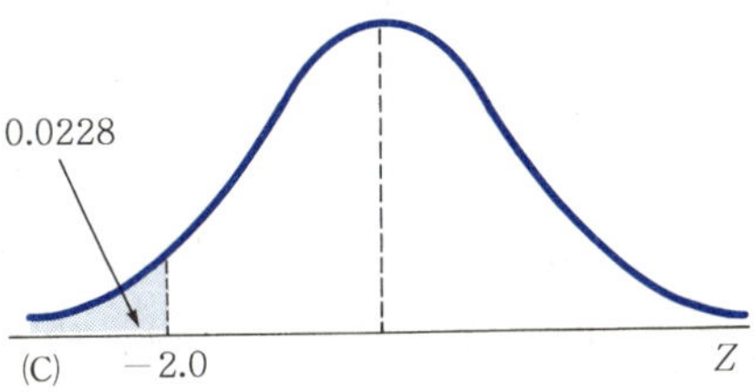


4) $P(-2.00 \leq Z \leq 2.00)$

$$P(-2.00 \leq Z \leq 2.00)$$
$$= P(Z \leq 2.00) - P(Z \leq -2.00)$$
$$= 0.9772 - 0.0288$$
$$= 0.9544$$

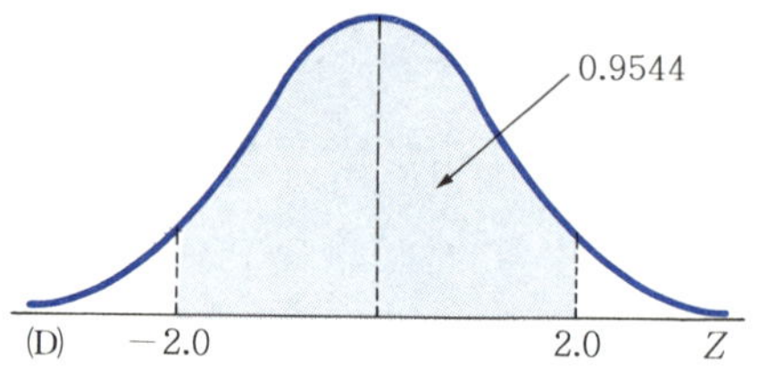


이번에는 확률을 알고 있을 때 여기에 대응하는 $Z$의 값을 찾아보자. 누적확률이 $1-\alpha$에 해당하는 $Z$의 값을 $z_\alpha$로 표시한다. 즉

$$P[Z \leq z_\alpha] = 1-\alpha$$
$$P[Z \geq z_\alpha] = \alpha \tag{7.25}$$

예제 7.7

표준정규분포에서 앞으로 많이 사용되는 몇 가지 $z_\alpha$를 구해 보자

1) $z_{0.05}$의 값($\alpha = 0.05$, $1-\alpha = 0.95$)
표준정규분포의 누적확률표에 나와 있는 값에는 0.95가 나타나 있지 않다. 0.95에 가장 가까운 값은 0.9495와 0.9505이며 이 때의 $Z$값은 1.64와 1.65이다. 이 경우는 직선보간을 이용하면

$$z_{0.05} = 1.645$$

2) $z_{0.025}$의 값($\alpha = 0.025$, $1-\alpha = 0.975$)
표에 수록된 값에 0.975가 나와 있으므로 해당되는 $Z$값을 찾으면

$$z_{0.025} = 1.96$$

[그림 7.10] 표준정규분포의 $z_\alpha$

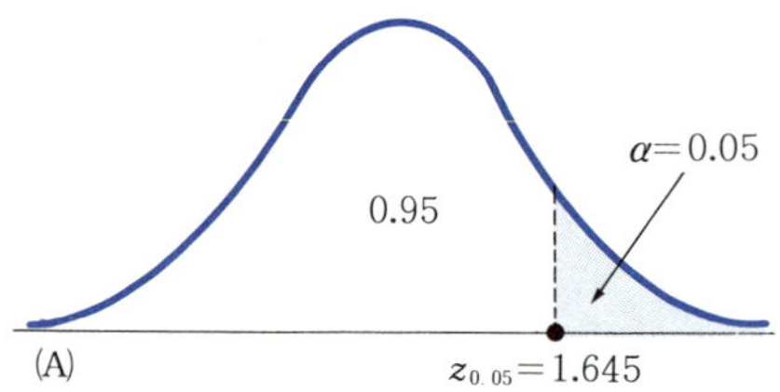


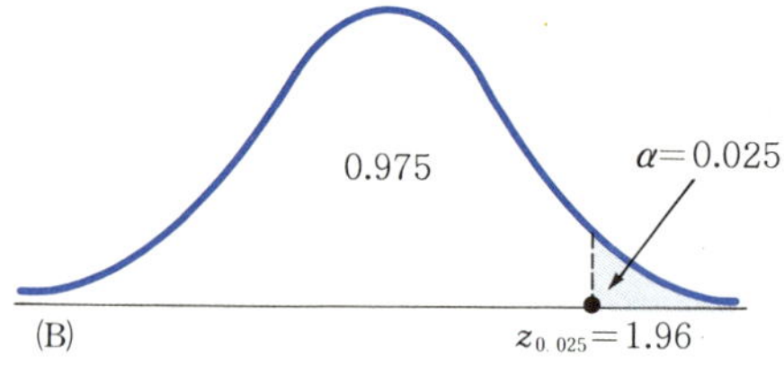

3) $z_{0.005}$의 값($\alpha=0.005$, $1-\alpha=0.995$)

표에 수록된 값에는 0.995가 나와 있지 않으므로 0.995에 가까운 값을 찾으면 0.9949와 0.9951이며 이 때의 $Z$값은 2.57과 2.58이다. 이 경우 직선보간을 이용하여

$z_{0.005}=2.575$

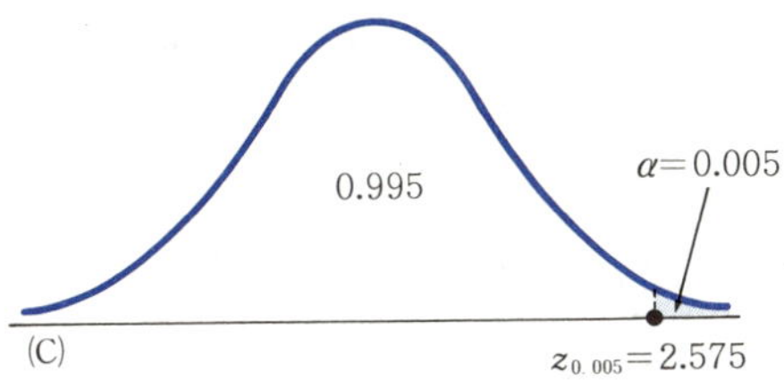


## 4. 일반정규분포의 확률계산

일반정규분포의 확률은 표준정규분포를 이용하여 구할 수 있다. 다음 예제를 통하여 일반정규분포의 확률계산에 대하여 고찰해 보자.

**예제 7.8**

L백화점 내의 음반 코너에서 판매되는 CD의 월 판매량은 $\mu=2425$, $\sigma^2=(115)^2$인 정규분포를 한다고 한다. 이 분포를 표준정규분포로 전환하는

[그림 7.11] 일반정규분포의 확률계산

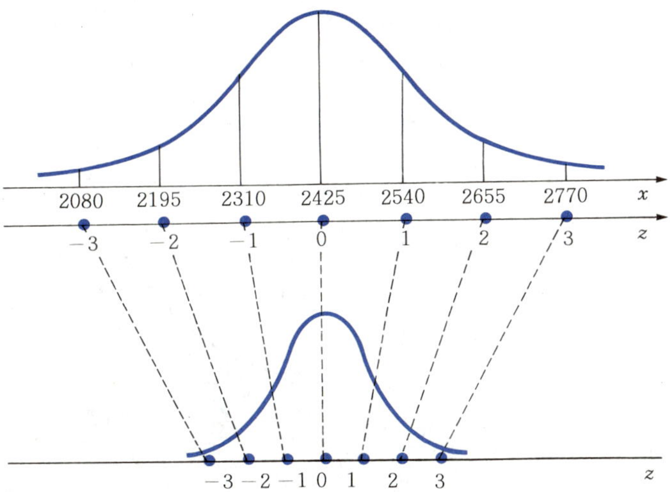

것을 표시한 것이 [그림 7.11]이다. 다음 달의 CD판매량이 다음과 같을 확률을 구하시오.

1) 2,250개 이상 2,500개 이하
2) 2,525개 이상 2,625개 이하
3) 2,500개 이상
4) 2,200개 이하

(풀이)

1) $P(2{,}250 \le X \le 2{,}500)$

$$= \Phi\left(\frac{2{,}500-2{,}425}{115}\right) - \Phi\left(\frac{2{,}250-2{,}425}{115}\right)$$
$$= \Phi(0.65) - \Phi(-1.52)$$
$$= 0.7422 - 0.0643$$
$$= 0.6779$$

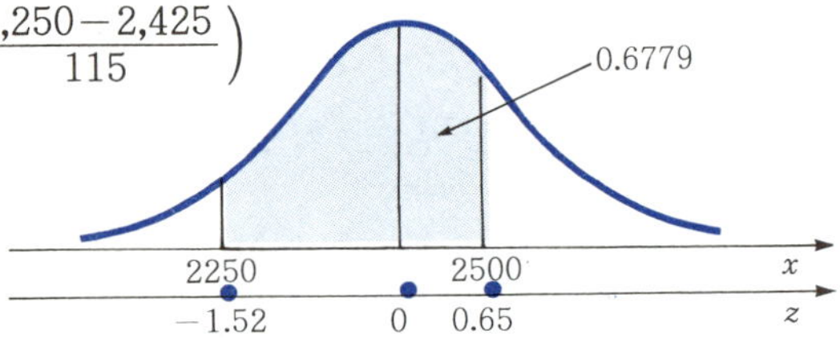


2) $P(2{,}525 \le X \le 2{,}625)$

$$= \Phi\left(\frac{2{,}625-2{,}425}{115}\right) - \Phi\left(\frac{2{,}525-2{,}425}{115}\right)$$
$$= \Phi(1.74) - \Phi(0.87)$$
$$= 0.9591 - 0.8078$$
$$= 0.1513$$

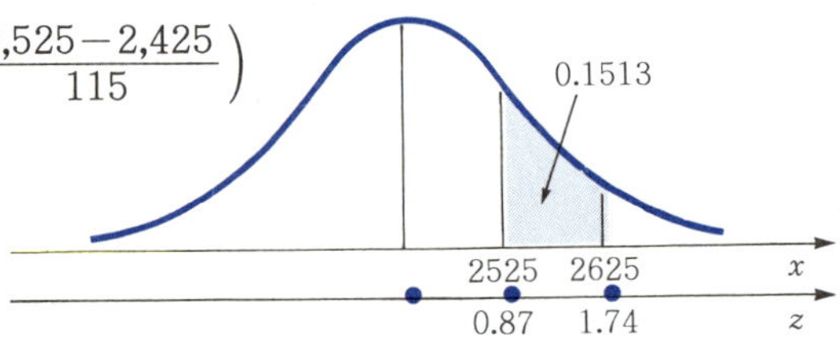


3) $P(X > 2{,}500) = 1 - P(X \le 2{,}500)$
$$= 1 - \Phi(0.65)$$
$$= 1 - 0.7422$$
$$= 0.2578$$

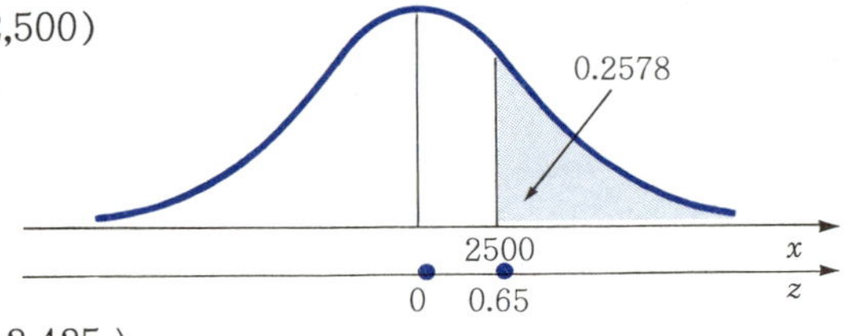


4) $P(X < 2{,}200) = \Phi\left(\frac{2{,}200-2{,}425}{115}\right)$
$$= \Phi(-1.96)$$
$$= 1 - \Phi(1.96)$$
$$= 1 - 0.975$$
$$= 0.0250$$

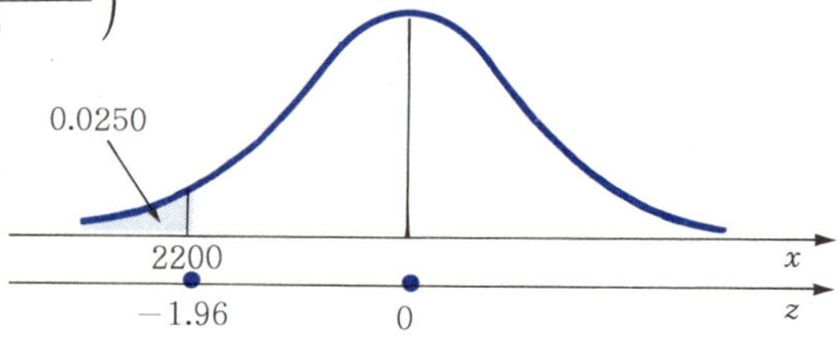

**예제 7.9**

어느 투자자 A는 1천만 원을 증권에 투자하려고 한다. 증권회사에서 추천한 두 개의 증권에 대한 수익률의 분포를 조사해 보니 두 증권은 다음과 같은 정규분포를 한다(단위 : %).

$$X_1 \sim N(10,\ 4^2)$$
$$X_2 \sim N(14,\ 6^2)$$

A는 두 개의 증권 중에서 하나에만 투자하려고 한다. 증권 2는 높은 평균수익률을 갖는 대신에 수익률의 분산이 높아서 투자에 대한 위험성은 증권 1보다 크다. A는 수익률이 0%보다 작게되는 확률이 작은 증권을 택하려고 한다면 어느 증권을 택하게 되는가?

**(풀이)**

증권의 수익률 대신에 증권의 가격을 확률변수로 보면(단위 : 만 원)

$$X_1 \sim N(1{,}100,\ 40^2)$$
$$X_2 \sim N(1{,}140,\ 60^2)$$

이며 A는 투자한 원금 1,000(만 원)보다 작게 되는 확률이 작은 증권을 택하려고 하는 것이다. 증권의 수익률을 이용하여 분석하면 다음의 두 확률을 비교하여 확률이 작은 쪽의 증권을 택하면 된다(증권의 가격을 이용하여 분석하여도 결과는 같다).

$$P(X_1 < 0) = P\left(Z < \frac{0-10}{4}\right) = P(Z < -2.5)$$
$$= 1 - \Phi(2.5) = 0.0062$$
$$P(X_2 < 0) = P\left(Z < \frac{0-14}{6}\right) = P(Z < -2.333)$$
$$= 1 - \Phi(2.33) = 0.0098$$

따라서 A는 증권 1을 택하게 된다.

## 제 4 절 지수분포*

앞에서 고찰한 포아송분포에서는 주어진 구간에서 발생하는 사건의 횟수를 계산하였다. 발생하는 사건의 횟수도 확률변수이지만 각 사건 사이의 待期時間(waiting time)도 확률변수이다. 발생하는 사건의 횟수는 이산확률변수이며, 대기시간은 어떠한 값도 가질 수 있기 때문에 연속확률변수이다.

어느 상점에 찾아오는 고객의 수가 포아송분포를 따른다면 한 고객과 그 다음 고객이 찾아오는 사이에 경과하는 시간인 대기시간은 지수분포를 따른다.

예를 들어, 어느 상점에 1분당 찾아오는 고객의 수 $Y$가 평균이 2인 포아송분포를 따른다 하면

$$E(Y) = \lambda = 2$$

이다. 이 때 찾아오는 고객과 고객사이의 대기시간을 $X$라고 하면 $X$는 평균이 0.5분(1분에 2명이므로 1명당 0.5분이 된다)인 지수분포를 한다. 즉 $X$의 평균은 $Y$의 평균의 역수가 된다.

$$E(X) = \frac{1}{\lambda} = 0.5$$

확률변수 $X$가 다음과 같은 확률밀도함수(모수 $\lambda > 0$)를 갖는다면 그 확률변수 $X$는 指數分布(exponential distribution)를 갖는다고 한다. 지수분포는 포아송분포처럼 하나의 모수 $\lambda$만을 가지고 있다.

**지수분포의 확률밀도함수**

$$f(x) = \lambda e^{-\lambda x}, \qquad 0 < x < \infty \tag{7.26}$$

$\lambda$ : 단위시간당 사건발생횟수

**지수분포의 기대치와 분산**

$$E(X) = \frac{1}{\lambda} \tag{7.27}$$

$$\text{Var}(X) = \frac{1}{\lambda^2} \tag{7.28}$$

[그림 7. 12] 지수분포

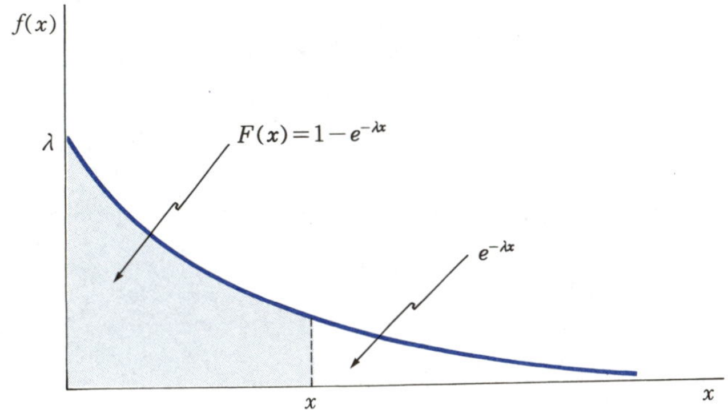


지수분포를 그림으로 그려보면 [그림 7. 12]와 같다.

지수분포의 누적분포함수를 구해 보면 다음과 같다.

$$F(x) = P(X \leq x) = \int_0^x \lambda e^{-\lambda x} dx = 1 - e^{-\lambda x}, \qquad 0 \leq x < \infty \qquad (7.29)$$

**예제 7. 10**

H백화점의 스포츠용품 코너에 찾아오는 고객의 수는 1분당 $\lambda = 1/3$인 포아송분포를 따른다. 고객과 고객의 대기시간을(단위 : 분) $X$라고 하면 첫고객이 올 때까지 6분 이상을 기다릴 확률을 구하시오.

**(풀이)**

$X$는 평균이 3(분)인 지수분포를 따르므로

$f(x) = \frac{1}{3} e^{-\frac{x}{3}}, \qquad 0 \leq x < \infty$이다.

$P(X > 6) = 1 - P(X \leq 6) = e^{-\lambda(6)} = 0.135335$

지수분포의 누적분포를 일일이 계산하는 것은 번거로우므로 부록의 표에 $\lambda x$에 해당하는 값을 기준으로 $e^{-\lambda x}$값이 계산되어 있다. 이 경우 $\lambda x = 2$이므로 $e^{-2} = 0.135335$이다.

**예제 7. 11**

예제 7. 8에서 $P(3 \leq X \leq 6)$을 구하시오.

(풀이)

$$P(3 \le X \le 6) = P(X \le 6) - P(X \le 3) = F(6) - F(3)$$
$$= e^{-3\lambda} - e^{-6\lambda} = e^{-1} - e^{-2}$$
$$= 0.367879 - 0.135335 = 0.232544$$

지금까지 설명한 균등분포 · 정규분포 및 지수분포 외에도 $\chi^2$분포 · $t$분포 · $F$분포 등도 주요한 연속확률변수이며 통계적 추론에 많이 사용된다. 이에 대하여는 제 9 장에서 설명하기로 한다.

## □ 연습문제

7. 1 연속확률분포와 이산확률분포의 다른 점을 설명하시오.

7. 2 표준정규분포의 특성을 설명하시오.

7. 3 확률변수 $Y$가 다음과 같은 확률밀도함수 $f(y)$를 갖는다고 하자.

$$f(y) = \begin{cases} cy^2, & -1 < y < 1 \\ 0 \ , & \text{그 외의 경우} \end{cases}$$

(1) $f(y)$가 확률밀도함수의 성질을 만족시키도록 상수 $c$의 값을 구하시오.

(2) $Y$의 누적분포함수를 정의하시오.

(3) $P(0 < Y < 1)$, $P(0 < Y \le 3)$, $P(Y = 1/2)$을 구하시오.

7. 4* 고속버스가 서울 고속버스터미널에서 천안 고속버스터미널까지 가는데 걸리는 시간(여행시간) $X$는 $U$(70분, 90분)이다.

(1) 여행시간의 $p.d.f.$를 정의하시오.

(2) 여행시간이 75분 이하일 확률을 구하시오.

(3) 여행시간이 82분 이상일 확률을 구하시오.

(4) 평균여행시간과 여행시간의 표준편차를 구하시오.

(5) 여행시간이 정확히 80분일 확률을 구하시오.

7. 5* A은행에 신청한 대출신청서류가 처리되는 시간 $X$는 $U$(3일, 7일)의 분포를 한다.

(1) $f(x)$를 구하시오.

(2) 대출시간이 3일보다 작게 걸리는 확률을 구하시오.

(3) 대출시간이 5일 이하일 확률을 구하시오.

(4) 대출시간의 평균과 분산을 구하시오.

7. 6 확률변수 $Y$가 $N(65, 6^2)$의 분포함수를 갖는 경우, 아래의 확률을 구하시오.

(1) $P(Y=36)$

(2) $P(Y>60)$

(3) $P(Y<55)$

(4) $P(|Y-65|<9)$

7. 7 $X_1$은 $N(27, 9)$, 그리고 $X_2$는 $N(25, 16)$의 분포를 한다. 또 $X_1$과 $X_2$가 독립적인 경우 $Y=X_1-X_2$라면 $P(Y>5)=0.2743$임을 증명하시오.

7. 8 H전자가 생산하는 컬러 TV의 컬러튜브의 수명은 평균 7.8년, 표준편차 2년인 정규분포를 한다.

(1) 컬러튜브의 수명이 10년 이상일 확률을 구하시오.

(2) 만약, H전자가 컬라튜브에 대하여 2년간 보증한다면 판매된 TV의 몇 퍼센트가 컬러튜브로 인하여 반품되는가?

(3) H전자가 판매된 TV의 1% 이상은 반품으로 교환해 주지 않으려고 한다면 보증기간을 얼마로 하여야 하는가?

7. 9 A기업에서 생산하는 치약의 판매량은 매주 평균 10,000개, 표준편차 1,500개인 정규분포를 한다고 한다.

(1) 다음 주에 12,000개 이상의 치약이 판매될 확률을 구하시오.

(2) A기업의 재고가 일 주일의 수요량을 감당하기에 충분하다고 95% 이상 확신하는 재고의 수준을 구하시오.

7.10 잠실운동장에서 열리는 야간 프로야구경기의 관중수는 평균 23,000명

과 표준편차 2,500명인 정규분포를 한다고 한다. 다음을 구하시오.

(1) 어느 야간경기에서 관중수가 24,000명에서 26,000명 사이일 확률

(2) 어느 야간경기에서 관중수가 28,000명 이상일 확률

7.11 어느 투자자는 두 개의 투자대안 중에서 하나를 선택하려고 한다. 각각의 투자수익률을 $X_1$과 $X_2$라고 할 때 각각의 수익률은

$$X_1 \sim N(8\%,\ 10^2)$$
$$X_2 \sim N(7\%,\ 9^2)$$

라고 한다. 이 투자가는 5%이하의 수익률을 얻을 확률을 최소화하려고 한다면 어느 투자대안을 택하여야 하는가?

7.12 확률변수 $X$가 미지의 평균 $\mu$와 20의 표준편차를 갖는 정규분포를 한다고 한다. $P(X \leq 60) = 0.05$일 때 $X$의 평균 $\mu$는?

7.13 $X_1,\ X_2,\ X_3, \cdots, X_n$이 서로 독립적이며 각각이 동일한 평균 $\mu$와 $\sigma^2$인 정규분포를 갖는 확률변수일 때

$$\bar{X} = \frac{1}{n}\sum_{i=1}^{n} X_i = \left(\frac{1}{n}X_1 + \frac{1}{n}X_2 + \frac{1}{n}X_3 + \cdots + \frac{1}{n}X_n\right)$$

이다. 이 때 $E(\bar{X}) = \mu$, $\mathrm{Var}(\bar{X}) = \sigma^2/n$을 증명하시오(Hint : [정리 7.2]를 이용하시오).

7.14* $X$를 형광등의 수명을 나타내는 확률변수라고 정의하자. $X$의 확률밀도함수가 다음과 같을 때

$$f(x) = \frac{1}{100}e^{-x/100}\ ,\quad 0 \leq x < \infty$$

(1) $P(X > 100)$을 구하시오.

(2) 형광등의 평균수명을 구하시오.

## 응용사례

# 정규분포와 '안전우선'원칙의 투자의사결정

대부분의 사람들은 일상생활에서 파산으로 이끌만한 거대위험은 회피하려고 하는 것이 일반적이다. 기업도 투자의사결정에 있어서는 비슷한 행태를 보인다. 기업은 일반적으로 이윤을 증가시키는 사업을 찾지만 위험이 너무 큰 투자대상(investment project)은 회피하려고 한다. 기업은 도산하지 않고 생존하는 것이 중요하기 때문에 상당히 높은 초과수익을 얻는 투자대안이어도 그 투자로 인하여 기업이 도산할 가능성이 있는 경우 그 투자대안을 선택하기가 힘든 것이 일반적이다. 따라서 이윤극대화(profit maximization)라는 기업의 목표 외에도 조직의 안전성수준(security level of the organization)을 극대화하는 것도 중요한 목표가 된다. 투자의사결정시 이와 같은 '안전우선'원칙(the 'safety-first' principle)에 대한 예를 살펴보기로 하자.

Y전자는 3개의 투자대안 중에서 하나를 선택하려고 하며 각각의 수익률을 $X_1$, $X_2$, $X_3$로 나타내기로 하자. 안전우선원칙에 의거하여 Y전자는 투자로 인한 수입이 $D$ 이하일 확률을 최소화하는 투자대안을 찾으려고 한다. $D$는 Y전자가 분석할 때 기업경영에 상당히 심각한 타격을 주거나 도산까지도 이끌 수 있는 수입의 수준이다. 안전우선원칙에 따르면 Y전자는 다음의 확률에 관심이 있을 것이다.

$$P(X_1 < D)$$
$$P(X_2 < D)$$
$$P(X_3 < D)$$

$D$는 기업경영분석의 결과 나올 수 있는 값이며 기업마다 다른 값을 갖는다. 어떤 기업에게 $D$는 0이며 또 다른 기업에게는 그 보다 훨씬 큰 수입이어야 한다. 예를 들어, 어느 기업이 투자자금을 부채를 사용하여 조달하였다면 $D$는 부채를 상환할 정도 이상으로 충분히 커야 하며, 그렇지 못한 경우 기업은 도산할 가능성까지 있는 것이다.

이제 $X_1$, $X_2$, $X_3$(단위 : 억 원)가 다음과 같은 정규분포를 갖는다고 하자.

$$X_1 \sim N(10.0, \quad 10.0^2)$$
$$X_2 \sim N(8.0, \quad 5.0^2)$$
$$X_2 \sim N(7.0, \quad 4.2^2)$$

3개의 투자대안 중에서 $X_1$으로부터 가장 높은 평균수익을 예상할 수 있으나, $X_1$의 분산이 가장 크므로 $X_1$은 동시에 가장 위험성이 높은 투자대안이다. 반면에 $X_3$는 가장 낮은 평균수익이 예상되지만 위험은 가장 낮다. 평균수익과 분산을 보면 $X_2$는 중간에 위치한다. 각각의 평균과 분산을 $\mu_1$, $\mu_2$, $\mu_3$와 $\sigma_1^2$, $\sigma_2^2$, $\sigma_3^2$이라 하면 다음이 성립한다.

$$\mu_1 > \mu_2 > \mu_3$$
$$\sigma_1^2 > \sigma_2^2 > \sigma_3^2$$

Y 전자는 이 투자로부터 얻는 수입이 3(억 원)이하인 경우 심각한 경영위기가 발생한다고 한다. 따라서 $D=3$이 된다. 이제 Y 전자는 안전우선원칙에 의거하여 $P(X_i < D)$가 최소가 되는 투자대안을 찾기로 경영의사결정을 내렸다. $P(X_i < D)$인 각각의 확률은 다음과 같다.

$$P(X_1 < D) = P(X_1 < 3) = P\left(Z < \frac{3-10}{10.0}\right) = P(Z < -0.70) = 0.2420$$

$$P(X_2 < D) = P(X_2 < 3) = P\left(Z < \frac{3-8}{5.0}\right) = P(Z < -1.00) = 0.1587$$

$$P(X_3 < D) = P(X_3 < 3) = P\left(Z < \frac{3-7}{4.2}\right) = P(Z < -0.95) = 0.1711$$

$P(X_2 < D)$가 가장 작으므로 '안전우선'원칙에 의거하는 경우 Y 전자의 경영자는 $X_2$의 투자대안을 선택하게 된다.

# 8. 표본추출과 표본통계량

통계적 추론(statistical inference)은 모집단에서 추출한 표본을 기초로 하여 모집단의 특성치들을 추정하고, 또 이 추정치들의 정확도 및 타당성을 확률이론을 이용하여 확인하는 절차를 말한다. 통계적 추론은 다루는 내용에 따라 크게 3분야로 구분할 수 있는데, 첫번째가 표본이론(sampling theory)으로서 모집단과 모집단에서 추출한 표본 사이에 존재하는 관계에 대한 논의를 주요 내용으로 하며 제 8 장과 제 9 장에서 고찰하게 된다. 두 번째 분야는 통계적 추정(statistical estimation)으로 이는 표본통계량을 통하여 모집단의 모수를 추정하는 것을 주요 내용으로 하며 제10, 11, 12장에서 고찰될 것이다. 세 번째 분야는 가설검정(hypothesies tests)으로서 모집단의 모수가 어떤 값을 갖는다는 가설을 검정하는 방법에 대하여 다루게 되며 제13, 14, 15장에서 설명될 것이다.

어떤 정보를 얻기 위하여 연구대상이 되는 모든 가능한 관측치나 측정치의 집합을 모집단(population)이라고 하며, 모집단의 특성을 기술하는 측정치를 모수(parameter)라고 한다. 모집단의 특성에 관한 정보를 도출할 목적으로 모집단으로부터 추출한 혹은 측정한 값들의 집합을 標本(sample)이라고 한다. 모집단을 구성하고 있는 요소가 무한인 경우를 무한모집단(infinite population), 유한인 경우를 유한모집단(finite population)이라고 한다.

본 장에서는 우선 표본추출 혹은 표본추출법(sampling)을 하는 이유와 표본추출법에 대하여 고찰한 후에 확률표본·통계량을 설명할 것이다. 또 대표적인 표본통계량을 정의하고 표본통계량이 확률분포를 가질 수 있음을 예를 들어 설명하고자 한다. 제 9 장에서는 표본통계량의 분포에 대하여 고찰한다. 즉 표본통계량의 실제 확률계산을 위하여 중심극한정리, 이산형분포의 정규근사법 등을 고찰한 후에 $\chi^2$분포·$t$분포·$F$분포 등의 중요한 분포에 대하여 설명하려고 한다.

## 제 1 절 표본추출

표본추출이란 통계조사의 대상인 모집단에서 추출한 표본을 토대로 하여 모집단에 관한 정보를 얻으려고 하는 절차이다. 표본추출은 통계적 추론의 제 1 단계이며 이는 조사를 위한 자료가 실제로 수집되기 이전에 고려해야 하는 단계이다. 표본추출은 전체를 조사하는 것이 아니고 그 일부만을 조사하는 것이기 때문에 여러 가지 유리한 점은 있으나 필연적으로 오차를 수반한다.

## 1. 표본추출(sampling)의 유용성

오차가 발생함에도 모집단 전체보다 표본을 이용하여 연구하는 것을 선호하는 것은 다음과 같은 이유 때문이다.

1) 표본이라는 것은 정의상 모집단보다 작다. 따라서 모집단 전체를 조사하는 것보다는 표본을 관찰하는 것이 경제적으로 비용이 적게 든다.
2) 모집단 전체를 대상으로 하는 경우보다 표본을 대상으로 하는 경우에 통계자료의 처리과정에서 범하게 되는 오류가 작을 수도 있다. 즉, 모집단 전체를 대상으로 하는 경우에는 계속적인 반복과 또 이로 인한 지루한 사무처리 절차로 인하여 통계조사자 및 연구원의 통계처리과정에서 오류를 범할 가능성이 증대된다.
3) 표본을 이용하면 전수조사 혹은 모집단조사(census)의 경우보다 자료의 수집과 분석을 빨리 할 수 있다. 통계조사의 목적상 연구결과에 대한 개략적인 또는 임시적인 결론이 급하게 필요한 경우, 표본을 통하여 예비적인 결론을 용이하게 도출할 수 있다. 특히 현대와 같이 기업간의 경쟁이 심한 경우 빠른 시간 내에 자료의 분석이 필요한 경우가 많다.
4) 연구의 대상이 그 본질상 실험과정 혹은 모집단의 조사과정에서 파괴되어 버리는 경우에는 표본에 의존하는 방법밖에 없다. 예를 들어 포도주 생산업자가 포도주 맛을 검사하기 위하여 생산된 포도주 전체(모집단)를 맛보는 경우, 대상을 조사하는 행위 자체가 모집단의 자료들을 파괴한다. 또 어느 유리생산업자가 그가 생산하는 유리의 강도를 조사하기 위하여 그 유리가 깨질 때까지 계속 압력을 가한다고 가정하자. 이런 절차를 생산된 모든 유리에 적용하면 결국 생산된 유리 전체(즉, 모집단)가 파괴될 것이다.
5) 조사대상인 모집단의 크기가 너무 커서 전체를 대상으로 조사하는 것이 실제로 불가능한 경우가 있을 수 있으며 이 때는 표본조사를 행하는 방법밖에 없다. 예를 들어 국민의 신체적 성장속도에 대한 조사를 하는 경우 조사대상은 수백·수천만이 되는데, 이들 각 사람을 직접

만나 키·몸무게 등을 조사하는 것은 여러 가지 이유로 해서 불가능한 것이다.

## 2. 표준오차

통계량의 표준편차를 표준오차라고 한다. 예를 들면 한 모집단에서 추출한 동일한 크기의 여러 표본평균들에 대한 표준편차를 평균의 標準誤差(standard error of the mean)라고 한다. 이를 표준오차라고 부르는 이유는 표본평균을 이용하여 의사결정을 할 때 예상되는 부정확성의 크기를 나타내는 기준이 될 수 있기 때문이다.

## 3. 표본과 관련된 오차

표본은 그 정의상 모집단의 일부이므로 일반적으로 모집단 전체를 완벽하게 나타낼 수 없다. 따라서 표본을 이용한 통계량의 값과 모수값은 일치하지 않을 수 있으며 이의 원인은 표본추출오차(sampling error)와 비표본추출오차(nonsampling error)로 나누어 생각할 수 있다.

### (1) 표본추출오차

標本抽出誤差는 추출단위의 우연선정으로부터 나타나는 오차로 이는 모집단 전체를 관측의 대상으로 하지 않고 일부분을 표본으로 추출하였기 때문에 일어나는 오차를 말한다. 표본의 크기가 커질수록 표본추출오차의 크기는 작아지며 전수조사 혹은 모집단조사(census)를 할 경우에는 표본추출오차는 사라지게 된다. 표본추출오차는 통계량의 표준오차에 의하여 측정될 수 있다. 일반적으로 어떤 추정량의 표준오차는 표본수의 평방근(즉 $\sqrt{n}$)에 반비례한다.

한 표본추정치의 정확도(accuracy)는 표본통계량과 실제 모수의 차이를 나타내기 위한 용어이며 추정치의 정확도는 실제 모수가 미지의 상수이므로 직접 측정할 수는 없다. 정확도는 표본추출오차와 비표본추출오차 등을 모두 고려하는 넓은 의미이며 정확도는 조사의 목표가 될 수 있다. 정확도를 높이려면 표준오차도 줄여야 하겠지만 후술하는 비표본추출오차도 줄여야 한다.

### (2) 비표본추출오차

非標本抽出誤差가 발생하는 경우는 다음과 같다.

1) 표본의 선정이 적절하지 못한 경우 : 이 경우는 모집단의 일정 부분이 표본으로 선정될 가능성이 적절하지 않을 정도로 너무 높거나 낮을 때 발생한다. 예를 들어 신을 믿지 않는 사람의 비율을 조사하기 위하여 일요일에 교회에 나온 사람을 표본으로 선정하는 경우를 생각해 보면 오차가 발생할 수 있음을 알 수 있다.
2) 측정오차(measurement error) : 예를 들어 일반 TV 시청자의 주당 평균 TV시청시간을 조사한다고 가정할 때 대부분의 응답자들은 정확한 시간보다는 대략적인 근사치로 대답할 수 있다. 또 설문조사의 경우 응답자가 질문에 대하여 잘 이해하지 못할 수도 있으며 잘못된 해석을 할 수도 있다. 또 응답자가 응답하기를 꺼리는 부분(예 : 나이·건강·비윤리적 행위 등)에 대하여는 틀린 정보를 제공할 수도 있을 것이다. 이런 경우에는 측정오차가 발생하게 된다.

실제 표본조사에서 표본추출오차는 설계과정에서 고려되고 통제되지만 비표본추출오차는 측정하거나 통제하기가 곤란하므로 주의를 기울여야 한다. 또 비표본추출오차는 표본추출오차와는 달리 표본의 크기를 증가시킨다고 오차가 작아지는 것은 아니다.

## 4. 표본추출의 방법

모집단에서 표본을 추출하는 방법은 기본적으로 두 가지가 있는데, 그 하나는 確率標本抽出法(random sampling)이고 다른 하나는 非確率標本抽出法(nonrandom sampling)이다. 모집단의 각 요소가 표본에 포함될 수 있는 확률이 사전에 알려진 표본추출방법이 확률표본추출법이며, 표본의 선정이 확률적이기보다는 표본을 선정하는 사람의 판단에 의하는 경우의 표본추출방법이 비확률표본추출법이다. 그러므로 확률표본추출법의 경우 추정치의 적합성을 검정할 수 있으나 비확률표본추출법의 경우는 표본으로부터 얻은 추정치의 신빙성을 측정하는 객관적인 방법이 없다.

### (1) 확률표본추출법

확률표본추출법의 대표적인 것으로는 다음과 같은 것이 있다.

#### 단순확률표본추출법(simple random sampling)

단순확률표본추출이란 $N$개의 요소로 이루어진 모집단에서 크기가 $n$인 표본을 추출하는 경우, $N$개의 요소들 모두가 표본에 포함될 확률이 동일한 상황하에서 $n$개의 요소들이 상호 독립적으로 추출되는 방법이다. 물론 이러한 가정이 성립되지 못하는 상황도 있겠지만 앞으로 별다른 언급이 없는 한 제 8 장 제 2 절 이후의 이론전개와 응용은 단순확률표본을 가정하기로 한다.

단순확률표본은 亂數表(부록의 [표 17])를 이용하여 도출할 수 있다. 즉, 모집단을 이루고 있는 모든 요소들에 일련번호를 부여한 다음 난수표를 이용하여 무작위로 번호를 선정하고 그 번호가 선정된 모집단의 요소들을 표본으로 사용하는 것이다.

이제 단순확률표본을 추출하기 위한 난수표 이용 절차에 대해 알아보자. 예를 들어 8,900개의 요소로 이루어진 모집단에서 500개의 요소로 된 단순확률표본을 추출하려는 경우를 가정해 보자. 우선 모집단 내의 개개 요소들에 0001부터 8,900에 이르는 수치를 부여한 다음 아래와 같은 방법으로 표본을 구한다. 눈을 감고 손가락을 이용하여 난수표의 어느 한 수치를 집는다. 이때 손가락으로 선정된 수치를 출발점으로 하여 난수표를 수직·수평 또는 대각선으로 읽어 나간다. 이 경우 난수표 속의 수치 어느 하나라도 빠뜨리지 않고 4자리씩 읽어 나가게 되는데, 이것은 위 예의 모든 요소들이 4자리수로 되어 있기 때문이다. 이렇게 읽어 나가는 중에, 4자리수가 8,900이거나 그보다 작은 경우에는 기록하고 그 수치가 8,900보다 큰 경우에는 기록하지 않는다(만약 비복원에 의한 방법으로 표본을 추출하는 경우 동일한 4자리수가 2번 이상 나오게 되면 이들 두 번째 이후에 나오는 수치들은 기록하지 않는다). 이러한 방법으로 500개의 수치들을 얻게 되면, 이것이 곧 구하고자 하는 단순확률표본이다.

단순확률표본추출법은 모집단이 작은 경우에 주로 이용되며 모집단이 큰 경우에도 요소들이 작은 범위 내에 밀집되어 있으면 이용될 수 있다. 그러나 큰 모집단을 대상으로 단순확률표본추출법을 적용하는 경우 모집단을 이루고 있는 모든 요소들 하나하나에 수치를 부여한다는 것은 많은 비용이 들 수도 있고 또 실제로 불가능한 경우도 있으므로 다른 확률표본추출방법이 많이 이용된다.

### 층별표본추출법(stratified sampling)

모집단을 이루고 있는 요소들은 그들이 가지고 있는 속성에 따라 여러 개의 소집단으로 분류될 수 있는데, 이 소집단들을 層(strata)이라 부르고 또 이렇게 모집단을 층으로 나눈 것을 層別化(stratification)라 한다. 모집단의 층별화가 이루어진 다음, 모든 층(every stratum)에서 단순확률표본추출법에 의하여 요소들이 선정된 표본을 層別標本이라 한다.

층별표본추출은 각 층에 속한 요소가 동질성(homogeneity)이 클수록 좋은 결과가 나온다. 단순확률표본을 추출하는 경우 $n=5$와 같이 표본크기가 작은 경우에는 어떤 층의 요소들은 표본에 포함되지 않을 확률이 있으므로 층별표본추출은 특히 중요하다. 층별표본은 비례적인 것일 수도 또는 非比例的인 것일 수도 있다. 比例的 層別抽出法(proportional stratified sampling)에서는 모집단에서 각 층이 차지하는 크기에 비례하여 각 층(모든 층)에서 요소들을 추출하는 방법이다.

예를 들면 어떤 회사가 신제품에 대한 고객의 선호도를 알아보려고 하는 경우 모집단이 너무 커서 단순확률표본이 어렵다고 판단되면, 모집단을 여러 층으로 나눌 수 있다. 층으로 나누는 기준은 조사목적에 따라 직업별 · 소득수준별 · 연령대별 등이 될 수 있다. 그 다음에 예를 들면, 비례적 층별추출법을 사용하여 일정수를 표본으로 추출하여 분석한다.

### 군집표본추출법(cluster sampling)

군집표본추출법은 모집단을 群集(cluster)이라고 부르는 그룹으로 나눈 다음 군집들의 일부를 표본으로 추출하는 확률표본추출방법이다. 이렇게 선정된 전체 군집들 중의 일부를 일차추출단위(primary sampling unit)라 한다.

1차추출단위인 군집들이 선정되었을 때 선정된 군집들 속에 포함된 모든 요소들을 표본으로 취하는 것을 일단추출법(single-stage sampling)이라 하고, 반면에 선정된 군집들 속의 요소들을 대상으로 그 일부를 표본으로 취하는 것을 이단추출법(two-stage sampling)이라 한다. 그리고 군집표본추출법에서 최종적인 표본을 선정하는 과정이 이 단계 이상으로 되어 있는 경우 이를 다단추출법(multi-stage sampling)이라 한다. 예를 들면 1단계에서 대학(1차추출단위)을 선정하고, 2단계로 학과(2차추출단위)를 선정하고, 3단계로 학생(3차추출단위)을 표본으로 선정하는 경우이다.

그리고 1차추출단위인 군집들이 지역들인 경우에는 군집표본추출법은 광범위하게 사용되는 지역표본추출법(area sampling)이 된다. 예를 들면 전국민을 대상으로 100명의 표본을 선정하고자 할 때 전국을 여러 개의 군집으로 나누고(예 : 시·군 등) 그 군집들에서 하나 혹은 몇 개의 군집을 선정하여 100명을 조사한다. 이 방법의 이점은 전국을 돌며 표본조사를 하지 않으므로 비용이 저렴해진다.

### 체계적 표본추출법(systematic sampling)

모집단이 무작위성을 가지고 있을 때 체계적인 수단을 이용하여 표본을 추출하는 방법이다. 10,000개의 요소들로 이루어진 모집단에서 표본크기가 200인 체계적 표본을 추출하는 예를 들어보자. 이를 위해 10,000개의 요소들 모두에 1에서 10,000에 이르는 일련번호(예 : 카드회사 고객에게 고유번호 부여)를 부여하고 추출간격 $k = 10{,}000 / 200 = 50$을 결정한다. 그러면 첫번째 추출간격에는 일련번호가 1에서 50까지 부여된 50개의 요소들이 있게 된다. 다음에 이들 중에서 무작위로 하나의 수치를 선정한다. 이렇게 선정된 수치가 4였다고 가정하면 일련번호가 부여된 모집단 내의 4번째 요소로부터 시작해서 매 50번째의 수치로 표시된 요소들, 즉 54번째·104번째·154번째 등의 요소들을 표본으로 선정하는 것이다.

非確率標本抽出法에서 사용되는 두 가지 경우를 살펴보자.

### 판단추출(judgement sampling)

판단에 의한 표본추출방법에 있어서는 연구를 수행하는 사람이 어떤 요소들로 표본을 구성해야 할지를 판단해야 한다. 이 방법에 의하여 선정된 표본은 바람직한 것이 될 수도 있으나 이 방법의 약점은 선정된 표본이 어느 정도로 모집단을 대표할 수 있는 것인지 또는 타당한 것인지의 여부를 측정할 수 있는 방법이 없다는 것이다.

**편의추출**(convenience sampling)

표본추출의 편의성으로 표본을 추출하는 경우이다. 예를 들어, 보통주의 수익률에 대한 분석을 하는 경우 어떤 주식들은 과거의 자료가 잘 정리되어 있고, 다른 주식들은 자료가 미비된 경우(예 : 장외거래가 이루어지는 주식의 경우) 자료를 구할 수 있는 주식들을 대상으로 분석하는 경우를 들 수 있다.

## 제 2 절 확률표본과 표본통계량

### 1. 확률표본

분포의 형태를 알아보기 위하여 확률실험(random experiment)을 여러 번 반복해 보는 것은 매우 유용하다. 예를 들어 주사위를 던졌을 때 나오는 숫자의 평균을 알아보려고 한다. 이 때 주사위를 $n$번 던지는 확률실험으로부터 나오는 구체적인 관측치인 $x_1$, $x_2$, $\cdots$, $x_n$을 그 분포로부터 나온 표본이라고 한다. 이 경우 표본이 실제로 추출되기 전의 $n$개의 확률변수 $X_1$, $X_2$, $\cdots$, $X_n$은 서로 독립적이며 각 확률변수는 동일한 분포를 가지며 따라서 당연히 같은 확률함수를 갖는 것을 가정하는 것은 바람직하다(예 : 베르누이과정). 연속형 분포에서도 이와 유사하게 생각할 수 있다.

이 때 상호독립적이고 동일한 분포를 갖는(independent and identically distributed; 이것을 보통 i. i. d.란 약어로 표시하며 앞으로 이 책에서도 i. i. d.란 용어를 사용할 것임) 확률변수들 전체를 확률함수 혹은 확률밀도함수가 $f(x)$인 분포로부터 나온 確率標本(random sample)이라고 하며 $n$을 표본의 크기라고 한다.

**확률표본**

1) 확률분포가 $f(x)$인 모집단으로부터 추출된 표본크기가 $n$인 확률표본이란 동일한 $f(x)$를 각각의 확률밀도함수로 갖는 $n$개의 상호독립적인 확률변수들인 $X_1$, $X_2$, $\cdots$, $X_n$의 집합을 의미한다.
2) 확률표본의 구성요소인 확률변수들($X_1$, $X_2$, $\cdots$, $X_n$)은 i. i. d.이다.
3) 앞으로의 이론전개는 대부분 확률표본을 가정으로 하고 있다.

확률표본의 예를 몇 가지 설명해 보자.

예제 8.1

1) 동일한 실험의 반복 : 6면 주사위를 두 번 던지고 그 때 나오는 숫자를 $X_1$, $X_2$라고 하자. 이것은 $X_1$, $X_2$의 확률함수가

$$f(x_1) = 1/6, \qquad x_1 = 1,\ 2,\ 3,\ 4,\ 5,\ 6$$
$$f(x_2) = 1/6, \qquad x_2 = 1,\ 2,\ 3,\ 4,\ 5,\ 6$$

로 동일한 것을 의미하며 또 $x_1$, $x_2$는 서로 영향을 미치지 않으므로 $X_1$, $X_2$의 두 확률변수들은 i. i. d.(상호독립적이며 동일한 분포를 갖는다)이다. 따라서 $X_1$, $X_2$는 확률분포가 $f(x) = 1/6(x = 1,\ 2,\ 3,\ 4,\ 5,\ 6)$인 모집단으로부터 추출된 크기가 $n = 2$인 확률표본이다.

2) 어느 전구 공장에서 생산된 1,000개의 전구 중 300개의 불량품이 포함되어 있다. 이런 경우 불량품의 모비율 $p = 3/10$이다. 이제 복원추출의 방법에 의하여 50개의 전구를 꺼내는 것을 가정하자.

$i$번째 추출된 전구가 불량품이면 $X_i = 1$, 불량품이 아니면 $X_i = 0$으로 표시하기로 하자. 복원추출인 경우 모든 $i$에 대하여 $P(X_i = 1) = p = 3/10$으로 일정하다. 비복원추출인 경우 $P(X_1 = 1) = 3/10$이지만 그 다음$(i = 2, 3, \cdots, 50)$에는 $P(X_i = 1) \neq 3/10$이다.

즉 복원추출을 가정할 경우 $X_1, X_2, \cdots, X_{50}$은 각각 $p = 3/10$인 베르누이분포를 하며 서로 독립적이다. 따라서 복원추출인 경우 $X_1, X_2, \cdots, X_{50}$은 $p = 3/10$인 베르누이분포를 하는 모집단으로부터 추출된 표본크기 50인 확률표본을 이룬다. 표본이 확률표본을 이루는 경우 앞의 예는 다음과 같은 방법 중의 하나로 표현할 수 있다.

(i) $X_1, X_2, \cdots, X_{50}$은 $p = 3/10$인 베르누이분포를 하는 모집단으로부터 추출된 확률표본이라고 하자, 혹은

(ii) $X_1, X_2, \cdots, X_{50}$은 다음과 같은 분포를 하는 모집단으로부터 추출된 확률표본이라고 하자(여기서는 $p = 3/10$, $q = 7/10$).

$$f(x) = \begin{cases} p^x q^{1-x}, & x = 0,\ 1 \\ 0\quad, & \text{기타} \end{cases}$$

(iii) $X_1, X_2, \cdots, X_{50}$은 서로 독립적이며 각각은 $p=3/10$인 베르누이분포를 따른다.

3) 평균이 $\mu$, 분산이 $\sigma^2$인 정규분포를 이루는 모집단으로부터 추출한 $X_1, X_2, \cdots, X_n$이 확률표본을 이루면 $X_1, X_2, \cdots, X_n$은 i. i. d.이고 앞의 예에서 $f(x)$를 베르누이분포 대신에 정규분포로 대체하면 된다.

표본이 확률표본을 이루면 모집단의 모수를 통계이론을 이용하여 추정할 수 있다. 따라서 별다른 언급이 없는 경우 앞으로 다루는 표본은 모두 확률표본이라고 가정한다.

## 2. 통 계 량

統計量(statistic)이란 표본의 평균·분산 등과 같이 표본의 어떤 특성을 기술하는 데 사용되는 측정치를 말한다. 표본의 자료는 표본에 포함되는 특별한 관측치에 의존하므로 통계량은 확률변수이다. 통계량은 보통 통계적 추정에 많이 사용되며 공식적인 정의는 다음과 같다.

**통계량**(statistic)

통계량이란 확률표본을 구성하는 확률변수들의 함수이다. 따라서 통계량 자체도 하나의 확률변수이며 그 자신의 분포를 갖는다. 대표적인 표본통계량은 다음과 같다.

**표본평균**

$$\bar{X}=\frac{1}{n}\sum_{i=1}^{n}X_i \tag{8.1}$$

**표본분산**

$$S^2=\frac{1}{n-1}\sum_{i=1}^{n}(X_i-\bar{X})^2 \tag{8.2}$$

**표본비율**

$$\hat{p}=\frac{Y}{n} \tag{8.3}$$

($Y$는 $n$번 시행 중 성공횟수)

모집단의 평균은 고정된 값인 데 비하여 표본의 평균은 통계량이며 확률변수이다. 추정(estimation)에 사용되는 통계량을 推定量(estimator)이라 하며 추정량을 나타내기 위하여는 보통 모수위에 "모자(hat)"를 표시하는 것이 일반적이다. $\mu$, $\sigma^2$, $\sigma$, $p$가 모집단의 평균 · 분산 · 표준편차 · 모비율이라고 하면, $\hat{\mu}$, $\hat{\sigma}^2$, $\hat{\sigma}$, $\hat{p}$ 등은 표본의 평균 · 분산 · 표준편차 · 표본비율을 나타낸다. 그러나 $\mu$와 $\sigma^2$, $\sigma$와 같이 많이 사용되는 모수에 대한 추정량은 $\hat{\mu}$와 $\hat{\sigma}^2$, $\hat{\sigma}$ 대신에 보통 $\bar{X}$, $S^2$, $S$ 등이 사용되고 있다.

## 3. 표본분포의 개념

실제적인 예를 들어서 표본분포의 개념을 설명해 보자. 예를 들어 A 대학 재학생의 평균키(이를 $\mu$라고 하고 $\mu = 172.5$cm라고 가정)를 조사하려고 한다. 재학생 전체의 키를 조사하여 평균을 구하면 가장 정확한 값이 될 수 있으나 시간과 경비상의 문제로 100명의 학생을 표본으로 뽑아서 조사하였다. 무작위로 학생 100명을 선정하여 계산한 평균키(이를 $\bar{X}_1$이라고 하자)가 172cm라고 하자. 이 때 $\bar{X}_1 = 172$cm를 실제의 평균키인 $\mu$라고 볼 수는 없다. 이제 다시 100명의 학생을 표본으로 선정하여 평균키를 조사하니 173cm이었다($\bar{X}_2 = 173$). 또 다시 100명의 학생을 표본으로 선정하여 평균키를 조사하니 172.5cm이었다 ($\bar{X}_3 = 172.5$).

이와 같이 동일한 모집단에서 같은 크기의 표본을 여러 번 선정할 때 각 표본의 특성치인 $\bar{X}_i$는 서로 다른 값을 나타내는 것이 일반적이다. 즉 표본평균인 $\bar{X}$의 값은 표본추출시마다 달라지므로 $\bar{X}$는 확률변수임을 알 수 있다. 이 때 $\bar{X}$의 확률분포를 평균의 표본분포라고 한다.

또 다른 실제적인 예를 들어보자. 국회의원 선거에 출마한 A가 지역구에서 자신을 지지하는 비율 $p$를 구해 보려고 한다. 지역유권자가 총 100,000명이고 실제 지지자는 30,000명인데 이는 알려져 있지 않다고 가정하자. 실제의 지지율 $p = 0.3$은 알려져 있지 않으므로 표본을 뽑아서 $p$를 추정해 볼 수 있다. A의 지역구에 있는 유권자 100명을 표본으로 뽑아서 지지하는 사람을 조사하니 40명이 되었다. 이 때 $p$의 추정치 $\hat{p} = 0.4$가 된다. 또 100명의 표본을 뽑아서 지지하는 사람을 조사하니 25명이 되었다. 이 때 실제 지지율의 추정치는 $\hat{p} = 0.25$가 된다. 또 다른 100명의 표본을 다시 뽑을 때 $\hat{p} = 0.32$가 될 수도 있다. $\hat{p}$ = 표본 중의 지지자/표본의 수이므로 $\hat{p}$은 표본의 선정시마다 그 값이 달라질 수 있는 확률변수이며 $\hat{p}$ 자신도 하나의 확률분포를 갖는 것을 생각할 수 있다. $\hat{p}$의 확률분포를 비율의 표본분포라고 한다.

위의 두 예에서 표본통계량인 $\bar{X}$와 $\hat{p}$ 등은 확률변수로서 그 자신의 분포를 가지고 있음을 알 수 있다. 따라서 각 통계량이 취할 수 있는 값과 그 값을 나타내게 하는 확률(혹은 확률밀도) 사이의 함수관계를 표시하는 확률분포에 의하여 각 통계량은 특성을 갖는다. 이제 표본분포(sampling distribution)를 다음과 같이 정의한다.

**표본분포**

통계량의 확률분포를 표본분포라고 한다.

통계량은 확률표본을 구성하는 확률변수들의 함수이므로 통계량의 분포는 더 일반적으로 표현하면 확률변수의 함수의 분포라고 할 수 있다. 이와 같은 분포에 대한 고찰을 標本分布理論(sampling distribution theory)이라고 한다.

대표적인 표본통계량의 확률분포로서는 평균($\bar{X}$)의 표본분포, 분산($S^2$)의 표본분포, 비율($\hat{p}$)의 표본분포 등을 생각할 수 있다.

**예제 8.2**

4면 주사위를 두 번 던지고 그때 나오는 숫자를 $X_1$, $X_2$라고 하자. 이것은 $X_1$과 $X_2$의 확률함수가

$$f(x) = 1/4, \qquad x = 1,\ 2,\ 3,\ 4$$

로 동일하고 $X_1$과 $X_2$는 서로 독립적이므로(즉 i.i.d.) $X_1$과 $X_2$는 크기 2인 확률표본이다. 이 때 $X_1$과 $X_2$의 합을 $Y$라고 할 때 $Y = X_1 + X_2$의 분포와 $\bar{X} = (X_1 + X_2)/2$의 분포를 구해 보시오.

(풀이)

가능한 $Y$와 $\bar{X}$의 값과 이에 대응한 확률을 표시하면 〈표 8.1〉과 같다.

제 4 장에서 설명한 확률변수 $X$와 실제관측치 $x$의 관계는 통계량에도 적용된다. 대문자로 표시된 $\bar{X}$는 통계량 즉 확률변수를, 소문자로 표시된 $\bar{x}$는 통계량(확률변수)의 실제관측치를 나타낸다.

〈표 8.1〉 $n=2$일 경우의 표본(표본의 수 $=4\times4=16$)

| 가능한 경우 | $y$ | $\bar{x}$ | $f(y)=f(\bar{x})$ | 가능한 경우 | $y$ | $\bar{x}$ | $f(y)=f(\bar{x})$ |
|---|---|---|---|---|---|---|---|
| (1, 1) | 2 | 1 | 1/16 | (3, 1) | 4 | 2 | 1/16 |
| (1, 2) | 3 | 3/2 | 1/16 | *(3, 2) | 5 | 5/2 | 1/16 |
| (1, 3) | 4 | 2 | 1/16 | (3, 3) | 6 | 3 | 1/16 |
| *(1, 4) | 5 | 5/2 | 1/16 | (3, 4) | 7 | 7/2 | 1/16 |
| (2, 1) | 3 | 3/2 | 1/16 | *(4, 1) | 5 | 5/2 | 1/16 |
| (2, 2) | 4 | 2 | 1/16 | (4, 2) | 6 | 3 | 1/16 |
| *(2, 3) | 5 | 5/2 | 1/16 | (4, 3) | 7 | 7/2 | 1/16 |
| (2, 4) | 6 | 3 | 1/16 | (4, 4) | 8 | 4 | 1/16 |

주 : $f(y)=f(\bar{x})=(1/4)(1/4)=1/16$.

위 표에서 $y=2$나 $\bar{x}=1$을 가능하게 하는 경우는 (1, 1)이므로 $f(\bar{x})=f(y)$임을 알 수 있다. 이제 $y$(혹은 $\bar{x}$)의 같은 값을 모아서 정리하면(예 : * 표시는 $y=5$, $\bar{x}=5/2$인 경우이다) 다음과 같은 $Y$와 $\bar{X}$의 확률분포를 얻는다.

〈표 8.2〉 $Y$와 $\bar{X}$의 표본분포

| $y$ | $g(y)$ | $\bar{x}=\frac{1}{2}y$ | $g(y)=g(\bar{x})$ |
|---|---|---|---|
| 2 | 1/16 | 1 | 1/16 |
| 3 | 2/16 | 3/2 | 2/16 |
| 4 | 3/16 | 2 | 3/16 |
| *5 | 4/16 | *5/2 | 4/16 |
| 6 | 3/16 | 3 | 3/16 |
| 7 | 2/16 | 7/2 | 2/16 |
| 8 | 1/16 | 4 | 1/16 |

$Y$와 $\bar{X}$의 확률로부터 $Y$와 $\bar{X}$의 기대치를 다음과 같이 구할 수 있다.

$$E(Y)=\sum y\cdot g(y)=5, \qquad \mathrm{Var}(Y)=5/2$$
$$E(\bar{X})=\sum \bar{x}\cdot g(\bar{x})=5/2, \qquad \mathrm{Var}(\bar{X})=5/8$$

앞에서 설명한 바와 같이 표본평균 $\bar{X}$는 통계량이고 그 자체의 분포를 갖는다. 앞의 표를 이용하여 $\bar{X}$의 분포를 그림으로 표시하고 모집단의 분포와 비교하면 다음과 같다.

[그림 8.1] 표본평균의 분포와 모집단의 분포

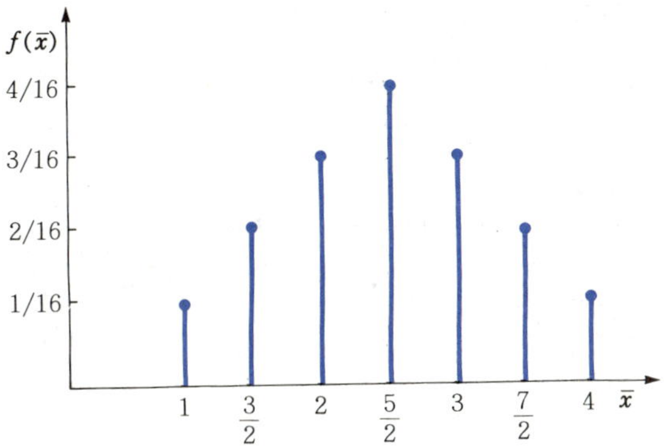


(A) 표본평균의 분포

$\mu_{\bar{X}} = 5/2$

$\sigma^2_{\bar{X}} = 5/8$

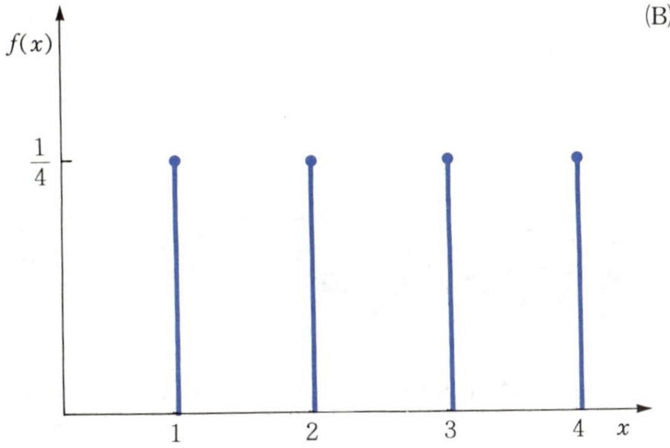


(B) 모집단의 분포

$\mu = 5/2$

$\sigma^2 = 5/4$

**예제 8.3**

어느 생산공정의 생산량에 대한 불량품 비율이 0.1이라고 한다. 6개의 제품을 복원추출할 때 표본의 불량률 $\hat{p}$의 표본분포를 구하시오.

(풀이)

여기서 모집단의 불량률을 $p$라고 하며 $p=0.1$이다. 6개의 제품으로 구성된 표본의 불량률을 $\hat{p}$이라고 하면 $\hat{p}$의 값은 표본추출시마다 달라지므로 확률변수이다. 표본에서 불량품의 수를 $Y$라고 하면 $Y$는 이항분포를 하며(즉 $Y \sim b(6, 0.1)$)

$$\hat{p}=\frac{Y}{n}$$

이므로 $\hat{p}$의 분포는 $Y$의 분포와 같아진다. $n=6$이고 $p=0.1$인 경우 $Y$와 $\hat{p}$의 분포를 표시하면 〈표 8.3〉과 같다. $Y$의 분포는 이항분포표를 이용하면 구할 수 있다.

〈표 8.3〉 $n=6$, $p=0.1$인 경우 $Y$의 분포와 $\hat{p}$의 표본분포

| $Y$의 분포 | | $\hat{p}$의 표본분포 | |
|---|---|---|---|
| $y$ | $f(y)$ | $\bar{p}$ | $f(\bar{p})$ |
| 0 | 0.5314 | 0 | 0.5314 |
| 1 | 0.3543 | 1/6 | 0.3543 |
| 2 | 0.0984 | 2/6 | 0.0984 |
| 3 | 0.0146 | 3/6 | 0.0146 |
| 4 | 0.0012 | 4/6 | 0.0012 |
| 5 | 0.0001 | 5/6 | 0.0001 |
| 6 | 0.0000 | 6/6 | 0.0000 |

주 : $y$는 $Y$의 관측치이며 $\bar{p}$는 $\hat{p}$의 관측치이다.

## 제 3 절 표본통계량과 표본분포의 例

지금까지 고찰한 통계량과 표본분포의 개념을 명확히 하기 위하여 실제의 예를 들어 설명하기로 하자.

### 1. 모집단의 모수

K중공업은 한국에 본사를 두고 해외 여러 나라에 건설 · 중장비 · 기계 등을 수출하는 다국적기업이다. K중공업의 인사담당 이사는 2,500명의 임원에 대한 기초자료를 정리하여, 여러 가지 의사결정의 기본자료로 활용하고자 한다. 인사담당 이사는 우선 두 가지의 사항에 대하여 조사하기로 하였다. 첫째는 2,500명 임원의 상여금을 제외한 연급여이고, 둘째는 인사팀에서 시행하는 한 달 코스의 임원특별교육과정의 이수 여부이다.

이 경우 2,500명의 인사기록카드를 전부 조사하여 다음과 같은 평균과

표준편차를 얻었다고 하자.

$$\text{모평균 } \mu = \frac{\sum x_i}{2{,}500} = 26{,}800$$

$$\text{모분산 } \sigma^2 = \frac{\sum (x_i - \mu)^2}{2{,}500} = (4{,}000)^2$$

2,500명 전부를 조사하여서 얻은 평균을 모평균, 분산을 모분산이라고 한다. 또 임원특별교육과정을 이수한 사람의 수를 조사하니 1,500명이었다. $p$를 모집단에서 임원특별교육과정을 이수한 사람의 비율이라고 할 때 $p=1{,}500/2{,}500=0.6$이 되며 이 $p$를 모비율이라고 한다. 그러나 이와 같이 모집단 전체를 조사하는 것은 비용과 시간이 많이 들기 때문에 인사담당이사는 임원 30명을 표본으로 추출하여 원하는 결과를 추정하고자 한다.

## 2. 표본의 결과

표본추출의 주요 목적은 모집단을 대표할 수 있는 표본을 선정하는 것이다. 따라서 이 경우 표본추출은 단순확률표본추출(simple random sample)에 의하여 선정하였다. 단순확률표본추출은 앞에서 설명한 바와 같이 모집단의 각 요소들이 표본에 선정될 확률이 동일하게 표본을 추출하는 것을 말한다. 단순확률표본추출방법은 앞에서 설명한 난수표를 이용하였다.

30명의 표본을 추출하여 그 결과를 〈표 8.4〉에 정리하였다. 〈표 8.4〉에서 $x_1$, $x_2$, … 등은 표본의 첫번째 임원의 연급여, 두 번째 임원의 연급여 등을 나타내며 임원특별교육과정을 이수한 경우는 “Y”로 표시하고, 이수하지 않은 경우는 “N”으로 표시하였다.

〈표 8.4〉의 자료를 이용하여 표본평균과 표본의 표준편차를 구하면 다음과 같다.

$$\bar{x} = \frac{\sum x_i}{n} = \frac{804{,}420}{30} = 26{,}814.00$$

$$s = \sqrt{\frac{\sum (x_i - \bar{x})^2}{n-1}} = \sqrt{\frac{325{,}009{,}260}{29}} = 3{,}347.72$$

또 〈표 8.4〉의 자료를 이용하여 임원특별교육과정을 이수한 표본비율 $\hat{p}$의 관측치인 $\bar{p}$는

〈표 8.4〉 30명 표본의 연급여와 임원특별과정의 이수 여부 (단위 : 천 원)

| 연 급 여 | 특별교육과정이수 | 연 급 여 | 특별교육과정이수 |
|---|---|---|---|
| $x_1$ = 24,094.30 | Y | $x_{16}$ = 26,766.60 | Y |
| $x_2$ = 28,263.90 | Y | $x_{17}$ = 27,541.30 | N |
| $x_3$ = 24,643.50 | Y | $x_{18}$ = 19,980.00 | Y |
| $x_4$ = 24,894.90 | Y | $x_{19}$ = 26,932.60 | Y |
| $x_5$ = 22,621.60 | N | $x_{20}$ = 27,973.00 | Y |
| $x_6$ = 30,924.00 | Y | $x_{21}$ = 20,120.90 | Y |
| $x_7$ = 24,092.30 | Y | $x_{22}$ = 26,753.00 | Y |
| $x_8$ = 26,404.40 | Y | $x_{23}$ = 29,391.80 | N |
| $x_9$ = 25,957.70 | Y | $x_{24}$ = 25,164.20 | N |
| $x_{10}$ = 30,109.70 | Y | $x_{25}$ = 27,973.60 | N |
| $x_{11}$ = 20,922.60 | Y | $x_{26}$ = 25,241.30 | N |
| $x_{12}$ = 32,268.40 | N | $x_{27}$ = 27,793.90 | N |
| $x_{13}$ = 30,688.80 | Y | $x_{28}$ = 25,979.40 | Y |
| $x_{14}$ = 26,564.70 | N | $x_{29}$ = 30,860.90 | Y |
| $x_{15}$ = 31,188.20 | N | $x_{30}$ = 32,309.10 | N |

$$\bar{p} = \frac{19}{30} = 0.63$$

이다. 이와 같은 결과들, 즉 $\bar{x}$, $s$, $\bar{p}$는 각각 모평균 · 모집단의 표준편차 및 모비율의 추정치이다. 이와 같은 값을 구하는 과정을 點推定(point estimation)이라고 한다. 점추정에서는 표본의 자료를 이용하여 표본통계량의 값을 계산하며 이 값이 모수의 추정치가 된다.

점추정에서 사용되는 용어로 $\bar{X}$를 모평균 $\mu$의 點推定量(point estimator), $S$를 모표준편차 $\sigma$의 점추정량, $\hat{p}$을 모비율의 점추정량이라고 한다. 또 추출된 표본을 이용하여 얻어진 결과인 $\bar{x}$, $s$, $\bar{p}$는 모수의 點推定值(point estimate)라고 한다. 따라서 계산하여 얻은 26,814.00은 $\mu$의 점추정치이며, 3,347.72는 $\sigma$의 점추정치, 0.63은 $p$의 점추정치이다. 〈표 8.5〉는 표본결과들을 요약한 것이며 모수와 모수의 점추정치를 비교한 표이다.

〈표 8.5〉 30명 표본의 점추정치와 모수 (단위 : 천 원)

| 모 수 | 모 수 값 | 점추정량 | 점추정치 |
|---|---|---|---|
| $\mu$ : 모 평 균 | 26,800.00 | $\bar{X}$ | $\bar{x}$ = 26,814.00 |
| $\sigma$ : 모표준편차 | 4,000.00 | $S$ | $s$ = 3,347.72 |
| $p$ : 모 비 율 | 0.6 | $\hat{p}$ | $\bar{p}$ = 0.63 |

## 3. 표본통계량의 분포

앞에서 30명의 표본을 추출하여 모수의 추정치로 이용하였다. 이제 단순확률표본추출의 과정을 다시 거쳐서 새로운 30명의 표본을 선정하였다고 하자. 두 번째 표본의 평균과 표준편차는 다음과 같다.

| | |
|---|---|
| 표본평균 | $\bar{x} = 27{,}669.70$ |
| 표본표준편차 | $s = 4{,}239.07$ |
| 표본비율 | $\bar{p} = 0.70$ |

이와 같이 두 번째 표본의 결과는 첫번째 표본의 결과와 같지 않다. 그 이유는 두 번째 표본을 구성하는 30명은, 첫번째 표본의 구성원과 똑같은 30명이 아니기 때문이다. 이와 같은 단순표본추출의 과정을 500번 계속 반복하여 표본크기 30인 표본들을 계속 추출하였을 경우의 각 표본의 $\bar{x}$의 값을 〈표 8.6〉에 정리하였다. 〈표 8.6〉은 500개의 $\bar{x}$의 값에 대한 도수분포표이며 [그림 8.2]는 상대도수분포를 막대그림표로 나타낸 것이다.

[그림 8.2] $\bar{X}$의 상대도수분포(표본크기 30인 표본을 500회 추출)

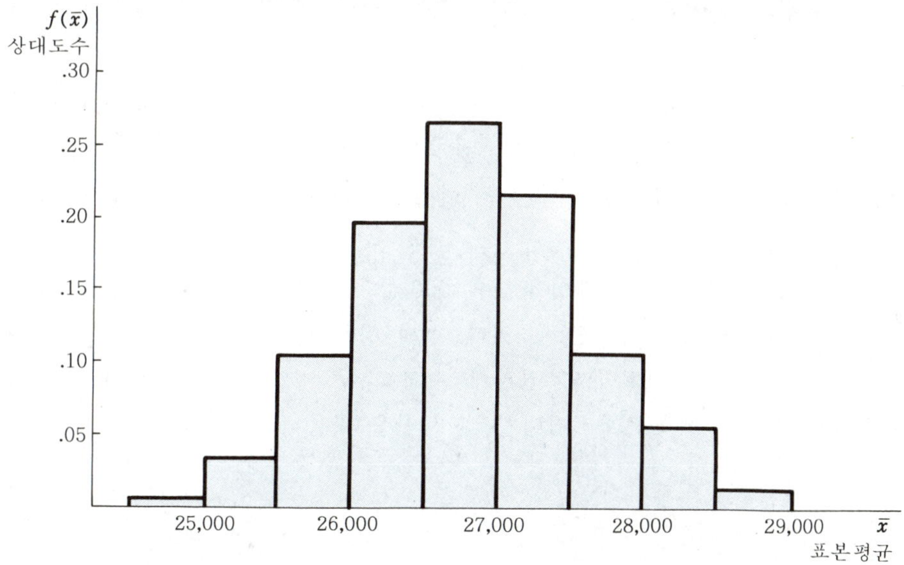

〈표 8.6〉 표본크기 30인 표본을 500회 추출한 경우의 $\bar{X}$의 도수분포표

| 연 급 여 | 절대빈도 | 상대빈도 |
|---|---|---|
| 24,500～25,000 | 2 | 0.004 |
| 25,000～25,500 | 16 | 0.032 |
| 25,500～26,000 | 52 | 0.104 |
| 26,000～26,500 | 101 | 0.202 |
| 26,500～27,000 | 133 | 0.266 |
| 27,000～27,500 | 110 | 0.220 |
| 27,500～28,000 | 54 | 0.108 |
| 28,000～28,500 | 26 | 0.052 |
| 28,500～29,000 | 6 | 0.012 |
| 합 계 | 500 | 1.000 |

제 5 장에서 우리는 확률변수를 확률실험의 결과에 수치를 부여하는 것이라고 정의하였다. 만일 우리가 단순확률표본추출의 과정을 하나의 확률실험이라고 본다면 표본평균 $\bar{X}$는 실험결과에 수치가 부여된 것이므로 표본평균 $\bar{X}$는 확률변수이다. 따라서 다른 확률변수처럼 $\bar{X}$는 기대치 · 분산 및 확률분포를 가지고 있다. $\bar{X}$의 여러 가지 결과들은 상이한 단순확률표본들의 결과이므로 $\bar{X}$의 확률분포를 $\bar{X}$의 표본분포(sampling distribution of $\bar{X}$)라고 한다.

$\bar{X}$의 표본분포를 완전하게 결정하기 위하여는 2,500명에서 30명의 표본을 뽑는 모든 경우(즉, ${}_{2500}C_{30}$ 경우의 수)를 고려하여야 한다. 그러나 [그림 8.2]는 500개의 $\bar{x}$값만을 대상으로 하였기 때문에 $\bar{X}$의 표본분포의 근사치이다.

표본표준편차 $S$와 표본비율 $\hat{p}$의 500개의 값에 대하여도 $\bar{X}$의 경우와 같이 상대도수분포표를 작성할 수 있다. $\bar{X}$의 경우와 마찬가지로 $S$와 $\hat{p}$도 단순확률표본추출의 과정(실험)의 결과에 수치를 부여하는 확률변수이다. 따라서 $S$와 $\hat{p}$도 각각의 확률분포 · 기대치 및 분산을 갖는다.

# 제 4 절 표본통계량의 기대치와 분산

우리는 제 3 절에서 표본통계량인 $\bar{X}$, $\hat{p}$은 확률변수이고 표본통계량의 분포는 표본분포라는 것을 설명하였다. 여기서는 표본통계량의 기대치와 분산 등과 같은 표본통계량의 분포의 특성에 대하여 고찰해 보자.

## 1. 독립인 확률변수의 합

독립인 확률변수의 선형결합(linear combination)의 평균과 분산에 관한 정리를 먼저 살펴보기로 하자. 이 정리는 앞으로 이론전개에 기본적인 역할을 한다. [정리 8.1]은 제 7 장의 [정리 7.2]와 근본적으로 같은 내용이다. 또 제 5 장에서 $X_1$과 $X_2$의 두 변수에 관한 것을 이미 고찰한 내용이므로 어렵거나 새로운 내용은 전혀 아니다. 즉 $n=2$인 경우는 제 5 장에서 설명된 내용과 동일하게 된다.

[정리 8.1]

$X_1, X_2, \cdots, X_n$이 $n$개의 독립적인 확률변수이고 각각의 평균을 $\mu_1, \mu_2, \cdots, \mu_n$, 각각의 분산을 $\sigma_1^2, \sigma_2^2, \cdots, \sigma_n^2$이라고 할 때 $Y=\sum_{i=1}^{n} a_i X_i$($a_i$는 상수)의 평균과 분산은 다음과 같다.

$$\mu_Y=\sum_{i=1}^{n} a_i \mu_i = a_1\mu_1+a_2\mu_2+\cdots+a_n\mu_n \tag{8.4}$$

$$\sigma_Y^2=\sum_{i=1}^{n} a_i^2\sigma_i^2 = a_1^2\sigma_1^2+a_2^2\sigma_2^2+\cdots+a_n^2\sigma_n^2 \tag{8.5}$$

**예제 8.4**

[정리 8.1]을 이용하여 $\bar{X}$의 기대치와 분산을 구하시오.

**(풀이)**

$X_1, X_2, \cdots, X_n$은 확률표본이므로 각각의 평균과 분산은 $\mu$와 $\sigma^2$으로 동일하다. 표본평균 $\bar{X}$는 $\bar{X}=\frac{1}{n}(X_1+X_2+\cdots+X_n)$이므로 $a_i=1/n$이 된다. 따라

서 [정리 8. 1]을 이용하면

$$\mu_{\bar{X}} = E(\bar{X}) = \frac{1}{n}\mu + \frac{1}{n}\mu + \cdots + \frac{1}{n}\mu$$
$$= \frac{1}{n}(n\mu) = \mu$$
$$\sigma^2_{\bar{X}} = \text{Var}(\bar{X}) = \frac{1}{n^2}\sigma^2 + \frac{1}{n^2}\sigma^2 + \cdots + \frac{1}{n^2}\sigma^2$$
$$= \frac{1}{n^2}(n\sigma^2) = \frac{\sigma^2}{n}$$

즉, 표본평균의 평균은 표본이 추출된 모집단의 평균($\mu$)과 같고 표본평균의 분산은 원래의 분포(underlying distribution)의 분산을 표본크기인 $n$으로 나눈 것과 같다.

## 2. 표본평균 $\bar{X}$의 기대치와 분산

지금까지는 $X_1$, $X_2, \cdots, X_n$이 확률표본을 이루는 경우를 중심으로 고찰하였다. 여기서는 이에 대한 정리와 지금까지 고찰되지 않은 유한모집단으로부터 비복원추출을 할 경우(즉 확률표본이 아닌 경우)도 살펴보기로 한다. $X_1$, $X_2$, $\cdots$, $X_n$이 확률표본을 이룰 때 지금까지 고찰한 내용을 정리하면 다음과 같다.

**$\bar{X}$의 기대치와 분산**(무한모집단 혹은 복원추출인 경우)

$$\bar{X} = \frac{1}{n}\sum_{i=1}^{n} X_i$$
$$E(\bar{X}) = \mu_{\bar{X}} = \mu \tag{8.6}$$
$$\text{Var}(\bar{X}) = \sigma^2_{\bar{X}} = \frac{\sigma^2}{n} \tag{8.7}$$

여기서 $X_i$는 표본을 구성하는 요소로 $E(X_i) = \mu$, $\text{Var}(X_i) = \sigma^2$이다.

모집단의 크기 $N$이 작고 유한모집단에서 비복원으로 표본을 추출할 때는 표본평균의 분산에 대한 조정(수정)이 필요하다. 유한모집단에서 추출하면서 비복원추출일 경우에는 각 추출단계에서 각 요소들이 추출될 확률이 점점 변화하여 한번 추출된 요소는 다른 요소들의 추출확률에 영향을 미친다. 즉, 각 추출단계는 서로 독립적이 아니므로 $\bar{X}$의 분산은 이제까지 고찰한 방법으로 계산할 수 없다. 이 때 표본평균의 수정된 분산은 다음과 같다.

**$\bar{X}$의 분산**(유한모집단이고 비복원추출인 경우의 조정)

$$\mathrm{Var}(\bar{X}) = \frac{\sigma^2}{n}\frac{N-n}{N-1}$$

$$\sigma_{\bar{X}} = \frac{\sigma}{\sqrt{n}}\frac{\sqrt{N-n}}{\sqrt{N-1}} \tag{8.8}$$

여기서

$N$ : 모집단의 크기

$n$ : 표본의 크기

여기서 $\sqrt{N-n}/\sqrt{N-1}$을 유한모집단수정계수(finite population correction factor : FPCF)라고 한다.[1] 모집단이 아주 크거나 또는 표본의 크기가 모집단의 크기의 5%보다 작을 때에는 수정을 안해도 무방한 것으로 알려져 있다. 그러나 모집단의 크기에 비하여 표본의 크기가 커질수록 유한모집단수정계수는 1보다 작아지므로 수정의 필요성이 커진다. 유한모집단수정계수는 1보다 작으므로 $\bar{X}$의 분산은 비복원추출의 경우가 복원추출의 경우보다 작다.

## 3. 표본비율 $\hat{p}$의 기대치와 분산

표본비율 $\hat{p}$의 분산과 표준편차도 $\bar{X}$의 경우와 같이 모집단이 무한인 경우와 유한인 경우로 나누어 생각할 수 있다.

$Y$를 성공횟수라고 하면 $Y=\sum_{i=1}^{n} X_i$로 정의할 수 있다. 여기서 $X_1, X_2, \cdots, X_n$은 모수 $p$를 갖는 베르누이분포로부터 추출된 확률표본이다. $X_i$가 베르누이분포를 하므로 $Y=\sum X_i$는 이항분포 $b(n, p)$를 한다. 따라서 $E(Y)=np$, $\mathrm{Var}(Y)=np(1-p)$이다. 또 표본비율도 유한모집단에서 비복원추출을 할 경우에는 그 분산이나 표준편차에 유한모집단수정계수를 곱해주어야 한다.

1) 초기하분포의 분산은 이항분포의 분산에 $(N-n)/(N-1)$을 곱했던 것을 참조할 것. 초기하분포와 이항분포의 차이는 초기하분포가 비복원추출을 가정하고 있는 것임.

**$\hat{p}$의 기대치와 분산**(무한모집단 혹은 복원추출인 경우)

$$\hat{p} = \frac{Y}{n}$$

여기서

$n$ : 표본의 크기

$Y$ : 표본에서의 성공횟수

$$E(\hat{p}) = E\left(\frac{Y}{n}\right) = \frac{1}{n}E(Y) = \frac{1}{n}(np) = p \tag{8.9}$$

$$\text{Var}(\hat{p}) = \frac{1}{n^2}\text{Var}(Y) = \frac{1}{n^2}np(1-p) = \frac{p(1-p)}{n} \tag{8.10}$$

**예제 8.5**

앞의 K중공업의 예에서 $E(\bar{X})$, $\text{Var}(\bar{X})$, $E(\hat{p})$, $\text{Var}(\hat{p})$를 구하시오.

(풀이)

1) $N = 2{,}500$이므로 유한모집단이며, 또 $n = 30$인 비복원추출의 경우이다.

$$E(\bar{X}) = \mu = 26{,}800$$

$$\text{Var}(\bar{X}) = \frac{\sigma^2}{n}\frac{N-n}{N-1} = \frac{(4{,}000)^2}{30}\frac{2{,}500-30}{2{,}500-1} = 527{,}144.19$$

$$\sigma_{\bar{X}} = 726.05$$

$$E(\hat{p}) = p = 0.6$$

$$\text{Var}(\hat{p}) = \frac{p(1-p)}{n}\frac{N-n}{N-1} = \frac{0.6(1-0.6)}{30}\frac{2{,}500-30}{2{,}500-1} = 0.0079$$

$$\sigma_{\hat{p}} = 0.0889$$

2) 모집단이 $N = 2{,}500$으로 유한하나 $n/N = 30/2{,}500 = 0.00012 < 0.05$이므로 유한모집단조정계수를 이용하지 않아도 무방하다. 즉

$$\text{Var}(\bar{X}) = \frac{\sigma^2}{n} = \frac{(4{,}000)^2}{30} = 533{,}333, \qquad \sigma_{\bar{X}} = 730.30$$

$$\text{Var}(\hat{p}) = \frac{p(1-p)}{n} = \frac{0.6(1-0.6)}{30} = 0.008, \qquad \sigma_{\hat{p}} = 0.0894$$

## □ 연습문제

8. 1 어느 사탕생산공장에서 생산되는 사탕의 1/10은 빨간색이고 7/10은 흰색이며 2/10는 노란색이라고 하자. 사탕 10개로 구성된 단순확률표본을 추출하는 데는 여러 방법이 사용될 수 있다. 부록 [표 17]의 난수표를 사용하여 단순확률표본을 만들어 보자. 이 표에서 0.0000에서 0.0999까지의 숫자는 빨간색 사탕를 나타내고, 0.1000에서 0.7999까지의 숫자는 흰색 사탕을 나타내고 그리고 0.8000에서 0.9999까지의 숫자는 노란색 사탕를 나타내는 것으로 한다. [표 17]의 난수표에서 마지막 열에 나온 숫자를 밑으로 읽어서 단순확률표본을 구성해 보시오(난수표에 나타난 수 앞에 0.을 붙여서 읽으면 된다).

8. 2 $n=5$이고 $p=1/4$의 모수를 가진 이항확률변수 $X$의 관측치를 모의추출하여 단순확률표본을 구성하려고 한다. 각 시행에서 성공의 확률 $p=0.25$인 5번의 베르누이시행을 고려한다. 각각의 시행에 대하여 [표 17]을 이용하기 위하여 0.0000에서 0.7499까지의 숫자는 실패(F)를 나타내고 0.7500에서 0.9999가지의 숫자는 성공($S$)을 나타내는 것으로 하면 된다. 부록의 [표 17]에서 첫번째 열을 밑으로 읽어서 단순확률표본에서 성공의 횟수 $x_1$을 구하시오. 또 첫번째 열을 따라 그 다음 아래로 5개의 숫자씩 묶어서 성공의 횟수 $x_i(i=2, 3, \cdots, 9)$를 구하시오.

8. 3 다음의 표는 H자동차 대리점의 월별 판매대수에 대한 자료이다.

| 월 | 판 매 량 |
|---|---|
| 1 | 94 |
| 2 | 100 |
| 3 | 85 |
| 4 | 94 |
| 5 | 92 |

(1) 월 판매량의 평균의 점추정치를 구하시오.

(2) 월 판매량의 표준편차의 점추정치를 구하시오.

**8. 4** 다음은 5개 광고회사가 가지고 있는 특수촬영카메라의 수를 나타낸다.

| 광고회사 | 특수촬영카메라 |
|---|---|
| A | 2 |
| B | 1 |
| C | 0 |
| D | 2 |
| E | 3 |

(1) 비복원으로 3개의 회사를 뽑을 때 가능한 표본의 수를 구하시오.
(2) 각 표본의 평균을 구하고 $\bar{X}$의 표본분포를 막대그림표로 나타내시오.
(3) 10개의 $\bar{X}$ 값을 이용하여 $\bar{X}$의 평균과 분산을 구하시오.
(4) 모집단의 자료를 이용하여 모집단의 평균 $\mu$와 분산 $\sigma^2$을 구하시오.
(5) (4)의 결과를 이용하여 식 (8. 6)과 식 (8. 8)을 이용하여 $\bar{X}$의 평균과 분산을 구하시오($n/N = 3/5 = 0.6 > 0.05$이므로 유한모집단수정계수를 사용한다).
(6) (3)과 (5)의 값을 비교하시오.

**8. 5** D증권회사의 종업원은 4,000명이다. 이들의 평균근속연수를 조사하기 위하여 40명의 표본을 뽑았다.
(1) 표본평균($\bar{X}$)의 표준오차를 계산하는 데 유한모집단수정계수를 사용하여야 하는가?
(2) 만일 모집단의 표준오차가 $\sigma = 8.2$라면 유한모집단수정계수를 사용하는 경우와 사용하지 않는 경우의 $\sigma_{\bar{X}}$를 구하시오.

**8. 6** HY기업은 우편주문에 의하여 여러 가지 일상생활품을 판매하는 회사이다. 총주문서의 30%는 신규고객이라고 한다. 이 회사의 사장은 신규고객의 비율 $p = 0.3$을 확인하고 싶어서 100,000개의 주문서 중에서 100개의 주문서를 표본으로 선정하였다. $p = 0.3$이 옳다고 가정할 때 $\hat{p}$의 평균과 분산을 구하시오.

**8. 7** 3개는 숫자 '1', 5개는 '2'로 표시된 8개의 구슬이 들어 있는 항아리에서 비복원에 의한 방법으로 2개의 주사위를 꺼내는 경우

(1) 가능한 모든 표본들을 열거하고 그들의 확률을 계산하시오.

(2) 추출된 구슬에 표시된 두 숫자의 차의 표본분포를 도출하시오.

8. 8 표본비율 $\hat{p}$의 분산이 0.0025였을 때 $n = 100$인 경우 모비율 $p$를 구하시오.

# 9. 표본분포

우리는 제 8 장에서 확률표본 · 표본통계량 · 표본통계량의 기대치와 분산 및 표본분포에 대한 기본적인 개념들을 설명하였다. 제 9 장에서는 표본통계량의 분포를 설명하는 마지막 단계로 $\bar{X}$, $\hat{p}$, $S^2$의 확률분포 형태를 알 때 필요한 확률계산을 하는 방법을 설명하려고 한다(예 : $26{,}300 \le \bar{X} \le 27{,}300$인 확률의 계산).

이번 장에서는 $\bar{X}$의 분포 형태를 설명하는 데 유용한 중심극한정리와 $t$분포, $\hat{p}$의 분포를 정규근사화하는 경우의 근사법, $S^2$의 분포 형태를 설명하는 $\chi^2$분포와 특수한 경우에 적용되는 $F$분포 등을 설명하려고 한다.

$\chi^2$분포 · $t$분포 · $F$분포는 제10장부터 계속 사용되는 중요한 분포이므로 비교적 자세히 설명하였다. 따라서 처음 이 분포를 대하는 독자는 각 분포에 관한 설명들을 정독하는 것도 바람직하지만 경우에 따라서는 각 분포의 간단한 개념만을 이번 장에서 공부하고 제10장 이후부터 계속 나타나는 이 분포들을 필요할 때마다 제 9 장의 각 분포로 돌아와서 참고하여 공부하는 것도 바람직할 것으로 생각된다.

## 제 1 절 중심극한정리와 대수의 법칙

### 1. 중심극한정리

#### (1) 모집단이 정규분포일 때

표본크기 $n$인 확률표본이 정규분포 $N(\mu, \sigma^2)$으로부터 추출되었을 때 표본평균 $\bar{X}$분포의 형태를 고찰해 보자. 확률표본의 구성요소인 $X_1$, $X_2, \cdots, X_n$이 각각 정규분포를 하면 이들의 선형결합인 $\bar{X}$도 역시 정규분포를 한다([정리 7.1]과 [정리 7.2] 참조). 한편 식 (8.6)과 (8.7)에서 일반적으로 평균이 $\mu$이고 분산이 $\sigma^2$인 어떤 분포(정규분포일 수도 있고 정규분포가 아닐 수도 있음)로부터 표본크기가 $n$인 확률표본을 추출하였을 때 표본평균 $\bar{X}$는 평균이 $\mu$이고 분산이 $\sigma^2/n$인 확률변수인 것을 고찰하였다. 따라서 모집단이 정규분포 $N(\mu, \sigma^2)$을 한다면 표본평균 $\bar{X}$는 표본크기 $n$에 상관없이 항상 정규분포 $N(\mu, \sigma^2/n)$을 한다. 따라서 제 7 장에서 고찰한 식 (7.23)에 의하여,

$$Z = \frac{\bar{X} - \mu}{\sigma/\sqrt{n}} \tag{9.1}$$

은 표준정규분포 $N(0,\ 1)$을 따른다.

### (2) 모집단이 정규분포가 아닐 때

그러나 모집단이 정규분포를 이루지 않는다면 표본평균 $\bar{X}$는 어떤 분포를 갖는가? $\bar{X}$의 분산은 $\sigma^2/n$이므로 $n$이 커짐에 따라 $\bar{X}$의 분산은 작아진다. 따라서 $\bar{X}$의 분포는 $n$에 의존하며, 여기서는 $n$이 커질 때 $\bar{X}$의 분포가 어떻게 되는지를 고찰하고자 한다.

**[정리 9.1] 중심극한정리**(The Central Limit Theorem)

평균이 $\mu$이고 분산이 $\sigma^2$인 분포(어떤 분포이건 상관없음)로부터 추출된 표본크기 $n$인 확률표본 $X_1,\ X_2, \cdots, X_n$의 평균을 $\bar{X}$라고 하면,

$$W = \frac{\bar{X} - \mu}{\sigma/\sqrt{n}} = \frac{\sum X_i - n\mu}{\sqrt{n\sigma^2}} \tag{9.2}$$

의 분포는 $n$이 무한히 커짐에 따라 표준정규분포 $N(0,\ 1)$로 접근한다.

[정리 9.1]에서 모집단이 정규분포이면 $W$는 식 (9.1)의 $Z$가 된다. 따라서 $Z$는 정확히 $N(0,\ 1)$분포를 하며 $W$는 근사적 $N(0,\ 1)$분포를 한다.

[정리 9.1]은 정규분포가 아닌 어떤 분포이건 관계없이 성립한다는 점에서 굉장히 유용하다.[1] 또 이 정리에서 알 수 있는 것은 $n$이 커짐에 따라 $\bar{X}$가 근사적으로 $N(\mu,\ \sigma^2/n)$의 분포를 한다는 것이며 이는 $\sum_{i=1}^{n} X_i$가 근사적으로 $N(n\mu,\ n\sigma^2)$의 분포를 한다는 것과 같은 의미이다. $n$의 크기가 일반적으로 25나 30보다 크면 정규분포를 이용한 근사치는 유용한 결과가 되는 것으로 알려져 있다.[2]

다음 그림은 中心極限定理를 표현한 것이다. 즉 $n$이 증가함에 따라 $\bar{X}$의

---

1) 식 (9.2)는 $W = \dfrac{\text{통계량} - \text{통계량의 기대값}}{\text{통계량의 표준편차}} = \dfrac{\text{확률변수} - \text{확률변수의 기대값}}{\text{확률변수의 표준편차}}$

의 형태를 취하고 있음을 확인하기 바란다.

2) [정리 9.1]의 증명은 이 책의 수준을 넘으므로 생략한다.

[그림 9. 1] 중심극한정리

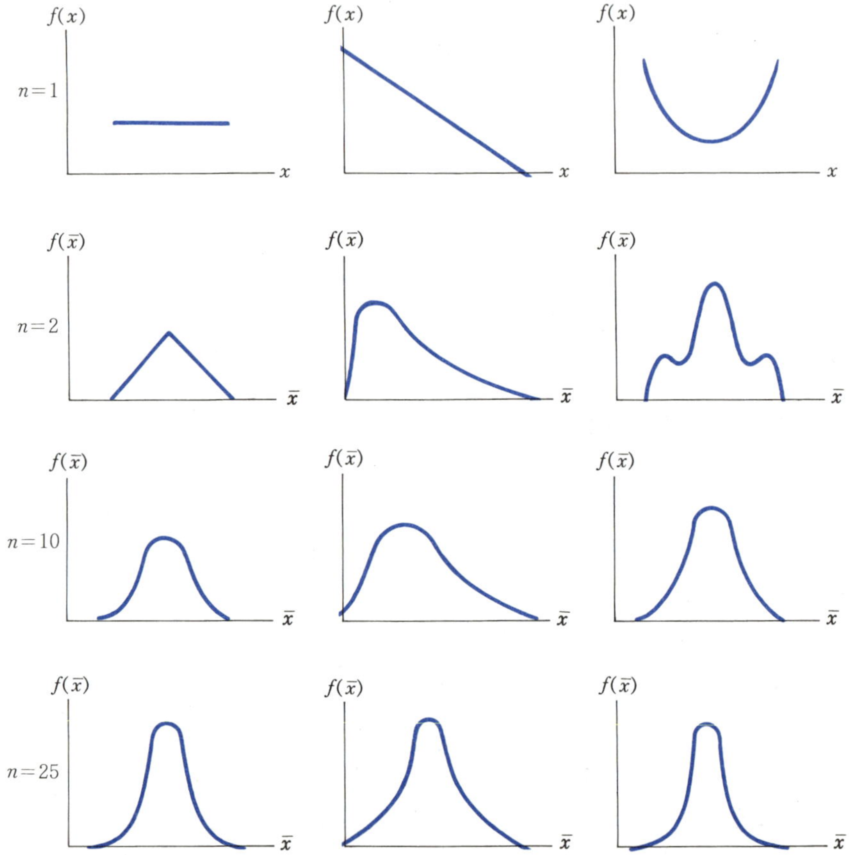


분포가 정규분포에 가까워지는 것을 알 수 있다.

**예제 9. 1**

제 8 장 K중공업의 예에서 우리가 얻은 점추정치 $\bar{x}=26{,}300$이 모평균 $\pm 500$의 범위 안에 있을 확률을 구하시오. K중공업 임원의 연평균급여 $\mu=26{,}800$이고 표준편차는 $\sigma=4{,}000$이었다.

**(풀이)**

[그림 9. 2]의 표본분포에서 알 수 있듯이 모평균 $\pm 500$의 범위 안에 점추정치인 $\bar{x}$가 있을 확률은 표본평균이 26,300에서 27,300 사이에 있을 확률

[그림 9.2] K중공업 임원의 연평균급여의 표본분포

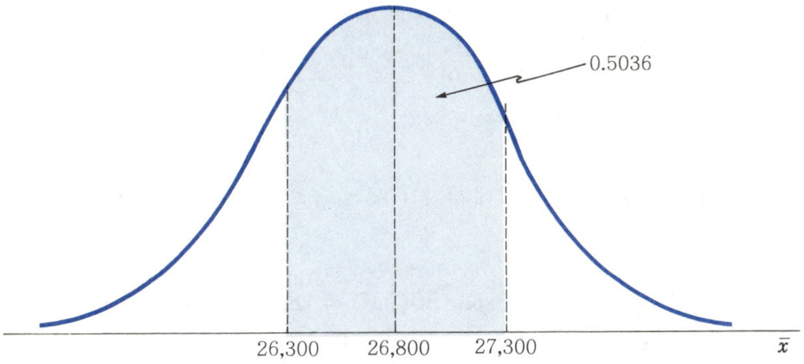


이 된다. 이 확률은 [그림 9.2]에서 청색으로 표시되어 있다. $n \geq 30$이므로 중심극한정리를 이용하기 위하여 표본평균 $\bar{X}$의 기대치와 분산을 구해 보자.

$$E(\bar{X}) = \mu = 26{,}800(\mu\text{는 알려져 있다고 가정})$$

$$\text{Var}(\bar{X}) = \sigma^2/n = 533{,}333.33(\sigma\text{는 알려져 있다고 가정})$$

$$\sigma_{\bar{X}} = \sigma/\sqrt{n} = 730.30$$

중심극한정리를 이용하면

$$P(26{,}300 \leq \bar{X} \leq 27{,}300)$$

$$= P\left(\frac{26{,}300 - 26{,}800}{730.00} \leq \frac{\bar{X} - 26{,}800}{730.00} \leq \frac{27{,}300 - 26{,}800}{730.00}\right)$$

$$= P(-0.68 \leq W \leq 0.68) = \Phi(0.68) - \Phi(-0.68)$$

$$= \Phi(0.68) - [1 - \Phi(0.68)] = 2\Phi(0.68) - 1$$

$$= 2 \times 0.7517 - 1 = 0.5036$$

**예제 9.2**

표본비율 $\hat{p}$의 표본분포도 표본크기가 클 경우에는 중심극한정리를 이용할 수 있다. $\hat{p}$의 분포를 정규분포를 이용하여 근사치를 구하려면

$$np \geq 5$$

$$n(1-p) \geq 5 \qquad (9.3)$$

의 조건이 충족되어야 한다. 이와 같은 경우

$$E(\hat{p}) = p$$
$$\sigma_{\hat{p}} = \sqrt{p(1-p)/n} \qquad \text{(무한모집단 혹은 복원추출일 경우)}$$

이므로 식 (9.2)의 $W$는

$$W = \frac{\hat{p} - p}{\sqrt{p(1-p)/n}} \tag{9.4}$$

이 된다. 이제 K중공업의 예에서 $P(0.5 \le \hat{p} \le 0.7)$을 구해 보자.

(풀이)

$n = 30$, $p = 0.6$이므로 $np = 30(0.6) = 18$, $n(1-p) = 30(0.4) = 12$이므로 식 (9.3)을 충족시키고 또 $\sigma_{\hat{p}}$을 구할 때 $n/N = 0.012$이므로 유한모집단조정계수를 고려하지 않아도 된다. 따라서 식 (9.4)를 이용할 수 있다. $p = 0.6$, $\sigma_{\hat{p}} = 0.089$이므로

$$\begin{aligned} P(0.5 \le \hat{p} \le 0.7) &= P\left(\frac{0.5-0.6}{0.089} \le \frac{\hat{p}-0.6}{0.089} \le \frac{0.7-0.6}{0.089}\right) \\ &= P(-1.124 \le W \le 1.124) \\ &= (0.86948 \times 2) - 1 = 0.739 \end{aligned}$$

$\hat{p} = Y/n$($Y$는 성공횟수)이므로 $Y$에 대한 분포를 구해도 결과는 같으며, 이에 대하여는 다음 절에서 고찰하고자 한다.[3)]

지금까지는 $\bar{X}$의 분포를 고려할 때 모분산 $\sigma^2$이 알려져 있다고 가정한 것에 유의하여야 한다. 현실적인 경우 $\sigma^2$의 값은 알려져 있지 않은 경우가 많다. 이와 같은 경우들은 제 5 절의 $t$분포에서 고려될 것이다.

## 2. 대수의 법칙

$\bar{X}$의 분산이 $\sigma^2/n$인 것을 상기하면 $n$이 커짐에 따라 $\bar{X}$의 분산이 0에 가까워지는 것을 알 수 있으며 $\bar{X}$의 분산이 0인 것은 $\bar{X} = \mu$인 것을 의미한다. 일반적으로 표본의 크기가 크면 클수록 표본평균 $\bar{X}$가 모평균 $\mu$에 가까워질 확률이 크게 된다. 그러므로 표본의 크기를 크게 할수록 표본평균 $\bar{X}$는 궁극적으로 미지의 모평균에 접근하는데 이를 大數의 法則이라고 부른다.

---

3) 따라서 $\hat{p}$의 경우도 연속성의 조정문제가 발생한다. $\hat{p}$에 대한 연속성을 조정할 때는 $\frac{1}{2}$ 대신 $\frac{1}{2}n$을 사용한다.

**대수의 법칙**

$X_1$, $X_2$, …, $X_n$이 평균이 $\mu$인 확률표본일 때 표본크기 $n$이 커짐에 따라 $\bar{X}$는 $\mu$에 접근한다.

대수의 법칙은 특히 보험학에서 많이 이용되며 보험료계산의 기본원리가 되고 있다.

## 제 2 절 이산형분포의 정규근사법

여기서는 이산형분포에서 확률의 근사치를 정규분포를 이용하여 구하는 방법에 대하여 고찰한다.

### 1. 이항분포에 대한 정규근사법

이항분포의 확률변수 $Y$는 베르누이확률변수의 합($\sum X_i$)으로 표시될 수 있다. 평균이 $\mu=p(0<p<1)$이고 분산이 $\sigma^2=p(1-p)$인 베르누이분포로부터 추출된 확률표본을 $X_1$, $X_2$, …, $X_n$이라고 하면, $Y=\sum_{i=1}^{n} X_i$는 평균이 $np$, 분산이 $np(1-p)$인 이항분포를 한다. 즉 $Y \sim b(n, p)$이다.

**이항분포에 대한 정규근사법**

중심극한정리에 의하여 $n$이 무한히 커짐에 따라

$$W=\frac{Y-np}{\sqrt{np(1-p)}}=\frac{\bar{X}-p}{\sqrt{p(1-p)/n}} \tag{9.5}$$

여기서

$Y=$ 성공횟수

$p=$ 성공의 확률

$\bar{X}=\hat{p}$

는 표준정규분포 $N(0, 1)$에 접근한다.

따라서 $n$이 충분히 클 경우 $b(n,\ p)$의 확률은 $N(np,\ npq)$를 이용하여 구할 수 있다. 보통

$$np \geq 5$$
$$n(1-p) \geq 5 \tag{9.6}$$

인 경우에 이항분포에 대한 정규근사법(normal approximation to binomial distribution)은 바람직하다.

이항분포의 확률을 정규분포의 확률로 근사치를 구한다는 것은 이산형분포에 대한 확률을 연속형분포의 확률로 근사치를 구하는 것을 의미한다. 이런 경우에는 연속성을 위한 조정계수인 1/2을 고려하여야 한다.[4] 이항확률변수 $Y$는 0, 1, 2, … 등과 같은 양의 정수를 취한다. 그러나 연속확률변수에 대한 확률은 그 변수가 취하는 어떤 특정한 값에 대한 확률이 0이므로 구간의 확률로서 표시된다. 따라서 이산확률분포의 확률계산을 연속확률분포로 대신하는 경우에는 연속성을 위한 조정이 필요하다. 예를 들면, $P(Y=4)$는 $P(3.5 \leq Y \leq 4.5)$로 변환시켜서 확률을 구한다.

**연속성을 위한 조정**

$Y$가 이항분포의 확률변수일 때 연속성을 위한 조정은 다음과 같다.

$$P(a \leq Y \leq b) = P\left(a-\frac{1}{2} \leq Y \leq b+\frac{1}{2}\right) \tag{9.7}$$

**예제 9.3**

A회사가 수입한 상품의 50%가 불량품이어서 반송하려고 한다. A회사의 사장은 이를 확인하고자 10개의 상품을 임의로 추출하여 불량품의 여부를 조사하였다. 불량품의 수를 $Y$라고 하면 $Y$는 $n=10$, $p=1/2$인 이항분포를 한다. $Y$가 $b(10,\ 0.5)$인 경우 $P(2 \leq Y < 5)$를 구해 보자.

**(풀이)**

이 때 $P(Y=5)$는 구간에 포함되지 않으므로

$$P(2 \leq Y < 5) = P(2 \leq Y \leq 4) = P(1.5 \leq Y \leq 4.5)$$

---

4) 예제 9.3에서 [그림 9.3]을 참고로 하기 바람.

[그림 9.3] $b(10, 0.5)$인 경우의 정규근사법[$N(5, 2.5)$]

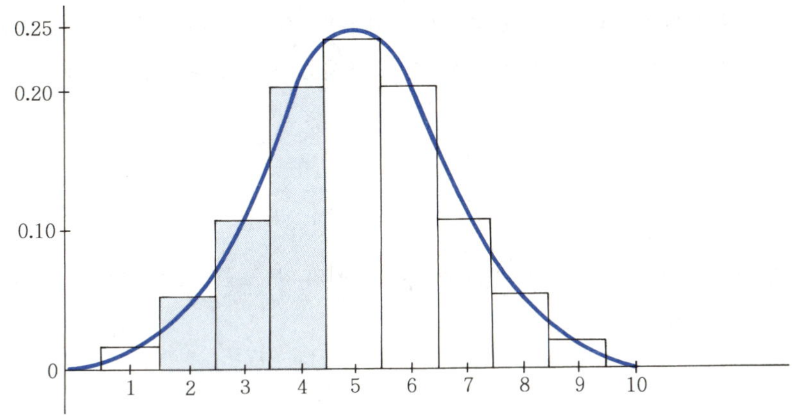


여기서 $n=10$, $p=0.5$이므로 기대값 $np=10(1/2)=5$이고 분산은 $npq=10(1/2)(1/2)=2.5$이다. 따라서 구하는 확률은 근사적으로

$$P\left(\frac{1.5-5}{\sqrt{2.5}} \le \frac{Y-5}{\sqrt{2.5}} \le \frac{4.5-5}{\sqrt{2.5}}\right)=P(-2.215 \le W \le -0.0315)$$

$$\fallingdotseq \Phi(-0.315)-\Phi(-2.215)$$

$$=0.3764-0.0134=0.3630$$

이 된다. 이상과 같이 정규근사법에 의하여 구한 확률은 [그림 9.3]에서 $X$축의 1.5와 4.5 사이의 정규분포곡선 아래의 면적이다. [그림 9.3]을 잘 살펴보면 연속성을 위한 조정이 필요한 이유를 알 수 있다.

이제 이항분포로부터 $P(2 \le Y < 5)$를 직접 구해 보자.

$$\begin{aligned} P(2 \le Y < 5) &= P(2 \le Y \le 4) \\ &= P(Y=2)+P(Y=3)+P(Y=4) \\ &= 0.0439+0.1172+0.2051=0.3662 \end{aligned}$$

따라서 정규근사법으로 구한 확률은 $0.3662-0.3630=0.0032$의 오차밖에 없음을 알 수 있다. $n$의 크기가 클수록 이항분포의 확률계산은 복잡해지고 또 때로는 $n$의 특정값에 대하여는 표의 이용이 불가능하므로 정규근사법은 상당히 유용하다.

## 2. 포아송분포에 대한 정규근사법*

평균이 20인 포아송분포를 갖는 확률변수 $Y$는 평균이 1인 포아송분포로부터 추출된 표본크기 20인 확률표본 구성요소들의 합으로 생각할 수 있다.[5)] 따라서

$$W = \frac{Y-\lambda}{\sqrt{\lambda}} = \frac{Y-20}{\sqrt{20}} \tag{9.8}$$

은 근사적으로 $N(0, 1)$의 분포를 갖고 $Y$의 분포는 근사적으로 $N(20, 20)$의 분포를 갖는다.

**예제 9.4**

$Y$가 평균이 20인 포아송분포를 할 때 $P(16 < Y \leq 21)$를 구해 보자.

[그림 9.4] $\lambda$= 20인 포아송분포의 정규근사법

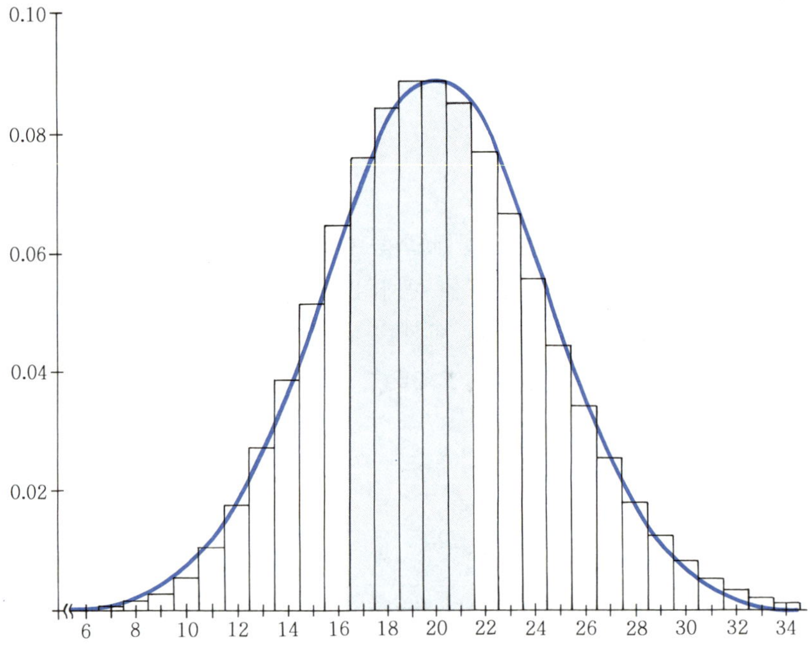


5) $X_1, X_2, \cdots, X_{20}$이 각각 모수가 $\lambda$(예 : $\lambda = 1$)인 포아송분포를 하는 확률표본이면 $Y = X_1 + X_2 + \cdots + X_{20}$은 모수가 $\lambda' = 20\lambda$(예 : $20\lambda = 20$)인 포아송분포를 한다.

$$
\begin{aligned}
P(16 < Y \leq 21) &= P(16.5 \leq Y \leq 21.5) \\
&= P\left(\frac{16.5-20}{\sqrt{20}} \leq \frac{Y-20}{\sqrt{20}} \leq \frac{21.5-20}{\sqrt{20}}\right) \\
&\fallingdotseq \Phi(0.335) - \Phi(-0.783) = 0.4142
\end{aligned}
$$

포아송분포를 이용하여 위 확률을 직접 계산하면 0.4226이다.

## 제 3 절　카이제곱($\chi^2$)분포

$\chi^2$분포는 1900년 영국의 수리통계학자인 칼 피어슨(Karl Pearson)에 의하여 처음으로 설명된 확률분포로 통계학에서 중요한 역할을 하는 분포이다.

### 1. 자 유 도

제 9 장에서 다루어질 $\chi^2$분포 · $t$분포 · $F$분포는 모두 自由度(degree of freedom)를 사용하여 정의되므로 우선 자유도의 개념을 고찰해 보기로 한다.

어떤 주어진 여건하에서 일련의 변수들 가운데 자유스럽게 변할 수 있는 변수들의 수를 자유도라고 한다. 일련의 변수 $A$, $B$, $C$가 있다 하고 이들의 합이 10이라고 하자. 즉,

$$A+B+C=10$$

이다. $A=1$이고 $B=4$인 값이 주어지면 세 번째 변수 $C$의 값은 자동적으로 결정된다. 즉 $1+4+C=10$이므로 $C=10-5=5$가 된다. 그러므로 자유롭게 변할 수 있는 변수의 수는 2개이며, 이 경우 우리는 3변수의 합이 알려졌을 때 자유도는 $3-1=2$라고 한다. 마찬가지로 $n$개의 변수들이 있고, 또 이 변수들의 합이 어떤 고정값인 경우라면 자유도의 값(number of degree of freedom)은 $n-1$이다.

자유도는 통계적 추론에서 자주 사용된다. 예를 들면 표본분산 $S^2=\frac{1}{n-1}\sum_{i=1}^{n}(X_i-\bar{X})^2$을 계산할 때 관측치와 표본평균과의 편차의 제곱의 합을 표본의 크기에서 1을 차감한 수인 $n-1$로 나누어 계산하였다. 이 경우 $n-1$을 자유도라고 부르는데 그 이유를 살펴보면 다음과 같다.

$X_1$, $X_2$, $X_3$, $X_4$의 4요소로 구성된 확률표본의 표본평균이 $\bar{X}=5$라고 하자. 이들 4요소들 중에서 3요소들의 값을 임의로 설정하였다면 네 번째 요소의 값은 자동적으로 결정된다. 표본 내의 각 요소와 표본평균과의 편차의 합은 언제나 0, 즉 $\sum_i (X_i-\bar{X})=0$이므로 만약에 선정된 세 요소의 값이 각각 $X_1=1$, $X_2=6$, $X_3=4$라면 $(1-5)+(6-5)+(4-5)+(X_4-5)=0$으로부터 $X_4=9$가 된다. 그러므로 분산을 측정할 때는 $n-1$개의 요소들과 표본평균과의 편차만을 대상으로 하게 된다. 즉 표본의 크기가 4일 때 이 중에서 3개의 값은 자유로이 선정될 수가 있는 것이다. 즉, 자유도는 $4-1=3$인 것이다.

한편, $\sum_i (X_i-\mu)^2$처럼 알려진 모평균 $\mu$를 사용하여 편차를 구하는 경우 모평균 $\mu$를 이용한 $\sum_i (X_i-\mu)$는 반드시 0일 필요가 없다. 따라서 개개관측치들은 어떤 값이라도 취할 수 있으므로 이 경우의 자유도는 $n-1$이 아니고 $n$이 된다.

일반적으로 모집단의 모수를 추정할 때 표본통계량을 사용하면 사용되는 표본통계량의 수만큼 자유도를 잃는다. 즉 표본평균($\bar{X}$)을 사용한 편차의 제곱의 합인 $\sum_i (X_i-\bar{X})^2$의 자유도는 표본통계량을 하나(즉 $\bar{X}$)만 사용하였으므로 $n-1$이 된다.

## 2. $S^2$의 분포와 $\chi^2$분포의 특징

기본적인 표본통계량은 표본평균($\bar{X}$)·표본분산($S^2$)·표본비율($\hat{p}$)이다. 지금까지는 주로 $\bar{X}$와 $\hat{p}$의 표본분포에 대하여만 설명하였고 표본분산($S^2$)의 표본분포에 대하여는 고찰하지 않았다.

표본분산($S^2$)도 하나의 통계량이고 그 자신의 분포를 갖는다. 표본분산($S^2$)의 분포는 $\bar{X}$의 경우처럼 어떤 분포와 직접 일치하지는 않는다. 단지 모집단이 정규분포인 경우 $\chi^2$분포를 이용하여 확률계산을 할 수 있고 또 특수한 경우에 $F$분포와 연관시킬 수 있다.

**표본분산($S^2$)의 분포**
모집단이 정규분포일 때 $S^2$의 분포는 $\chi^2$분포를 이용하여 나타낼 수 있으며, 또 특수한 경우에는 $F$분포와 연관된다.

[그림 9.5] 자유도에 따른 $\chi^2$분포($r$은 자유도를 나타냄)

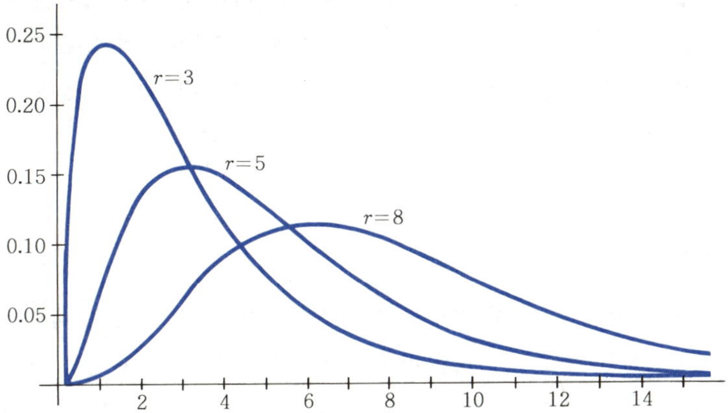


통계이론에서는 $S^2$의 분포를 설명하는 경우 $\chi^2$분포를 이용하는 것이 일반적이다. 즉 $\chi^2$분포는 標本分散의 分布를 나타내는 데 사용된다. 다른 분포와 마찬가지로 $\chi^2$분포의 모양도 모수에 따라 달라진다. $\chi^2$분포의 모양을 결정하는 모수는 $\chi^2$분포의 자유도($df$: degree of freedom)이다. 자유도가 $r$인 $\chi^2$분포의 확률변수를 $\chi^2(r)$로 표시한다.

$\chi^2$분포는 오른쪽으로 긴 꼬리를 갖지만 자유도(즉 표본크기)가 커질수록 정규분포에 가까워진다. [그림 9.5]는 자유도에 따른 $\chi^2$분포를 나타내고 있다.

이제 $S^2$의 분포를 나타내는 $\chi^2$분포를 살펴보자.

[정리 9.2] $\chi^2$ 分 布

$X_1, X_2, \cdots, X_n$이 정규분포 $N(\mu, \sigma^2)$으로부터 추출된 표본크기 $n$인 확률표본의 구성요소일 때

$$\frac{(n-1)S^2}{\sigma^2} = \frac{\sum_{i=1}^{n}(X_i - \bar{X})^2}{\sigma^2} \tag{9.9}$$

여기서

$$S^2 = \frac{1}{n-1}\sum_{i=1}^{n}(X_i - \bar{X})^2$$

은 $\chi^2(n-1)$의 분포를 한다.

[정리 9.2]가 $\chi^2$분포의 정의는 아니다. $\chi^2$분포의 정의는 나중에 설명될 것이고, 여기서는 $\chi^2$분포를 $S^2$의 표본분포를 나타내 주는 분포로서 소개하는 것이다. 식 (9.9)에서 알 수 있듯이 $n-1$과 $\sigma^2$은 상수이므로 $(n-1)S^2/\sigma^2$의 분포는 $S^2$의 직접적인 분포는 아니지만 $S^2$을 나타내 줄 수 있는 분포가 되는 것을 알 수 있다.

## 3. $\chi^2$분포표의 이용법

$\chi^2$분포는 자유도의 함수이다. 자유도에 따른 각 $\chi^2$분포마다 표준정규분포표와 같은 표를 만드는 것은 비현실적이므로 각 $\chi^2$분포마다 많이 사용되는 값만을 표로 만든 것이 부록의 [표 6]의 $\chi^2$분포표이다. 이 표를 이용하는 방법은 먼저 왼쪽 열에서 자유도를 찾고 오른쪽에서 우측꼬리면적($=\alpha$)을 찾아서 만나는 곳의 값을 읽으면 $\chi^2$값이 된다. 예를 들어 자유도가 6이고 오른쪽 꼬리면적이 0.025가 되는(누적확률이 0.975이 되는) $\chi^2$값을 찾는 방법이 [그림 9.6]에 나타나 있다.

이 때의 $\chi^2$값을 $\chi^2_{0.025}(6)$으로 표시한다. 여기서 0.025는 오른쪽 꼬리면적(right-tail area)을 나타내며 6은 자유도를 나타낸다. 확률변수 $X$가 $\chi^2(r)$의 분포를 하면 $\chi^2_{\alpha}(r)$을 다음과 같이 정의한다.

[그림 9.6] $\chi^2$분포표의 이용법

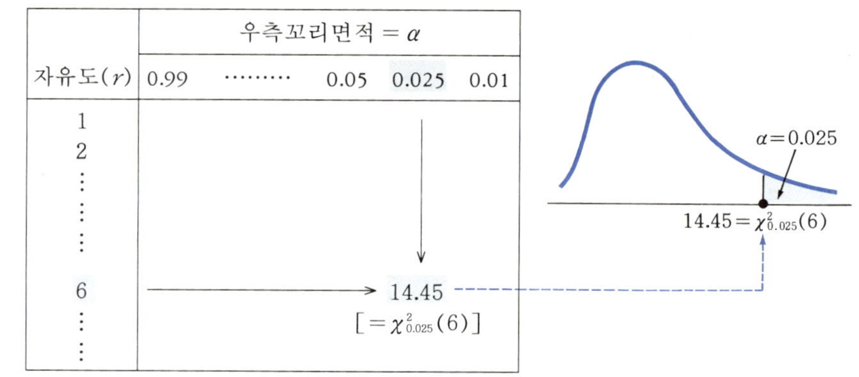

$$P[X > \chi^2_\alpha(r)] = \alpha$$

$$P[X \leq \chi^2_\alpha(r)] = 1 - \alpha$$

이제 $\chi^2$분포를 이용하여 표본분산($S^2$)의 확률계산을 해 보자.

**예제 9.5**

모분산 $\sigma^2$이 20인 정규분포를 하는 모집단으로부터 크기가 $n = 17$인 표본을 추출하여 표본분산 $S^2$을 계산하였다. 이 때 $P(S^2 \geq 40)$을 구해 보자.

(풀이)

[정리 9.2]로부터 $(n-1)S^2/\sigma^2$은 $\chi^2(n-1)$의 분포를 한다. 이 경우 $n = 17$이므로 자유도는 $n-1 = 16$이 된다.

$$\chi^2(16) = \frac{(16)(40)}{20} = 32$$

따라서 $S^2 \geq 40$일 확률은 $\chi^2(16)$이 32보다 클 확률과 같다. 즉

$$P(S^2 \geq 40) = P(\chi^2(16) \geq 32) \tag{9.10}$$

$\chi^2$분포로부터 $\chi^2(16)$이 32보다 클 확률이 1%이다. 즉 $\chi^2_{0.01}(16) = 32$이다. $S^2$의 분포와 $\chi^2$분포의 관계를 그림으로 표시하면 다음과 같다.

[그림 9.7] $S^2$의 분포와 $\chi^2$분포의 관계

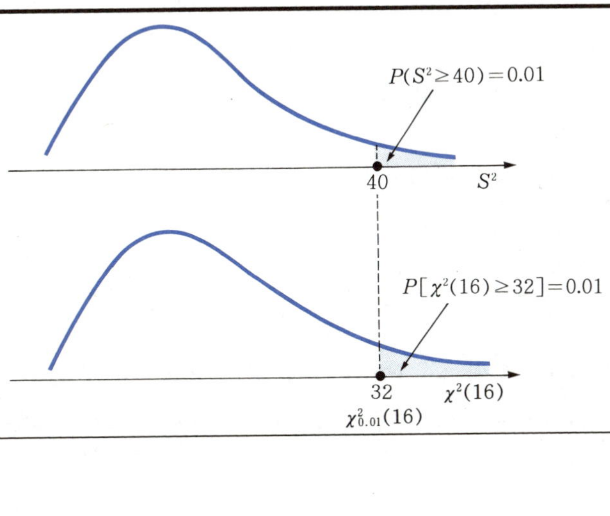

## 제 4 절 $\chi^2$분포의 특성*

자유도가 $r$인 $\chi^2$분포의 평균과 분산은 다음과 같다.[6)]

**$\chi^2$분포의 평균과 분산**

$$\mu = r \tag{9.11}$$

$$\sigma^2 = 2r \tag{9.12}$$

평균은 자유도의 값과 같고 분산은 자유도의 값의 2배이다. 확률변수 $X$가 정규분포 $N(\mu, \sigma^2)$를 하는 경우 이를 표준화한 표준정규변수 $Z=(X-\mu)/\sigma$는 평균이 0, 분산이 1인 정규분포를 한다. 그러면 이 때 표준정규변수의 제곱인 $Z^2$도 역시 정규분포를 하는가 하는 질문이 제기될 수 있으며, 이 때 $Z^2$은 정규분포를 하지 않고 $\chi^2$분포를 한다.

다음의 정리들을 증명 없이 소개하기로 한다.[7)] 여기서는 정리의 증명보다 그 응용에 더 많은 비중을 두고자 한다. 따라서 이와 같은 정리들에 너무 부담을 느낄 필요는 없다. 즉 후술하는 정리들은 지금 암기하기보다는 이 교재를 공부해 나가면서 필요할 때마다 돌아와서 참고를 하면 충분할 것이다.

**$\chi^2$분포의 특성에 관한 정리**

[정리 9.3]

확률변수 $X$가 $N(\mu, \sigma^2)$이면 확률변수 $Z^2=\dfrac{(X-\mu)^2}{\sigma^2}$은 $\chi^2(1)$의 분포를 한다.

[정리 9.4] $\chi^2$분포의 가법성

$X_1$과 $X_2$의 분포가 $\chi^2(r_1)$과 $\chi^2(r_2)$이고 서로 독립적이면, $Y=X_1+X_2$의 분포는 $\chi^2(r_1+r_2)$이다.

앞의 두 정리를 결합하고 확장하면 다음의 정리를 얻는다.

---

6) 자유도를 표시할 때 보통 $\nu$, $\delta$ 혹은 $df$ 등이 많이 사용되고 있으나, 여기서는 앞으로 편의상 $r$로 표시하기로 한다.

7) 각 정리들의 증명에 관심이 있는 독자는 R. V. Hogg and Tanis, *Probability and Statistical Inference*(Ch. 4)와 Lincoln L Chao, *Statistics: Methods and Analysis*(Ch. 12)를 참조하기 바람.

[정리 9.5]

$Z_1$, $Z_2$, …, $Z_r$이 모두 표준정규분포인 $N(0, 1)$을 따르고 상호독립적일 때 $Y = Z_1^2 + Z_2^2 + \cdots + Z_r^2$은 $\chi^2(r)$의 분포를 한다.

[정리 9.6]

$X_1$, $X_2$, …, $X_n$이 상호독립적이며 각각이 $N(\mu_i, \sigma_i^2)(i = 1, 2, \cdots, n)$을 갖는다면

$$W = \sum_{i=1}^{n} \frac{(X_i - \mu_i)^2}{\sigma_i^2}$$

의 분포는 $\chi^2(n)$이다.

자유도의 개념과 앞에서 설명한 정리들을 종합하면 다음과 같은 비교가 가능하다.

$X_1$, $X_2$, …, $X_n$이 정규분포 $N(\mu, \sigma^2)$으로부터 추출된 표본크기 $n$인 확률표본일 때 $\dfrac{\sum_{i=1}^{n}(X_i - \mu)^2}{\sigma^2}$은 $\chi^2(n)$의 분포를 하고 $\dfrac{(n-1)S^2}{\sigma^2} = \dfrac{\sum_{i=1}^{n}(X_i - \bar{X})^2}{\sigma^2}$은 $\chi^2(n-1)$의 분포를 한다($\bar{X}$와 $S^2$은 상호독립적이다).

$\chi^2(r)$의 분포를 [정리 9.5]와 같은 확률변수들의 합으로 정의할 수 있으므로 중심극한정리를 이용하면 자유도 $r$이 커짐에 따라 $\chi^2(r)$은 정규분포 $N(r, 2r)$에 접근한다. 실제적으로 $r > 30$ 이상인 경우에 $\chi^2$확률은 정규근사법을 이용하여 계산할 수 있으며, 이 때의 $Z$값은

$$Z = \frac{\chi^2(r) - r}{\sqrt{2r}} \tag{9.13}$$

이 된다.

**예제 9.6**

자유도가 200인 $\chi^2$의 값이 240.0이었다 하자. 이 때 $P[\chi^2(200) \geq 240.0]$을 구해 보자.

(풀이)

식 (9. 13)을 이용하면

$$
\begin{aligned}
P[\chi^2(200) \geq 240.0] &= P\left[Z \geq \frac{240.0-200}{\sqrt{2(200)}}\right] \\
&= P\left(Z \geq \frac{40}{20}\right) = P(Z \geq 2) \\
&= 1-P(Z < 2) = 1-0.9772 = 0.0228
\end{aligned}
$$

따라서 자유도가 200인 $\chi^2$분포의 경우 $\chi^2$의 값이 240.0 또는 그 이상일 확률은 대략 0.0228이다.

## 제 5 절 $t$ 분 포

$t$분포는 스튜던트의 $t$분포라고도 불리우는데, 이것은 이 분포의 최초의 발견자인 윌리암 고세트(William S. Gosset)가 스튜던트(Student)라는 필명으로 $t$분포를 발표하였기 때문이다.

### 1. $t$분포와 모분산 $\sigma^2$이 미지인 경우의 $\bar{X}$의 분포

제 9 장의 제 1 절에서 우리는 $\bar{X}$의 분포를 이용하여 확률계산을 하는 방법을 설명하였다. 지금까지 고찰한 $\bar{X}$의 분포는 모분산 $\sigma^2$이 알려져 있는 것을 가정으로 하였다. 그러나 현실적으로 모분산 $\sigma^2$이 알려진 경우는 그리 많지 않을 것이며 모분산 $\sigma^2$이 알려지지 않은 경우가 오히려 일반적인 경우일 것이다.

$\sigma^2$이 알려진 경우 모집단이 정규분포를 하거나 하지 않거나 관계없이 중심극한정리에 의하여 $\bar{X}$의 분포를 정규분포로 근사화시킬 수 있었다. 이제 $\sigma^2$이 알려지지 않고 모집단이 정규분포하는 경우 $\bar{X}$의 분포에 대하여 고찰하려 하며 이 때 이용되는 분포가 $t$분포이다. 모집단이 정규분포하는 경우 $\bar{X}$의 분포를 구할 때 우리는

$$
Z = \frac{\bar{X}-\mu}{\sigma/\sqrt{n}} \tag{9.1}
$$

의 식을 사용하였다. 이제 $\sigma$가 알려지지 않은 경우라면 $\sigma$를 대체할 수 있는 것은 현실적으로 $S$이다.

표준정규분포의 확률변수 $Z$에서 $\sigma$를 표본표준편차인 $S$로 대체하면

$$T = \frac{\bar{X} - \mu}{S/\sqrt{n}} \tag{9.14}$$

이 되며 확률변수 $T$는 자유도가 $n-1$인 $t$분포를 한다.

모집단이 정규분포를 하고 $\sigma$가 알려지지 않은 경우 식 (9.14)를 이용하면 $\bar{X}$에 대한 확률계산을 할 수 있으며, 이는 $\sigma$가 알려진 경우 식 (9.1)을 이용하여 $\bar{X}$에 대한 확률계산을 하였던 과정과 유사하다. 두 과정의 다른 점은 식 (9.1)은 표준정규분포표를 이용하여 확률계산을 하며 식 (9.14)는 $t$분포표를 이용하여 확률계산을 한다는 것이다. $T$의 분포는 $t=0$의 축을 중심으로 대칭이며 표준정규분포와 유사하다. [그림 9.8]은 $N(0, 1)$의 확률밀도함수와 $t$분포를 비교한 것이다. 이 그림에서 알 수 있듯이 $t$분포의 꼬리부분(tails)

[그림 9.8] $t$분포와 표준정규분포

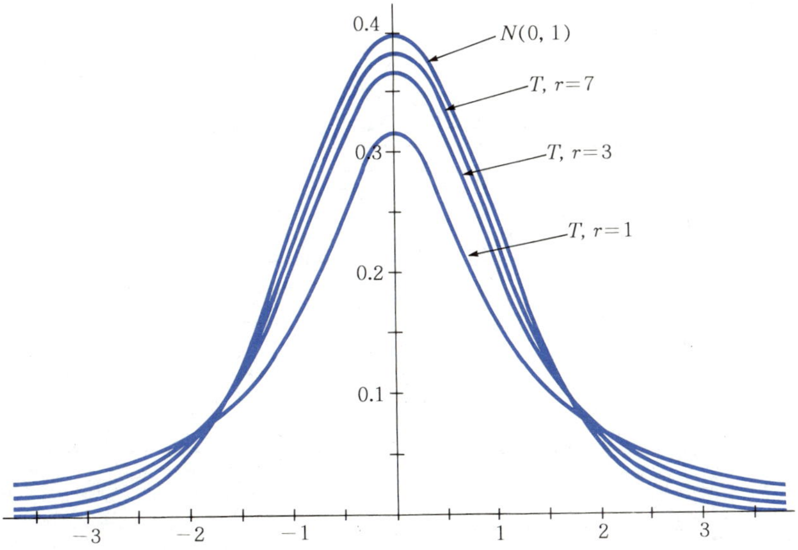

이 표준정규분포의 꼬리부분보다 두터운 것을 알 수 있다.

[그림 9.8]에서 알 수 있듯이 $r=3$인 경우보다 $r=7$인 경우가 표준정규분포 $N(0, 1)$에 근사해지는 것을 알 수 있으며 이 사실을 기초로 다음을 알 수 있다.

> 자유도의 크기(즉 표본의 크기)가 무한대에 접근함에 따라 $t$분포는 표준정규분포 $N(0, 1)$에 수렴한다.

## 2. $t$분포표의 이용법

이제 $t$분포표를 이용하는 방법을 살펴보기로 한다(부록의 [표 5] 참조). 표현의 편의상 $t_\alpha(r)$을 다음과 같이 정의한다.

$$P[T \geq t_\alpha(r)] = \alpha$$

$$P[T \leq t_\alpha(r)] = 1-\alpha$$

여기서 $T$는 자유도가 $r$인 $t$분포를 하는 확률변수이다.

[그림 9.9]를 기초로 다음의 예들을 살펴보자.

**예제 9.7**

$T$가 자유도 10인 $t$분포를 따른다고 하면 부록의 [표 5]로부터

[그림 9.9] $t$분포표를 이용하는 방법

| 자유도($r$) | 우측꼬리면적 $=\alpha$ | | | |
|---|---|---|---|---|
| | 0.10 | 0.05 | ············ | 0.005 |
| 1 | | | | |
| 2 | | | | |
| ⋮ | | | | |
| 10 | | 1.812 [$=t_{0.05}(10)$] | | |
| ⋮ | | | | |

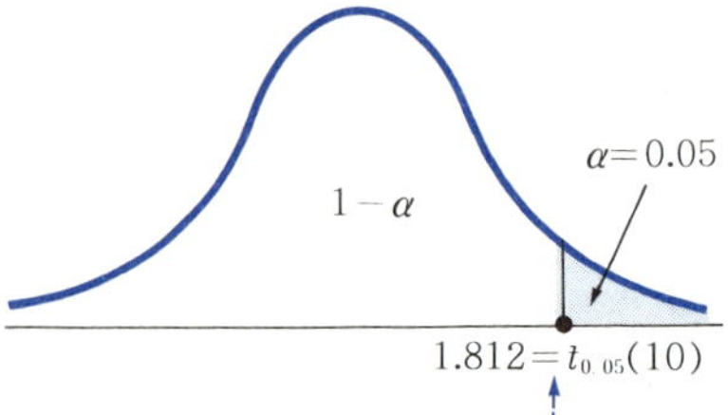

$$P(T \leq 1.812) = 1-\alpha = 1-0.05 = 0.95$$
$$P(T \leq -1.812) = 1-P(T<1.812) = 0.05$$
$$P(-1.812 < T < 1.372) = P(T<1.372) - P(T<-1.812)$$
$$= 0.90 - 0.05 = 0.85$$

이 성립한다. 또

$$t_{0.05}(10) = 1.812$$
$$t_{0.95}(10) = -t_{0.05}(10) = -1.812$$

가 성립하는데 이는 $t$분포가 대칭을 이루고 있기 때문이다.

## 제 6 절 $t$분포의 특성*

이제 $t$분포가 어떻게 사용될 수 있는지에 대하여 고찰해 보자.

[정리 9.7]
확률변수 $Z$가 표준정규분포 $N(0, 1)$을 따르고 확률변수 $U$가 $\chi^2(r)$의 분포를 하며, 또 $Z$와 $U$가 서로 독립적이라면

$$T = \frac{Z}{\sqrt{U/r}} \tag{9.15}$$

은 자유도가 $r$인 $t$분포를 따른다.

$X_1, X_2, \cdots, X_n$이 정규분포 $N(\mu, \sigma^2)$으로부터 나온 확률표본이라면 $(\bar{X}-\mu)/(\sigma/\sqrt{n})$은 $N(0, 1)$이고 [정리 9.2]에 의하여 $(n-1)S^2/\sigma^2$은 $\chi^2(n-1)$이고 $S^2$과 $\bar{X}$는 서로 독립적이다.

[정리 9.7]을 이용하면

$$T = \frac{Z}{\sqrt{U/r}} = \frac{(\bar{X}-\mu)/(\sigma/\sqrt{n})}{\sqrt{(n-1)S^2/\sigma^2(n-1)}} = \frac{\bar{X}-\mu}{S/\sqrt{n}} \tag{9.14}$$

은 자유도가 $n-1$인 $t$분포를 따른다.

이는 $Z$의 $\sigma$가 $S$로 대치되면 $T$가 되는 것을 나타낸다. 식 (9.14)는 앞으로 많이 사용될 중요한 통계량이며 앞에서 결과만 이미 고찰하였었다.

두 정규분포의 평균을 비교하기 위하여 사용되는 $t$통계량을 정의해 보자. $X_1, X_2, \cdots, X_n$과 $Y_1, Y_2, \cdots, Y_m$은 각각 $N(\mu_X, \sigma_X^2)$과 $N(\mu_Y, \sigma_Y^2)$으로부터 추출된 확률표본이고 두 정규분포는 독립적이라고 하면 $\bar{X}$의 분포는 $N(\mu_X, \sigma_X^2/n)$, $\bar{Y}$의 분포는 $N(\mu_Y, \sigma_Y^2/m)$이다. $\bar{X}$와 $\bar{Y}$는 독립적이므로

$$E[\bar{X}-\bar{Y}] = \mu_X - \mu_Y \tag{9.16}$$

$$\mathrm{Var}[\bar{X}-\bar{Y}] = \frac{\sigma_X^2}{n} + \frac{\sigma_Y^2}{m} \tag{9.17}$$

이며 $\bar{X}-\bar{Y}$는 $N(\mu_X-\mu_Y, \sigma_X^2/n+\sigma_Y^2/m)$의 분포를 한다. 따라서

$$Z = \frac{\bar{X}-\bar{Y}-(\mu_X-\mu_Y)}{\sqrt{\sigma_X^2/n+\sigma_Y^2/m}} \tag{9.18}$$

은 $N(0, 1)$의 분포를 한다. 또 [정리 9.2]에 의하여

$$\frac{(n-1)S_X^2}{\sigma_X^2} = \frac{\sum_{i=1}^{n}(X_i-\bar{X})^2}{\sigma_X^2}$$

은 $\chi^2(n-1)$의 분포를 하며

$$\frac{(m-1)S_Y^2}{\sigma_Y^2} = \frac{\sum_{i=1}^{m}(Y_i-\bar{Y})^2}{\sigma_Y^2}$$

은 $\chi^2(m-1)$의 분포를 한다. 따라서 [정리 9.4]에 의하여 두 $\chi^2$통계량의 합인

$$U = \frac{(n-1)S_X^2}{\sigma_X^2} + \frac{(m-1)S_Y^2}{\sigma_Y^2} \tag{9.19}$$

은 $\chi^2(n+m-2)$의 분포를 한다. 따라서

$$T = \frac{Z}{\sqrt{U/(n+m-2)}} \tag{9.20}$$

는 $t(n+m-2)$의 분포를 한다.

여기서 $Z$는 식 (9.18)을, $U$는 식 (9.19)를 의미한다.

만일 두 정규분포의 분산이 같을 경우($\sigma_X^2=\sigma_Y^2=\sigma^2$)에도 식 (9.20)이 성립하며 이 때에는 식 (9.20)의 $T$를 나타내는 식에는 $\sigma_X^2$과 $\sigma_Y^2$이 약분되어 없어져서 나타나지 않는다. 즉

$X_1, X_2, \cdots, X_n$과 $Y_1, Y_2, \cdots, Y_m$이 서로 독립적인 $N(\mu_X, \sigma_X^2)$과 $N(\mu_Y, \sigma_Y^2)$으로부터 추출된 확률표본이고, $\sigma_X^2$과 $\sigma_Y^2$은 미지이나 $\sigma_X^2=\sigma_Y^2$일 때 식 (9.20)은 다음과 같이 $\sigma_X^2$과 $\sigma_Y^2$이 나타나지 않으며,

$$T=\frac{\bar{X}-\bar{Y}-(\mu_X-\mu_Y)}{\sqrt{\dfrac{(n-1)S_X^2+(m-1)S_Y^2}{n+m-2}\left(\dfrac{1}{n}+\dfrac{1}{m}\right)}} \qquad (9.21)$$

는 $t(n+m-2)$의 분포를 한다.

## 제 7 절 F 분 포

$F$분포는 1924년 피셔(R. A. Fisher)에 의하여 개발된 확률분포로서 확률변수 $F$도 역시 검정통계량이다.

### 1. 두 모집단의 분산의 비교

분산이 $\sigma^2$이고 정규분포를 이루는 모집단에서 추출한 표본크기 $m$인 확률표본을 $Y_1, Y_2, \cdots, Y_m$이라 하고 또 同一한 分散 $\sigma^2$을 갖는 다른 정규모집단에서 추출한 표본크기 $n$인 확률표본을 $X_1, X_2, \cdots, X_n$이라고 하자. 각각의 표본분산을 $S_Y^2$, $S_X^2$이라고 할 때 $S_Y^2/S_X^2$의 값은 $F$분포를 이룬다.

두 정규모집단의 분산이 같은 경우 $F$통계량

$$F=\frac{S_Y^2}{S_X^2} \qquad (9.22)$$

은 자유도가 $r_1=m-1$, $r_2=n-1$인 $F$분포를 한다.

$F$통계량이 두 표본분산의 비율과 같으므로 $S_Y^2/S_X^2$의 값이 1과 거의 같다면 두 모집단의 분산이 동일하다는(즉 $\sigma_X^2=\sigma_Y^2$) 결론을 내릴 수 있고, $S_Y^2/S_X^2$이 1과 큰 차이가 나면 두 모집단의 분산은 동일하지 않다고($\sigma_X^2 \neq \sigma_Y^2$) 생각할 수 있게 된다. 따라서 $F$분포는 두 모집단의 분산이 동일한가를 알고 싶을 때 사용되는 분포이다.

$F$분포는 두 개의 모수 $r_1$과 $r_2$를 내포하고 있으며 이 두 모수의 값만 주어지면 $F$분포의 모양이 완전히 결정된다. $r_1$과 $r_2$의 순서 또한 중요하다. 즉 $r_1$ $(=m-1)$은 분자의 자유도이며 $r_2(=n-1)$는 분모의 자유도임에 유의하여야 한다.

몇 개의 $F$분포에 대한 확률밀도함수가 [그림 9.10]에 나타나 있다. 그림에서 예를 들어 $F(4,\ 6)$은 $r_1=4$, $r_2=6$인 $F$분포를 나타낸다. $F$분포곡선의 모양은 모수 $r_1$과 $r_2$에 의하여 결정된다. 일반적으로 $F$분포곡선은 $\chi^2$분포곡선과 마찬가지로 비대칭이며 오른쪽으로 기운다. 그러나 두 개의 모수 또는 그 중 하나의 모수값이 증가함에 따라 $F$분포는 점점 대칭에 접근한다. 이러

[그림 9.10] $F$분포곡선

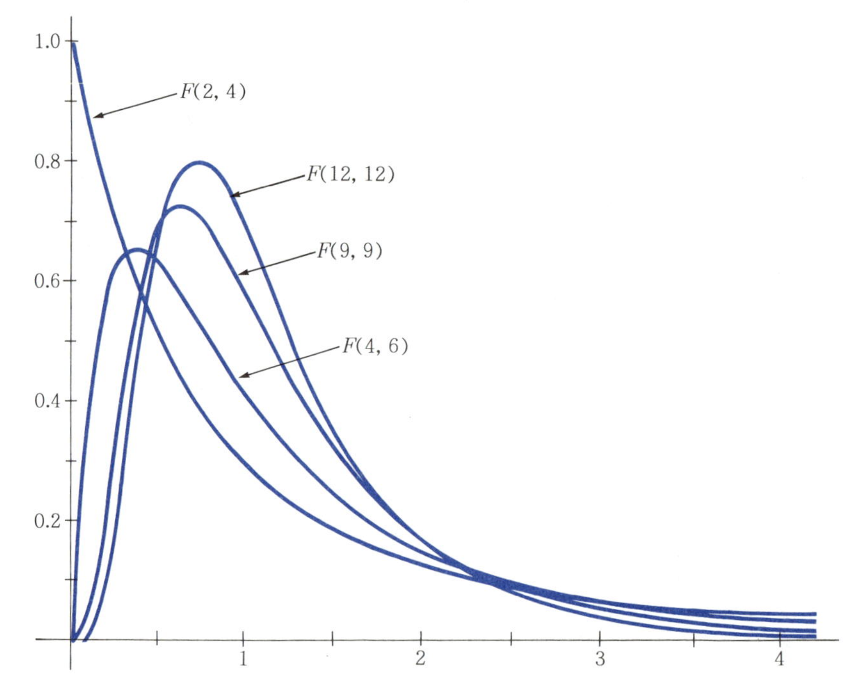

한 관계는 그림에서도 알 수 있다.

## 2. $F$분포표의 이용법

$F$분포의 누적분포함수의 값이 부록의 [표 7]에 주어졌다. 표기의 편의상 $F_\alpha(r_1, r_2)$를 다음 식을 만족하는 값으로 한다.

$$P[F \geq F_\alpha(r_1, r_2)] = \alpha$$

$$P[F \leq F_\alpha(r_1, r_2)] = 1-\alpha$$

부록의 [표 7]의 $F$분포는 우측 꼬리면적(upper right tail)을 나타내는 $\alpha$가 $\alpha=0.05$, $\alpha=0.025$, $\alpha=0.01$인 경우의 $F$값을 두 개의 자유도를 달리하면서 제시되었다. 우측 꼬리면적이 $\alpha=0.05$(누적확률이 0.95)인 경우 $F$분포표를 이용하는 방법은 [그림 9.11]과 같다.

$F$검정에서는 주로 우측 꼬리면적(upper right tail)이 필요하나 $P(F \geq c) = 0.95$나 $P(F \geq d) = 0.975$ 등이 되게 하는 $c$나 $d$ 등은 부록의 표에 나타나 있지 않으므로 다음 식과 [표 7]을 이용하여 구한다.

$$F_{1-\alpha}(r_2, r_1) = \frac{1}{F_\alpha(r_1, r_2)} \tag{9.23}$$

[그림 9.11] $F$분포표를 이용하는 방법($\alpha=0.05$인 경우)

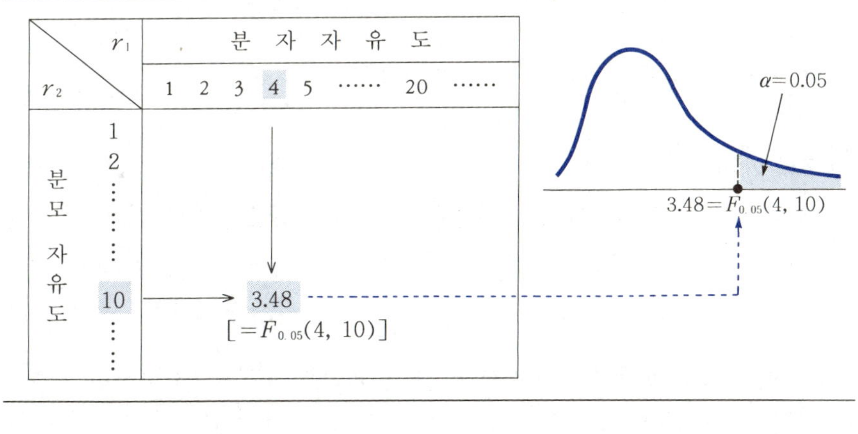

예제 9.8

$F$분포가 $F(6, 15)$일 때 $P(F \le c) = 0.05$와 $P(F \le d) = 0.025$가 되게 하는 $c$와 $d$를 구해 보자.

[그림 9.12] $F_{0.95}(6, 15)$와 $F_{0.05}(15, 6)$의 관계

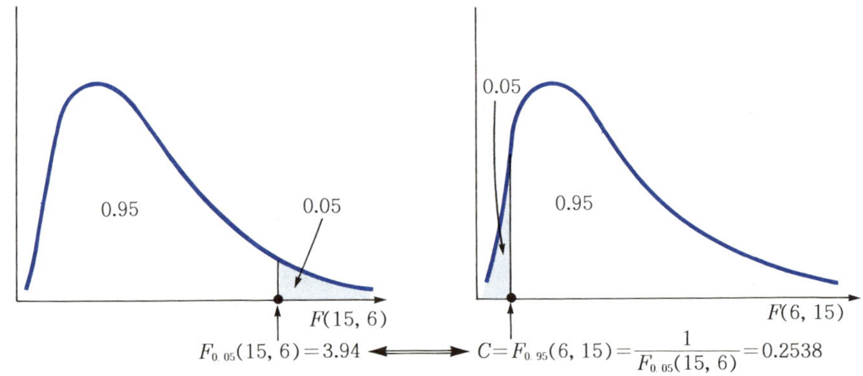


$$c = F_{0.95}(6,\ 15) = \frac{1}{F_{0.05}(15,\ 6)} = \frac{1}{3.94} = 0.2538$$

$$d = F_{0.975}(6,\ 15) = \frac{1}{F_{0.025}(15,\ 6)} = \frac{1}{5.27} = 0.190$$

## 제 8 절 $F$분포의 특성*

$F$분포의 정의를 다음의 정리를 이용하여 설명해 보자.

[정리 9.8]

$U$와 $V$가 자유도 $r_1$과 $r_2$를 갖는 $\chi^2$분포의 확률변수이며 $U$와 $V$가 서로 독립적이라면 $F = \dfrac{U/r_1}{V/r_2}$는 $r_1$과 $r_2$의 자유도를 갖는 $F$분포를 따른다.

이제 앞으로 사용될 $F$통계량을 하나 고찰해 보자.

$X_1,\ X_2, \cdots, X_n$과 $Y_1,\ Y_2, \cdots, Y_m$은 각각 두 개의 독립적인 정규분포 $N(\mu_X,\ \sigma_X^2)$과 $N(\mu_Y,\ \sigma_Y^2)$으로부터 추출된 표본크기가 $n$과 $m$인 확률표본(random sample)이라고 하자. [정리 9.2]로부터

$$\frac{(n-1)S_X^2}{\sigma_X^2} \sim \chi^2(n-1)$$

$$\frac{(m-1)S_Y^2}{\sigma_Y^2} \sim \chi^2(m-1)$$

의 분포를 한다. 두 분포가 독립적이므로 [정리 9.8]로부터

$$F = \frac{(m-1)S_Y^2/\sigma_Y^2(m-1)}{(n-1)S_X^2/\sigma_X^2(n-1)} = \frac{S_Y^2/\sigma_Y^2}{S_X^2/\sigma_X^2} \tag{9.24}$$

은 자유도가 $r_1 = m-1$, $r_2 = n-1$인 $F$분포를 한다.

식 (9.22)는 식 (9.24)에서 $\sigma_Y^2 = \sigma_X^2$인 경우이다. 따라서 식 (9.22)는 두 모집단의 분산이 같거나 또는 동일모집단에서 두 개의 표본이 추출된 경우에만 $F$분포를 한다.

## 제 9 절 표본분포에 대한 요약

지금까지 우리는 대표적인 표본통계량으로서 표본평균($\bar{X}$), 표본비율($\hat{p}$) 및 표본분산($S^2$)의 분포에 대하여 설명하였다.

표본평균($\bar{X}$)의 분포의 경우는 모분산 $\sigma^2$이 알려진 경우와 알려지지 않는 경우의 두 가지로 나누어 생각할 수 있다. ① $\sigma^2$이 알려진 경우는 다시 모집단이 정규모집단이냐 비정규모집단이냐에 따라 $\bar{X}$의 분포는 약간 다르다. $\sigma^2$이 알려지고 정규모집단인 경우는 표본의 크기에 상관없이 표준정규분포($Z$)를 이용할 수 있고, $\sigma^2$이 알려지고 비정규모집단의 경우는 표본의 크기가 클 때 중심극한정리에 의하여 근사적 표준정규분포($Z$)를 이용할 수 있다. ② $\sigma^2$이 알려지지 않은 경우는 모집단이 정규분포를 한다는 가정하에 $t$분포를 이용할 수 있으며 이 경우 표본의 크기가 크면 $t$분포 대신에 $Z$분포를 이용해도 된다.

표본비율($\hat{p}=Y/n$ : $Y$는 성공횟수)의 분포는 성공횟수 $Y$가 이항분포를 하므로 $Y$의 분포를 이용하여 알 수 있다. 또 표본이 큰 경우는 $\hat{p}$의 분포는 중심극한정리에 의하여 $Z$분포를 이용하여 나타낼 수 있다. $Y$의 분포나 $\hat{p}$의 분포를 정규분포를 이용하여 근사치를 구할 때, 필요한 경우 연속성을 위한 조정을 하는 것이 바람직하다.

표본분산($S^2$)의 분포는 모집단이 正規分布를 하는 경우 $\chi^2$분포를 이용하여 나타낼 수 있다. 또 모집단의 분산의 동일성을 알고 싶은 특수한 경우에는 $F=S_Y^2/S_X^2$이 $F$분포를 하는 것을 이용하여 분석할 수 있다.

이와 같은 사항들을 정리하면 다음과 같다.

**표본분포에 대한 요약**

1) **標本平均**($\bar{X}$)

| 모분산($\sigma^2$)이 알려진 여부 | 모집단의 분 포 | 표본의 크 기 | 이용가능한 분 포 | 비 고 |
|---|---|---|---|---|
| i) $\sigma^2$을 알 때 | : 정규분포 | 小, 大 | $Z$ | |
| | 비정규분포 | 大 | 근사적 $Z$ | 중심극한정리 |
| ii) $\sigma^2$을 모를 때 | : 정규분포 | 小, 大 | $t$ | 표본이 크면 $Z$이용 가능 |

주 : 그 이외의 경우는 제11장의 〈표 11.1〉을 참고하기 바람.

2) **標本比率**($\hat{p}=Y/n$)

i) $\hat{p}$의 분포는 $Y$의 분포(이항분포)로 알 수 있다.

ii) 표본이 클 경우 중심극한정리에 의하여 $Z$를 이용

3) **標本分散**($S^2$)

i) 정규모집단인 경우 $\chi^2$분포를 이용한다.

ii) 두 개의 정규모집단인 경우 두 분산의 동일성 비교는 $F$분포를 이용한다.

## □ 연습문제

9. 1 제 8 장 K중공업의 예에서 표본의 크기는 $n=30$이었다. 또 $P(\mu-500 \leq \bar{X} \leq \mu+500)=0.5036$이었다.

(1) 표본의 크기를 $n=60$으로 하는 경우 표본평균이 모평균 $\pm500$에 놓일 확률을 구하시오.

(2) 표본의 크기가 $n=100$인 경우도 구하시오.

9. 2 제 8 장의 예에서 임원특별교육과정을 이수한 비율($p=0.6$)에 대한 표본비율($\hat{p}$)이 $p\pm0.05$ 안에 있을 확률을 다음의 표본크기에서 구하시오(연속을 위한 조정을 하지 말고 답하시오).

(1) $n=30$인 경우

(2) $n=60$인 경우

(3) $n=100$인 경우

9. 3 주사위 하나를 60회 던지는 경우 :

(1) 나오는 수치들 합의 평균

(2) 나오는 수치들 합의 분산

(3) 나오는 수치 총합이 200과 같거나 작을 확률을 구하라.

9. 4 A공장에서 생산되는 나사못이 간혹 잘 맞지 않는 경우가 있다고 한다. 이렇게 잘 맞지 않는 경우가 발생하는 확률이 0.02라 한다. 이제 이 공장에서 생산된 나사못 2,500개를 추출하여 조사한 결과 ① 잘 맞지 않는 나사못이 64개 또는 그 이상이 될 확률 ② 36개 또는 그 이하일 확률 ③ 36개 이상 64개 이하일 확률을 구하라(연속조정계수를 사용하여 답하시오).

9. 5 주민의 40%가 여자인 C시에서 5명을 표본으로 임의추출한 경우 여자의 비율 $\hat{p}$에 대한 표본분포를 구하라.

9. 6 문제 9. 5의 C시에서 100명을 확률표본으로 선정한 경우 여자가 50명 이상일 확률을 구하라(연속조정계수를 사용하여 답하시오).

9. 7* 만약 $Z$가 $N(0, 1)$의 분포를 하면 $Z^2$은 $\chi^2(1)$의 분포를 한다. $P(|Z| \leq a) = 0.95$와 $P(Z^2 \leq b) = 0.95$가 되는 $a$, $b$의 값을 각각 부록의 [표 4]와 [표 6]에서 구하고 $a = \sqrt{b}$가 성립함을 확인하시오([정리 9. 3]의 확인).

9. 8* $X_1$, $X_2$, $X_3$, $X_4$는 $N(76.4, 383)$으로부터 추출된 크기가 4인 확률표본이다.

$$U = \sum_{i=1}^{4} \frac{(X_i - 76.4)^2}{383}$$

$$W = \sum_{i=1}^{4} \frac{(X_i - \bar{X})^2}{383}$$

이라고 정의할 때 다음을 구하시오.

(1) $P(0.711 \leq U \leq 7.779)$

(2) $P(0.352 \leq W \leq 6.251)$

9. 9 $X_1$, $X_2, \cdots, X_{10}$이 $\chi^2(19)$로부터 추출된 확률표본이라고 할 때 10개의 표본 중에서 꼭 2개만이 30.14를 초과할 확률을 구하시오.

9.10 $N(\mu, \sigma^2)$으로부터 추출된 $n = 25$인 확률표본으로부터 $\bar{X}$와 $S^2$를 구하였을 때 $P\left(-a < \dfrac{\bar{X} - \mu}{S/\sqrt{25}} < a\right) = 0.95$가 성립하는 $a$의 값을 구하시오.

9.11 $F$가 $r_1$과 $r_2$의 자유도를 갖는 $F$분포를 한다. $r_1 = 8$, $r_2 = 6$일 때 $P(a \leq F \leq b) = 0.90$를 만족시키는 $a$와 $b$의 값을 구하시오.

9.12 앞면과 뒷면이 나올 확률이 같게 만들어진 동전을 10번 던질 때 앞면이 나오는 횟수를 $Y$라고 하자. 이 때 $P(3 \leq Y < 6)$을

(1) 정규분포를 이용한 근사법으로 구하시오.

(2) 이항분포를 이용하여 구하시오.

9.13 A대학 구내에 설치되어 있는 커피자동판매기의 하루 평균수입은 20,000원, 표준편차는 4,000원으로

(1) 25일 동안의 하루 평균매출액이 19,000원과 21,000원 사이에 있을 확률

(2) 36일 동안의 하루 평균매출액이 20,400원 보다 클 확률

9.14 어떤 통조림 회사에서 표시무게가 203그램인 통조림을 생산하는데, 통조림 하나의 실제 무게의 분포는 평균이 205그램이고 분산이 100이라고 한다. 이 때 임의로 선정된 64개의 무게의 표본평균을 $\bar{X}$라고 할 때 $P(203 < \bar{X} < 206)$의 근사값을 구하시오.

9.15* 자유도가 $r=1$인 $\chi^2$분포에서 추출된 크기 18인 확률표본을 $X_1, X_2, \cdots, X_{18}$이라고 하면 $\mu = E(X_i) = 1$, $\sigma^2 = \text{Var}(X_i) = 2$이다. 이 때

(1) $Y = \sum_{i=1}^{18} X_i$의 분포는?

(2) 부록의 [표 6]으로부터 $P(Y \leq 9.390) = 0.05$, $P(Y \leq 34.80) = 0.99$임을 알 수 있다. 이 때의 0.05와 0.99는 정확한 값이다. 중심극한정리를 이용하여 $P(Y \leq 9.390)$과 $P(Y \leq 34.80)$을 구하고 0.05, 0.99와 비교하시오.

9.16* (두 평균의 차의 분포) A회사에서 생산되는 전구는 평균수명이 1,200시간이고 표준편차는 200시간인 반면에 B회사에서 생산되는 전구의 평균수명은 1,000시간이고 표준편차는 150시간이라고 하자. 두 회사에서 생산되는 전구 중에서 각각 100개의 전구를 확률표본으로 추출하였을 경우, A회사에서 생산되는 전구의 평균수명과 B회사에서 생산되는 전구의 평균수명의 차이가 적어도 220시간 이상일 확률을 구하시오.

9.17* (두 비율의 차의 분포) 강남구 주민의 30%는 G백화점을 선호하여 그 백화점에서 주로 쇼핑을 한다고 한다. 또 송파구 주민은 20%만이 G백화점을 선호한다고 하며 이와 같은 비율은 사실이라고 한다. 강남구 주민 100명($n_1 = 100$)을 표본으로 추출하여 G백화점을 선호하는 사람의 수($Y_1$)을 조사하고 송파구 주민 200명($n_2 = 200$)을 표본으로 추출하여 G백화점을 선호하는 사람($Y_2$)을 조사하였다. 이 때

(1) 이 때 G백화점을 선호하는 비율의 차($\hat{p}_1 - \hat{p}_2$)가 0.21보다 클 확률을 구하시오.

(2) 송파구 주민의 표본의 크기도 100명일 때($n_2 = 100$) G백화점을 선호하는 사람의 차($Y_1 - Y_2$)가 21명보다 클 확률을 구하시오.

**9.18** 모집단이 정규분포를 하며 모분산 $\sigma^2 = 75$인 것으로 알려져 있다. 이 모집단으로부터 표본크기 $n = 21$인 확률표본을 추출하여 표본분산 $S^2$을 계산하였을 때 $S^2 \geq 150$일 확률을 구하시오.

# 10. 통계적 추정이론

통계적 추론(statistical inference)의 첫단계로서 표본분포이론을 제 8 장과 제 9 장에서 고찰하였다. 제10, 11, 12장에서는 모집단으로부터 추출된 표본을 통하여 얻은 정보를 기초로 하여 미지의 모수 $\theta$를 추정하는 통계적 추정이론(statistical estimation)에 대하여서 고찰하며, 제13, 14, 15장에서는 가설검정(hypotheses tests)에 대하여 다룰 것이다. 앞으로 설명하게 되는 통계적 추정이론과 가설검정에서는 $\chi^2$분포 · $t$분포 · $F$분포가 집중적으로 이용될 것이다. 그러므로 필요한 경우에는 제 9 장으로 돌아가 기본적인 내용들을 참고하기 바란다.

이번 장에서는 먼저 점추정과 구간추정의 두 가지 방법과 좋은 추정량의 조건에 대하여 설명하고 보론에서는 바람직한 추정량으로 알려진 최대우도추정량(MLE)에 대하여 간단히 설명하려고 한다.

## 제 1 절 추정의 방법

통계적 추정방법의 차이점을 설명하기 위하여 다음의 두 가지 기술방법을 고려해 보자. 대한민국 성인 남자의 평균키에 대한 추정의 형태로

1) 표본의 평균이 170cm이다. 따라서 170cm는 대한민국 성인 남자의 평균키의 추정치이다.
2) · 대한민국 성인 남자의 평균키의 90% 신뢰구간은 168cm부터 172cm이다.
   · 대한민국 성인 남자의 평균키의 97.5% 신뢰구간은 165cm부터 175cm이다.

1)에 기술한 것처럼 모집단의 모수를 하나의 값(즉 點)으로 추정하는 방법을 점추정(point estimation)이라고 하며 2)에서 기술한 것처럼 어떤 구간을 이용하여 모집단의 모수를 추정하는 방법을 구간추정(interval estimation)이라고 한다.

표본을 이용하여 모수를 추정할 때는 제 8 장에서 고찰한 바와 같이 표본과 관련된 오차가 발생한다. 따라서 점추정치(여기서는 170cm)는 아무리 좋고 정확한 방법으로 구한 값이라고 하여도 그 값이 모수와 일치한다고 볼 수 없다. 따라서 점추정치를 중심으로 일정 구간을 설정하여 모수를 추정하는 구간

추정을 생각할 수 있다. 그러나 2)와 같은 구간추정을 하여도 설정된 구간 내에 모수가 존재하지 않을 가능성은 남아 있는 것이 일반적이다.

2)에서 모수가 168cm에서 172cm 사이에 있을 확률은 90%이며, 따라서 모수가 168cm에서 172cm 사이에 있지 않을 확률은 10%가 된다. 이 때 90%를 신뢰수준(confidence level)이라고 한다. 신뢰수준을 높이기 위해서는 구간을 크게 하면 된다. 즉 구간을 [165cm, 175cm]로 하면 신뢰수준은 97.5%로 높아지지만 추정의 효율성은 작아진다. 극단적으로 구간을 [155cm, 185cm]로 하면 상식적으로 신뢰수준은 100%가 되겠지만 이와 같은 추정은 가치가 없는 것이다.

## 제 2 절 점추정과 바람직한 추정량의 조건

點推定이란 하나의 값으로 모수를 추정하는 방법이다. 즉 점추정이란 하나의 값을 결정해 주는 표본통계량을 이용하여서 모수를 추정하는 방법을 말한다.

이제 추정량과 추정치에 대한 용어의 정의를 분명히 하자. 표본이 추출되기 전과 표본이 추출된 후의 통계량 값은 보통 구별된다. 표본이 추출되기 전에 값이 알려지지 않은 확률변수인 통계량을 推定量(estimator)이라고 하며, 표본이 추출된 후 표본자료로부터 계산된 통계량의 특정한 값을 推定値(estimate)라고 한다.

예를 들어 대한민국 성인 남자의 평균키를 모수인 $\mu$라고 하면 $\mu$를 추정하기 위하여 표본평균 $\bar{X}$를 이용할 수 있는데, 이 때 $\bar{X}$는 $\mu$의 추정량이며 표본이 추출된 후 실제 계산된 구체적인 수치, 예를 들어 170cm는 추정치가 된다. 추정량은 확률변수이므로 대문자 $\bar{X}$로 표시하고 추정치는 확률변수의 관측치이므로 소문자를 사용하여 $\bar{x}$로 나타낸다.

하나의 모수를 추정하는 추정량으로는 여러 가지가 있을 수 있다. 따라서 추정량의 특성들을 이해하여 더 좋은 추정량을 선정하는 것이 중요하다. 예를 들어 모평균($\mu$)을 추정하기 위하여 다음과 같은 추정량들이 사용될 수 있다.

1) 표본평균(sample mean; $\bar{X}$)

2) 표본의 중위수(sample median)

3) 표본의 최빈치(sample mode)

이와 같은 추정량들의 특성과 성격을 연구한 후에 적합한 하나의 추정량를 선정하여 모평균에 대한 추정량으로 사용할 수 있다. 이 경우 표본평균($\bar{X}$)이 모평균($\mu$)의 추정량으로 사용되는데 이는 표본평균이 다른 추정량보다 좋은 특성을 가지고 있기 때문이다.

어느 추정량이 바람직한 것인지 또 그렇지 못한 것인지를 평가하는 기준으로 不偏性(unbiasedness)·效率性(efficiency)·一致性(consistency)·充分性(sufficiency) 등을 들 수 있다. 어느 추정량이 이와 같은 속성들을 가지고 있으면 그 추정량은 바람직한 추정량(good estimator)이라고 할 수 있다. 이제 이들의 속성에 대하여 고찰해 보자.

## 1. 불 편 성

모수 $\theta$에 대한 좋은 추정량이 되기 위하여는 우선 $\theta$에 대한 추정량인 $\hat{\theta}$의 평균(기대값)이 $\theta$와 같아야 할 것이다. 추정량의 불편성은 다음과 같이 정의된다.

**불편추정량**(unbiased estimator)

不偏推定量이란 추정량의 기대치가 모수의 값과 같게 되는 추정량이다. 즉, 다음 조건이 성립하면 $\hat{\theta}$은 $\theta$의 불편추정량이다.

$$E(\hat{\theta})=\theta \tag{10.1}$$

추정량 $\hat{\theta}$이 식 (10.1)을 만족시키지 못할 때는 $E(\hat{\theta})$과 $\theta$의 차이가 발생하며 이를 偏倚(bias)라고 한다. 이 때의 $\hat{\theta}$을 偏倚推定量(biased estimator)이라고 한다.

$$\text{편의(偏倚)} = E(\hat{\theta})-\theta \tag{10.2}$$

불편추정량과 편의추정량을 그림으로 표시하면 [그림 10.1]과 같다.

지금까지 살펴본 표본통계량인 $\bar{X}$, $\hat{p}$, $S^2$ 등은 모두 각각의 모수 $\mu$, $p$ 및 $\sigma^2$의 불편추정량이다.

[그림 10.1] 불편추정량과 편의추정량

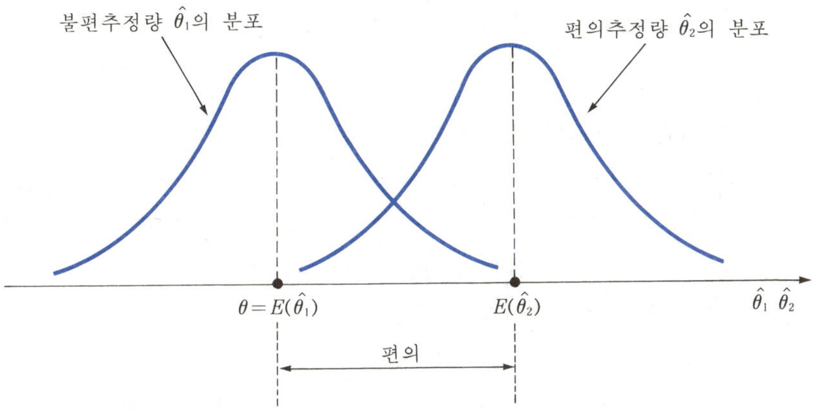


예제 10.1

$S^2 = \frac{1}{n-1}\sum_{i=1}^{n}(X_i - \bar{X})^2$은 표본분산으로 $\sigma^2$에 대한 불편추정량이다.[1] 그러나 $V^2 = \frac{1}{n}\sum(X_i - \bar{X})^2$은 편의추정량임을 증명해 보자.(식 (3.14), (3.15) 참고)

(풀이)

[정리 9.2]에 의하여

$$\frac{\sum_{i=1}^{n}(X_i - \bar{X})^2}{\sigma^2} = \frac{(n-1)S^2}{\sigma^2} = \frac{nV^2}{\sigma^2}$$

은 $\chi^2(n-1)$의 분포를 한다. 자유도가 $n-1$인 $\chi^2$확률변수의 기대치는 $n-1$이므로

$$E(S^2) = E\left[\frac{\sigma^2}{n-1}\left(\frac{(n-1)S^2}{\sigma^2}\right)\right] = \frac{\sigma^2}{n-1}E\left(\frac{(n-1)S^2}{\sigma^2}\right) = \frac{\sigma^2}{n-1}(n-1) = \sigma^2$$

$$E(V^2) = E\left[\frac{\sigma^2}{n}\left(\frac{nV^2}{\sigma^2}\right)\right] = \frac{\sigma^2}{n}E\left(\frac{nV^2}{\sigma^2}\right) = \frac{\sigma^2}{n}(n-1) \neq \sigma^2$$

따라서 $S^2$은 $\sigma^2$에 대한 불편추정량이고 $V^2$은 $\sigma^2$에 대한 편의추정량이다. 이

1) $S^2$은 $\sigma^2$에 대한 불편추정량이지만 $S$는 $\sigma$에 대한 편의추정량이다.

때문에 $\sigma^2$에 대한 추정량으로는 $V^2$ 대신에 $S^2$을 사용하는 것이 일반적이다.

## 2. 효 율 성

상식적으로 생각하여도 $\hat{\theta}$과 $\theta$의 차이가 적을수록 $\hat{\theta}$은 좋은 추정량이 될 것이다. $\hat{\theta}$과 $\theta$의 차이는 $|\hat{\theta}-\theta|$이나 $(\hat{\theta}-\theta)^2$을 사용하여 측정할 수 있다.[2] $|\hat{\theta}-\theta|$보다는 $(\hat{\theta}-\theta)^2$이 수학적으로 다루기가 편하므로 통계학에서는 일반적으로 $(\hat{\theta}-\theta)^2$이 사용된다. 이와 같은 관점에서 $E[(\hat{\theta}-\theta)^2]$이 작으면 작을수록 $\hat{\theta}$은 좋은 추정량이라고 생각할 수 있다.

$E[(\hat{\theta}-\theta)^2]$을 평균제곱오차(MSE; mean squared error)라고 하며 이는 오차(error)인 $\hat{\theta}-\theta$를 제곱한(squared) 값의 평균(mean)을 의미한다. 따라서 MSE가 작을수록 좋은 추정량이라고 생각할 수 있다. MSE에서 추정량 $\hat{\theta}$이 불편추정량이면 $E(\hat{\theta})=\theta$이므로

$$\text{MSE}(\hat{\theta})=\text{Var}(\hat{\theta})$$

이 된다. 이는 분산의 크기를 추정량 선택의 기준으로 할 수 있음을 의미한다.

**효율적 추정량**(efficient estimator)

불편추정량들 중에서 MSE를 최소화하는, 즉 분산을 최소화하는 불편추정량을 最小分散不偏推定量(unbiased minimimum variance estimator) 혹은 효율적 추정량이라고 한다. 따라서

$$\text{상대적 효율성}=\frac{\text{Var}(\hat{\theta}_2)}{\text{Var}(\hat{\theta}_1)}<1 \qquad (10.3)$$

인 경우 추정량 $\hat{\theta}_2$이 추정량 $\hat{\theta}_1$보다 상대적으로 효율적(efficient)이라고 한다.

相對的 效率性(relative efficiency)은 두 추정량의 분산의 비율이므로 그 값은 두 추정량의 분산의 大, 小를 나타낸다. 식 (10.3)에서 상대적 효율성이 1보다 작다는 것은 추정량 $\hat{\theta}_2$(예 : 표본평균 $\bar{X}$)가 추정량 $\hat{\theta}_1$(예 : 표본중위수 $M_d$)

2) $\hat{\theta}$이 확률변수이므로 $|\hat{\theta}-\theta|$나 $(\hat{\theta}-\theta)^2$도 확률변수이다. 따라서 각각의 기대값을 구하여 비교한다.

[그림 10.2] 다른 효율성을 갖는 두 불편추정량의 표본분포

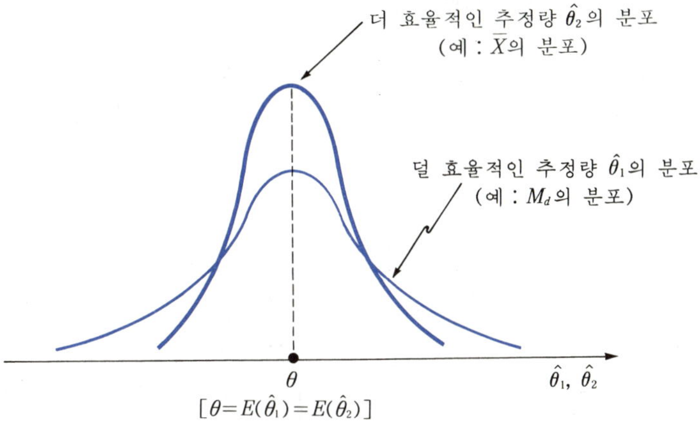


보다 분산이 작기 때문에 상대적으로 효율적인 것을 의미하며 그림으로 표시하면 [그림 10.2]와 같다.

## 3. 일 치 성

바람직한 추정량은 표본의 크기가 커질수록 표본오차인 $\hat{\theta}-\theta$의 값이 작아지는 성질을 갖는 것이 바람직하다. 그러므로 一致推定量은 다음과 같이 정의된다.

**일치추정량**(consistent estimator)

표본의 크기 $n$이 무한히 증가함에 따라 $\hat{\theta}$이 $\theta$에 일치하는 추정량을 일치추정량이라고 하며, 이는

$$\lim_{n\to\infty} E[(\hat{\theta}-\theta)^2]=0 \tag{10.4}$$

이 성립함을 의미한다.

예제 10.2

표본평균 $\bar{X}$는 일치추정량이다. 식 (10.4)로부터

[그림 10.3] 일치추정량[$\bar{X} \sim N(50,\ 16/n)$]

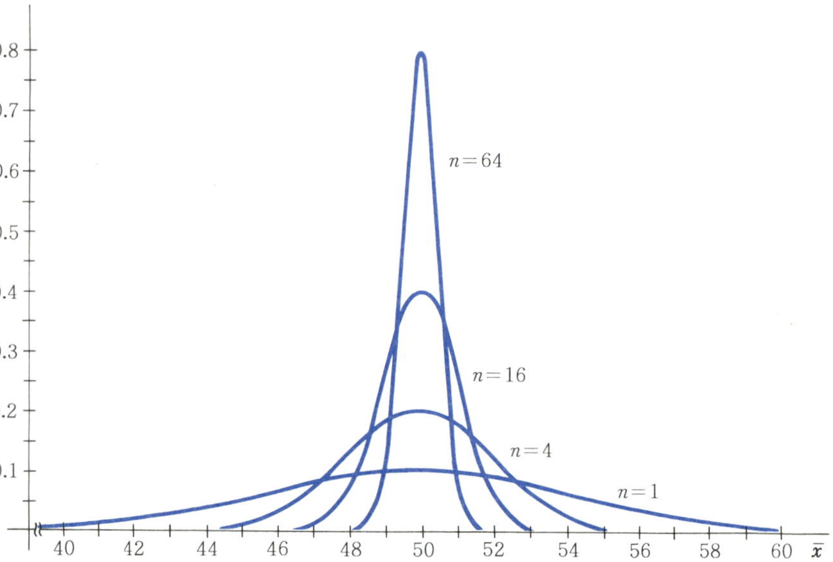


$$\lim_{n\to\infty} \text{MSE}(\bar{X}) = \lim_{n\to\infty} \text{Var}(\bar{X}) = \lim_{n\to\infty} \frac{\sigma^2}{n} = 0$$

이 성립한다. $\bar{X}$가 $N(50, 16/n)$일 때 일치추정량인 $\bar{X}$를 그림으로 표시하면 다음과 같다. 즉 $n$이 증가함에 따라 추정량 $\sigma^2$의 분포가 $\theta$를 중심으로 밀집되는 것을 보여준다.

## 4. 충 분 성

어떤 추정량 $\hat{\theta}$이 다른 추정량들보다 모수 $\theta$에 대하여 더 많은 정보를 제공할 때 $\hat{\theta}$을 充分推定量이라고 한다.[3] 예를 들어 모수 $\mu$의 추정량으로 일반적으로 언급되는 것으로 표본평균·표본중위수·표본최빈치 등을 들 수 있다. 이들 중에서 표본평균이 다른 추정량에 비하여 모집단 전체에 대하여 보다 많은 정보를 종합한 것으로 이 경우 표본평균은 충분추정량이 된다. 왜냐하면 표본중위수나 표본최빈치는 위치적 측정치인 반면에 표본평균은 표본 내의

3) 이에 대한 논의를 충분통계량(sufficient statistic)이라고 하며, 통계이론에서 중요한 위치를 차지하나 이 책의 수준을 넘으므로 여기서는 고찰하지 않는다.

모든 관측치들을 대상으로 한 것이기 때문이다.

지금까지 우리는 어느 한 추정량이 바람직한 추정량이 되기 위해 가져야 할 속성에 대하여 살펴보았다. 바람직한 추정량을 산출하는 통계적 방법으로 最大尤度推定法(maximum likelihood estimation method)과 最小自乘法(least squares method)이 일반적으로 많이 이용되고 있다. 제10장의 보론에서는 최대우도추정법에 대하여 고찰하고 최소자승법에 대하여는 제17장에서 고찰한다.

## 제 3 절 구간추정

앞에서 우리는 바람직한 추정량의 조건에 대하여 고찰하였다. 어느 한 추정량이 앞서 설명한 조건들을 모두 충족시킨다고 하여도 그 추정량으로 곧 모수를 대체하는 데에는 문제점이 있다. 왜냐하면 그 추정량을 통하여 얻은 추정치들에는 확률적 변동에서 발생하는 추정의 오류가 존재하기 때문이다.

추정량 $\hat{\theta}$의 기본적 특성은 그 기대치와 분산에 있다. $\hat{\theta}$의 분산 $\mathrm{Var}(\hat{\theta})$의 제곱근인 $\sigma_{\hat{\theta}}$으로 표시되는 표준오차(standard error)는 $\hat{\theta}$의 산포도를 나타낸다. 즉 표준오차 $\sigma_{\hat{\theta}}$가 작고 또 $\hat{\theta}$가 불편추정량일 때 대부분의 추정치들이 모수의 실제값을 중심으로 작은 범위 내에 밀집하게 되며, $\sigma_{\hat{\theta}}$의 값이 크고 또 $\hat{\theta}$가 편의추정량일 경우에는 극히 일부분의 추정치들만이 모수를 중심으로 작은 범위 내에 놓이게 된다.

區間推定(interval estimation)이란 信賴區間이라 불리는 확률구간으로 표시하는 모수의 추정방법을 말한다. 신뢰구간(confidence interval)이란 모수가 일정한 확률로 포함되리라 기대되는 구간을 말한다. 모수 $\theta$에 대한 구간추정이 다음과 같이 주어졌다고 가정하자.

$$P(L < \theta < U) = 1 - \alpha \qquad (10.5)$$

여기서 $L$과 $U$를 합하여 신뢰한계(confidence limits)라고 하며 $L$을 신뢰구간의 하한, $U$를 신뢰구간의 상한이라고 한다. $1-\alpha$를 신뢰수준(confidence level) 혹은 신뢰계수(confidence coefficient)라고 하며 $[L, U]$를 신뢰구간이라고 한다.

식 (10.5)가 의미하는 것은 모수 $\theta$의 값이 $L$과 $U$ 사이에 있을 확률이 $1-$

$\alpha$인 것이다. 다시 말하면 만일 동일한 크기의 여러 상이한 표본으로부터 $L$과 $U$를 구하면 표본통계량 $\hat{\theta}$은 각각 다른 구간을 갖게 될 것이며, 이들 각 구간들의 $100(1-\alpha)\%$는 모수 $\theta$를 포함한다.

실제적으로 우리가 모수를 추정하는 데 단 하나의 신뢰구간을 설정하게 되는 경우 그 모수는 구간 내에 포함될 수도 있고 또 그렇지 않을 수도 있다. 따라서 모수의 추정을 하나의 구간으로 나타내는 경우 모수 $\theta$가 그 구간에 포함될 확률을 함께 표시하는 것이 바람직하다.

이제 모집단이 $N(\mu, \sigma^2)$의 정규분포를 하며 $\mu$는 미지이고 $\sigma^2$은 알려진 경우 표본평균 $\bar{X}$를 이용하여 어떻게 $\mu$의 신뢰구간을 추정할 수 있는지에 대하여 살펴보자.

모집단이 정규분포를 하므로 $\bar{X}$도 정규분포를 한다. $E(\bar{X})=\mu$, $\mathrm{Var}(\bar{X})=\sigma^2/n$, $\sigma_{\bar{X}}=\sigma/\sqrt{n}$이므로 $\bar{X}$는 $N(\mu, \sigma^2/n)$의 정규분포를 한다. 정규분포의 성질에서 $\bar{X}$가 $\mu\pm\sigma_{\bar{X}}$ 사이에 있을 확률은 0.6826, $\mu\pm2\sigma_{\bar{X}}$ 사이에 있을 확률은 0.9545이다. 즉

$$P(\mu-\sigma_{\bar{X}}\le \bar{X}\le \mu+\sigma_{\bar{X}})=0.6826$$
$$P(\mu-2\sigma_{\bar{X}}\le \bar{X}\le \mu+2\sigma_{\bar{X}})=0.9545 \tag{10.6}$$

이다. 위 두 식을 변형하여 미지의 $\mu$에 대한 구간으로 표시하면

$$P(\bar{X}-\sigma_{\bar{X}}\le \mu\le \bar{X}+\sigma_{\bar{X}})=0.6826$$
$$P(\bar{X}-2\sigma_{\bar{X}}\le \mu\le \bar{X}+2\sigma_{\bar{X}})=0.9545 \tag{10.7}$$

이 된다. $\bar{X}$는 표본으로부터 구할 수 있고 알려져 있는 $\sigma^2$을 이용하면 $\sigma_{\bar{X}}=\sigma/\sqrt{n}$도 구할 수 있으므로 $\mu$의 신뢰구간을 구할 수 있다. 즉 $\mu$에 대한 68.26% 신뢰구간은

$$[\bar{X}-\sigma_{\bar{X}},\ \bar{X}+\sigma_{\bar{X}}]$$

이고 95.45% 신뢰구간은

$$[\bar{X}-2\sigma_{\bar{X}},\ \bar{X}+2\sigma_{\bar{X}}]$$

이다.

# 보 론

## 최대우도추정(maximum likelihood estimation)

### 1. 최우추정량의 개념

제10장에서는 바람직한 추정량의 조건에 대하여 설명하였다. 이제 여기서는 이러한 조건의 전부 또는 대부분을 충족시키는 추정량을 구하는 방법에 대하여 설명하고자 한다. 적절한 추정량을 결정하는 방법으로는 積率法(method of moments), 最小自乘法(method of least squares) 및 最大尤度推定法 등을 들 수 있으며 여기서는 최대우도추정법에 대하여 고찰해 보자.

예를 들어 最尤推定量(혹은 최대우도추정량)의 개념을 설명해 보자. 어느 생산공정에서 불량품의 비율을 추정하기 위하여 복원추출로 10개의 생산품을 추출한 결과 3개의 불량품이 발견되었다. 그러면 실제 모집단의 불량률($p$)이 얼마일 때 10번의 베르누이 시행에서 3번의 성공 결과를 가져올 가능성이 가장 큰가를 고려해 보자.

10번의 시행에서 3번의 성공을 나타나게 할 가능성을 제일 크게 만드는 불량률 $p$를 찾기 위하여 여러 가지 $p$값에 따라 10번 시행중 3번 성공할 확률을 구한 것이 〈표 10.1〉이다. 〈표 10.1〉은 $p$값에 따라 이항분포확률공식인 $\binom{10}{3}p^3(1-p)^7$을 이용하여 각각의 확률을 구한 것이다. 〈표 10.1〉에 의하면

〈표 10.1〉 최우추정량을 찾기 위한 계산

| $p$ | 10회 시행 중 3회 성공확률 $=\binom{10}{3}p^3(1-p)^7$ |
|---|---|
| 0.1 | 0.0574 |
| 0.2 | 0.2013 |
| 0.3 | 0.2668 |
| 0.4 | 0.2150 |
| 0.5 | 0.1172 |
| 0.6 | 0.0425 |
| 0.7 | 0.0090 |
| 0.8 | 0.0008 |
| 0.9 | 0.0000 |

$p=0.3$일 때 표본의 실제관측치가 나타날 가능성(확률)이 제일 크다. 이 경우 $p=0.3$은 표본비율인

$$\hat{p}=\frac{\sum X_i}{n}=\frac{Y}{n}=\frac{3}{10} \quad (X_i\text{는 베르누이 확률변수, } Y\text{는 성공횟수})$$

과 같으며 $\hat{p}$으로 $p$를 추정하는 것이 된다. 이 때 $\hat{p}=0.3$은 표본의 실제관측치를 나타나게 할 가능성이 가장 큰 추정량으로 최우추정량이라고 한다.

최대우도추정량은 구하는 방법이 비교적 간단하며 여러 가지 좋은 성질을 많이 가지고 있기 때문에 자주 이용되는 추정량이다. 다만 최대우도추정량은 편의성을 가질 때가 많다.

## 2. 최우추정량을 구하는 방법

최대우도추정량을 구하는 방법을 설명해 보자. 예를 들어 베르누이분포를 하는 모집단으로부터 $X_1$, $X_2,\cdots,X_n$의 확률표본을 추출하였다고 하자. $X_1=x_1$, $X_2=x_2,\cdots,X_n=x_n$에서의 결합확률밀도함수는 $X_1$, $X_2,\cdots,X_n$이 상호독립적이고 동일한 분포(i. i. d)를 하므로 동일한 분포의 곱으로 나타낼 수 있다. 즉

$$P(X_1=x_1,\cdots,X_n=x_n)=\prod_{i=1}^{n}p^{x_i}(1-p)^{1-x_i}=p^{\Sigma x_i}(1-p)^{n-\Sigma x_i} \quad (10.8)$$

가 되며 식 (10.8)은 $p$에 대한 함수로 생각할 수 있으며 이를 尤度函數(liklihood function)라고 하며 $L(p;\ x_1,\ x_2,\cdots,x_n)$으로 표시한다.

$$\begin{aligned}L(p;\ x_1,\ x_2,\cdots,x_n)&=f(x_1;\ p)f(x_2;\ p)\cdots f(x_n;\ p)\\&=p^{\Sigma x_i}(1-p)^{n-\Sigma x_i}\end{aligned} \quad (10.9)$$

식 (10.9)의 결합확률밀도함수를 주어진 표본이 추출될 수 있는 가능성(확률)으로 본다면 우도함수를 최대화시키는 $p$값을 찾아내는 방법이 최대우도추정법이 된다.

$L(p;\ x_1,\ x_2,\cdots,x_n)=L(p)$를 최대로 하는 $p$값을 찾는 대신에 $L(p)$에 자연대수를 취한 $\ln L(p)$를 최대로 하는 $p$의 값을 찾는 것이 훨씬 쉬우므로 보통 $\ln L(p)$를 최대로 하는 $p$값을 찾는 것이 일반적이다. 식 (10.9)에 자연대수를 취하면

$$\ln L(p) = (\sum x_i)\ln p + (n - \sum x_i)\ln(1-p) \qquad (10.10)$$

가 되며 식 (10.10)을 최대화하는 $p$는 $d\ln L(p)/dp = 0$, $d^2 \ln L(p)/dp < 0$ 을 만족하면 된다.

$$\frac{d[\ln L(p)]}{dp} = (\sum x_i)\frac{1}{p} + (n - \sum x_i)\left(\frac{-1}{1-p}\right) = 0$$

따라서 식 (10.9)를 최대화하는 $p$는

$$p = \left(\frac{1}{n}\right)\sum_{i=1}^{n} x_i = \bar{x} \qquad (10.11)$$

이며 식 (10.11)은 실제관측치들이 대입된 추정치이다. 이 추정치에 대응되는 통계량 $\frac{1}{n}\sum X_i = \bar{X}$를 최대우도추정량(M. L. E.; maximum likelihood estimator)이라고 부른다. $\sum X_i$는 결국 이제까지의 기호로는 성공횟수 $Y$를 나타내므로 $p$에 대한 M. L. E.는

$$\hat{p} = \frac{Y}{n} = \frac{1}{n}\sum_{i=1}^{n} X_i = \bar{X}$$

임을 알 수 있다.

$X_1$, $X_2$, …, $X_n$이 정규분포 $N(\mu, \sigma^2)$으로부터 추출된 확률표본일 때 모평균 $\mu$와 모분산 $\sigma^2$의 최대우도추정량(M. L. E)은

$$\partial L(\mu, \sigma^2)/\partial\mu = 0$$
$$\partial L(\mu, \sigma^2)/\partial\sigma^2 = 0$$

을 동시에 만족하는 $\hat{\mu}$과 $\hat{\sigma}^2$으로

$$\hat{\mu} = \bar{X} = \frac{1}{n}\sum X_i$$

$$\hat{\sigma}^2 = V^2 = \frac{1}{n}\sum(X_i - \bar{X})^2$$

이다. 모분산 $\sigma^2$에 대한 불편추정량은 $S^2$이지만 최대우도추청량은 $V^2$이 된다.

## 연습문제

10. 1 점추정과 구간추정을 설명하시오.

10. 2 추정량(estimator)과 추정치(estimate)의 차이를 설명하시오.

10. 3 바람직한 추정량의 4가지 조건을 간략히 설명하시오.

10. 4 $X_1$, $X_2$, $X_3$을 미지의 평균 $\mu$와 알려진 분산 $\sigma^2$을 갖는 분포로부터 추출한 크기 $n=3$인 확률표본이라고 하자. 이 경우 $\bar{X}$는 불편추정량이며 $\sigma^2/3$의 분산을 가진다. 또 다른 추정량

$$Y = \frac{X_1 + 2X_2 + 3X_3}{6}$$

를 생각해 보자.

(1) $E(Y)$를 구하시오. $Y$는 불편추정량인가?

(2) $\mathrm{Var}(Y)$를 구하시오.

(3) $\bar{X}$가 $Y$보다 좋은 추정량이면 그 이유를 설명하시오.

10. 5* 다음이 성립함을 유도하시오.

(1) $\mathrm{Var}(S^2) = \dfrac{2}{n-1}\sigma^4$

(2) $\mathrm{Var}(V^2) = \dfrac{2(n-1)}{n^2}\sigma^4$

(힌트 : 예제 10.1을 참고하시오)

10. 6* 다음을 설명하시오.

(1) 우도함수

(2) 최대우도추정량

(3) 최대우도추정량의 계산방법

# 11. 평균의 구간추정

모집단의 평균 $\mu$나 평균의 차 $\Delta\mu$에 대한 신뢰구간을 구할 때 $\bar{X}$나 $\Delta\bar{X}$를 기본추정량으로 사용한다. 평균의 구간추정은 크게 모집단이 하나일 때와 모집단이 둘인 경우로 나누어 고찰할 수 있다. 모집단이 둘인 경우는 다시 각 모집단이 추출된 표본이 서로 독립적인 경우(independent samples)와 짝을 이루는 표본(matched samples)의 두 가지로 나누어진다. 세부적인 것은 다음의 표를 참고하기 바란다. 〈표 11. 1〉은 제 9 장의 제 9 절에서 $\bar{X}$의 표본분포를 정리한 표와 근본적으로 동일한 표임을 인식하기 바란다.

〈표 11. 1〉 단일모집단의 평균에 대한 구간추정

| 모분산의 정보 | 모집단의 분포 | 표본의 크기 | 이용가능한 분포 | 교재설명 |
|---|---|---|---|---|
| $\sigma^2$을 알 때 | 정규분포 | 小, 大 | $Z$ | 제 1 절 1. |
| | 비정규분포 | 小 | 단봉일 경우 근사적 $Z$ | ———— |
| | | 大 ($n \geq 30$) | 근사적 $Z$ (중심극한 정리) | 제 1 절 2. |
| $\sigma^2$을 모를 때 | 정규분포 | 小, 大 | $t$ | 제 1 절 3. |
| | 비정규분포 | 小 | 단봉일 경우 근사적 $t$ | ———— |
| | | 大 ($n \geq 30$) | 근사적 $t$ (심한 비대칭인 경우는 $n \geq 50$ 필요) | 제 1 절 4. |

〈표 11. 2〉 두 모집단 평균의 差에 대한 구간추정

| 두 표본의 성격 | $\sigma_X^2$, $\sigma_Y^2$이 알려진 여부 | 표본크기 | 모집단분포 | 이용가능한 분포 | 교재설명 |
|---|---|---|---|---|---|
| 서로 독립적인 표본 | $\sigma_X^2$, $\sigma_Y^2$ 을 알 때 | 小, 大 | 정규분포 | $Z$ | 제 2 절 1.(1) |
| | $\sigma_X^2$, $\sigma_Y^2$ 을 모를 때 | 大 | 정규·비정규 | 근사적 $Z$ | 제 2 절 1.(2) |
| | | 小 | 정규분포 $\sigma_X^2 = \sigma_Y^2$ | $t$ | 제 2 절 1.(3) |
| 짝을 이루는 표본 | $\sigma_X^2$, $\sigma_Y^2$ 을 알 때 | 小, 大 | 정규분포 | $Z$ | ———— |
| | $\sigma_X^2$, $\sigma_Y^2$ 을 모를 때 | 小, 大 | 정규분포 | $t$ | 제 2 절 2. |

위 표에서 $Z$는 표준정규분포의 통계량을, $t$는 $t$통계량을 나타낸다.

# 제 1 절 단일모집단의 평균에 대한 구간추정

## 1. 모분산이 알려진 경우(모집단이 正規分布)

모집단의 분포가 $N(\mu, \sigma^2)$이고 분산 $\sigma^2$이 알려진 경우 모수 $\mu$에 대한 신뢰구간을 구해 보자. $\bar{X}$의 평균은 $\mu$, 분산은 $\sigma^2/n$이므로 $\bar{X}$는 $N(\mu, \sigma^2/n)$의 정규분포를 한다. 따라서,

$$Z=\frac{\bar{X}-\mu}{\sigma/\sqrt{n}}$$

은 표준정규분포 $N(0, 1)$을 한다. 여기서 $z_{\alpha/2}$와 $-z_{\alpha/2}$을 다음과 같이 정의한다.

$$P(Z> z_{\alpha/2})=\alpha/2$$
$$P(Z< -z_{\alpha/2})=\alpha/2$$

[그림 11. 1] $z_{\alpha/2}$와 $-z_{\alpha/2}$

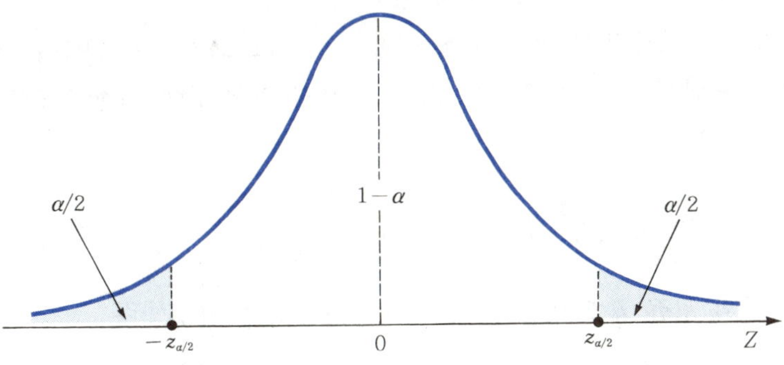


따라서 $\alpha$의 값이 주어지면 부록의 [표 4]를 이용하여

$$P\left[-z_{\alpha/2}\le\frac{\bar{X}-\mu}{\sigma/\sqrt{n}}\le z_{\alpha/2}\right]=1-\alpha \tag{11.1}$$

를 만족시키는 $z_{\alpha/2}$ 값을 구할 수 있다. 예를 들어 $1-\alpha=0.95$라고 하면 $z_{\alpha/2}=z_{0.025}=1.96$이고 $1-\alpha=0.90$이라고 하면 $z_{\alpha/2}=z_{0.05}=1.645$이다.

식 (11.1)은 모수 $\mu$에 관한 구간을 표시하는 것이 아니므로 식 (11.1)

을 식 (11.2)와 같이 $\mu$에 관한 구간을 표시하는 식으로 고쳐 보자. 식 (11.1)로부터

$$1-\alpha = P\left[-z_{\alpha/2}\left(\frac{\sigma}{\sqrt{n}}\right) \le \bar{X}-\mu \le z_{\alpha/2}\left(\frac{\sigma}{\sqrt{n}}\right)\right]$$
$$= P\left[\bar{X}-z_{\alpha/2}\left(\frac{\sigma}{\sqrt{n}}\right) \le \mu \le \bar{X}+z_{\alpha/2}\left(\frac{\sigma}{\sqrt{n}}\right)\right]$$

이 성립한다. 위 식은 確率區間(random interval)

$$\left[\bar{X}-z_{\alpha/2}\left(\frac{\sigma}{\sqrt{n}}\right),\ \ \bar{X}+z_{\alpha/2}\left(\frac{\sigma}{\sqrt{n}}\right)\right] \tag{11.2}$$

이 모수 $\mu$를 포함한 확률이 $1-\alpha$인 것을 나타낸다. 표본이 추출되어 실제 표본평균 $\bar{x}$가 계산되면 확률구간은 특정한 값인

$$\left[\bar{x}-z_{\alpha/2}\left(\frac{\sigma}{\sqrt{n}}\right),\ \ \bar{x}+z_{\alpha/2}\left(\frac{\sigma}{\sqrt{n}}\right)\right] \tag{11.3}$$

이 되어 식 (11.3)은 실제수치가 나타나는 알려진 구간(known interval) 혹은 계산된 구간(computed interval)이 된다.

표본이 추출되기 전에 확률구간인 식 (11.2)가 $\mu$를 포함할 확률이 $1-\alpha$이므로 계산된 구간인 식 (11.3)을 미지의 평균 $\mu$에 대한 $100(1-\alpha)\%$ 신뢰구간이라고 부른다. 예를 들면

$$\left[\bar{x}-1.96\left(\frac{\sigma}{\sqrt{n}}\right),\ \ \bar{x}+1.96\left(\frac{\sigma}{\sqrt{n}}\right)\right]$$

를 미지의 평균 $\mu$에 대한 95% 신뢰구간이라고 한다.

**모분산($\sigma^2$)이 알려진 경우 $\mu$의 $100(1-\alpha)\%$ 신뢰구간**
(모집단의 분포가 $N(\mu,\ \sigma^2)$일 때)

$$P\left[\bar{X}-z_{\alpha/2}\left(\frac{\sigma}{\sqrt{n}}\right) \le \mu \le \bar{X}+z_{\alpha/2}\left(\frac{\sigma}{\sqrt{n}}\right)\right]=1-\alpha \tag{11.4}$$

식 (11.3)에서도 알 수 있듯이 $\mu$의 신뢰구간에 영향을 미치는 요소는 $\sigma$, $1-\alpha$, $n$ 등의 3가지를 들 수 있다. $\sigma$와 표본크기 $n$이 고정되어 있을 때 신

뢰수준(계수) $1-\alpha$를 낮추면 신뢰구간을 줄일 수 있다. 또 $n$이 증가하면 같은 신뢰수준 $1-\alpha$에서 신뢰구간이 좁아진다. 신뢰구간이 좁아지는 것은 $\mu$의 추정치로서의 $\bar{X}$가 신뢰성이 좋아지는 것을 의미한다.

예제 11.1

A카드회사 회원들의 월 카드사용금액(단위 : 십만 원)은 정규분포 $N(\mu, 23.04)$를 따른다고 한다. 표본크기 16인 확률표본으로부터 $\bar{x}$를 계산하여 未知의 모수 $\mu$의 90% 신뢰구간을 구해 보자.

[그림 11.2] $\mu$의 90% 신뢰구간

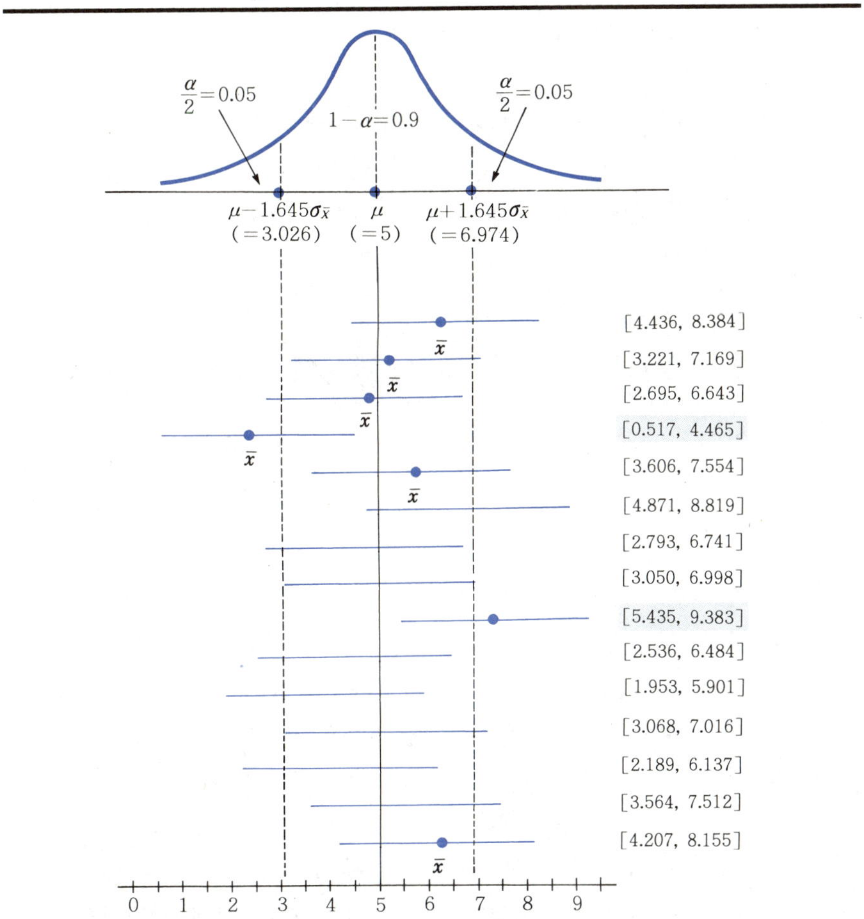

(풀이)

$1-\alpha=0.9$이므로 $\alpha/2=0.05$이다. 따라서 $z_{\alpha/2}=1.645$이다. 따라서 90% 신뢰구간은

$$\left[\bar{x}-1.645\sqrt{\frac{23.04}{16}},\quad \bar{x}+1.645\sqrt{\frac{23.04}{16}}\right]$$

가 된다. 표본으로부터 계산된 표본평균이 $\bar{x}=4.5$이면 위 식으로부터 $\mu$에 대한 90% 신뢰구간은 [2.526, 6.474]가 된다.

위의 예제에서 어떤 표본이 주어지면 $\bar{x}$값이 결정되므로 위 식의 구간이 미지의 모수 $\mu$를 포함할 수도 있고 않을 수도 있다. 그러나 표본크기 16인 많은 표본을 관찰하여 구간들을 계산하면 그 구간들의 90% 정도는 $\mu$를 포함한다. 크기 16인 확률표본 15개를 정규분포 $N(5,\ 23.04)$로부터 모의추출(simulation)하였다. $\mu$가 알려지지 않은 것 처럼하여 각 확률표본마다 계산된 $\bar{x}$를 위 식에 대입하여 90% 신뢰구간을 계산하였다. [그림 11.2]는 15개의 구간을 선분으로 표시하였는데 15개의 구간 중에서 13개(약 86.7%)가 $\mu$를 포함하는 것을 알 수 있다.

## 2. 모분산이 알려진 경우(모집단이 非正規分布이고 大標本일 때)

모집단이 정규분포를 하지 않더라도 $\sigma^2$이 알려지고 $n$이 큰 경우는($n \geq 30$) 중심극한정리에 의하여

$$\frac{\bar{X}-\mu}{\sigma/\sqrt{n}}$$

은 근사적으로 표준정규분포 $N(0,\ 1)$을 따른다. 그러므로 $\mu$에 대한 근사적 $100(1-\alpha)\%$ 신뢰구간은 식 (11.4)와 같다. 만약 모집단이 연속이고 單峰分布인 경우에는 $n=5$에서도 좋은 근사치를 갖는다. 반면에 모집단이 심한 비대칭분포를 하거나 이산분포인 경우에는 작은 표본으로는 좋은 근사치를 얻지 못한다. 일반적으로 $n \geq 30$인 경우 좋은 근사치를 얻는다.

유한모집단이고 표본추출이 비복원이며, $n \geq 0.05N$인 경우에는 $\bar{X}$의 분산이 $\dfrac{\sigma^2}{n}\dfrac{N-n}{N-1}$이 되므로 신뢰구간에도 유한모집단조정계수를 감안해야 한다(연습문제 11.2를 참조). 앞으로 고찰될 여러 가지 다른 경우에서도 각 경우마

다 언급이 없어도 유한모집단이고 비복원추출이며 $n \geq 0.05N$이면 유한모집단조정계수를 사용하는 것이 바람직하다.

## 3. 모분산이 未知인 경우(모집단이 正規分布)

앞에서 고찰한 두 경우는 분산 $\sigma^2$이 알려진 경우를 가정하였다. 그러나 평균인 $\mu$가 알려지지 않은 경우는 대부분 분산인 $\sigma^2$도 알려지지 않은 경우가 많을 것이다. 우선 모집단의 분포가 $N(\mu, \sigma^2)$이고 $\sigma^2$이 알려져 있지 않은 경우 식 (9.14)에 의하여

$$T = \frac{\bar{X} - \mu}{S/\sqrt{n}}$$

는 자유도 $r = n-1$인 $t$분포를 한다.

다음 식을 만족하는 값을 $t_\alpha(r)$라고 하자.

$$P[T \geq t_\alpha(r)] = \alpha$$

$t$분포를 이용하면

$$\begin{aligned} 1-\alpha &= P\left[-t_{\alpha/2}(n-1) \leq \frac{\bar{X}-\mu}{S/\sqrt{n}} \leq t_{\alpha/2}(n-1)\right] \\ &= P\left[\bar{X} - t_{\alpha/2}(n-1)\frac{S}{\sqrt{n}} \leq \mu \leq \bar{X} + t_{\alpha/2}(n-1)\frac{S}{\sqrt{n}}\right] \end{aligned}$$

가 성립하므로 신뢰구간을 구할 수 있다.

**모분산 $\sigma^2$이 未知일 때 $\mu$에 대한 $100(1-\alpha)\%$ 신뢰구간**

(모집단이 정규분포일 때)

$$P\left[\bar{X} - t_{\alpha/2}(n-1)\frac{S}{\sqrt{n}} \leq \mu \leq \bar{X} + t_{\alpha/2}(n-1)\frac{S}{\sqrt{n}}\right] = 1-\alpha \qquad (11.5)$$

**예제 11.2**

고속도로 진입로 근처에 위치한 강남의 A주유소 고객 1인당 주유량은 $N(\mu, \sigma^2)$의 분포를 하며 평균 $\mu$와 분산 $\sigma^2$은 알려지지 않았다. 주인은 주유

소의 이윤을 분석하기 위한 기초자료로 사용하기 위하여 25명의 고객을 무작위로 추출하여 리터($l$)로 표시되는 주유량의 표본평균과 표본분산을 구하니 $\bar{x}=35$, $s^2=100$이다. 이 때 미지의 평균 $\mu$의 90% 신뢰구간을 구해 보자.

(풀이)

$t_{0.05}(24)=1.711$이므로 $\mu$에 대한 90% 신뢰구간은 식 (11.5)로부터

$$\left[35-1.711\left(\sqrt{\frac{100}{25}}\right),\quad 35+1.711\left(\sqrt{\frac{100}{25}}\right)\right]$$

즉, [31.578, 38.422]가 된다.

## 4. 모분산이 未知인 경우(모집단이 非正規分布일 때)

모집단이 정규분포가 아니고 $\sigma^2$이 미지인 경우

$$T=\frac{\bar{X}-\mu}{S/\sqrt{n}} \tag{11.6}$$

는 근사적으로 $t$분포를 하고 일반적으로 $n \geq 30$인 경우에 좋은 근사치를 갖는다. 그러나 모집단의 분포가 대칭이면서 단봉(unimodal)이고 연속인 경우에는 훨씬 작은 표본의 크기로도 좋은 근사치를 얻을 수 있다. $\sigma^2$이 未知이고 표본크기 $n \geq 30$이면

$$W=\frac{\bar{X}-\mu}{S/\sqrt{n}} \tag{11.7}$$

는 근사적으로 표준정규분포 $N(0,\ 1)$를 하며, 이는 모집단의 분포가 정규분포이거나 정규분포가 아니거나 성립한다. 그러나 모집단의 분포가 매우 심한 비대칭(badly skewed)을 이루거나 異常値(outlier)를 가지고 있을 경우에는 표본크기가 50 이상인 것이 바람직한 것으로 알려져 있다.

동일한 신뢰수준에서는 모집단의 분산 $\sigma^2$이 未知인 경우의 신뢰구간이 분산 $\sigma^2$이 알려진 경우의 신뢰구간보다 그 폭이 넓다. 그 이유는 $S$를 사용할 때는 $\sigma$의 값에 비하여 불확실하므로 이를 고려하면 $\sigma^2$이 알려지지 않았을 때의 신뢰구간이 넓어야 하는 것을 유추할 수 있다. 이는 $t$분포에서도 알 수 있다. 즉 모든 $n$에 대하여

$$t_{\alpha/2}(n-1) > z_{\alpha/2}$$

이 성립하므로 $t_{\alpha/2}(n-1)$을 사용할 때의 신뢰구간이 $z_{\alpha/2}$를 사용할 때의 신뢰구간보다 그 폭이 넓다.

## 제 2 절 두 모집단 평균의 差($\Delta\mu$)에 대한 구간추정*

### 1. 서로 독립적인 표본

#### (1) 두 모분산 $\sigma_X^2$, $\sigma_Y^2$이 알려지고 두 모집단이 正規分布일 때

$X_1, X_2, \cdots, X_n$과 $Y_1, Y_2, \cdots, Y_m$을 각각 독립적이고 正規分布인 $N(\mu_X, \sigma_X^2)$과 $N(\mu_Y, \sigma_Y^2)$으로부터 추출된 크기 $n$과 $m$인 확률표본이라고 가정하고 $\sigma_X^2$과 $\sigma_Y^2$은 알려져 있다고 가정하자.

$X$와 $Y$가 정규분포를 하므로 [정리 7.2]에 의하여 $\bar{X}$와 $\bar{Y}$도 정규분포를 하며 $(\bar{X}-\bar{Y})$도 정규분포를 한다. [정리 8.1]을 이용하면[1)]

$$W = \bar{X} - \bar{Y} \sim N\left(\mu_X - \mu_Y, \frac{\sigma_X^2}{n} + \frac{\sigma_Y^2}{m}\right)$$

의 분포를 따른다. 그러므로

$$Z = \frac{(\bar{X}-\bar{Y})-(\mu_X-\mu_Y)}{\sqrt{\dfrac{\sigma_X^2}{n} + \dfrac{\sigma_Y^2}{m}}} \sim N(0, 1) \tag{11.8}$$

의 분포를 따른다. 따라서

$$P\left[-z_{\alpha/2} \le \frac{\bar{X}-\bar{Y}-(\mu_X-\mu_Y)}{\sqrt{\sigma_X^2/n+\sigma_Y^2/m}} \le z_{\alpha/2}\right] = 1-\alpha$$

위 식을 변형하면 다음과 같다.

---

1) $E(\bar{X}-\bar{Y}) = E(\bar{X}) - E(\bar{Y}) = \mu_X - \mu_Y$,
$\mathrm{Var}(\bar{X}-\bar{Y}) = \mathrm{Var}(\bar{X}) + \mathrm{Var}(\bar{Y}) = \sigma_X^2/n + \sigma_Y^2/m$

**서로 독립적인 두 모집단 평균의 差에 대한 100(1−$\alpha$)% 신뢰구간**
(두 모집단이 正規分布이고 모분산이 알려진 경우)

$$P\left(\bar{X}-\bar{Y}-z_{\alpha/2}\sqrt{\frac{\sigma_X^2}{n}+\frac{\sigma_Y^2}{m}}\le \mu_X-\mu_Y\le \bar{X}-\bar{Y}+z_{\alpha/2}\sqrt{\frac{\sigma_X^2}{n}+\frac{\sigma_Y^2}{m}}\right)$$
$$=1-\alpha \qquad (11.9)$$

식 (11.9)에서 $\sqrt{\sigma_X^2/n+\sigma_Y^2/m}$은 $\bar{X}-\bar{Y}=W$의 표준편차($\sigma_W$)임에 유의하기 바란다.

예제 11.3

L백화점은 서울 강남과 안양에 2개의 분점을 가지고 있다. L백화점의 판매담당이사는 두 분점을 이용하는 고객의 나이 차이에 대한 분석을 하려고 한다. 두 분점을 이용하는 고객의 나이는 각각 정규분포를 하며, 강남분점 고객 나이($X$)의 분산은 36, 안양분점 고객 나이($Y$)의 분산은 64로 알려져 있다. 강남분점에서 12명, 안양 분점에서 16명을 무작위로 추출하니 $\bar{x}=40$, $\bar{y}=34$이다. 두 분점고객의 평균연령의 차이에 대한 95% 신뢰구간을 구하시오.

(풀이)

$$z_{\alpha/2}=z_{0.025}=1.96,$$
$$w=\bar{x}-\bar{y}=40-34=6$$
$$s_W=\sqrt{\frac{36}{12}+\frac{64}{16}}=2.646$$

식 (11.9)를 이용하면 $\mu_X-\mu_Y$에 대한 95% 신뢰구간은

$$6\pm(1.96)(2.646)=6\pm5.19$$

이므로 [0.81, 11.19]가 된다.

두 모분산이 알려지고 모집단이 정규분포를 하지 않은 경우에도 표본크기가 크면 식 (11.8)이 근사적 $N(0,\ 1)$의 분포를 한다고 볼 수 있다.

### (2) 두 母分散은 未知이나 大標本인 경우

$\sigma_X^2$과 $\sigma_Y^2$이 알려져 있지 않으나 표본의 크기가 크면 $\sigma_X^2$과 $\sigma_Y^2$ 대신에 $S_X^2$과 $S_Y^2$을 대신 사용할 수 있다. 이 경우 표본의 크기가 클 경우

$$W = \frac{(\bar{X} - \bar{Y}) - (\mu_X - \mu_Y)}{\sqrt{\frac{S_X^2}{n} + \frac{S_Y^2}{m}}} \tag{11.10}$$

는 근사적 $N(0, 1)$의 분포를 따른다. 따라서 식 (11.9)에서 $\sigma_X^2$과 $\sigma_Y^2$ 대신에 $S_X^2$과 $S_Y^2$을 대입하면 $\mu_X - \mu_Y$에 대한 $100(1-\alpha)\%$ 신뢰구간을 구할 수 있다.

**예제 11.4**

T.G.I.F라는 레스토랑은 강남과 신촌에 두 개의 분점을 가지고 있다. 레스토랑의 관리자는 두 분점의 하루 매출액의 차이를 알아 보기 위하여 지난 일 년간의 하루 매출액 100개 씩을 뽑아서 다음과 같은 결과를 얻었다.

**〈표 11.3〉 두 분점 매출액의 자료**

| 강남분점($X$) | 신촌분점($Y$) |
|---|---|
| $n =$ 100 | $m =$ 100 |
| $\bar{x} =$ 5,900 | $\bar{y} =$ 5,800 |
| $s_X^2 = 9,050$ | $s_Y^2 = 8,700$(단위 : 만 원) |

이 때 실제 하루 평균매출액의 차이에 대한 90% 신뢰구간을 구해 보자.

**(풀이)**

이 경우 표본의 크기가 크므로 모분산을 모르더라도 $\sigma_X^2$과 $\sigma_Y^2$을 $S_X^2$과 $S_Y^2$으로 대치하여 식 (11.10)을 이용할 수 있다.

$\bar{X} - \bar{Y} = W$라고 하면 $W$의 표준편차는

$$\sigma_W = \sqrt{\frac{9,050}{100} + \frac{8,700}{100}} = 12.7671$$

따라서 90% 신뢰구간은 $z_{0.05} = 1.645$을 이용하면

$$(5,900 - 5,800) \pm 1.645(12.7671)$$

이므로 [78.998, 121.002]가 된다.

### (3) 두 母分散이 未知이고 小標本인 경우(두 正規母集團, $\sigma_X^2 = \sigma_Y^2$)

경우에 따라서는 두 모분산이 알려져 있지 않고 표본의 크기가 작은 경

우가 자주 있을 수 있다. 이 경우에는 식 (11.9)의 $\sigma_X^2$과 $\sigma_Y^2$ 대신에 $S_X^2$과 $S_Y^2$을 대체하여 사용할 수 없는데, 이는 식 (11.10)의 $W$가 표본의 크기가 작은 경우는 근사적으로도 $N(0, 1)$의 분포를 하지 않기 때문이다. 이 때는 두 모집단의 분포가 정규분포이고 $\sigma_X^2=\sigma_Y^2$인 가정이 필요하다. 이런 가정하에서는 제 9 장에서 고찰한 식 (9.21)의 $t$통계량을 이용할 수 있다.

$X_1, X_2, \cdots, X_n$과 $Y_1, Y_2, \cdots, Y_m$이 서로 독립적인 $N(\mu_X, \sigma_X^2)$과 $N(\mu_Y, \sigma_Y^2)$으로부터 추출된 확률표본이고 $\sigma_X^2$과 $\sigma_Y^2$은 未知이나 $\sigma_X^2=\sigma_Y^2$이라고 가정하자. 이런 경우 식 (9.21)로부터

$$T=\frac{\bar{X}-\bar{Y}-(\mu_X-\mu_Y)}{\sqrt{\dfrac{(n-1)S_X^2+(m-1)S_Y^2}{n+m-2}\left(\dfrac{1}{n}+\dfrac{1}{m}\right)}}$$

$$=\frac{\bar{X}-\bar{Y}-(\mu_X-\mu_Y)}{S_P} \qquad (9.21)$$

은 $t(n+m-2)$의 分布를 하므로 다음이 성립한다.

$$P[-t_{\alpha/2}(n+m-2)\le T\le t_{\alpha/2}(n+m-2)]=1-\alpha$$

따라서 위 식을 변형하면 다음을 얻는다.

**서로 독립인 두 모집단 평균의 差에 대한 100(1−$\alpha$)% 신뢰구간**
(두 모집단이 정규분포를 따르고 두 모분산은 未知이나 $\sigma_X^2=\sigma_Y^2$)

$$P[\bar{X}-\bar{Y}-t_{\alpha/2}(n+m-2)S_P\le \mu_X-\mu_Y\le \bar{X}-\bar{Y}+t_{\alpha/2}(n+m-2)S_P]=1-\alpha \qquad (11.11)$$

여기서 $S_P$는 식 (9.21)의 분모이다.

**예제 11.5**

D증권의 사장은 잠실 지점과 영등포 지점을 이용하는 고객들이 증권에 투자한 평균투자금액을 비교하고자 한다. 각 지점의 고객투자금액은 각각 정규분포를 하며 분산은 동일한 것으로 알려져 있다. 두 지점에서 추출한 확률표본의 결과는 〈표 11.4〉와 같다.

이 자료를 이용하여 $\mu_X-\mu_Y$에 대한 90% 신뢰구간을 구해 보자.

〈표 11.4〉 두지점의 고객투자금액에 대한 자료

| 지 점 명 | 표본구좌수 | 표본평균 | 표본표준편차 |
|---|---|---|---|
| 잠실 지점 | $n=12$ | $\bar{x}=1,000$ | $s_X=150$(단위 : 만 원) |
| 영등포 지점 | $m=10$ | $\bar{y}=920$ | $s_Y=120$(단위 : 만 원) |

(풀이)

$$t_{\alpha/2}(n+m-2)=t_{0.05}(20)=1.725$$

$$\bar{x}-\bar{y}=80$$

$$s_p=\sqrt{\frac{(11)(150)^2+(9)(120)^2}{12+10-2}\left(\frac{1}{12}+\frac{1}{10}\right)}=58.79$$

따라서 $\mu_X-\mu_Y$에 대한 90% 신뢰구간은

$$80\pm1.725(58.79)=80\pm101.4$$

이므로 [−21.40, 181.40]이 된다. 신뢰구간이 0을 포함하므로 두 지점 고객의 평균투자금액은 차이가 있다고 볼 수 없다.

$\sigma_X^2$ 과 $\sigma_Y^2$ 이 일치하지 않을 때도 신뢰구간을 구할 수는 있으나 이 책에서는 다루지 않는다. 또 $\sigma_X^2=\sigma_Y^2$ 이외의 다른 가정하에서도 $\mu_X-\mu_Y$의 신뢰구간을 구할 수 있다. 즉, 만약 $\sigma_X^2/\sigma_Y^2$을 알고 있다면 $t$통계량을 이용하여 $\mu_X-\mu_Y$에 대한 신뢰구간을 구하는 것이 가능하다. 이에 대하여는 연습문제 11.14를 참고하기 바란다.

## 2. 짝을 이루는 표본(두 표본은 正規分布, $\sigma_X^2$과 $\sigma_Y^2$ 은 未知)

짝을 이루는 표본(matched samples)은 공장에서 어떤 특별한 훈련 전과 훈련 후의 작업시간이 표본관측치를 구성하는 경우와 같이, 동일 대상물을 서로 다른 시점에서 관측한다든지 할 때 이루어진다.

이제 관측치가 짝을 이루는 형태로 주어질 때 두 시점에서 관측한 값들을 $X_i$와 $Y_i$로 표시하고 두 관측치의 차이를 $D_i=X_i-Y_i$로 표시하자. $X_i$와 $Y_i$는 각각 정규분포를 하며 각각의 평균과 분산은 未知라고 가정한다(여기서는 제 2 절 1.(3)과 같이 $\sigma_X^2=\sigma_Y^2$ 이라는 가정은 요구되지 않는다). $X_i$와 $Y_i$가 정규분포를 하므로 $D_i$도 정규분포를 한다. $\bar{D}$를 $\bar{D}=\frac{\sum D_i}{n}$라고 하면 이것도 정규분포

를 한다. 여기서 $n$은 짝으로 된 관측치의 수이며 $D$의 표준편차($\sigma_D$)는

$$S_D = \sqrt{\frac{\sum(D-\bar{D})^2}{n-1}}$$

으로 추정되며 $\bar{D}$의 표준편차인 $\sigma_{\bar{D}} = \sigma_D/\sqrt{n}$은

$$S_{\bar{D}} = \frac{S_D}{\sqrt{n}}$$

으로 추정된다. 즉 일단 $D_i$값들이 계산되면 이 값들이 마치 단일모집단에서 나온 표본처럼 생각하여 $\bar{D}$, $S_D$, $S_{\bar{D}}$ 등을 계산한다. 그러므로

$$\frac{\bar{D}-\mu_D}{S_D/\sqrt{n}} \sim t(n-1) \tag{11.12}$$

의 분포를 하며

$$P\left[-t_{\alpha/2}(n-1) \le \frac{\bar{D}-\mu_D}{S_D/\sqrt{n}} \le t_{\alpha/2}(n-1)\right] = 1-\alpha$$

가 성립한다. 위 식을 변형하면 다음과 같다.

**짝을 이루는 표본의 $\mu_X-\mu_Y$의 100(1−$\alpha$)% 신뢰구간**

(두 모집단이 正規分布를 따르고 母分散이 未知일 때)

$$P\left[\bar{D}-t_{\alpha/2}(n-1)\frac{S_D}{\sqrt{n}} \le \mu_X-\mu_Y \le \bar{D}+t_{\alpha/2}(n-1)\frac{S_D}{\sqrt{n}}\right] = 1-\alpha \tag{11.13}$$

$n \ge 30$인 경우는 $t_{\alpha/2}(n-1)$ 대신에 $z_{\alpha/2}$를 사용하여 구할 수 있다.

또 두 집단의 분산을 알 때는 $t$분포 대신에 표준정규분포를 이용한다.

**예제 11.6**

A자동차 공장에서는 생산되는 자동차에 스테레오장치를 설치하는 작업시간을 단축시키기 위하여 특별훈련을 실시하였다. 훈련의 효과를 측정하기 위하여 7사람을 뽑아서 훈련 전과 훈련 후의 작업시간을 조사한 결과 다음을 얻었다. 훈련 전 작업시간($X$)과 훈련 후 작업시간($Y$)은 각각 정규분포를 하

며 $\sigma_X^2$과 $\sigma_Y^2$는 미지이다. 이 때 훈련 전과 훈련 후의 실제 평균작업시간의 차 $\mu_X - \mu_Y$에 대한 95% 신뢰구간을 구해 보자.

〈표 11.5〉 훈련 전과 훈련 후 작업시간에 대한 자료

| 종 업 원 | 작업시간(분) 훈련 전 : $X$ | 훈련 후 : $Y$ | $D=X-Y$ | $D-\bar{D}$ | $(D-\bar{D})^2$ |
|---|---|---|---|---|---|
| A | 153 | 157 | −4 | −8 | 64 |
| B | 171 | 167 | 4 | 0 | 0 |
| C | 179 | 175 | 4 | 0 | 0 |
| D | 157 | 157 | 0 | −4 | 16 |
| E | 159 | 153 | 6 | 2 | 4 |
| F | 173 | 163 | 10 | 6 | 36 |
| G | 163 | 155 | 8 | 4 | 16 |
| 합 계 | 1,155 | 1,127 | 28 | 0 | 136 |
| 평 균 | $\bar{X}=165$ | $\bar{Y}=161$ | $\bar{D}=4$ | | |

(풀이)

$$S_D = \sqrt{\frac{\sum(D-\bar{D})^2}{n-1}} = \sqrt{\frac{136}{6}} = 4.761 \quad , \quad t_{0.025}(6) = 2.447$$

따라서 $\mu_X - \mu_Y$의 95% 신뢰구간은

$$4 \pm (2.447)\frac{4.761}{\sqrt{7}}$$

이므로 $[-0.402,\ 8.402]$이다.

## 제 3 절 표본크기의 결정

"모수를 추정하기 위하여 표본의 크기가 얼마가 되어야 하는가?"라는 문제는 표본추출법의 가장 기본적인 문제라고 할 수 있다. 신뢰구간의 폭이 너무 넓으면 정보로서의 가치가 없음은 이미 살펴보았다. 여기서는 모평균($\mu$)에 대한 구간추정의 경우 일정한 신뢰수준하에서 최대오차와 표본크기의 관계에 대하여 고찰해 본다.

신뢰구간의 폭을 결정하는 요인으로는 신뢰수준 · 표본크기 및 모집단의 분산 등을 들 수 있다. 모집단의 평균 $\mu$를 추정할 때 신뢰구간의 양끝점을 나타내는 식은 다음과 같다.

$$\bar{X} \pm z_{\alpha/2}\frac{\sigma}{\sqrt{n}} \qquad \text{(모분산 } \sigma^2\text{이 알려진 경우)} \qquad (11.14)$$

$$\bar{X} \pm t_{\alpha/2}(n-1)\frac{S}{\sqrt{n}} \qquad \text{(모분산 } \sigma^2\text{이 未知인 경우)} \qquad (11.15)$$

여기서 신뢰구간의 한쪽 폭을 推定値의 最大誤差(maximum error of the estimate)라고 하면 최대오차 $\varepsilon$은 다음과 같다.

$$\varepsilon = z_{\alpha/2}\frac{\sigma}{\sqrt{n}} \qquad (11.16)$$

모수에 대한 구간추정을 하는 경우 신뢰수준 $1-\alpha$는 주어지며, 또 모분산은 조정하기가 힘드므로 신뢰구간의 폭이나 최대오차는 표본크기에 달려 있다고 생각할 수 있다. 따라서 원하는 최대오차를 결정하면 이를 만족시키는 표본크기는 식 (11.16)으로부터 다음과 같다.

**$\mu$에 대한 100(1−$\alpha$)% 신뢰구간이 $\bar{x}\pm\varepsilon$ 이내에 놓이게 하는 표본크기**

$$n \geq \frac{z_{\alpha/2}^2\sigma^2}{\varepsilon^2} \qquad (11.17)$$

만약 $\sigma^2$이 未知인 경우에는 식 (11.15)를 이용하기가 곤란한데, 그 이유는 $t_{\alpha/2}(n-1)$과 $S$는 표본크기 $n$이 주어져야 결정될 수 있는 값들이기 때문이다. 이 때는 $S^2$을 구하여 식 (11.17)의 $\sigma^2$ 대신에 사용한다.

**예제 11. 17**

S증권 연수팀에서는 선물시장의 활성화에 따른 사원들의 적응능력을 높이기 위하여 옵션(option)과 선물(futures) 등에 관한 새로운 강의기법을 도입해서, 이 강의방법에 대하여 평가를 시도하려고 한다. 평가방법은 3개월간의 강좌가 끝난 후에, 수강한 직원들이 국제적으로 인정된 표준시험에 응시하고 그 결과로 평가한다. 과거의 경험으로 표준시험의 성적분포는 $N(\mu,\ 15^2)$을

따른다고 하면 두 가지 경우에 표본크기 $n$을 구해 보자.

1) $\bar{x} \pm 1$이 95% 신뢰도(신뢰수준)를 가지고 미지의 모수 $\mu$를 포함하도록 하는 표본크기 $n$을 구해 보자. 최대오차 $\varepsilon = 1$인 경우이므로

$$1.96\left(\frac{15}{\sqrt{n}}\right) = 1 = \varepsilon$$

을 만족하는 $n$은 $n = 864.36$이므로 $n = 865$이다.

2) 만약 $\bar{x} \pm 3$이 90%의 신뢰도를 가지고 $\mu$를 포함하도록 하는 표본크기 $n$은 식 (11.17)로부터

$$n = \frac{(1.645)^2(15)^2}{3^2} = 67.65$$

이므로 표본크기 $n = 68$이 된다.

## 연습문제

11.1 전선을 만드는 어느 회사의 품질검사부에서는 전선의 강도를 시험하기 위하여 주기적으로 표본을 추출한다. 과거의 경험상으로 전선의 강도는 정규분포 $N(\mu, 200^2)$를 따른다고 한다. $n = 16$인 확률표본에서 $\bar{x} = 6{,}200$이다. 이 회사에서 생산하는 전선의 평균강도에 대한 95% 신뢰구간을 구하시오(식 (11.4) 이용).

11.2 H대학교의 상경대학 학생들의 학력고사 수학점수를 추정하려고 한다. $n = 150$명의 표본을 뽑아서 조사해 보니 $\bar{x} = 68$이었다. 과거의 경험상 모집단의 분산은 $\sigma^2 = 100$으로 알려져 있으며 모집단의 분포는 정규분포가 아니다. 모집단의 평균점수 $\mu$에 대한 99% 신뢰구간을 구하시오. 단, 상경대학 학생수는 1,000명이고 비복원추출을 가정하시오(제 1 절 2. 참조).

11. 3 어느 TV공장의 조립라인에서 A부품을 조립하는 데 걸리는 시간을 추정하려고 한다. 이 공장의 공장장은 $n=16$인 확률표본을 추출하여 $\bar{x}=13$분과 $s=3$분을 얻었다. A부품을 조립하는 데 걸리는 평균조립시간에 대한 95% 신뢰구간을 구하시오. 단, $n=16$인 확률표본은 분산 $\sigma^2$이 未知인 정규분포로부터 추출된 것이다(식 (11.5) 이용).

11. 4 정부투자기관에서 근무하는 대리급의 평균연봉을 추정하려고 한다. 연봉은 정규분포를 하지 않으며 $\mu$와 $\sigma^2$은 未知이다. $n=15$인 확률표본을 선정하여 $\bar{x}=27.38$(단위 : 백만 원), $s=2.26$(단위 : 백만 원)을 얻었다. 평균연봉 $\mu$에 대한 90% 신뢰구간을 구하시오(식 (11.6) 이용).

11. 5 소비자보호단체에서는 최근 TV에서 선전되는 과자의 실제무게가 과자봉지에 표시된 무게와 일치하는지를 조사하려고 과자 16개($n=16$)를 추출하였다. 과자봉지에 표시된 무게는 5.0g이고 16개의 표본자료는 다음과 같다.

| | | | | | | | |
|---|---|---|---|---|---|---|---|
| 4.8 | 4.7 | 5.0 | 5.2 | 4.7 | 4.9 | 5.0 | 5.0 |
| 4.6 | 4.7 | 5.0 | 5.1 | 4.7 | 4.5 | 4.9 | 4.9 |

(1) $\bar{x}$와 $s$를 구하시오.

(2) $t_{0.025}(15)$를 구하시오.

(3) 평균무게 $\mu$의 95% 신뢰구간을 구하시오(식 (11.16) 이용).

11. 6 K은행의 응암동지점에서는 은행서비스를 받기 위하여 기다리는 시간이 너무 길다는 불만들이 은행측에 자주 접수되었다. 이 은행의 지점장은 이와 같은 불만을 해소하기 위하여 평균대기시간을 조사하기로 하였다. $n=32$명을 표본으로 추출하여 조사하니 다음과 같은 기다리는 시간을 얻었다(단위 : 분).

| | | | | | | | | | |
|---|---|---|---|---|---|---|---|---|---|
| 13.0 | 18.5 | 16.4 | 14.8 | 19.4 | 17.3 | 23.2 | 24.9 | 20.8 | 19.3 |
| 18.8 | 23.1 | 15.2 | 19.9 | 19.1 | 18.1 | 25.1 | 16.8 | 20.4 | 17.4 |
| 25.2 | 23.1 | 15.3 | 19.4 | 16.0 | 21.7 | 15.2 | 21.3 | 21.5 | 16.8 |
| 15.6 | 17.6 | ($\bar{x}=19.07$, | $s^2=10.60$) | | | | | | |

평균대기시간 $\mu$에 대한 95% 신뢰구간을 구하시오(식 (11.7) 이용).

11. 7* A카드회사와 B카드회사의 회원들 월 카드사용액의 평균이 동일한지를 알아보기 위하여 A회사에서 $n=25$의 표본을 B회사에서 $m=16$의 표본을 선정하였다. 각각의 사용액은 $N(\mu_X,\ 10)$, $N(\mu_Y,\ 10)$을 하는 것으로 알려졌으며 $\bar{x}=22$(단위 : 만 원) $\bar{y}=20$(단위 : 만 원)이다. 이 때 $\mu_X-\mu_Y$에 대한 95% 신뢰구간을 구하시오(식 (11.9) 이용).

11. 8* H자동차회사의 구매부는 H자동차회사에 생산하는 자동차에 필요한 배터리를 A회사와 B회사로부터 구매하여 사용하고 있다. A회사의 배터리 수명은 $N(\mu_X,\ 16)$, B회사의 배터리의 수명은 $N(\mu_Y,\ 16)$의 분포를 따르는 것으로 알려졌다. A회사의 배터리 40개의 조사결과 평균수명이 32개월이고 B회사의 배터리 45개의 조사결과는 평균수명이 30개월로 나타났다. 두 회사 배터리의 실제 평균수명의 차이에 대한 95% 신뢰구간을 구하시오(식 (11.9) 이용).

11. 9* N백화점에서는 반포와 과천에 분점을 가지고 있다. N백화점은 영업전략을 세우기 위하여 두 분점을 이용하는 고객의 평균연령에 대한 분석을 하기 위하여 다음과 같은 자료를 얻었다.

| 분 점 | 표본크기 | 표본평균 | 표본표준편차 |
|---|---|---|---|
| 반 포 | $n=36$ | $\bar{x}=40$ | $s_X=\ 9$ |
| 과 천 | $m=49$ | $\bar{y}=35$ | $s_Y=10$ |

두 분점고객의 평균연령 차이에 대한 90% 신뢰구간을 구하시오(식 (11.10) 이용).

11.10* A고등학교의 학력고사 성적은 $N(\mu_X,\ \sigma^2)$을 하며 B고등학교의 학력고사 성적은 $N(\mu_Y,\ \sigma^2)$을 따르며 두 학교 성적의 分散은 同一하다. A고등학교로부터 $n=9$인 확률표본을 선정하여 $\bar{x}=81.31$, $s_X^2=60.76$을 얻고 B고등학교로부터 $m=15$인 확률표본을 선정하여 $\bar{y}=78.61$, $s_Y^2=48.24$를 얻었을 때 $\mu_X-\mu_Y$에 대한 95% 신뢰구간을 구하시오(식 (11.11) 이용).

11.11* D생명보험회사에서는 보험가입자가 질병이나 상해로 입원한 경우 입

원비를 보험금으로 지급하는 보험을 주력상품으로 판매하려고 한다. D생명보험회사에서는 춘천과 서울의 병원으로부터 환자기록카드를 조사하여 입원환자 평균연령의 동일성 여부에 관한 검정을 하려고 한다. 이 검정은 보험회사의 장기영업전략에 중요한 자료로 활용된다고 한다. 환자기록카드를 조사하여 다음의 표본결과를 얻었다.

| 분 점 | 표본크기 | 표본평균(나이) | 표본분산 |
|---|---|---|---|
| 춘 천 | $n=25$ | $\bar{x}=50.2$ | $s_X^2=36$ |
| 서 울 | $m=12$ | $\bar{y}=46.1$ | $s_Y^2=44$ |

두 지역의 환자 나이는 각각 正規分布를 하며 母分散은 未知이나 同一한 것으로 알려졌을 때 $\mu_X-\mu_Y$에 대한 95% 신뢰구간을 구해 보시오 (식 (11.11) 이용).

11.12* 10개의 종합무역회사를 단순확률표본으로 선정하여 올해 신입사원의 교육훈련비($X$)와 작년 신입사원의 교육훈련비($Y$)를 비교하였더니 다음과 같은 결과를 얻었다. $X$와 $Y$가 각각 정규분포를 따르고 두 모분산이 未知일 때 신입사원 교육훈련비의 평균지출 차이에 대한 95% 신뢰구간을 구하시오(식 (11.13) 이용).

(단위 : 십만 원)

| 회 사 | 올해 지출 : $X$ | 작년 지출 : $Y$ | $D_i$ |
|---|---|---|---|
| A | 12 | 10 | 2 |
| B | 14 | 11 | 3 |
| C | 8 | 8 | 0 |
| D | 12 | 7 | 5 |
| E | 8 | 9 | −1 |
| F | 10 | 6 | 4 |
| G | 8 | 10 | −2 |
| H | 9 | 9 | 0 |
| I | 10 | 7 | 3 |
| J | 10 | 9 | 1 |

11.13 어느 회사의 광고담당이사는 지난 해에 지출된 평균광고비를 분석하고자 한다. 과거의 경험으로 볼 때 광고비의 모표준편차는 1,340만 원

이었다. $\bar{X} \pm 500$만 원이 95% 신뢰도를 가지고 $\mu$를 포함할 수 있도록 표본크기 $n$을 구하시오(식 (11.17) 이용).

11.14* $\bar{X}$, $\bar{Y}$, $S_X^2$, $S_Y^2$ 을 각각 서로 독립인 정규분포 $N(\mu_X,\ \sigma_X^2)$과 $N(\mu_Y,\ \sigma_Y^2)$으로부터 임의추출한 크기가 $n$과 $m$인 표본으로부터 얻은 표본평균과 표본분산이다. 여기서 $\mu_X$, $\mu_Y$, $\sigma_X^2$, $\sigma_Y^2$ 은 未知이다. 만일 $\sigma_X^2/\sigma_Y^2 = d$이고 $d$값이 알려진 경우 $t$통계량을 만들어 보자.

(1) $Z = \dfrac{\bar{X} - \bar{Y} - (\mu_X - \mu_Y)}{\sqrt{\dfrac{d\sigma_Y^2}{n} + \dfrac{\sigma_Y^2}{m}}}$ 의 분포가 $N(0,\ 1)$인지 확인하시오.

(2) $U = \dfrac{(n-1)S_X^2}{d\sigma_Y^2} + \dfrac{(m-1)S_Y^2}{\sigma_Y^2}$의 분포가 $\chi^2(n+m-2)$인지 확인하시오(정리 [9.2]와 식 (9.19) 참고).

(3) $t$통계량의 정의는 $T = \dfrac{Z}{\sqrt{U/(n+m-2)}}$ 임을 확인하시오(식 (9.20) 참고).

(4) $Z$와 $U$의 값을 (3)번의 식에 대입하면 $\sigma_Y^2$이 분모・분자에서 없어짐을 확인하시오(이와 같이 구한 $T$가 $t$통계량이 되며 이를 이용하여 $\sigma_X^2$과 $\sigma_Y^2$을 모르더라도 $\sigma_X^2/\sigma_Y^2 = d$가 알려진 경우 구간추정을 할 수 있다).

# 12. 비율과 분산의 구간추정

우리는 제11장에서 모평균에 대한 신뢰구간을 추정하는 방법에 대하여 고찰하였다. 모평균에 대한 신뢰구간은 ① 모분산이 알려졌는지의 여부 ② 표본의 크기 ③ 정규모집단의 유무 등에 따라 여러 경우로 나누어 설명하였다.

제12장에서는 母比率과 母分散의 信賴區間推定에 대하여 설명하려고 한다. 이는 모평균의 경우보다 훨씬 간단하다. 모비율에 대한 구간추정은 단일 모비율에 대한 구간추정과 두 모비율의 차이에 대한 구간추정의 두 경우로 나누어 고찰하며, 두 경우 모두 중심극한정리에 의하여 표준정규분포를 이용한다.

〈표 12.1〉 모비율의 구간추정

| 구간추정대상 | 모집단 분포 | 이용가능한 분포 | 참고예제 |
|---|---|---|---|
| (1) 단일모집단의 비율($p$) | 이항모집단 | 근사적 $Z$ | 제 1 절 1. |
| (2) 두 모집단 비율의 差($p_1-p_2$) | 이항모집단 | 근사적 $Z$ | 제 1 절 2. |

※ 유한모집단이고 비복원추출인 경우 분산을 계산할 때 유한모집단조정계수를 고려한다.

모분산에 대한 구간추정은 단일 모분산에 대한 구간추정과 두 모분산의 비율에 대한 구간추정으로 나누어 설명하고자 한다. 단일 모분산의 구간추정은 $\chi^2$분포를 이용하며, 두 모분산의 비율에 대한 구간추정은 $F$분포를 이용한다.

〈표 12.2〉 모분산의 구간추정

| 구간추정대상 | 모집단 분포 | 이용가능한 분포 | 참고예제 |
|---|---|---|---|
| (1) 단일모집단의 분산($\sigma^2$) | 정규분포 | $\chi^2$분포 | 제 2 절 1. |
| (2) 두 모집단 분산의 비율($\sigma_X^2/\sigma_Y^2$) | 정규분포 | $F$분포 | 제 2 절 2. |

## 제 1 절 모비율의 구간추정

모집단의 비율에 관한 신뢰구간의 추정은 현실적인 문제에 많이 응용될 수 있다. 서울시장 선거에 출마한 사람이 자신에 대한 지지율을 표본을 통하여 추정할 수도 있으며 다른 사람과의 지지율의 차에 대한 신뢰구간도 찾을 수 있을 것이다. 비율의 구간추정을 단일모집단인 경우와 두 모집단 비율의 차에 대한 경우의 두 가지로 나누어 고찰해 보자.

## 1. 모비율 $p$에 대한 구간추정

$\hat{p}$을 標本比率이라고 하면 $\hat{p}=Y/n$로 정의되었다. 여기서 $Y$는 표본에서의 성공횟수로 이항분포 $b(n, p)$를 따르는 것은 식 (8.3)에서 이미 고찰하였다. 또 중심극한정리에 의하여

$$W=\frac{Y-np}{\sqrt{np(1-p)}}=\frac{(Y/n)-p}{\sqrt{p(1-p)/n}}=\frac{\hat{p}-p}{\sigma_{\hat{p}}} \tag{9.5}$$

가 근사적으로 $N(0, 1)$의 분포를 하는 것도 이미 살펴보았다. 따라서 다음 식이 성립한다.

$$P\left[-z_{\alpha/2}\leq\frac{\hat{p}-p}{\sqrt{p(1-p)/n}}\leq z_{\alpha/2}\right]\fallingdotseq 1-\alpha \tag{12.1}$$

따라서 母比率 $p$에 대한 $100(1-\alpha)\%$ 신뢰구간은

$$P\left[\hat{p}-z_{\alpha/2}\sqrt{\frac{p(1-p)}{n}}\leq p\leq \hat{p}+z_{\alpha/2}\sqrt{\frac{p(1-p)}{n}}\right]\fallingdotseq 1-\alpha \tag{12.2}$$

식 (12.2)에서 $\sqrt{p(1-p)/n}$은 $p$값이 알려져 있지 않기 때문에 계산이 불가능하다. 이 문제는 $p$ 대신 $\hat{p}$을 사용하면 해결될 수 있다.

**모비율 $p$에 대한 $100(1-\alpha)\%$ 신뢰구간**

$$P\left[\hat{p}-z_{\alpha/2}\sqrt{\frac{\hat{p}(1-\hat{p})}{n}}\leq p\leq \hat{p}+z_{\alpha/2}\sqrt{\frac{\hat{p}(1-\hat{p})}{n}}\right]\fallingdotseq 1-\alpha \tag{12.3}$$

여기서

$\hat{p}=Y/n$($Y$는 성공횟수)

또 유한모집단으로부터 비복원추출을 하였을 경우 유한모집단조정계수를 고려해 주어야 한다. 이런 경우 $\sigma_{\hat{p}}$에 $\sqrt{(N-n)/(N-1)}$을 곱해 주어야 한다.

위와 같은 신뢰구간을 구하는 경우에는 표본이 어느 정도는 커야 하는데 표본비율이 0.5를 중심으로 차이가 크면 클수록 $n$의 크기는 더욱 더 커야만 한다.[1)]

1) 95% 신뢰구간 설정시 정규근사법을 사용할 수 있는 $n$의 크기는 $p=0.5$일 때 $n=30$, $p=0.4$ 혹은 0.6일 때 $n=50$, $p=0.3$ 혹은 0.7일 때 $n=80$, $p=0.2$ 혹은 0.8일 때 $n=200$,

예제 12. 1

국회의원 선거에 출마하려는 사람이 자신의 지역구의 전체 유권자를 모집단으로 하여 $n=100$의 확률표본을 선정하여 그 중에 자신의 지지자를 조사하니 20명이었다. 전체 유권자가 이 후보자에 대한 실제 지지율을 $p$라고 할 때 $p$에 대한 95% 신뢰구간을 근사적으로 구해 보자.

(풀이)

$y/n=20/100=0.2$, $z_{0.025}=1.96$이므로

$$0.2 \pm 1.96\sqrt{\frac{(0.2)(0.8)}{100}}$$

에서 $p$에 대한 95%의 신뢰구간은 [0.122, 0.278]이다.

## 2. 모비율의 差 $\Delta p$에 대한 구간추정*

모비율이 $p_1$인 이항모집단에서 추출된 크기 $n_1$인 확률표본과 모비율이 $p_2$인 이항모집단에서 추출된 크기 $n_2$인 확률표본이 있는 경우 두 標本比率의 差인 $\Delta\hat{p}=\hat{p}_1-\hat{p}_2$의 분포는 $\Delta\bar{X}$의 분포와 같은 원리로

$$\Delta\hat{p} \sim N\left(p_1-p_2,\ \frac{p_1(1-p_1)}{n_1}+\frac{p_2(1-p_2)}{n_2}\right)$$

분포를 근사적으로 하며 따라서

$$\frac{\hat{p}_1-\hat{p}_2-(p_1-p_2)}{\sqrt{\dfrac{p_1(1-p_1)}{n_1}+\dfrac{p_2(1-p_2)}{n_2}}}=\frac{\Delta\hat{p}-\Delta p}{\sigma_{\Delta\hat{p}}} \tag{12.4}$$

은 근사적으로 $N(0, 1)$의 분포를 따른다. 여기서 $\hat{p}_1=Y_1/n_1$, $\hat{p}_2=Y_2/n_2$를 말한다. 식 (12.4)의 $p_1$과 $p_2$는 未知의 母數이므로 $\hat{p}_1$과 $\hat{p}_2$로 대체하면

$$P\left[-z_{\alpha/2} \le \frac{\hat{p}_1-\hat{p}_2-(p_1-p_2)}{\sqrt{\dfrac{\hat{p}_1(1-\hat{p}_1)}{n_1}+\dfrac{\hat{p}_2(1-\hat{p}_2)}{n_2}}} \le z_{\alpha/2}\right] \fallingdotseq 1-\alpha$$

가 성립하므로 위 식을 정리하면 다음을 얻는다.

---

$p=0.1$ 혹은 0.9일 때 $n=600$정도가 요구된다고 한다. WG. Cochran, *Sampling Techniques*, 1953, Jon Wiley & Sons, p. 41 참조바람.

**모비율의 差 $\Delta p = p_1 - p_2$에 대한 $100(1-\alpha)\%$ 신뢰구간**

$$P[\Delta\hat{p} - z_{\alpha/2}\sigma_{\Delta\hat{p}} \le p_1 - p_2 \le \Delta\hat{p} + z_{\alpha/2}\sigma_{\Delta\hat{p}}] \fallingdotseq 1-\alpha \qquad (12.5)$$

여기서

$$\sigma_{\Delta\hat{p}} = \sqrt{\frac{\hat{p}_1(1-\hat{p}_1)}{n_1} + \frac{\hat{p}_2(1-\hat{p}_2)}{n_2}}$$

**예제 12.2**

서울시에 거주하는 신문 구독자들에 대한 특성을 조사하여 광고에 대한 의사결정을 하려고 한다. A신문과 B신문 구독자 500명씩을 표본으로 선정하고 연봉 4,000만 원 이상의 소득자를 조사하니 A신문의 경우는 100명, B신문의 경우는 85명이었다. 연봉 4,000만 원 이상의 구독자의 실제비율의 차이인 $p_1 - p_2$에 대한 95% 신뢰구간을 구해 보자.

(풀이)

$$\hat{p}_1 = 100/500 = 0.2, \qquad \hat{p}_2 = 85/500 = 0.17$$

따라서 95% 신뢰구간은

$$(0.2-0.17) \pm 1.96\sqrt{\frac{0.2(0.8)}{500} + \frac{0.17(0.83)}{500}}$$

이므로 $[-0.018, 0.078]$이다. 신뢰구간이 0을 포함하므로 4,000만 원 이상 소득이 있는 구독자의 비율이 차이가 있다고 말할 수 없다.

## 3. 표본크기의 결정

우리가 일상적으로 접하는 통계량은 모비율 $p$에 대한 추정치이다. 예를 들면 실업률, 어떤 후보에 대한 지지율, 신문이나 TV에서 행하는 여론조사의 지지율 등은 우리가 일상생활에서 자주 접하게 되는 것들이다. 이러한 $p$에 대한 추정치는 어떤 의사결정에 있어서 기본자료로 사용되는 경우가 많다. 이 경우 $p$에 대한 신뢰구간은 폭이 좁고 또 신뢰도(신뢰계수 · 신뢰수준)가 높은 것이 바람직하며 이를 위하여는 표본의 크기가 큰 것이 요구된다. 모비율 $p$

의 신뢰구간의 한쪽 폭인 추정치의 최대오차는

$$\varepsilon = \frac{z_{\alpha/2}\sqrt{\hat{p}(1-\hat{p})}}{\sqrt{n}} \tag{12.6}$$

이므로 표본크기는

$$n = \frac{z_{\alpha/2}^2\,\hat{p}(1-\hat{p})}{\varepsilon^2} \tag{12.7}$$

이다. 그러나 $\hat{p}=Y/n$($Y$는 성공횟수)는 표본이 추출된 후에나 알 수 있는 값이며 원하는 표본크기 $n$은 표본추출 전에 결정되어야 한다. 따라서 식 (12.7)은 사용될 수 없으며 이 때는 $p$에 가까운 값이라고 알려진 $p^*$가 주어지면 $\hat{p}$ 대신 $p^*$를 대입한다. 그러나 $p$에 대하여 알려진 값이 없는 경우에는 $p(1-p)\le 1/4$[2]인 점을 이용하면 식 (12.6)은

$$\varepsilon = \frac{z_{\alpha/2}\sqrt{\hat{p}(1-\hat{p})}}{\sqrt{n}} \le \frac{z_{\alpha/2}\left(\frac{1}{2}\right)}{\sqrt{n}} \tag{12.8}$$

이 되므로 원하는 표본크기는 다음과 같다.

**모비율 $p$에 대한 $100(1-\alpha)\%$ 신뢰구간이 $\hat{p}\pm\varepsilon$ 이내에 놓이게 하는 표본크기**

$$n \ge \frac{z_{\alpha/2}^2}{4\varepsilon^2} \tag{12.9}$$

예제 12.3

A전자에서 생산되는 TV부품의 불량품의 비율을 조사하려고 한다. 실제 불량품의 비율에 대한 95% 신뢰구간의 폭이 $\hat{p}\pm 0.05$보다 작게하기 위한 표본크기 $n$을 구해 보자.

(풀이)

$z_{0.025}=1.96$이고 $\varepsilon=0.05$이므로

2) $p(1-p)=-p^2+p=f(p)$라고 하면 $f'(p)=-2p+1=0$이 되게 하는 $p$는 $p=1/2$이다. 따라서 $p=1/2$일 때 $p(1-p)$는 최대값 1/4을 갖는다.

$$n \geq \frac{(1.96)^2}{4(0.05)^2} = 384.16$$

이므로 최소한의 표본크기는 $n = 385$이다.

## 제 2 절 분산에 대한 구간추정*

경우에 따라서는 모분산의 추정에 관심을 가질 경우가 있다. 예를 들면 어느 회사에서 생산된 축구공 지름의 변화도(즉, 분산)가 큰지 작은지의 여부를 조사하여 공인제품으로 승인하는 기준으로 할 수 있을 것이다. 여기서 고찰하는 분산에 대한 구간추정은 모집단이 하나인 경우와 두 개의 독립적인 모집단인 경우로 나누어 고찰하며 각각의 모집단은 모두 正規分布를 하는 것을 가정으로 한다.

### 1. 단일모집단의 $\sigma^2$에 대한 구간추정(모집단이 정규분포일 때)

모집단의 분포가 정규분포 $N(\mu, \sigma^2)$일 때 [정리 9.2]에 의하여

$$\frac{(n-1)S^2}{\sigma^2} = \frac{\sum_{i=1}^{n}(X_i - \bar{X})^2}{\sigma^2}$$

은 $\chi^2(n-1)$의 분포를 한다. 따라서

$$P\left[a \leq \frac{(n-1)S^2}{\sigma^2} \leq b\right] = 1-\alpha \qquad (12.10)$$

를 만족시키는 $a$와 $b$를 $a = \chi^2_{1-\alpha/2}(n-1)$, $b = \chi^2_{\alpha/2}(n-1)$가 되도록 $a$, $b$를 정하면 식 (12.10)으로부터 모분산 $\sigma^2$에 대한 신뢰구간을 구할 수 있다.

**모분산 $\sigma^2$에 대한 $100(1-\alpha)\%$ 신뢰구간**(모집단이 정규분포를 할 때)

$$P\left[\frac{(n-1)S^2}{\chi^2_{\alpha/2}(n-1)} \leq \sigma^2 \leq \frac{(n-1)S^2}{\chi^2_{1-\alpha/2}(n-1)}\right] = 1-\alpha \qquad (12.11)$$

예제 12.4

주식 투자에 대한 위험(risk)은 투자금액에 대한 수익률의 분산으로 측정된다고 한다. H주식의 연간수익률 26개를 표본으로 추출하였다. $s=15\%$일 때 모분산에 대한 95% 신뢰구간을 만들어 보자. $\sigma^2$에 대한 신뢰구간을 만들기 위하여 수익률의 분포는 正規分布라고 가정하자.

(풀이)

$\chi^2_{0.975}(25)=13.12$, $\chi^2_{0.025}(25)=40.646$이고 $25s^2=5625$이므로 $\sigma^2$에 대한 95% 신뢰구간은

$$\left[\frac{5625}{40.646}, \frac{5625}{13.12}\right]=[183.39,\ 428.73]$$

이며, 수익률의 표준편차 $\sigma$에 대한 95% 신뢰구간은

$$[\sqrt{183.39},\ \sqrt{428.73}\,]=[11.76\%,\ 20.71\%]$$

가 된다.

## 2. $\sigma_X^2/\sigma_Y^2$에 대한 구간추정(두 정규모집단의 가정)

두 개의 모집단이 서로 독립인 정규분포를 이룰 때 분산의 비율에 대한 신뢰구간이 추정에 대하여 고찰해 보자. $S_X^2$과 $S_Y^2$을 각각 표본크기 $n$과 $m$인 경우의 표본분산이라고 하면 식 (9.24)에 의하여

$$F=\frac{(m-1)S_Y^2/\sigma_Y^2(m-1)}{(n-1)S_X^2/\sigma_X^2(n-1)}=\frac{S_Y^2/\sigma_Y^2}{S_X^2/\sigma_X^2} \tag{9.24}$$

는 자유도가 $r_1=m-1$, $r_2=n-1$인 $F$분포를 하므로

$$P\left[c\leq\frac{S_Y^2/\sigma_Y^2}{S_X^2/\sigma_X^2}\leq d\right]=1-\alpha \tag{12.12}$$

가 성립하는 $c$와 $d$를 $F$분포표에서 구할 수 있다. 부록의 [표 7]에는 제한적인 값들만이 나타나 있으므로 일반적으로

$$d=F_{\alpha/2}(m-1,\ n-1),\ c=F_{1-\alpha/2}(m-1,\ n-1)=\frac{1}{F_{\alpha/2}(n-1,\ m-1)}$$

으로 $c$와 $d$값을 정한다. 식 (12.12)를 정리하면 다음을 얻는다.

**$\sigma_X^2/\sigma_Y^2$에 대한 $100(1-\alpha)\%$ 신뢰구간 추정**(두 정규모집단의 가정)

$$P\left[\frac{1}{F_{\alpha/2}(n-1,\ m-1)}\frac{S_X^2}{S_Y^2} \le \frac{\sigma_X^2}{\sigma_Y^2} \le F_{\alpha/2}(m-1,\ n-1)\frac{S_X^2}{S_Y^2}\right] = 1-\alpha \qquad (12.13)$$

예제 12.5

H대학의 경영학과에 재학중인 김미래 군은 장래계획을 세우고 있다. 김 군은 3학년에 올라오면서 졸업 후 활동할 분야를 집중적으로 공부하려고 한다. 김 군은 회계학과 마케팅이 동시에 흥미가 있는 분야이기 때문에 졸업 후 활동할 분야를 선택할 때 각 분야의 연봉에 관한 정보를 기초로 의사결정을 하려고 한다. 김 군은 회계분야와 마케팅분야에 취업한 최근의 졸업생들을 대상으로 다음과 같은 자료를 수집하였다. 이와 같은 자료에 기초하여 $\sigma_X^2/\sigma_Y^2$에 대한 95% 신뢰구간을 구하시오(두 분야의 연봉은 각각 正規分布를 한다).

〈표 12.3〉 두 분야의 연봉에 관한 자료

| | 표본크기 | 표본평균(연봉) | 표본표준편차 |
|---|---|---|---|
| 회계분야 | $n=10$ | $\bar{x}=14{,}000$ | $s_X=2{,}000$ |
| 마케팅분야 | $m=13$ | $\bar{y}=13{,}700$ | $s_Y=1{,}800$(단위 : 천 원) |

(풀이)

$$F_{\alpha/2}(m-1,\ n-1) = F_{0.025}(12,\ 9) = 3.87$$

$$F_{1-\alpha}(m-1,\ n-1) = F_{0.975}(12,\ 9) = \frac{1}{F_{0.025}(9,\ 12)} = \frac{1}{3.44} = 0.291$$

이므로 $\sigma_X^2/\sigma_Y^2$에 대한 95% 신뢰구간은

$$\left[\left(\frac{1}{3.44}\right)\left(\frac{2{,}000}{1{,}800}\right)^2,\ (3.87)\left(\frac{2{,}000}{1{,}800}\right)^2\right] = [0.359,\ 4.778]$$

이다. 신뢰구간이 $\sigma_X^2/\sigma_Y^2=1$을 포함하고 있으므로 두 분야의 연봉에 대한 분산이 차이가 있다고 보기 어렵다.

## 연습문제

12. 1 12월의 어느 주에 N백화점에 들어온 12,500명의 고객 중 5,700명이 적어도 한 가지 상품을 구입하였다고 한다. 이를 표본자료로 하여 N백화점에 와서 한 가지 이상의 상품을 구입한 사람들의 실제비율에 대한 99%의 신뢰구간을 구하시오(식 (12.3) 이용).

12. 2 서울시장에 출마할 A는 선거일 일 주일 전에 선거전략을 세우기 위해 900명의 유권자를 대상으로 지지도를 조사해 보니 400명이 A를 지지하는 것으로 나타났다. 실제 지지율($p$)에 대한 95% 신뢰구간을 구하시오(식 (12.3) 이용).

12. 3* K전자회사는 두 가지 공정을 통하여 TV브라운관을 생산하고 있다. 공정 Ⅰ에서 생산되는 브라운관 91개 중 63개가, 그리고 공정 Ⅱ에서 생산되는 브라운관 79개 중 42개가 합격품이었다. 이를 기초로 두 공정의 합격품 비율의 실제 차이에 대한 90% 신뢰구간을 구하시오. 복원추출을 가정하시오(식 (12.5) 이용).

12. 4* P유업은 새로운 우유에 대한 소비자들이 선호를 알기 위하여 설문조사를 하려고 한다. 설문조사는 각 가정을 방문하여 질문지에 대답을 하게 하는 방법이다. 남자 200명, 여자 300명을 표본추출하여 각 가정을 방문하였을 때 질문지에 답을 한 사람들에 대한 결과는 다음과 같다.

| | 표본크기 | 답을 한 사람 |
|---|---|---|
| 남 자 | 200 | 110 |
| 여 자 | 300 | 210 |

질문지에 답을 한 남자의 비율과 여자의 비율의 차이($p_1-p_2$)에 대한 95% 신뢰구간을 설정하시오(식 (12.5) 이용).

12. 5 어떤 회사의 시장분석부에서는 어느 도시의 가구 중에서 CD플레이어를 소유한 비율을 추정하고자 한다. $\hat{p}\pm0.05$가 95% 신뢰도로 $p$를 포

함하도록 하는 표본크기 $n$을 구하시오. 단 $p$에 대한 사전지식은 전혀 없다(식 (12.9) 이용).

12. 6 서울시장에 출마하려는 사람이 자신에 대한 지지도를 알고자 한다. $\hat{p} \pm 0.03$이 90% 신뢰도를 $p$를 포함하도록 하는 $n$을 구하시오. 단, $p$에 대한 사전지식은 없다(식 (12.9) 이용).

12. 7* S제강에서는 품질관리를 위하여 생산되는 철근 무게의 분산을 추정하려고 한다. 51개의 표본을 추출하였을 때 $s^2 = 0.021$이었다. $\sigma^2$에 대한 95% 신뢰구간을 구하시오. 철근의 무게는 정규분포를 한다(식 (12.11) 이용).

12. 8* 주식의 수익률이 정규분포를 한다고 가정하자. 무작위로 추출한 6개의 주식의 연수익률이 다음과 같다고 하자.

5, 15, 10, 20, −5, 0(%)

수익률의 분산에 대한 90% 신뢰구간을 구하시오(식 (12.11) 이용).

12. 9* 약 무게의 분산은 제약업계에서는 매우 중요하다. 어떤 약에 대하여 18개의 표본을 무작위로 추출하여 $s^2 = 0.36$을 얻었다. 이 약의 무게는 정규분포를 한다(식 (12.11)을 이용).

(1) 이 약 무게의 분산에 대한 90% 신뢰구간을 설정하시오.

(2) 이 약 무게의 표준편차에 대한 90% 신뢰구간을 설정하시오.

12.10* 두 가지 다른 제조방법에 의하여 생산된 제품 수명의 분산을 비교하려고 한다. 방법 Ⅰ에 의하여 생산된 $n = 16$인 표본의 $s_X^2 = 1,200$이고 방법 Ⅱ에 의하여 생산된 $m = 21$인 표본의 $s_Y^2 = 800$일 때 $\sigma_X^2 / \sigma_Y^2$에 대한 95% 신뢰구간을 구하시오. 두 제품의 수명은 각각 정규분포를 한다(식 (12.13) 이용).

12.11* 주식투자에 대한 위험은 투자된 수익률의 분산으로 측정된다. 주식 A와 주식 B는 월 수익률이 각각 正規分布를 따른다고 가정하자. A주식에서 5개의 월 수익률 자료를 B주식에서 6개의 월 수익률의 자료를

표본으로 추출하니 다음과 같다.

A주식($X$) : 7%, 8%, −5%, 9%, 10%

B주식($Y$) : 6%, 7%, 0%, 4%, 9%, 15%

$\sigma_X^2/\sigma_Y^2$에 대한 95% 신뢰구간을 구하시오(식 (12.13) 이용).

## □ 응용사례

# 신뢰구간과 품질관리

현대산업의 특징 중의 하나는 대량생산이다. 현대의 소비자들은 그들이 구매하는 제품의 질과 안전성에 굉장한 관심을 가지기 때문에 불량품이나 안전성에 문제가 있는 제품을 생산한 기업은 큰 타격을 입게 된다. 따라서 기업들은 자사의 제품이 정해진 수준의 품질을 유지하게 하는 방법에 많은 관심을 기울이게 된다.

청량음료산업의 예를 들어보자. A회사는 청량음료병을 자동기계를 이용하여 2기압의 내부압력으로 병을 봉한다. 여러 가지 이유로 인하여 내부압력은 병마다 다르게 나타난다. 내부압력이 2.5기압 이상으로 된 청량음료병은 폭발의 가능성이 있으며 실제로 이런 사례가 A사에 여러 번 접수되었었다. 이와 같은 위험을 없애는 방법은 예를 들면 내부압력을 1기압으로까지 내리면 된다. 그러나 기압이 너무 내려가면 청량음료의 맛이 상실되므로 기압을 내리기는 현실적으로 어렵다.

A회사의 품질관리부에서는 내부압력이 우연변동이라고 보기 어려울 정도로 일정한 체계를 갖추면서 변화할 때 이를 찾아낼 수 있는 검사과정을 만들려고 한다. 이러한 체계적 변화가 발견되면 자동기계에 이상이 있는 것이므로 생산과정을 중단시켜 기계를 정비하여야 한다. 그러면 "언제 기계의 가동을 중단시켜야 하는가?"에 대하여 설명해 보자.

내부압력은 확률변수이기 때문에 미리 예측할 수는 없다. 따라서 A회사의 품질관리부는 매 시간 10개의 병을 표본추출하여 평균 내부압력 $\bar{X}$를 측정기로 하였다. 과거의 경험으로 보아

$$\bar{X} \sim N(\mu,\ \sigma_{\bar{X}}^2)$$

의 분포를 하며 $\mu = 2$, $\sigma_{\bar{X}}^2 = (0.15)^2$이다.

품질관리 목적상 내부압력의 상한선($U$)과 하한선($L$)을 품질관리부에서 정하였는데 $\bar{X}$가 $U$를 넘을 확률이 0.5%, $\bar{X}$가 $L$보다 작을 확률이 0.5%가 되게 $U$와 $L$을 정하였다. 즉 내부압력이 $[L,\ U]$범위 밖에 놓일 확률은 1%에

불과하므로 기계가 정상이라면 내부압력이 $[L, U]$의 범위 밖에 있을 가능성은 희박하다. 다시 말하면 내부압력이 $[L, U]$의 범위 밖으로 나타나면 이는 표본추출과 관련된 오차가 아니라 자동기계에 문제가 있는 것으로 해석할 수 있다. $U$는 다음과 같이 구할 수 있다.

$$\begin{aligned} P(\bar{X} > U) &= P\left(Z > \frac{U-2}{0.15}\right) \\ &= 0.005 \end{aligned}$$

표준정규분포에서 $z_{0.005}$를 찾으면 2.575이다. 즉

$$\frac{U-2}{0.15} = 2.575$$

이다. 따라서

$$\begin{aligned} U &= 2+(0.15)(2.575) \\ &= 2.386(\text{기압}) \end{aligned}$$

이와 비슷하게 $L$도 구할 수 있다. 즉

$$\begin{aligned} P(\bar{X} < L) &= P\left(Z < \frac{L-2}{0.15}\right) \\ &= 0.005 \end{aligned}$$

따라서

$$\begin{aligned} L &= 2-(0.15)(2.575) \\ &= 1.614(\text{기압}) \end{aligned}$$

[그림 1]과 [그림 2]는 $L$과 $U$를 나타내고 있는 품질관리도표이다. 매 시간 측정되는 $\bar{X}$는 이 도표에 표시된다. $\bar{X}$가 $L$과 $U$의 범위 안에 있는 한 생산은 계속되며 [그림 1]에 해당된다. 그러나 [그림 2]를 보면 오후 1시경부터는 자동기계는 정상을 벗어나기 시작하여 오후 3시가 되어서는 $U$를 넘어서 버렸다. 따라서 3시 이후에 생산된 병들은 품질관리상 시장에 출고하기가 힘들며 생산을 중단하고 기계를 점검하여야 한다.

이와 같이 품질관리의 많은 방법들은 신뢰구간의 개념을 이용하고 있다.

[그림 1] 품질관리도표(1)

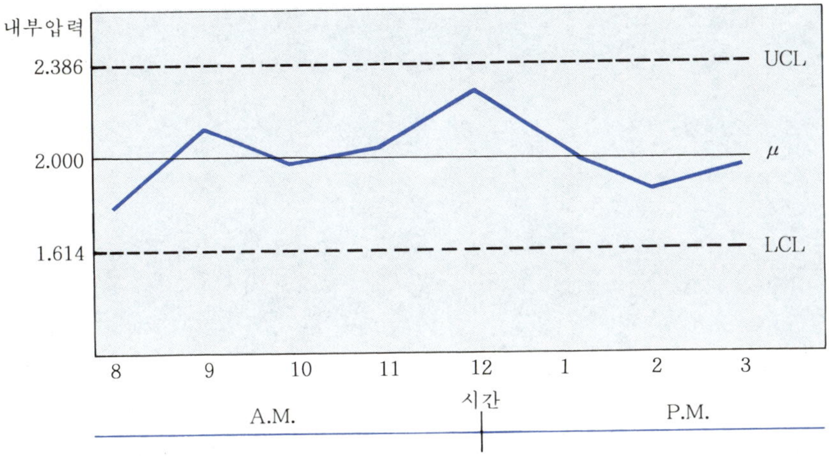


[그림 2] 품질관리도표(2)

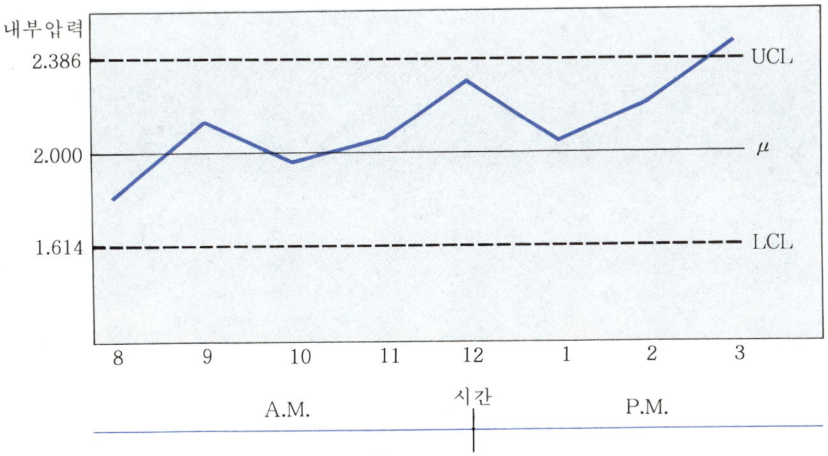

# 13. 통계적 가설검정이론

통계적 추론은 크게 통계적 추정이론과 가설검정이론으로 나누어지며 전자에 대하여는 제10, 11, 12장에서 고찰하였다. 가설검정(hypothesis testing)의 목적은 모집단으로부터 추출된 표본자료를 조사함으로써 연구자가 모집단에 관한 의사결정을 하는 것을 도와주기 위한 것이다. 이번 장에서는 가설검정의 개념에 대하여 먼저 설명하고 평균의 가설검정은 제14장에서, 비율및 분산의 가설검정은 제15장에서 설명하고자 한다.

## 제 1 절 가설검정의 개념

假說(hypothesis)이란 단순히 하나 혹은 다수의 모집단에 대한 진술(statement)로 정의될 수 있다. 관심의 대상이 되는 가설은 진술의 대상인 모집단의 모수(들)에 관한 것이 대부분이다.

몇 가지 가설을 예시해 보자. 어떤 광고주는 신문광고를 할 때 A형태의 광고가 B형태의 광고보다 더 많은 독자의 시선을 끌 것이라고 가설을 세울 수 있다. 어느 공장의 생산담당 책임자는 A방법으로 훈련받은 종업원들이 B방법으로 훈련받은 종업원들보다 주어진 일을 처리하는 시간이 짧다라고 가설을 세울 수도 있다. 어느 공장의 품질관리 책임자는 자기 공장에서 생산되는 제품의 규격(예 : 지름·길이 등)의 분산이 $\sigma_0^2$이라는 특정한 값이라고 가설을 세울 수도 있다. 또 판매담당 책임자는 어느 지역의 가구당 평균소득이 $\mu_0$라는 특정한 값이라고 가설을 세울 수도 있을 것이다.

시간·경비 혹은 다른 제약조건이 없다면 가설을 만든 사람들은 모집단 전체를 조사하여 자기들이 만든 가설의 타당성을 검정(test)할 수 있을 것이다. 그러나 대부분의 경우 표본을 추출하여 가설의 타당성을 검정하는 방법이 사용되고 있다. 統計的 假說檢定이란 표본자료를 이용하여 모집단에 대한 가설의 타당성을 검정(test)하는 통계학적 방법을 말한다.

### 1. 귀무가설과 대립가설

다음의 3가지 가설을 생각해 보자.

1) H대학 1학년 학생들의 통계학 성적의 평균은 60점이다($\mu=60$).

2) H대학 1학년 학생들의 통계학 성적의 평균은 60점 이상이다($\mu \geq 60$).

3) H대학 1학년 학생들의 통계학 성적의 평균은 60점이 아니다($\mu \neq 60$).

위의 3가지 중에서 1)은 모수값이 하나로 표시되는 가설로 이를 단순가설(simple hypothesis)이라고 하며 2)와 3)은 모수값이 여러 개로 주어지는 가설로 이를 복합가설(composite hypothesis)이라고 한다.

가설검정에 있어서는 항상 두 개의 가설이 설정된다. 이 중에서 검정의 대상이 되는 가설을 歸無假說(null hypothesis)이라고 하며 이에 대응되는 가설로 귀무가설이 채택되지 않을 때 대신 채택되는 가설을 對立假說(alternative hypothesis)이라고 한다. 귀무가설은 보통 $H_0$로 표시하며 대립가설은 $H_1$(혹은 $H_a$, $H_A$)으로 표시한다.

예를 들어 "H대학의 1학년 학생들의 통계학 성적의 평균은 60점이다"라는 가설을 검정할 때 "$\mu = 60$"은 귀무가설이 된다. 이 때 대립가설이 "H대학의 1학년 학생들의 통계학 성적의 평균은 60점보다 크다"이면 "$\mu > 60$"으로 표시할 수 있다. $H_0$와 $H_1$을 사용하여 위의 가설설정을 나타내면

$$H_0 : \mu = 60$$
$$H_1 : \mu > 60$$

로 나타낼 수 있다. 귀무가설 $H_0$는 앞의 예에서와 같이 단순가설일 수도 있고 또 경우에 따라서는 복합가설의 형태일 수도 있다.

## 2. 양측검정과 단측검정

다음의 3가지 형태의 가설검정을 고려해 보자.

1) $H_0 : \mu = 60$, $H_1 : \mu \neq 60$

2) $H_0 : \mu \geq 60$, $H_1 : \mu < 60$

3) $H_0 : \mu \leq 60$, $H_1 : \mu > 60$

1)의 경우는 귀무가설이 단순가설의 형태이다. 이 때는 표본으로부터 얻은 평균이 60에 근접하면 귀무가설은 채택된다. 그러나 표본평균이 60보다 매우 크거나 혹은 매우 작을 때는 귀무가설을 채택할 수 없다(즉 기각한다). 따라서 귀무가설을 기각하는 영역은 표본분포의 양쪽 꼬리부분(양측)에 있게 되는데 이러한 검정을 兩側檢定(two sided test 혹은 two tail test)이라고 한다. 이

때 귀무가설의 채택영역과 기각영역을 결정하는 기준이 되는 값을 臨界值(critical value)라고 한다.

[그림 13.1] 양측검정의 임계치

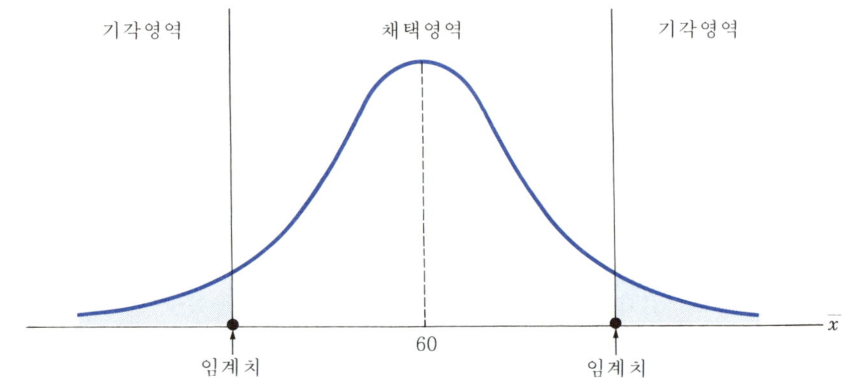


2)의 경우는 표본평균이 60보다 크면 귀무가설을 기각할 이유는 없다. 반면에 표본평균이 현저히 작을 때에는 귀무가설을 기각하게 된다. 따라서 [그림 13.1]에서 오른쪽의 기각영역은 없으며 왼쪽 기각영역만 존재한다. 그러므로 왼쪽 임계치와 표본평균과의 비교를 통하여 의사결정을 하게 된다. 즉 표본평균이 임계치보다 큰 경우 귀무가설은 채택된다. 이런 이유에서 2)를 左側檢定이라고 한다.

[그림 13.2] 단측검정

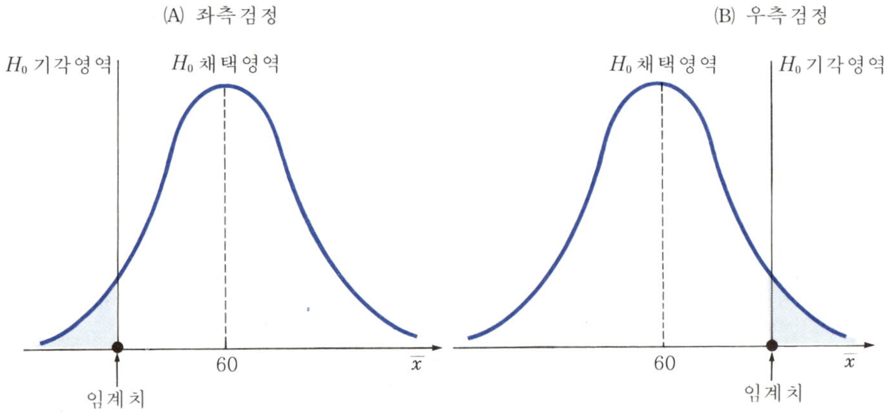

3)의 경우는 2)의 경우와 반대로 표본평균이 60보다 아주 클 때에만 귀무가설을 기각하게 되며 기각영역과 임계치는 오른쪽에만 존재한다. 이런 이유에서 3)을 右側檢定이라고 한다. 좌측검정과 우측검정을 합하여 單側檢定(one sided test 혹은 one tail test)이라고 한다.

## 제 2 절 가설검정의 오류

어느 집단의 TOEFL성적은 과거의 경험에 비추어 볼 때 평균이 $\mu=500$, 분산이 $\sigma^2=50^2$인 정규분포를 따른다고 가정하자. 이 집단에서는 성적을 올리기 위하여 새로운 교육방법을 채택하려고 하고 있다. 이 교육방법이 도입되면 평균 $\mu$를 500보다 훨씬 증가시킬 수 있으며 분산은 동일할 것이다라는 의견이 있다. 즉 새로운 교육방법에 의하면 TOEFL성적은 $N(\mu,\ 50^2)$의 분포를 따르며 $\mu>500$일 것이다라고 주장되고 있다. 그러나 일부 사람들은 새로운 교육방법이 별 효과가 없을 것이라고 주장하고 있다. 이 때 이 집단의 의사결정자는 $n=25$명의 구성원을 임의추출하여 새로운 교육방법으로 교육시켜서 그 성적을 기초로 상반된 주장 중에서 어느 쪽이 옳은지를 결정하려고 한다.

이런 경우의 귀무가설과 대립가설을 나타내면 다음과 같다.

$$H_0 : \mu=500$$
$$H_1 : \mu>500$$

25명의 구성원 성적은 $X_1$, $X_2$, …, $X_{25}$로 확률표본을 구성하며 $\bar{X}$의 관측치인 $\bar{x}$를 기초로 귀무가설과 대립가설 중에서 합리적인 것을 선택하게 된다. 이 때 $\bar{x}>510$이면 $H_1$을 채택하고 $\bar{x}<510$이면 $H_0$를 선택하기로 그 기준을 설정하였다고 하자.

여기서 510을 임계치라고 하며 $H_0 : \mu=500$을 기각하는 영역을 검정의 기각역(critical region of the test)이라고 하며 $H_0 : \mu=500$을 채택하는 영역을 채택역(acceptance region)이라고 한다.

이와 같은 결정에는 두 가지 형태의 오류가 발생할 수 있는데, 하나는 제 1 종 오류(type I error) 혹은 $\alpha$오류이며, 다른 하나는 제 2 종 오류(type II error) 혹은 $\beta$오류이다.

**가설검정의 오류**

제 1 종 오류(혹은 $\alpha$오류)는 $H_0$가 옳음에도 불구하고 $H_0$를 기각하는 오류이다.

제 2 종 오류(혹은 $\beta$오류)는 $H_0$가 틀렸음에도 불구하고 $H_0$를 채택하는 오류이다.

새로운 교육방법에 의할 경우 실제의 성적 분포가 $N(520, 50^2)$을 따른다고 가정할 때 $\bar{X}$의 분포는 다음과 같다($\bar{X}$의 분포는 보론을 참고하시오).

[그림 13.3] 제 1 종 오류와 제 2 종 오류

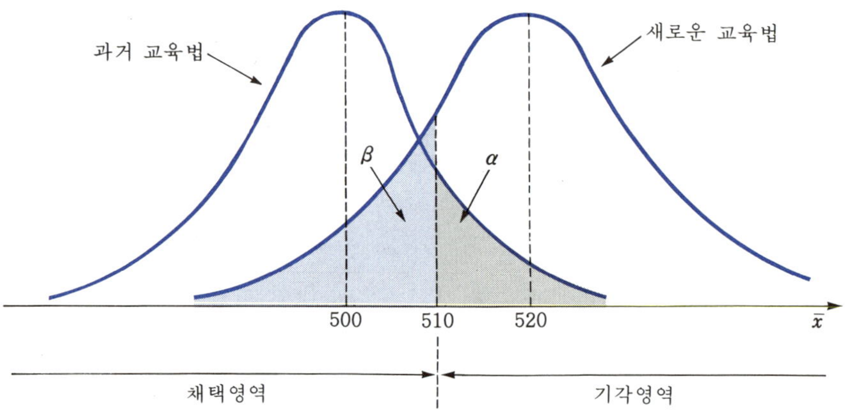


예를 들어 표본관측치로부터 $\bar{x}=511$을 얻으면 귀무가설을 기각하게 된다. 그러나 $\bar{x}=511$은 사실 $N(500, 50^2)$의 모집단으로부터 추출되었을 가능성이 있는 것이다. 이처럼 옳은 귀무가설을 기각하게 될 가능성을 제 1 종 오류 혹은 $\alpha$오류라고 한다. 또 표본관측치의 결과가 $\bar{x}=509$인 경우 귀무가설을 채택하게 된다. 그러나 $\bar{x}=509$는 사실 $N(520, 50^2)$에서 추출되었을 가능성이 있다. 이 때는 귀무가설이 틀렸음에도 불구하고 귀무가설을 채택하게 되는 오류를 범하게 된다. 이런 오류를 제 2 종 오류 혹은 $\beta$오류라고 한다.

제 1 종 오류와 제 2 종 오류의 기준은 $\bar{x}=510$이므로 각각의 확률은 그림과 같이 $\alpha, \beta$가 된다. 제 1 종 오류와 제 2 종 오류를 표로 만들어 보면 다음과 같다.

〈표 13. 1〉 가설검정의 오류

| 귀무가설의 진위 / 귀무가설의 채택·기각 | $H_0$가 옳음 | $H_0$가 틀림 |
|---|---|---|
| $H_0$의 채택 | 옳은 결정(확률 : $1-\alpha$) | 제 2 종 오류(확률 : $\beta$) |
| $H_0$의 기각 | 제 1 종 오류(확률 : $\alpha$) | 옳은 결정(확률 : $1-\beta$) |

제 1 종 오류의 확률을 나타내는 $\alpha$는 귀무가설을 부당하게 기각하는 확률이며 이는 전통적으로 상당히 중요한 의미가 부여되어 왔다. 앞의 예에서도 "새로운 교육법은 효과가 없다"라는 귀무가설이 옳음에도 불구하고 이를 기각하고 새로운 교육법을 채택하는 것은 여러 가지 면에서 바람직하지 못한 결과가 발생하게 된다. 제 1 종 오류의 과오를 허용할 확률은(즉 $\alpha$는) 미리 결정되며 이를 有意水準(significance level)이라고 한다. 유의수준 $\alpha$는 전통적으로 5% 이하의 작은 값으로 결정하는 것이 일반적이다.

$H_0$가 틀릴 때 $H_0$를 기각하는 확률은 $1-\beta$가 되며 이는 옳은 결정을 할 확률이다. 이에 대한 논의는 제10장의 보론에서 고찰되는 檢定力函數(power function)에서 살펴보기로 한다.

## 제 3 절 검정의 방법과 절차

### 1. 검정의 방법

어느 집단의 TOEFL성적의 분포는 $N(\mu, 50^2)$을 따른다고 한다. 이 때 모집단의 평균 $\mu$에 대한 가설이 다음과 같다고 하자.

$$H_0 : \mu = 500$$
$$H_1 : \mu \neq 500$$

표본크기 $n=25$에서 $\mu$에 대한 $100(1-\alpha)\%$ 신뢰구간은

$$\bar{X} - z_{\alpha/2}\left(\frac{\sigma}{\sqrt{n}}\right) < \mu < \bar{X} + z_{\alpha/2}\left(\frac{\sigma}{\sqrt{n}}\right) \tag{11.2}$$

임은 제11장에서 살펴보았다. 식 (11.2)는 다음과 같이 변형될 수 있다.

$$\mu - z_{\alpha/2}\left(\frac{\sigma}{\sqrt{n}}\right) < \bar{X} < \mu + z_{\alpha/2}\left(\frac{\sigma}{\sqrt{n}}\right) \tag{13.1}$$

$$-z_{\alpha/2} < \frac{\bar{X}-\mu}{\sigma/\sqrt{n}} < z_{\alpha/2} \tag{11.1}$$

$\alpha = 0.05$이고 귀무가설이 사실이라면 $\mu = 500$이므로 위 식은

$$500-(1.96)(50/\sqrt{25}) < \bar{X} < 500+(1.96)(50/\sqrt{25})$$

$$480.4 < \bar{X} < 519.6 \tag{13.2}$$

혹은

$$-1.96 < \frac{\bar{X}-500}{50/\sqrt{25}} = Z < 1.96 \tag{13.3}$$

[그림 13.4] $\bar{X}$에서 $Z$로의 변환

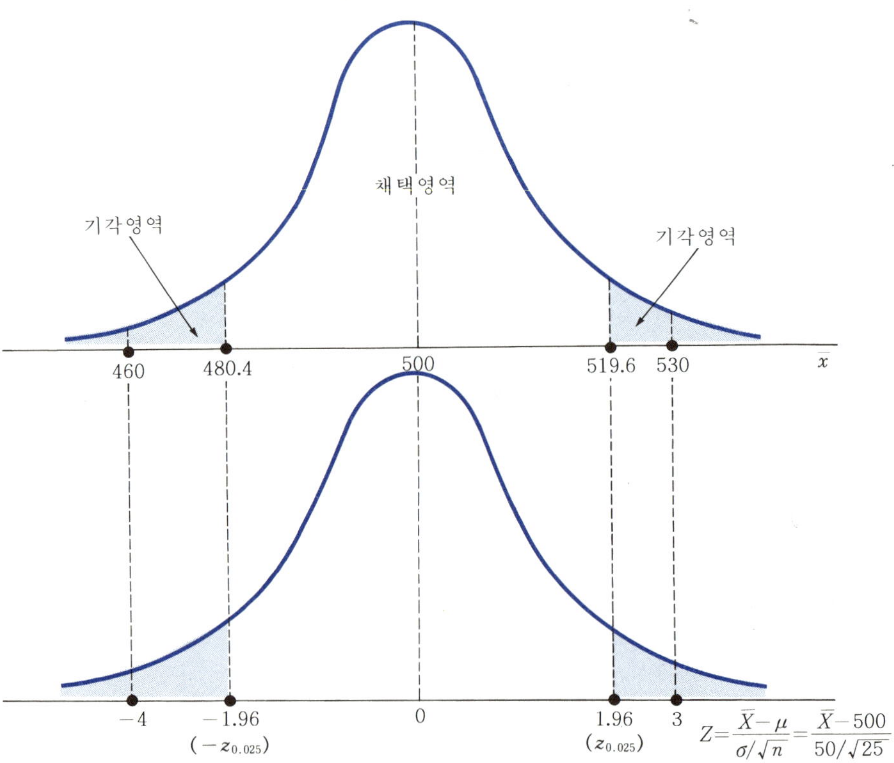

이 된다. 식 (13.2)은 표본크기가 25이고 귀무가설이 참일 때 $\bar{X}$가 [480.4, 519.6] 사이에 있을 확률이 95%가 되는 것을 의미한다. 이를 다르게 표현하면 식 (13.3)이 되며 식 (13.3)은 표본크기가 25이고 귀무가설이 참일 때 $Z$가 [−1.96, 1.96] 사이에 있을 확률이 95%가 되는 것을 말한다. 따라서 가설검정시 사용되는 통계량은 $\bar{X}$도 될 수 있고 $Z$도 될 수 있다. $\bar{X}$와 $Z$가 동일한 의미를 갖는 것을 그림으로 표시하면 [그림 13.4]와 같다.

이제 실제로 $n=25$인 표본을 추출하여 표본평균을 계산해 보니 $\bar{x}=460$ 혹은 $\bar{x}=530$이 나왔다고 할 때 이를 어떻게 해석할 수 있느냐 하는 점이다. 문장기술의 편의상 $\alpha=0.05$, $n=25$, $\sigma=50$은 고정되어 있고 $\mu$만 未知로 생각하여 기술한다.

$[\mu-(1.96)(50/\sqrt{25}),\ \mu+(1.96)(50/\sqrt{25})]$의 구간에 $\bar{X}$가 놓일 확률이 95%라는 것은 $H_0$가 참일 때 즉 $\mu=500$일 때, 표본크기 25인 표본을 100번 만들어서 $\bar{X}(Z)$를 100번 계산하면 95개 정도의 $\bar{X}$는 480.4와 519.6 사이에(95개 정도의 $Z$는 −1.96과 1.96 사이에) 위치하게 되는 것을 의미한다. 따라서 $H_0$가 참일 때 어떤 표본의 $\bar{X}$가 480.4와 519.6의 범위 밖에($Z$가 −1.96과 1.96의 범위 밖에) 있을 확률은 5%밖에 안 되며 이러한 경우에는 $H_0$가 참일 때는 발생하기가 희박한(기껏해야 5% 정도 가능) 것이다.

이와 같은 관점에서 만일 어떤 표본으로부터 계산된 $\bar{x}$가 480.4와 519.6의 범위를($z$가 −1.96과 1.96의 범위를) 벗어났으면 모집단의 평균은 아주 작은 가능성(기껏해야 5%)을 제외하고는 $\mu=500$이 아닐 것이다. 그러므로 어떤 표본으로부터 실제로 계산된 결과가 $\bar{x}=460(z=-4)$ 혹은 $\bar{x}=530(z=3)$인 경우는 모집단 평균이 $\mu=500$이라고 믿기 어려우므로 $H_0$를 기각하게 된다.

실제로 $\mu=500$임에도 불구하고 $H_0$를 기각하게 되는 확률은 많아야 5%이며, 이 5%를 제 1 종 오류 혹은 유의수준($\alpha$)이라고 한다.

## 2. 검정의 절차

이제까지 살펴본 내용들을 정리하면 가설검정의 절차를 얻을 수 있다.

**가설검정의 절차**(순서)

1) 귀무가설과 대립가설의 설정
2) 검정통계량(test stastics)의 선정
3) 유의수준과 임계치의 결정
4) 의사결정기준의 설정
5) 표본자료로부터 검정통계량의 값을 계산
6) 통계적 의사결정(3과 5의 비교)

앞의 예에서 검정통계량은 $\bar{X}$도 되고 $Z$도 된다. 유의수준은 $\alpha=0.05$이었고 검정통계량을 $\bar{X}$로 하는 경우의 임계치는 480.4와 519.6이며 검정통계량을 $Z$로 하는 경우의 임계치는 $-1.96$과 1.96이 된다. 일반적으로 $\bar{X}$보다는 $Z$가 더 많이 이용되고 있다.

의사결정기준의 설정은 예를 들면 "계산된 검정통계량의 값(computed value of test stastic)이 1.96보다 크거나 $-1.96$보다 작을 때 $H_0$를 기각한다"와 같은 표현을 말한다. 통계적 의사결정은 계산된 검정통계량의 값과 유의수준 $\alpha$에서의 임계치를 비교하여 4)의 의사결정기준에 따라 $H_0$를 기각하거나 $H_0$를 기각하지 않는 등과 같은 의사결정을 말한다.

이와 같은 가설검정의 순서에 따라 제14장과 제15장에서는 여러 가지 경우의 가설검정을 할 것이므로 이 절차는 독자들이 자연히 익숙해질 것이다.

# 제 4 절 $p$-값을 이용한 검정

귀무가설과 대립가설이 다음과 같은 경우를 고려해 보자.

$$H_0 : \mu=500$$
$$H_1 : \mu>500$$

이 가설을 크기 $n = 25$인 표본을 추출하여 표본평균 $\bar{X}$를 이용하여 검정하려고 하며 표본평균의 관측치는 $\bar{x} = 520$이다. $\mu = 500$인 가정하에 즉 $H_0$가 참인 가정하에 $\bar{x} \geq 520$인 확률을 계산하면 $\bar{x} = 520$에 대한 $p$-값을 얻게 된다. $p$-값의 계산은 다음과 같다.

$$\begin{aligned} p\text{-값} &= P(\bar{X} \geq 520 \ ; \ \mu = 500) \\ &= P\left(\frac{\bar{X} - 500}{50/\sqrt{25}} \geq \frac{520 - 500}{50/\sqrt{25}} \ ; \ \mu = 500\right) \\ &= 1 - \Phi\left(\frac{520 - 500}{50/\sqrt{25}}\right) \\ &= 1 - \Phi(2) \\ &= 0.0228 \end{aligned}$$

[그림 13.5] $\bar{x} = 520$인 경우의 $p$-값

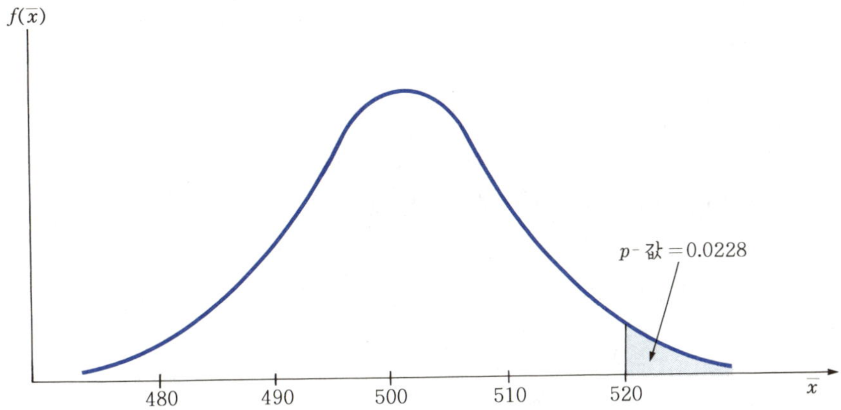


만약 $p$-값이 작다면 귀무가설 $H_0 : \mu = 500$을 기각할 수 있을 것이다. 예를 들어 $p$-값이 0.025보다 같거나 작다는 것은 $\bar{x} \geq 519.6$인 것을 의미한다([그림 13.4]를 참고). 따라서 $p$-값이 0.025보다 작거나 같을 때 $H_0 : \mu = 500$을 기각하는 것은 $\bar{x} \geq 519.6$인 경우 $H_0$을 기각한다는 것과 동일하다. 즉 $\bar{x} = 519.6$의 $p$-값은 0.025이다.

대부분의 통계학에 관한 컴퓨터 패키지는 $p$-값을 제공하고 있다. $p$-값의 의미와 이를 이용한 검정방법은 다음과 같다.

**$p$- 값($p$- value)**
$p$- 값은 $H_0$가 참이라는 가정하에서 계산된 검정통계량의 관측치를 기준으로 $H_0$를 기각하는 방향에 놓이는 모든 검정통계량들의 값에 해당하는 확률이다. 따라서 $p$- 값이 유의수준 $\alpha$보다 작을 경우에는 귀무가설을 기각한다.

위에서 살펴본 $p$- 값을 구하는 것과는 약간 다른 例를 살펴보기로 한다. 앞의 예와 다른 점은 대립가설의 형태이다.

예제 13. 1

어느 게임에 쓰이는 동전의 앞면과 뒷면이 나올 확률이 동일한지를 검정하려고 한다. 즉

$$H_0 : \theta = 0.5$$
$$H_1 : \theta \neq 0.5$$

이를 검정하기 위하여 동전을 20번 던져 보았더니 15번이 앞면이 나왔다. 귀무가설이 사실이라면 20번 중에서 앞면의 수가 10번 근처이어야 한다. 20번 중에서 앞면이 15번 이상인 것은 20번 중에서 앞면이 5번 이하인 것(즉 뒷면이 15번 이상인 것)과 귀무가설을 반대하는 의미에서는 같다. 따라서 20번 중에서 앞면이 나오는 횟수를 $Y$라고 하면 $p$- 값은 다음과 같다.

$$p\text{- 값} = P[Y \geq 15 \text{ 또는 } Y \leq 5 \ ; \ \theta = 0.5]$$

귀무가설($\theta = 0.5$)하에서 $Y \sim N(10, 5)$이므로

$$\begin{aligned} p\text{- 값} &= P[Y \geq 15, Y \leq 5 \ ; \ \theta = 0.5] \\ &= P\left[Z \geq \frac{15-10}{\sqrt{5}}, Z \leq \frac{5-10}{\sqrt{5}} \ ; \ \theta = 0.5\right] \\ &\quad \text{(연속성을 위한 조정을 고려하지 않은 경우)} \\ &= 2\Phi(-2.24) = 0.025 \end{aligned}$$

유의수준 $\alpha = 0.05$라면 $p$- 값 $< \alpha$이므로 귀무가설은 기각된다.

## □ 보　론

### 검정력함수(power function)

$\mu \geq 500$인 경우에 $H_0$ : $\mu = 500$을 기각할 확률을 구해 보자. 이 검정에서는 $\bar{X} \geq 510$인 경우에 귀무가설 $H_0$ : $\mu = 500$을 기각하기로 하면 귀무가설이 기각될 확률 $K(\mu)$는

$$K(\mu) = P(\bar{X} \geq 510 \ ; \ \mu)$$

이다. 새로운 교육방법을 도입할 경우 TOEFL성적을 $\mu$라고 하면 $\bar{X}$는 $n = 25$인 경우 $N(\mu, 10^2)$을 따른다.[1] 따라서

$$\begin{aligned} K(\mu) &= P\left(\frac{\bar{X} - \mu}{10} \geq \frac{510 - \mu}{10} \ ; \ \mu\right) \\ &= 1 - \Phi\left(\frac{510 - \mu}{10}\right), \qquad \mu \geq 500 \end{aligned}$$

이 된다. 각 $\mu$에 따른 $K(\mu)$의 값을 구해 보면 〈표 13.2〉와 같고 〈표 13.2〉를 그림으로 나타내면 [그림 13.6]과 같다.

**검정력함수와 검정력**

귀무가설 $H_0$와 대립가설 $H_1$의 검정에 있어서 $H_0$와 $H_1$에 속하는 모든 母數點들(parameter points)에서 귀무가설 $H_0$를 기각하는 확률 $K(\mu)$를 검정력함수(power function)라고 하며 임의의 모수점에서 검정력함수의 값은 그 점에서의 검정력(power)이 된다. 즉 $\mu_1$에서의 $K(\mu_1)$을 $\mu_1$에서의 검정력이라고 한다.

$\mu = 500$에서의 검정력은 $K(500) = 0.1587$인데, 이는 $\mu = 500$일 때 $H_0$ : $\mu = 500$을 기각하는 확률이 0.1587임을 말하므로 $K(500) = 0.1587$은 제 1 종 오류를 범할 확률로서 검정의 유의수준이다(즉 $\alpha = 0.1587$을 말함).

---

1) $\bar{X}$는 $E(\bar{X}) = \mu$, $\mathrm{Var}(\bar{X}) = \dfrac{\sigma^2}{n} = \dfrac{50^2}{25} = 100 = 10^2$
제 3 절에서 $X \sim N(\mu, 50^2)$의 분포를 가정하였다.

〈표 13.2〉 검정력함수 : $K(\mu)$

| $\mu$ | $K(\mu)$ | $\mu$ | $K(\mu)$ |
|---|---|---|---|
| 500 | 0.1587 | 520 | 0.8413 |
| 505 | 0.3085 | 525 | 0.9332 |
| 510 | 0.5000 | 530 | 0.9772 |
| 515 | 0.6915 | 535 | 0.9938 |

[그림 13.6] 검정력함수 : $K(\mu)$

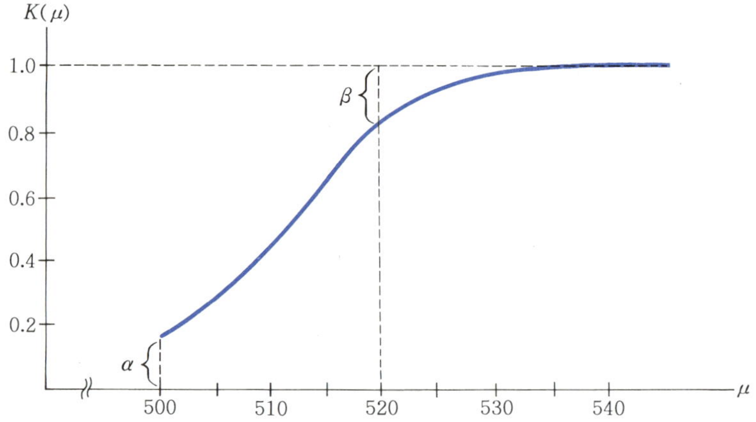


$\mu=520$일 때의 검정력은 $K(520)=0.8413$인데 이는 $\mu=520$일 때 $H_0$ : $\mu=500$을 기각하는 확률이며 이는 옳은 결정을 할 확률이다. 그러므로 검정력이 큰 것은 바람직하다. $\mu=520$일 때 $1-K(520)=1-0.8143=0.1587$은 $H_0$ : $\mu=500$을 채택하는 확률로 이는 본문에서 설명한 제 2 종 오류가 된다.

[그림 13.3]으로 돌아가서 $\mu=520$인 경우 $P(\bar{X}\leq 510;\ \mu=520)=\beta$이며 $P(\bar{X}>510;\ \mu=520)=1-\beta$임을 알 수 있다. 따라서 $1-K(\mu)=\beta$가 되며 $K(\mu)=1-\beta$이다. 제 2 종 오류의 확률은 $\mu$값에 따라 달라진다. 즉 $\mu=520$일 때는 $\beta=0.1587$이지만 $\mu=515$에서는 $\beta=1-K(515)=0.3085$가 된다.

유의수준 $\alpha$의 값은 0.1587보다 작은 값을 택하는 것이 보통이며 일반적으로 $\alpha\leq 0.05$로 결정한다. $\alpha=0.05$로 하고 표본의 크기를 25로 하면 기각역으로 $\bar{X}\geq 510$은 사용될 수 없다. $\bar{X}\geq c$인 영역을 기각역으로 할 때 $c$를 구해보자.

$$K(500)=P(\bar{X}\geq c\ ;\ \mu=500)=0.05$$

[그림 13.7] 여러 가지 $\mu$에 따른 검정력

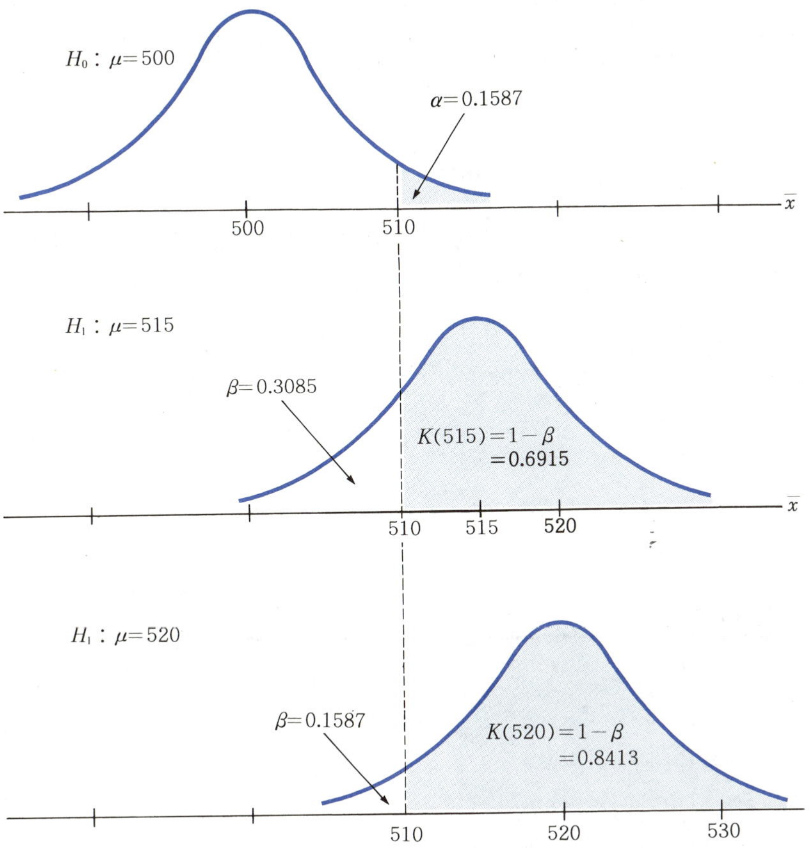


$\mu=500$일 때 $\bar{X}$는 $N(500,\ 10^2)$이므로

$$K(500)=P\left(\frac{\bar{X}-500}{10}\geq\frac{c-500}{10}\ ;\ \mu=500\right)$$
$$=1-\Phi\left(\frac{c-500}{10}\right)=0.05$$

부록의 [표 4]를 이용하면 $c$를 구할 수 있다.

$$\frac{c-500}{10}=1.645=z_{0.05}$$

$$c = 500 + (1.645)(10) = 516.45$$

이 때 $\mu = 520$인 경우의 $\beta$의 값을 구해 보자.

$$\begin{aligned}\beta &= 1 - P(\bar{X} \ge 516.45;\ \mu = 520) \\ &= 1 - P\left(\frac{\bar{X} - 520}{10} \ge \frac{516.45 - 520}{10};\ \mu = 520\right) \\ &= \Phi(-0.355) = 0.3613\end{aligned}$$

앞에서 살펴본 바와 같이 $\alpha$값이 0.1587에서 0.05로 감소하였을 때 $\mu = 520$에서의 $\beta$값은 0.1587에서 0.3613으로 증가하였다. 일반적으로 표본의 크기나 가설검정의 형태를 바꾸지 않으면 $\alpha$의 감소는 $\beta$의 증가를 가져오고 $\beta$의 감소는 $\alpha$의 증가를 가져온다. $\alpha$와 $\beta$는 표본의 크기를 증가시킴으로써 감소시킬 수 있다.

## 연습문제

13\. 1 다음을 설명하시오.

(1) 단순가설과 복합가설

(2) 단측검정과 양측검정

(3) 제 1 종 오류와 제 2 종 오류

(4) 유의수준과 $p$-값의 관계

13\. 2 어떤 골프선수의 과거 성적은 대략 $\mu = 90$, $\sigma^2 = 9$인 정규분포를 따른다고 한다. 특수훈련을 받은 후 이 골프선수의 기록은 좋아질 것이라 믿어진다(기록이 좋아지는 것은 $\mu = 90$이 감소하는 것을 말함). $H_0 : \mu = 90$, $H_1 : \mu < 90$을 검정하기 위하여 이 골프선수는 16게임을 한 후의 표본평균 $\bar{x}$를 구하였다. $\bar{x} = 88.25$라면

(1) $p$-값은 얼마인가?

(2) 유의수준 $\alpha = 0.025$일 때 귀무가설은 기각되는가?

(3) 만일 $\bar{x} \le 88.5$인 경우 귀무가설이 기각된다고 기준을 정하면 이 때의 유의수준 $\alpha$는 얼마인가?

(4)* (3)의 경우 검정력함수 $K(\mu)$를 구하시오(제13장 보론).

13. 3 A회사는 소형건전지를 생산하고 있다. 최근 들어 A회사는 소형건전지를 생산하는 신기술을 개발하고 이를 이용하여 소형건전지를 생산하고 있다. 과거의 기술로 개발된 소형건전지의 수명은 $X \sim N(50, 6^2)$을 따랐으며 새로운 기술로 개발된 소형건전지의 수명은 $X \sim N(55, 6^2)$을 따를 것으로 기대된다. 이제 신개발에 의하여 생산된 건전지가 $\mu = 50$인가 $\mu = 55$인가를 검정하려고

$$H_0 : \mu = 50, \qquad H_1 : \mu = 55$$

의 가설을 설정하였다. 이를 검정하기 위하여 $n = 16$인 확률표본을 추출하였다. 기각역을 $C = \{\bar{x} : \bar{x} > 53\}$으로 하는 경우 다음을 구하시오([그림 13.3]을 참고로 하시오).

(1) $H_0$가 참일 때 $\bar{X}$의 분포는?

(2) $H_1$이 참일 때 $\bar{X}$의 분포는?

(3) $\alpha$오류(제 1 종 오류)를 구하시오.

(4) $\beta$오류(제 2 종 오류)를 구하시오.

13. 4 어느 지역에서는 10사람 중에서 4 사람은 D맥주를 선호한다고 한다. 즉 $p = 0.4$이다. D맥주회사는 이 비율을 높이기 위하여 대대적인 광고전략과 신기술개발 등의 노력을 기울인 결과 선호도(시장점유율)가 0.4보다 높아진 것으로 기대하고 있다. 따라서 다음과 같은 가설

$$H_0 : p = 0.4, \qquad H_1 : p > 0.4$$

를 검정하려고 한다. 이를 위하여 그 지역의 대표적인 슈퍼마켓에서 맥주를 구입하는 15사람을 관찰하여 D맥주를 구입하는 사람의 수를 $y$라고 하고 기각역을 $C = \{y : y \ge 9\}$로 설정하였다.

(1) 유의수준 $\alpha$를 구하시오.

(2) $H_1 : p = 0.5$로 하였을 경우 $\beta$를 구하시오.

(3)* 검정력함수 $K(p)$를 구하시오.

# 14. 평균에 대한 가설검정

모평균 $\mu$에 대한 표본통계량으로 가장 널리 쓰이고 있는 것은 표본평균 $\bar{X}$이다. $\bar{X}$의 분포는 모집단의 분산이 알려진 경우와 미지인 경우에 따라 달라지며 이에 대하여는 제11장 평균의 구간추정에서 자세히 고찰하였다.

가설검정과 구간추정은 많은 점에서 거의 동일한 의미를 내포하고 있다. 이와 같은 것을 실증적으로 보여주기 위하여 제11장의 예제들 상당 부분을 그대로 제14장의 예제로 사용하여 분석하였다. 따라서 가설검정에 대한 설명의 순서는 제11장에서 택한 순서와 동일하다. 이러한 점들을 인식하여 이번 장을 공부할 때는 제11장의 내용들을 비교 음미하는 것이 바람직하다. 특히 제11장의 앞 부분에 있는 〈표 11.1〉과 〈표 11.2〉를 꼭 참고하여 전체적인 윤곽을 다시 한번 정리하기 바란다.

## 제 1 절 단일모집단의 평균에 대한 검정

### 1. 모분산 $\sigma^2$이 알려진 경우(제11장 제 1 절 1.2.에 해당)

모분산 $\sigma^2$이 알려진 경우는 모집단이 正規分布인 경우와 모집단이 非正規分布이고 大標本인 경우의 두 가지 경우를 포함한다. 실제 예를 이용하여 설명해 보자.

**예제 14.1**

Y제과에서 생산되는 과자의 무게는 평균이 $\mu$이고 분산이 $(3.6)^2$인 것으로 알려져 있다. 소비자보호원에 소비자로부터 과자의 표시무게 $\mu=17.5$g은 사실이 아닌 것으로 불만이 접수되었다. 소비자보호원에서는 다음의 두 가지 가설검정을 실시하려 한다.

1) $H_0$ : $\mu=17.5$
   $H_1$ : $\mu \neq 17.5$

2) $H_0$ : $\mu=17.5$
   $H_1$ : $\mu<17.5$

앞에서 설명한 가설검정의 절차에 따라 가설검정을 진행해 보자.

(풀이)

가. 양측검정

1) 귀무가설과 대립가설의 설정

$$H_0 = 17.5$$
$$H_1 \neq 17.5$$

2) 검정통계량의 선정

모평균 $\mu$에 대한 표본통계량은 $\bar{X}$이다. 이를 검정통계량으로 사용할 수도 있고

$$Z = \frac{\bar{X} - 17.5}{\sigma / \sqrt{n}}$$

을 검정통계량으로 사용할 수도 있다.

3) 유의수준과 임계치의 결정

유의수준은 임의로 설정할 수 있으나 여기서는 $\alpha = 5\% = 0.05$로 설정해 보자. $\alpha$가 0.05이므로 임계치는 $z_{\alpha/2} = z_{0.025} = 1.96$과 $-z_{\alpha/2} = -z_{0.025} = -1.96$이 된다.

4) 의사결정기준의 설정

"계산된 검정통계량의 값이 $z_{\alpha/2}$보다 큰 경우 $H_0$는 기각된다" 혹은 "계산된 검정통계량의 값이 $-z_{\alpha/2}$보다 작은 경우 $H_0$는 기각된다."

5) 표본자료로부터 검정통계량의 계산

표본크기 $n = 100$인 표본을 추출하여 $\bar{x}$를 구하였다. 이 때 $\bar{x} = 16.5$를 얻었다고 하면 계산된 검정통계량의 값은

$$z_C = \frac{16.5 - 17.5}{3.6 / \sqrt{100}} = -2.778$$

6) 통계적 의사결정

$z_C = -2.778$은 임계치 $-z_{\alpha/2} = -1.96$보다 작으므로 [그림 14.1]에서 기각영역에 속한다. 따라서 $H_0$는 기각된다. 검정통계량을 $\bar{X}$로 하는 경우는 임계치가

[그림 14. 1] 양측검정

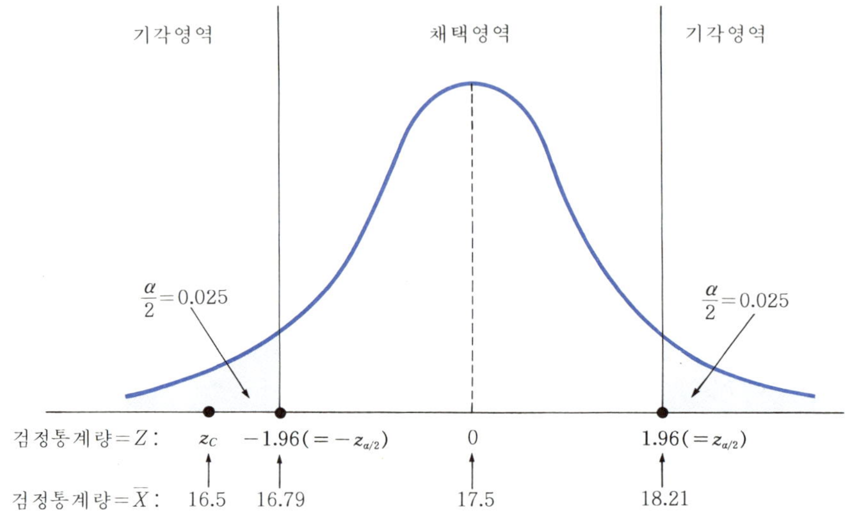


$$17.5-1.96\left(\frac{3.6}{\sqrt{100}}\right)=16.7944$$

$$17.5+1.96\left(\frac{3.6}{\sqrt{100}}\right)=18.2056$$

가 되므로 의사결정기준은 "계산된 $\bar{x}$가 16.7944보다 작거나 18.2056보다 큰 경우 $H_0$를 기각한다"가 된다. 표본자료로부터 얻은 계산된 검정통계량의 값은 $\bar{x}=16.5$이다. $\bar{x}=16.5<16.7944$이므로 $H_0$는 기각된다.

한편 $\bar{x}=16.5$, $n=100$인 경우 $\mu$에 대한 95% 신뢰구간은 $16.5\pm1.96(3.6/\sqrt{100})$이므로 [15.79, 17.21]이다. 즉 이 구간은 $\mu=17.5$를 포함하고 있지 않다. 따라서 표본자료는 $H_0$ : $\mu=17.5$를 지지한다고 볼 수 없다. 양측검정일 때 구간추정과 가설검정은 동일한 결론을 내리게 한다.

### 나. 단측검정

1) 귀무가설과 대립가설의 설정

$$H_0 : \mu=17.5$$
$$H_1 : \mu<17.5$$

[그림 14.2] 단측검정

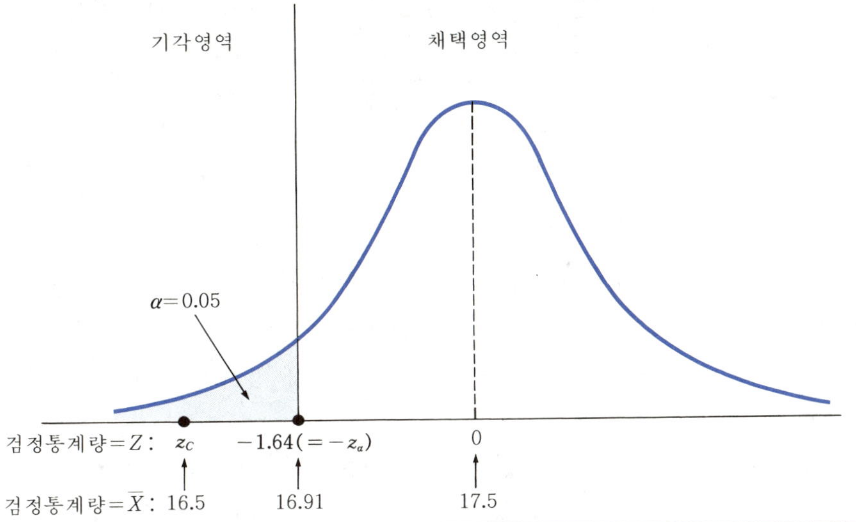


2) 검정통계량의 선정

$$Z \text{ 또는 } \bar{X}$$

3) 유의수준과 임계치의 결정

$\alpha = 0.05$, 단측검정이므로 임계치는

$$-z_\alpha = -z_{0.05} = -1.645$$

4) 의사결정기준의 설정

계산된 검정통계량의 값이 $-z_\alpha$보다 작은 경우 $H_0$를 기각한다.

5) 표본자료로부터 검정통계량의 계산

$$\bar{x} = 16.5,\ n = 100,\ z_C = -2.778$$

6) 통계적 의사결정

$z_C = -2.778$은 $-z_\alpha = -z_{0.05} = -1.645$보다 작다. 따라서 $H_0$를 기각한다. 즉, 소비자의 불만은 일리가 있다. $\bar{X}$를 검정통계량으로 하는 경우 임계치는

$$17.5 - (1.645)\left(\frac{3.6}{\sqrt{100}}\right) = 16.9078$$

〈표 14. 1〉 유의수준 $\alpha$와 임계치

| $\alpha$ | 양측검정 | | 단측검정 | |
|---|---|---|---|---|
| | $-z_{\alpha/2}$ | $z_{\alpha/2}$ | $-z_{\alpha}$ | $z_{\alpha}$ |
| 1% | −2.575 | 2.575 | −2.325 | 2.325 |
| 2% | −2.325 | 2.325 | −2.055 | 2.055 |
| 5% | −1.96 | 1.96 | −1.645 | 1.645 |
| 10% | −1.645 | 1.645 | −1.282 | 1.282 |

이 되므로 의사결정기준은 "계산된 $\bar{x}$가 16.9078보다 작은 경우 $H_0$를 기각한다"가 된다. $\bar{x}=16.5<16.9078$이므로 $H_0$를 기각한다.

평균에 대한 가설검정에 많이 사용되는 $Z$의 임계치를 유의수준 $\alpha$에 따라 정리하면 〈표 14. 1〉과 같다.

모분산 $\sigma^2$이 알려진 경우(모집단이 정규분포 혹은 비정규분포이며 대표본인 경우)의 가설과 기각역(critical region)을 정리하면 〈표 14. 2〉와 같다.

〈표 14. 2〉 $\sigma^2$이 알려진 경우의 기각역($\mu$에 대한 검정)

| $H_0$ | $H_1$ | 기 각 역 |
|---|---|---|
| $\mu=\mu_0$ | $\mu>\mu_0$ | $z_C>z_\alpha$ 또는 $\bar{x}>\mu_0+z_\alpha(\sigma/\sqrt{n})$ |
| $\mu=\mu_0$ | $\mu<\mu_0$ | $z_C<-z_\alpha$ 또는 $\bar{x}<\mu_0-z_\alpha(\sigma/\sqrt{n})$ |
| $\mu=\mu_0$ | $\mu\neq\mu_0$ | $z_C>z_{\alpha/2}$ 또는 $\bar{x}>\mu_0+z_{\alpha/2}(\sigma/\sqrt{n})$<br>$z_C<-z_{\alpha/2}$ 또는 $\bar{x}<\mu_0-z_{\alpha/2}(\sigma/\sqrt{n})$ |

주 : $z_C$는 표본으로부터 계산된 $Z$값을 말함.

〈표 14. 2〉의 $H_0$는 전부 $\mu=\mu_0$로 표시되어 있는데 그 이유는 다음과 같다. $H_0$ : $\mu\geq\mu_0$, $H_1$ : $\mu<\mu_0$인 가설에서 $\mu\geq\mu_0$를 직접적으로 검정하기 곤란하므로 $\mu\geq\mu_0$에서 가장 낮은 값인 $\mu=\mu_0$를 귀무가설로 검정하여 귀무가설이 채택되면 $\mu\geq\mu_0$가 채택되는 것으로 간주하고 귀무가설이 기각되면 $\mu\geq\mu_0$가 기각되는 것으로 간주하는 것이다. $H_0$ : $\mu\leq\mu_0$, $H_1$ : $\mu>\mu_0$인 경우도 비슷한 설명이 가능하다.

## 2. 모분산 $\sigma^2$이 未知인 경우(제11장 제 1 절 3. 4.에 해당)

모평균 $\mu$가 알려지지 않은 경우 모분산 $\sigma^2$도 알려지지 않은 것이 보통이

다. 모집단이 정규분포를 할 때 $\sigma$대신 표본분산 $S$를 대신 사용한

$$T = \frac{\bar{X} - \mu}{S/\sqrt{n}} \tag{9.14}$$

은 자유도가 $n-1$인 $t$분포를 함은 제 9 장에서 이미 고찰하였다. 따라서 정규모집단의 모분산 $\sigma^2$이 미지이고 소표본인 경우 앞에서 정의한 $T$가 검정통계량이 되며, 대표본인 경우는 $T$도 물론 이용되지만 다음의 $W$가 이용될 수 있다.

$$W = \frac{\bar{X} - \mu}{S/\sqrt{n}} \tag{11.7}$$

$W$는 근사적 $N(0, 1)$의 분포를 한다.

**예제 14.2**

K타이어 회사의 타이어 수명은 정규분포를 한다고 알려져 있다. 회사의 판매담당자는 과거의 타이어 수명은 25,000km이었으나 새로 개발된 타이어의 수명은 25,000km보다 크다고 주장하고 있다. 이를 검정하기 위하여 $n=15$인 표본을 조사하니 $\bar{x}=27{,}000$과 $s=5{,}000$을 얻었다. 이 때 이 회사 판매담당자의 주장을 받아들일 수 있는지 검정해 보자.

(풀이)

1) 귀무가설과 대립가설의 설정

$$H_0 : \mu = 25{,}000$$
$$H_1 : \mu > 25{,}000$$

2) 검정통계량의 선정

모집단이 정규분포이고 모분산 $\sigma^2$이 未知이므로

$$T = \frac{\bar{X} - \mu}{S/\sqrt{n}}$$

은 자유도가 $n-1$인 $t$분포를 한다.

3) 유의수준과 임계치의 결정

$\alpha = 0.05$로 하면 임계치는 $t_\alpha(n-1) = t_{0.05}(14) = 1.7613$

[그림 14.3] $\sigma^2$이 未知인 경우 단측검정

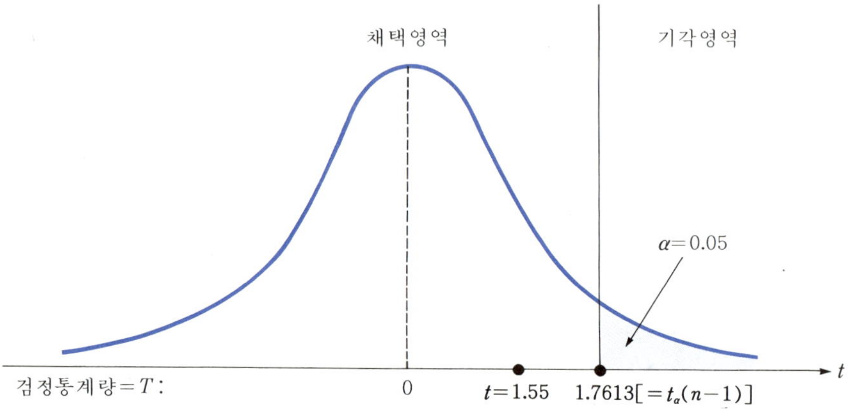


4) 의사결정기준

검정은 단측검정이므로 계산된 $T$값이 $t_{0.05}(14)=1.7613$보다 큰 경우 $H_0$는 기각된다.

5) 표본으로부터 검정통계량의 계산

$$t=\frac{27{,}000-25{,}000}{5{,}000/\sqrt{15}}=1.55$$

6) 통계적 의사결정

$t=1.55<1.7613$이므로 $H_0$를 기각할 수 없다. 따라서 새로 개발된 타이어 수명도 25,000이라는 $H_0$는 기각될 수 없다. 즉 신제품의 수명이 25,000 이상이라는 $H_1$는 채택될 수 없다.

모분산 $\sigma^2$가 未知이고 모집단이 정규분포 $N(\mu, \sigma^2)$일 때 $\mu$에 대한 가설검정의 기각역을 정리하면 〈표 14.3〉과 같다. 모집단이 비정규분포인 경우도

〈표 14.3〉 $\sigma^2$이 未知인 경우의 기각역($\mu$에 대한 검정)

| $H_0$ | $H_1$ | 기 각 역 |
|---|---|---|
| $\mu=\mu_0$ | $\mu>\mu_0$ | $t>t_\alpha(n-1)$ 또는 $\bar{x}>\mu_0+t_\alpha(n-1)\ s/\sqrt{n}$ |
| $\mu=\mu_0$ | $\mu<\mu_0$ | $t<-t_\alpha(n-1)$ 또는 $\bar{x}<\mu_0-t_\alpha(n-1)\ s/\sqrt{n}$ |
| $\mu=\mu_0$ | $\mu\neq\mu_0$ | $t>t_{\alpha/2}(n-1)$ 또는 $\bar{x}>\mu_0+t_{\alpha/2}(n-1)\ s/\sqrt{n}$ |
| | | $t<-t_{\alpha/2}(n-1)$ 또는 $\bar{x}<\mu_0-t_{\alpha/2}(n-1)\ s/\sqrt{n}$ |

주 : $t$는 표본으로부터 계산된 $T$값임.

식 (11.6)에 의하여 $T$는 근사적으로 $t$분포를 하고 $n \geq 30$인 경우는 식 (11.7)에 의하여 $\dfrac{(X-\mu)}{S/\sqrt{n}}$ 는 근사적으로 $N(0, 1)$의 분포를 한다는 것은 이미 고찰하였다.

## 제 2 절 두 모집단 평균의 差에 대한 검정*

### 1. 서로 독립적인 표본

(1) **두 모분산 $\sigma_X^2$, $\sigma_Y^2$이 알려진 경우**(두 모집단은 정규분포)

$X_1, X_2, \cdots, X_n$과 $Y_1, Y_2, \cdots, Y_m$을 각 獨立的인 正規分布인 $N(\mu_X, \sigma_X^2)$과 $N(\mu_Y, \sigma_Y^2)$으로부터 추출된 크기 $n$과 $m$인 확률표본이고 $\sigma_X^2$과 $\sigma_Y^2$은 알려져 있다고 가정하자. 제11장에서 이미 고찰한 바와 같이

$$Z = \frac{(\bar{X}-\bar{Y})-(\mu_X-\mu_Y)}{\sqrt{\dfrac{\sigma_X^2}{n}+\dfrac{\sigma_Y^2}{m}}} \sim N(0, 1) \tag{11.8}$$

의 분포를 하고 식 (11.8)의 $Z$가 검정통계량이 된다.

**예제 14.3**

L백화점에서는 서울 강남과 안양에 2개의 분점을 가지고 있다. L백화점의 판매담당이사는 두 분점을 이용하는 고객의 평균 나이가 다른 경우 각기 다른 마케팅전략을 세우려고 한다. 두 분점을 이용하는 고객의 나이는 각각 정규분포를 한다고 하며 강남분점 고객의 나이($X$)의 분산은 36, 안양분점 고객의 나이($Y$)의 분산은 64로 알려져 있다. 강남분점에서 12명을 안양분점에서 16명을 확률표본으로 추출하니 $\bar{x}=40$, $\bar{y}=34$이다. $\alpha=0.05$에서 $\mu_X=\mu_Y$를 검정해 보자.

(풀이)

1) 귀무가설과 대립가설의 설정

$H_0$ : $\mu_X-\mu_Y=0$(혹은 $\mu_X=\mu_Y$)

$H_1$ : $\mu_X-\mu_Y \neq 0$(혹은 $\mu_X \neq \mu_Y$)

2) 검정통계량의 선정

$\mu_X - \mu_Y = 0$ 이므로 검정통계량은 식 (11.8)로부터

$$Z = \frac{(\bar{X} - \bar{Y}) - 0}{\sqrt{\frac{\sigma_X^2}{n} + \frac{\sigma_Y^2}{m}}}$$

3) 유의수준과 임계치의 결정

$$\alpha = 0.05,\ z_{\alpha/2} = 1.96,\ -z_{\alpha/2} = -1.96$$

4) 의사결정의 기준

계산된 검정통계량의 값이 1.96보다 크거나 −1.96보다 작으면 $H_0$를 기각한다.

5) 표본으로부터 검정통계량의 계산

$$z_C = \frac{(40 - 34) - 0}{\sqrt{\frac{36}{12} + \frac{64}{16}}} = 2.27$$

6) 통계적 의사결정

$z_C = 2.27 > 1.96$ 이므로 $H_0$를 기각한다. 즉 두 분점 고객의 평균 나이는 같지 않다는 $H_1$을 채택한다.

$\mu_X - \mu_Y$에 대한 95% 신뢰구간을 구해 보면 예제 11.3에 의하여 [0.81, 11.19]가 된다. 이 구간은 0을 포함하지 않으므로 표본자료는 $H_0$ : $\mu_X - \mu_Y = 0$ 이라는 가설을 지지하고 있지 않다. 신뢰구간의 추정과 양측검정의 가설은 이와 같이 동일한 결론을 유도한다. 따라서 제11장과 제12장에서 설명한 내용들은 제14장과 제15장에서 거의 그대로 적용이 된다는 것을 확인하고 이해하기 바란다.

### ⑵ 두 모분산이 未知이고 大標本인 경우

이 경우 제11장에서 설명했듯이 표본의 크기가 클 경우

$$W = \frac{(\bar{X} - \bar{Y}) - (\mu_X - \mu_Y)}{\sqrt{\frac{S_X^2}{n} + \frac{S_Y^2}{m}}} \qquad (11.10)$$

은 근사적으로 표준정규분포 $N(0,\ 1)$을 따른다. 두 모분산이 未知이고 대표본인 경우는 식 (11.10)의 $W$를 검정통계량으로 사용한다.

**예제 14.4**

어느 회사의 시장조사부에서는 서울시의 가구당 일 주일 동안의 평균 TV시청시간이 안산시의 가구당 일 주일 동안의 평균 TV시청시간보다 작다고 믿고 있다. 이를 조사하기 위하여 두 개의 확률표본으로부터 다음의 정보를 얻었다. 유의수준 $\alpha = 0.05$에서 검정을 하여 보자.

〈표 14.4〉 서울시와 안산시의 TV 시청시간

| 분 류 | 서 울 시 | 안 산 시 |
|---|---|---|
| 조사가구수 | 100 | 75 |
| 일 주일 동안의 TV시청시간 | 18.50 | 27.25 |
| $S$ | 10 | 14 |

(풀이)

1) 귀무가설과 대립가설의 설정

$$H_0\ :\ \mu_X \geq \mu_Y (\text{혹은 } \mu_X = \mu_Y)$$
$$H_1\ :\ \mu_X < \mu_Y$$

2) 검정통계량의 선정

$$Z = \frac{(\bar{X} - \bar{Y}) - 0}{\sqrt{\dfrac{S_X^2}{n} + \dfrac{S_Y^2}{m}}}$$

3) 유의수준과 임계치의 결정

$$\alpha = 0.05,\ -z_{0.05} = -1.645$$

4) 의사결정기준

계산된 검정통계량의 값이 $-1.645$보다 작으면 $H_0$를 기각한다.

5) 표본으로부터 검정통계량의 계산

$$z_C = \frac{(18.50 - 27.25) - 0}{\sqrt{\dfrac{100}{100} + \dfrac{196}{75}}} = -4.60$$

6) 통계적 의사결정

$z_C = -4.60 < -z_{0.05} = -1.645$이므로 $H_0$을 기각한다. 즉 $\mu_X$(서울의 가구당 평균 TV시청시간)는 $\mu_Y$(안산의 가구당 평균 TV시청시간)보다 작다고 결론을 내릴 수 있다.

### (3) 두 모분산이 未知이고 小標本인 경우($\sigma_X^2 = \sigma_Y^2$, 정규모집단)

이 경우는 두 개의 모집단이 정규분포를 따르는 것과 $\sigma_X^2 = \sigma_Y^2$인 가정이 전제가 된다. 식 (9.21)에 의하여

$$T = \frac{(\bar{X} - \bar{Y}) - (\mu_X - \mu_Y)}{\sqrt{\frac{(n-1)S_X^2 + (m-1)S_Y^2}{n+m-2}\left(\frac{1}{n} + \frac{1}{m}\right)}} \tag{9.21}$$

은 $t(n+m-2)$의 분포를 하므로 위의 $T$를 검정통계량으로 이용한다.

**예제 14.5**

투자자 A는 증권거래소에 상장된 주식 중에서 무작위로 5종류의 주식(stock)을 뽑아 투자하였다. 그리고 투자자 B도 같은 방법으로 5종류의 사채(bond)에 투자하였다. 주식의 수익률과 사채의 수익률은 정규분포를 하는 것으로 가정한다. 다음은 이들 증권(securities)의 연수익률을 퍼센트(%)로 나타낸 것이다.

| | | | | | |
|---|---|---|---|---|---|
| 주식 : | 5.0 | 8.0 | 12.0 | 16.0 | 17.0 |
| 사채 : | 9.0 | 10.0 | 11.0 | 11.0 | 12.0 |

주식의 수익률의 분산과 사채의 수익률의 분산이 同一하다고 가정할 때 주식의 평균수익률($\mu_X$)과 사채의 평균수익률($\mu_Y$)이 동일하다는 가설을 $\alpha = 0.05$에서 단측검정하시오.

(풀이)

1) 귀무가설과 대립가설의 설정

$$H_0 : \mu_X - \mu_Y = 0 \quad (\mu_X = \mu_Y)$$
$$H_1 : \mu_X - \mu_Y > 0 \quad (\mu_X > \mu_Y)$$

2) 검정통계량의 선정

식 (9.21)의 $T$를 검정통계량으로 한다.

3) 유의수준과 임계치의 결정

$$\alpha = 0.05,\ t_{\alpha}(n+m-2) = t_{0.05}(8) = 1.860$$

4) 의사결정기준

계산된 검정통계량의 값이 1.860보다 클 때 $H_0$를 기각한다.

5) 표본으로부터 검정통계량의 계산

$$\bar{x} = 11.4,\ \bar{y} = 10.6,\ \bar{x} - \bar{y} = 0.8,$$

$$s_X^2 = 29.8,\ s_Y^2 = 1.3$$

$$t = \frac{(11.4-10.6)-(0)}{\sqrt{\dfrac{(4)(29.8)+(4)(1.3)}{5+5-2}\left(\dfrac{1}{5}+\dfrac{1}{5}\right)}} = \frac{0.8}{2.494} = 0.321$$

6) 통계적 의사결정

$0.321 < t_{0.05}(8) = 1.860$이므로 $H_0$를 기각하지 못한다.

두 모집단이 正規分布를 따르고 $\sigma_X^2 = \sigma_Y^2$를 가정하며 小標本인 경우 각 가설검정의 기각역은 〈표 14.5〉와 같다. $\sigma_X^2 = \sigma_Y^2$의 가정이 필요한 이유는 제 9 장의 식 (9.21)을 참고하기 바란다.

[그림 14.4] $\sigma_X^2$과 $\sigma_Y^2$이 未知이고 小標本일 때($\sigma_X^2 = \sigma_Y^2$, 正規母集團)

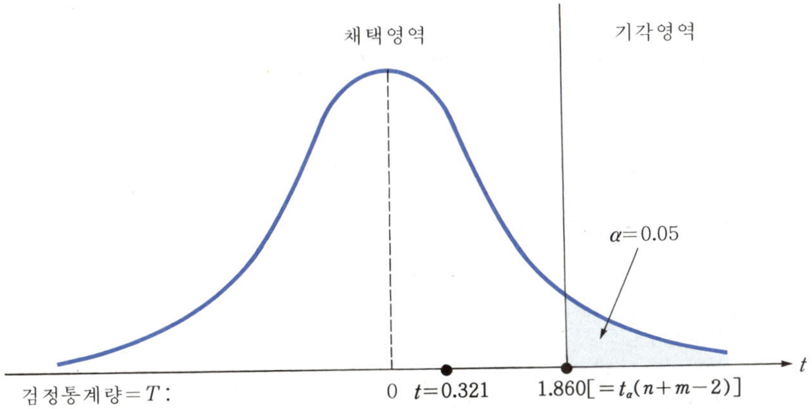

〈표 14.5〉 $\sigma_X^2$과 $\sigma_Y^2$이 未知이고 小標本일 때($\sigma_X^2 = \sigma_Y^2$, 正規母集團)

| $H_0$ | $H_1$ | 기 각 역 |
|---|---|---|
| $\mu_X = \mu_Y$ | $\mu_X > \mu_Y$ | $t > t_\alpha\,(n+m-2)$ 또는 |
| | | $\bar{x}-\bar{y} > t_\alpha\,(n+m-2)\sqrt{\dfrac{(n-1)S_X^2+(m-1)S_Y^2}{n+m-2}\left(\dfrac{1}{n}+\dfrac{1}{m}\right)}$ |
| $\mu_X = \mu_Y$ | $\mu_X < \mu_Y$ | $t < -t_\alpha\,(n+m-2)$ 또는 |
| | | $\bar{x}-\bar{y} < -t_\alpha\,(n+m-2)\sqrt{\dfrac{(n-1)S_X^2+(m-1)S_Y^2}{n+m-2}\left(\dfrac{1}{n}+\dfrac{1}{m}\right)}$ |
| $\mu_X = \mu_Y$ | $\mu_X \neq \mu_Y$ | $\lvert t\rvert > t_{\alpha/2}(n+m-2)$ 또는 |
| | | $\lvert\bar{x}-\bar{y}\rvert > t_{\alpha/2}(n+m-2)\sqrt{\dfrac{(n-1)S_X^2+(m-1)S_Y^2}{n+m-2}\left(\dfrac{1}{n}+\dfrac{1}{m}\right)}$ |

주 : $t$는 식 (9.21)의 $T$가 계산된 값임.

## 2. 짝을 이루는 두 표본

정규분포를 따르는 모집단에서 추출된 두 개의 종속적 표본을 대상으로 하는 경우 두 모평균의 차에 대한 추론에 관하여 고찰해 보자. 제 9 장에서 이미 고찰한 바와 같이

$$\frac{\bar{D}-\mu_D}{S_D/\sqrt{n}} \sim t(n-1) \tag{11.12}$$

인 $t$분포를 하며 식 (11.12)가 검정통계량이 된다.

**예제 14.6**

예제 11.6의 자료를 이용하여 $\alpha = 0.05$하에서 다음을 검정하여 보자.

(풀이)

1) 귀무가설과 대립가설의 설정

$$H_0 : \mu_X = \mu_Y \quad (\mu_X - \mu_Y = 0)$$
$$H_1 : \mu_X \neq \mu_Y \quad (\mu_X - \mu_Y \neq 0)$$

2) 검정통계량의 선정

$$\frac{\bar{D}-\mu_D}{S_D/\sqrt{n}}$$

3) 유의수준과 임계치의 결정

$$\alpha = 0.05,$$
$$t_{0.025}(6) = 2.447,\ -t_{0.025}(6) = -2.447$$

4) 의사결정기준

계산된 검정통계량의 값이 2.447보다 크거나 −2.447보다 작으면 $H_0$를 기각한다.

5) 표본으로부터 검정통계량의 계산

$$\frac{\bar{D} - \mu_D}{S_D/\sqrt{n}} = \frac{4-0}{4.761/\sqrt{7}} = 2.223$$

6) 통계적 의사결정

$2.223 < 2.447$이므로 $H_0$를 기각할 수 없다.

예제 11.6의 자료를 이용할 때 $\mu_X - \mu_Y$에 대한 95% 신뢰구간이 [−0.402, 8.402]로 0을 포함하고 있다. 이는 표본자료가 $\mu_X - \mu_Y = 0$인 $H_0$를 지지하고 있다는 것을 의미한다.

## 제 3 절 요 약

이번 장에서 고찰한 평균에 대한 가설검정은 제11장에서 설명한 평균의 구간추정과 근본적으로 같은 내용들이다. 따라서 제14장에서 설명한 순서는 제11장과 같다.

단일모집단의 평균에 대한 가설검정은 개략적으로 요약하면(자세한 것은 제14장의 설명과 〈표 11.1〉과 〈표 11.2〉를 참고) 모분산이 알려진 경우에는 표준정규분포($Z$)를, 두 모분산이 알려지지 않고 소표본인 경우에는 $t$분포를 이용한다. 두 모집단 평균의 差에 대한 가설검정은 서로 독립적인 두 표본인 경우와 짝을 이루는 두 표본의 경우로 나눌 수 있으며 이에 대한 가설검정도 간단히 요약하면 모분산들이 알려진 경우에는 $Z$분포를, 모분산들이 미지이고 소표본인 경우는 $t$분포를 이용한다. 다만 표본크기가 클 경우에는 $t$분포 대신에 $Z$분포가 이용될 수 있다.

두 모평균의 差에 대한 검정은 두 모평균의 同一性에 대한 검정과 같다. 두 모분산이 未知인 경우 두 모평균의 동일성에 대한 $t$검정은 다음과 같은 가정을 전제로 한다.

〈표 14.6〉 두 모평균의 差에 대한 $t$검정의 가정

| $t$검정 | 가 정 | 참고예제 |
|---|---|---|
| 서로 독립적인 두 표본 : | 정규모집단 · 동일한 분산($\sigma_X^2 = \sigma_Y^2$) | 제 2 절 1. (3) |
| 짝을 이루는 두 표본 : | 정규모집단 | 제 2 절 2. |

그러나 경우에 따라서는 자료가 단순히 어느 것을 선호한다는 것과 같은 질적자료의 형태를 보일 때나 또 위에 열거한 가정이 충족되지 못하는 경우는 이번 장에서 고찰한 검정방법들을 이용할 수 없으며 이 경우에는 제21장의 非母數統計方法을 이용한다. 예를 들면 독립적인 두 표본의 경우 정규모집단이나 동일한 분산($\sigma_X^2 = \sigma_Y^2$)의 가정을 사용하지 않고 두 모평균의 동일성을 검정하는 방법에는 중위수검정이나 맨-위트니(Mann-Whittney)의 $U$검정 등이 이용될 수 있다. 또 짝을 이루는 두 표본의 경우에는 정규모집단의 가정을 하지 않고 부호검정이나 윌콕슨(Wilcoxon)의 부호순위검정 등을 이용하여 두 중위수(모평균)의 동일성을 검정할 수 있다.

## □ 연습문제

14. 1 서울시에서는 가로등과 지하철에 많은 전구를 사용하는데 지금까지 사용해 오던 전구의 평균수명은 1,000시간이고 표준편차는 90시간이었다. 이제 전구가 새로 개발되어 보다 저렴한 가격으로 시장에 공급되기 시작했는데, 시당국은 새로운 전구의 평균수명이 1,000시간보다 작지만 않다면 이 전구로 대체하기로 결정하였다. 그러나 새로운 전구의 평균수명이 1,000시간보다 작은데도 대체하게 되는 잘못을 범하지 않기 위하여 시당국은 새로운 전구 100개를 표본으로 조사한 결과 평

균수명이 990시간이었다. 새로운 전구의 표준편차도 역시 90시간인 경우, 시당국이 어떤 결정을 내릴 수 있는지를 5%의 유의수준에서 검정하시오(제 1 절 1.).

14. 2 소형건전지를 제조하는 S기업은 자기회사제품의 평균수명이 30일 이상이라고 선전하고 있다. 만약에 그 선전이 사실이라면 A회사에서는 이 건전지를 대량으로 구입하려고 한다. A회사에서는 36개의 건전지를 표본으로 선정하여 조사해 본 결과 표본평균이 34일임을 알았다. 만약에 건전지의 모집단 표준편차가 5일이고 또 설정된 가설이 $H_0$ : $\mu \leq 30$, $H_1$ : $\mu > 30$일 때 $\alpha = 0.01$에서 가설검정을 하시오(제 1 절 1.).

14. 3 과자 무게표시에 대한 다음의 검정을 하려고 한다.

$$H_0 : \mu = 4.0, \qquad H_1 : \mu \neq 4.0$$

9개의 과자를 추출하여 다음의 자료를 얻었다고 하자.

$$n = 9, \ \bar{x} = 4.3, \ s = 1.2$$

과자의 무게는 정규분포를 한다고 할 때, 유의수준 $\alpha = 0.1$에서

(1) 가설검정을 하시오(제 1 절 2.).

(2) $p$-값을 구하고 $p$-값을 이용하여 검정하시오.

14. 4 K자동차 회사에서 생산되는 자동차가 시속 90km로 달리다가 급브레이크를 밟는 경우 평균제동거리가 35m이다. K회사에서는 새롭고 효과적이라고 생각되는 제동장치를 개발하여 이를 64대의 자동차에 설치하여 시험한 결과 90km 속도에서 평균제동거리가 33.5m이었고 표준편차 $s = 4$m이었다. $\alpha = 0.05$에서 다음 가설을 검정하시오(제 1 절 2.).

$$H_0 : \mu = 35\text{m}, \qquad H_1 : \mu < 35\text{m}$$

14. 5 고속도로 진입로 근처에 위치한 강남의 A주유소의 고객 1인당 주유량은 $N(\mu, \sigma^2)$의 분포를 하며 평균 $\mu$와 $\sigma^2$은 알려지지 않았다. 주인은 주유소의 이윤을 분석하기 위한 기초자료로 사용하기 위하여 25명의 고객을 무작위로 추출하여 리터($l$)로 표시되는 주유량의 표본평균과 표본분산을 구하니 $\bar{x} = 35$, $s^2 = 100$이다. $\alpha = 0.1$에서 $H_0$ : $\mu = 30$,

$H_1$ : $\mu \neq 30$을 가설검정하고 90% 신뢰구간과 비교하시오(제 1 절 2.).

14. 6* 연습문제 11.8을 이용하여 다음을 구하시오.

(1) $\alpha = 0.05$에서 $H_0$ : $\mu_A = \mu_B$, $H_1$ : $\mu_A \neq \mu_B$를 검정하시오(제 2 절 1. (1)).

(2) $\mu_A - \mu_B$에 대한 95% 신뢰구간을 구하시오(연습문제 11.8 참조).

(3) (1)과 (2)를 연관시켜서 설명하시오.

14. 7* H증권회사에 근무하는 신입사원 80명을 표본으로 선정하여 조사한 결과 연봉이 1,230만 원이고 표준편차는 120만 원인 반면에, D건설회사에서 근무하는 신입사원 100명을 표본으로 조사해 보니 연봉이 1,190만 원이고 표준편차는 90만 원이라고 한다. 두 회사에서 근무하는 신입사원들의 연봉이 실제로 차가 있는지를 5%와 1%의 유의수준에서 검정하시오(제 2 절 1. (2)).

14. 8* 예제 11.4를 이용하여 다음을 구하시오.

(1) $\alpha = 0.05$ 수준에서 $H_0$ : $\mu_X = \mu_Y$, $H_1$ : $\mu_X > \mu_Y$를 검정하시오(제 2 절 1. (2)).

(2) 예제 11.4에서 $\mu_X - \mu_Y$에 대한 90% 신뢰구간이 주어졌다. 신뢰구간과 가설검정을 비교・설명하시오.

14. 9* PC를 제조하는 G전자는 부품(컴퓨터칩)을 A회사로부터 공급받고 있으며 현재는 B회사도 고려하고 있다. G전자가 부품을 주문하여 배달 받는 데 걸리는 시간을 비교하여 A회사의 평균 배달기간이 B회사보다 작거나 같으면 G전자는 계속 A회사로부터 부품을 공급받으려고 하며 B회사의 배달기간이 A보다 짧으면 B회사로 부품공급회사를 바꾸려고 한다(제 2 절 1. (2)).

(1) 이 경우 귀무가설과 대립가설을 설정하시오.

(2) 배달기간에 대한 A와 B의 두 독립적인 표본의 결과가 다음과 같을 때 $\alpha=0.05$에서 가설검정을 하시오.

| 회 사 | 표본크기 | 표본평균 | 표본표준편차 |
|---|---|---|---|
| A회사 | $n = 50$ | $\bar{x} = 14$일 | $s = 3$일 |
| B회사 | $m = 30$ | $\bar{y} = 12.5$일 | $s = 2$일 |

14.10* 연습문제 11.10을 이용하여 $H_0$ : $\mu_X - \mu_Y = 0$, $H_1$ : $\mu_X - \mu_Y > 0$을 유의수준 $\alpha = 0.025$에서 가설검정을 하시오(제 2 절 1.(3)).

14.11* 투자자 A는 증권거래소에 상장된 회사들 중에서 무작위로 11개의 사채를 선택하고 투자자 B는 13개의 주식을 선택하여 투자하였다. 다음은 사채의 월 투자수익률($X$)과 주식의 월 투자수익률($Y$)로 나타낸 것이다.

$X$ : 0.8, 1.8, 1.0, 0.1, 0.9, 1.7, 1.0, 1.4, 0.9, 1.2, 0.5

$Y$ : 1.0, 0.8, 1.6, 2.6, 1.3, 1.1, 2.4, 1.8, 2.5, 1.4, 1.9, 2.0, 1.2

사채의 월 투자수익률과 주식의 월 투자수익률은 각각 정규분포를 하고 분산은 동일하다고 가정하자. $\alpha = 0.01$에서 다음을 검정하시오(제 2 절 1.(3)).

$$H_0 : \mu_X - \mu_Y = 0, \quad H_1 : \mu_X - \mu_Y < 0$$

14.12* 예제 11.5를 이용하여 $\alpha = 0.05$에서 $H_0$ : $\mu_X - \mu_Y = 0$, $H_1$ : $\mu_X - \mu_Y > 0$을 가설검정하시오(제 2 절 1.(3)).

14.13* 연습문제 11.11을 이용하여 $\alpha = 0.05$에서

(1) $H_0$ : $\mu_X - \mu_Y = 0$, $H_1$ : $\mu_X - \mu_Y \neq 0$을 검정하시오(제 2 절 1.(3)).

(2) 신뢰구간추정의 결과와 가설검정의 결과를 비교 설명하시오.

14.14* H보험회사에서는 보험모집인 급여체계를 전환하려고 한다. 즉 보험모집을 장려하기 위하여 일정 조건하에서 보너스를 지급하는 체계를 만들려고 한다. 이와 같은 전환이 효과가 있는지를 알아보기 위하여 H보험회사는 무작위로 10명의 모집인을 선정하여 일정 기간 동안 이 사람들에게만 보너스체계를 적용하여 월 보험모집건수를 비교하였다. $X$와 $Y$는 새로운 보너스체계를 시행하기 전과 후의 월 보험모집건수를 나타내며 $X$와 $Y$는 각각 정규분포를 한다(제 2 절 2.).

| 보험모집인 | 보험모집건수 | | $D_i = X_i - Y_i$ |
|---|---|---|---|
| | 실시 후 판매량 : $X$ | 실시 전 판매량 : $Y$ | |
| 1 | 7 | 8 | −1 |
| 2 | 8 | 8 | 0 |
| 3 | 10 | 7 | 3 |
| 4 | 11 | 6 | 5 |
| 5 | 18 | 10 | 8 |
| 6 | 16 | 9 | 7 |
| 7 | 12 | 9 | 3 |
| 8 | 12 | 8 | 4 |
| 9 | 6 | 7 | −1 |
| 10 | 12 | 10 | 2 |
| 총 계 | 112 | 82 | 30 |

(1) $\alpha = 0.05$에서 $H_0$ : $\mu_X = \mu_Y$, $H_1$ : $\mu_X \neq \mu_Y$를 검정하시오.

(2) $\mu_X - \mu_Y = \Delta\mu$에 대한 95% 신뢰구간을 구하시오.

(3) (1)과 (2)의 결과를 연관시켜서 설명하시오.

14.15* 다음 페이지의 응용사례를 이용한다. $\alpha = 0.1$에서 다음 가설을 검정하시오(제 2 절 2.).

$$H_0 : \mu_D = 20(\mu_X - \mu_Y = 20)$$

$$H_1 : \mu_D > 20(\mu_X - \mu_Y > 20)$$

## □ 응용사례

# 짝을 이룬 두 표본의 $t$검정과 기업의사결정

맥주시장에 대한 시장진입이 자유화 되면서 맥주제조회사들 간에 뜨거운 판촉전이 계속되고 있다고 가정하자. 오늘날의 냉혹한 기업 현실은 신기술의 개발로 앞서 나가지 않으면 과거의 시장지배자가 영원한 승자가 될 수 없는 경우를 우리 주위에서 많이 볼 수 있다.

B맥주회사에서는 최근 들어 계속되는 판매부진에 고전하고 있다. B회사의 마케팅부서에서는 판매부진의 원인이 맥주의 맛보다는 맥주병과 맥주캔의 검은색계통의 디자인이 경쟁사들의 밝은색계통 디자인에 비하여 소비자의 시선을 끌지 못하기 때문일 것이라고 강하게 확신하고 있다.

B회사의 마케팅부에서는 모든 생산제품의 디자인을 바꾸기 전에 우선 일정 기간 동안 한정된 양만을 밝은색계통 디자인으로 바꿔서 시판해 보고 그 결과를 분석한 후 최종 의사결정을 내리기로 하였다. 이를 위하여 B회사는 기존 디자인 상품을 모두 회수하고 밝은색계통 디자인의 상품으로 슈퍼마켓에 공급하였다. 한 달 후에 서울시내 6군데의 슈퍼마켓을 무작위로 추출하여 디자인이 바뀌기 전과 후의 월 판매량을 비교하였다. 이 회사 맥주의 월 판매량은 과거의 경험상 정규분포를 따르는 것이 확인되었고 분산은 未知이다.

디자인이 변경된 후의 월 판매량을 $X$, 디자인이 변경되기 전의 월 판매량을 $Y$라고 하면 $D=X-Y$로 정의된다. B회사 마케팅부는 부서의 확신을 확인하기 위하여 다음과 같은 가설을 $\alpha=0.05$에서 검정하려고 하다.

$$H_0 : \mu_X = \mu_Y$$
$$H_1 : \mu_X > \mu_Y$$

이와 같은 분석은 짝을 이루는 표본의 검정에 해당되므로 검정통계량은

$$\frac{\bar{D}-\mu_D}{S_D/\sqrt{n}}$$

이 되며 계산된 검정통계량의 값이 $t_{0.05}(5)=2.571$보다 크면 $H_0$를 기각하게 된다. 이제 표본자료로부터 검정통계량의 값을 계산해 보자. $\bar{D}=30$, $s_D=\sqrt{5600/5}$

〈표 1〉 디자인 변경 후와 전의 월 판매량

| 슈퍼마켓 | 변경 후 월 판매량($X$) | 변경 전 월 판매량($Y$) | $D=X-Y$ |
|---|---|---|---|
| $A$ | 600 | 540 | 60 |
| $B$ | 500 | 520 | −20 |
| $C$ | 700 | 650 | 50 |
| $D$ | 620 | 590 | 30 |
| $E$ | 600 | 600 | 0 |
| $F$ | 640 | 580 | 60 |

$=33.5$이므로

$$\frac{30-0}{33.5/\sqrt{6}}=2.194$$

가 된다. 검정통계량의 계산된 값인 2.194는 $t_{0.05}(5)=2.571$보다 작으므로 $H_0$를 기각할 수 없다. 즉 디자인을 바꿔도 판매량의 차이가 있다고 볼 수 없다는 것이다. B회사의 계속되는 판매부진의 원인은 맥주병과 맥주캔의 디자인 때문이 아니라고 판단되므로 많은 비용을 들이면서까지 디자인을 바꿀 필요는 없으며 다른 관점에서 판매부진의 원인을 찾아야 한다.

참고로 디자인 변경 후와 전의 실제 평균판매량의 차 $\mu_X-\mu_Y$에 대한 90% 신뢰구간을 구하면 $[-5.16, 65.16]$이 된다. $\mu_X-\mu_Y$에 대한 90% 신뢰구간이 0을 포함하므로 표본자료는 $H_0$ : $\mu_X=\mu_Y$를 지지하고 있다.

# 15. 비율과 분산에 대한 가설검정

비율과 분산에 대한 가설검정은 제12장의 비율과 분산에 대한 구간추정과 거의 유사하다. 따라서 제12장의 앞 부분에 있는 〈표 12. 1〉과 〈표 12. 2〉의 개요를 참고하기 바란다.

## 제 1 절 비율에 대한 가설검정

모집단의 비율에 관한 가설검정은 자주 나타나는 형태이다. 서울시장 선거에 출마한 A가 자신에 대한 지지율이 50%일 것이라는 가정을 세울 수 있고 다른 출마자 B와 비교하여 A의 지지율이 높을 것이다라는 가정도 세울 수 있다. 여기서도 제12장에서 고찰한 바와 같이 단일모집단의 비율에 관한 가설검정과 두 모집단의 비율의 차에 대한 가설검정으로 나누어 설명하기로 한다. 각각의 경우 자세한 설명은 제12장의 비율의 구간추정을 참고하기 바란다.

### 1. 모비율 $p$에 대한 검정

$\hat{p}$을 표본비율이라고 할 때 $\hat{p}=Y/n$으로 정의된다. 여기서 $Y$는 표본에서의 성공횟수로 이항분포 $b(n,\ p)$를 따르는 것은 이미 여러 번 설명되었다. $p$에 대한 가설검정은 이항분포를 이용할 수도 있겠으나 여기서는 정규분포를 이용한 근사치로 접근하고자 한다. 중심극한정리에 의하여

$$W=\frac{Y-np}{\sqrt{np(1-p)}}=\frac{\hat{p}-p}{\sqrt{p(1-p)/n}} \tag{9.5}$$

은 근사적으로 $N(0,\ 1)$의 분포를 한다. 신뢰구간을 추정할 때는 미지의 모수 $p$ 대신 $\hat{p}$을 사용하였으나 가설검정에서는 $H_0$ : $p=p_0$인 경우 $p$대신 $p_0$을 사용하는 것이 일반적이다. 따라서 검정통계량은

$$Z=\frac{\hat{p}-p_0}{\sqrt{p_0(1-p_0)/n}}\left[\text{혹은 }\frac{\hat{p}-p_0}{\sqrt{\hat{p}(1-\hat{p})/n}}\right] \tag{15.1}$$

을 사용한다. 예를 들어 모비율 $p$에 대한 가설검정을 설명해 보자.

**예제 15. 1**

강남에 있는 반포세탁소에서 신문에 "강남 지역에는 10개 이상의 큰 세탁공장이 있는데도 이 지역 고객의 30%가 반포세탁소를 이용하고 있습니다"라는 광고를 게재하였다. 이 광고에 불만을 품고 있는 다른 세탁소들은 소비자보호센터에 이 광고의 진부를 밝혀 줄 것을 호소하였다. 이러한 호소를 접한 소비자보호센터에서는 이에 대한 어떤 조치를 취하기 이전에 우선 반포세탁소의 주장이 사실인지의 여부를 파악할 필요가 있다. 그래서 소비자보호센터에서는 세탁물을 세탁소에 맡기고 있는 5,000가구를 대상으로 하여 150가구를 임의로 추출하여 조사한 결과, 150가구 중 39가구 즉 26%의 가구가 반포세탁소를 이용하고 있음을 알았다. 그러면 이 경우 표본결과와 반포세탁소의 주장간의 差 4%가 의미가 있는 것인가? 소비자보호센터는 아래와 같은 검정절차를 통하여 이 문제에 대한 답을 얻으려고 한다.

(풀이)

1) 귀무가설과 대립가설의 설정

$$H_0 : p = 0.3(\text{또는 } p \geq 0.3)$$
$$H_1 : p < 0.3$$

이 문제에서는 시장점유율이 반포세탁소가 주장하는 것과 같이 그렇게 크지는 않다는 호소에 대하여 반포세탁소의 주장을 증명하는 데 주안점을 두어야 하므로 위와 같은 가설이 적합하다.

2) 검정통계량의 선정

$$Z = \frac{\hat{p} - p_0}{\sqrt{p_0(1-p_0)/n}}$$

3) 유의수준과 임계치의 결정

$\alpha$를 결정함에 있어 소비자보호센터는 두 가지 상충되는 상황에 봉착하게 된다. 첫째로, 반포세탁소는 소비자보호센터가 잘못하여 귀무가설을 기각하는 확률을 최소로 하기 위하여 $\alpha$를 작게 설정해 주기를 바란다. 반면에 다른 세탁공장들은 귀무가설을 실수로 채택하는 경우를 최소로 하기 위하여, $\alpha$를 크게(즉 $\beta$를 작게) 설정할 것을 바라게 된다. 이러한 상황하에서 소비자보호센터는 심사숙고 끝에 $\alpha$를 5%로 설정하였다. 따라서,

$$-z_{0.05} = -1.645$$

4) 의사결정기준의 설정

5% 유의수준에서 좌측검정이므로 다음과 같다. 계산된 검정통계량의 값이 $-z_{0.05} = -1.645$보다 작으면 $H_0$를 기각한다.

5) 표본자료로부터 검정통계량의 계산

$$z_C = \frac{0.26 - 0.30}{\sqrt{0.3(1-0.3)/150}} = -1.07$$

6) 통계적 의사결정

$z_C = -1.07 > z_{0.05} = -1.645$이므로 $H_0$는 기각될 수 없다.

[그림 15.1] 모비율 $p$에 대한 가설검정(좌측검정)

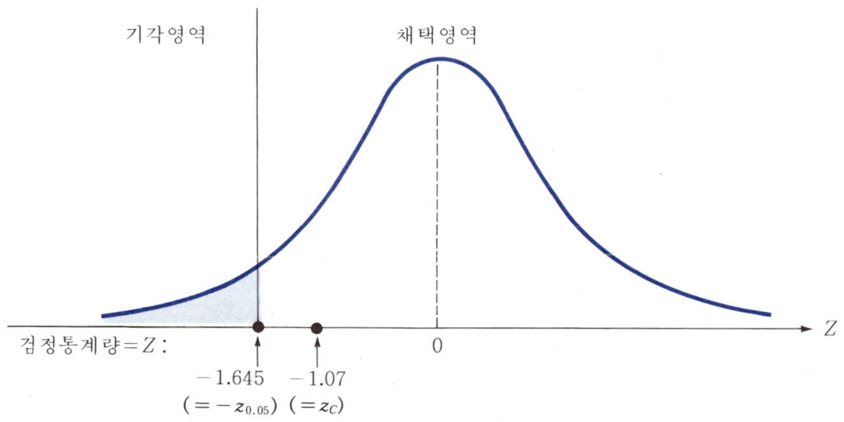


모비율에 대한 검정을 정리하면 〈표 15.1〉과 같다.

〈표 15.1〉 모비율 $p$에 대한 검정에 있어서 기각역(유의수준 = $\alpha$)

| $H_0$ | $H_1$ | 기 각 역 |
|---|---|---|
| $p = p_0$ | $p > p_0$ | $z_C > z_\alpha$ 또는 $\hat{p} > p_0 + z_\alpha\sqrt{p_0(1-p_0)/n}$ |
| $p = p_0$ | $p < p_0$ | $z_C < -z_\alpha$ 또는 $\hat{p} < p_0 - z_\alpha\sqrt{p_0(1-p_0)/n}$ |
| $p = p_0$ | $p \neq p_0$ | $\lvert z_C\rvert > z_{\alpha/2}$ 또는 $\lvert\hat{p} - p_0\rvert > z_{\alpha/2}\sqrt{p_0(1-p_0)/n}$ |

예제 15. 2

국회의원 선거에 출마하려고 하는 사람이 자신의 지역구 전체 유권자를 모집단으로 하여 $n=100$의 확률표본을 선정하여 그 중에 자신의 지지자를 조사하니 20명이었다. 다음의 가설을 $\alpha=0.05$에서 검정하려고 한다.

(풀이)

가. 가설검정

1) 귀무가설과 대립가설의 설정

$$H_0 : p=0.25$$
$$H_1 : p\neq 0.25$$

2) 검정통계량

식 (15. 1)의 $Z$

3) 유의수준과 임계치

$$\alpha=0.05$$
$$z_{0.025}=1.96$$
$$-z_{0.025}=-1.96$$

4) 의사결정기준

$|z|>z_{\alpha/2}=1.96$이면 $H_0$를 기각한다.

5) 검정통계량의 계산

$$z_C=\frac{|0.20-0.25|}{\sqrt{(0.25)(0.75)/100}}=\frac{0.05}{\sqrt{0.001875}}=1.1547$$

6) 통계적 의사결정

$z_C<z_{\alpha/2}$이므로 $H_0$를 기각하지 못한다.

나. $p$-값을 구하고 이를 이용하여 검정해 보자.

$$p-\text{값}=P\left[\frac{|\hat{p}-0.25|}{\sqrt{0.001875}}\geq 1.1547\right]=P[|Z|\geq 1.1547]$$
$$=2(1-0.87595)=0.2481$$

$p$-값이 $\alpha=0.05$보다 크기 때문에 $H_0$를 기각할 수 없다.

**다. $p$에 대한 95% 신뢰구간을 구하여 검정해 보자.**

예제 12.1에서 $p$에 대한 95% 신뢰구간은 [0.122, 0.278]이다. $H_0$ : $p=0.25$가 $p$에 대한 95% 신뢰구간 안에 포함되어 있으므로 $H_0$를 기각할 수 없다(채택한다). 이 예제는 예제 12.1과 동일하다. 따라서 신뢰구간의 추정과 가설검정은 양측검정의 경우 동일한 의미를 갖는다.

## 2. 모비율의 差 $\Delta p$에 대한 검정*

모비율이 $p_1$인 이항모집단에서 추출된 표본크기 $n_1$인 확률표본과 모비율이 $p_2$인 이항모집단에서 추출된 표본크기 $n_2$인 확률표본의 경우 두 母比率의 差를 검정할 때 사용되는 검정통계량은 식 (12.4)와 유사하게

$$Z=\frac{(\hat{p}_1-\hat{p}_2)-(p_1-p_2)}{\sqrt{\dfrac{\hat{p}_1(1-\hat{p}_1)}{n_1}+\dfrac{\hat{p}_2(1-\hat{p}_2)}{n_2}}} \tag{15.2}$$

가 된다. 단일표본의 경우 $Z$의 분모에는 $\sqrt{p_0(1-p_0)/n}$처럼 $p_0$가 사용되었는데 여기서는 $p_1$과 $p_2$에 대한 구체적인 값이 주어지지 않으므로 $\hat{p}_1$과 $\hat{p}_2$을 사용한다.

예제 15.3

D물산에서는 고급가스렌지를 수입하여 판매하고 있다. D물산에서는 고급가스렌지의 잠재구매자들은 연봉 4,000만 원 이상의 소득이 있는 가정으로 생각하고 있다. 신문의 광고료는 A신문이 B신문보다 많이 비싸기 때문에 과연 더 많은 광고료를 지불하면서까지 A신문에 광고를 할 것인지에 대하여 고심하고 있다. 이에 따라 D물산은 서울시에 거주하는 신문구독자들에 대한 특성을 조사하여 광고에 대한 의사결정을 하려고 한다. A, B신문 구독자 500명씩을 표본으로 선정하고 연봉 4,000만 원 이상의 소득자를 조사하니 A신문의 경우 100명, B신문의 경우 85명이었다. 이 때 $\alpha=0.05$에서 두 비율의 差가 동일한지에 대한 가설검정을 하시오.

(풀이)

1) 귀무가설과 대립가설

$$H_0: p_1=p_2, \quad H_1: p_1\neq p_2$$

2) 검정통계량의 선정

식 (15.2)의 $Z$

3) 유의수준과 임계치의 선정

$$\alpha = 0.05,\ z_{0.025} = 1.96,\ -z_{0.025} = -1.96$$

4) 의사결정기준

계산된 검정통계량의 값이 1.96보다 크거나 $-1.96$보다 작으면 $H_0$를 기각한다.

5) 표본자료로부터 검정통계량의 계산

$$z_C = \frac{(0.2-0.17)-0}{\sqrt{\frac{(0.2)(0.8)}{500}+\frac{(0.17)(0.83)}{500}}} = 1.223$$

6) 통계적 의사결정

$-1.96 < 1.223 < 1.96$이므로 $H_0$를 기각할 수 없다.

[그림 15.2] 예제 15.3에 대한 가설검정(양측검정)

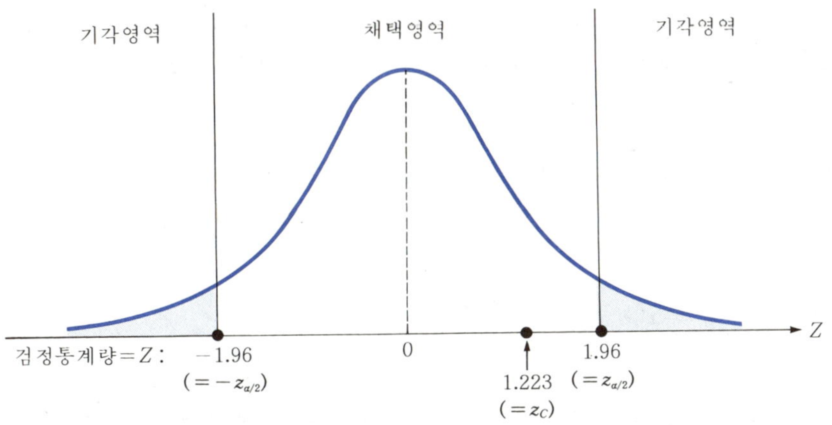


$\hat{p}_1 - \hat{p}_2$에 대한 95% 신뢰구간은 예제 12.2로부터 [−0.018, 0.078]이므로 0을 포함하고 있다. 따라서 표본자료는 $H_0$ : $p_1 - p_2 = 0$을 지지하고 있는 것이다. 이와 같은 분석을 이용하면 D물산은 훨씬 비싼 광고료를 지불하고 A 신문에 광고를 하지 않아도 된다.

유의수준 $\alpha$에서 각 가설에 대한 검정방법은 〈표 15.2〉에 정리되어 있다.

〈표 15.2〉 $p_1 = p_2$에 대한 검정에 있어서의 기각역(유의수준 $= \alpha$)

| $H_0$ | $H_1$ | 기 각 역 |
|---|---|---|
| $p_1 = p_2$ | $p_1 > p_2$ | $z_C > z_\alpha$ 또는 $\hat{p}_1 - \hat{p}_2 > z_\alpha \sqrt{\frac{\hat{p}_1(1-\hat{p}_1)}{n_1} + \frac{\hat{p}_2(1-\hat{p}_2)}{n_2}}$ |
| $p_1 = p_2$ | $p_1 < p_2$ | $z_C < -z_\alpha$ 또는 $\hat{p}_1 - \hat{p}_2 < -z_\alpha \sqrt{\frac{\hat{p}_1(1-\hat{p}_1)}{n_1} + \frac{\hat{p}_2(1-\hat{p}_2)}{n_2}}$ |
| $p_1 = p_2$ | $p_1 \neq p_2$ | $\lvert z_C \rvert > z_{\alpha/2}$ 또는 $\lvert \hat{p}_1 - \hat{p}_2 \rvert > z_{\alpha/2} \sqrt{\frac{\hat{p}_1(1-\hat{p}_1)}{n_1} + \frac{\hat{p}_2(1-\hat{p}_2)}{n_2}}$ |

## 제 2 절 분산에 대한 가설검정*

모분산에 대한 가설검정은 단일모분산에 대한 검정과 두 모분산의 비율에 대한 검정으로 나누어 볼 수 있다. 단일모분산의 검정은 $\chi^2$분포를 이용하며 두 모분산의 비율에 대한 검정은 $F$분포를 이용한다. $\chi^2$통계량이나 $F$통계량을 정의하는 경우 모집단(들)이 正規分布를 하여야 하므로 분산에 대한 검정은 모집단(들)이 正規分布를 따른다는 가정이 필요하다. 각각의 경우 자세한 설명은 제12장 분산의 구간추정을 참고하기 바란다.

### 1. 단일모집단의 분산에 대한 검정(모집단이 正規分布일 때)

모집단의 분포가 정규분포 $N(\mu, \sigma^2)$일 때

$$\frac{(n-1)S^2}{\sigma^2} = \frac{\sum(X_i - \bar{X})^2}{\sigma^2} \tag{9.9}$$

은 $\chi^2(n-1)$의 분포를 함은 이미 살펴보았다. 이 성질을 이용하여 분산에 대한 가설검정을 고찰해 보자

어느 공장에서 생산되는 생산품 규격의 분산이 $\sigma^2 = \sigma_0^2$이라고 주장되고 있다. 이를 검정하기 위하여 다음의 가설을 설정하였다.

$$H_0 : \sigma^2 = \sigma_0^2, \qquad H_1 : \sigma^2 \neq \sigma_0^2$$

이를 검정하기 위하여 $n$개의 생산품을 추출하여 표본분산 $S^2$을 구하였다. $S^2$

〈표 15.3〉 분산에 대한 가설검정에서의 기각역(유의수준 = $\alpha$)

| $H_0$ | $H_1$ | 기 각 역 |
|---|---|---|
| $\sigma^2=\sigma_0^2$ | $\sigma>\sigma_0^2$ | $S^2>\dfrac{\sigma_0^2\chi^2_\alpha(n-1)}{n-1}$ 또는 $\dfrac{(n-1)S^2}{\sigma_0^2}>\chi^2_\alpha(n-1)$ |
| $\sigma^2=\sigma_0^2$ | $\sigma^2<\sigma_0^2$ | $S^2<\dfrac{\sigma_0^2\chi^2_{1-\alpha}(n-1)}{n-1}$ 또는 $\dfrac{(n-1)S^2}{\sigma_0^2}<\chi^2_{1-\alpha}(n-1)$ |
| $\sigma^2=\sigma_0^2$ | $\sigma^2\neq\sigma_0^2$ | $S^2<\dfrac{\sigma_0^2\chi^2_{1-\alpha/2}(n-1)}{n-1}$, $S^2>\dfrac{\sigma_0^2\chi^2_{\alpha/2}(n-1)}{n-1}$ 또는 $\dfrac{(n-1)S^2}{\sigma_0^2}<\chi^2_{1-\alpha/2}(n-1)$, $\dfrac{(n-1)S^2}{\sigma_0^2}>\chi^2_{\alpha/2}(n-1)$ |

은 $\sigma^2$에 대한 추정치이므로 $H_0$가 사실이라면 $S^2$은 $\sigma_0^2$과 큰 차이가 나지 않을 것이다. 생산품의 규격이 정규분포를 따른다면 $H_0$가 참일 때 $(n-1)S^2/\sigma_0^2$은 $\chi^2(n-1)$분포를 하므로

$$P\left[\chi^2_{1-\alpha/2}(n-1)<\frac{(n-1)S^2}{\sigma_0^2}<\chi^2_{\alpha/2}(n-1)\right]=1-\alpha \tag{15.3}$$

이다. 따라서

$$P\left[\frac{\sigma_0^2}{n-1}\chi^2_{1-\alpha/2}(n-1)<S^2<\frac{\sigma_0^2}{n-1}\chi^2_{\alpha/2}(n-1)\right]=1-\alpha \tag{15.4}$$

가 성립한다. 식 (15.3)은 $(n-1)S^2/\sigma_0^2$을 검정통계량으로 하는 경우이고 식 (15.4)는 $S^2$을 검정통계량으로 하는 경우이다.

유의수준 $\alpha$에서 분산에 대한 가설검정의 기각역을 정리하면 〈표 15.3〉과 같다.

**예제 15.4**

주식투자에 대한 위험(risk)은 투자금액에 대한 수익률의 분산으로 측정된다고 한다. H주식의 연간수익률 26개를 표본으로 추출하였으며 수익률의 분포는 正規分布라고 가정하자. $s=15\%$일 때 $\alpha=0.05$에서 H주식의 수익률의 표준편차는 10%일 것이라는 주장에 대한 양측검정을 해 보자.

(풀이)

1) 귀무가설과 대립가설의 설정

$H_0$ : $\sigma^2=100(\sigma=10\%)$

[그림 15.3] 예제 15.3에 대한 가설검정(양측검정)

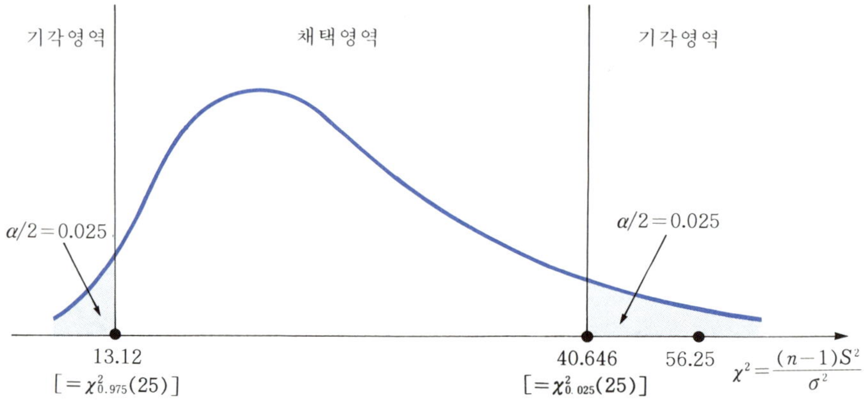


$H_1$ : $\sigma^2 \neq 100(\sigma \neq 10\%)$

2) 검정통계량

$(n-1)S^2/\sigma^2$

3) 유의수준과 임계치

$\alpha = 0.05,$

$\chi^2_{0.025}(25) = 40.646, \qquad \chi^2_{0.975}(25) = 13.12$

4) 의사결정기준

계산된 검정통계량 값이 40.646보다 크거나 13.12보다 작으면 $H_0$를 기각한다.

5) 표본자료로부터 검정통계량의 계산

$$\frac{(n-1)s^2}{\sigma_0^2} = \frac{(25)(15)^2}{100} = 56.25$$

6) 통계적 의사결정

$56.25 > \chi^2_{0.025}(25) = 40.646$이므로 $H_0$를 기각한다.

즉 H주식의 수익률 표준편차는 10%라는 $H_0$는 기각된다. 예제 12.4에서 계산된 주식 수익률의 표준편차에 대한 95% 신뢰구간은 [11.76%, 20.71%]

이고 이 구간은 10%를 포함하고 있지 않으므로 표본자료는 $H_0$ : $\sigma^2=100$ ($\sigma=10\%$)을 지지한다고 볼 수 없다.

## 2. 두 모분산의 비교(두 모집단이 각각 正規分布일 때)

두 모집단이 正規分布를 따를 때 두 母分散이 同一한지를 비교하려고 한다. 이 경우 유의수준 $\alpha$에서 가설

$$H_0 : \frac{\sigma_X^2}{\sigma_Y^2}=1(\sigma_X^2=\sigma_Y^2)$$

$$H_1 : \frac{\sigma_X^2}{\sigma_Y^2}>1(\sigma_X^2>\sigma_Y^2)$$

을 검정하기 위하여 각각 $n$개와 $m$개를 표본으로 추출하였다. 이 때 $H_0$가 참이면 $S_X^2/S_Y^2$은 1과 비슷한 값일 것이고 $S_X^2/S_Y^2$이 1보다 훨씬 크면 $H_0$는 기각되고 $H_1$이 채택될 것이다. $(n-1)S_X^2/\sigma_X^2$과 $(m-1)S_Y^2/\sigma_Y^2$은 서로 독립이고 $\chi^2(n-1)$과 $\chi^2(m-1)$의 분포를 하므로 $H_0$가 참일 때(즉 $\sigma_X^2=\sigma_Y^2$) 식 (9.24)에서 $\sigma_X^2$, $\sigma_Y^2$이 없어지므로

$$F=\frac{(n-1)S_X^2/(n-1)}{(m-1)S_Y^2/(m-1)}=\frac{S_X^2}{S_Y^2} \tag{15.5}$$

은 자유도 $r_1=n-1$과 $r_2=m-1$인 $F$분포를 한다. 따라서 유의수준 $\alpha$에서 $S_X^2/S_Y^2$이 $F_\alpha(n-1, m-1)$보다 큰 경우 $H_0$를 기각한다.

두 모집단의 분산에 대한 검정의 기각역을 정리하면 〈표 15.4〉와 같다.

〈표 15.4〉 두 모분산의 동일성에 대한 검정의 기각역(유의수준 $=\alpha$)

| $H_0$ | $H_1$ | 기 각 역 |
|---|---|---|
| $\sigma_X^2=\sigma_Y^2$ | $\sigma_X^2>\sigma_Y^2$ | $\frac{s_X^2}{s_Y^2}>F_\alpha(n-1, m-1)$ |
| $\sigma_X^2=\sigma_Y^2$ | $\sigma_X^2<\sigma_Y^2$ | $\frac{s_Y^2}{s_X^2}>F_\alpha(m-1, n-1)$* |
| $\sigma_X^2=\sigma_Y^2$ | $\sigma_X^2\neq\sigma_Y^2$ | $\frac{s_X^2}{s_Y^2}>F_{\alpha/2}(n-1, m-1)$ 또는 $\frac{s_X^2}{s_Y^2}<F_{1-\alpha/2}(n-1, m-1)$** |

* : $(s_Y^2/s_X^2)>F_\alpha(m-1, n-1)$은 $(s_X^2/s_Y^2)<F_{1-\alpha}(n-1, m-1)$과 같다.
** : $(s_X^2/s_Y^2)<F_{1-\alpha}(n-1, m-1)$는 $(s_Y^2/s_X^2)>F_{\alpha/2}(m-1, n-1)$과 같다.

예제 15.5

주식투자에 대한 위험(risk)은 투자금액에 대한 수익률의 분산으로 측정된다. 주식 A와 B의 월 수익률(monthly rate of return)의 분산이 각각 정규분포를 따른다고 가정하자. A주식에서 월 수익률 5개의 자료와 B주식에서 월 수익률 6개의 자료를 표본으로 추출하여 다음과 같은 자료들을 얻었다.

A주식($X$) : 7%, 8%, −5%, 9%, 10%

B주식($Y$) : 6%, 7%, 0%, 5%, 9%, 15%

B주식에 투자한 사람들은 A주식이 더 큰 투자위험(즉 더 큰 분산)을 가지고 있다고 주장하고 있다. A주식에 투자한 사람들은 $\alpha = 0.025$에서 단측검정으로 두 주식수익률의 분산의 차가 존재하는지를 검정하고자 한다.

(풀이)

1) 귀무가설과 대립가설의 설정

$$H_0 : \sigma_X^2 = \sigma_Y^2 \; (\sigma_X^2 / \sigma_Y^2 = 1)$$

$$H_1 : \sigma_X^2 > \sigma_Y^2 \; (\sigma_X^2 / \sigma_Y^2 > 1)$$

2) 검정통계량

$$F = S_X^2 / S_Y^2$$

3) 유의수준과 임계치

$$\alpha = 0.025, \; F_\alpha(n-1, \; m-1) = F_{0.025}(4, \; 5) = 7.39$$

4) 의사결정기준

계산된 검정통계량이 7.39보다 크면 $H_0$를 기각한다.

5) 표본으로부터 검정통계량의 계산

$$s_X^2 = 37.7, \; s_Y^2 = 25.37, \; \bar{x} = 5.8, \; \bar{y} = 6.83$$

$$F = s_X^2 / s_Y^2 = 37.7 / 25.37 = 1.389$$

6) 통계적 의사결정

$1.389 < F_{0.025}(4, \; 5) = 7.39$이므로 $H_0$를 기각하지 못한다. 즉 A, B 두 주식의 수익률의 분산, 즉 투자에 대한 위험은 다르다고 할 수 없다.

참고로 $\sigma_X^2 / \sigma_Y^2$에 대한 95% 신뢰구간은 [0.20, 13.90]으로 신뢰구간이 1을 포함함을 알 수 있다(연습문제 12.11 참조). 따라서 $H_0$를 기각할 수 없다.

[그림 15.4] 예제 15.5의 가설검정(우측검정)

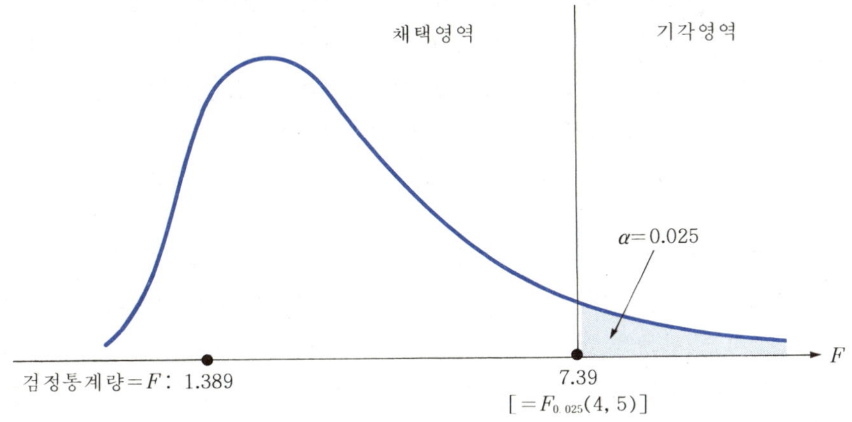


## 연습문제

15.1 어느 자동차부품 제조업자는 그의 공장에서 제조한 부품 중 적어도 90%는 규격품이라고 주장하고 있다. 부품 200개를 확률표본으로 선정하여 조사한 결과 이 중 160개가 규격품으로 판정되었다. $\alpha = 0.01$에서 다음 가설을 검정하시오(〈표 15.1〉 이용).

$$H_0 : p \geq 0.9, \quad H_1 : p < 0.9$$

15.2 S우유공장에서는 가정배달용과 시중판매용 우유통을 종이통에서 플라스틱통으로 바꾸려 한다. 그러나 고객의 70% 이상이 플라스틱통을 좋아하지 않는 한 바꾸지 않는다는 방침을 결정했다. 고객 200명을 대상으로 조사한 결과 120명이 플라스틱통으로 바꾸는 것을 좋아했다. 이러한 조사결과를 근거로 유의수준 $\alpha = 0.05$에서 우유통을 바꾸지 않게 되는 결정을 내리게 됨을 증명하라(〈표 15.1〉 이용).

15. 3* 두 가지 약품의 성능을 비교하려고 한다. 첫번째 약품은 91회의 독립적 시행에서 63회 성공을 하였고, 두 번째 약품은 79회의 독립적 시행에서 42회 성공을 하였다. 즉 $p_1 = 0.692$, $p_2 = 0.532$이다(〈표 15.2〉 이용).

(1) $\alpha = 0.10$에서 $H_0$ : $p_1 = p_2$, $H_1$ : $p_1 \neq p_2$를 검정하시오.

(2) $p_1 - p_2$에 대한 90% 신뢰구간을 구하시오.

(3) (1)과 (2)를 연관시켜서 설명하시오.

15. 4* 어떤 정당의 선거공약에 대하여 찬반을 조사하려고 한다. 서울시 압구정동의 주민들이 찬성하는 비율을 $p_1$, 서울시의 봉천동의 주민들이 찬성하는 비율을 $p_2$라고 하자. 압구정동의 주민 중에서 $n_1 = 380$명을 뽑아 조사하니 200명이 찬성하고 180명이 반대의견을 나타냈다. 봉천동의 주민 중에서 $n_2 = 485$명을 뽑아 조사하니 220명이 찬성하고 265명이 반대하였다. 유의수준 $\alpha = 0.10$에서 다음 가설을 검정하시오(〈표 15.2〉 이용).

$$H_0 : p_1 = p_2,\ H_1 : p_1 > p_2$$

15. 5* A광고회사에서는 새로 시판되는 맥주에 대한 광고를 2가지로 만들어서 시청자들의 호응을 보려고 한다. 2가지 광고 중 하나를 택하기 위하여 제한된 지역에서 일 주일에 6회만 시험방송을 하였다. 그 후에 전화로 TV광고를 시청하였는지를 확인하고 TV광고를 시청한 사람들 중에 광고의 주요문구를 기억하는지를 질문하여서 다음의 결과를 얻었다.

| | TV광고를 시청자 수 | 주요문구를 기억하는 사람 수 |
|---|---|---|
| 광고 1 | 200 | 110 |
| 광고 2 | 300 | 190 |

(1) $p_1 - p_2$의 90% 신뢰구간을 구하시오(식 (12.5) 이용).

(2) $\alpha = 0.05$에서 $H_0$ : $p_1 - p_2 = 0$, $H_1$ : $p_1 - p_2 < 0$을 검정하시오(〈표 15.2〉 이용).

15. 6* 주식의 수익률이 정규분포를 한다고 가정하자. 무작위로 추출한 6개의 주식의 연수익률이 다음과 같다.

$$5,\ 15,\ 10,\ 20,\ -5,\ 0\ (\%)$$

$\alpha = 0.05$에서 $H_0$ : $\sigma^2 = 30$, $H_1$ : $\sigma^2 > 30$을 검정하시오(〈표 15.3〉 이용).

15.7* 어떤 형태의 철판에 대한 설명서에는 철판무게는 정규분포를 하고 분산은 0.016을 넘지 않는다고 한다. 25개의 표본자료를 조사하니 $s^2 = 0.025$이다. 이 표본자료로 철판에 대한 설명서가 틀렸는지 검정하시오. 즉 $\alpha = 0.05$에서 다음을 검정하시오(〈표 15.3〉 이용).

$$H_0 : \sigma^2 \leq 0.016, \qquad H_1 : \sigma^2 > 0.016$$

15.8* 예제 12.5를 이용하여 다음을 구하시오(〈표 15.4〉 이용).

(1) $\alpha = 0.01$에서 $H_0$ : $\sigma_X^2 = \sigma_Y^2$, $H_1$ : $\sigma_X^2 > \sigma_Y^2$을 검정하시오.

(2) $\alpha = 0.05$에서 $H_0$ : $\sigma_X^2 = \sigma_Y^2$, $H_1$ : $\sigma_X^2 \neq \sigma_Y^2$을 검정하시오.

15.9* D증권의 잠실지점과 종로지점의 고객의 투자금액의 분산이 동일한지를 검정하려고 한다. 다음의 자료를 이용하여 $\alpha = 0.1$에서 $H_0$ : $\sigma_X^2 = \sigma_Y^2$, $H_1$ : $\sigma_X^2 > \sigma_Y^2$을 검정하시오(〈표 15.4〉 이용).

| | 표본크기 | 표본분산 |
|---|---|---|
| 잠실지점 | $n = 13$ | 150 |
| 종로지점 | $m = 10$ | 120(단위 : 만 원) |

# 16. 분산분석

하나의 모집단이나 두 개의 모집단의 평균에 대한 통계적 추론과 가설검정은 제11장과 제14장에서 고찰하였다.

경우에 따라서는 셋 이상의 모집단 평균들이 서로 동일한가를 검정할 필요가 있다. 제14장에서 설명한 정규분포나 $t$분포를 이용하여 $n$개의 모평균이 서로 동일하다는 가설을 검정하려면 ${}_nC_2$번의 검정을 하는 불편이 있어 다른 검정방법이 필요하다.

제14장에서 우리는 $H_0 : \mu_1 - \mu_2 = 0$(즉 $H_0 : \mu_1 = \mu_2$)이라는 두 모평균의 동일성에 대한 가설검정을 고찰하였으나 여기서는 3개 이상 모평균의 동일성에 대한 검정에 대하여 고찰하게 된다. 이 경우의 가설은

$$H_0 : \mu_1 = \mu_2 = \cdots = \mu_n$$

$$H_1 : \text{적어도 한 쌍의 } \mu_i \text{가 서로 다르다.} \qquad (16.1)$$

의 형태가 되며 이 가설의 검정방법인 分散分析(Analysis of Variance : ANOVA)에 대하여 설명하고자 한다.

## 제 1 절 기본적인 例

3개 이상의 모평균이 동일하다는 가설을 검정하려면 표본 내(그룹 내)와 표본간(그룹간)의 분산을 분석하여야 한다. 이 경우 우리가 알고 싶은 것은 "3개 이상의 표본이 동일한 모집단에서 추출된 것인가 혹은 적어도 하나의 표본은 다른 모집단에서 추출된 것인가?"이다. 이에 대한 설명을 위하여 다음의 예를 살펴보자.

한국시리즈에 진출한 LG의 L감독은 대망의 결승전인 제 7 번째 경기에서 상대팀 투수에 강한 선수들로서 마지막 경기에 임하려고 하고 있다. 선수의 선발은 타력뿐만 아니고 수비도 고려하여야 하기 때문에 어떤 일률적인 기준을 제시하기 힘들다. 7명의 선수선발을 이미 끝낸 L감독은 남은 2명의 선수를 $B_1$, $B_2$, $B_3$의 세 선수 중에서 선발하려고 한다. 수비에 있어서는 $B_3$가 제일 우수하고 $B_1$이 $B_2$보다 우수하기 때문에 수비만을 고려한다면 $B_3$와 $B_1$이 고려의 대상이다. 그러나 상대팀에서 선발투수로 나올 것이 예상되는 S투수에 대한 타율은 지난 몇 게임에서 볼 때 수비와는 반대로 $B_2$가 제일 높고 그

다음이 $B_1$이며 $B_3$는 두 타자보다 약간 못한 것 같다. 그러나 이러한 약간의 타율의 차이는 우연에 의하여 발생될 수도 있기 때문에 L감독은 S투수에 대한 $B_1$, $B_2$, $B_3$의 평균타율이 동일한지를 검정하려고 한다. 즉

$$H_0 : \mu_1 = \mu_2 = \mu_3$$
$$H_1 : \text{적어도 하나의 } \mu_i \text{는 서로 다르다.}$$

를 검정하고자 한다.

〈표 16.1A〉는 S투수에 대한 $B_1$, $B_2$, $B_3$의 타율 관측치를, 그리고 〈표 16.1B〉는 P투수에 대한 $B_1$, $B_2$, $B_3$의 타율 관측치를 지난 경기들에서 추출한 것이다.

〈표 16.1A〉 S투수에 대한 타율

| 관 측 치 | 타자 | | |
|---|---|---|---|
| | $B_1$ | $B_2$ | $B_3$ |
| 1 | 2.4 | 2.1 | 2.2 |
| 2 | 2.0 | 1.9 | 2.0 |
| 3 | 2.1 | 2.0 | 2.1 |
| 4 | 1.7 | 2.4 | 2.0 |
| 5 | 2.2 | — | 1.7 |
| 6 | 1.9 | — | — |

〈표 16.1B〉 P투수에 대한 타율

| 관 측 치 | 타자 | | |
|---|---|---|---|
| | $B_1$ | $B_2$ | $B_3$ |
| 1 | 2.1 | 2.4 | 2.1 |
| 2 | 2.2 | 2.5 | 2.0 |
| 3 | 2.2 | 2.4 | 2.1 |
| 4 | 2.3 | 2.4 | 2.2 |
| 5 | 2.2 | 2.3 | — |
| 6 | — | 2.4 | — |

[그림 16.1]에는 〈표 16.1〉의 관측치들이 점으로 표시되었다. S투수에 대한 각 타자의 관측치들은 그 평균이 다른 두 타자들의 평균과 동일한 하나의 모집단으로부터 추출된 것처럼 보여지며 [그림 16.1]의 (A)는 귀무가설이

[그림 16. 1] S투수와 P투수에 대한 타율

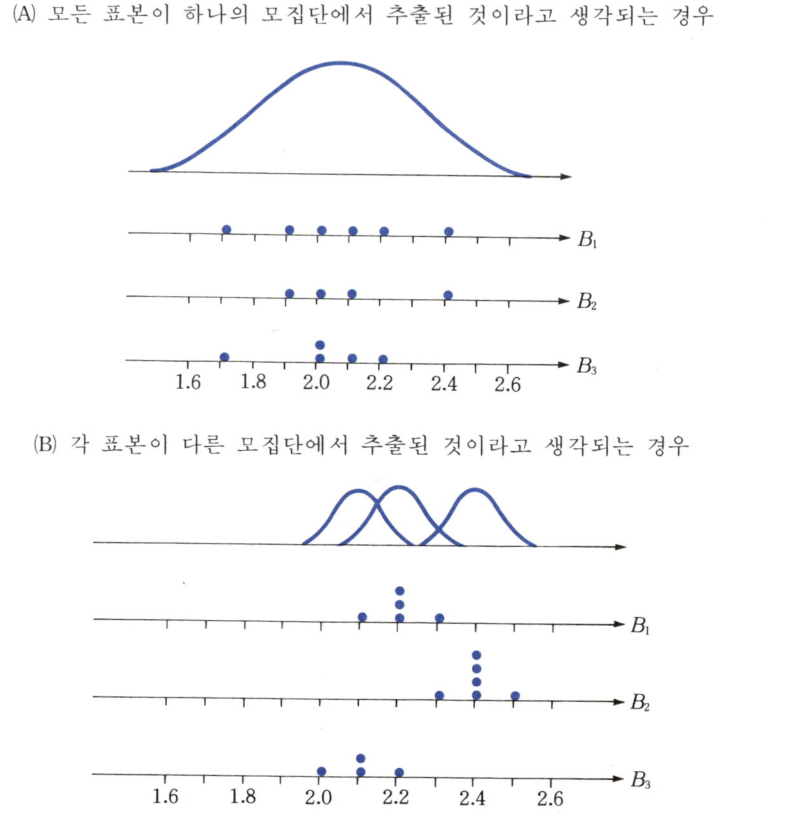


참일 것임을 시사하고 있다. 반면에 [그림 16. 1]의 (B)는 귀무가설이 참일 것이라는 데에 회의를 느끼게 한다.

[그림 16. 1]의 (B)를 보면서 귀무가설이 참이 아닐 것이라고 느끼는 이유는 표본 내의 변동에 비하여 표본간의 변동(즉 표본 내 관측치들의 분산에 비하여 표본간 관측치들의 분산)이 크기 때문이다. [그림 16. 2]는 이와 같은 점을 더욱 일반화한 것이다. 즉 표본 내의 변동이 적으면 표본간의 변동이 조금만 커도 귀무가설을 기각하게 되며, 표본 내의 변동이 크면 표본간의 변동이 아주 커야 귀무가설을 기각하게 된다.

우리는 이와 같은 관점에서 3개 이상 모평균의 동일성을 검정하는 기준으로 다음의 측정치를 고려할 수 있다.

[그림 16.2] 표본 內 변동과 표본間 변동의 상대적 크기

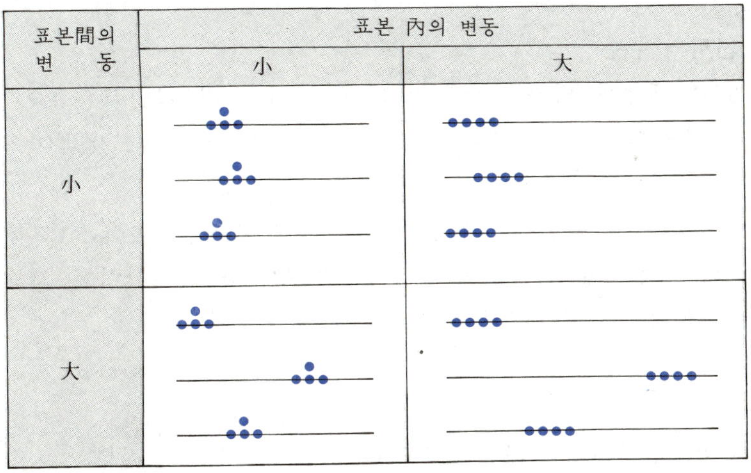


$$기준비율 = \frac{표본간의\ 변동의\ 평균(분산)}{표본\ 내의\ 변동의\ 평균(분산)} \tag{16.2}$$

이 비율이 크면 클수록 3개 이상의 표본들이 동일 모수를 갖는 모집단으로부터 추출된 표본으로 보기 힘들다. 이와 같은 검정절차는 결국 표본 내의 분산과 표본간의 분산의 비율을 이용하는 것이므로 '분산분석'(Analysis of Variance : ANOVA)이라고 부른다.

# 제 2 절 일원분산분석

## 1. 일원분산분석의 기본가정

### (1) 기본용어

**인자(요인)**

분산분석에서 독립변수를 因子(factor)라고 한다. LG타자간의 평균타율이 동일한가를 검정하는 예에서 타자가 인자가 된다. 인자(독립변수)가 하나인 모형을 一元分散分析(one way analysis of variance, one factor ANOVA)이라고 하며, 인자가 둘인 경우를 二元分散分析(two way analysis of variance, two factor

ANOVA)이라고 한다.

#### 인자의 수준

앞의 예에서 타자를 인자라고 하면 각 타자 $B_1$, $B_2$, $B_3$는 서로 다른 인자의 수준이 된다. 인자의 수준을 일원분산분석에서는 處理(treatment)라고도 한다.

한 타자를 대상으로 뽑은 관측치들 안에서의 계산은 그룹 內(within group)라는 용어를 사용하며 각 타자의 평균타율들 사이를 그룹間(between group)이라는 용어를 사용한다.[1)]

### (2) 기본가정

일원분산분석의 자료구조를 정리하면 〈표 16.2〉와 같다.

〈표 16.2〉 일원분산분석의 자료구조

| 관 측 치 | 인자의 수준 | | | | | | |
|---|---|---|---|---|---|---|---|
| | $B_1$ | $B_2$ | ...... | $B_j$ | ...... | $B_b$ | |
| 1 | $X_{11}$ | $X_{12}$ | ...... | $X_{1j}$ | ...... | $X_{1b}$ | |
| 2 | $X_{21}$ | $X_{22}$ | ...... | $X_{2j}$ | ...... | $X_{2b}$ | |
| ⋮ | ⋮ | ⋮ | | ⋮ | | ⋮ | |
| $n_j$ | $X_{n1,1}$ | $X_{n2,2}$ | ...... | $X_{nj,j}$ | ...... | $X_{nb,b}$ | |
| 합 계 | $T_{.1}$ | $T_{.2}$ | ...... | $T_{.j}$ | ......... | $T_{.b}$ | 총 합 $= T$ |
| 평 균 | $\bar{X}_{.1}$ | $\bar{X}_{.2}$ | ...... | $\bar{X}_{.j}$ | ......... | $\bar{X}_{.b}$ | 총 평 균 $= \bar{X}$ |

〈표 16.1A〉의 예를 들어 분산분석의 기본가정을 설명해 보자. 〈표 16.1A〉의 경우 모집단이 3개로 분할되어 있다고 보면, 첫번째 모집단의 관측치 즉 $B_1$타자의 타율은 정규분포여야 하며 $B_2$, $B_3$타자의 타율도 정규분포를 하여야 한다는 것이 첫번째 기본가정이다. 두 번째 기본가정은 각 타자의 타율의 분산은 동일하여야 하며, 세 번째 가정은 각각의 관측치들이 독립적이어야 한다는 것이다.

---

1) 앞의 예에서는 그룹 내 대신에 표본 內라는 용어를, 그룹간 대신에 표본間이라는 용어를 사용하였다. 일원분산분석에서는 다음과 같은 용어들이 혼용되어 사용된다. 즉, 표본 내 = 그룹 내 = 인자수준 내 = 처리 내.

**분산분석의 기본가정**

분산분석은 각 인자수준 $B_j(j=1, 2, \cdots, b)$가(즉 분할된 모집단들이)

(i) 평균이 각각 $\mu_j$인 正規分布를 하며,

(ii) 각각 同一한 分散 $\sigma^2$을 가지며,

(iii) 각 관측치들은 서로 獨立的이다.

라는 가정하에 $b$개의 인자수준의 평균의 동일성에 관한 검정, 즉 귀무가설

$$H_0 : \mu_1 = \mu_2 = \cdots = \mu_b$$

에 대한 모든 가능한 대립가설을 검정하는 방법이다.

이와 같은 기본가정들이 충족되기 어려운 경우에는 크루스칼-월리스(Kruskal-Wallis)검정과 같은 비모수적 통계방법을 사용하여야 한다.

## 2. 제곱합의 분할과 평균제곱

### (1) 제곱합의 분할

〈표 16.2〉와 같이 전체가 $b$개의 그룹(모집단)으로 되어 있고 또 각 그룹은 $n_j$의 관측치로 구성되어 있다고 하자. 이 때 총관측치의 수 $N$은

$$N = n_1 + n_2 + \cdots + n_b$$

이다. 총표본의 평균을 $\bar{X}$(혹은 $\bar{X}_{..}$)로 표시하고 그룹(인자수준) $j$의 평균을 $\bar{X}_{.j}$로 표시하면

$$\bar{X} = \bar{X}_{..} = \frac{1}{N}\sum_j \sum_i X_{ij}, \qquad \bar{X}_{.j} = \frac{1}{n_j}\sum_i X_{ij} \tag{16.3}$$

와 같다. 이제 총제곱합(SST)을 다음과 같은 제곱의 합으로 분할해 보자.

$$\begin{aligned} \text{SST} &= \sum_{j=1}^{b}\sum_{i=1}^{n_j}(X_{ij}-\bar{X})^2 = \sum_j\sum_i[(X_{ij}-\bar{X}_{.j}) + (\bar{X}_{.j}-\bar{X})]^2 \\ &= \sum_j\sum_i(X_{ij}-\bar{X}_{.j})^2 + \sum_j\sum_i(\bar{X}_{.j}-\bar{X})^2 + 2\sum_j\sum_i(X_{ij}-\bar{X}_{.j})(\bar{X}_{.j}-\bar{X}) \end{aligned} \tag{16.4}$$

식 (16. 4)의 우변 3번째 항은 0이 되고[2)] 2번째 항은

$$\sum_j \sum_i (\bar{X}_{\cdot j} - \bar{X})^2 = \sum_j n_j (\bar{X}_{\cdot j} - \bar{X})^2 \tag{16.5}$$

이 된다. 식 (16. 4)의 좌변을 총제곱의 합(SST : total sum of squares), 우변의 첫항을 그룹 내 제곱합(SSW : within sum of squares), 두 번째 항을 그룹간 제곱합(SSB : between sum of squares)이라고 한다. 즉 총제곱합은 그룹 내 제곱합과 그룹간 제곱합으로 분할된다.

**일원분산분석에서 총제곱합의 분할**

$$\sum_j \sum_i (X_{ij} - \bar{X})^2 = \sum_j \sum_i (X_{ij} - \bar{X}_{\cdot j})^2 + \sum_j n_j (\bar{X}_{\cdot j} - \bar{X})^2$$

$$\text{SST} \quad = \quad \text{SSW} \quad + \quad \text{SSB} \tag{16.6}$$

한국시리즈의 예에서

$$n_1 = 6, \qquad \bar{X}_{\cdot 1} = 2.05$$
$$n_2 = 4, \qquad \bar{X}_{\cdot 2} = 2.1$$
$$n_3 = 5, \qquad \bar{X}_{\cdot 3} = 2.0$$
$$N = 15, \qquad \bar{X} = 2.05$$

이 된다. 따라서

$$\begin{aligned} \text{SST} &= (2.4-2.05)^2 + (2.0-2.05)^2 + \cdots + (2.1-2.05)^2 + \cdots + (1.7-2.05)^2 \\ &= 0.5975 \\ \text{SSW} &= (2.4-2.05)^2 + (2.0-2.05)^2 + \cdots + (2.1-2.1)^2 + \cdots + (1.7-2.0)^2 \\ &= 0.295 + 0.140 + 0.140 = 0.575 \\ \text{SSB} &= 6(2.05-2.05)^2 + 4(2.10-2.05)^2 + 5(2.00-2.05)^2 \\ &= 0.0225 \end{aligned}$$

가 된다.

---

2) 3번째 항 $= 2\sum_j [(\bar{X}_{\cdot j} - \bar{X}) \sum_i (X_{ij} - \bar{X}_{\cdot j})]$

$= 2\sum_j (\bar{X}_{\cdot j} - \bar{X})(n_j \bar{X}_{\cdot j} - n_j \bar{X}_{\cdot j}) = 0$이 된다.

### (2) 평균제곱

표본의 총관측치는 $N$이므로 SST의 자유도는 $N-1$이 되며 SSW의 자유도는 $N-b$, SSB의 자유도는 $b-1$이 된다. 또 각각의 제곱합을 자유도로 나눈 값을 평균제곱(mean square)이라고 한다. 그룹 내 평균제곱(MSW : mean square within)은 그룹 내 제곱합을 자유도로 나눈 값이며, 그룹간 평균제곱(MSB : mean square between)은 그룹간 제곱합을 자유도로 나눈 값이다. 따라서 평균제곱은 분산의 개념이 된다.

$$\mathrm{MSW} = \frac{\mathrm{SSW}}{N-b} \tag{16.7}$$

$$\mathrm{MSB} = \frac{\mathrm{SSB}}{b-1} \tag{16.8}$$

MSW는 $H_0$(즉 $\mu_1 = \mu_2 = \cdots = \mu_b$)가 참이든 참이 아니든 간에 모분산 $\sigma^2$에 대한 불편추정량이다. 그러나 MSB는 $H_0$가 참일 때는 $\sigma^2$에 대한 불편추정량이지만 $H_0$가 참이 아닐 때는 MSB의 기대치는 $\sigma^2$보다 커진다.[3] 따라서 식 (16.2)의 기준비율인 $\dfrac{\mathrm{MSB}}{\mathrm{MSW}}$의 값은 $H_0$가 참이면 1에 가깝고 $H_0$가 참이 아닐 때는 1보다 훨씬 커지게 된다.

## 3. 평균의 동일성 검정

$\mathrm{SSW}/\sigma^2$은 $H_0$가 참이든 참이 아니든 $\chi^2(N-b)$인 분포를 하며 $H_0$가 참일 때(즉 $\mu_1 = \mu_2 = \cdots = \mu_b$일 때) $\mathrm{SSB}/\sigma^2$은 $\chi^2(b-1)$인 분포를 하며 서로 독립적이다. 따라서 [정리 9.8]에 의하여 $H_0$가 참일 때

$$\frac{[\mathrm{SSB}/\sigma^2]/(b-1)}{[\mathrm{SSW}/\sigma^2]/(N-b)} = \frac{\mathrm{SSB}/(b-1)}{\mathrm{SSW}/(N-b)} = \frac{\mathrm{MSB}}{\mathrm{MSW}} \tag{16.9}$$

는 $F$분포를 따른다. 식 (16.9)가 $F$분포를 갖는 것은 $H_0$가 참일 경우임을 다시 한번 강조해 둔다.

3) 제16장 보론을 참고하시오.

**일원분산분석의 검정통계량**

(i) $H_0$가 참일 때

$$F = \frac{\text{MSB}}{\text{MSW}}$$

는 $F(b-1,\ N-b)$인 분포를 한다.

(ii) 유의수준 $\alpha$에서 통계적 의사결정

$F \leq F_\alpha(b-1,\ N-b)$이면 $H_0$를 채택

$F > F_\alpha(b-1,\ N-b)$이면 $H_1$을 채택

$H_0$가 참일 때 $F = \text{MSB/MSW}$가 $F$분포를 하므로 계산된 $F$값이 임계치인 $F_\alpha(b-1,\ N-b)$보다 크면 이것은 $H_0$가 참(즉 $\mu_1 = \mu_2 = \cdots = \mu_b$)일 때 일어나기 희박한 경우(기껏해야 $\alpha$만큼의 확률이 있음)이므로 $H_0$를 기각하게 된다. 3개 이상 평균의 동일성에 대한 검정에 필요한 정보는 〈표 16.3〉과 같은 분산분석표로 나타낼 수 있다.

〈표 16.3〉 일원분산분석표

| 변동요인 | 제 곱 합 | 자 유 도 | 평균제곱 | $F$비율 |
|---|---|---|---|---|
| 그 룹 간 | SSB | $b-1$ | $\text{MSB} = \frac{\text{SSB}}{b-1}$ | $\frac{\text{MSB}}{\text{MSW}}$ |
| 그 룹 내 | SSW | $N-b$ | $\text{MSW} = \frac{\text{SSW}}{N-b}$ | |
| 총 변 동 | SST | $N-1$ | | |

한국시리즈의 S투수에 대한 예에서

$$\text{MSB} = \frac{\text{SSB}}{b-1} = \frac{0.0225}{3-1} = 0.01125$$

$$\text{MSW} = \frac{\text{SSW}}{N-b} = \frac{0.575}{15-3} = 0.0479$$

$$F = \frac{\text{MSB}}{\text{MSW}} = \frac{0.01125}{0.0479} = 0.23$$

부록의 [표 7] $F$분포표에서 $F_{0.05}(2,12) = 3.89$이므로 $\alpha = 0.05$에서

$$F = 0.23 < F_{0.05}(2,12) = 3.89$$

[그림 16.3] 일원분산분석의 기각역

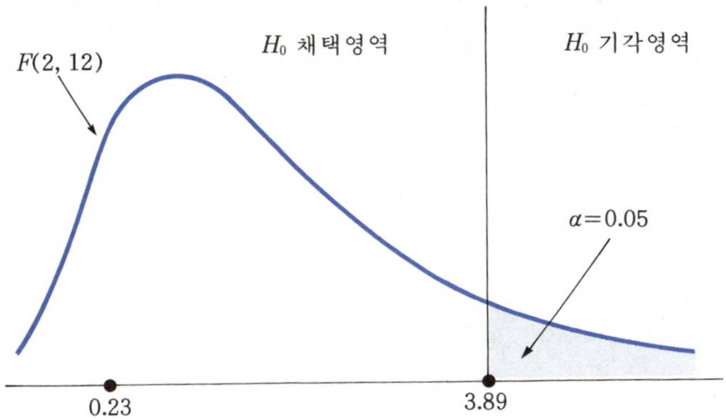


따라서 $H_0$를 기각하지 않는다. 세 타자의 S투수에 대한 타율은 다르다고 볼 수 없으므로 L감독은 수비에 강한 $B_3$와 $B_1$을 기용하게 된다.

지금까지 수작업으로 구한 값들을 SAS를 이용한 출력결과와 비교하기 바란다. SAS출력과 〈표 16.3〉을 비교하면 Model은 그룹간을, Error는 그룹내를, Corrected Total은 총변동을 나타낸다.

[그림 16.4] 일원분산분석의 SAS 출력

Analysis of Variance Procedure

Dependent Variable: HITTER

| Source | DF | Sum of Squares | Mean Square | F Value | Pr > F |
|---|---|---|---|---|---|
| Model | 2 | 0.02233333 | 0.01116667 | 0.23 | 0.7956 |
| Error | 12 | 0.57500000 | 0.04791667 | | |
| Corrected Total | 14 | 0.59733333 | | | |

## 4. 간편계산

$T_{\cdot j}$, $T$, $X_{ij}$, $n_j$ 등을 〈표 16.2〉와 같이 정의할 때 SSB, SSW, SST를 구하는 간편공식은 다음과 같다.

A, B, C를 다음과 같이 정의하자.

$$A = \sum_j \sum_i X_{ij}^2$$

$$B = \frac{1}{N}(\Sigma\Sigma X_{ij})^2 = \frac{T^2}{N}$$

$$C = \sum_j \left(\frac{1}{n_j}\right)(\sum_i X_{ij})^2 = \sum_j \frac{T_{\cdot j}^2}{n_j}$$

SST, SSB, SSW를 A, B, C를 이용하여 나타내면

$$SST = A - B$$
$$SSB = C - B$$
$$SSW = A - C$$

**예제 16. 1**

〈표 16.1B〉의 P투수에 대한 타율의 예에서($\alpha = 0.05$) 세 타자의 평균타율이 동일한지를 검정하시오.

(풀이)

1) 귀무가설과 대립가설의 설정

$H_0$ : $\mu_1 = \mu_2 = \mu_3$

$H_1$ : 적어도 한 쌍의 $\mu_j$가 서로 다르다.

2) 검정통계량의 선정

$F = \text{MSB}/\text{MSW}$

3) 유의수준과 임계치의 결정

$\alpha = 0.05, \quad F_{0.05}(2,\ 12) = 3.89$

4) 의사결정수준

계산된 $F$값이 3.89보다 큰 경우 $H_0$를 기각한다.

5) 검정통계량의 계산

$T_{\cdot 1} = 11.0, \quad T_{\cdot 2} = 14.4, \quad T_{\cdot 3} = 8.4, \quad T = 33.8$

$n_1 = 5, \quad n_2 = 6, \quad n_3 = 4, \quad N = 15$

$A = (2.1)^2 + (2.2)^2 + \cdots + (2.4)^2 + \cdots + (2.2)^2 = 76.46$

[그림 16.5] 예제 16.1의 기각역

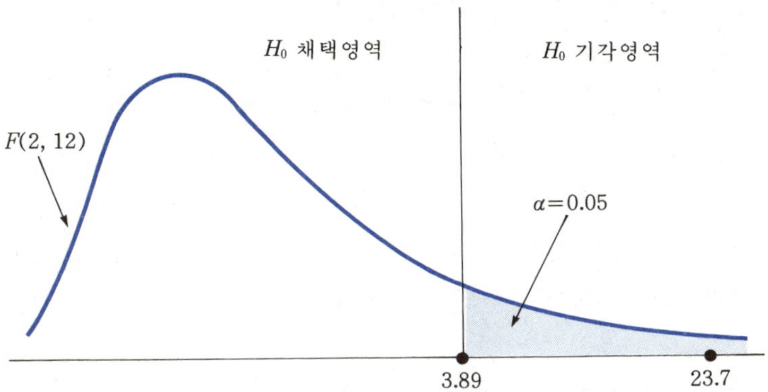


$$B = (33.8)^2/15 = 76.163$$
$$C = (11.0)^2/5 + (14.4)^2/6 + (8.4)^2/4 = 76.4$$

따라서

$$SST = 76.46 - 76.163 = 0.297$$
$$SSB = 76.4 - 76.163 = 0.237 \qquad MSB = 0.237/(3-1) = 0.1185$$
$$SSW = 76.46 - 76.4 = 0.06 \qquad MSW = 0.06/(15-3) = 0.005$$

그러므로 검정통계량 $F$는

$$F = \frac{0.1185}{0.005} = 23.7$$

6) 의사결정

$F = 23.7 > F_{0.05}(2, 12) = 3.89$이므로 $H_0$를 기각하게 된다. [그림 16.1B]에서 이미 알 수 있듯이 P투수에 대한 평균타율은 $B_2$가 제일 높은 것을 알 수 있다.

## 5. 그룹들(인자수준들)의 분석

분산분석의 절차는 귀무가설을 기각하거나 채택함으로써 끝나는 것이 아닐 수 있다. 분산분석의 결과 모든 모평균이 같지는 않다고 결론이 날 경우 우리는 개별 인자수준(그룹, 처리)의 평균 $\mu_j$나 두 인자수준의 평균들의 차에 대한 구간추정에 관심을 가질 수 있다.

### (1) 개별 그룹(인자수준) $\mu_j$에 대한 구간추정

일원분산분석에서 각 개별 그룹의 분산은 동일하다고 가정되었으므로 개별 그룹의 분산을 추정할 때 전체 그룹의 관측치를 이용하여 구한다. 즉 MSW는 $H_0$가 참이든 참이 아니든 $b$개의 전체 그룹에 대한 분산의 추정량일 뿐만 아니라 개별 그룹(인자수준)의 분산의 추정량도 된다.[4)]

**$j$번째 그룹(인자수준)의 $\mu_j$의 100(1−$\alpha$)% 신뢰구간**

$$\bar{X}_{\cdot j} \pm t_{\alpha/2}(N-b)\sqrt{\frac{\text{MSW}}{n_j}} \tag{16.10}$$

한국시리즈 P투수의 예(예제 16.1)에서 첫번째 그룹(인자수준) 즉 $B_1$타자에 대한 모평균의 95% 신뢰구간을 구해 보자.

$$\bar{X}_{\cdot 1}=2.2,\ n_1=5,\ N=15,\ b=3,\ \text{MSW}=0.005,\ t_{0.025}(12)=2.179$$

이므로 95% 신뢰구간은

$$2.2 \pm 2.179\sqrt{\frac{0.005}{5}} = 2.2 \pm 0.069$$

즉, [2.131, 2.269]가 된다.

### (2) 그룹간(인자수준간) 평균의 차에 대한 구간추정

그룹간(인자수준간) 평균의 차에 대한 구간추정을 구해 보자. 표본들은 독립적이므로 $\text{Var}(\bar{X}_{\cdot 1}-\bar{X}_{\cdot 2})=\text{Var}(\bar{X}_{\cdot 1})+\text{Var}(\bar{X}_{\cdot 2})$이 성립한다. 따라서 두 평균의 차에 대한 분산은

$$\text{Var}(\bar{X}_{\cdot 1}-\bar{X}_{\cdot 2})=\frac{\text{MSW}}{n_1}+\frac{\text{MSW}}{n_2}=\text{MSW}\left(\frac{1}{n_1}+\frac{1}{n_2}\right) \tag{16.11}$$

4) $X_{\cdot j}$에 대한 표본분산의 추정치는 $X_{ij}$의 표본분산의 추정치 MSW를 그 표본의 관측치인 $n_j$로 나누어야 한다.

가 되므로 두 평균의 차에 대한 신뢰구간은 다음과 같다.

**일원분산분석에서 평균의 差에 대한 100(1−α)% 신뢰구간**

$$(\bar{X}_{\cdot 1} - \bar{X}_{\cdot 2}) \pm t_{\alpha/2}(N-b)\sqrt{\mathrm{MSW}\left(\frac{1}{n_1}+\frac{1}{n_2}\right)} \qquad (16.12)$$

한국시리즈 P투수의 예(예제 16.1)에서 그룹 1과 그룹 2의 모평균의 차에 대한 95% 신뢰구간을 구해 보면

$$(2.2-2.4) \pm 2.179\sqrt{0.005\left(\frac{1}{5}+\frac{1}{6}\right)}$$

이므로 [−0.293, −0.107]이 된다.

## 제 3 절 이원분산분석*

二元分散分析(two-way analysis of variance)이란 두 가지 인자의 효과에 대한 조사를 하는 경우에 이용되는 분석방법이다. 예를 들어, 판매원들을 대상으로 이들의 학력과 근무연수에 대한 두 가지 자료를 수집하여, 근무연수와 학력이 판매실적에 영향을 주는지에 관하여 분석하고자 할 때 이용된다. 그리고 일정 수준의 교육과 어느 정도의 근무연수가 조화되었을 때 판매실적에 미치는 결합효과 또는 교호(interaction)효과를 밝히고자 하는 경우에 이원분산분석이 이용된다.

### 1. 이원분산분석의 기본가정

이원분산분석은 두 개의 因子를 고려하므로 첫번째 인자를 $A$, 두 번째 인자를 $B$라고 하자. 인자 $A$의 수준이 $a$개, 인자 $B$의 수준이 $b$개가 있으면 $n=ab$개의 조합이 가능한데 이 개개의 조합이 칸(cell)을 구성한다. 각 칸(cell)마다 $c$개의 관측치를 가지면 총관측치의 수는 $N=abc$가 된다. 〈표 16.4〉는 이원분산분석의 자료구조를 나타내고 있다. 여기서 $X_{ijk}$는 $i$번째 行과 $j$

번째 列이 교차하는 칸(cell)의 $k$번째 관측치를 나타낸다.

이원분산분석의 가정은 일원분산분석의 가정과 동일한 3개의 가정을 하여야 한다.

**이원분산분석의 기본가정**

$X_{ijk}(i=1, 2, \cdots, a, \quad j=1, 2, \cdots, b, \quad k=1, 2, \cdots, c)$를 크기 $n=abc$인 확률변수라고 하면

(i) 각각은 서로 獨立的이며,

(ii) 未知의 同一한 分散 $\sigma^2$을 가지며,

(iii) 正規分布를 따른다.

이러한 가정이 충족되지 않으면 프리드만(Friedman)검정법과 같은 비모수적 통계방법을 사용하여야 한다.

〈표 16.4〉 이원분산분석의 자료구조

| 인자 $A$ | 인자 $B$ 1 | 2 | ………… | $b$ | 합계 | 평균 |
|---|---|---|---|---|---|---|
| 1 | $X_{111}$<br>⋮<br>$X_{11c}$ | $X_{121}$<br>⋮<br>$X_{12c}$ | …………<br><br>………… | $X_{1b1}$<br>⋮<br>$X_{1bc}$ | $T_{1..}$ | $\bar{X}_{1..}$ |
| 2 | $X_{211}$<br>⋮<br>$X_{21c}$ | $X_{221}$<br>⋮<br>$X_{22c}$ | …………<br><br>………… | $X_{2b1}$<br>⋮<br>$X_{2bc}$ | $T_{2..}$ | $\bar{X}_{2..}$ |
| ⋮ | ⋮ | ⋮ | ………… | ⋮ | ⋮ | ⋮ |
| $a$ | $X_{a11}$<br>⋮<br>$X_{a1c}$ | $X_{a21}$<br>⋮<br>$X_{a2c}$ | …………<br><br>………… | $X_{ab1}$<br>⋮<br>$X_{abc}$ | $T_{a..}$ | $\bar{X}_{a..}$ |
| 합계 | $T_{.1.}$ | $T_{.2.}$ | ………… | $T_{.b.}$ | $T_{...}$ | |
| 평균 | $\bar{X}_{.1.}$ | $\bar{X}_{.2.}$ | ………… | $\bar{X}_{.b.}$ | | $\bar{X}_{...}$ |

이제 이원분산분석의 기본모형에 대하여 고찰해 보자. 이원분산분석은 가법성의 가정이라는 상당히 제한적인 가정을 기초로 한다.

**이원분산분석의 기본모형**

$X_{ijk}$의 평균 $\mu_{ij}$는

$$\mu_{ij}=\mu+\alpha_i+\beta_j+\gamma_{ij}, \qquad i=1,\ 2,\cdots,a \qquad j=1,\ 2,\cdots,b \tag{16.13}$$

여기서

$\mu$= 총효과(overall effect)
$\alpha_i$= $i$번째 行효과
$\beta_j$= $j$번째 列효과
$\gamma_{ij}$= $(i,\ j)$칸의 교호효과

$$\sum_i \alpha_i=\sum_j \beta_j=\sum_i \gamma_{ij}=\sum_j \gamma_{ij}=0 \tag{16.14}$$

로 표시된다.

여기서 $\mu_{ij}$나 $\mu$, $\alpha_i$, $\beta_j$, $\gamma_{ij}$는 알려지지 않은 모수이다. 식 (16.13)에서 $\alpha_i$와 $\beta_j$는 가법적으로 작용한다. 加法性의 假定(assumuption of additivity)의 예를 들어보자.

예를 들어 $I$개의 다른 신문들이 $J$개의 신문가판대에서 팔리고 있다고 하자. 가령 특정한 가판대에서 신문 2보다 신문 1이 매주 평균 30부가 더 팔리고 있다면(예 : $\alpha_1=+30$, $\alpha_2=0$) 가법성의 가정에 의하면 다른 $J-1$개의 가판대도 신문 2보다 신문 1이 30부씩 더 팔리고 있는 것을 가정한다.

이와 유사하게 가판대 2보다 가판대 1에서 특정 신문이 평균 50부씩 더 많이 팔리고 있다면(예 : $\beta_1=+50$, $\beta_2=0$) 가법성의 가정에 의하면 다른 $I-1$개의 신문도 가판대 2보다 가판대 1에서 평균 50부씩 더 많이 팔리고 있다는 것을 가정한다. 가법성의 가정은 어느 특정 신문이 특정 가판대에서 훨씬 더 많이 팔릴 수 있는 가능성을 허용하지 않기 때문에 상당히 제한적인 가정이다.

이원분산분석모형에서 알려지지 않은 모수 $\mu$, $\alpha_i$, $\beta_j$, $\gamma_{ij}$가 식 (16.14)의 조건하에서 다음의 값들을 가질 때 $\mu_{ij}$값이 어떻게 결정되는지 알아보자.

$\mu=80$
$\alpha_1=5,\quad \alpha_2=-5$
$\beta_1=5,\quad \beta_2=-8,\quad \beta_3=3$

$$\gamma_{11}=-1, \quad \gamma_{12}=0, \quad \gamma_{13}=1$$
$$\gamma_{21}=1, \quad \gamma_{22}=0, \quad \gamma_{23}=-1$$

이와 같은 모수값이 주어지는 경우 각 칸(cell)의 모평균을 구하면 〈표 16.5〉와 같다.

〈표 16.5〉 行효과 · 列효과 · 교호효과가 동시에 존재하는 경우 각 칸(cell)의 평균

| | $B_1$ | $B_2$ | $B_3$ | 行평균 |
|---|---|---|---|---|
| $A_1$ | $\mu+\alpha_1+\beta_1+\gamma_{11}$ $=89$ | $\mu+\alpha_1+\beta_2+\gamma_{12}$ $=77$ | $\mu+\alpha_1+\beta_3+\gamma_{13}$ $=89$ | $\mu+\alpha_1=85$ |
| $A_2$ | $\mu+\alpha_2+\beta_1+\gamma_{21}$ $=81$ | $\mu+\alpha_2+\beta_2+\gamma_{22}$ $=67$ | $\mu+\alpha_2+\beta_3+\gamma_{23}$ $=77$ | $\mu+\alpha_2=75$ |
| 列평균 | $\mu+\beta_1=85$ | $\mu+\beta_2=72$ | $\mu+\beta_3=83$ | $\mu=80$ |

## 2. 제곱합의 분할과 평균제곱

일원분산분석에서 행하였던 전체제곱합의 분할을 이원분산분석에서도 행할 수 있다. 전체제곱의 합을 몇 개의 제곱합으로 분할해 보자. 우선 다음을 정의한다(〈표 16.4〉 참조).

$$\bar{X}_{ij\cdot}=\frac{1}{c}\sum_k X_{ijk} \qquad \bar{X}_{i\cdot\cdot}=\frac{1}{bc}\sum_j\sum_k X_{ijk}$$

$$\bar{X}_{\cdot j\cdot}=\frac{1}{ac}\sum_i\sum_k X_{ijk} \qquad \bar{X}=\bar{X}_{\cdots}=\frac{1}{abc}\sum_i\sum_j\sum_k X_{ijk}$$

이제 전체제곱합 SST는 다음과 같이 분할된다.[5)]

5) 개별관측치와 전체 평균과의 차이(변동)는 개별관측치와 칸(cell)의 평균과의 차이와 다른 모든 차이(변동)로 나누어진다.

총변동 = 칸평균과의 차이인 확률적 변동 + 나머지 변동
$X_{ijk}-\bar{X}_{\cdots} = (X_{ijk}-\bar{X}_{ij\cdot}) + (\bar{X}_{ij\cdot}-\bar{X}_{\cdots})$

나머지 변동은 行, 列, 交互效果이다.

나머지 변동 = 行 + 列 + 交互
$\bar{X}_{ij\cdot}-\bar{X}_{\cdots} = (\bar{X}_{i\cdot\cdot}-\bar{X}_{\cdots}) + (\bar{X}_{\cdot j\cdot}-\bar{X}_{\cdots}) +$ 交互

따라서

交互 $=(\bar{X}_{ij\cdot}-\bar{X}_{\cdots})-(\bar{X}_{i\cdot\cdot}-\bar{X}_{\cdots})-(\bar{X}_{\cdot j\cdot}-\bar{X}_{\cdots})$
$=\bar{X}_{ij\cdot}-\bar{X}_{i\cdot\cdot}-\bar{X}_{\cdot j\cdot}+\bar{X}_{\cdots}$

이 되며 이것이 SSAB의 항에 나타난다.

**전체제곱의 분할**

$$\begin{aligned} \text{SST} &= \sum_i \sum_j \sum_k (X_{ijk} - \bar{X})^2 \\ &= bc\sum_i (\bar{X}_{i}.. - \bar{X})^2 + ac \sum_j (\bar{X}_{.j}. - \bar{X})^2 \\ &\quad + c\sum_i \sum_j (\bar{X}_{ij}. - \bar{X}_{i}.. - \bar{X}_{.j}. + \bar{X})^2 + \sum_i \sum_j \sum_k (X_{ijk} - \bar{X}_{ij}.)^2 \\ &= \text{SSA} + \text{SSB} + \text{SSAB} + \text{SSE} \end{aligned}$$

SSA, SSB, SSAB, SSE는 각각 行제곱합, 列제곱합, 交互作用에 의한 제곱합, 오차제곱합이다.

이제 각각의 분포와 자유도를 구해 보기 위하여 모든 $X_{ijk}$의 평균을 $\mu$라 고 하자. 그러면 $\text{SST}/\sigma^2$은 $\chi^2(abc-1)$를 따르며 $\text{SSA}/\sigma^2$은 $\chi^2(a-1)$의 분포를, $\text{SSB}/\sigma^2$은 $\chi^2(b-1)$의 분포를 따르는 것은 쉽게 알 수 있다. 또 $\sum_{k=1}^{c}(X_{ijk}-\bar{X}_{ij}.)^2/\sigma^2$은 $\chi^2(c-1)$을 따른다. 그런데 SSE는 이러한 확률변수 $ab$개의 합이다. 따라서 SSE는 $\chi^2[ab(c-1)]$을 따른다. 이와 같은 사실을 이용하면 $\text{SSAB}/\sigma^2$은 자유도가 $(a-1)(b-1)$을 가진 카이제곱분포를 따른다는 것을 알 수 있다.[6)]

그리고 SSE의 기대치 E(SSE)가 행·열·교호효과에 상관없이 $\sigma^2$만의 함수로 표시되기 때문에 가설검정에 있어서 SSE를 분모에 놓아 기준통계량으로 사용한다. 즉 $H_0$가 참이든 아니든 $\text{SSE}/ab(c-1)$의 기대치는 $\sigma^2$이 된다는 것은 일원분산분석과 유사하다.

지금까지 설명한 제곱합들의 자유도를 정리하면 다음과 같다.

SST의 자유도 : $N-1 = abc-1$

SSA의 자유도 : $a-1$

SSB의 자유도 : $b-1$

SSAB의 자유도 : $(a-1)(b-1)$

SSE의 자유도 : $ab(c-1)$

6) 전체제곱합을 자유도로 등식을 만들면

$abc-1 = (a-1)+(b-1)+$SSAB의 자유도$+ab(c-1)$

이다. 이 등식을 풀면

SSAB의 자유도 $= ab-a-b+1 = (a-1)(b-1)$

이 된다.

제곱의 합을 각각의 자유도로 나누면 평균제곱이 된다.

$$\text{MSA} = \frac{\text{SSA}}{a-1} \qquad \text{MSB} = \frac{\text{SSB}}{b-1}$$

$$\text{MSAB} = \frac{\text{SSAB}}{(a-1)(b-1)} \qquad \text{MSE} = \frac{\text{SSE}}{ab(c-1)}$$

지금까지 설명된 내용을 기초로 가설검정에 사용되는 二元分散分析表를 만들어 보면 〈표 16.6〉과 같다.

〈표 16.6〉 이원분산분석표

| 변동요인 | 제곱합(SS) | 자 유 도 | 평균제곱(MS) | $F$ |
|---|---|---|---|---|
| 行($A$) | SSA | $a-1$ | $\text{MSA} = \frac{\text{SSA}}{a-1}$ | $\frac{\text{MSA}}{\text{MSE}}$ |
| 列($B$) | SSB | $b-1$ | $\text{MSB} = \frac{\text{SSB}}{b-1}$ | $\frac{\text{MSB}}{\text{MSE}}$ |
| 교호작용 | SSAB | $(a-1)(b-1)$ | $\text{MSAB} = \frac{\text{SSAB}}{(a-1)(b-1)}$ | $\frac{\text{MSAB}}{\text{MSE}}$ |
| 오 차 | SSE | $ab(c-1)$ | $\text{MSE} = \frac{\text{SSE}}{ab(c-1)}$ | |
| 전체 합계 | SST | $abc-1$ | | |

## 3. 가설검정

이원분산분석에서의 가설검정은 교호효과·행효과·열효과의 여부를 검정하는 3가지로 나누어진다. 교호효과가 존재하는 경우에는 行효과 및 列효과의 존재 유무를 검정하는 것은 의미가 없으므로 교호효과가 존재하지 않는 경우만 行효과 및 列효과를 별도로 검정하게 된다.

### (1) 교호효과의 검정

交互效果의 존재 여부를 검정하기 위한 가설은 다음과 같다.

$\gamma_{ij}=0$은 교호효과가 없다는 뜻이다.

$H_0$ : 모든 $\gamma_{ij}=0$ $\quad i=1, 2, \cdots, a \quad j=1, 2, \cdots, b$

$H_1$ : $\gamma_{ij}$ 중 적어도 하나는 0이 아니다.

이 가설을 검정하는 검정통계량은[7)]

$$F_I = \frac{[SSAB/\sigma^2]/(a-1)(b-1)}{[SSE/\sigma^2]/ab(c-1)} = \frac{MSAB}{MSE}$$

인데 이것은 $H_0$가 참일 때 자유도 $(a-1)(b-1)$과 $ab(c-1)$을 가지는 $F$분포를 한다. 따라서 유의수준 $\alpha$에서 $F_I$ 값이

$$F_I > F_\alpha[(a-1)(b-1),\ ab(c-1)]$$

이면 $H_0$를 기각하게 된다.

### (2) 행효과의 검정

교호작용이 존재하지 않는 경우 行효과와 列효과를 검정하게 된다. 行효과의 검정을 위한 가설은 다음과 같다.

$H_0$ : $\alpha_1 = \alpha_2 = \cdots = \alpha_a = 0$(행효과가 없다)

$H_1$ : $\alpha_i$ 중 적어도 하나는 0이 아니다.

혹은

$H_0$ : $\mu_{1\cdot} = \mu_{2\cdot} \cdots\cdots = \mu_{a\cdot}$

$H_1$ : 모든 $\mu_{i\cdot}$가 같지는 않다.

이 가설을 검정하는 데 사용되는 통계량은

$$F_R = \frac{[SSA/\sigma^2]/(a-1)}{[SSE/\sigma^2]/ab(c-1)} = \frac{MSA}{MSE}$$

인데 이것은 $H_0$가 참일 때 자유도 $(a-1)$과 $ab(c-1)$을 가지는 $F$분포를 한다. 유의수준 $\alpha$에서 $F_R$의 값이

$$F_R > F_\alpha[(a-1),\ ab(c-1)]$$

이면 $H_0$를 기각하게 된다.

### (3) 열효과의 검정

列효과의 검정을 위한 가설은 다음과 같다.

---

7) $SSAB/\sigma^2$은 $\chi^2[(a-1)(b-1)]$이고 $SSE/\sigma^2$은 $\chi^2[ab(c-1)]$이므로 [정리 9.8]에 의하여 $F_I$는 $F[(a-1)(b-1),\ ab(c-1)]$을 따른다.

$$H_0 : \beta_1 = \beta_2 = \cdots = \beta_b = 0\text{(열효과가 없다)}$$
$$H_1 : \beta_j \text{ 중 적어도 하나는 0이 아니다.}$$

혹은

$$H_0 : \mu_{\cdot 1} = \mu_{\cdot 2} = \cdots = \mu_{\cdot b}$$
$$H_1 : \text{모든 } \mu_{\cdot j}\text{가 같지는 않다.}$$

이 가설의 검정에 사용되는 검정통계량은

$$F_c = \frac{[\text{SSB}/\sigma^2]/(b-1)}{[\text{SSE}/\sigma^2]/ab(c-1)} = \frac{\text{MSB}}{\text{MSE}}$$

은 $H_0$가 참일 때 자유도 $(b-1)$과 $ab(c-1)$을 가지는 $F$분포를 한다. 따라서 유의수준 $\alpha$에서 $F_c$의 값이

$$F_c > F_\alpha[(b-1),\ ab(c-1)]$$

이면 $H_0$를 기각하게 된다.

## 4. 간편계산

앞에서 설명한 제곱합의 계산을 간편하게 구하는 방법이 있다. 이 간편법 자체도 복잡해 보이지만 그래도 정의에 의하여 구하는 것보다는 훨씬 이용하기가 편하다. A, B, C, D와 E를 다음과 같이 정의한다.

$$\text{A} = \sum_i \sum_j \sum_k X_{ijk}^2$$

$$\text{B} = \frac{1}{abc}\left(\sum_i \sum_j \sum_k X_{ijk}\right)^2 = \frac{T^2}{abc}$$

$$\text{C} = \frac{1}{bc}\left[\sum_i \left(\sum_j \sum_k X_{ijk}\right)^2\right] = \frac{1}{bc}\left[\sum_i T_{i\cdot\cdot}^2\right]$$

$$\text{D} = \frac{1}{ac}\left[\sum_j \left(\sum_i \sum_k X_{ijk}\right)^2\right] = \frac{1}{ac}\left[\sum_j T_{\cdot j\cdot}^2\right]$$

$$\text{E} = \frac{1}{c}\left[\sum_i \sum_j \left(\sum_k X_{ijk}\right)^2\right]$$

이와 같은 기호를 이용하여 제곱합을 나타내면 다음과 같다.

$$SST = A - B$$
$$SSA = C - B$$
$$SSB = D - B$$
$$SSAB = B - C - D + E$$
$$SSE = A - E$$

예제 16.2

Y기업에서는 새로운 제품을 생산하기 위하여 3개 회사에서 생산되는 3대의 서로 다른 기계들 $A_i(i=1, 2, 3)$과 4군데의 원자재 공급처들 $B_j(j=1, 2, 3, 4)$를 이용할 수 있다 한다.

이 3대의 기계들의 시간당 생산량은 모두 동일하지만, 생산량 중 포함되는 불량품의 수가 동일한지는 알려지지 않았다. 또한 4군데의 공급처에서 오는 원자재의 질에 어떤 차이가 있는지의 여부에 대해서도 Y기업은 모른다고 한다. 끝으로, 한 공급처에서 공급되는 원자재가 어떤 특정 기계에 어떤 특정 효과를 주는지의 여부에 대해서도 알려지지 않았다고 한다.

그러므로 이 경우 Y기업은 3기계 $A_i$의 성능이 서로 다른지 또는 4원자재 공급처 $B_j$에서 공급되는 원자재들이 서로 다른지, 그리고 기계와 원자재의 조합에 따른 교호효과가 있는지의 여부를 검정하려 한다. 이러한 검정들을 수행하기 위해 2시간 동안 동일한 조건 아래 각 회사의 3개의 기계를 가동시켜 시간당 생산량 중 불량품의 수를 조사하여 아래의 표에 기록하였다.

이 자료들을 기초로 하여 어떤 결론을 도출할 수 있고, 또 어느 회사의

〈표 16.7〉 이원분산분석의 자료

| 기 계 | 원자재 공급처 | | | | 行합계 |
|---|---|---|---|---|---|
| | $B_1$ | $B_2$ | $B_3$ | $B_4$ | |
| $A_1$ | 9 | 6 | 8 | 5 | $T_{1..} = 50$ |
| | 5 | 6 | 4 | 7 | |
| $A_2$ | 4 | 5 | 2 | 1 | $T_{2..} = 28$ |
| | 2 | 3 | 6 | 5 | |
| $A_3$ | 10 | 8 | 7 | 9 | $T_{3..} = 62$ |
| | 6 | 9 | 8 | 5 | |
| 列합계 | $T_{.1.} = 36$ | $T_{.2.} = 37$ | $T_{.3.} = 35$ | $T_{.4.} = 32$ | $T_{...} = 140$ |

기계와 어느 공급처의 원자재를 Y기업은 구매하여야 하는가를 분석해 보자.

(풀이)

이 예제에서 수행되어질 3개의 가설은

1) 기계와 원자재간의 교호효과는 없다. 즉, $\gamma_{ij}=0$

2) 3개의 기계들의 시간당 생산량 중 평균불량품의 수는 동일하다. 즉, $\alpha_i=0$

3) 4군데의 원자재 공급처에서 공급되는 원자재를 이용한 시간당 생산량 중 평균불량품의 수는 동일하다. 즉, $\beta_j=0$

위에 기술한 표의 자료를 이용하여 다음과 같이 필요한 값들을 계산할 수 있다.

$$A=952$$

$$B=\frac{(140)^2}{24}=816.67$$

$$C=\frac{1}{(4)(2)}[(50)^2+(28)^2+(62)^2]=891$$

$$D=\frac{1}{(3)(2)}[(36)^2+(37)^2+(35)^2+(32)^2]=819$$

$$E=897$$

$$SST=A-B=952-816.67=135.33$$

$$SSA=C-B=891-816.67=74.33$$

$$SSB=D-B=819-816.67=2.33$$

$$SSAB=B-C-D+E=816.67-891-819+897=3.667$$

$$SSE=A-E=952-897=55$$

〈표 16.8〉 예제 16.2의 ANOVA표

| 변동원 | 제곱합 | 자유도 | 평균제곱 | $F$비율 | |
|---|---|---|---|---|---|
| | | | | 계산값 | 1% |
| 行(A) | 74.333 | $3-1=2$ | 37.167 | 8.11 | 6.93 |
| 列(B) | 2.333 | $4-1=3$ | 0.778 | 0.17 | 5.95 |
| 교호작용 | 3.667 | $(3-1)(4-1)=6$ | 0.611 | 0.13 | 4.82 |
| 오차 | 55 | $(3)(4)(1)=12$ | 4.583 | | |
| 총변동 | 135.333 | $(3)(4)(2)-1=23$ | – | | |

이렇게 구한 제곱합들을 이용하여 ANOVA표를 작성하면 〈표 16.8〉과 같다.

위 표의 결과로부터 우리는 :

1) $\gamma_{ij}=0$ 의 여부에 대하여

$$F=\frac{\text{MSAB}}{\text{MSE}}=\frac{0.611}{4.583}\fallingdotseq 0.13<F_{0.01}(6,\ 12)=4.82$$

2) $\alpha_i=0$ 의 여부에 대하여

$$F=\frac{\text{MSA}}{\text{MSE}}=\frac{37.167}{4.583}\fallingdotseq 8.11>F_{0.01}(2,\ 12)=6.93$$

[그림 16.6] $\alpha_i=0$에 대한 기각영역

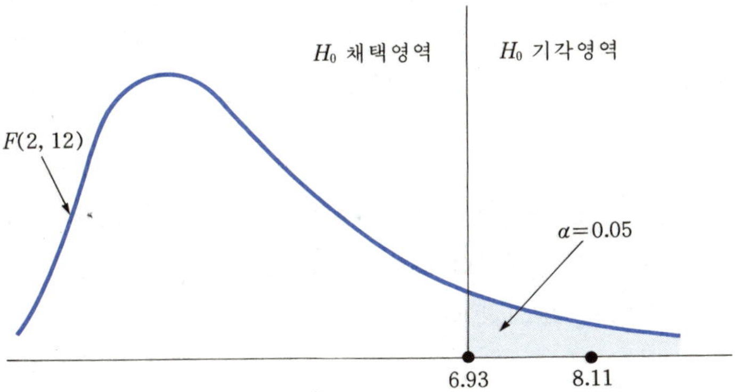


3) $\beta_j=0$ 의 여부에 대하여

$$F=\frac{\text{MSB}}{\text{MSE}}=\frac{0.778}{4.583}\fallingdotseq 0.17<F_{0.01}(3,\ 12)=5.95$$

그러므로 $\alpha=0.01$에서 검정결과는 列(원자재)효과와 교호효과는 유의적이 아닌 반면에 3개 회사에서 생산된 기계들 간에는 상당한 차이가 있다는 결론을 내릴 수 있다. 그러므로 이러한 결론들은 기업이 두 번째 회사의 기계 $A_2$를 구매해야 하고(왜 그런지는 독자들 스스로가 생각해 볼 것), 그리고 만일에 그들의 가격이 동일하다면 기업은 4개의 공급처 중 어떤 원자재라도 선택할 수 있다.

[그림 16.7] SPSS를 이용한 이원분산분석

```
* * * A N A L Y S I S  O F  V A R I A N C E * * *
        PROD
     BY MACHINE
        SUPPLIER
```

| Source of Variation | Sum of Squares | DF | Mean Square | F | Signif of F |
|---|---|---|---|---|---|
| Main Effects | 76.667 | 5 | 15.333 | 3.345 | .040 |
| MACHINE | 74.333 | 2 | 37.167 | 8.109 | .006 |
| SUPPLIER | 2.333 | 3 | .778 | .170 | .915 |
| 2-way Interactions | 3.667 | 6 | .611 | .133 | .989 |
| MACHINE SUPPLIER | 3.667 | 6 | .611 | .133 | .989 |
| Explained | 80.333 | 11 | 7.303 | 1.593 | .218 |
| Residual | 55.000 | 12 | 4.583 | | |
| Total | 135.333 | 23 | 5.884 | | |

〈표 16.7〉의 자료를 SPSS를 이용하여 분석하면 [그림 16.7]과 같다. SPSS출력과 〈표 16.8〉을 비교하면 MACHINE은 行(A)를, SUPPLIER은 列(B)를, MACHINE SUPPLIER은 교호작용을, Residual은 오차를 의미한다.

## □ 보 론

1) $H_0$가 참일 때 $X_{ij}(i=1, 2, \cdots, n_j, j=1, 2, \cdots, b)$를 정규분포 $N(\mu, \sigma^2)$으로부터 추출한 크기 $N=n_1+n_2+\cdots+n_b$인 확률표본으로 생각할 수 있다. 이 때 $\mathrm{SST}/\sigma^2$은 $\chi^2(N-1)$의 분포를 따르므로 식 (9.9)와 식 (9.11)에 의하여

$$E\left(\frac{\mathrm{SST}}{\sigma^2}\right)=N-1$$

$$E\left(\frac{\mathrm{SST}}{N-1}\right)=\sigma^2$$

이 성립한다. 따라서 $H_0$가 참일 때 SST/$(N-1)$은 $\sigma^2$에 대한 불편추정량이다.

2) 이번에는 $j$번째 정규분포로부터 추출한 표본을 근거로 할 때

$$\frac{\sum_{i=1}^{n_j}(X_{ij}-\bar{X}_{\cdot j})^2}{\sigma^2}, \qquad j=1,\ 2, \cdots,\ b$$

는 $H_0$가 참이든 참이 아니든 간에 $\chi^2(n_j-1)$의 분포를 하며 $\chi^2$확률변수의 기대치는 자유도이므로

$$E\left[\frac{\sum_{i=1}^{n_j}(X_{ij}-\bar{X}_{\cdot j})^2}{\sigma^2}\right]=n_j-1$$

이 된다. 따라서

$$E\left[\frac{\sum_{i=1}^{n_j}(X_{ij}-\bar{X}_{\cdot j})^2}{n_j-1}\right]=\sigma^2$$

이 된다. 또 $b$개의 독립인 카이제곱 확률변수의 합인

$$\sum_{j=1}^{b}\left[\frac{\sum_{i=1}^{n_j}(X_{ij}-\bar{X}_{\cdot j})^2}{\sigma^2}\right]=\frac{\mathrm{SSW}}{\sigma^2}$$

은 [정리 9. 4]에 의하여 자유도가 $(n_1-1)+(n_2-1)+\cdots+(n_b-1)=N-b$인 카이제곱분포를 하는 것을 알 수 있으며

$$E\left[\frac{\mathrm{SSW}}{N-b}\right]=E[\mathrm{MSW}]=\sigma^2$$

이 된다. 따라서 SSW/$(N-b)$ = MSW는 $H_0$가 참이든 아니든간에 $\sigma^2$에 대한 불편추정량이 된다.

3) (i) $H_0$가 참이 아닐 때 SSB/$(b-1)$의 기대치는 $\sigma^2$보다 커진다.[8)] $\mu_1,\ \mu_2, \cdots,\ \mu_b$가 같지 않을 때($\bar{\mu}=(1/N)\sum n_j\mu_j$)

$$E\left[\frac{\mathrm{SSB}}{b-1}\right]=E(\mathrm{MSB})=\sigma^2+\sum_{j=1}^{b}n_j\frac{(\mu_j-\bar{\mu})^2}{b-1}>0$$

8) 증명은 R. V. Hogg and E. A. Tanis, *Probability and Statistical Inference*, 2nd ed., p. 458 참조.

(ii) $H_0$가 참일 때($\mu_1 = \mu_2 = \cdots = \mu_b$인 경우) $E[\text{SSB}/(b-1)] = \sigma^2$이다.

이와 같은 관계를 정리하면 다음과 같다.

① $H_0$가 참일 때 $\text{SST}/\sigma^2$은 $\chi^2(N-1)$의 분포를, $\text{SSW}/\sigma^2$은 $\chi^2(N-b)$의 분포를, $\text{SSB}/\sigma^2$은 $\chi^2(b-1)$의 분포를 갖는다. 따라서

$$\frac{\text{SST}}{\sigma^2} = \frac{\text{SSW}}{\sigma^2} + \frac{\text{SSB}}{\sigma^2}$$

자유도 : $(N-1) = (N-b) + (b-1)$

② $H_0$가 참일 때 [정리 9.8]에 의하여

$$\frac{[\text{SSB}/\sigma^2]/(b-1)}{[\text{SSW}/\sigma^2]/(N-b)} = \frac{\text{MSB}}{\text{MSW}}$$

는 $F$분포를 갖는다. 또 $H_0$가 참이 아니면 MSB/MSW는 $F$분포를 갖지 않으며 1보다 큰 값을 갖는다. 따라서 유의수준 $\alpha$에서 MSB/MSW가 1보다 상당히 큰 값(즉 $F_\alpha(b-1, N-b)$보다 큰 값)을 가질 때는 $H_0$가 참이 아닐 것이라고 유추하게 된다.

## □ 연습문제

16. 1 분산분석이란?

16. 2 분산분석의 기본가정을 설명하라.

16. 3* 교호효과(interaction effect)란?

16. 4 그룹간 변동, 그룹내 변동, 총변동을 설명하라.

16. 5 T화장품회사에서는 화장품 용기에 대한 3가지 디자인을 고려하고 있다. $B_1$, $B_2$, $B_3$의 용기의 무게와 생산원가는 같다고 한다. 회사는 3가지 용기 중 소비자가 가장 선호하는 것을 선택하여서 사용하려고 한다. T화장품회사의 마케팅부에서는 3가지 다른 용기를 사용한 동일한

화장품을 시험기간 동안 무작위로 추출한 대리점에서 판매하고 다음과 같은 결과를 얻었다. $\alpha = 0.05$에서 $H_0$ : $\mu_1 = \mu_2 = \mu_3$를 검정하려고 한다.

| 대 리 점 | 화장품 용기 | | |
|---|---|---|---|
| | $B_1$ | $B_2$ | $B_3$ |
| 1 | 120 | 200 | 160 |
| 2 | 100 | 160 | 80 |
| 3 | 174 | 110 | 110 |
| 4 | 140 | 180 | 100 |
| 5 | 90 | 100 | 180 |
| 6 | 90 | 160 | — |
| 7 | — | 140 | — |
| 합 계 | 714 | 1,050 | 630 |

(1) 간편계산을 위한 A, B, C를 구하시오.

(2) SSB, SSW를 구하시오.

(3) MSB, MSW를 구하시오.

(4) $F_{0.05}(2,15)$의 값을 구하시오.

(5) $F$통계량의 값을 구하고 가설검정하시오.

16. 6 N경제신문사는 매년 4회씩 서울·부산·광주에서 중소기업 창업에 대한 세미나를 개최하고 있다. N경제신문사는 3곳의 코스당 등록자수의 평균이 동일한지를 검토하려고 한다. 15코스의 등록자수를 조사하니 다음 표와 같았다. $\alpha = 0.05$에서 $H_0$ : $\mu_1 = \mu_2 = \mu_3$에 대한 가설검정을 하려고 한다.

| 세미나 개최장소 | | |
|---|---|---|
| 서울($B_1$) | 부산($B_2$) | 광주($B_3$) |
| 491 | 588 | 533 |
| 579 | 502 | 628 |
| 451 | 550 | 501 |
| 521 | 520 | 537 |
| 503 | 470 | 561 |

(1) 일원분산분석표를 작성하시오.

(2) 가설검정을 하시오.

(3) 수작업으로 구한 결과와 다음의 SAS output을 비교하시오.

```
                    Analysis of Variance Procedure

Dependent Variable: NUMBER
                             Sum of          Mean
Source          DF          Squares          Square         F Value     Pr > F

Model            2      4690.000000     2345.000000           1.08      0.3694
Error           12     25980.000000     2165.000000
Corrected Total 14     30670.000000
  R-Square            C.V.         Root MSE               SALES Mean
  0.152918        8.795758         46.52956               529.000000

                    Analysis of Variance Procedure

Dependent Variable: NUMBER
Source        DF        Anova SS        Mean Square        F Value     Pr > F

COSME          2     4690.000000        2345.000000           1.08      0.3694
```

16. 7* 다음 표는 어느 공장의 기계 1, 2, 3과 기능공 1, 2에 따른 생산량을 나타낸다.

| 기능공 | 기계 | | | 합계 |
|---|---|---|---|---|
| | $B_1$ | $B_2$ | $B_3$ | |
| $A_1$ | 90,95,80<br>85,89 | 75,86,80<br>83,90 | 72,88,83<br>82,78 | 1,256 |
| $A_2$ | 88,85,79<br>75,78 | 81,83,74<br>69,74 | 69,63,72<br>80,85 | 1,155 |
| 합계 | 844 | 795 | 772 | 2,411 |

(1) 간편계산을 위한 A, B, C, D, E를 구하시오.

(2) SST, SSA, SSB, SSAB, SSE를 구하시오.

(3) 분산분석표를 작성하시오.

(4) 교호효과 · 行효과 · 列효과에 대한 검정을 하시오($\alpha = 0.05$).

(5) 수작업으로 구한 결과와 다음의 SPSS output를 비교하시오.

```
        * * *  A N A L Y S I S   O F   V A R I A N C E  * * *

                PROD
             BY CREW
                MACHINE

                                Sum of                Mean                Signif
Source of Variation            Squares     DF       Square          F       of F

Main Effects                   610.500      3      203.500      5.128       .007
  CREW                         340.033      1      340.033      8.569       .007
  MACHINE                      270.467      2      135.233      3.408       .050

2-way Interactions                .067      2         .033       .001       .999
  CREW MACHINE                    .067      2         .033       .001       .999

Explained                      610.567      5      122.113      3.077       .028

Residual                       952.400     24       39.683

Total                         1562.967     29       53.895
```

16. 8* 다음 표는 인자 A가 小, 中, 大의 기업의 규모를, 인자 B는 자동차산업·석유화학 · 음식료업 · 전자산업 · 기계산업을 나타낼 때의 매출액 대비 R&D비율이다(단위 : %).

| 기업규모 | 업종 | | | | |
|---|---|---|---|---|---|
| | 자 동 차 | 석유화학 | 음식료업 | 전자산업 | 기계산업 |
| 小 | 3 | 4 | 5 | 9 | 12 |
| | 5 | 7 | 7 | 10 | 11 |
| | 7 | 7 | 9 | 10 | 9 |
| | 4 | 7 | 6 | 7 | 9 |

| | | | | | |
|---|---|---|---|---|---|
| 中 | 12 | 5 | 8 | 10 | 10 |
| | 10 | 9 | 8 | 14 | 9 |
| | 3 | 7 | 9 | 10 | 11 |
| | 5 | 7 | 10 | 11 | 8 |
| 大 | 5 | 6 | 7 | 11 | 6 |
| | 3 | 10 | 11 | 20 | 15 |
| | 4 | 9 | 8 | 9 | 9 |
| | 2 | 8 | 11 | 8 | 9 |

다음의 SPSS출력물을 설명하고 $\alpha = 0.05$에서 교호효과 · 행효과 · 열효과가 있는지를 검정하시오.

```
*** A N A L Y S I S   O F   V A R I A N C E ***

          R&D
     BY   SIZE
          GROUP

                          Sum of                 Mean               Signif
Source of Variation       Squares      DF       Square        F      of F

Main Effects              249.467       6       41.578      6.785    .000
  SIZE                     22.300       2       11.150      1.820    .174
  GROUP                   227.167       4       56.792      9.268    .000

2-way Interactions         54.033       8        6.754      1.102    .380
  SIZE     GROUP           54.033       8        6.754      1.102    .380

Explained                 303.500      14       21.679      3.538    .001
Residual                  275.750      45        6.128
Total                     579.250      59        9.818
```

# 17. 단순회귀분석

경제 · 경영분야의 의사결정시 우리는 두 변수의 관계에 기초하여 결론을 내리거나 예측을 수행하는 경우가 많다. 예를 들면 마케팅책임자는 광고비와 판매량의 관계를 관측한 후에 지출할 광고비에 따른 미래의 판매량을 예측할 수 있다. 또 판매경력과 판매량의 관계가 존재한다고 믿는 판매책임자는 직원의 채용시 응시자들 중에서 판매경력이 많은 사람을 채용할 수 있다. 마케팅책임자나 판매책임자는 두 변수들의 관계를 직관적으로 유추할 수도 있으나 좋은 접근방법은 두 변수들에 대한 자료를 수집하고 그들의 관계식을 통계적으로 추정하는 것이다.

回歸分析(regression analysis)은 한 변수 혹은 여러 변수가 다른 변수에 미치는 영향력의 크기를 수학적 관계식(equation)으로 추정하고 분석하는 통계적 분석방법을 말한다. 회귀분석에서의 변수는 독립변수(independent variable)와 종속변수(dependent variable)로 나누어진다. 다른 변수에 영향을 주는 변수를 독립변수 혹은 설명변수라고 하며, 독립변수에 의해 영향을 받는 변수를 종속변수라고 한다.

경우에 따라서는 두 변수의 관계를 나타내는 수학적 관계식보다는 두 변수가 관련된 정도만이 관심의 대상이 될 수 있다. 이런 경우에는 두 변수의 관련 정도를 결정하는 상관분석(correlation analysis)이 사용된다. 예를 들어 판매경력과 판매량에 대한 상관분석은 두 변수들의 선형관계의 정도(degree of linear association)를 측정하는 값(number)을 제공한다.

회귀분석은 독립변수의 수에 따라 單純回歸分析(simple regression analysis)과 多重回歸分析(multiple regression analysis)으로 나누어진다. 단순회귀분석은 하나의 종속변수($Y$)와 하나의 독립변수($X$)의 관계를 분석하는 경우이며, 다중회귀분석은 하나의 종속변수($Y$)와 두 개 이상의 독립변수들($X_1$, $X_2$, $X_3, \cdots,$ $X_k$) 사이의 관계를 분석하는 것을 말한다. 단순회귀분석은 이번 장과 다음 장에서 설명되며 다중회귀분석은 제19장에서 설명될 것이다.

다중회귀분석은 독립변수의 수가 다르다는 점을 제외하고는 여러 가지 면에서 단순회귀분석과 동일하다. 따라서 이 책에서는 두 분석을 설명하는 내용의 순서도 동일하게 구성하였다. 단순회귀분석의 내용을 이해하면 다중회귀분석의 내용도 쉽게 이해가 될 수 있을 것이다.

회귀분석에서 설명될 내용들은 다음과 같다. 실제로 회귀분석을 수행할 때 이 내용의 순서를 따르면 될 것이다.

회귀분석

1) **회귀모형의 설정**(제17장 제 1 절)

(i) 회귀모형의 가정

(ii) 모회귀선과 표본회귀선의 개념

2) **모회귀선의 추정**(제17장 제 2 절)

- 최소자승법

3) **표본회귀선의 평가**

(i) 적합도측정(제17장 제 3 절)

- 추정표준오차($s$)
- 결정계수($r^2$)

(ii) 유의성검정

- $H_0 : \beta = 0$에 대한 $t$검정(제18장 제 1 절)
- $H_0 : \beta = 0$에 대한 $F$검정(제18장 제 2 절)

4) **회귀모형을 이용한 추정과 예측**(제18장 제 3 절)

(i) 모회귀선성의 값 $E(Y_0)$의 신뢰구간

(ii) 개별관측치 $Y_0$의 예측구간

5) **회귀분석의 가정에 대한 검토**(제18장 제 4 절)*

상관분석

1) **모상관계수 $\rho$와 표본상관계수 $r$**(제17장 제 4 절)

2) **모상관계수 $\rho$에 대한 통계적 추론**(제18장 제 5 절)*

# 제 1 절 선형회귀모형

## 1. 통계모형(확률모형)

먼저 두 변수간의 선형통계모형에 대하여 설명해 보자.

두 변수 $X$, $Y$의 관계가 식 (17.1)과 같을 때 이를 함수적 관계(functional relation)라고 하며 이러한 모형을 확정적 모형(deterministic model)이라고 한다.

$$Y = \alpha + \beta X \tag{17.1}$$

[그림 17. 1] 함수적 관계와 통계적 관계

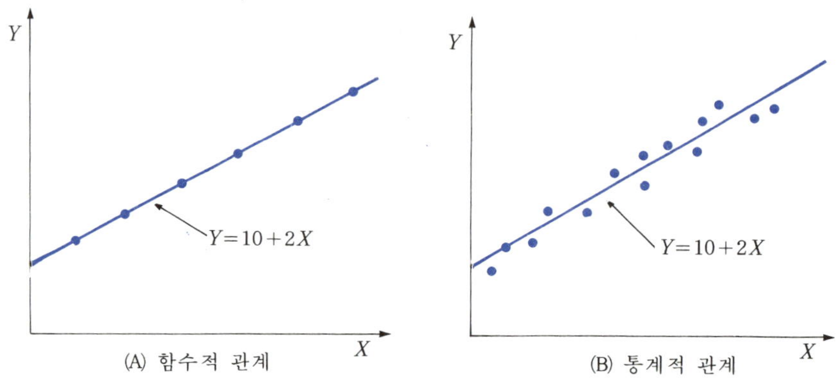


식 (17. 1)에서 $\alpha$는 $Y$의 절편, $\beta$는 직선의 기울기를 나타내는 상수이다. 함수적 관계는 변수 $X$의 특정값이 주어지면 이에 대응하는 $Y$의 정확한 값이 주어진다. 예를 들어 $\alpha=10$, $\beta=2$일 때 $X=5$에 대응하는 $Y$의 값은 $Y=10+(2)(5)=20$이다.

식 (17. 1)은 경제학이나 경영학 분야의 두 변수의 관계를 나타내는 일반적인 식이 될 수 없다. 경제 · 경영분야의 변수들은 식 (17. 2)와 같이 통계적 관계(statistical relation)를 나타내는 것이 일반적이며 이런 모형을 확률모형(probabilistic model)이라고 한다.

$$Y=\alpha+\beta X+\varepsilon \tag{17. 2}$$

여기서 $\alpha$, $\beta$는 모수이며 $X$는 설명변수 혹은 독립변수, $\varepsilon$은 오차항(error term)으로서 확률변수이다. $Y$는 종속변수로 식 (17. 2)의 우변에 나타난 모수 · 독립변수 및 오차항에 의하여 결정된다.

통계적 관계에서는 $X$의 특정값이 주어지면 이에 대한 $Y$의 정확한 값이 주어지지 않는데 이는 오차항 때문이다. 예를 들어 $\alpha=10$, $\beta=2$일 때 $X=5$에 대응하는 $Y$의 값은 $Y=10+(2)(5)+\varepsilon$이므로 $\varepsilon$의 값에 따라 $Y$의 값이 변화된다. $\varepsilon$은 확률변수이므로 $\varepsilon$을 포함하는 $Y$ 역시 확률변수이다. 식 (17. 1)의 확정적 모형에서 $Y$는 확률변수가 아니며 식 (17. 2)의 확률모형(통계모형)에서의 $Y$는 확률변수이다. 한편 두 모형 모두 $X$는 확률변수로 취급하지 않는다.

**확률모형**(통계모형)

확률(통계)모형에서는 종속변수($Y$)가 독립변수($X$)에 의하여 완전히 결정되지 않는다. 종속변수의 값은 일부는 독립변수에 의하여 결정되고 일부는 오차항에 의하여 결정된다.

## 2. 모형의 가정

선형회귀모형은 앞에서 설명한 통계모형 혹은 확률모형이므로 모집단의 회귀모형을 다음과 같이 표시할 수 있다. 여기서 $Y_i$는 실제관측치이며 $\varepsilon_i$는 오차항을 나타낸다.

**모집단의 회귀모형**

$$Y_i = \alpha + \beta X_i + \varepsilon_i \tag{17.3}$$

식 (17.3)은 $\alpha + \beta X_i$로 표시된 체계적(systematic)인 부분과 $\varepsilon_i$으로 표시된 확률적(stochastic)인 부분으로 구성된다. 따라서 식 (17.3)은 확률적 모형이다.

식 (17.3)의 모회귀모형에서 $\varepsilon_i$은 관측치들이 달라짐에 따라 다른 값을 갖는다. $X$의 값이 주어진 경우 $\varepsilon$이 변함에 따라 종속변수 $Y$가 어떻게 변하는지를 나타낸 것이 〈표 17.1〉이다. $Y$의 분포는 $X$가 주어진 가정하(예 : $X_i$= 5)에서의 분포이므로 조건부분포이다.

회귀모형의 이러한 확률적 성질은 $Y$의 값이 결코 확정적 모형에서와 같이 정확한 값으로 예측될 수 없다는 것을 의미한다. $Y_i$에 관한 불확실성은 확률변수 $\varepsilon_i$에서 기인하는 것이다. 예를 들어 연륜($X_i$)이 같은 나무들의 경우라 할지라도 기후나 온도 등의 확률적 요인들의 영향으로 인하여 같은 크기($Y_i$)를 갖는다고는 기대할 수 없는 것이다. 회귀모형에 정의된 오차항(교란항)은 간혹 다른 중요하고도 적절한 설명변수들을 제외시켰을 때 나타날 수 있으며, 때로는 $Y$에 있어서의 측정오차가 $\varepsilon_i$의 원인이 되기도 한다.

회귀모형을 완전하게 설정하기 위해서는 회귀방정식의 형태뿐만이 아니

〈표 17. 1〉 오차항 $\varepsilon_i$가 변함에 따른 $Y_i$의 변화

| 관측치($i$) | 독립변수($X_i$) | $\alpha$ | $\beta$ | 오차항($\varepsilon_i$) | 종속변수($Y_i$) |
|---|---|---|---|---|---|
| 1 | 5 | 10 | 2 | 1.5 | 21.5 |
| 2 | 5 | 10 | 2 | 0.0 | 20.0 |
| 3 | 5 | 10 | 2 | 0.2 | 20.2 |
| 4 | 5 | 10 | 2 | −1.6 | 18.4 |
| 5 | 5 | 10 | 2 | 0.9 | 20.9 |
| 6 | 5 | 10 | 2 | −2.0 | 18.0 |
| 7 | 5 | 10 | 2 | 3.0 | 23.0 |
| 8 | 5 | 10 | 2 | −1.0 | 19.0 |
| 9 | 5 | 10 | 2 | 4.0 | 24.0 |
| 10 | 5 | 10 | 2 | 5.0 | 25.0 |

라 $\varepsilon_i$의 확률분포가 어떻게 가정되었는지에 대한 분명한 언급이 있어야만 한다. 단순회귀모형을 설정하는 데는 다음과 같은 가정들을 전제로 한다.

**$\varepsilon_i$분포에 대한 가정**

**가정 1 :** $\varepsilon_i$의 평균은 0이다. 즉 $E(\varepsilon_i)=0$

**가정 2 :** 확률변수 $\varepsilon_i$의 분산은 $X$의 값에 상관없이 일정하다.

**가정 3 :** 독립변수 $X$는 고정된 값(fixed value)을 갖는다.

**가정 4 :** 서로 다른 관측치의 오차는 독립적이다.

**가정 5 :** $\varepsilon_i$는 정규분포를 따른다.

첫번째 가정은 식 (17.3)에서 $Y_i$의 체계적인 부분이 평균적으로 $\alpha+\beta X_i$라는 것을 의미한다. $X_i$가 주어진 상황에서 $Y$의 조건부기대치는

$$\begin{aligned} E(Y \mid X_i) &= E(Y_i) \\ &= E(\alpha+\beta X_i+\varepsilon_i) \\ &= \alpha+\beta X_i+E(\varepsilon_i) \\ &= \alpha+\beta X_i \end{aligned}$$

이 된다. 회귀모형에서 우리가 얻을 수 있는 것은 주어진 독립변수와 이에 대응되는 종속변수의 평균값에 대한 관계식이다. 즉 회귀모형은 독립변수 $X$와

$E(Y \mid X)$의 관계식이다. $X$와 $Y$는 선형관계에 있다고 가정되었으므로 $X$의 값에 대한 $Y$의 조건부기대치들은 직선상에 놓여 있어야 한다. 따라서 모회귀선을 다음과 같이 정의한다.

**모회귀선**(독립변수 $X_i$와 종속변수 $Y_i$의 평균과의 관계식)

$$E(Y_i) = E(Y \mid X_i) = \alpha + \beta X_i \qquad (17.4)$$

식 (17.4)의 관계식을 $X$에 대한 $Y$의 모집단 회귀방정식(population regression equation of $Y$ on $X$)이라 부르고, 이는 $X$의 고정값이 주어진 상황 아래 $X$의 평균 $E(Y \mid X_i) = E(Y_i)$를 산출한다. 위 식에서 $\alpha$는 $X=0$일 때 $Y$의 평균값이고, $\beta$는 $X$값 한 단위변화당 $Y$의 평균값의 변화를 측정한다. 식 (17.4)의 방정식을 母集團回歸線(population regression line)이라고 한다.

실제로 관측되는 $Y_i$의 값들은 $E(Y \mid X_i)$와 차이가 발생한다. 이 차이는 모형의 설명변수로는 설명할 수 없는 부분으로 이를 교란항 혹은 오차항이라고 한다. 오차항 $\varepsilon_i$는

$$\varepsilon_i = Y_i - E(Y \mid X_i) = Y_i - E(Y_i) \qquad (17.5)$$

이 되며 이 관계는 [그림 17.2]에 나타나 있다.

[그림 17.2] 모회귀선과 오차항 $\varepsilon_i$

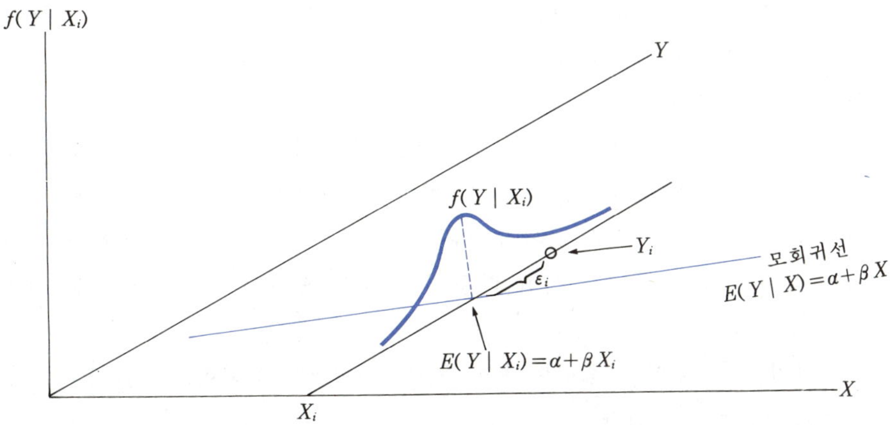

[그림 17.3] 모회귀선과 조건부분포 $f(Y \mid X_i)$

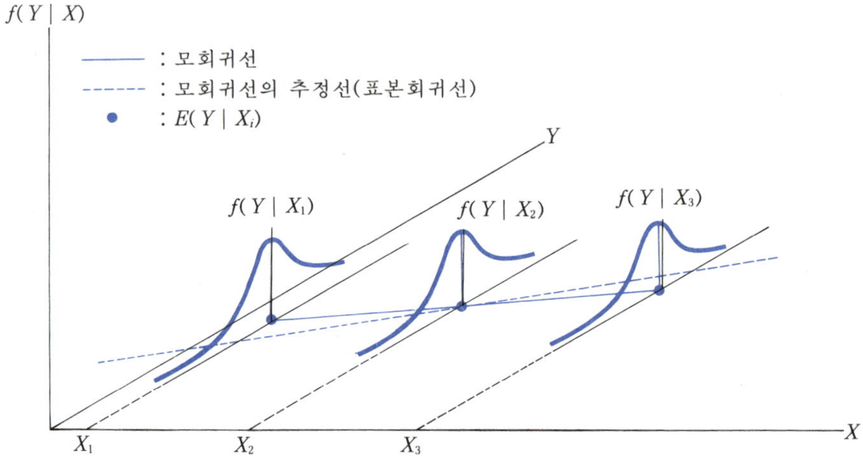


두 번째 가정을 식으로 표현하면 다음과 같다.

$$\mathrm{Var}(Y \mid X_i) = \sigma^2 \tag{17.6}$$

식 (17.6)은 $X_i$가 주어진 조건하의 $Y$의 분산은 $X_i$의 값에 상관없이 일정하다는 것을 의미하며 이를 同分散(homoscedasticity)의 假定이라고 한다. [그림 17.3]에서 세 개의 분포에 대한 모양이 동일하게 퍼져 있는 것은 동분산의 가정을 나타낸다(동분산의 가정을 等分散의 假定이라고도 한다).

세 번째 가정에서 설명변수 $X_i$가 고정되어(fixed) 있다는 말은 확률적(stochastic)이라는 개념과 대조되는 것이며, 설명변수 $X_i$는 확률변수라기보다는 상수(constant)처럼 취급된다는 것이다.

네 번째 가정에서 $\varepsilon_i$들이 서로 독립적이라는 말은 $\varepsilon_i$들이 自己相關性(autocorrelation)을 갖지 않는다는 것이다. 자기상관성은 회귀분석자료가 시간간격을 갖고 계속적으로 얻어질 경우 발생할 수 있다. 자기상관성은 어떤 $X$에서 $\varepsilon_i$가 양수(또는 음수)이면 다음 $X$의 $\varepsilon_i$도 양수(또는 음수)일 가능성이 클 때 발생한다.

만일 $\varepsilon_i$와 $\varepsilon_j$가 독립적이라면 $\mathrm{Cov}(\varepsilon_i, \varepsilon_j) = 0$이 되며, 따라서 $E(\varepsilon_i \varepsilon_j) = E(\varepsilon_i)E(\varepsilon_j) = 0$이 된다.

[그림 17.4] 자기상관성이 있는 경우

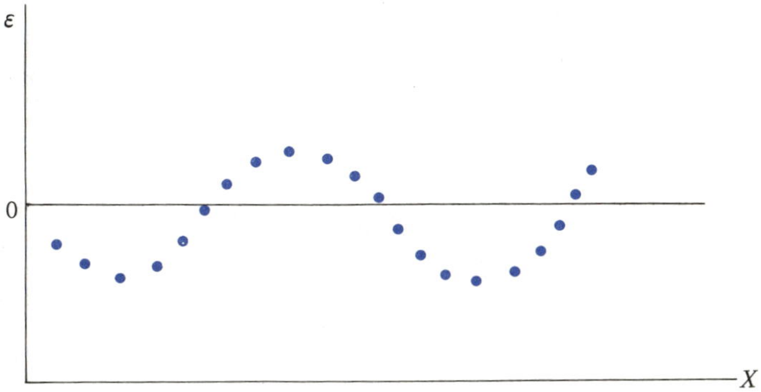


다섯 번째 가정은 $\varepsilon_i$의 분포가 정규분포라는 것이다. $\varepsilon_i$가 정규분포를 하면 $Y_i$도 정규분포를 한다. 그러나 제17장의 많은 부분은 정규분포의 가정이 없어도 성립하는 것이며, 정규분포의 가정은 제18장의 검정 및 신뢰구간 설정 시 사용될 것이다. 가정 1, 2, 5를 종합적으로 표현하면 $\varepsilon_i \sim N(0, \sigma^2)$이 된다. 이를 $Y$로 표시하면 $Y \sim N(\alpha+\beta X, \sigma^2)$이 된다.

## 3. 표본의 회귀모형

식 (17.4)의 모회귀선에서 모수 $\alpha$, $\beta$를 찾는 것은 실제적으로는 불가능하므로 표본자료를 이용하여 $\alpha$와 $\beta$를 추정하여야 한다. 즉 추출된 표본측정치를 이용하여 모수 $\alpha$와 $\beta$에 대한 추정치를 구하고, 이를 이용하여 $E(Y \mid X_i)$에 대한 추정치를 구할 수 있다. 이러한 과정을 회귀분석이라고 한다.

$\alpha$와 $\beta$에 대한 추정치를 각각 $a$와 $b$(경우에 따라서는 $\hat{\alpha}$과 $\hat{\beta}$으로 표시하기도 한다)라고 표시하면 $a+bX$는 모회귀선의 추정치로 標本回歸線(sample regression line)이라고 하며 이를 $\hat{Y}$으로 표시한다.

**표본회귀선**(모회귀선의 추정선)

$$\hat{Y} = a + bX \tag{17.7}$$

표본평균 $\bar{X}$가 표본에 따라 다른 값을 갖는 것처럼 $a$와 $b$도 표본에 따라

[그림 17.5] 모회귀선과 2개의 표본회귀선([그림 17.3] 참고)

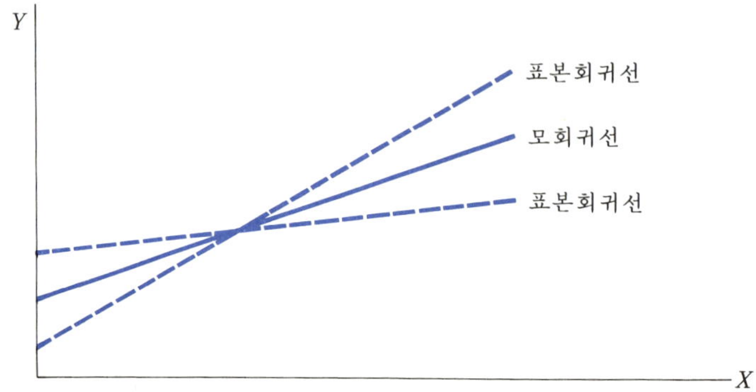


달라진다. 따라서 알려지지 않은 하나의 모회귀선을 추정하는 표본회귀선은 표본에 따라 여러 가지가 될 수 있다. [그림 17.5]는 하나의 모회귀선과 그 추정선으로서의 표본회귀선들을 나타낸 것이다.

모회귀선에서와 마찬가지로 표본회귀선의 $\hat{Y}_i$값도 실제관측치인 $Y_i$값과 차이가 발생한다. 추정치 $\hat{Y}_i$과 실제값 $Y_i$의 차이를 殘差(residual)라고 하며 $e_i$로 표시한다. $e_i$는 $\varepsilon_i$의 추정량이다.

$$e_i = Y_i - \hat{Y}_i \qquad (17.8)$$

잔차항을 이용하면 식 (17.3)과 대응되는 형태인 標本回歸模型이 얻어진다.

**표본회귀모형**

$$Y_i = a + bX_i + e_i \qquad (17.9)$$

여기서 오차항 $\varepsilon_i$와 잔차 $e_i$를 비교해 보자. 오차항 $\varepsilon_i$는 관측치와 모회귀선과의 편차(deviation)이며 잔차 $e_i$는 관측치와 표본회귀선과의 편차이다. [그림 17.6]은 이를 나타내 주고 있다.

이제 회귀분석에서 우리가 관심을 갖는 것은 $a$와 $b$를 구하는 방법이다. 그러면 어떠한 방법으로 $a$와 $b$를 구하는 것이 가장 좋은 추정치를 얻을 수 있느냐에 대하여 고찰해 보자.

[그림 17.6] 오차항 $\varepsilon_i$와 잔차 $e_i$

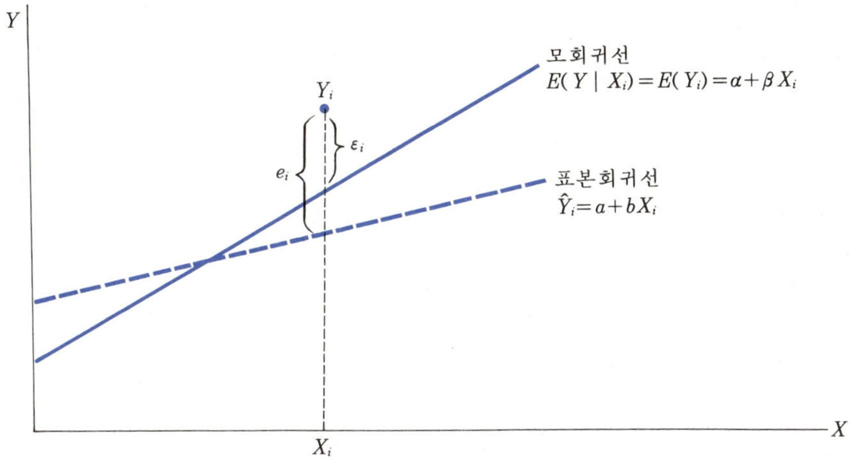


## 제 2 절 모회귀선의 추정

### 1. 표본회귀선의 산출방법

표본회귀선의 $a$와 $b$를 구하는 가장 좋은 방법은 관측치에 가장 적합한 식을 구하는 것일 것이다. 적합도가 가장 큰 식이란 잔차($e_i = Y_i - \hat{Y}_i$)의 전체 크기가 가장 작은 식이라고 할 수 있다. 잔차의 값은 관측치가 표본회귀선보다 밑에 있을 때에는 음(−)이 되고 위에 있을 때에는 양(+)의 값을 갖는다. 잔차의 전체 크기를 최소로 할 수 있는 세 가지 방법을 생각해 보자.

첫번째 방법은 잔차의 합이 최소가 되는 직선을 구하는 방법이다. 즉,

$$\min \sum e_i = \min \sum (Y_i - \hat{Y}_i)$$

을 만족하는 $a$와 $b$를 구하는 방식이다. 이 방법의 문제점은 잔차의 "+"값과 "−"값이 서로 상쇄되어 버려서 개별적인 잔차의 크기가 제대로 반영이 되지 않는다.

두 번째 방법은 첫번째 방법의 결점을 보완하여 잔차의 절대값의 합을

[그림 17.7] 잔차의 값

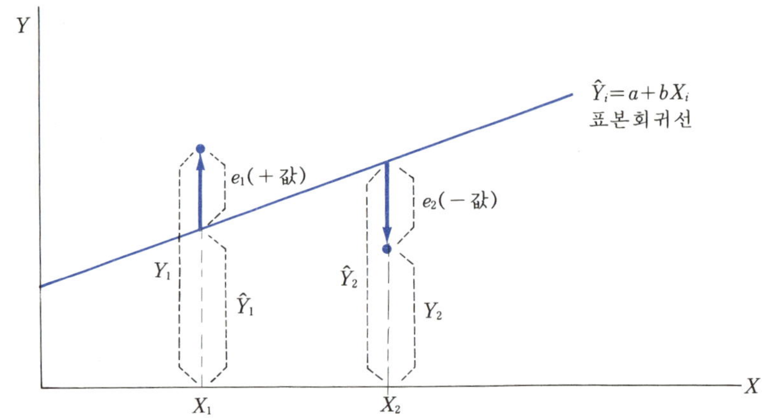


가장 작게 하는 직선을 구하는 방법이다. 즉,

$$\min \sum |e_i| = \min \sum |Y_i - \hat{Y}_i|$$

을 만족하는 $a$와 $b$를 구하는 방법이다. [그림 17.8]은 세 관측치가 있는 경우 잔차의 절대값이 최소가 되는 두 개의 다른 표본회귀선이 나타나 있다. 이와 같은 경우 (A)의 경우가 (B)의 경우보다 적합도가 더 큰 것을 알 수 있지만 두 번째 방법으로는 이와 같은 결론을 내릴 수 없다. 이와 같은 문제는 다음의 최소자승법에 의하여 해결될 수 있다.

[그림 17.8] 잔차의 절대값의 합에 의거한 표본회귀선

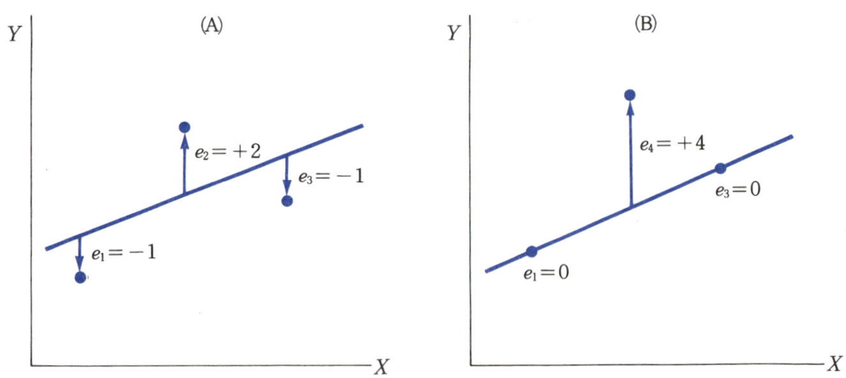

세 번째 방법은 잔차의 제곱의 합을 최소화하는 회귀선을 구하는 방법이다. 즉,

$$\min \sum |e_i^2| = \min \sum (Y_i - \hat{Y}_i)^2$$

을 만족하는 $a$와 $b$를 구하는 방법이며 이 방법을 最小自乘法(least square method)이라고 한다. 최소자승법에 의하면 잔차의 부호에서 발생하는 문제가 해결되고 잔차의 절대값의 합을 최소로 하는 방법에 비하여 수학적으로 다루기가 편리하다. [그림 17.8]에서 잔차의 제곱의 합은 (A)의 경우 6이고 (B)의 경우 16이므로 최소자승법에 의할 경우 (A)를 택하게 된다. 또 최소자승법에 의한 $\alpha$, $\beta$의 추정치는 다른 방법에 의한 추정치보다 통계학적으로 그 성질이 우수하다.

## 2. 최소자승법에 의한 회귀모수의 추정

**최소자승법**

$Y$와 $X$ 사이의 선형종속(linear dependence)관계가 $n$개의 짝으로 이루어진 관측치 $(X_i, Y_i)$로 주어진 경우 최소자승법이란

$$L = \sum_{i=1}^{n} [Y_i - (\alpha + \beta X_i)]^2 \qquad (17.10)$$

을 최소로 하는 $\alpha$와 $\beta$를 구하는 방법이다.

식 (17.10)이 최소값을 갖기 위한 조건은 이 식을 $\alpha$와 $\beta$로 1차 편미분한 값이 0이 되어야 한다.

$$\frac{\partial L}{\partial \alpha} = -2 \sum_i (Y_i - \alpha - \beta X_i) = 0$$

$$\frac{\partial L}{\partial \beta} = -2 \sum_i X_i (Y_i - \alpha - \beta X_i) = 0$$

$X_i$와 $Y_i$의 값들은 관측된 값이므로 상수이다. 따라서 위 두 식을 미지수

인 $\alpha$와 $\beta$에 대하여 정리하면 다음과 같은 두 식을 얻는데 이 두 식을 정규방정식(normal equation)이라고 한다.

$$\sum_i Y_i = n\alpha + \beta \sum_i X_i \tag{17.11}$$

$$\sum_i Y_i X_i = \alpha \sum_i X_i + \beta \sum_i X_i^2 \tag{17.12}$$

식 (17.10)을 최소로 하는 $\alpha$와 $\beta$를 $a$(혹은 $\hat{\alpha}$)와 $b$(혹은 $\hat{\beta}$)로 나타내기로 하자. 이 때 $a$(혹은 $\hat{\alpha}$)와 $b$(혹은 $\hat{\beta}$)를 최소자승추정량(LSE ; least-squares estimator)이라고 한다. 최소자승추정량은 정규방정식인 식 (17.11)과 (17.12)로부터 구할 수 있다. 이 책에서는 $\hat{\alpha}$과 $\hat{\beta}$ 대신에 $a$와 $b$를 사용하고자 한다.

**회귀계수의 추정**

$$b = \frac{n\sum X_i Y_i - \sum X_i \sum Y_i}{n\sum X_i^2 - (\sum X_i)^2} = \frac{\sum X_i Y_i - n\bar{X}\bar{Y}}{\sum X_i^2 - n\bar{X}^2} \tag{17.13}$$

$$= \frac{\sum (X_i - \bar{X})(Y_i - \bar{Y})}{\sum (X_i - \bar{X})^2} = \frac{\sum x_i y_i}{\sum x_i^2} \tag{17.14}$$

$$a = \bar{Y} - b\bar{X} \tag{17.15}$$

식 (17.15)는 식 (17.11)을 $n$으로 나누면 성립하므로 $b$만 구하면 $a$는 쉽게 구할 수 있다. 계산과 표기의 편의상 회귀분석에서의 여러 가지 측정치들을 원래 자료 대신 표본평균과의 편차로 나타낼 수 있다.

$$\sum_i y_i^2 = \sum_i (Y_i - \bar{Y})^2 = \sum_i Y_i^2 - n(\bar{Y})^2 \tag{17.16}$$

$$\sum_i x_i^2 = \sum_i (X_i - \bar{X})^2 = \sum_i X_i^2 - n(\bar{X})^2 \tag{17.17}$$

$$\sum_i x_i y_i = \sum_i (Y_i - \bar{Y})(X_i - \bar{X}) = \sum_i Y_i X_i - n(\bar{Y})(\bar{X}) \tag{17.18}$$

이러한 정의를 이용하면 $b$를 식 (17.14)와 같이 간결하게 기술할 수 있다.[1)]

1) 증명은 연습문제 17.2를 참고하기 바람.

## 3. 회귀분석의 계산 例

예제 17. 1

한 경제학자가 어느 도시에서의 가계 가처분소득 $X$가 가계 소비지출 $Y$에 어떤 영향을 주는지를 분석하기 위하여 회귀분석을 실시하려고 한다. 이 조사를 위하여 구한 자료는 〈표 17. 2〉에 표시되어 있다.

〈표 17. 2〉 가계의 소비지출과 가처분소득 (단위 : 십만 원)

| 관측치($i$) | 소비지출($Y_i$) | 가계소득($X_i$) |
|---|---|---|
| 1 | 6 | 5 |
| 2 | 6 | 6 |
| 3 | 8 | 7 |
| 4 | 7 | 8 |
| 5 | 8 | 9 |
| 6 | 10 | 10 |
| 7 | 10 | 11 |
| 8 | 13 | 12 |
| 9 | 11 | 13 |
| 10 | 12 | 14 |
| 11 | 15 | 15 |
| 12 | 14 | 16 |

(풀이)

회귀분석의 첫단계는 두 변수의 관계가 직선에 의해 합리적으로 표현될 수 있는지를 알아보기 위하여 표본자료에 대한 散點圖(scatter diagram)를 작성하는 것이다. 산점도에 표시된 각 점은 쌍의 값($X_i$, $Y_i$)을 나타내는 것으로 [그림 17. 9]와 같다.

이 그림을 통하여 몇 가지 사실을 발견할 수 있는데, 그 첫째는 가계 소비지출과 가계 가처분소득간에는 분명한 正(+)의 관계가 있다는 점이다. 즉 평균적으로 전자는 후자가 증가함에 따라 증가됨을 볼 수 있다. 둘째로, 점들이 다소 다른 점들과 흩어져 있기는 하나 대략적으로 선형의 관계에 있음을 알 수 있다.

다음 단계는 산점도들을 잘 나타낼 수 있는 표본회귀계수의 값을 계산하는 것이다. 이를 위해 〈표 17. 3〉의 (3)(4)(5)列에 표시된 것과 같은 합의 값이

[그림 17.9] 〈표 17.2〉에 대한 산점도

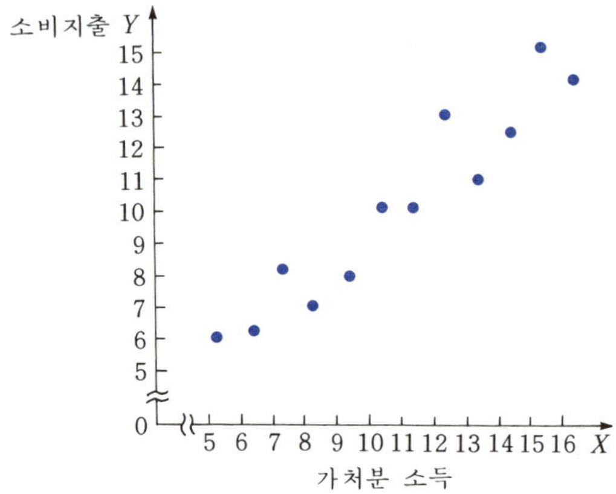


〈표 17.3〉 표본회귀계수의 계산표

| (1) $Y_i$ | (2) $X_i$ | (3) $Y_iX_i$ | (4) $Y_i^2$ | (5) $X_i^2$ | (6) $\hat{Y}_i$ |
|---|---|---|---|---|---|
| 6 | 5 | 30 | 36 | 25 | 5.56 |
| 6 | 6 | 36 | 36 | 36 | 6.36 |
| 8 | 7 | 56 | 64 | 49 | 7.17 |
| 7 | 8 | 56 | 49 | 64 | 7.98 |
| 8 | 9 | 72 | 64 | 81 | 8.79 |
| 10 | 10 | 100 | 100 | 100 | 9.60 |
| 10 | 11 | 110 | 100 | 121 | 10.41 |
| 13 | 12 | 156 | 169 | 144 | 11.22 |
| 11 | 13 | 143 | 121 | 169 | 12.03 |
| 12 | 14 | 168 | 144 | 196 | 12.84 |
| 15 | 15 | 225 | 225 | 225 | 13.56 |
| 14 | 16 | 224 | 196 | 256 | 14.46 |
| 120 | 126 | 1,376 | 1,304 | 1,466 | 120.06 |
| | $\bar{Y}=120/12=10$ | | $\bar{X}=126/12=10.5$ | | |

필요하다. 이들 합을 이용하여 표본평균과의 편차의 제곱합을 다음과 같이 유도할 수 있다.

$$\sum y_i^2 = \sum Y_i^2 - n(\bar{Y})^2 = 1{,}304 - 12(10)^2 = 104$$
$$\sum x_i^2 = \sum X_i^2 - n(\bar{X})^2 = 1{,}466 - 12(10.5)^2 = 143$$

$$\sum x_i y_i = \sum Y_i X_i - n(\bar{Y})(\bar{X}) = 1{,}376 - 12(10)(10.5) = 116$$

이제 식 (17. 14)에 의해, 표본회귀계수는 다음과 같이 계산된다.

$$b = \frac{\sum x_i y_i}{\sum x_i^2} = \frac{116}{143} \fallingdotseq 0.811$$

또 식 (17. 15)에 의하여

$$a = \bar{Y} - b\bar{X} = 10 - 0.811(10.5) \fallingdotseq 1.485(\text{십만 원})$$

따라서 표본회귀방정식은

$$\hat{Y}_i = 1.484 + 0.811X_i$$

가 된다.

회귀분석의 해석에 있어서 $a$의 값은 실질적인 의미를 가질 수도 또는 그렇지 않을 수도 있다. 이는 주어진 문제의 성격에 달려 있는 것이다. 위의 예에서 $a$는 실질적인 의미를 갖는다. 엄밀히 말하여 $a = 1.484$라는 것은 소득이 0인 가계의 평균소비지출이 148,400원이라는 의미이다. 가계가 소득이 없는 경우라 해도 신용 혹은 예금인출 등의 방법으로 소비지출을 할 수 있는 것이다. 회귀선의 기울기 $b$는 언제나 이론적 및 실제적인 중요성을 갖는다. 그리고 $b$는 $a$와 함께 회귀선의 위치를 결정하는 것이다. 실제적으로 $b$는 $X$의 값 한 단위 변화당 $Y$의 평균치의 변화를 측정하는 것이다.

위의 예에서 $b = 0.811$은 가계소득($X_i$)이 100,000원 증가함에 따라 소비지출($Y_i$)의 평균이 81,100원만큼 증가하는 것을 의미한다. 이 예에서의 $b$값을 경제학에서는 '한계소비성향'이라 부른다.

최소자승법으로 추정된 표본회귀방정식을 이용하여 $X_i$의 각 값에 대응되는 종속변수 $\hat{Y}_i$의 값을 계산할 수 있다. 위의 예에서 $a$와 $b$를 사용하여 계산된 값 $\hat{Y}_i$는 〈표 17. 3〉의 마지막 열에 표시되어 있다. 반올림 오차를 제외하면 $\sum_i Y_i = \sum_i \hat{Y}_i$가 된다.

# 제 3 절 표본회귀선의 적합도측정

## 1. 표본회귀선의 평가

앞에서 고찰한 최소자승법을 사용하여 $a$와 $b$의 값을 구한 경우 표본회귀선은 항상 바람직한 결과를 나타내는가라는 문제를 고려해 보자. 이것은 標本回歸線에 관한 評價의 문제이며 표본회귀선의 평가는 표본회귀선에 대한 적합도측정과 통계적 유의성검정의 두 가지로 나누어 볼 수 있다. 적합도란 표본회귀선이 각 관측치들을 얼마나 잘 나타내고 있는가의 정도이다.

두 개의 표본으로부터 [그림 17.10]의 (A)와 (B)의 관측치들을 얻었다고 하자. 이 경우 최소자승법에 의하여 각각의 회귀식을 구해본 결과 (A)와 (B)의

[그림 17.10] 표본회귀선에 관한 평가

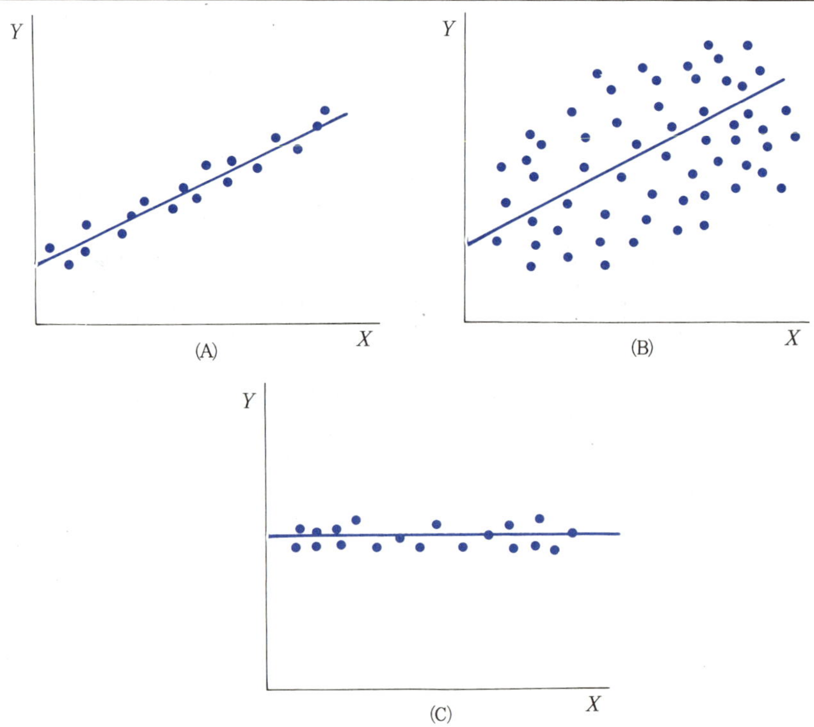

회귀식이 동일하게 나타났다고 하자. 이 두 가지 회귀식은 비록 같은 회귀식이지만 적합도에는 차이가 있다. 즉 (B)의 경우는 실제로 변수간에 1차 함수관계가 성립하는 지에 대하여 의구심을 가지게 되며, 따라서 표본회귀선이 의미 있는 분석결과를 제공하지 못하게 된다. 상식적으로 (A)의 경우가 (B)의 경우보다 적합도가 높다는 것을 알 수 있다.

(C)의 경우는 회귀선이 관측치들을 잘 대표하고 있다고 생각되나(즉 적합도는 높으나) 변수간에 1차 함수관계 자체가 성립되지 않고 있는 경우이다. 회귀분석이 두 변수간에 1차 함수관계가 성립하고 있는 것을 가정하고 있으므로 (C)의 경우는 두 변수 간의 분석에 회귀분석 자체를 사용할 수 없는 경우를 나타낸다. 따라서 회귀식의 기울기가 0인지의 여부 즉 $H_0$ : $\beta=0$인 가설을 검정할 필요가 생기며 이러한 검정을 유의성검정이라고 한다. 유의성검정은 다음 장에서 고찰할 것이다.

**표본회귀선의 평가**

1) **적합도측정** : 표본회귀선이 각 관측치들을 얼마나 잘 나타내고 있는가를 측정한다.
   (i) 절대평가방법 : 추정표준오차($s$)로 측정(제 3 절 3.)
   (ii) 상대평가방법 : 결정계수($r^2$)로 측정(제 3 절 4.)
2) **유의성검정** : 회귀식의 기울기가 0(즉 1차 함수관계가 성립하지 않음)인지를 검정
   (i) $H_0$ : $\beta=0$에 대한 $t$검정(제18장 제 1 절)
   (ii) $H_0$ : $\beta=0$에 대한 $F$검정(제18장 제 2 절)

## 2. 편차와 변동의 분할

회귀분석에서는 관측치 $Y_i$와 $\bar{Y}$의 차이를 $Y$의 총편차(total deviation of $Y$)라 한다. 이 총편차는 [그림 17.11]에서 알 수 있듯이 $(Y_i-\hat{Y}_i)$와 $(\hat{Y}_i-\bar{Y})$의 합으로 나타낼 수 있다. 그림에서 $(Y_i-\hat{Y}_i)$은 잔차 $e_i$에 해당되며 이 부분은 회귀식에 의하여 설명되지 않는 편차(unexplained deviation)이다. 또 $(\hat{Y}_i-\bar{Y})$는 회귀식에 의하여 설명이 되는 부분이며 이를 설명된 편차(explained deviation)

[그림 17. 11] $Y$의 총편차 분할

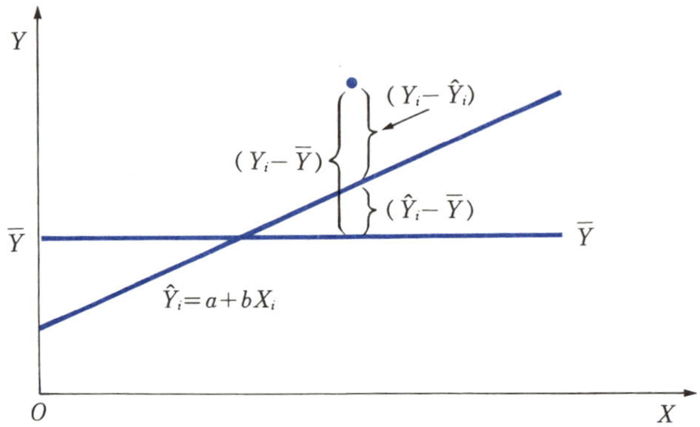


라고 한다.

$$(Y_i - \bar{Y}) = (\hat{Y}_i - \bar{Y}) + (Y_i - \hat{Y}_i) \tag{17.19}$$

편차의 제곱을 변동(variation)이라고 한다. 식 (17. 19)의 양변을 제곱하고 합을 구하면 다음과 같게 된다.

$$\begin{aligned}\sum_i (Y_i - \bar{Y})^2 &= \sum_i [(\hat{Y}_i - \bar{Y}) + (Y_i - \hat{Y}_i)]^2 = \sum_i [(\hat{Y}_i - \bar{Y}) + e_i]^2 \\ &= \sum_i (\hat{Y}_i - \bar{Y})^2 + 2\sum_i (\hat{Y}_i - \bar{Y})e_i + \sum_i e_i^2 \end{aligned} \tag{17.20}$$

그런데 $2\sum_i (\hat{Y}_i - \bar{Y})e_i = 0$ 이므로[2) 다음의 관계가 성립한다.

**총변동의 분할**

$$\sum_i (Y_i - \bar{Y})^2 = \sum_i (\hat{Y}_i - \bar{Y})^2 + \sum_i (Y_i - \hat{Y}_i)^2 \tag{17.21}$$

총제곱합 = 회귀제곱합 + 오차제곱합

총변동 = 설명된 변동 + 설명 안된 변동

SST = SSR + SSE (17. 22)

위 식은 총제곱합으로 추정된 $Y$의 총변동은 두 부분으로 분할될 수 있

2) 증명은 R. B. Miller and D. W. Wichern, *Intermediate Business Statistics*, Holt, Rinehart and Winston, 1977, p. 185를 참조하시오.

음을 나타내고 있다. 그 중 하나는 $X$에 대하여 $Y$를 회귀분석함으로써 설명되는 부분으로 회귀제곱합(sum of squares due to regression : SSR)이라 부른다. 다른 한 부분은 $X$에 의해서 설명되지 않는 부분으로 오차제곱합(sum of squares for error : SSE)이라 부르고 잔차변동을 나타낸다.

SSR은 다음과 같이 도출할 수 있다.

$$\begin{aligned}
\text{SSR} &= \sum_i (\hat{Y}_i - \bar{Y})^2 = \sum (a + bX_i - \bar{Y})^2 \\
&= \sum [(\bar{Y} - b\bar{X}) + bX_i - \bar{Y}]^2 \qquad (\because a = \bar{Y} - b\bar{X}) \\
&= \sum [b(X_i - \bar{X})]^2 = b^2 \sum (X_i - \bar{X})^2 \\
&= b^2 \sum x_i^2 \\
&= \frac{(\sum x_i y_i)^2}{\sum x_i^2} \qquad (\text{식 (17.14)에서 } b\text{를 대체})
\end{aligned}$$

제곱합을 구하는 식을 정리하면 다음과 같다.

**제곱합의 계산**

$$\text{SST} = \sum y_i^2 \qquad (17.23)$$

$$\text{SSR} = b^2 \sum x_i^2 = \frac{(\sum x_i y_i)^2}{\sum x_i^2} \qquad (17.24)$$

$$\text{SSE} = \text{SST} - \text{SSR} \qquad (17.25)$$

## 3. 추정표준오차(standard error of the estimate)

적합도를 측정하는 방법의 하나가 추정표준오차이다. 추정표준오차는 $s$로 표시되며 표본의 실제 관측치가 표본회귀선상의 추정치에서 얼마나 흩어져 있나를 측정한다. $e$는 $\varepsilon$의 관측치로 볼 수 있으므로 $s^2$은 $\text{Var}(\varepsilon_i) = \sigma^2$의 추정량이 된다.

**추정표준오차**($\varepsilon_i$의 표준편차인 $\sigma$의 추정량)

$$s = \sqrt{\frac{\sum (Y_i - \hat{Y})^2}{n-2}} = \sqrt{\frac{\sum e_i^2}{n-2}} = \sqrt{\frac{\text{SSE}}{n-2}} = \sqrt{\text{MSE}} \qquad (17.26)$$

식 (17.26)에서 자유도 $(n-2)$가 분모로서 사용되는데, 이 때 잃은 자유도의 수 2는 회귀계수의 수와 일치한다. 앞에서 고찰한 회귀분석의 가정들하에서(즉 오차항이 정규분포를 따름) 관측치들 중에 약 68.26%가 표본회귀선의 $\pm 1 \cdot s$ 범위 내에 있게 되며, 관측치의 약 95.44%가 표본회귀선의 $\pm 2 \cdot s$ 범위 내에, 관측치의 약 99.74%가 표본회귀선의 $\pm 3 \cdot s$ 범위 내에 있게 된다. 따라서 $s$값이 작을수록 관측치들은 표본회귀선을 중심으로 밀집되어 있다고 생각할 수 있다.

$s$는 $Y$의 값에 따라 달라지므로 별도로 분석된 여러 회귀분석결과의 적합도를 직접 비교할 수 없는 단점이 있다. 따라서 이러한 문제점을 해결하기 위해 적합도의 측정방법을 개선할 필요가 있으며 이는 다음의 결정계수를 이용하면 가능하다.

**예제 17.2**

예제 17.1의 관측치를 이용하여 $s$를 구하시오.

(풀이)

식 (17.25)로부터

$$s^2 = \frac{\text{SSE}}{n-2} = \frac{1}{n-2}\left[\sum y_i^2 - \frac{(\sum x_i y_i)^2}{\sum x_i^2}\right]$$

$$s^2 = \frac{1}{12-2}\left[104 - \frac{116^2}{143}\right] \fallingdotseq 0.99$$

$$s = \sqrt{0.99} \fallingdotseq 0.995$$

## 4. 결정계수

총변동은 다음과 같이 분할되는 것은 이미 설명하였다.

$$\text{SST} = \text{SSR} + \text{SSE} \tag{17.22}$$

식 (17.22)의 양변을 SST로 나누면 다음의 관계가 성립한다.

$$1 = \frac{\text{SSR}}{\text{SST}} + \frac{\text{SSE}}{\text{SST}} \tag{17.27}$$

여기에서 $r^2$으로 표기되는 標本決定係數(sample coefficient determination)는

다음과 같이 정의할 수 있다.

**표본결정계수**

$$r^2 = 1 - \frac{\text{SSE}}{\text{SST}} = \frac{\text{SSR}}{\text{SST}}$$

$$= \frac{\text{설명된 제곱합(explained sum of square)}}{\text{총제곱합(total sum of square)}} \qquad (17.28)$$

$\text{SSR} \le \text{SST}$ 이므로 $r^2$은 0에서 1까지의 값을 갖는다. 만약에 $\text{SSE} = 0$ 이면, $\text{SSR} = \text{SST}$가 되며 $r^2 = 1$ 이 된다. $r^2 = 1$ 인 경우에는 $Y_i = \hat{Y}_i$ 또는 $e_i = 0$ 이 되어 산점도의 모든 점들은 표본회귀선상에 위치하게 된다. 만약에 $\text{SSR} = 0$ 이면 $\text{SSE} = \text{SST}$가 되며 $r^2 = 0$ 이 된다. 예를 들어 $r^2 = 0.8$ 인 경우의 의미는 총변동의 80%를 회귀식이 설명한다는 의미이다. 따라서 $r^2$의 값이 1에 가까울수록 산점도의 관측치들의 선형도가 더 높다는(즉 표본회귀선의 적합도가 더 높다는) 결론을 내릴 수 있다.

예제 17.3

예제 17.1에서 결정계수 $r^2$을 구해 보자.

(풀이)

$$r^2 = \frac{\text{SSR}}{\text{SST}} = b^2 \frac{\sum x_i^2}{\sum y_i^2} = \frac{(0.811)^2(143)}{104} = 0.904$$

이 결과는 소비지출에서 총변동의 90% 이상이 회귀식에 의하여 설명된다는 것을 의미한다. 즉 약 10%의 소비 변동만이 가처분소득 변동에 의해 설명되지 않은 채 남게 되는 것이다.

## 제 4 절 상관계수

단순회귀분석은 변수들이 선형적으로 어떤 관계가 있는지를 나타내고 있으나 상관분석(correlation analysis)은 변수들이 線形的으로 관련된 정도(degree)만을 나타낸다. 회귀분석에서는 회귀식이라는 수학적 함수 전체가 추정되지만 상관분석은 두 변수가 얼마나 밀접하게 함께 움직이는가를 나타내는 지수(즉 하나의 숫자)가 계산된다. 두 변수의 선형적 관계(linear relation)를 나타내는 두 가지 분석방법은 수학적으로 밀접하게 관련되어 있고 또 상관관계는 회귀분석을 해석하는 데 유용하게 사용될 수 있으므로 제17장과 제18장에서 상관관계에 대하여 고찰할 필요가 있는 것이다.

## 1. 모상관계수 $\rho$

母相關係數 $\rho$("로"로 읽음)에 대하여는 제 5 장에서 이미 고찰하였다. 모집단의 상관계수 $\rho$는 $X$와 $Y$의 공분산을 이용하여 다음과 같이 정의된다.

**모상관계수**

$$\rho=\frac{\mathrm{Cov}(X,\ Y)}{\sigma_X\cdot\sigma_Y}=\frac{E[(X-\mu_X)(Y-\mu_Y)]}{\sigma_X\cdot\sigma_Y} \tag{17.29}$$

$$=E\left[\left(\frac{X-\mu_X}{\sigma_X}\right)\left(\frac{Y-\mu_Y}{\sigma_Y}\right)\right] \tag{17.30}$$

식 (17.30)은 모상관계수를 $X$와 $Y$를 표준화시킨 형태로 나타낸 것이다.

## 2. 표본상관계수 $r$

표본공분산을 $S_{XY}$라고 하면 이는 다음과 같이 정의된다.

$$S_{XY}=\frac{\sum x_i y_i}{n-1}=\frac{\sum(X_i-\bar{X})(Y_i-\bar{Y})}{n-1} \tag{17.31}$$

표본공분산의 식에서 $\sum x_i y_i$는 두 변수 $X$와 $Y$의 공변동에 대한 측정치를 나타낸다. [그림 17.12]를 이용하여 공변동을 설명해 보자.

관측치가 $P_2$나 $P_3$와 같이 $(X-\bar{X})$와 $(Y-\bar{Y})$의 부호가 같을 때는 $xy=(X-\bar{X})(Y-\bar{Y})$의 값은 +가 된다. $P_2$나 $P_3$은 $X$가 평균보다 크면 $Y$도 평균보다 큰 경우나 $X$가 평균보다 작으면 $Y$도 평균보다 작은 경우를 나타낸다. 즉 $P_2$나 $P_3$는 $X$와 $Y$가 같은 방향으로 움직이며 이를 正(+)의 상관관계라고 한다. 관측치가 $P_1$이나 $P_4$인 경우는 $(X-\bar{X})$와 $(Y-\bar{Y})$의 부호가 다르며

[그림 17. 12] 두 변수 $X$와 $Y$의 산점도

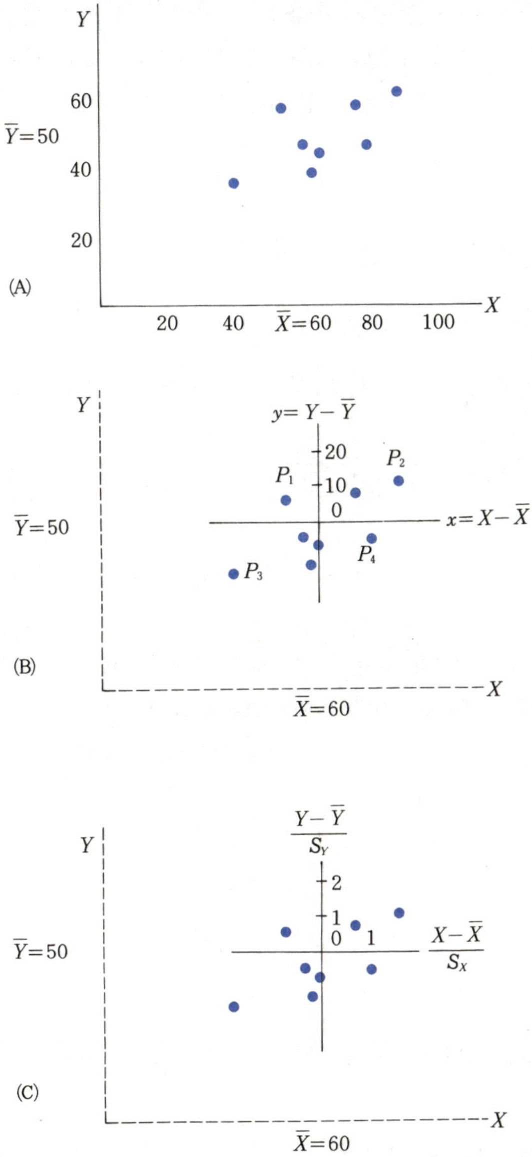


(A) 원래 관측치 (B) $x$, $y$축으로 전환 (C) 표준화된 단위로 재전환

$xy=(X-\bar{X})(Y-\bar{Y})$의 값은 $-$가 된다. $P_1$이나 $P_4$는 $X$가 커지면 $Y$가 작아지고, $X$가 작아지면 $Y$가 커지는 관계로 이를 음($-$)의 상관관계라고 한다.

공분산은 각 관측치들의 $xy$의 평균이라고 생각할 수 있다(즉 $\sum x_i y_i$를 $n-1$로 나눔). 공분산은 상당히 유용한 개념이나 $X$와 $Y$의 단위에 영향을 받는 단점이 있다. 이러한 단점은 $X$와 $Y$를 각각의 표준편차로 나누면 해결되며 이를 상관계수라 한다. $r$을 표본상관계수라고 하면

$$r=\frac{1}{n-1}\sum_{i=1}^{n}\left(\frac{X_i-\bar{X}}{S_X}\right)\left(\frac{Y_i-\bar{Y}}{S_Y}\right) \tag{17.32}$$

식 (17.32)를 변형하여 $r$을 나타내면 다음과 같다.

**표본상관계수**

$S_{XY}$를 $X$와 $Y$의 표본공분산, $S_X$와 $S_Y$를 $X$와 $Y$의 표본표준편차라 하면

$$r=\hat{\rho}=\frac{S_{XY}}{S_X\cdot S_Y}=\frac{\sum x_i y_i}{\sqrt{\sum x_i^2 \sum y_i^2}} \tag{17.33}$$

$r$은 $+1$과 $-1$ 사이의 값을 가지며 산점도와 표본상관계수 $r$의 값을 그림으로 나타내면 [그림 17.13]과 같다.

[그림 17.13]의 (E)와 (F)는 $+$의 값을 갖는 $x_i y_i$가 $-$의 값을 갖는 $x_i y_i$와 상쇄되기 때문에 모두 $r=0$을 나타낸다. 그러나 $X$와 $Y$의 산점도를 비교하면 (E)는 $X$와 $Y$ 사이에 아무 관계가 없지만 (F)는 $X$와 $Y$ 사이에 상당히 강한 관계가 존재한다. 즉 (F)의 경우 $X$값을 알면 $Y$값을 유추할 수 있다.

$r=0$은 "아무 관계가 없음"(no relation)을 의미하는 것이 아니라 "아무 線形的 關係가 없음"(no linear relation)을 의미한다. 따라서 상관관계는 선형관계를 나타내는 척도이며 비선형관계를 나타내는 데는 사용되지 않는다.

예제 17.4

예제 17.1의 소비-소득 자료의 예에서 $r$을 계산하시오.

(풀이)

〈표 17.1〉의 자료를 대상으로 하면

$$r=\frac{\sum x_i y_i}{\sqrt{\sum y_i^2}\cdot\sqrt{\sum x_i^2}}=\frac{116}{\sqrt{(104)(143)}}\fallingdotseq +0.9512$$

가 되며 이는 $X$와 $Y$간의 매우 높은 상관관계를 나타낸다.

[그림 17. 13] 산점도와 상관계수

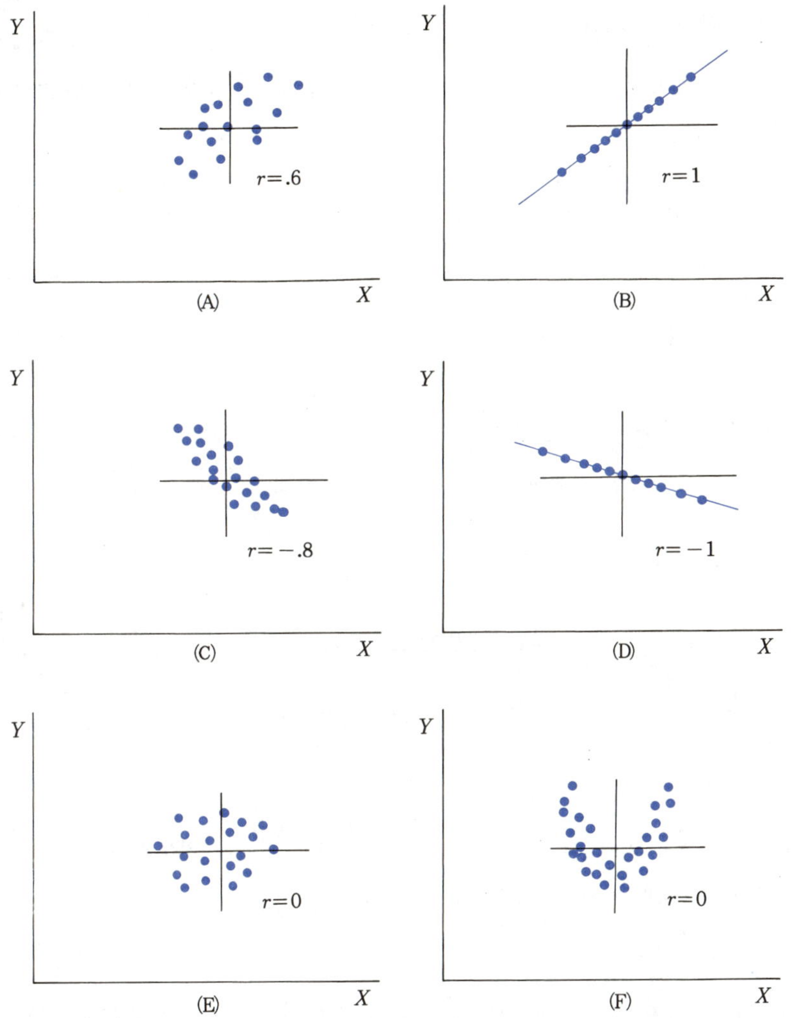


## 3. 상관계수와 회귀계수

회귀분석의 목적이 두 변수간에 어떤 선형관계가 있는지를 분석하는 데 있는 반면 상관분석은 두 변수관계의 강도나 밀접도를 측정하는 데 목적이 있으므로 서로 다른 점이 있다. 그러나 두 분석 사이에는 공통점도 있다. 여기서는 $b$와 $r$의 관계, 결정계수 $r^2$과 $r$의 관계만 간단히 설명하고자 한다.

### (1) $b$와 $r$의 관계

$\beta$의 추정치 $b$와 $r$의 관계는 식 (17.14)과 식 (17.33)을 이용하면 다음이 성립한다.

$$b = r \cdot \frac{S_Y}{S_X} = \frac{S_{XY}}{S_X^{\,2}} \tag{17.34}$$

또는

$$r = b \cdot \frac{S_X}{S_Y} = \frac{S_{XY}}{S_X S_Y} \tag{17.35}$$

### (2) 상관계수 $r$과 결정계수 $r^2$의 관계

결정계수 $r^2$은 다음과 같이 변환될 수 있다.

$$\begin{aligned}
\text{결정계수 } r^2 &= \frac{\text{SSR}}{\text{SST}} = \frac{\sum(\hat{Y}_i - \bar{Y})^2}{\sum(Y_i - \bar{Y})^2} \\
&= \frac{\sum(a + bX_i - a - b\bar{X})^2}{\sum y_i^2} \\
&= \frac{b^2 \sum x_i^2}{\sum y_i^2} = b^2 \frac{S_X^2}{S_Y^{\,2}} = \left(b\frac{S_X}{S_Y}\right)^2 \\
&= (\text{표본상관계수 } r)^2
\end{aligned} \tag{17.36}$$

식 (17.36)으로부터 표본상관계수 $r$을 제곱한 값은 회귀분석의 적합도의 측정기준인 결정계수 $r^2$과 같은 값임을 알 수 있다.

**예제 17.5**

예제 17.1을 이용하여 식 (17.34)와 식 (17.36)이 성립함을 보이시오.

(풀이)

1) $b = 0.811$, $r = 0.9512$, $\sum x_i^2 = 143$, $\sum y_i^2 = 104$이므로

$$r \cdot \frac{S_Y}{S_X} = (0.9512)\left(\frac{\sqrt{104}}{\sqrt{143}}\right) = 0.811$$

이 되며 이는 $b = 0.811$과 일치한다.

2) 결정계수 $r^2 = 0.9048$이고 $r = 0.9512$이므로

$$\sqrt{\text{결정계수 } r^2} = \sqrt{0.9048} = 0.9512 = \text{상관계수 } r$$

이 된다.

## 제 5 절 SAS와 SPSS를 이용한 회귀모형의 분석

### 1. SAS를 이용한 분석

지금까지 설명하고 수작업으로 계산한 예제 17.1의 가계소득과 소비지출의 예를 SAS를 이용하여 회귀분석한 결과가 [그림 17.14]에 나타나 있다. [그림 17.14]와 그 설명의 일부는 제18장에서 설명될 내용들이다. 따라서 [그림 17.14]의 SAS 결과는 제18장을 공부하면서도 참고하기 바란다.

[그림 17.14]에서 왼편의 번호는 설명의 편의상 추가하였다. 출력결과를 한 열씩 설명해 보자.

**1열** : 분석하고자 하는 모형에 대한 이름

**2열** : $Y$가 종속변수인 것을 표시한다. $Y$ 대신에 구체적인 변수명을 줄 수도 있다.

**3열** : 제 4 열부터 10열까지 분산분석임을 나타낸다.

**4열** : 제 5, 6, 7 열에 대한 제목을 나타낸다. 종속변수의 총변동(C Total로 표시)은 설명된 변동(Model로 표시됨)과 설명 안 된 변동(Error로 표시됨)으로 나누어진다.

**5열** : 제 5 열은 회귀식에 의하여 설명된 변동을 분석한다. 회귀모형의 독립변수가 하나이므로 자유도는 1이다. Sum of Squares는 $\sum(\hat{Y}-\bar{Y})^2$을 말한다. 여기서 자유도가 1이므로 모형의 제곱합 94.09790은 평균제곱인 94.09790/1과 같다. $F$값은 자유도가 1과 10인 $F$분포에서 $F$값이 95.028보다 클 확률이 0.0001임을 의미한다. 이것은 0.0001보다 큰 유의수준하에서 회귀모형은 설명력이 있다는 것을 의미한다.

**6열** : $Y$의 설명 안된 변동이라는 것을 제외하면 제 5 열과 비슷하다. 표본크기가 12이고 독립변수가 하나이므로 자유도는 $n-k-1=12-1-1=$

[그림 17.14] SAS를 이용한 단순회귀모형의 분석

```
(1) Model: MODEL1
(2) Dependent Variable: Y

(3)                        Analysis of Variance

                      Sum of          Mean
(4) Source     DF     Squares         Square           F Value      Prob>F

(5) Model       1     94.09790       94.09790          95.028       0.0001
(6) Error      10      9.90210        0.99021
(7) C Total    11    104.00000

(8)            Root MSE        0.99509        R-square         0.9048
(9)            Dep Mean       10.00000        Adj R-sq         0.8953
(10)           C.V.            9.95093

(11)                       Parameter Estimates

                       Parameter     Standard       T for H0:
(12) Variable   DF     Estimate      Error          Parameter=0   Prob > |T|

(13) INTERCEP    1     1.482517      0.91975456        1.612        0.1381
(14)    X        1     0.811189      0.08321384        9.748        0.0001
```

10이 된다.

7 열 : 제 7 열은 총제곱합을 의미하며 94.09790+9.90210 = 104.00000이다.

8 열 : Root MSE는 추정표준오차인 $s$를 의미하며, 제 6 열 Error의 Mean Square의 제곱근이다. 즉 $s = \sqrt{0.99021} = 0.99509$이다. 우리가 수작업으로 구했던 $s$는 0.995이었으며 차이가 나는 것은 수작업시 소숫점 두 자리 이하를 반올림하였기 때문에 발생한다(rounding error). 그 옆의 R-Square은 회귀모형의 $r^2$을 의미한다. 우리가 구했던 $r^2$은 $r^2 = 0.902$이며 반올림 때문에 차이가 난다.

9 열 : 제 9 열은 단순히 종속변수의 평균값인 10.000이다. 그 옆의 Adj R-sq 는 조정결정계수로 제19장에서 설명된다.

10열 : 변동계수를 의미한다.

11열 : 12, 13, 14열에 대한 제목을 말한다.

12열 : 13, 14열에 대한 제목을 말하며 회귀계수와 그 유의성을 말한다.

13열 : 13열은 절편에 대한 통계를 보여준다. $\alpha$에 대한 추정량 $a$는 자유도가 1 이며 $\alpha$의 점추정치는 $a = 1.482517$이다. 우리가 구했던 $a = 1.50$이며 이것도 반올림 때문에 차이가 난다. $a$는 확률변수이므로 $a$의 표준오차는 0.91975456임을 알 수 있다. 따라서 $t$값은(다음 장에서 설명될 것임) $1.482517/0.91975456 = 1.612$이며 13.81%보다 큰 유의수준하에서만 $H_0 : \alpha = 0$을 기각할 수 있다.

14열 : $b$에 대한 통계를 제공한다는 것 외에는 제13열과 같다. 수작업으로 구한 $b$값은 0.811이었다.

## 2. SPSS를 이용한 분석

SPSS를 이용한 회귀분석의 결과는 [그림 17.15]와 같다. SAS 출력결과와 비교해 보기 바란다.

[그림 17.15] SPSS를 이용한 단순회귀모형의 분석

```
              * * * M U L T I P L E   R E G R E S S I O N * * *

Equation Number 1    Dependent Variable..    Y

Variable(s) Entered on Step Number
  1..    X

Multiple R              .95120
R Square                .90479
Adjusted R Square       .89527
Standard Error          .99509

Analysis of Variance
                        DF        Sum of Squares        Mean Square
Regression               1              94.09790           94.09790
```

```
Residual            10              9.90210              .99021

F=       95.02825    Signif F=       .0000

            * * * M U L T I P L E  R E G R E S S I O N * * *

Equation Number 1    Dependent Variable..    Y

--------------- Variables in the Equation ---------------

Variable             B          SE B         Beta            T      Sig T

X              .811189       .083214      .951203        9.748      .0000
(Constant)    1.482517       .919755                     1.612      .1381
```

## 연습문제

17. 1 다음을 간단히 설명하시오.

(1) 산점도(scatter diagram)　　(2) 상관계수(correlation coefficient)

(3) 결정계수(coefficient of determination)　　(4) 최소자승법

17. 2 다음 식들이 같음을 증명하시오(식 (17.13)과 (17.14)의 증명).

(1) $b=\dfrac{\sum X_iY_i-\bar{X}\sum Y_i}{\sum X_i^2-\bar{X}\sum X_i}=\dfrac{n\sum X_iY_i-\sum Y_i\sum X_i}{n\sum X_i^2-(\sum X_i)^2}$

(2) $b=\dfrac{\sum(X_i-\bar{X})(Y_i-\bar{Y})}{\sum(X_i-\bar{X})^2}$

(3) $b=\dfrac{\sum(X_i-\bar{X})Y_i}{\sum(X_i-\bar{X})^2}$

17. 3 어느 상품에 대한 가격과 공급량에 대한 표본자료가 다음과 같다. 독립변수 $X$는 가격이고 종속변수 $Y$는 공급량이다.

| 관 측 치 | 가 격($X$) | 공급량($Y$) |
|---|---|---|
| 1 | 10 | 15.0 |
| 2 | 18 | 23.5 |
| 3 | 28 | 25.0 |
| 4 | 7 | 12.5 |
| 5 | 13 | 13.0 |

| | | |
|---|---|---|
| 6 | 16 | 12.0 |
| 7 | 22 | 19.0 |
| 8 | 15 | 16.0 |
| 9 | 20 | 21.0 |
| 10 | 10 | 8.0 |

(1) $\bar{X}$, $\sum X_i^2$, $\bar{Y}$, $\sum Y_i^2$, $\sum X_i Y_i$를 구하시오(〈표 17.3〉 참조).

(2) $\sum x_i^2$, $\sum x_i y_i$를 구하시오(식 (17.17), (17.18) 이용).

(3) $b$와 $a$를 구하시오(식 (17.14), 식 (17.15) 이용).

(4) SST, SSR, SSE를 구하시오(식 (17.23), (17.24), (17.25) 이용).

(5) 추정표준오차 $s$를 구하시오(식 (17.26) 이용).

(6) 표본결정계수 $r^2$를 구하시오(식 (17.28) 이용).

(7) 표본상관계수 $r$를 구하시오(식 (17.33) 이용).

(8) 지금까지 수작업으로 구한 답과 다음의 SAS 출력물을 비교하시오.

Analysis of Variance

| Source | DF | Sum of Squares | Mean Square | F Value | Prob>F |
|---|---|---|---|---|---|
| Model | 1 | 180.58969 | 180.58969 | 15.980 | 0.0040 |
| Error | 8 | 90.41031 | 11.30129 | | |
| C Total | 9 | 271.00000 | | | |

| | | | |
|---|---|---|---|
| Root MSE | 3.36174 | R-square | 0.6664 |
| Dep Mean | 16.50000 | Adj R-sq | 0.6247 |
| C.V. | 20.37417 | | |

Parameter Estimates

| Variable | DF | Parameter Estimate | Standard Error | T for H0: Parameter=0 | Prob > \|T\| |
|---|---|---|---|---|---|
| INTERCEP | 1 | 5.283687 | 3.00050626 | 1.761 | 0.1163 |
| X | 1 | 0.705428 | 0.17646984 | 3.997 | 0.0040 |

17. 4 다음 표는 어떤 상품의 가격(단위 : 천 원)과 하루 수요량(단위 : 개)의 관계이다. 독립변수 $X$는 가격이고 종속변수 $Y$는 수요량이다.

| 관 측 치 | $Y$ | $X$ |
|---|---|---|
| 1 | 1000 | 10 |
| 2 | 1100 | 9 |
| 3 | 700 | 15 |
| 4 | 800 | 15 |
| 5 | 900 | 12 |
| 6 | 950 | 10 |
| 7 | 1000 | 10 |
| 8 | 950 | 11 |
| 9 | 500 | 18 |
| 10 | 1500 | 8 |

(1) 표본회귀선을 구하시오.

(2) 가격 $X=13$일 때 추정된 평균수요량은 얼마인가?

(3) $s$, $r^2$, $r$을 구하시오.

17. 5 사채의 만기일까지 남은 기간($X$, 단위 : 년)과 사채에 적용되는 이자율($Y$, 단위 : %)이 다음과 같이 주어졌다.

| $Y$ | $X$ |
|---|---|
| 3 | 0.25 |
| 4 | 0.50 |
| 7 | 1.00 |
| 8 | 5.00 |
| 9 | 10.00 |
| 10 | 20.00 |

(1) $X$를 독립변수, $Y$를 종속변수로하여 회귀식을 구하시오.

(2) SST, SSR, SSE를 구하시오.

(3) $s$, $r^2$, $r$을 구하시오.

# 18. 회귀분석의 통계적 추론

회귀분석을 수행하기 위하여는 우선 회귀모형을 설정하고 최소자승법에 의하여 모회귀선을 추정하여야 한다. 모회귀선이 추정된 후에는 추정된 표본회귀선에 대한 평가를 하여야 한다. 표본회귀선의 평가는 ① 표본회귀선이 관측치들을 적합하게 나타내고 있는가의 적합도 측정과 ② 독립변수가 종속변수의 변동을 설명해 주는지의 여부, 즉 회귀계수 $\beta$가 0인지의 여부($H_0$ : $\beta=0$)를 검정하는 유의성검정으로 나누어 볼 수 있다.

유의성검정에서 $\beta \neq 0$인 것으로 판명된 경우에는 추정된 회귀식을 이용하여 모회귀선상의 값 $E(Y_0)$의 신뢰구간과 개별관측치 $Y_0$의 예측구간을 추정하거나 예측할 수 있다. 또 회귀모형은 일정한 가정하에서 성립된 모형이므로 실제 관측치들이 회귀모형의 가정을 충족시키는지를 검토하여야 하며 이를 위하여 잔차분석을 수행할 필요가 있다.

제17장에서는 회귀모형의 설정(회귀모형의 가정, 모회귀선과 표본회귀선의 개념), 모회귀선의 추정 및 적합도의 측정에 대하여 설명하였다. 제18장에서는 $t$통계량과 $F$통계량을 이용한 유의성검정, 회귀모형을 이용한 추정과 예측, 회귀모형의 가정에 대한 검토 등을 고찰하려 한다. 또 모상관계수 $\rho$에 대한 통계적 추론과 $H_0$ : $\beta=0$와 $H_0$ : $\rho=0$의 검정이 동일한 것임을 설명할 것이다.

제17장의 서론에는 회귀분석의 전체적인 체계가 정리되어 있다. 제18장에서 고찰할 내용들이 전체 체계에서 어느 위치에 있는지를 다시 한번 정리해 보기 바란다.

## 제 1 절 회귀계수 $\beta$에 대한 $t$검정

### 1. $b$의 표본분포

단순회귀모형에서 $b$의 표본분포는 다음과 같은 평균과 분산을 갖는 정규분포를 한다.[1)]

1) 증명은 보론을 참고하기 바람.

**$b$의 분포**

평균 : $E(b)=\beta$ (18.1)

분산 : $\text{Var}(b)=\sigma_b^2=\dfrac{\sigma^2}{\sum(X_i-\bar{X})^2}$ (18.2)

**분산의 추정치($s_b^2$)**

$$s_b^2=\frac{s^2}{\sum(X_i-\bar{X})^2}=\frac{\text{MSE}}{\sum(X_i-\bar{X})^2}=\frac{\sum e_i^2/(n-2)}{\sum(X_i-\bar{X})^2} \qquad (18.3)$$

$\varepsilon_i$의 분산인 $\sigma^2$은 알려져 있지 않으므로 $s^2$에 의하여 추정하게 된다. $s^2$은 앞에서 언급한 MSE가 되며 $b$에 대한 분산의 추정치 $s_b^2$는 식 (18.3)과 같다.

예제 18.1

예제 17.1에서 $s_b$를 구하시오.

(풀이)

$$s_b^2=\frac{s^2}{\sum(X_i-\bar{X})^2}=\frac{s^2}{\sum x_i^2}$$

$$s_b=s\sqrt{\frac{1}{\sum x_i^2}}=0.995\sqrt{\frac{1}{143}}\fallingdotseq 0.0832$$

## 2. $\beta$에 대한 신뢰구간 추정

$Y_i$가 정규분포를 하므로 $b$도 정규분포를 한다.[2) ]$E(b)=\beta$, $\text{Var}(b)=\sigma_b^2$이므로

$$Z=\frac{b-\beta}{\sigma_b} \qquad (18.4)$$

는 표준정규분포를 따른다. 그러나 $\sigma_b$가 알려져 있지 않은 경우 식 (18.4)를 이용하여서는 $\beta$에 대한 신뢰구간을 추정할 수 없다. 이런 경우 $\sigma_b$ 대신에 $b$에 대한 표본표준편차인 $s_b$를 사용하면

2) $b$가 정규분포를 하는 것은 보론의 1을 참고하기 바람.

$$T=\frac{b-\beta}{s_b} \tag{18.5}$$

는 $t(n-2)$의 분포를 한다. 식 (18.5)를 이용하면 $\beta$에 대한 신뢰구간을 설정할 수 있다. 식 (18.5)의 $T$가 $-t_{\alpha/2}(n-2)$에서 $t_{\alpha/2}(n-2)$ 사이의 값을 가질 확률이 $1-\alpha$이므로

$$P\left[-t_{\alpha/2}(n-2)\leq\frac{b-\beta}{s_b}\leq t_{\alpha/2}(n-2)\right]=1-\alpha \tag{18.6}$$

가 성립한다. 따라서 $\beta$에 대한 $100(1-\alpha)\%$ 신뢰구간은 다음과 같다.

**$\beta$에 대한 $100(1-\alpha)\%$ 신뢰구간**

$$b-t_{\alpha/2}(n-2)\cdot s_b\leq\beta\leq b+t_{\alpha/2}(n-2)\cdot s_b \tag{18.7}$$

예제 18.2

예제 17.1에서 $\beta$에 대한 99% 신뢰구간을 구하시오.

(풀이)

$t_{\alpha/2}(n-2)=t_{0.005}(10)=3.169$이고 $s_b=0.0832$이므로

$b\pm t_{0.005}(10)\cdot s_b=0.811\pm3.169(0.0832)$

따라서 $\beta$에 대한 99% 신뢰구간은 [0.547, 1.075]이다. $\beta$에 대한 99% 신뢰구간이 0을 포함하지 않으므로 표본자료는 $H_0$ : $\beta=0$(양측검정)을 지지하지 않는다.

## 3. $\beta$에 대한 가설검정

표본회귀선을 평가할 때 적합도의 측정에서는 거의 완벽하다고 하여도 $\beta$의 추정치인 $b$가 거의 0에 가까운 경우를 생각해 볼 수 있다. 이 경우는 $X$가 어떤 값을 갖든지 $Y$의 값은 거의 동일한 값을 갖는 것이고 독립변수 $X$는 종속변수 $Y$를 설명할 수 없다. 따라서 $H_0$ : $\beta=0$에 대한 검정은 상당히 중요한 의미를 가지며 이를 有意性檢定이라고 한다. 다음의 일반적인 가설검정을 고려해 보자.

$$H_0 : \beta = \beta_0$$
$$H_1 : \beta \neq \beta_0 \tag{18.8}$$

이와 같은 가설검정에서 $\beta_0 = 0$인 경우가 가장 많이 사용되며 이 경우의 가설은 다음과 같다.

$$H_0 : \beta = 0$$
$$H_1 : \beta \neq 0 \tag{18.9}$$

$\beta = 0$을 검정하기 위한 검정통계량 $T$는 다음과 같다.

**$H_0$ : $\beta = 0$를 검정하기 위한 $t$통계량**

$$T = \frac{b - \beta_0}{s_b} = \frac{b - 0}{s_b} = \frac{b}{s_b} \tag{18.10}$$

식 (18.10)의 통계량 $T$는 $s_b$에 추정치 $a$, $b$가 포함되어 있으므로 $T$의 자유도는 $n-2$이다.[3)]

예제 18.3

예제 17.1의 경우 가계소득이 소비수준에 영향을 미치는지를 가설검정해 보자. 단 $\alpha = 0.01$이다.

(풀이)

1) 귀무가설과 대립가설의 설정

$$H_0 : \beta = 0$$
$$H_1 : \beta \neq 0$$

2) 검정통계량의 설정

$$T = b/s_b$$

3) 유의수준과 임계치의 결정

$$\alpha = 0.01,\ n = 12,\ n-2 = 10,\ t_{0.005}(10) = 3.169$$

3) 식 (18.3)에서 $s_b^2$은 $s^2$항을 포함하고 $s^2 = \Sigma(Y_i - \hat{Y}_i)^2/n-2$이다. $\hat{Y} = a + bX$이므로 $s_b$를 구할 때 2개의 자유도를 잃는다.

4) 의사결정기준

계산된 검정통계량의 값이 3.169보다 크거나 −3.169보다 작으면 $H_0$를 기각한다. 따라서 채택영역과 기각영역을 구하면 다음과 같다.

채택영역 : $-3.169 \leq T \leq 3.169$

기각영역 : $T > 3.169,\ T < -3.169$

5) 표본으로부터 검정통계량의 계산

검정통계량 $T$의 계산된 값 $t$는

$$t = \frac{0.811 - 0}{0.0832} = 9.748$$

이다.

6) 통계적 의사결정

검정통계량 $t = 9.748 > 3.169$이므로 귀무가설은 기각된다. 즉 가계소득과 소비수준은 1%의 유의수준하에서 관계가 있다는 것을 알 수 있다.

[그림 18. 1] 예제 18. 3의 기각영역

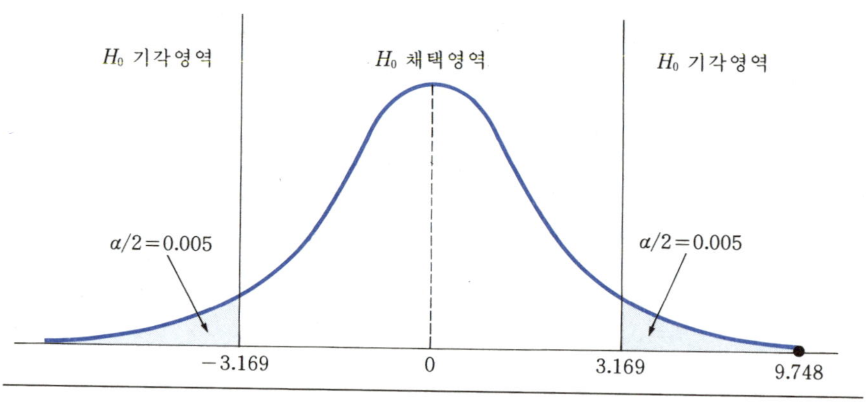


[그림 18. 2]는 회귀계수의 추정치인 $a$와 $b$에 대한 정보이다. SAS출력물에서 Prob > | $T$ | 가 0.0001은 자유도가 10인 $t$분포에서 | $t$ | 값이 9.748보다 클 확률이 0.0001인 것을 나타낸다. 따라서 유의수준이 0.0001보다 큰 양측검정인 경우(예를 들어 $\alpha = 0.01$) $H_0$ : $\beta = 0$은 기각된다.

[그림 18.2] 회귀계수에 대한 SAS출력물(일부)

Parameter Estimates

| Variable | DF | Parameter Estimate | Standard Error | T for H0: Parameter=0 | Prob > \|T\| |
|---|---|---|---|---|---|
| INTERCEP | 1 | 1.482517 | 0.91975456 | 1.612 | 0.1381 |
| X | 1 | 0.811189 | 0.08321384 | 9.748 | 0.0001 |

# 제 2 절 $F$검정과 분산분석

## 1. 평균제곱

우리는 이미 SST(총제곱합), SSR(회귀제곱합), SSE(오차제곱합)에 대하여 설명하였다. 이들의 자유도는 다음과 같다.

$$\begin{array}{lcccc} \text{SST의 자유도} & = & \text{SSR의 자유도} & + & \text{SSE의 자유도} \\ n-1 & = & 1 & + & n-2 \end{array} \tag{18.11}$$

SST의 자유도가 $n-1$인 이유는 SST를 계산할 때 $\Sigma(Y_i-\bar{Y})=0$인 제약조건을 갖는다. 즉 SST의 계산 전에 $\bar{Y}$가 계산되어야 하므로 자유도는 $n$에서 1을 뺀 $n-1$이다. SSE의 경우는 $n$개의 $e_i=Y_i-\hat{Y}_i$ 중에서 모수인 $\alpha$와 $\beta$를 추정하여야 하므로 SSE의 자유도는 $n$에서 2를 뺀 $n-2$이다. SSR의 자유도는 SST의 자유도에서 SSE의 자유도를 빼면 1이 된다.

SSR과 SSE를 각각의 자유도로 나눈 값을 오차평균제곱(MSE : mean square error)과 회귀평균제곱(MSR : mean square regression)이라고 하며 다음과 같다.

$$\text{MSE}=\frac{\text{SSE}}{n-2} \tag{18.12}$$

$$\text{MSR}=\frac{\text{SSR}}{1} \tag{18.13}$$

## 2. $F$ 검 정

이제 모집단 기울기에 대한 검정에 대해 고찰해 보기로 한다. 만약에 귀무가설 $H_0$ : $\beta=0$가 참이라면 $Y$에 있어서의 변동은 $X$에 있어서의 변동에 의해 영향받는 것이 아니라 오차항 단독에 의해 설명되어야 한다. 즉 MSE(SSE)가 MSR(SSR)보다 훨씬 커야 할 것이다. 만일 MSR이 MSE에 비하여 상대적으로 크다면 이는 $Y$의 총변동 중 상당부분이 회귀식에 의하여 설명되고 있는 것을 의미한다. 따라서 MSR/MSE의 값이 크다는 것은 $\beta$가 0이 아닐 것이라는 추측을 가능하게 한다.

실제로 $H_0$ : $\beta=0$이 참일 때 MSR/MSE는 자유도가 1과 $n-2$인 $F$분포를 하므로 이를 이용하여 가설검정을 할 수 있다.

**$H_0$ : $\beta=0$, $H_1$ : $\beta\neq0$에 대한 $F$검정의 기각역**

$$F=\frac{\text{MSR}}{\text{MSE}}>F_{\alpha}(1,\ n-2) \tag{18.14}$$

예제 18.4

예제 17.1에서 $H_0$ :$\beta=0$, $H_1$ : $\beta\neq0$에 대한 $F$검정을 하시오($\alpha=0.01$).

(풀이)

$$\text{SSR}=b^2\sum x_i^2=(0.811)^2(143)=94.05$$

$$\text{SST}=\sum y_i^2=104\text{이므로}$$

$$\text{SSE}=104-94.05=9.95$$

$$F=\frac{\text{SSR}/1}{\text{SSE}/10}=\frac{94.05}{0.995}=94.52>F_{0.01}(1,\ 10)=10.04$$

따라서 $\beta=0$인 귀무가설을 기각한다.

지금까지 계산된 것을 기초로 하여 분산분석표를 만들면 다음과 같다.

〈표 18. 1〉 분산분석표

| 변동원 | SS | $df$ | MS | $F$ |
|---|---|---|---|---|
| 회 귀 | SSR = 94.05 | $k=1$ | 94.05/1 = 94.05 | 94.52 |
| 오 차 | SSE = 9.95 | $n-k-1=10$ | 9.95/10 = 0.995 | |
| 합 계 | SST = 104.00 | $n-1=11$ | | |

[그림 18.3] $H_0$ : $\beta=0$에 대한 $F$검정의 기각역

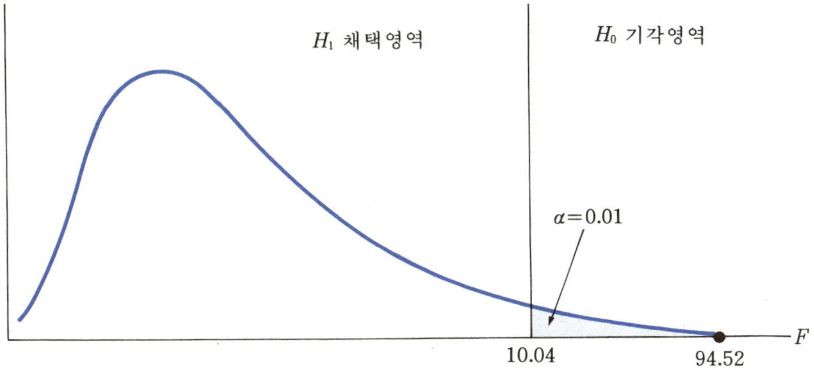


[그림 18.4]는 $F$검정에 관한 SAS출력물이다. Prob > F 가 0.0001은 자유도가 1과 10인 $F$분포에서 $F$값이 95.028보다 클 확률이 0.0001인 것을 의미한다. 즉 유의수준이 0.0001보다 큰 경우(예 : $\alpha=0.01$) $H_0$ : $\beta=0$은 기각된다. 〈표 18.1〉과 숫자가 약간 다른 것은 반올림오차 때문이다.

[그림 18.4] $F$검정에 대한 SAS출력물

Analysis of Variance

| Source | DF | Sum of Squares | Mean Square | F Value | Prob>F |
|---|---|---|---|---|---|
| Model | 1 | 94.09790 | 94.09790 | 95.028 | 0.0001 |
| Error | 10 | 9.90210 | 0.99021 | | |
| C Total | 11 | 104.00000 | | | |

## 3. $F$검정과 $t$검정

$H_0$ : $\beta=0$을 검정하는데 제 1 절에서는 $t$통계량을, 제 2 절에서는 $F$통계량을 사용하였다. 단순회귀분석에서 $t$통계량과 $F$통계량의 관계를 살펴보자. $F=\frac{\text{MSR}}{\text{MSE}}$와 $T=\frac{b}{s_b}$는 다음과 같은 관계식이 성립한다.

$$T^2 = \left(\frac{b}{s_b}\right)^2 = F = \frac{\text{MSR}}{\text{MSE}} \tag{18.15}$$

즉 단순회귀분석에서 $F$검정통계량의 값은 $t$검정통계량값의 제곱과 같다.[4] 따라서 $H_0$ : $\beta = 0$에 대한 $t$검정과 $F$검정은 동일한 의미를 갖는다.

## 제 3 절 회귀모형을 이용한 추정과 예측

회귀분석을 하는 가장 중요한 이유 중의 하나는 독립변수($X$)의 값이 알려졌을 때 이에 대응하는 종속변수($Y$)의 값을 구하는 것이다. 우리는 주어진 표본하에서 최소자승법에 의하여 모수 $\alpha$, $\beta$에 대한 추정치인 $a$와 $b$를 구하였다. 이렇게 구한 $a$와 $b$가 적합도와 통계적 유의성검정에서 바람직한 것으로 평가가 되면 표본회귀식을 이용하여 推定이나 豫測을 수행하게 된다.

그러나 $\hat{Y}_i$(표본회귀선)이 $E(Y \mid X_i) = E(Y_i)$(모회귀선)를 구하기 위한 추정치인 것을 상기하면 표본으로 인한 제약 때문에 $\hat{Y}_i$과 $E(Y_i)$는 같지 않은 것이 일반적이며 이는 $\beta$와 $b$, $\alpha$와 $a$가 같지 않기 때문이다. [그림 18.5]에는 모회귀선 $E(Y_0)$와 표본회귀선들인 $\hat{Y}_0$들(표본에 따라 그림과 같이 달라질 수 있음)을 표시하였다.

[그림 18.5] 모회귀선과 표본회귀선

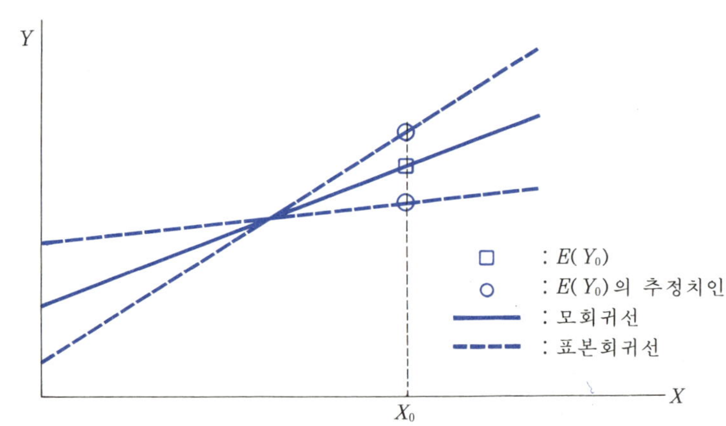


4) 증명은 보론을 참조.

회귀모형을 이용하는 목적은 두 가지로 나누어 볼 수 있다. 하나는 $X_0$가 주어진 경우 $Y_0$의 기대치(즉, $E(Y_0)$ : 모회귀선상의 값)에 대한 추정이고 다른 하나는 $Y$의 특정값 또는 개별값에 대한 예측이다. 모회귀선성의 값인 $E(Y_0)$의 추정이나 개별관측치인 $Y_0$의 예측을 하기 위하여 우리는 표본회귀선상의 값인 $\hat{Y}_0$을 이용한다.

$X_0$가 주어진 경우 $E(Y_0)$ 즉 모회귀선상의 값을 추정하기 위하여는 표본회귀선의 $\hat{Y}_0$을 이용한다. $a$와 $b$가 $\alpha$와 $\beta$의 불편추정량이므로 $\hat{Y}_0$은 $E(Y_0)$의 불편추정량이다.

$$E(\hat{Y}_0) = E(a + bX_0) = \alpha + \beta X_0 = E(Y_0) \tag{18.16}$$

$\hat{Y}_0$의 분산은 다음과 같이 주어진다(증명은 보론 참조).

$$\text{Var}(\hat{Y}_0) = \sigma^2\left[\frac{1}{n} + \frac{(X_0 - \bar{X})^2}{\sum(X_i - \bar{X})^2}\right] \tag{18.17}$$

식 (18.17)의 [ ] 안의 값은 표본으로부터 얻어진다.

만일 $\text{Var}(\varepsilon_i) = \sigma^2$이 알려진 경우는 표준정규분포를 이용하여 신뢰구간을 추정할 수 있다. 즉 $\sigma^2$이 알려진 경우 $Y_0$의 기대치(즉 모회귀선상의 값)의 $100(1-\alpha)\%$ 신뢰구간은

$$\hat{Y}_0 \pm z_{\alpha/2} \cdot \sigma\sqrt{\frac{1}{n} + \frac{(X_0 - \bar{X})^2}{\sum(X_i - \bar{X})^2}} \tag{18.18}$$

이 된다. 그러나 일반적으로 $\sigma$는 알려져 있지 않으므로 $\sigma$에 대한 추정량 $s$를 사용한다. 이 경우는 $t(n-2)$의 분포가 적용된다.

$\text{Var}(\varepsilon_i) = \sigma^2$이 알려지지 않은 경우 모회귀선상의 값 $E(Y_0)$의 신뢰구간(confidene interval)과 개별관측치 $Y_0$의 예측구간(prediction interval)은 다음과 같다.[5] 신뢰구간이나 예측구간 모두 표본회귀선상의 값인 $\hat{Y}_0$을 이용하여 구한다.

---

5) 개별관측치 $Y_0 = \hat{Y}_0 \pm e_0$이므로 개별관측치 $Y_0$의 분산은 $\hat{Y}_0$의 분산보다 $e_0$의 분산($s^2$) 만큼 커지게 된다. 즉 개별 $Y$의 예측치를 구할 때는 $E(Y)$를 구할 때보다 확률오차 $\varepsilon$에 의한 추가적인 불확실성이 존재하기 때문에 개별 $Y$의 예측구간이 $E(Y)$의 신뢰구간보다 크다.

1) 모회귀선의 값 $E(Y_0)$의 $100(1-\alpha)\%$ 신뢰구간($\sigma^2$이 未知인 경우)

$$\hat{Y}_0 \pm t_{\alpha/2}(n-2) \cdot s\sqrt{\frac{1}{n}+\frac{(X_0-\bar{X})^2}{\sum(X_i-\bar{X})^2}} \tag{18.19}$$

2) 개별관측치 $Y_0$의 $100(1-\alpha)\%$ 예측구간($\sigma^2$이 未知인 경우)

$$\hat{Y}_0 \pm t_{\alpha/2}(n-2) \cdot s\sqrt{\frac{1}{n}+\frac{(X_0-\bar{X})^2}{\sum(X_i-\bar{X})^2}+1} \tag{18.20}$$

$\mathrm{Var}(\varepsilon_i)=\sigma^2$이 알려진 경우 식 (18.20)의 $s$는 $\sigma$로 대치되고 $t_{\alpha/2}$는 $z_{\alpha/2}$로 대치된다.

식 (18.19)에서 알 수 있듯이 $X_0=\bar{X}$인 경우 $(X_0-\bar{X})^2=0$이 되므로 $X_0$가 $\bar{X}$인 경우 신뢰구간의 폭이 가장 좁고 $X_0$가 $\bar{X}$로부터 멀리 떨어질수록 신뢰구간의 폭은 넓어진다. 이것은 다음 예제의 [그림 18.6]에서도 알 수 있다.

**예제 18.5**

예제 17.1에서 $X_0=12.5$일 때 ① 모회귀선상의 값 $E(Y_0)$의 98% 신뢰구간을 설정하시오. ② 개별관측치 $Y_0$에 대한 98% 예측구간을 설정하시오.

(풀이)

1) $\hat{Y}_0=1.484+0.811(12.5)=11.6215$

$$s_{\hat{Y}_0}=0.995\sqrt{\frac{1}{12}+\frac{(12.5-10.5)^2}{143}}=0.332$$

$$\hat{Y}_0 \pm t_{0.01}(10)\cdot s_{\hat{Y}_0}=11.6215\pm 2.764(0.332)$$

이므로 $E(Y_0)$에 대한 98%의 신뢰구간은 [10.704, 12.539]가 된다. 이 신뢰구간은 모집단 회귀선상의 값에 대한 것이지 $Y$의 개별값에 대한 것이 아님을 유의하기 바란다. 이 결과는 $X=12.5$일 때 모집단회귀선상의 값이 이 신뢰구간 내에 위치하게 될 확률이 98%라는 것을 의미한다.

2) $\hat{Y}_0=1.484+(0.811)(12.5)=11.6215$

$$s_{Y_0}=0.995\sqrt{\frac{1}{12}+\frac{(12.5-10.5)^2}{143}+1} \fallingdotseq 1.049$$

$$\hat{Y}_0 \pm t_{0.01}(10)\cdot s_{Y_0}=11.6215\pm 2.764(1.049)$$

[그림 18.6] $E(Y_0)$의 신뢰구간과 개별 $Y_0$의 예측구간

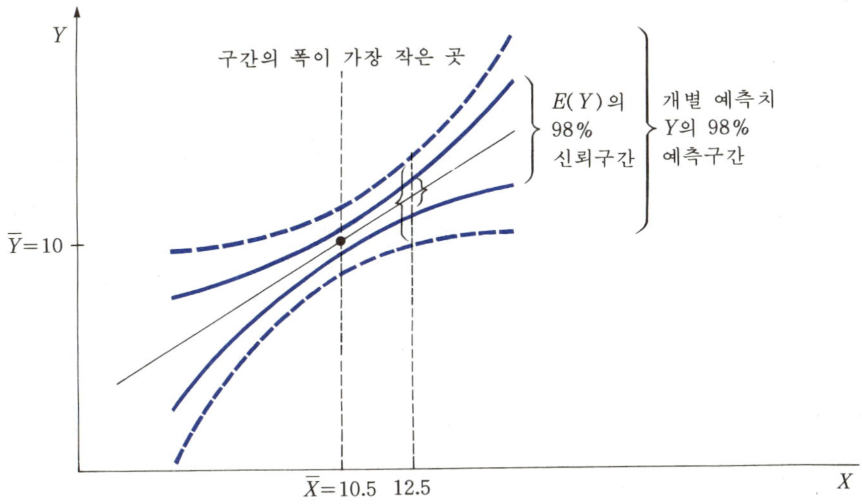


이므로 $Y_0$에 대한 98% 예측구간은 [8.722, 14.521]이 된다.

[그림 18.6]은 $E(Y_0)$의 98% 신뢰구간과 개별 $Y_0$의 98% 예측구간을 나타내고 있으며 $\bar{X}=10.5$에서 구간의 폭이 가장 작은 것을 알 수 있다.

## 제 4 절 단순회귀분석의 가정에 대한 검토*

우리는 회귀모형의 가정에서 $E(\varepsilon_i)=0$, $\mathrm{Var}(\varepsilon_i)=\sigma^2$(등분산성), $\mathrm{Cov}(\varepsilon_i, \varepsilon_j)=0$(독립성)과 $\varepsilon_i$는 정규분포를 따르는 것을 가정하였었다. 오차항 $\varepsilon_i$는 잔차 $e_i$로 추정되며 회귀모형이 실제로 가정을 충족시키는지는 잔차를 분석하여야 알 수 있다. 왜냐하면 오차항 $\varepsilon_i$는 관측이 불가능하기 때문이다.

회귀모형에서 오차항 $\varepsilon_i$는 $N(0, \sigma^2)$을 따르는 것으로 가정되었다. 오차항 $\varepsilon_i$에 대한 추정치는 잔차 $e_i$이므로 $\sigma^2$을 $s^2$으로 대체하면 잔차는 $N(0, s^2)$에서 추출된 관측치로 나타날 것으로 기대된다. 다시 말하면 $e_i/s$는 잔차를 표준화시킨 변수이므로 $N(0, 1)$의 분포를 따를 것으로 기대된다. [그림 18.7]의 (E)는 잔차가 정규성을 충족시키는 것을 나타내고 있다.

[그림 18.7]의 (A)는 이상적인 잔차도를 나타내고 있으나 (B)는 $X$나 $Y$의

[그림 18.7] 잔차분석

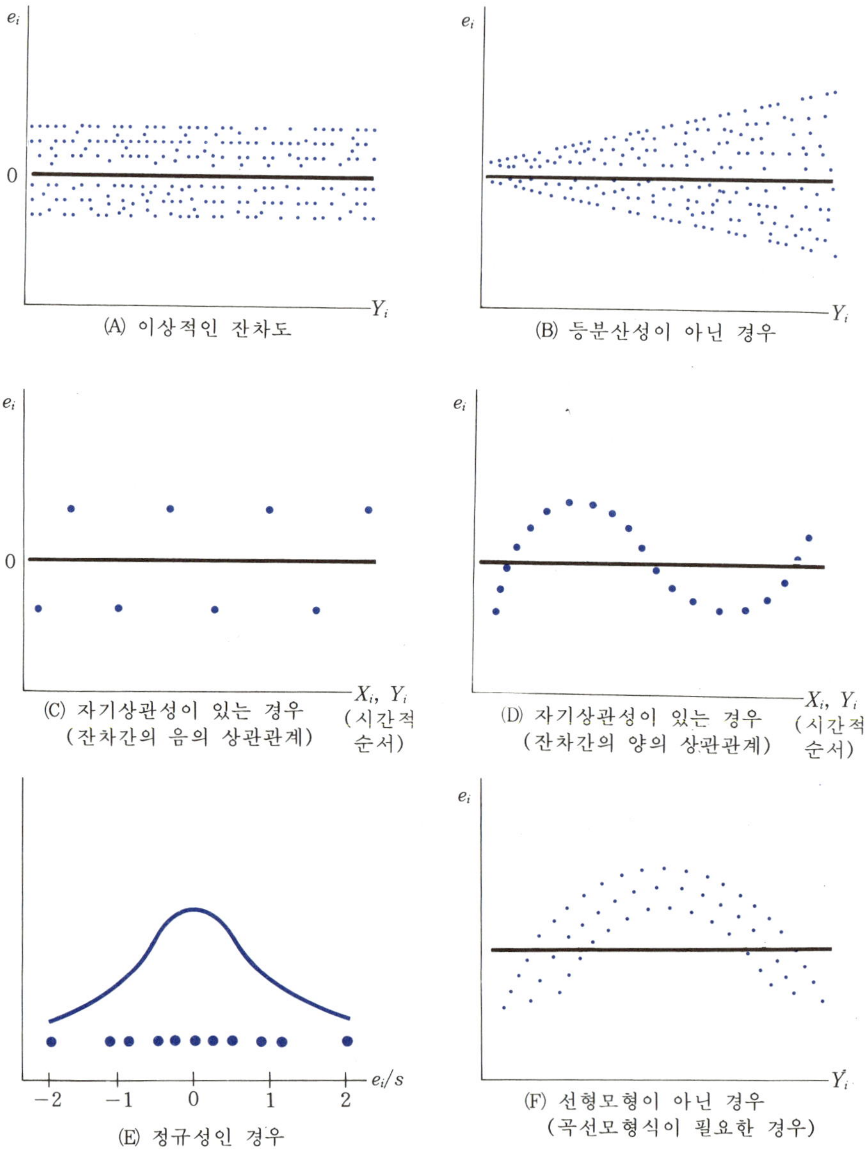


값이 커짐에 따라 분산도 커지는 경우로 이런 경우는 등분산성의 가정이 성립되고 있지 않다.

회귀모형의 $\varepsilon_i$들은 서로 독립이라고 가정하였으므로 $e_i$는 자기상관성

(autocorrelation)을 갖고 있지 않아야 한다. 자기상관성은 회귀분석자료가 시간 간격을 갖고 계속적으로 얻어질 경우 발생하며 어떤 $X$에서 $e_i$가 양수(음수)이면 다음 $X$의 $e_i$도 양수(음수)일 경우 발생한다. [그림 18.7]의 (C)는 잔차 간의 음의 상관관계를, (D)는 잔차간의 양의 상관관계를 나타낸다.

또 잔차가 [그림 18.7]의 (F)와 같은 경우는 선형모델이 적합하지 않고 2차 다항식 이상의 모형이 필요하다.

# 제 5 절 모상관계수 $\rho$에 대한 통계적 추론*

## 1. 모집단의 분포에 대한 가정

표본상관계수 $r$을 이용하여 모상관계수 $\rho$에 대한 통계적 추론을 하기 전에 표본이 추출되어지는 모집단의 분포에 대한 가정을 명확히 해 보자.

모상관계수 $\rho$에 대한 통계적 추론을 수행하기 위하여는 두 변수 $X$와 $Y$는 二變量正規分布(bivariate normal distribution)를 갖는다고 가정한다.

이변량정규분포를 갖는 모집단을 산점도로 나타내면 [그림 18.8]과 같다. 이것을 살펴보면 중심부에 더 많은 점들이 모여 있으며 이는 중심부의 확률이나 확률밀도가 높다는 것을 의미한다([그림 18.9]와 [그림 18.10]을 연관시켜서 생각해 보면 알 수 있다).

이제 산점도의 $X$와 $Y$를 몇 개의 계급으로 나누어 이변량모집단 히스토그램(bivariate population histogram)을 상대도수로 나타내면 [그림 18.9]와 같다. 이변량모집단 히스토그램을 상대도수밀도(relative frequency density)로 다시 나타내면 [그림 18.10]과 같은 $X$와 $Y$의 결합확률밀도함수가 된다.

[그림 18.10]과 같은 형태를 이변량정규분포라고 한다. 이변량이라고 하는 이유는 $X$와 $Y$가 확률변수이기 때문이다. 회귀분석에서 $X$는 확률변수가 아닌 고정된 값이었다. 정규분포라고 하는 이유는 조건부분포가 정규분포를 따르기 때문이다. $Y$의 어떤 값(예를 들어 $Y_0$)에서 [그림 18.10]을 절단한 경우의 형태는 정규분포를 이루며 $X$의 어떤 값(예를 들어 $X_0$)에서 [그림 18.10]을 절단한 경우의 형태도 정규분포를 이룬다.

[그림 18. 8] 이변량모집단의 산점도

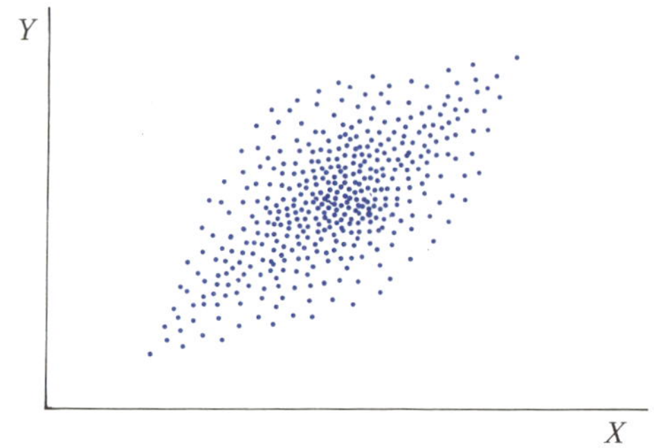


[그림 18. 9] 이변량모집단의 히스토그램

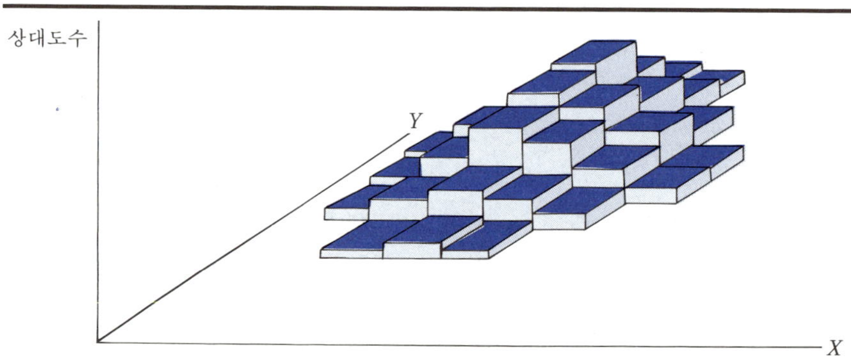


[그림 18. 10] 이변량정규분포

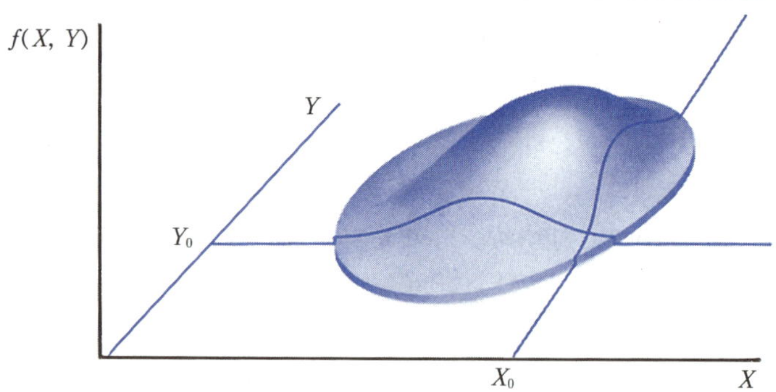

## 2. $\rho$에 대한 가설검정과 신뢰구간의 추정

모상관계수 $\rho=\text{Cov}(X, Y)/\sigma_X \cdot \sigma_Y$ 이므로 $X$와 $Y$의 결합분포가 이변량정규분포를 따르더라도 $\rho$ 자체는 정규분포를 따르지는 않는다.

$\rho$의 확률분포를 규정하는 것은 어려운 일이며 따라서 $\rho$를 약간 변형시켜서 $\rho$에 대한 가설검정과 신뢰구간을 추정하기로 하자.

### (1) $\rho$에 대한 가설검정과 신뢰구간추정( I )

연구결과에 따르면 확률변수

$$Z_r=\frac{1}{2}\ln\left(\frac{1+r}{1-r}\right) \tag{18.21}$$

은 평균이

$$E(Z_r)=Z_\rho=\frac{1}{2}\ln\left(\frac{1+\rho}{1-\rho}\right)$$

이고, 분산이

$$\text{Var}(Z_r)=\sigma_{Z_r}^2=\frac{1}{n-3}$$

인 근사적 정규분포를 따른다. 따라서

$H_0$ : $\rho=\rho_0$에 대한 검정통계량은

$$Z=\frac{Z_r-E(Z_r)}{\sigma_{Z_r}}=\frac{\frac{1}{2}\ln\left(\frac{1+r}{1-r}\right)-\frac{1}{2}\ln\left(\frac{1+\rho_0}{1-\rho_0}\right)}{\sqrt{1/(n-3)}} \tag{18.22}$$

이며 $Z$는 근사적 표준정규분포를 따른다.

$E(Z_r)=Z_\rho$ 에 대한 $100(1-\alpha)\%$ 신뢰구간은 다음과 같다.

$$P(Z_r-z_{\alpha/2}\cdot\sigma_{Z_r}\le Z_\rho\le Z_r+z_{\alpha/2}\cdot\sigma_{Z_r})=1-\alpha \tag{18.23}$$

대수로 된 계산을 피하기 위해 우리는 부록에 있는 [표 8]을 이용하여 $r$의

여러 값에 상응하는 $Z_r$값을 사용한다.

**예제 18.6**

예제 17.1에서 $\rho$에 대한 가설검정과 신뢰구간을 추정해 보자.

**(풀이)**

1) 가설검정

$H_1$ : $\rho \neq 0.90$에 대한 $H_0$ : $\rho = 0.90$을 $\alpha = 0.01$수준에서 가설검정을 해 보자. [표 8]을 통하여 다음 값을 구할 수 있다.

$\rho = 0.90$인 경우 $Z_\rho = 1.472$

$r = 0.95$인 경우 $Z_r = 1.832$

따라서

$$z = \frac{1.832 - 1.472}{\sqrt{1/(12-3)}} = 1.08$$

계산된 $z$값이 2.58보다 작기 때문에 귀무가설 $H_0$는 유의수준 $\alpha = 0.01$에서 채택된다.

2) $\rho$에 대한 신뢰구간

부록의 수표를 이용하여 $Z_r$을 $r$로 바꿀 수가 있으며 수표를 이용한 몇 가지 값들은 아래의 표와 같다. 이제 $\rho$에 대한 99% 신뢰구간을 설정해 보자. $\sigma_{Z_r} = 0.333$이므로, $Z_\rho$ 에 대한 99% 신뢰구간은 $1.832 \pm 2.58(0.333)$이므로 이는 [0.973, 2.691]이 된다. 부록의 [표 8]을 반대로 이용하면 $Z_r$이나 $Z_\rho$ 에 대응되는 $\rho$나 $r$을 찾을 수 있다.

| $Z_\rho$ 또는 $Z_r$ | $\rho$ 또는 $r$ |
|---|---|
| 0.973 | 0.750 |
| 2.691 | 0.991 |

따라서 $\rho$에 대한 99% 신뢰구간은 [0.750, 0.991]이다. 이는 $\rho = 0.90$을 포함하고 있음을 알 수 있다.

이와 같은 모상관계수 $\rho$에 대한 신뢰구간 추정을 간편하게 하기 위하여

[그림 18.11] $n$과 $r$에 따른 $\rho$에 대한 95% 신뢰구간

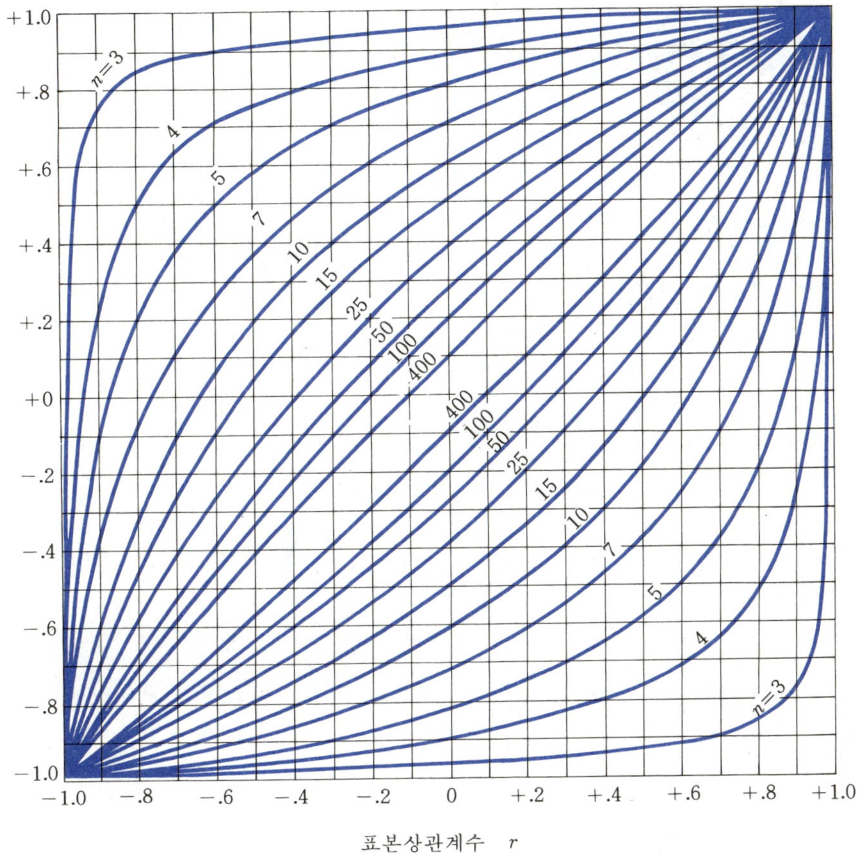


개략적인 신뢰구간을 그림으로부터 찾아낼 수 있는 방법이 있다. [그림 18.11]은 표본크기 $n$, 표본상관계수 $r$에 따른 모상관계수 $\rho$에 대한 95% 신뢰구간을 쉽게 찾을 수 있는 그림이다. 예를 들어 $n=10$이고 표본상관계수가 $r=0.6$이면 $\rho$에 대한 95% 신뢰구간은 $[-0.05,\ 0.87]$이 된다.

### (2) $\rho$에 대한 가설검정(Ⅱ)

귀무가설 $H_0$ : $\rho=0$의 가설을 검정하는 경우는 식 (18.22)도 물론 사용할 수 있지만 다음의 검정통계량도 사용할 수 있다.

$H_0$ : $\rho=0$이 참이라면

$$T=\frac{r-0}{\sqrt{\frac{1-r^2}{n-2}}}=\frac{r\sqrt{n-2}}{\sqrt{1-r^2}} \tag{18.24}$$

은 자유도가 $n-2$인 $t$분포를 따른다.

예제 18.7

예제 17.1에서 $H_0$ : $\rho=0$, $H_1$ : $\rho\neq0$을 검정하시오.

(풀이)

$$t=\frac{0.95\sqrt{12-2}}{\sqrt{1-(0.95)^2}}=9.621$$

$t=9.621>t_{0.005}(10)=3.169$이므로

유의수준 $\alpha=0.01$에서 귀무가설 $\rho=0$을 기각하게 된다. 그러므로 소비와 소득간의 상관관계는 상당히 유의적인 것이다.

## 3. 상관계수와 회귀계수

제17장에서 고찰한 식 (17.34)에서 우리는

$$b=r\frac{S_Y}{S_X} \tag{17.34}$$

가 성립함을 알고 있다 식 (17.34)로부터 $b$의 부호와 $r$의 부호는 항상 같음을 알 수 있다. 또 $r=0$이면 $b=0$이 되고, $b=0$이면 $r=0$이 된다. 이것은 $\beta$나 $\rho$ 중 어느 하나가 0이면 다른 것도 0이 되는 것을 의미한다. 따라서 귀무가설 $H_0$ : $\beta=0$을 검정하는 것과 $H_0$ : $\rho=0$을 검정하는 것은 동일한 의미를 가지고 있는 것을 알 수 있다.

## 4. $F$검정과 $t$검정

$H_0$ : $\beta=0$의 검정에 사용되는 $F$검정통계량과 $H_0$ : $\rho=0$의 검정에 쓰

이는 $t$검정통계량 사이에는 다음의 관계가 성립한다.

$$F=\frac{\text{SSR}/1}{\text{SSE}/(n-2)}=\frac{(\text{SSR}/\text{SST})/1}{(\text{SSE}/\text{SST})/(n-2)}=\frac{r^2/1}{(1-r^2)/n-2}$$

$$=\left(\frac{r\sqrt{n-2}}{\sqrt{1-r^2}}\right)^2=(T)^2 \qquad (18.25)$$

단순회귀분석의 경우 $H_0$ : $\beta=0$에 대한 검정과 $H_0$ : $\rho=0$에 대한 검정 결과는 동일한 것임을 이미 고찰하였다. 식 (18.25)는 이와 같은 논의를 뒷받침하고 있다.

# 보 론

## 1. $b$가 정규분포를 하는 것에 대한 설명

단순선형회귀모형에서 최소자승법을 이용해 구한 $b$의 값은 식 (17.14)와 연습문제 17.2에 의하여 다음과 같이 표시할 수 있다.

$$b=\frac{\sum(X_i-\bar{X})Y_i}{\sum(X_i-\bar{X})^2}$$

여기서

$$\frac{(X_i-\bar{X})}{\sum(X_i-\bar{X})^2}=W_i$$

라고 하면

$$b=\sum W_iY_i$$

이 된다. $b$는 $Y_i$값들의 선형결합이고 $W_i$는 상수이다.

$Y_i$가 정규분포를 하므로 그 선형결합인 $b$도 정규분포를 한다. $b$는 최소자승추정량(LSE ; Least Square Estimator)이므로 $b$는 $\beta$에 대한 불편추정량이다. 또 $\alpha$와 $\beta$의 선형불편추정량들 중에서 LSE인 $a$와 $b$는 가장 작은 분산을 갖는다(이를 Gauss-Markov정리라고 한다).

## 2. $E(b)=\beta$(식 (18.1)의 증명)

$$E(b)=E\left[\frac{\sum(X_i-\bar{X})Y_i}{\sum(X_i-\bar{X})^2}\right]=\frac{[\sum(X_i-\bar{X})]E(Y_i)}{\sum X_i^2-n\bar{X}^2}$$
$$=\frac{[\sum(X_i-\bar{X})](\alpha+\beta X_i)}{\sum X_i^2-n\bar{X}^2}=\frac{\alpha\sum(X_i-\bar{X})+\beta\sum(X_i-\bar{X})X_i}{\sum X_i^2-n\bar{X}^2}$$
$$=\beta\left[\frac{\sum(X_i-\bar{X})X_i}{\sum X_i^2-n\bar{X}^2}\right]=\beta\left[\frac{\sum X_i^2-n\bar{X}^2}{\sum X_i^2-n\bar{X}^2}\right]=\beta$$

## 3. 식 (18.2)의 증명

$$\mathrm{Var}(b)=\mathrm{Var}\left[\frac{\sum(X_i-\bar{X})Y_i}{\sum X_i^2-n\bar{X}^2}\right]=\left(\frac{1}{\sum X_i^2-n\bar{X}^2}\right)^2\mathrm{Var}[\sum(X_i-\bar{X})Y_i]$$
$$=\left(\frac{1}{\sum X_i^2-n\bar{X}^2}\right)^2\sum(X_i-\bar{X})^2\cdot\mathrm{Var}(Y_i)$$

모든 $i$에 대하여 $\mathrm{Var}(Y_i)=\sigma^2$이므로

$$\mathrm{Var}(b)=\left[\frac{1}{(\sum X_i^2-n\bar{X}^2)^2}\right](\sum X_i^2-n\bar{X}^2)\mathrm{Var}(Y_i)$$
$$=\frac{\sigma^2}{\sum X_i^2-n\bar{X}^2}$$

## 4. 식 (18.15)의 증명

$$T^2=\frac{b^2}{s_b^2}=\frac{b^2}{s^2/\sum x_i^2}=\frac{b^2\sum(X_i-\bar{X})^2/1}{\sum e_i^2/n-2}$$
$$\mathrm{SSR}=b^2\sum(X_i-\bar{X})^2$$

따라서

$$F=\frac{\mathrm{SSR}/1}{\mathrm{SSE}/n-2}=\frac{b^2\sum(X_i-\bar{X})^2/1}{\sum e_i^2/n-2}$$
$$=T^2$$

## 5. 식 (18.17)의 증명

$$\hat{Y}_i = a + bX_i$$

이고 $a = \bar{Y} - b\bar{X}$이므로 위 식은

$$\hat{Y}_i = (\bar{Y} - b\bar{X}) + bX_i$$
$$\hat{Y}_i = \bar{Y} + b(X_i - \bar{X})$$

$b$와 $\bar{Y}$는 독립적이고 $X_i - \bar{X}$는 상수이므로

$$\text{Var}(\hat{Y}_i) = \text{Var}(\bar{Y}) + (X_i - \bar{X})^2 \text{Var}(b)$$

이다.

$$\text{Var}(\bar{Y}) = \text{Var}(\sum Y_i / n) = \sigma^2 / n$$

$\text{Var}(b) = \sigma_b^2 = \dfrac{\sigma^2}{\sum(X_i - \bar{X})^2}$이므로

$\text{Var}(\hat{Y}_i) = \sigma^2 \left[ \dfrac{1}{n} + \dfrac{(X_i - \bar{X})^2}{\sum(X_i - \bar{X})^2} \right]$이 성립한다.

($Y_i = \alpha + \beta X_i + \varepsilon_i$이므로 $\text{Var}(Y_i) = \text{Var}(\varepsilon_i) = \sigma^2$이다)

## ☐ 연습문제

18. 1 연습문제 17.3의 자료를 이용하여 답하시오.

(1) $b$의 표준편차의 추정치 $s_b = \hat{\sigma}_b$을 구하시오(식 (18.3) 이용).

(2) $\beta$에 대한 95% 신뢰구간을 설정하시오(식 (18.7) 이용).

(3) $H_0 : \beta = 0$, $H_1 : \beta > 0$을 검정하려고 한다. 검정통계량 $T$값을 구하고 $\alpha = 0.01$에서 가설검정하시오(식 (18.10) 이용).

(4) $X = 25$일 때 $Y$의 평균값의 95% 신뢰구간과 개별 $Y$의 95% 예측구간을 구하시오(식 (18.19), (18.20) 이용).

(5) $H_0 : \beta = 0$, $H_1 : \beta \neq 0$을 $\alpha = 0.05$에서 $F$통계량을 이용하여 검정

하시오(식 (18.14) 이용).

(6)* $H_0$ : $\rho = 0$, $H_1$ : $\rho \neq 0$을 $\alpha = 0.01$에서 검정하시오(식 (18.24) 이용).

(7) 지금까지 구한 결과들을 연습문제 17.3의 SAS출력물과 비교하시오(약간의 차이는 반올림오차 때문이다).

18. 2 새로운 판매원을 추가로 고용하였을 때의 수익성을 고려하기 위하여 판매담당책임자는 판매원수와 평균판매액(백만 원)의 관계를 알아보려고 한다. 판매담당책임자는 판매원수($X$)와 판매액($Y$)에 대한 다음과 같은 자료를 얻었다.

| $X$(판매원수) | 2 | 3 | 4 | 5 | 6 |
|---|---|---|---|---|---|
| $Y$(판매액) | 20 | 27 | 33 | 38 | 43 |

제시된 모델은 다음과 같다.

$$Y_i = \alpha + \beta X_i + \varepsilon_i, \qquad i = 1, 2, 3, 4, 5$$

(1) $a$와 $b$를 구하시오.

(2) ANOVA표를 만들고 $H_0$ : $\beta = 0$, $H_1$ : $\beta \neq 0$을 $\alpha = 0.05$에서 검정하시오.

(3) 판매원수가 $X_0 = 7$일 때의 판매액 $Y_0$의 95% 신뢰구간을 구하시오. 그리고 $X_0 = 7$일 때의 판매액 예측이 정확하지 않을 수도 있는 위험에 대하여 설명하시오(제18장 응용사례 참조).

18. 3 외상매출금($X$, 단위 : 십만 원)과 지급날짜를 초과한 기간($Y$, 단위 : 일수)과의 관계를 알아보기 위하여 6개의 표본을 추출하였다.

| $X$ | 10 | 5 | 7 | 19 | 11 | 8 |
|---|---|---|---|---|---|---|
| $Y$ | 15 | 9 | 3 | 25 | 7 | 13 |

분석을 위한 모형은 다음과 같다.

$$Y_i = \alpha + \beta X_i + \varepsilon_i, \qquad i = 1, 2, \cdots, 6$$

여기서

$$E(\varepsilon_i)=0,\ \mathrm{Var}(\varepsilon_i)=\sigma^2,\ \mathrm{Cov}(\varepsilon_i,\ \varepsilon_j)=0,\ i\neq j$$

SAS output을 이용하여 다음을 답하시오.

(1) 최소자승추정치인 $a$와 $b$를 구하시오.

(2) $\alpha=0.05$와 $\alpha=0.1$에서 $H_0$ : $\beta=0$, $H_1$ : $\beta\neq 0$에 대한 $F$검정과 $t$ 검정을 하시오.

(3) $\beta$에 대한 95% 신뢰구간을 구하시오. 이 신뢰구간이 유효하려면 어떤 가정이 필요한가?

(4) $r^2$을 구하고 해석하시오.

(5) $X_0=12$인 경우 $Y_0$의 95% 예측구간을 구하시오.

(6)* 잔차가 다음과 같을 때 $\varepsilon_i$에 대한 가정이 충족되는가?

(잔차는 가까운 정수로 반올림한 결과임)

(A)

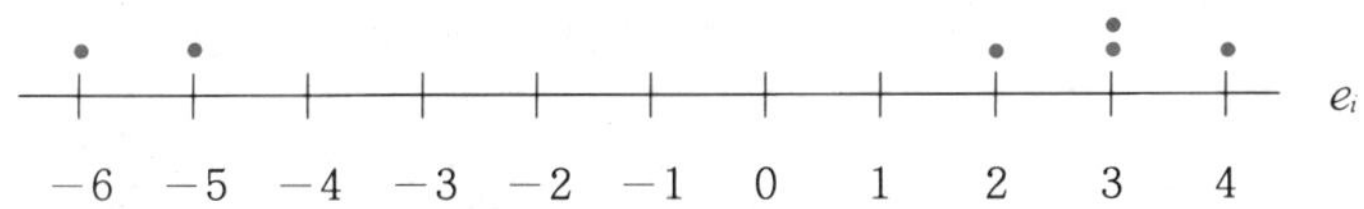


(B)

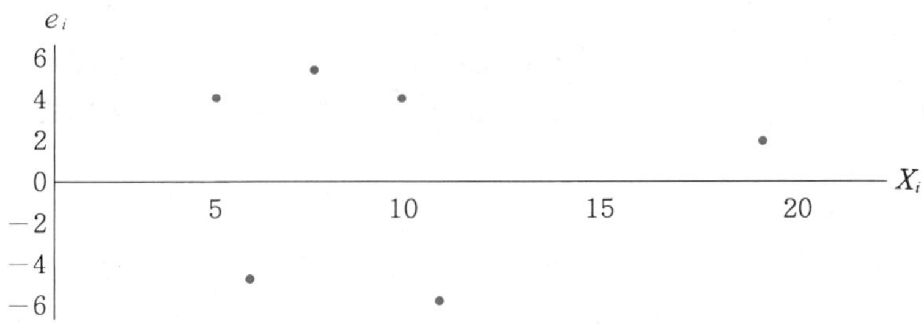


(7) $X$와 $Y$의 표본상관계수를 구하시오.

(8) 표본상관계수 $r$이 결정계수 $r^2$의 제곱근임을 확인하시오.

(9)* $\alpha=0.05$에서 $H_0$ : $\rho=0$, $H_1$ : $\rho>0$을 수행하기 위한 가정을 설명하고 이와 같은 가정이 충족되고 있는지 설명하시오.

(10)* 일반적으로 $H_0$ : $\beta=0$, $H_1$ : $\beta\neq 0$을 수행하는 것은 $H_0$ : $\rho=0$, $H_1$ : $\rho\neq 0$을 수행하는 것과 같다. 즉 다음이 성립한다.

$$t=\frac{b}{s_b}=\frac{r\sqrt{n-2}}{\sqrt{1-r^2}}$$

앞의 (2)에서 구한 $t$값과 (9)에서 구한 $t$값이 일치함을 보이시오.

Analysis of Variance

| Source | DF | Sum of Squares | Mean Square | F Value | Prob>F |
|---|---|---|---|---|---|
| Model | 1 | 192.53333 | 192.53333 | 7.590 | 0.0511 |
| Error | 4 | 101.46667 | 25.36667 | | |
| C Total | 5 | 294.00000 | | | |

| | | | |
|---|---|---|---|
| Root MSE | 5.03653 | R-square | 0.6549 |
| Dep Mean | 12.00000 | Adj R-sq | 0.5686 |
| C.V. | 41.97111 | | |

Parameter Estimates

| Variable | DF | Parameter Estimate | Standard Error | T for H0: Parameter=0 | Prob > \|T\| |
|---|---|---|---|---|---|
| INTERCEP | 1 | -0.666667 | 5.03653320 | -0.132 | 0.9011 |
| X | 1 | 1.266667 | 0.45977047 | 2.755 | 0.0511 |

18. 4 어느 주식의 수익률을 $Y$(혹은 SSR)라고 하고 시장에서 거래되는 모든 주식들로 구성된 포트폴리오의 수익률을 $X$(혹은 MRR)로 표시하기로 하면 투자이론에 의하면

$$\text{SRR} = \alpha + \beta\text{MRR} + \varepsilon$$

로 회귀모형을 만들 수 있다. 과거 10년간 SRR과 MRR의 자료가 다음과 같다.

| $X$ | 1.0 | $-5.0$ | 12.0 | 5.0 | 7.0 | 0.0 | $-6.0$ | 2.0 |
|---|---|---|---|---|---|---|---|---|
| $Y$ | 2.0 | $-10.0$ | 18.0 | 9.0 | 12.0 | $-1.0$ | $-12.0$ | 2.0 |

SPSS를 이용한 회귀분석결과가 다음과 같다.

| | | | |
|---|---|---|---|
| Multiple R | .99467 | | |
| R Square | .98937 | | |
| Adjusted R Square | .98759 | | |
| Standard Error | 1.15441 | | |

Analysis of Variance

| | DF | Sum of Squares | Mean Square |
|---|---|---|---|
| Regression | 1 | 744.00397 | 744.00397 |
| Residual | 6 | 7.99603 | 1.33267 |

F= 558.27990 Signif F= .0000

---------------- Variables in the Equation ----------------

| Variable | B | SE B | Beta | T | Sig T |
|---|---|---|---|---|---|
| X | 1.718254 | .072721 | .994669 | 23.628 | .0000 |
| (Constant) | -.936508 | .433287 | | -2.161 | .0739 |

(1) [그림 2]에 대하여 $\widehat{\text{SRR}} = -0.94 + 1.72\,\text{MRR}$로 회귀식이 추정된다. 회귀계수 $b = 1.72$는 어떤 의미를 갖는지 설명해 보시오.

(2) $s$, $r^2$의 값을 구하시오.

(3) 회귀모형에서 $\beta$의 의미는 그 주식의 위험도를 측정하는 기준($\beta$ : 베타)이 된다. $b = 1.72$는 점추정치이며 $b$는 확률변수이기 때문에 표본이 다르면 다른 값을 가질 수 있다. 만일 어느 투자자가 $\beta$가 1.40보다 낮으면 그 주식에 투자하기로 하였다. 따라서 다음과 같은 가설을 설정하여 $\alpha = 0.01$에서 검정하고자 한다.

$$H_0 : \beta \le 1.40$$
$$H_1 : \beta > 1.40$$

(i) $s_b$의 값을 구하시오.

(ii) 검정통계량 $(b - 1.40)/s_b$의 값을 구하시오.

(iii) $t_{0.01}(6)$의 값을 구하시오.

(iv) 가설검정하시오.

18. 5* H자동차회사는 회사채를 발행하고 회사채에 대한 이자율은 시장기능에 맡겨져 있다. 회사채의 이자율과 회사채에 대한 수요량을 10분기 동안 조사한 결과 다음과 같은 결과를 얻었다.

| $X$(%) | 7.1 | 6.0 | 5.3 | 5.2 | 7.0 | 8.4 | 9.2 | 7.6 | 6.0 | 5.0 |
|---|---|---|---|---|---|---|---|---|---|---|
| $Y$(백만 원) | 2,030 | 1,170 | 1,790 | 1,970 | 2,440 | 2,326 | 2,440 | 1,900 | 1,740 | 1,470 |

(1) 상관계수 $r$을 구하시오.

(2) $H_0$ : $\rho=0$, $H_1$ : $\rho\neq 0$을 $\alpha=0.05$에서 검정하기 위하여

(i) $T$통계량을 구하시오.

(ii) $t_{0.025}(8)$의 값을 구하시오.

(iii) 가설검정하시오.

(iv) [그림 18. 11]에서 $r=0.7873$, $n=10$일 때 $\rho$에 대한 95% 신뢰구간이 대략 [0.30, 0.95]임을 확인하시오.

(v) (iii)과 (iv)를 비교설명하시오.

## 응용사례

# 회귀분석에서 영역 밖의 예측의 문제점

어떤 제품의 판매량은 여러 요인에 의하여 결정된다. 그 중의 몇 가지 요인을 예로 들면 그 제품이 판매되는 지역의 일반적인 경제상태, 경쟁의 유효성 여부, 제품의 가격, 제품을 판매하는 기업의 적극성 등을 들 수 있다. 다른 모든 요인들을 무시하고 하나의 특별한 요인이 판매량에 미치는 효과를 분석하는 경우 올바른 결과를 얻지 못하는 경우가 많다. 회귀분석에 있어서 여러 설명변수를 동시에 고려하는 모형은 다음 장에서 고찰될 것이다. 여기서는 다른 요인들을 무시하고 광고가 판매량에 미치는 영향을 추정하는 단순한 예를 살펴보자.

A기업은 전국에 20여 개의 판매점을 가지고 있고 각 지역의 판매점은 비슷한 매출액과 이익을 실현하고 있다. A기업은 신제품을 만들어서 시장의 반응을 보려고 하고 있다. 전국에서 10개의 판매점을 추출하여 각각 광고비를 다르게 지출하고 그에 대응하는 매출액을 조사하니 다음 표와 같다.

〈표 1〉 신제품에 대한 광고비와 매출액(지역별)

| 지 역 | 광고비($X$ : 백만 원) | 판매량($Y$ : 백만 원) |
|---|---|---|
| 1 | 20 | 160 |
| 2 | 10 | 120 |
| 3 | 30 | 220 |
| 4 | 16 | 120 |
| 5 | 40 | 235 |
| 6 | 35 | 225 |
| 7 | 20 | 160 |
| 8 | 25 | 200 |
| 9 | 33 | 220 |
| 10 | 19 | 120 |

광고비가 판매액에 미치는 영향을 분석하기 위하여 광고비를 독립변수(AD로 표시)로, 판매액은 종속변수(SALES로 표시)하여 단순회귀분석을 실시하였다.

[그림 1] 광고비와 매출액에 대한 SAS출력결과

Analysis of Variance

| Source | DF | Sum of Squares | Mean Square | F Value | Prob>F |
|---|---|---|---|---|---|
| Model | 1 | 17839.72319 | 17839.72319 | 60.211 | 0.0001 |
| Error | 8 | 2370.27681 | 296.28460 | | |
| C Total | 9 | 20210.00000 | | | |

| | | | |
|---|---|---|---|
| Root MSE | 17.21292 | R-square | 0.8827 |
| Dep Mean | 178.00000 | Adj R-sq | 0.8681 |
| C.V. | 9.67018 | | |

Parameter Estimates

| Variable | DF | Parameter Estimate | Standard Error | T for H0: Parameter=0 | Prob > \|T\| |
|---|---|---|---|---|---|
| INTERCEP | 1 | 61.295929 | 15.99464474 | 3.832 | 0.0050 |
| X | 1 | 4.705809 | 0.60644974 | 7.760 | 0.0001 |

[그림 1]은 회귀분석결과를 나타내는 SAS출력결과이다. $a = 61.296$이고 $b = 4.706$이므로 회귀식은

$$\widehat{\text{SALES}} = 61.296 + 4.706\, AD$$

이다. Prob > | $T$ | 가 0.0001이므로 유의수준 $\alpha$가 0.0001보다 큰 경우(예 : $\alpha=0.01$) $H_0$ : $\beta = 0$은 기각되므로 회귀식을 이용하면 광고비 예산에 따른 판매액을 예측할 수 있다. 예를 들어 2,200만 원의 광고비가 사용되는 지역에서는

$$\widehat{\text{SALES}} = 61.296 + 4.706(22.0) = 164.828$$

즉, 1억 6,400만 원의 판매액을 예측할 수 있다. 그렇다면 어떤 지역에서 8,000만 원의 광고비를 쓰는 경우 판매액은 어떻게 될 것인가? 다시 회귀식을 이용하면

$$\widehat{\text{SALES}} = 61.296 + (4.706)(80.0) = 437.776$$

이 된다. 그러나 이와 같은 예측은 믿을 만한 것이 못 되며 회귀분석을 잘못 이용한 경우가 될 수 있다. 왜냐하면 어떤 지역에서도 8,000만 원과 비슷한 광고예산을 사용하여 그에 대응되는 판매액이 관찰되지 않았기 때문이다. 관측치를 훨씬 벗어난 범위에서 추정된 회귀식을 사용하기 위하여는 관측치보다 훨씬 큰 광고비에 대하여도 선형관계가 유효하다는 정당한 근거가 있어야 한다.

마케팅 연구에 의하면 주어진 제품의 가격하에서는 판매액의 상한선이 존재하는 것으로 알려져 있다. 광고비와 판매액의 관계는 [그림 2]와 같이 나타낼 수 있다.

[그림 2] 광고비와 판매액의 정형적 관계

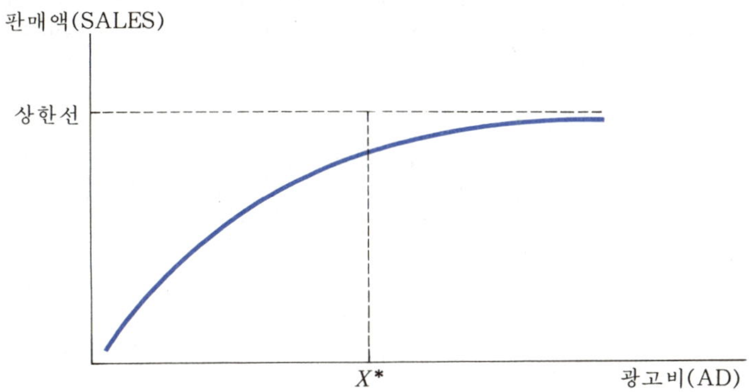


[그림 3]에서 알 수 있듯이 광고비와 판매액은 선형관계가 아니며 $X^*$보다 작은 광고비에서는 선형회귀식에 의하여 근사치를 구할 수 있음을 알 수 있다. 앞의 예에서 어느 지역의 광고비 8,000만 원이 $X^*$를 넘는 범위인 경우 판매액 예측은 큰 오차가 발생할 수 있다. [그림 3]은 이와 같은 오차가 발생할 수 있는 것을 보여 준다.

이와 같은 예에서 알 수 있듯이 회귀분석은 어떤 경우나 이용될 수 있는 분석방법은 아니며 회귀분석을 하는 경우 회귀분석이 각 경우에 타당한 방법인지를 고려하여야 한다.

[그림 3] 실제판매액과 추정된 판매액

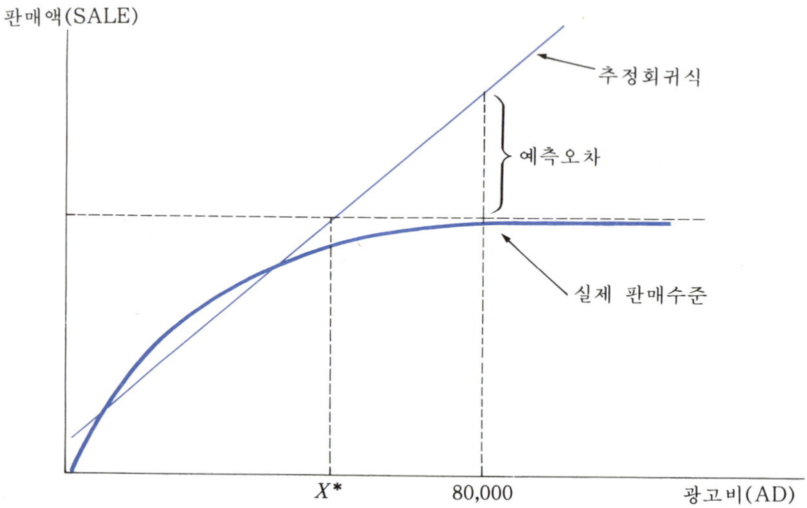

# 19. 다중회귀분석

제 1 절　다중회귀모형

제 2 절　회귀계수의 추정($k=2$인 경우)

제 3 절　beta-계수*

제 4 절　표본회귀선의 적합도측정

제 5 절　다중회귀계수에 대한 유의성검정

제 6 절　다중회귀모형을 이용한 추정과 예측

제 7 절　다중회귀모형의 가정에 대한 검토*

제 8 절　다중상관분석*

제 9 절　다중회귀분석의 주요문제*

제10절　비선형회귀모형*

연습문제

응용사례

**다중회귀분석**

1) **다중회귀모형**(제19장 제 1 절)

 · 모형의 가정

 · 모집단의 다중회귀모형과 표본다중회귀모형

2) **회귀계수의 추정**(제19장 제 2 절)

 beta-계수의 추정(제19장 제 3 절)*

3) **다중회귀모형의 평가**(제19장 제 4 절)

 (i) 적합도측정

 · 추정표준오차($s$)

 · 다중결정계수($R^2$)

 (ii) 유의성검정(제19장 제 5 절)

 · 모형 전체의 검정($F$검정)

 · 개별 모수 $H_0$ : $\beta_i = 0$의 검정($t$검정)

4) **다중회귀모형을 이용한 추정과 예측**(제19장 제 6 절)

5) **다중회귀모형의 가정에 대한 검토**(제19장 제 7 절)*

 · 잔차의 자기상관관계 검토 : Durbin-Watson검정

6) **다중회귀분석의 주요문제**(제19장 제 9 절)*

 · 독립변수들의 선정 · 다중공선성 · 가변수

7) **비선형회귀모형**(제19장 제10절)*

**다중상관분석**(제19장 제 8 절)

1) **편상관계수와 다중상관계수***

2) **편상관계수의 검정**($H_0$ : $\beta_i = 0$의 검정과 동일)*

3) **다중상관계수의 검정**($H_0$ : $\beta_1 = \beta_2 = \cdots = \beta_k = 0$의 검정과 동일)*

제17장과 제18장에서는 독립변수가 하나인 단순회귀분석에 대하여 설명하였다. 그러나 실제의 경영·경제 문제를 분석하는 경우 하나의 독립변수로는 종속변수를 충분히 설명하지 못하는 경우가 많으며 이런 경우에는 두 개 이상의 독립변수를 사용하여 회귀모형을 만들 수 있다.

예를 들어 단순회귀모형에서는 판매량($Y$)과 광고비($X$)의 관계를 추정하였으나 실제로 판매량($Y$)은 광고비($X_1$)뿐만 아니라 제품의 가격($X_2$), 판매점

의 수($X_3$) 등 더 많은 독립변수들에 의하여 영향을 받는 것으로 생각할 수 있다. 따라서 보다 바람직한 모형을 만들기 위하여는 종속변수($Y$)에 영향을 미치는 여러 독립변수들($X_1$, $X_2$, $X_3$, …, $X_k$)을 함께 고려하여야 한다.

이와 같이 2개 이상의 독립변수가 회귀모형에 포함된 경우를 多重回歸模型 또는 重回歸模型(multiple regression model)이라고 하며, 이 때 사용되는 분석기법을 多重回歸分析(multiple regression analysis)이라고 한다.

이번 장에서 설명할 다중회귀분석의 내용들은 앞 페이지에 정리되어 있다. 다중회귀분석의 내용 중 제 1~2 절, 제 4~7 절은 단순회귀모형의 내용과 같은 순서임을 확인하기 바란다.

## 제 1 절 다중회귀모형

종속변수 $Y$가 $k$개의 독립변수 $X_1$, $X_2$, …, $X_k$와 선형으로 연관되어 있는 경우에 이들 간의 함수관계는 다음과 같은 모형으로 설정할 수 있다.

**모집단의 다중회귀모형**

$$Y_i = \alpha + \beta_1 X_{i1} + \beta_2 X_{i2} + \cdots + \beta_k X_{ik} + \varepsilon_i \qquad (19.1)$$

여기에서 $X_{i1}$는 독립변수 $X_1$의 $i$번째 관측치를 나타낸다. 위의 모형은 종속변수 $Y$에 있어서의 총변동은 $\alpha + \beta_1 X_{i1} + \beta_2 X_{i2} + \cdots + \beta_k X_{ik}$로 표시된 체계적으로 설명되는 부분과 $\varepsilon_i$로 표시된 확률적인 부분으로 이루어졌음을 나타낸다. 식 (19.1)과 같이 설정되는 선형다중회귀모형은 단순회귀모형의 가정이 그대로 적용되며 이외에도 다음의 2가지 추가가정이 필요하다.

**다중회귀분석의 추가가정**

1) 추가가정 1 : 각 독립변수의 상관관계가 1이어서는 안 된다. 즉
$\rho(X_i, X_j) \neq 1, \quad i \neq j$

2) 추가가정 2 : 표본을 이루는 관측치의 수는 독립변수의 수($k$)보다 최소한 2 이상 커야 한다. 즉 $n \geq k+2$

추가가정 1의 경우 $\rho(X_i, X_j)=1$ 이면 최소자승법에 의한 회귀계수의 추정에 문제가 생기며 다중공선성의 문제가 발생한다. 이에 대하여는 후술하기로 한다. 다중회귀분석에서 추정하여야 하는 모수는 절편 $\alpha$을 포함하여 $k+1$개이다. 따라서 표본관측치 $n$은 $k+1$개 이상이 되어야 연립방정식을 풀 수 있다. 자유도는 최소한 1이 되어야 하므로 $n-(k+1)\geq 1$을 만족하는 $n$은 $n\geq k+2$이다.

두 개의 변수로 이루어진 선형회귀모형에 있어서와 같이, 여기에서도 $Y$의 분포는 아래 식과 같이 체계적인 변동을 나타내는 부분을 기대치로 갖는 조건부분포를 이룬다.

**모집단의 중회귀식**

$$E(Y_i \mid X_{i1}, X_{i2}, \cdots, X_{ik})=\alpha+\beta_1 X_{i1}+\beta_2 X_{i2}+\cdots+\beta_k X_{ik} \quad (19.2)$$

식 (19.2)에서 $E(Y_i \mid X_{i1}, X_{i2},\cdots,X_{ik})$는 $X_1$이 $X_{i1}$으로, 그리고 $X_2$가 $X_{i2}$로, …, $X_k$가 $X_{ik}$로 값이 주어진 경우 $Y_i$의 조건부기대치를 나타낸다. 그리고 $\alpha$는 회귀평면의 $Y$-절편이다. 이것은 회귀상수(regression constant)라고도 하며 각각의 독립변수들의 값이 0일 때의 $Y$의 평균값을 나타낸다. $\beta_i$는 회귀평면상의 회귀기울기(regression slope)를 나타낸다. 그리고 이들을 偏回歸係數(partial regression coefficients) 또는 간단히 회귀계수라고 부른다. $\beta_1$는 $X_2,\cdots,X_k$가 일정할 때 $X_1$의 변화에 따른 $E(Y)$의 변화를 측정하는 것이고, $\beta_2$는 $X_1, X_3,\cdots, X_k$가 일정할 때 $X_2$의 변화에 따라 $E(Y)$의 변화를 측정하는 것이다.

식 (19.1)의 $\varepsilon_i$는 평균이 0, 분산은 항상 $\sigma^2$인 정규분포를 하며 각 $\varepsilon_i$는 서로 독립적이다. 따라서 $Y$의 확률분포는 다음과 같다.

**$Y$의 확률분포**

1) $Y_i$는 정규분포를 따른다.
2) $E(Y_i \mid X_{i1}, X_{i2},\cdots,X_{ik})=\alpha+\beta_1 X_{i1}+\beta_2 X_{i2}+\cdots+\beta_k X_{ik}$
3) $\mathrm{Var}(Y_i)=\sigma_i^2=\sigma^2$(동분산의 가정) (19.3)

삼변량 이상의 모집단에서 단순확률표본을 추출한 경우 표본중회귀모형과 표본중회귀식은 다음과 같다.

**표본중회귀모형**

$$Y_i = a + b_1 X_{i1} + b_2 X_{i2} + \cdots + b_k X_{ik} + e_i \tag{19.4}$$

**표본중회귀식**

$$\hat{Y}_i = a + b_1 X_{i1} + b_2 X_{i2} + \cdots + b_k X_{ik} \tag{19.5}$$

설명의 편의상 앞으로는 대부분 $k=2$인 경우(즉 독립변수가 $X_1$과 $X_2$인 경우)의 예를 주로 설명하고자 한다.

## 제 2 절 회귀계수의 추정($k=2$인 경우)

오차 $\varepsilon_i$의 추정량은 식 (19.4)과 식 (19.5)에서 계산된 $e_i$로서 $e_i = Y_i - \hat{Y}_i$이다. 또한 $b_i$는 $\beta_i$의 최소자승추정량을 나타낸다. $b_i$는 $\beta_i$의 최소자승추정량(LSE)이기 때문에 $b_i$는 아래의 식을 최소화되도록 하는 방법으로 결정한다.

$$L = \sum_i (Y_i - \alpha - \beta_1 X_{i1} - \beta_2 X_{i2})^2$$

[그림 19.1] 회귀평면과 관측치 $Y_i$들의 산점도

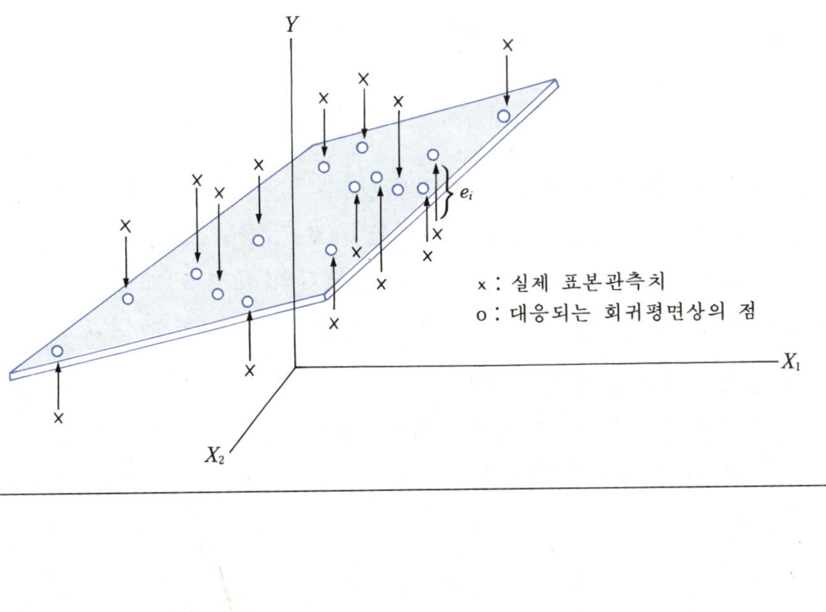

이를 위하여는 $L$을 $\alpha$, $\beta_1$, $\beta_2$에 대하여 편미분한 값을 0으로 놓아야 한다$\left(\frac{\partial L}{\partial \alpha}=0,\ \frac{\partial L}{\partial \beta_1}=0,\ \frac{\partial L}{\partial \beta_2}=0\right)$. 이것은 다음과 같은 정규방정식으로 나타난다.

$$
\begin{aligned}
&\sum_i Y_i = \alpha n + \beta_1 \sum_i X_{i1} + \beta_2 \sum_i X_{i2} \\
&\sum_i Y_i X_{i1} = \alpha \sum_i X_{i1} + \beta_1 \sum_i X_{i1}^2 + \beta_2 \sum_i X_{i1} X_{i2} \\
&\sum_i Y_i X_{i2} = \alpha \sum_i X_{i2} + \beta_1 \sum_i X_{i1} X_{i2} + \beta_2 \sum_i X_{i2}^2
\end{aligned} \tag{19.6}
$$

편의상

$$X_{i1}-\bar{X}_1 = x_{i1},\ X_{i2}-\bar{X}_2 = x_{i2},\ Y_i - \bar{Y} = y_i \tag{19.7}$$

이라고 하자. 정규방정식을 만족시키는 $\alpha$, $\beta_1$, $\beta_2$를 각각 $a$(혹은 $\hat{\alpha}$), $b_1$(혹은 $\hat{\beta}_1$), $b_2$(혹은 $\hat{\beta}_2$)로 나타낼 때 $a$, $b_1$, $b_2$는 다음과 같다.

**회귀계수의 추정**

1) 기 울 기

$$b_1 = \frac{(\sum y_i x_{i1})(\sum x_{i2}^2) - (\sum y_i x_{i2})(\sum x_{i1} x_{i2})}{(\sum x_{i1}^2)(\sum x_{i2}^2) - (\sum x_{i1} x_{i2})^2} \tag{19.8}$$

$$b_2 = \frac{(\sum y_i x_{i2})(\sum x_{i1}^2) - (\sum y_i x_{i1})(\sum x_{i1} x_{i2})}{(\sum x_{i1}^2)(\sum x_{i2}^2) - (\sum x_{i1} x_{i2})^2} \tag{19.9}$$

2) 절 편

$$a = \bar{Y} - b_1 \bar{X}_1 - b_2 \bar{X}_2 \tag{19.10}$$

**예제 19. 1**

100군데 이상의 지역에 장난감을 팔 수 있는 장난감 제조업자의 경우를 생각해 보자. 그는 작년에 보다 값이 싼 새로운 장난감을 시장에 내놓았는데 광고비 지출과 가격면에서, 이 새로운 장난감의 내년 판매량에 대한 추정을 하고자 한다. 이를 위해 그는 〈표 19. 1〉과 같은 표본자료를 얻었다.

$Y$ = 판매량(단위 : 1,000개)

$X_1$ = 신문광고비용(단위 : 백만 원)

$X_2$ = 장난감 가격(단위 : 만 원)

〈표 19. 1〉 장난감 판매에 대한 표본자료

| | $Y_i$ | $X_{i1}$ | $X_{i2}$ | $\hat{Y}_i$ |
|---|---|---|---|---|
| 1 | 3 | 2 | 1.30 | 3.06 |
| 2 | 3 | 3 | 1.40 | 3.21 |
| 3 | 3 | 2 | 1.20 | 3.47 |
| 4 | 4 | 4 | 1.40 | 3.77 |
| 5 | 4 | 3 | 1.30 | 3.62 |
| 6 | 5 | 5 | 1.10 | 5.54 |
| 7 | 6 | 4 | 1.00 | 5.39 |
| 8 | 6 | 6 | 1.20 | 5.69 |
| 9 | 7 | 7 | 1.00 | 7.05 |
| 10 | 7 | 8 | 1.10 | 7.20 |
| 합 계 | 48 | 44 | 12.00 | 48.00 |
| | $\bar{Y}=4.8$ | $\bar{X}_1=4.4$ | $\bar{X}_2=1.2$ | |

(풀이)

이 표로부터 다음과 같은 합을 구할 수 있다.

| | | |
|---|---|---|
| $\Sigma Y_i^2=254$ | $\Sigma X_{i1}^2=232$ | $\Sigma X_{i2}^2=14.6$ |
| $\Sigma Y_i X_{i1}=239$ | $\Sigma Y_i X_{i2}=55.9$ | $\Sigma X_{i1} X_{i2}=51.2$ |

이들 합의 값을 이용하여 표본평균과의 편차에 대한 합들은 다음과 같이 구할 수 있다.

$$\Sigma y_i^2=\Sigma(Y_i-\bar{Y})^2=\Sigma Y_i^2-n\bar{Y}^2$$
$$=254-10(4.8)^2=23.6$$
$$\Sigma x_{i1}^2=\Sigma(X_{i1}-\bar{X}_1)^2=\Sigma X_{i1}^2-n\bar{X}_1^2$$
$$=232-10(4.4)^2=38.4$$
$$\Sigma x_{i2}^2=\Sigma(X_{i2}-\bar{X}_2)^2=\Sigma X_{i2}^2-n\bar{X}_2^2$$
$$=14.6-10(1.2)^2=0.2$$
$$\Sigma y_i x_{i1}=\Sigma(Y_i-\bar{Y})(X_{i1}-\bar{X}_1)=\Sigma Y_i X_{i1}-n(\bar{Y})(\bar{X}_1)$$
$$=239-10(4.8)(4.4)=27.8$$
$$\Sigma y_i x_{i2}=\Sigma(Y_i-\bar{Y})(X_{i2}-\bar{X}_2)=\Sigma Y_i X_{i2}-n(\bar{Y})(\bar{X}_2)$$
$$=55.9-10(4.8)(1.2)=-1.7$$

$$\sum x_{i1}x_{i2} = \sum(X_{i1}-\bar{X}_1)(X_{i2}-\bar{X}_2) = \sum X_{i1}X_{i2} - n(\bar{X}_1)(\bar{X}_2)$$
$$= 51.2 - 10(4.4)(1.2) = -1.6$$

이와 같은 계산 값을 이용하여 편회귀계수는 다음과 같이 구한다.

$$b_1 = \frac{(27.8)(0.2)-(-1.7)(-1.6)}{(38.4)(0.2)-(-1.6)^2} = 0.5547$$

$$b_2 = \frac{(-1.7)(38.4)-(27.8)(-1.6)}{(38.4)(0.2)-(-1.6)^2} = -4.0625$$

식 (19.10)을 이용하여 $a$를 구할 수 있다.

$$a = \bar{Y} - b_1\bar{X}_1 - b_2\bar{X}_2$$
$$= 4.8-(0.5547)(4.4)-(-4.0625)(1.2) = 7.2343$$

그러므로 추정된 회귀방정식은 다음과 같이 된다.[1)]

$$\hat{Y}_i = 7.2343 + 0.5547X_{i1} - 4.0625X_{i2}$$

다중회귀분석에서 회귀계수의 추정을 앞에서 살펴본 바와 같이 수작업으로 계산하는 것은 쉬운 일이 아니다. 더욱이 독립변수의 수가 3개 이상인 경우에는 거의 불가능하다. 따라서 회귀분석의 경우 우리는 통계패키지를 이용하여 회귀계수를 추정하고 통계적 추론을 행하게 된다.

[그림 19.2]는 SAS를 이용한 회귀계수의 추정부분을 나타내고 있으며 수작업으로 계산된 값과 반올림오차를 제외하고는 같은 것을 알 수 있다.

[그림 19.2] SAS를 이용한 회귀계수의 추정

Parameter Estimates

| Variable | DF | Parameter Estimate | Standard Error | T for H0: Parameter=0 | Prob > \|T\| |
|---|---|---|---|---|---|
| INTERCEP | 1 | 7.234375 | 1.64949558 | 4.386 | 0.0032 |
| X1 | 1 | 0.554687 | 0.08429849 | 6.580 | 0.0003 |
| X2 | 1 | -4.062500 | 1.16807419 | -3.478 | 0.0103 |

1) 여기에서 $i$는 원한다면 생략할 수 있다. 왜냐하면 이 회귀방정식은 관측된 변수의 값만에 적용되는 것이 아니라, 관측 가능한 것이라면 모두 적용될 수 있기 때문이다.

이와 같은 과정을 통하여 얻어진 $\hat{Y}$의 계산 값은 〈표 19.1〉의 마지막 열에 표시되어 있다.

위의 결과는 광고비용은 판매량과 양(+)의 관계가 있고, 그리고 가격과 판매량은 음(−)의 관계, 즉 역관계에 있음을 보여 준다. $b_1 = 0.5547$이라는 것은 가격이 일정할 때 광고비용이 백만 원 증대되는 데 따라 판매량은 554.7개씩 더 늘어난다는 것을 의미하고, 가격이 만 원 오르는 데 따라 4062.5개씩 판매량이 감소하는 것을 의미한다.

위와 같은 추정 결과를 해석하는 데 있어서 2가지 점을 유의해야 한다. 첫째, 이론적으로 $a = 7.2343$이라는 값은 광고비용과 가격이 0일 때의 평균판매량을 나타낸다. 이러한 사실은 실제적으로는 성립할 수 없는 것이다. 그러나 $X_{i1}$와 $X_{i2}$의 값이 설정된 상황하에서 $a$의 값은 회귀기울기(regression slopes)와 함께 $Y$의 값을 결정하는 데 중요한 수학적 의미를 지닌다는 점이다. 둘째로, 편회귀계수 크기의 절대치는 $Y$에 대한 $X_1$와 $X_2$의 효과에 대한 상대적 중요성을 지적하지는 않는다는 점이다. 이는 $X_1$의 단위와 $X_2$의 단위가 틀릴 수 있기 때문이다. 독립변수들의 단위가 다른 경우에는, 편회귀계수의 상대적 비중에 대한 평가는 다음에 논하게 될 beta-계수에 의해서만 이루어질 수 있는 것이다.

## 제 3 절 beta-계수*

측정단위가 서로 다를 때 독립변수들의 상대적 중요성을 직접 비교하기가 힘들다는 점을 극복하기 위하여 변수들을 표준편차를 이용하여 전환시킨다. 그러므로 모집단 회귀함수 $E(Y_i \mid X_{i1}, X_{i2}) = \alpha_1 + \beta_1 X_{i1} + \beta_2 X_{i2}$는 다음과 같이 변환된다.

**beta-계수**

$$\frac{E(Y_i \mid X_{i1}, X_{i2})}{\sigma_Y} = \left(\frac{\alpha}{\sigma_Y}\right) + \left(\frac{\beta_1 \sigma_1}{\sigma_Y}\right)\left(\frac{X_{i1}}{\sigma_1}\right) + \left(\frac{\beta_2 \sigma_2}{\sigma_Y}\right)\left(\frac{X_{i2}}{\sigma_2}\right)$$

$$= \alpha_1^* + \beta_1^*\left(\frac{X_{i1}}{\sigma_1}\right) + \beta_2^*\left(\frac{X_{i2}}{\sigma_2}\right) \qquad (19.11)$$

여기서

$\sigma_Y = \sigma = Y$의 표준편차

$\sigma_1 = X_1$의 표준편차

$\sigma_2 = X_2$의 표준편차

$\alpha^*$, $\beta_i^*$ = beta-계수(beta coefficients) 또는 표준편회귀계수(standard partial regression coefficients)

beta-계수에 대한 추정량을 얻기 위해서 우선 표본 내의 변수들에 대한 표준편차를 구한다(예제 19.1 참조).

$$s_Y = \hat{\sigma}_Y = \hat{\sigma} = \sqrt{\frac{1}{n-1}\sum_i (Y_i - \bar{Y})^2} = \sqrt{\sum_i \frac{y_i^2}{n-1}} = \sqrt{\frac{23.6}{10-1}} = 1.6193$$

$$s_1 = \hat{\sigma}_1 = \sqrt{\sum_i \frac{x_{i1}^2}{n-1}} = \sqrt{\frac{38.4}{10-1}} = 2.0656$$

$$s_2 = \hat{\sigma}_2 = \sqrt{\sum_i \frac{x_{i2}^2}{n-1}} = \sqrt{\frac{0.2}{10-1}} = 0.1491$$

다음으로 $\alpha^*$와 $\beta_i^*$에 대한 推定量 $a^*$와 $b_i^*$는 다음과 같이 $\alpha$와 $\beta_i$에 대한 최소자승추정량으로부터 구할 수 있다.

$$a^* = \frac{a}{\hat{\sigma}} = \frac{7.2343}{1.6193} = 4.4675 \tag{19.12A}$$

$$b_1^* = b_1\frac{\hat{\sigma}_1}{\hat{\sigma}} = (0.5547)\left(\frac{2.0656}{1.6193}\right) = 0.7076 \tag{19.12B}$$

$$b_2^* = b_2\frac{\hat{\sigma}_2}{\hat{\sigma}} = (-4.0625)\left(\frac{0.1491}{1.6193}\right) = -0.3741 \tag{19.12C}$$

위의 결과들을 이용하여 표준화된 표본회귀방정식은 다음과 같이 기술할 수 있다.

$$\frac{\hat{Y}_i}{\hat{\sigma}} = a^* + b_1^*\left(\frac{X_{i1}}{\hat{\sigma}_1}\right) + b_2^*\left(\frac{X_{i2}}{\hat{\sigma}_2}\right) \tag{19.13}$$

그리고, 앞의 예 19.1을 대상으로 하면 다음과 같게 된다.

$$\frac{\hat{Y}_i}{1.6193} = 4.4675 + 0.7076\left(\frac{X_{i1}}{2.0656}\right) - 0.3741\left(\frac{X_{i2}}{0.1491}\right)$$

이와 같이 구한 방정식은 다음과 같은 의미를 갖는다. $X_2$가 일정할 때 $X_1$이 표준편차만큼 변하면 $Y$는 $Y$의 표준편차가 0.71배가 변한다(증가한다). 그리고 $X_1$이 일정할 때 $X_2$가 표준편차만큼 변하면 $Y$는 $Y$의 표준편차의 0.37배가 변한다(감소한다). 그러므로, 위의 예에서는 새로운 장난감에 대한 판매를 늘리기 위해서는 가격보다는 광고지출이 상대적으로 중요하다는 것을 알 수 있다. 이 예에서 가격변화의 효과가 상대적으로 낮은 이유는 새로운 장난감은 비교적 가격이 낮은 상품이고 가격에 비해 비교적 비탄력적이기 때문이다.

[그림 19.3]은 SPSS를 이용한 beta-계수의 추정부분을 나타내고 있다.

[그림 19.3] SPSS를 이용한 beta-계수의 추정

```
Multiple R           .97265
R Square             .94604
Adjusted R Square    .93062
Standard Error       .42652


Analysis of Variance
                     DF        Sum of Squares        Mean Square

Regression           2               22.32656           11.16328
Residual             7                1.27344             .18192

F =       61.36380        Signif F =   .0000

-------------------- Variables in the Equation --------------------

Variable             B         SE B          Beta           T       Sig T

X2           -4.062500     1.168074     -.373983      -3.478      .0103
X1             .554688      .084298      .707551       6.580      .0003
(Constant)    7.234375     1.649496                    4.386      .0032
```

## 제 4 절 표본회귀선의 적합도측정

표본회귀선을 구한 다음에는 그것을 예측도구로 사용하기 전에 표본회귀선을 평가하여야 한다. 표본회귀선의 평가는 단순회귀분석의 경우와 같이 적합도의 측정과 유의성검정으로 나누어 볼 수 있다. 제 4 절에서는 적합도의 측정을, 제 5 절에서는 유의성검정을 설명할 것이다.

표본회귀선을 평가하기 위해서는 우선 $\mathrm{Var}(\varepsilon_i)=\sigma^2$을 추정하여야 한다. $\sigma^2$의 추정량은 $s^2$으로 표기하며 단순회귀분석과 같이 $s^2$은 MSE를 의미한다.

### 1. 총변동의 분할

다중회귀분석에서의 총변동(제곱합)의 분할은 단순회귀분석과 동일하다.

**총변동의 분할**

$$\sum(Y_i-\bar{Y})^2=\sum(\hat{Y}_i-\bar{Y})^2+\sum(Y_i-\hat{Y}_i)^2 \tag{19.14}$$

$$\begin{array}{ccccc} \mathrm{SST} & = & \mathrm{SSR} & + & \mathrm{SSE} \\ n-1 & = & k & + & (n-k-1) \end{array} \qquad \langle\text{자유도}\rangle$$

여기에서

$$\mathrm{SST}=\sum_i(Y_i-\bar{Y})^2=\sum_i y_i^2 \tag{19.15}$$

은 $n-1$의 자유도를 갖는데 이는 표본평균을 사용함으로써 자유도 하나를 잃기 때문이다. 그리고

$$\mathrm{SSR}=\sum(\hat{Y}_i-\bar{Y})^2=b_1\sum y_i x_{i1}+b_2\sum y_i x_{i2} \tag{19.16}$$

은 자유도가 $k$이며 이는 독립변수의 수와 같다. 또

$$\mathrm{SSE}=\sum(Y_i-\hat{Y}_i)^2=\sum e_i^2=\mathrm{SST}-\mathrm{SSR} \tag{19.17}$$

은 $n-k-1$의 자유도를 갖는데 이는 SSE를 계산할 때 $k$개의 $\beta_i$와 $\alpha$를 추정해야 하므로 $k+1$의 자유도를 잃어 버리기 때문이다.

예제 19.2

예제 19.1에서 SST, SSR, SSE를 구하시오.

(풀이)

$$SST = \sum y_i^2 = 23.6$$

$$\begin{aligned} SSR &= b_1 \sum y_i x_{i1} + b_2 \sum y_i x_{i2} \\ &= (0.5547)(27.8) + (-4.06255)(-1.7) = 22.3269 \end{aligned}$$

$$SSE = SST - SSR = 1.2731$$

수작업으로 이와 같은 계산을 하는 것은 쉬운 일이 아니므로 통계패키지를 사용하는 것이 일반적이다. SAS를 이용하여 SST(C Total로 표시), SSR(Model로 표시), SSE(Error로 표시)를 구하면 [그림 19.4]와 같다.

[그림 19.4] 제곱합의 분할, $R^2$, $s$의 SAS출력결과

Analysis of Variance

| Source | DF | Sum of Squares | Mean Square | F Value | Prob>F |
|---|---|---|---|---|---|
| Model | 2 | 22.32656 | 11.16328 | 61.364 | 0.0001 |
| Error | 7 | 1.27344 | 0.18192 | | |
| C Total | 9 | 23.60000 | | | |

| | | | |
|---|---|---|---|
| Root MSE | 0.42652 | R-square | 0.9460 |
| Dep Mean | 4.80000 | Adj R-sq | 0.9306 |
| C.V. | 8.88584 | | |

## 2. 추정표준오차(standard error of the estimate)

표본회귀선의 적합도를 측정하는 방법의 하나는 제17장에서 설명한 것과 같이 推定標準誤差이다. 추정표준오차는 $s$로 표시되며 표본의 실제관측치가

표본회귀선상의 추정치에서 얼마나 흩어져 있나를 측정한다.

추정표준오차 $s$는 잔차 $e_i$의 표준편차로 볼 수 있다. 따라서 오차항 $\varepsilon_i$의 분산 $\sigma^2$은 $s^2$으로 추정할 수 있으므로 $s^2$은 앞으로 자주 쓰이는 중요한 개념이다.

**추정표준오차**

$$s=\sqrt{\frac{\Sigma(Y_i-\hat{Y}_i)^2}{n-k-1}}=\sqrt{\frac{\Sigma e_i^2}{n-k-1}}=\sqrt{\frac{\text{SSE}}{n-k-1}}=\sqrt{\text{MSE}} \qquad (19.18)$$

예제 19.3

예제 19.1에서 $s$를 구하시오.

(풀이)

$$s=\sqrt{\frac{\text{SSE}}{n-k-1}}=\sqrt{\frac{1.2731}{10-2-1}}=0.4265$$

$s$의 값은 [그림 19.4]의 SAS 출력결과에서 Root MSE에 나타나 있다.

오차항이 정규분포를 따른다는 회귀분석의 가정하에서 표본관측치들이 표본회귀선을 중심으로 $\pm 1 \cdot s$ 범위 내에 68.26%가, $\pm 2 \cdot s$ 범위 내에서는 95.44%가 위치하게 됨을 의미한다. 따라서 $s$의 크기는 표본회귀선의 적합도를 판정하는 방법이 될 수 있다.

제17장에서 설명한 바와 같이 $s$는 $Y$값의 측정단위에서 따라 달라지므로 별도로 분석된 여러 회귀분석결과의 적합도를 직접 비교할 수 없는 단점이 있다. 이런 단점을 극복하기 위하여 다음의 다중결정계수를 이용한다.

## 3. 다중결정계수

다중회귀분석에 대한 적합도의 측정은 상대적으로 비교가 가능한 多重決定係數(coefficient of multiple determination)가 이용된다. $R^2$으로 표기되는 다중결정계수는 단순회귀모형과 같이 $Y$의 총변동 SST에 대한 $Y$의 체계적인 변동인(회귀방정식으로 설명되는) SSR과의 비율로 정의된다.

**다중결정계수**

$$R^2 = \frac{\text{SSR}}{\text{SST}} = 1 - \frac{\text{SSE}}{\text{SST}} \qquad (19.19)$$

$R^2$은 $Y$의 총변동에 대한 회귀방정식에 의해 설명된 변동의 비율로서 실제관측치들과 회귀선($k=2$인 경우는 회귀평면)의 근사성에 대한 추정치로 생각할 수 있다. 그러므로 $R^2$의 값이 1에 가까우면 가까울수록, 실제관측치들이 회귀선을 중심으로 밀집되어 있는 것을 의미한다. 앞의 예를 든다면,

$$R^2 = \frac{22.3269}{23.6000} = 0.9461$$

따라서, 판매량 변동의 약 95%는 광고비용과 가격에 의해 설명된다. 아직도 약 5% 정도의 $Y$의 변동이 설명되지 않은 채 남아 있는데 이는 분석에 포함되지 않은 변수들에 의한 것이거나 또는 내재된 확률적인 요인에서 기인하는 것이다. 다중결정계수 $R^2$는 [그림 19.4]의 SAS output에서 R-square에 나타나 있다.

식 (19.19)의 다중결정계수는 독립변수가 많아질수록 증가한다. 즉 독립변수의 수가 증가함에 따라 SSE $=\sum e_i^2$이 감소한다. 이러한 문제점을 보완하기 위하여 $R^2$를 정의할 때 변동량뿐만 아니라 각 변동량의 자유도도 함께 고려하는 방안이 강구될 수 있다. $\bar{R}^2$로 표기되는 調整多重決定係數(adjusted coefficient of multiple determination)를 다음과 같이 정의된다.

**조정다중결정계수**

$$\begin{aligned}\bar{R}^2 &= 1 - \frac{\text{SSE}/(n-k-1)}{\text{SST}/(n-1)} = 1 - \frac{\text{MSE}}{\text{MST}} \\ &= 1-(1-R^2)\left(\frac{n-1}{n-k-1}\right) \qquad (19.20)\end{aligned}$$

여기에서 유의할 점은 $(n-1)/(n-k-1)$은 1보다 크므로 $\bar{R}^2$은 하향조정되는 것이다. 예제 19.1의 예에서 조정다중결정계수는 다음과 같다.

$$\bar{R}^2 = 1 - \frac{(1.2731)/(10-2-1)}{23.6/(10-1)} = 0.9306$$

조정다중결정계수 $\bar{R}^2$는 [그림 19.4]의 SAS output에서 Adj R-sq에 나타나 있다.

# 제 5 절 다중회귀계수에 대한 유의성검정

## 1. 모형 전체의 검정($F$검정)

다중회귀모형의 유의성검정은 모형 전체의 유의성을 검정하는 경우와 개별적인 모수 $\beta_i$를 검정하는 경우의 두 가지가 있다. 모형 전체의 유의성을 검정하는 것은 모든 독립변수는 종속변수와 선형관계가 없다는 것을 검정하는 것을 말한다. 따라서 모형 전체의 유의성을 검정하기 위한 귀무가설과 대립가설은 다음과 같다.

**모형 전체의 검정을 위한 가설**

$H_0$ : $\beta_1 = \beta_2 = \cdots = \beta_k = 0$

$H_1$ : $k$개의 모수 중 적어도 하나는 0이 아니다.

따라서 위의 귀무가설을 채택하는 것은 종속변수를 설명하는 독립변수가 없다는 의미로 다중회귀모형이 성립하지 않는다. 만약 독립변수와 종속변수 사이에 유의적인 회귀관계가 없다면, MSR은 0에 가까울 것이고, MSE는 MST의 값에 가까워질 것이라는 점을 지적할 수 있다. 이는 유의적인 회귀관계가 없는 경우에는 SSR로 표시되는 SST의 체계적 부분이 매우 작고, 또 SSE로 표시되는 확률부분이 매우 크게 되기 때문이다. 이러한 사실은 종속변수 $Y$에 대한 독립변수들 $X_1$, $X_2$, …, $X_k$의 총회귀효과를 검정하기 위한 통계량으로 MSR/MSE을 사용할 수 있음을 의미한다. 실제로 $\beta_i$ 중 적어도 하나는 0이 아니라는 대립가설에 대하여 $\beta_1 = \beta_2 = \cdots = \beta_k = 0$이라는 귀무가설을 검정하는 데 이 비율을 사용한다.

$H_0$가 참일 때($\beta_1 = \beta_2 = \cdots = \beta_k = 0$) MSR/MSE는 두 카이제곱변수의 비율이며 따라서 $F$통계량이다. $F$검정을 위한 기초자료로 중회귀식의 분산분석표를 〈표 19.2〉와 같이 작성할 수 있다.

〈표 19. 2〉 다중회귀모형에 대한 ANOVA 표

| 변 동 원 | SS | $df$ | MS | F |
|---|---|---|---|---|
| 회 귀 | SSR | $k$ | $\mathrm{MSR}=\mathrm{SSR}/k$ | $\frac{\mathrm{MSR}}{\mathrm{MSE}}$ |
| 오 차 | SSE | $n-k-1$ | $\mathrm{MSE}=\mathrm{SSE}/(n-k-1)$ | |
| 합 계 | SST | $n-1$ | $\mathrm{MST}=\mathrm{SST}/(n-1)$ | |

〈표 19. 2〉의 $F=\mathrm{MSR}/\mathrm{MSE}$는 자유도가 $k$와 $n-k-1$인 $F$분포를 따르므로 유의수준 $\alpha$에서 $H_0$ : $\beta_1=\beta_2=\cdots=\beta_k=0$에 대한 검정통계량의 기각역은 다음과 같다.

**$H_0$ : $\beta_1=\beta_2=\cdots=\beta_k=0$에 대한 $F$검정통계량의 기각역**(유의수준 $\alpha$)

$$F=\frac{\mathrm{MSR}}{\mathrm{MSE}}>F_{\alpha}(k,\ n-k-1) \tag{19.21}$$

**예제 19. 4**

예제 19. 1에서 $H_0$ : $\beta_1=\beta_2=0$을 $\alpha=0.01$에서 검정하시오.

(풀이)

예제 19. 2에서 구한 SSR, SSE, SST를 이용하여 분산분석표를 만들면 다음과 같다.

〈표 19. 3〉 판매량의 자료에 대한 ANOVA 표

| 변 동 원 | SS | $df$ | MS | F |
|---|---|---|---|---|
| 회 귀 | 22.3269 | 2 | 22.3269/2 = 11.1635 | 61.37 |
| 오 차 | 1.2731 | 7 | 1.2731/7 = 0.1819 | |
| 합 계 | 23.6000 | 9 | 23.6000/9 = 2.6222 | |

검정통계량 $F$는 다음과 같다.

$$F=\frac{\mathrm{MSR}}{\mathrm{MSE}}=\frac{11.1635}{0.1819}=61.37>F_{0.01}(2,\ 7)=9.55$$

따라서 유의수준 $\alpha=0.01$에서 귀무가설 $H_0$ : $\beta_1=\beta_2=0$은 기각된다. 그러므로 우리는 판매액과 광고비용·가격 사이에는 매우 유의적인 회귀관계가 있

[그림 19.5] $F$검정의 임계치와 기각영역

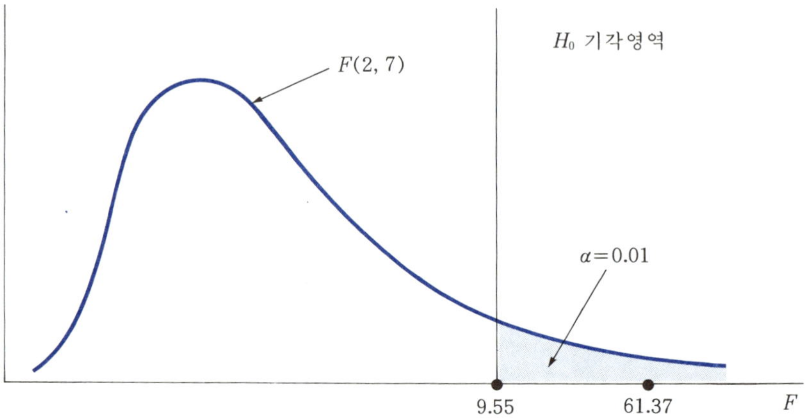


다는 결론을 내릴 수 있다.

$H_0$ : $\beta_1 = \beta_2 = 0$에 대한 $F$검정을 위한 SAS출력은 [그림 19.6]과 같다. [그림 19.6]에서 $F$값은 61.364이며 Prob > F가 0.0001인 것은 자유도가 2와 7인 $F$분포에서 $F$가 61.364보다 클 확률이 0.0001인 것을 의미한다. 따라서 유의수준 $\alpha$가 0.0001보다 큰 경우 $H_0$는 기각된다. 예제 19.4에서 $\alpha = 0.01$이므로 $H_0$는 기각된다.

[그림 19.6] SAS를 이용한 $F$검정

Analysis of Variance

| Source | DF | Sum of Squares | Mean Square | F Value | Prob>F |
|---|---|---|---|---|---|
| Model | 2 | 22.32656 | 11.16328 | 61.364 | 0.0001 |
| Error | 7 | 1.27344 | 0.18192 | | |
| C Total | 9 | 23.60000 | | | |

## 2. 개별 모수 $\beta_i$에 대한 검정($t$검정)

앞에서 설명한 $F$검정에 의한 모형 전체의 유의성검정은 여러 모수를 종합적으로 검정하므로 어떤 개별 모수 $\beta_i$가 의미가 있는지(즉 어느 독립변수 $X_i$가 의미가 있는지)를 알 수가 없다. 따라서 개개의 독립변수에 대한 유의성검정은 개별 모수별로 검정하여야 한다. 이 경우의 귀무가설과 대립가설은 다음과 같다.

$$H_0 : \beta_i = 0$$
$$H_1 : \beta_i \neq 0$$

이 때 귀무가설 검정을 위한 통계량은

$$T = \frac{b_i - E(b_i)}{s_{bi}} = \frac{b_i - 0}{s_{bi}} \tag{19.22}$$

이 되며 $T$는 자유도가 $n-k-1$인 $t$분포를 한다. 여기서 $s_{bi}$는 $b_i$에 대한 분산의 추정치이다.

$$s_{b1} = \hat{\sigma}_{b1} = \frac{s}{\sqrt{[\sum x_{i1}^2 \sum x_{i2}^2 - (\sum x_{i1} x_{i2})^2] / \sum x_{i2}^2}} \tag{19.23}$$

$s_{b2}$는 식 (19.23)에서 $\sqrt{\ }$ 안의 분모가 $\sum x_{i1}^2$으로만 바뀌면 된다. 통계패키지(SAS, SPSS 등)를 이용하면 $s_{bi}$는 쉽게 구할 수 있다. $H_0 : \beta_i = 0$과 $H_1 : \beta_i \neq 0$를 검정하기 위한 $t$검정통계량의 기각역은 유의수준 $\alpha$에서 다음과 같다.

**$H_0 : \beta_i = 0$, $H_1 : \beta_i \neq 0$의 검정의 기각역**(유의수준 $\alpha$)

$$|T| = \left| \frac{b_i - 0}{s_{bi}} \right| > t_{\alpha/2}(n-k-1) \tag{19.24}$$

**예제 19.5**

예제 19.1에서 $\alpha$, $\beta_1$, $\beta_2$에 대한 각각의 가설검정을 $\alpha$와 $\beta_1$은 $\alpha = 0.01$의 유의수준에서, $\beta_2$는 $\alpha = 0.05$의 유의수준에서 양측검정을 하시오.

**(풀이)**

$H_0 : \beta_i = 0$에 대한 $t$검정을 위한 SAS출력의 결과는 [그림 19.7]과 같

[그림 19.7] SAS를 이용한 개별모수의 검정

Parameter Estimates

| Variable | DF | Parameter Estimate | Standard Error | T for H0: Parameter=0 | Prob > \|T\| |
|---|---|---|---|---|---|
| INTERCEP | 1 | 7.234375 | 1.64949558 | 4.386 | 0.0032 |
| X1 | 1 | 0.554687 | 0.08429849 | 6.580 | 0.0003 |
| X2 | 1 | -4.062500 | 1.16807419 | -3.478 | 0.0103 |

다. [그림 19.7]에서 Standard Error는 $a$, $b_1$, $b_2$의 표준편차의 추정치인 $s_a$, $s_{b1}$, $s_{b2}$를 의미한다.

1) $\beta_1$에 대한 가설검정

(i) $H_0$ : $\beta_1 = 0$

$H_1$ : $\beta_1 \neq 0$

(ii) 검정통계량 : $T = b_1/s_{b1}$

(iii) 유의수준과 임계치의 결정

$\alpha = 0.01$, $t_{0.005}(7) = 3.499$이므로

채택영역 : $-3.499 < t < 3.499$

기각영역 : $t > 3.499$ 또는 $t < -3.499$

(iv) $T$의 계산

[그림 19.7]에서 $s_{b1}$은 0.08429849이므로

$$t = \frac{b_1}{s_{b1}} = \frac{0.5547}{0.0843} = 6.580$$

(v) $t = 6.580 > 3.499$이므로 귀무가설은 기각된다.

[그림 19.7]에서 Prob > | $T$ | 가 0.0003인 것은 자유도가 7인 $t$분포에서 $P(|T| > 6.580) = 0.0003$인 것을 의미한다. 따라서 兩側檢定인 경우 유의수준 $\alpha$가 0.0003보다 큰 경우 $H_0$은 기각된다. 여기서 주의할 점은 $P(|T| > 6.580) = 0.0003$인 것은 $P(T > 6.580) = 0.00015$이므로 單側檢定인 경우는 Prob > | $T$ | 에 나타난 확률의 1/2(즉 0.00015)을 기준으로 하여야 한다.

[그림 19.8] $H_0$ : $\beta_1 = 0$에 대한 $t$검정과 기각역

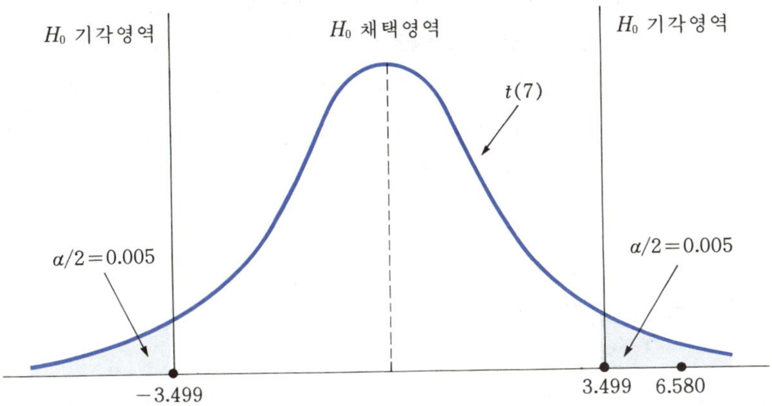


2) $\beta_2$에 대한 가설검정

$$t = -3.478 > -t_{0.005}(7) = -3.499$$

$$t = \frac{-4.0625-0}{1.1680} = -3.478 < -t_{0.025}(7) = -2.365$$

3) $\alpha$에 대한 가설검정

$$t = \frac{7.2343-0}{1.6494} = 4.386 > t_{0.005}(7) = 3.499$$

$\alpha$와 $b_1$은 모두 유의수준 $\alpha=0.01$일 때 유의적이나, $b_2$는 유의수준 $\alpha=0.01$에서는 유의적이 아니고 $\alpha=0.05$에서만 유의적이다. 즉 [그림 19.7]에서 Prob > | $T$ | 가 0.0103이므로 $\alpha$가 0.0103보다 클 경우(즉 $\alpha=0.05$) $H_0$는 기각되고 $\alpha$가 0.0103보다 작을 경우(즉 $\alpha=0.01$) $H_0$는 기각되지 않는다. 이러한 결과는 $b_1$이 상대적으로 $b_2$보다 중요하다는 앞에서의 결과와 일치한다.

$b_i$의 신뢰구간에 대하여 설명해 보자.

**회귀계수 $b_i$에 대한 $100(1-\alpha)$% 신뢰구간의 추정치**

$$b_i \pm t_{\alpha/2}(n-3) \cdot s_{b_i} \tag{19.25}$$

자유도가 10−3=7이고, 유의수준이 1% 경우 위의 예를 이용한 $\alpha$와 $\beta_i$에 대

한 99% 신뢰구간은 각각 다음과 같다.

(i) $\alpha$ : $7.2343 \pm 3.499(1.6494)$이므로 [1.463, 13.006]이다.

(ii) $\beta_1$ : $0.5547 \pm 3.499(0.0843)$이므로 [0.260, 0.850]이다.

(iii) $\beta_2$ : $-4.0625 \pm 3.499(1.1680)$이므로 [−8.149, 0.024]이다.

여기에서 $\beta_2$에 대한 99% 신뢰구간이 0을 포함하므로 $\alpha = 0.01$에서 표본자료는 $H_0$ : $\beta_2 = 0$을 지지하고 있다.

## 제 6 절 다중회귀모형을 이용한 추정과 예측

앞에서 고찰한 표본회귀선의 평가 결과 표본다중회귀방정식이 유용한 것으로 판단되는 경우에는 이를 추정 또는 예측도구로서 사용할 수 있게 된다. 제18장의 제 3 절에서 설명한 이변량의 경우에서와 마찬가지로 $Y$의 기대치에 대한 추정과 $Y$의 개별값에 대한 예측의 두 가지로 나누어서 고찰할 수 있다.

이러한 추정과 예측을 위하여는 $\hat{Y}_i$과 $Y_i$에 대한 표본표준편차가 필요한데 이를 구하는 식은 상당히 복잡하다. 따라서 $Y$의 기대치의 신뢰구간과 $Y$의 예측구간을 구하는 공식은 제시하지 않는다. 그러나 단순회귀분석의 경우와 마찬가지로 $Y$의 개별값에 대한 신뢰대가 $Y$의 기대값에 대한 신뢰대보다 크다는 것은 쉽게 유추가 가능할 것이다. 실제로 $X_1 = 4.5$, $X_2 = 1.25$인 경우 $E(Y)$에 대한 95% 신뢰구간은 [4.2999, 5.0047]이며 개별 $Y$의 95% 예측구간은 [3.5838, 5.7208]이다.

## 제 7 절 다중회귀모형의 가정에 대한 검토*

### 1. 다중회귀모형의 가정검토

우리는 제18장 제 4 절에서 단순회귀모형의 가정에 대한 검토를 위하여 잔차분석을 이용하는 방법을 설명하였다. 다중회귀모형의 가정도 단순회귀모형의 가정과 동일하므로(추가적인 2가지 가정만 더 있었음) 다중회귀모형의 가정을 검토할 때 제18장에서 설명한 잔차분석을 그대로 이용할 수 있다. 그러므로 여기서는 잔차분석에 유용하게 사용되는 통계량에 대해 설명하고자 한다.

제17장 제 1 절에서 제시된 $\varepsilon_i$분포에 대한 가정 4는 “서로 다른 관측치의 오차는 독립적이다(즉 $E(\varepsilon_i \varepsilon_j)=0,\ i \neq j$)”이었다. 이 가정 4는 관측치들이 시간의 순서에 따라 수집된 경제 · 경영자료인 경우에는 충족되기 힘든 경우가 많다. 만일 가정 4가 참이라면 잔차들은 선형의존성(linear dependence)이 거의 없을 것으로 기대된다.

## 2. 잔차의 자기상관계수

시간의 경과에 따라 수집된 경제 · 경영자료를 이용하여 회귀분석을 실시하는 경우에는 오차의 상관관계(즉 $E(\varepsilon_i \varepsilon_j)=0,\ i \neq j$)를 검토하여야만 한다.

$e_t$, $t=1, 2, \cdots, n$을 회귀분석결과의 잔차라고 하자. 첨자 $t$는 시간의 경과에 따른 잔차를 나타내기 위하여 사용하였다. 분석을 위하여 잔차들을 다음과 같은 두 그룹으로 나누어 보자.

| 그룹 1 | 그룹 2 |
|---|---|
| $e_1$ | $e_2$ |
| $e_2$ | $e_3$ |
| $\vdots$ | $\vdots$ |
| $e_{n-1}$ | $e_n$ |

각 그룹은 $n-1$개의 잔차로 구성되어 있음을 알 수 있다. 이제 잔차의 1차 자기공분산계수(lag 1 residual autocovariance coefficient)를 다음과 같이 정의한다.[2)]

$$c_1 = \frac{1}{n}\sum_{t=1}^{n-1} e_t e_{t+1} \tag{19.26}$$

식 (19.26)에 대응하는 잔차의 1차 자기상관계수(lag 1 residual autocorrelation coefficient)는 다음과 같다.[3)]

---

2) 각 그룹의 잔차의 평균은 거의 0에 가까울 것으로 기대된다. 즉 $\Sigma(e_t-0)(e_{t+1}-0)=\Sigma e_t e_{t+1}$이다. 자세한 것은 R. B. Miller and D. W. Wichern, *Intermediate Business Statistics*, 1977, Holt, Rinehart and Winston, pp. 267～270을 참조하기 바람.

3) 잔차의 $k$차 자기상관계수는 다음과 같다. $r_k = \left(\sum_{t=1}^{n-k} e_t e_{t+k}\right) \Big/ \left(\sum_{t=1}^{n} e_t^2\right)$

$$r_1 = \frac{c_1}{c_0} = \frac{\sum_{t=1}^{n-1} e_t e_{t+1}}{\sum_{t=1}^{n} e_t^2} \tag{19.27}$$

여기서

$$c_0 = \frac{1}{n} \sum_{t=1}^{n} e_t^2 \tag{19.28}$$

연속되는 잔차들의 부호와 크기가 같은 경우(이 경우 $e_t - e_{t-1}$의 절대값이 작아진다) $r_1$은 양수가 된다. 반면에 잔차들의 부호가 반대인 경우(이 경우 $e_t - e_{t-1}$의 절대값은 커진다) $r_1$은 음수가 된다. 따라서 큰 $|r_1|$의 값은 연속되는 두 잔차의 상관관계가 존재하는 것을 의미한다.

시간적으로 연속되는 두 오차 $\varepsilon_t$와 $\varepsilon_{t+1}(t=1, 2, \cdots, n-1)$의 상관계수를 $\rho_1$으로 나타내기로 하면 $r_1$은 $\rho_1$의 추정치가 된다. 따라서 $r_1$을 이용하며 $H_0$ : $\rho_1 = 0$에 대한 $H_1$ : $\rho_1 > 0$ 혹은 $H_1$ : $\rho_1 < 0$을 검정할 수 있다.

## 3. Durbin-Watson 통계량

자기상관(autocorrelation)을 검정하기 위한 Durbin-Watson통계량은 다음과 같다.

$$d = \frac{\sum_{t=2}^{n} (e_t - e_{t-1})^2}{\sum_{t=1}^{n} e_t^2} \doteqdot 2(1 - r_1) \tag{19.29}$$

$e_t$와 $e_{t-1}$의 부호가 같고 크기가 비슷한 경우(즉 $r_1$이 양수인 경우) $(e_t - e_{t-1})^2$의 값이 작아지기 때문에 $d$는 작아진다. $e_t$와 $e_{t-1}$이 모두 같은 부호이고 크기가 같다면(즉 $r_1 = 1$) $d = 0$이 될 것이다. 반대로 $e_t$와 $e_{t-1}$의 부호가 다르면(즉, $r_1$이 음수인 경우) $(e_t - e_{t-1})^2$의 값이 커지기 때문에 $d$는 커진다. $e_t$와 $e_{t-1}$이 모두 부호가 다르고 크기가 같다면(즉 $r_1 = -1$), $(e_t - e_{t-1})^2 = 4e_t^2$이 되므로 $d = 4$가 된다.

즉 $r_1 \doteqdot 0$이면 $d \doteqdot 2$가 되고 $r_1 \doteqdot 1$이면 $d \doteqdot 0$, $r_1 \doteqdot -1$이면 $d \doteqdot 4$가 된다. 따라서 $d$가 2에 가까우면 귀무가설 $H_0$ : $\rho_1 = 0$을 지지하며 $d$나 $d^* = 4-$

$d$가 0에 가까우면 $H_1 : \rho_1 > 0$과 $H_1 : \rho_1 < 0$을 각각 지지하는 것으로 볼 수 있다. 부록의 [표 18]에는 $\alpha = 0.05$에서의 임계치인 $d_L$과 $d_U$가 나타나 있으며 이 값들은 단측검정(좌측검정)의 임계치들이다.

1) $H_0 : \rho_1 = 0$, $H_1 : \rho_1 > 0$의 **검정**

$d \geq d_U$이면 $H_0$를 채택

$d \leq d_L$이면 $H_0$를 기각

$d_L < d < d_U$이면 결론을 유보

2) $H_0 : \rho_1 = 0$, $H_1 : \rho_1 < 0$의 **검정**

$d \leq 4 - d_U$이면 $H_0$를 채택

$d \geq 4 - d_L$이면 $H_0$를 기각

$4 - d_U \leq d \leq 4 - d_L$이면 결론을 유보

[그림 19.9] Durbin-Watson 검정(좌측검정 기준)

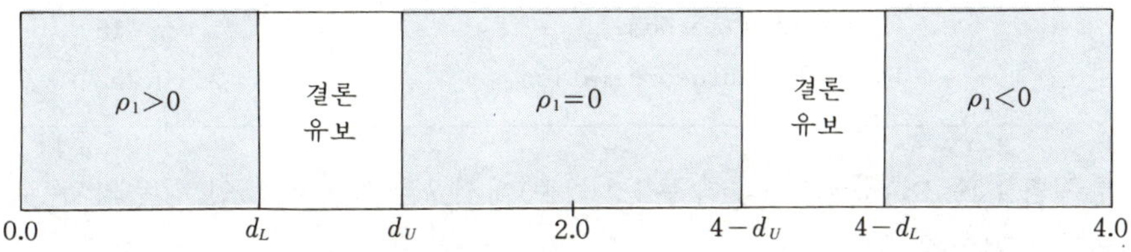


만일 귀무가설이 기각되면 연속되는(시차가 1인) 오차의 상관관계가 존재하는 것을 의미한다. 다른 가정들이 모두 만족되더라도 오차의 자기상관관계가 존재하는 경우 지금까지 설명된 회귀분석의 방법을 사용하여 추정된 회귀계수는 바람직한 추정치가 되지 못한다. 즉 오차의 자기상관관계가 존재할 때는 $\beta_i = 0$인 경우에도 모회귀계수의 추정치들인 $b_i$는 0과 매우 다른 값을 갖는 것으로(즉 $\beta_i$가 유의적인 것으로) 나타날 수 있다. 따라서 관측치들이 자기상관관계가 존재하는 것으로 판명이 되면 시간($t$)과 시차들을 고려해 주는 시계열모형(예 : $E(Y_t) = \alpha + \beta_1 t + \beta_2 Y_{t-1}$과 같은 자기회귀모형)을 작성하여야 한다.

Durbin-Watson 검정은 상당히 유용하지만 ① 결론유보(inconclusive)의 영역이 있는 점과 ② 1차 자기상관관계에 관한 정보만을 이용한다는 약점이 있다.

**예제 19.6**

예제 19.1의 자료가 시간의 순서대로 되어 있다고 하고 다음의 5개의

관측치가 더 있다고 가정할 때 $\alpha=0.05$에서 $H_0$ : $\rho=0$, $H_1$ : $\rho<0$을 검정하시오.

〈표 19.4〉 〈표 19.1〉에 대한 추가자료(5개 추가)

| $X_1$ | 2 | 3 | 2 | 4 | 3 | 5 | 4 | 6 | 7 | 8 | 7 | 9 | 8 | 8 | 9 |
|---|---|---|---|---|---|---|---|---|---|---|---|---|---|---|---|
| $X_2$ | 1.3 | 1.4 | 1.2 | 1.4 | 1.3 | 1.1 | 1.0 | 1.2 | 1.0 | 1.1 | 1.2 | 1.3 | 1.1 | 1.0 | 1.3 |
| $Y$ | 3 | 3 | 3 | 4 | 4 | 5 | 6 | 6 | 7 | 7 | 8 | 8 | 8 | 9 | 9 |

(풀이)

식 (19.29)을 이용하여 수작업으로 Durbin-Watson통계량을 구할 수도 있으나 SAS를 이용하면 $d=2.403$인 것을 쉽게 구할 수 있다.

[그림 19.10] SAS를 이용한 Durbin-Watson통계량

```
Durbin-Watson D                          2.403
(For Number of Obs.)                        15
1st Order Autocorrelation               -0.252
```

부록의 [표 18]($\alpha=0.05$의 좌측검정 기준)에서 $k=2$, $n=15$인 경우의 $d_L=0.95$, $d_U=1.54$이다.

[그림 19.11] 예제 19.6의 Dubin-Watson통계량

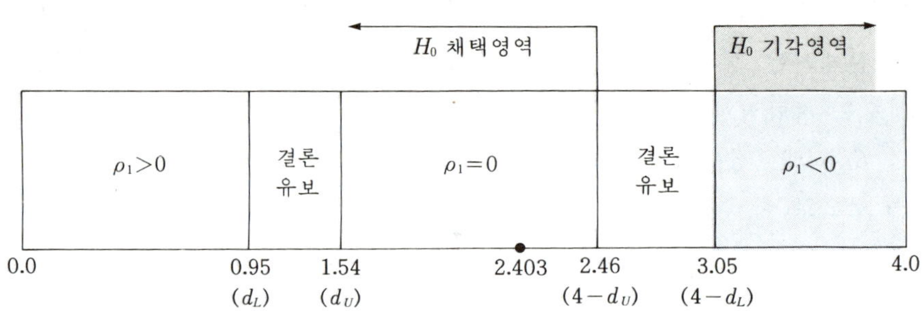


$d=2.403<4-d_U=2.46$이므로 $H_0$를 기각하지 않는다. 즉 오차들간에는 자기상관이 존재하지 않으므로 회귀분석을 이용하여도 된다.

# 제 8 절 다중상관분석*

상관분석은 원래 두 변수간의 선형관계의 유무나 두 변수간의 결합도 혹은 강도를 측정하는 것을 목적으로 한다. 따라서 多重回歸分析의 경우 변수가 여러 개가 되므로 여러 개의 상관계수를 정의할 수 있다. 여기서는 임의의 두 변수의 상관관계를 나타내는 단순상관계수 외에 편상관계수 및 다중상관계수에 대하여 고찰해 보자.

## 1. 편상관계수

偏相關係數(partial correlation coefficients)는 독립변수가 둘 또는 그 이상일 때만 존재한다.

**편상관계수**
다중회귀분석에서 $Y$와 $X_1$ 사이에 단순상관관계는 $X_2$의 값을 무시하고 즉 $X_2$의 값을 통제 안 된 상태(uncontrolled)로 놓고 $Y$와 $X_1$의 상관관계를 구하며 $r_{Y1}$로 나타낸다. 그러나 경우에 따라서는 $X_2$가 $Y$에 미치는 영향을 제거한 상태에서 $Y$와 $X_1$의 상관관계를 측정할 필요가 있는데 이를 $Y$와 $X_1$의 편상관관계(partial correlation)라고 하며 $r_{Y1\cdot2}$로 나타낸다.

편상관계수는 편회귀계수와 매우 밀접한 관계가 있고, 단순상관계수를 이용하여 쉽게 정의할 수 있다.

$r_{Y1}$ : $Y$와 $X_1$간의 단순상관계수
$r_{Y2}$ : $Y$와 $X_2$간의 단순상관계수
$r_{12}$ : $X_1$와 $X_2$간의 단순상관계수

이들 단순상관계수들을 통하여 편상관계수를 다음과 같이 도출할 수 있다. $r_{Y1\cdot2}$의 기호의 의미는 ·뒤에 나오는 변수의 $Y$에 대한 영향이 제거된 상태에서 $Y1$(즉 $Y$와 $X_1$) 사이의 편상관관계를 나타내는 계수이다. 독립변수가 $X_1$, $X_2$, $X_3$, $X_4$, $X_5$의 다섯개가 있는 경우 $Y$와 $X_1$의 편상관계수는 $r_{Y1\cdot2345}$로

나타낼 수 있다.[4)]

$$r_{Y1\cdot2} = \frac{r_{Y1} - r_{Y2}r_{12}}{\sqrt{(1-r_{Y2}^2)(1-r_{12}^2)}} \tag{19.30}$$

$$r_{Y2\cdot1} = \frac{r_{Y2} - r_{Y1}r_{12}}{\sqrt{(1-r_{Y1}^2)(1-r_{12}^2)}} \tag{19.31}$$

$$r_{12\cdot Y} = \frac{r_{12} - r_{Y1}r_{Y2}}{\sqrt{(1-r_{Y1}^2)(1-r_{Y2}^2)}} \tag{19.32}$$

**예제 19.7**

예제 19.1의 장난감 판매량에 대한 단순상관계수를 구하면,

$r_{Y1} = 0.9235$　　$r_{Y1}^2 = 0.8528$

$r_{Y2} = -0.78$　　$r_{Y2}^2 = 0.6123$

$r_{12} = -0.5774$　　$r_{12}^2 = 0.3333$

이다. 앞의 식을 이용하여 편상관계수를 구하시오.

(풀이)

$r_{Y1\cdot2} = 0.9278$　　$r_{Y1\cdot2}^2 = 0.8608$

$r_{Y2\cdot1} = -0.7957$　　$r_{Y2\cdot1}^2 = 0.6331$

$r_{12\cdot Y} = 0.6080$　　$r_{12\cdot Y}^2 = 0.3697$

편상관계수의 제곱치는 편결정계수(coefficients of partial determination)라 한다. 그리고 $r_{Y1\cdot2}^2 = 0.8608$이 의미하는 것은 $Y$(판매량)에 있어서 변동의 86% 이상이 $X_1$(광고비용)에 연관되었음을 나타낸다.

귀무가설이 $H_0$ : $\rho_{Y1\cdot2} = 0$인 경우에 대한 편상관계수의 검정에는 $t$-검정을 이용한다. 즉,

**편상관계수의 유의성검정**

1) $H_0$ : $\rho_{Y1\cdot2} = 0$을 검정하기 위한 검정통계량 $T$는 자유도가 $n-k-1$ (즉 $n-3$)인 $t$분포를 한다.

---

4) $t = b_i/s_{b_i}$라고 하면 $r_{YX_i\cdot T} = \frac{t}{\sqrt{t^2+(n-k-1)}}$이 성립한다. $T$는 $X_i$를 제외한 $k-1$개의 변수를 말한다. 따라서 $t=0(b_i=0)$인 경우 $r_{YX_i\cdot T}$는 0이 되며 $r_{YX_i\cdot T}$는 $t$와(즉 $b_i$와) 동일한 부호를 갖는다.

$$T = \frac{r_{Y1\cdot 2}\sqrt{n-3}}{\sqrt{1-r^2_{Y1\cdot 2}}} \tag{19.33}$$

2) $H_0$ : $\rho_{Y1\cdot 2}=0$의 검정은 $H_0$ : $\beta_1=0$의 검정과 동일하고
$H_0$ : $\rho_{Y2\cdot 1}=0$의 검정은 $H_0$ : $\beta_2=0$의 검정과 동일하다.

예제 19.8

앞의 장난감 판매량에 대한 자료를 대상으로 편상관계수가 0인지를 양측 검정하시오.

(풀이)

1) $H_0$ : $\rho_{Y1\cdot 2}=0$을 검정하면($t_{0.005}(7)=3.499$)

$$t = 0.9278\sqrt{\frac{10-3}{1-0.8608}} = 6.58$$

이는 유의수준 $\alpha=0.01$에서 유의적이 되고,

2) $H_0$ : $\rho_{Y2\cdot 1}=0$을 검정하면($t_{0.01}(7)=2.998$)

$$t = -0.7957\sqrt{\frac{10-3}{1-0.6331}} = -3.48$$

로 이는 유의수준 $\alpha=0.02$에서 유의적이며,

3) $H_0$ : $\rho_{12\cdot Y}=0$을 검정하면($t_{0.05}(7)=1.895$)

$$t = -0.6080\sqrt{\frac{10-3}{1-0.3697}} \doteqdot -2.03$$

으로 이는 유의수준 $\alpha=0.10$에서만 유의적이 됨을 알 수 있다. 마지막 검정 결과는 두 독립변수들간의 상관도가 그리 높지 않다는 것을 말해 준다. 대체로 다른 조건이 일정하다고 할 때, 독립변수들 사이의 공변동의 정도가 낮으면 낮을수록 회귀분석의 결과는 점차 좋아진다.

## 2. 다중상관계수

편상관계수와는 달리 종속변수 $Y$와 $k$개의 독립변수 전체 사이의 동시적

결합도를 측정하기 위하여는 다중상관계수를 이용하여야 한다. 多重相關係數(coefficient of multiple correlation)는 다중결정계수의 제곱근으로 $R$로 표시한다. 다중상관계수는 개념상 $Y$와 $\hat{Y}$간의 단순상관계수를 의미한다.

1) 다중상관계수

$$r_{Y\hat{Y}} = R = \sqrt{\frac{\text{SSR}}{\text{SST}}} = +\sqrt{R^2} \tag{19.34}$$

2) $\rho$를 모집단의 다중상관계수라고 할 때 $H_0$ : $\rho=0$의 검정은 $H_0$ : $\beta_1 = \beta_2 = \cdots = \beta_k = 0$의 검정과 동일하다.

다중상관계수의 가설검정에 대하여 설명해 보자. 표본의 다중상관계수 $R$의 모수를 $\rho$라고 표시하면 귀무가설과 대립가설은 다음과 같다.

$$H_0 : \rho = 0$$
$$H_1 : \rho \neq 0$$

다중상관계수에 대한 유의성검정은 다음과 같은 $F$검정을 이용하여 수행한다.

$$F = \frac{R^2/2}{(1-R^2)/(n-3)} = \frac{\text{MSR}}{\text{MSE}} \tag{19.35}$$

$H_0$ : $\rho=0$에 대한 검정은 식 (19.21)의 $H_0$ : $\beta_1 = \beta_2 = 0$의 검정(모형 전체의 검정)과 동일함을 알 수 있다.

예제 19.9

예제 19.1의 경우에서 $H_0$ : $\rho=0$, $H_1$ : $\rho \neq 0$을 유의수준 $\alpha = 0.01$에서 검정하시오.

(풀이)

$$F = \frac{0.9461/2}{(1-0.9461)/(10-3)} = 61.44 > F_{0.01}(2, 7) = 9.55$$

따라서 귀무가설 $H_0$ : $\rho=0$은 기각된다.

## 제 9 절 다중회귀분석의 주요문제*

여기서는 단순회귀분석에서는 발생하지 않는 몇 가지 문제들을 설명하려고 한다.

### 1. 독립변수들의 선정

일반적으로 $R^2$의 값은 독립변수의 수가 증가함에 따라 증대한다. 그러나 회귀분석에 보다 많은 독립변수들을 포함시키고자 하는 경우에는 두 가지 점에 유의해야 한다.

첫째는, 독립변수의 수가 너무 많은 경우에는 편회귀계수의 실제적인 해석이 어려워진다는 점이다. 그러므로 회귀분석에 있어서 $R^2$의 값을 증가시킬 목적으로 너무 많은 독립변수를 포함시키는 것은 될수 있는 한 피해야 한다. 독립변수의 수는 분석에 꼭 필요한 것으로 제한하는 것이 바람직하다.

둘째, 회귀분석을 위한 독립변수들의 선정에 관한 것이다. 이 문제는 명확한 이론에 의해 뒷받침되지 못하는 경우에는 매우 어렵게 된다. 이런 경우 段階的回歸(stepwise regression)를 이용할 수 있다. 대부분의 통계패키지들은 다음과 같은 반복적인 회귀분석을 자동적으로 수행한다.

제 1 단계 : 각각의 독립변수들에 대한 $Y$의 단순회귀를 통하여 각 경우의 $r^2$을 구한 다음 그 중에서 가장 높은 $r^2$을 갖는 독립변수 $X_i$를 택한다.

제 2 단계 : 이렇게 선정된 독립변수 $X_i$(들)와 아직 선정되지 않은 독립변수들 각각에 대한 $Y$의 다중회귀분석을 하여 이들 중 가장 큰 $R^2$를 갖는 독립변수를 다음 독립변수로 선정한다. 이 때 $R^2$의 증가분이 통계적으로 유의한지를 $F$통계량으로 검정하여야 한다.

제 3 단계 : 새로운 독립변수가 추가된 후에는 기존의 독립변수가 각각 다시 검정되고 의미가 없는 독립변수는 제외된다.

제 4 단계 : $F$검정을 이용하여 새로이 추가되는 모든 독립변수가 통계적으로 유의하지 않을 때까지(제 2 단계) 또 의미가 없는 기존의 독립변수가 전부 제외될 때까지(제 3 단계) 2단계와 3단계의 과정이 계속 반복된다.

이러한 방법을 단계적 회귀(stepwise regression)라 한다. 한가지 유의할 점은 단계적 회귀를 수행하여 얻은 최종모형이 모든 면에서 최상의 모형을 보장하지는 않는다는 것이다. 예를 들어 처음부터 중요한 변수가 고려의 대상이 되지 않은 경우나 후술하는 다중공선성의 문제 등은 단계적 회귀가 해결해 주지 못한다.

## 2. 다중공선성(multicollinearity)

다중회귀분석의 기본모형을 설정함에 있어서 우리는 단순회귀분석에서의 기본가정 외에 두 가지의 가정을 추가하였었다. 그 중의 하나가 $\rho(X_i, Y_i) \neq 1$, $i \neq j$이었다. 이 가정은 독립변수들 간에 선형상관관계가 없어야 된다는 의미이다. 만일 $\rho(X_i, X_j)$의 값이 1에 가까워지면 최소자승법을 이용하는 다중회귀분석에서는 多重共線性의 문제가 발생하게 된다.

$X_1$과 $X_2$의 표본상관계수 $r$이 $r=1$인 경우

$$r = \frac{S_{X1X2}}{S_{X1}S_{X2}} = \frac{\sum x_{i1}x_{i2}}{\sqrt{\sum x_{i1}^2 \sum x_{i2}^2}} = 1$$

이 되며, 양변을 제곱하여 정리하면

$$\sum x_{i1}^2 \sum x_{i2}^2 - (\sum x_{i1}\, x_{i2})^2 = 0 \tag{19.36}$$

이 된다. 그런데 최소자승법을 이용한 회귀계수의 추정치($b_1$과 $b_2$)는 식 (19.8)과 식 (19.9)에서 알 수 있듯이 식 (19.36)이 분모에 나타나 있다. 분모는 0이 될 수 없으므로 $X_1$과 $X_2$ 사이에 완전한 선형관계가 나타나면 최소자승법에 의한 회귀계수의 추정치 자체가 정의될 수 없다.

물론 적절히 선택된 두 독립변수 사이에 완전선형관계(즉 $r=1$)가 존재하기는 힘들지만 두 독립변수간의 선형상관관계가 상당히 높아지면 $s_{b1}$과 $s_{b2}$의 값이 상당히 커지게 되어 문제가 발생한다.

식 (19.23)에서 알 수 있듯이 식 (19.36)의 값은 $s_{b1}$와 $s_{b2}$의 분모에 포함된다. 즉 두 독립변수간의 선형관계가 1에 가까워지면 $s_{b1}$과 $s_{b2}$의 분모가 0에 가까워지므로 $s_{b1}$과 $s_{b2}$의 값이 굉장히 커지게 된다. $H_0$ : $\beta_i = 0$을 검정하기 위한 $t$통계량은

$$T = \frac{b_i - 0}{s_{bi}} \tag{19.24}$$

이고 $\beta_i$에 대한 신뢰구간은

$$b_i - t_{\alpha/2}(n-3) \cdot s_{bi} < \beta_i < b_i + t_{\alpha/2}(n-3) \cdot s_{bi} \tag{19.25}$$

이었다. 이제 $s_{bi}$가 상당히 커지면 검정통계량 $T$의 값은 상당히 작아지고 따라서 $H_0$ : $\beta_i = 0$의 가설을 기각하기 힘들게 된다. 또 $s_{bi}$가 상당히 커지면 $\beta_i$에 대한 신뢰구간의 폭이 상당히 커지며 이는 곧 $b_i$가 $\beta_i$의 추정치로서 가치가 줄어드는 것을 의미한다.

다중공선성의 문제가 발생하면 두 변수 중 하나를 회귀모형에서 사용하지 않는 방법이 이용될 수 있다. 예를 들어 $Y$를 기업의 총수입, $X_1$을 기업의 종업원 수, $X_2$를 인건비 등의 경비라고 하면 $X_1$과 $X_2$는 상당히 서로 연관될 것이 분명하다. 이 때 $X_1$과 $X_2$를 회귀모형에 모두 포함시키는 경우 $s_{b1}$과 $s_{b2}$가 증가하여 $t$값을 감소시키므로 다중공선성의 문제가 발생한다.

## 3. 가변수(dummy variable, indicator variable)

지금까지 회귀모형에서 다룬 변수들은 量的 變數(quantitative variable)이었다. 그러나 경우에 따라서는 분석의 목적상 質的 變數(qualitative variable)를 사용하여야 할 경우가 있다. 예를 들면 판매량은 광고비(양적 변수)와 판매장소(질적 변수)에 따라 달라질 수가 있고 또 계절(질적 변수)에 따라 달라질 수도 있다.

독립변수가 하나인 회귀모형에서도 추출한 표본의 관측치들이 두 가지 서로 다른 여건 속에서 얻어진 경우 질적 변수가 나타난다. 즉 판매장소가 도심지역과 변두리지역으로 나누어 관찰된 경우, 같은 광고비를 지출하여도 판매량은 다를 수 있는 것이다.

회귀모형에서 질적 변수를 고려하기 위하여는 질적 변수에 수치를 부여하여 모형에 포함시키는데, 일반적으로 假變數가 이용되며 가변수의 값은 0이나 1이다. 회귀모형에서 가변수를 이용하는 예는 제18장의 응용사례를 통하여 살펴보기로 하자.

## 제10절 비선형회귀모형*

지금까지는 독립변수와 종속변수의 관계가 선형인 일반선형회귀모형에 대하여 고찰하였다. 본절에서는 독립변수와 종속변수간의 관계가 선형이 아니고 비선형인 경우에 대하여 살펴보기로 한다.

### 1. 다항식 함수

독립변수와 종속변수의 관계가 다음과 같은 2차식의 함수로 나타나는 경우를 고려해 보자.

$$Y_i = \alpha + \beta_1 X_i + \beta_2 X_i^2 \tag{19.37}$$

이와 같은 모형이 주어지는 경우 $X = X_1$, $X^2 = X_2$로 변수를 전환하면 식 (19.37)은 다음과 같은 중회귀모형이 된다.

$$Y_i = \alpha + \beta_1 X_{i1} + \beta_2 X_{i2} + \varepsilon_i \tag{19.38}$$

따라서 중회귀모형을 이용하여 회귀계수 $\alpha$, $\beta_1$, $\beta_2$를 추정할 수 있다.

### 2. 준대수변환

변수들의 관계가 다음과 같은 지수함수로 표시된 경우를 고려해 보자 ($\beta > 0$).

$$Z_i = \alpha \beta^{X_i} \tag{19.39}$$

식 (19.39)의 양변에 대수(log)를 취하면

$$\log Z_i = \log \alpha + (\log \beta) X_i \tag{19.40}$$

이 된다. 이러한 함수를 準對數函數(semilog function)라고 하는데 그 이유는 변수 하나는 대수로 표시되었고 다른 하나는 변수로 표시되었기 때문이다. $\log Z_i = Y_i$, $\log \alpha = \alpha'$, $\log \beta = \beta'$ 로 하면 식 (19.39)는

$$Y_i = \alpha' + \beta' X_i + \varepsilon_i \tag{19.41}$$

의 단순회귀모형으로 생각할 수 있다. 이 경우 $\alpha'$, $\beta'$의 추정치를 구한 다음 역대수를 취하여 $\alpha$와 $\beta$의 추정치를 구한다.

## 3. 이중대수변환

변수들의 관계가

$$Z_i = \alpha W_i^{\beta} \tag{19.42}$$

인 경우 양변에 대수(log)를 취하면

$$\log Z_i = \log \alpha + \beta(\log W_i) \tag{19.43}$$

이 된다. 식 (19.43)은 변수 모두가 대수로 표시되었으므로 이러한 변환을 二重對數變換(double-log transformation)이라고 한다. $\log Z_i = Y_i$, $\log \alpha = \alpha'$, $\log W_i = X_i$라 하면 식 (19.42)는

$$Y_i = \alpha' + \beta X_i + \varepsilon_i \tag{19.44}$$

의 단순회귀모형으로 생각할 수 있다.

## 4. 역수 함수

변수들의 관계가

$$Y_i = \alpha + \frac{\beta}{Z_i}, \qquad \alpha,\ \beta,\ Z_i > 0 \tag{19.45}$$

인 경우 $1/Z_i = X_i$로 하면 식 (19.45)는

$$Y_i = \alpha + \beta X_i + \varepsilon_i$$

의 회귀모형으로 생각할 수 있다.

**예제 19. 10**

미시경제학의 Cobb-Douglas 생산함수는 다음과 같이 주어진다.

$$Q = \alpha C^{\beta_1} L^{\beta_2} \tag{19.46}$$

여기서 $Q$는 생산량, $C$는 자본, $L$은 노동의 투입량을 나타낸다. $\alpha$와 $\beta_1$, $\beta_2$를 회귀모형을 이용하여 추정하시오.

(풀이)

식 (19.46)의 양변에 로그를 취하면

$$\log Q = \log \alpha + \beta_1 \log C + \beta_2 \log L \tag{19.47}$$

$\log Q = Y$, $\log \alpha = \beta_0$, $\log C = X_1$, $\log L = X_2$라고 하면 식 (19.46)은

$$Y_i = \beta_0 + \beta_1 X_{i1} + \beta_2 X_{i2} + \varepsilon_i \tag{19.48}$$

의 다중회귀모형을 이용하여 추정할 수 있다. $\alpha$의 추정치는 $\beta_0$의 추정치를 구한 후 역대수를 취하면 된다.

## 연습문제

19. 1 다음을 설명하시오.

(1) 다중회귀모형의 가정　　(2) beta-계수
(3) 다중결정계수　　(4) 조정다중결정계수
(5) 자기상관관계　　(6) Durbin-Watson 통계량
(7) 편상관계수　　(8) 단계적회귀
(9) 다중공선성　　(10) 가변수

19. 2 피크타임(peak time)의 전력수요 $Y$(단위 : Kwh)는 피크타임의 전력요금인 $X_1$(단위 : 원)과 비피크타임의 전력요금인 $X_2$(단위 : 원)와 선형관계를 갖는 것으로 알려졌고 다음과 같은 자료를 얻었다.

| $Y$ | $X_1$ | $X_2$ |
|---|---|---|
| 775 | 4.0 | 2.0 |
| 820 | 3.5 | 2.5 |
| 500 | 6.0 | 3.0 |
| 550 | 5.0 | 3.0 |
| 660 | 4.0 | 2.0 |
| 570 | 5.0 | 2.5 |
| 850 | 3.0 | 2.5 |
| 810 | 2.5 | 2.0 |
| 565 | 6.0 | 4.0 |

다음과 같은 과정들을 수작업으로 계산해 보자.

(1) $\sum Y_i$, $\bar{Y}$, $\sum X_{i1}$, $\bar{X}_1$, $\sum X_{i2}$, $\bar{X}_2$, $\sum Y_i^2$, $\sum X_{i1}^2$, $\sum X_{i2}^2$, $\sum X_{i1} Y_i$, $\sum X_{i2} Y_i$, $\sum X_{i1} X_{i2}$

(2) $\sum y_i^2$, $\sum x_{i1}^2$, $\sum x_{i2}^2$, $\sum y_i x_{i1}$, $\sum y_i x_{i2}$, $\sum x_{i1} x_{i2}$(예제 19.1 참조)

(3) $b_1$, $b_2$, $a$(식 (19.8), (19.9), (19.10) 참조)

(4) $s_Y(=\hat{\sigma}_Y)$, $s_{X1}(=\hat{\sigma}_{X1})$, $s_{X2}(=\hat{\sigma}_{X2})$

(5) SST, SSR, SSE, $s$, $R^2$, $\bar{R}^2$(식 (19.15), (19.16), (19.17), (19.18), (19.19), (19.20) 이용)

(6) $H_0$ : $\beta_1=\beta_2=0$에 대한 $F$검정을 하시오(식 (19.21) 이용).

(7) $s_{b1}$, $s_{b2}$(식 (19.23) 이용)

(8) $\alpha=0.05$에서

(i) $H_0$ : $\beta_1=0$, $H_1$ : $\beta_1\neq 0$와

(ii) $H_0$ : $\beta_2=0$, $H_1$ : $\beta_2\neq 0$의 가설검정을 하시오(식 (19.24) 이용).

(9) $\beta_i$에 대한 95% 신뢰구간을 설정하시오(식 (19.25) 이용).

(10)* beta-계수 $b_1^*$, $b_2^*$, $a^*$를 구하시오(식 (19.11) 이용).

(11)* 표준화된 표본회귀방정식을 나타내시오.

(12)* 단순상관계수 $r_{Y1}$, $r_{Y2}$, $r_{12}$

(13)* 편상관계수 $r_{Y1\cdot 2}$, $r_{Y2\cdot 1}$, $r_{12\cdot Y}$(식 (19.30), (19.31), (19.32) 이용)

(14)* $H_0$ : $\rho_{Y1\cdot 2}=0$에 대한 가설검정을 $\alpha=0.05$에서 하시오(식 (19.33) 이용).

(15) 다음은 $Y$와 $X_1$, $X_2$에 대한 회귀모형의 SPSS 출력결과이다. SPSS 출력결과들과 지금까지 구한 값들을 비교하시오. 수작업으로 구한 값과 SPSS 출력결과는 반올림오차 때문에 약간씩 다른 값을 갖는

것은 당연하다. SPSS출력에서 Regression은 SSR을, Residual은 SSE를, Standard Error는 $s$를, R Square는 $R^2$을, Adjusted R square는 $\bar{R}^2$을 나타낸다. 또 SPSS출력에서 Sig T와 Signif F는 SAS출력에서 Prob>|T|와 Prob>F를 의미한다.

```
Multiple R                .93198
R Square                  .86859
Adjusted R Square         .82479
Standard Error          57.20248

Analysis of Variance
                      DF       Sum of Squares        Mean Square
Regression             2         129772.81405        64886.40703
Residual               6          19632.74150         3272.12358

F=        19.83006     Signif F=      .0023

          * * *  M U L T I P L E   R E G R E S S I O N  * * *

Equation Number 1     Dependent Variable..     Y

--------------- Variables in the Equation ----------------

Variable                 B          SE B          Beta           T    Sig T

X2               46.162658     47.422381       .219855        .973    .3679
X1             -118.823979     24.692042     -1.086865      -4.812    .0030
(Constant)     1072.145857     84.425749                    12.699    .0000
```

19. 3 S백화점의 판매부장은 판매능력이 판매원의 화술과 직업에 대한 만족도에 달려 있다고 믿고 있다. 이를 증명하기 위해서 10명의 판매원을 임의추출하여 화술과 직업에 대한 만족도에 관한 두 번의 시험결과 그들이 얻은 점수가 다음 표와 같았다. $X_1$와 $X_2$에 대한 $Y$의 회귀방정식을 추정하라.

| 판 매 원 | $Y_i$ | $X_{i1}$ | $X_{i2}$ |
|---|---|---|---|
| 1 | 1 | 1 | 2 |
| 2 | 1 | 1 | 1 |
| 3 | 1 | 2 | 1 |
| 4 | 2 | 2 | 3 |
| 5 | 2 | 3 | 2 |
| 6 | 4 | 3 | 4 |
| 7 | 3 | 4 | 3 |
| 8 | 5 | 4 | 5 |
| 9 | 6 | 5 | 4 |
| 10 | 6 | 5 | 6 |

$Y$ = 판매원의 월평균 판매실적(단위 : 백만 원)

$X_1$ = 화술시험성적(매우 불량은 1, 매우 양호는 5)

$X_2$ = 직업에의 만족도에 대한 시험성적(매우 불만을 1, 매우 만족을 6)

19. 4 위 표의 회귀분석을 SAS를 이용하여 분석하였다.

```
                         Analysis of Variance

                      Sum of          Mean
  Source      DF      Squares         Square          F Value       Prob>F

Model          2      34.60172       17.30086          52.694        0.0001
Error          7       2.29828        0.32833
C Total        9      36.90000

     Root MSE        0.57300         R-square        0.9377
     Dep Mean        3.10000         Adj R-sq        0.9199
     C.V.           18.48376


                         Parameter Estimates

                   Parameter     Standard       T for H0:
Variable    DF     Estimate      Error          Parameter=0     Prob > |T|

INTERCEP     1    -0.898276     0.43199188         -2.079          0.0762
   X1        1     0.691379     0.21675898          3.190          0.0153
   X2        1     0.620690     0.19426405          3.195          0.0152
```

다음이 성립함을 설명하여 보시오.

(1) $H_0$: $\beta_1 = \beta_2 = 0$은 $\alpha = 0.01$에서 기각된다.

(2) $s_a = 0.43199$, $s_{b1} = 0.2168$, $s_{b2} = 0.1943$

(3) 유의수준 $\alpha = 0.05$의 양측검정에서 $H_0$ : $\alpha = 0$은 채택되나 $H_0$ : $\beta_1 = 0$나 $H_0$ : $\beta_2 = 0$는 기각된다.

(4) 회귀계수에 대한 95% 신뢰구간은 다음과 같다.

$$-1.9196 \leq \alpha \leq 0.1228$$

$$0.1791 \leq \beta_1 \leq 1.2037$$

$$0.1614 \leq \beta_2 \leq 1.0800$$

(5) $R^2 = 0.9377$, $\bar{R}^2 = 0.9199$

19. 5* 연습문제 19.5를 대상으로 하여 다음을 구하시오.

(1) $r_{Y1}$, $r_{Y1}^2$, $r_{Y2}$, $r_{Y2}^2$, $r_{12}$, $r_{12}^2$

(2) $r_{Y1\cdot2}$, $r_{Y1\cdot2}^2$, $r_{Y2\cdot1}$, $r_{Y2\cdot1}^2$

(3) $R = r_{Y\hat{Y}}$

19. 6 어느 산업의 종업원 시간당 급여($Y$)는 종업원의 근무경험($X_1$)과 교육수준($X_2$)과 관계가 있다고 하며 다음과 같이 주어졌다. 또 SAS출력결과가 주어졌다.

| 시간당 급여(단위 : 천 원) : $Y$ | 근무경험(년) : $X_1$ | 교육수준(교육연수) : $X_2$ |
|---|---|---|
| 10 | 10 | 10 |
| 15 | 10 | 12 |
| 20 | 4 | 16 |
| 12 | 20 | 8 |
| 12 | 12 | 12 |
| 9 | 3 | 10 |
| 5 | 2 | 8 |
| 4 | 1 | 8 |
| 8 | 6 | 4 |
| 25 | 5 | 20 |
| 40 | 20 | 15 |
| 10 | 8 | 9 |
| 11 | 9 | 12 |

Analysis of Variance

| Source | DF | Sum of Squares | Mean Square | F Value | Prob>F |
|---|---|---|---|---|---|
| Model | 2 | 838.19916 | 419.09958 | 14.617 | 0.0011 |
| Error | 10 | 286.72392 | 28.67239 | | |
| C Total | 12 | 1124.92308 | | | |

| | | | |
|---|---|---|---|
| Root MSE | 5.35466 | R-square | 0.7451 |
| Dep Mean | 13.92308 | Adj R-sq | 0.6941 |
| C.V. | 38.45889 | | |

Parameter Estimates

| Variable | DF | Parameter Estimate | Standard Error | T for H0: Parameter=0 | Prob > \|T\| |
|---|---|---|---|---|---|
| INTERCEP | 1 | -10.025904 | 4.72748389 | -2.121 | 0.0599 |
| X1 | 1 | 0.737800 | 0.25367405 | 2.908 | 0.0156 |
| X2 | 1 | 1.598464 | 0.37377162 | 4.277 | 0.0016 |

(1) $a$, $b_1$, $b_2$의 값을 찾고 그 의미를 설명하시오.

(2) $\alpha=0.05$에서 $H_0 : \beta_i=0$, $H_1 : \beta_i \neq 0$을 검정하시오.

(3) $R^2$, $s$의 값은?

(4) $X_1$과 $X_2$ 전체변수가 회귀모형을 잘 설명하는가?

19. 7 A회사의 생산부장은 총생산량(단위 : 1,000개)이 노동투입량($X$ : 단위 100시간)과 이차다항식의 형태로 관련되어 있다고 믿고, 이를 증명하기 위해 다음과 같은 표본자료를 얻었다.

| $Y_i$ | 1 | 3 | 5 | 7 | 9 | 10 | 11 | 10 | 9 | 8 |
|---|---|---|---|---|---|---|---|---|---|---|
| $X_i$ | 1 | 1 | 2 | 2 | 3 | 4 | 5 | 6 | 7 | 7 |

(1) 위의 자료를 대상을 $X$에 대한 $Y$의 산점도를 작성하고 이 경우 이차다항식의 형태가 타당한지를 밝혀라.

(2) 위의 자료를 대상으로 다음과 같은 추정방정식을 도출할 수 있음을 증명하라.

$$\hat{Y}_i = -2.96076 + 5.5874X_i - 0.565534X_i^2$$

## 응용사례

# 가변수와 잔차분석을 이용한 경영의사결정

ABC건설회사는 시내 변두리에 건물을 신축할 가능성에 대한 조사를 하려고 한다. 이 회사는 건물을 신축하여서 임대사업을 하려고 하는데 임대료는 건물에 대한 시장수요와 공급에 따라 결정된다고 한다.

회사가 결정하고 싶은 사항은 건물자체만 임대하는 것과 건물에 필요한 설비를 제공하는 조건으로 임대하는 것의 두 가지 조건 중에서 하나를 선택하는 것이다(또 건물의 관리를 제공하는 경우와 그렇지 않은 경우에서 선택). 회사에서는 필요한 설비를 제공하는 경우에는 건물만 임대하는 경우보다 적어도 100(단위 : 십만 원)단위 이상의 임대료수입이 있어야만 사업의 수익성이 있는 것으로 판단하고 있다(건물의 관리를 제공하는 경우 적어도 70 이상의 추가적인 임대료수입의 있어야 사업의 수익성이 있음).

〈표 1〉 건물임대료에 대한 표본관측치

| 관 측 치 | 임 대 료<br>(단위 : 십만 원) | 건물크기(평수) | 설비유무 | 관리유무 |
|---|---|---|---|---|
| 1 | 290 | 1,100 | 0 | 0 |
| 2 | 345 | 950 | 1 | 0 |
| 3 | 400 | 1,240 | 0 | 1 |
| 4 | 280 | 960 | 0 | 0 |
| 5 | 390 | 1,210 | 0 | 1 |
| 6 | 630 | 1,830 | 1 | 1 |
| 7 | 620 | 2,050 | 1 | 0 |
| 8 | 650 | 2,420 | 0 | 0 |
| 9 | 530 | 1,710 | 1 | 0 |
| 10 | 660 | 2,200 | 0 | 1 |
| 11 | 460 | 1,360 | 1 | 0 |
| 12 | 800 | 2,500 | 1 | 1 |
| 13 | 640 | 2,300 | 0 | 0 |
| 14 | 250 | 1,950 | 1 | 1 |
| 15 | 440 | 1,420 | 0 | 1 |
| 16 | 360 | 1,300 | 0 | 0 |
| 17 | 330 | 1,050 | 1 | 0 |
| 18 | 580 | 1,700 | 1 | 1 |

임대료의 결정요소로는 건물의 크기(평수)를 독립변수로 보았으며 사람들이 이와 같은 조건하에서 어떻게 생각하는지(즉 시장에서 형성된 임대료 수준)를 알기 위하여 유사한 상황하의 18개 관측치들을 표본으로 선정하였다.

## 1. 가변수가 하나인 경우

이 회사는 임대료(RENT)가 평수로 계산된 건물크기(SIZE)와 설비유무(FURN)의 함수로 가정하였다. 각각의 변수명을 $Y$, $X_1$, $X_2$ 대신에 *RENT, SIZE, FURN*으로 표시하기로 하면 모회귀식은 다음과 같다.

$$RENT = \alpha + \beta_1 SIZE + \beta_2 FURN + \varepsilon$$

여기서 *RENT*와 *SIZE*는 양적 변수이고 *FURN*은 질적 변수이다. *FURN*은 가변수로 0과 1의 두 값 중에서 하나를 갖는다. 즉,

$$FURN = \begin{cases} 0, & \text{건물만 제공되는 경우(설비가 없는 경우)} \\ 1, & \text{설비가 제공되는 경우} \end{cases}$$

〈표 1〉은 표본관측치들을 나타내며 SAS를 이용하면 다음의 표본회귀식을 얻는다.

$$\widehat{RENT} = 52.338 + 0.257\,SIZE + 21.188\,FURN$$

SAS출력결과의 일부가 [그림 1]에 나타나 있다. SSE = 444,512.50이고 309,271.12(SSR)가 회귀모형에 의하여 설명되고 있다. 따라서 $R^2$는 약 0.6958이며 $F$값도 17.15이어서 모형 전체는 설명력이 있는 것으로 평가된다. 각각의 변수를 따로 고려해 볼 때 *SIZE*라는 변수는 $t = 5.756$이므로 $\alpha = 0.0001$하에서도 유의적임을 알 수 있으나 *FURN*이라는 변수는 $t = 0.47$로 $\alpha = 0.6$에서도 유의적이 아님을 알 수 있다.

*FURN*의 계수가 유의적이 아님에도 불구하고 *FURN*의 추정계수는 21.19이며 이는 설비된 건물이 설비가 안 된 건물보다 임대료가 평균 21.19(단위 : 십만 원) 더 높은 것을 알 수 있다.

이 회사는 2,500평의 건물을 신축하려고 하고 있다. 이 건물에 대한 추정된 평균임대료는 설비를 안할 경우

[그림 1] 가변수가 하나인 경우의 SAS출력결과

Analysis of Variance

| Source | DF | Sum of Squares | Mean Square | F Value | Prob>F |
|---|---|---|---|---|---|
| Model | 2 | 309271.11556 | 154635.55778 | 17.151 | 0.0001 |
| Error | 15 | 135241.38444 | 9016.09230 | | |
| C Total | 17 | 444512.50000 | | | |

| | | | |
|---|---|---|---|
| Root MSE | 94.95311 | R-square | 0.6958 |
| Dep Mean | 480.83333 | Adj R-sq | 0.6552 |
| C.V. | 19.74761 | | |

Parameter Estimates

| Variable | DF | Parameter Estimate | Standard Error | T for H0: Parameter=0 | Prob > \|T\| |
|---|---|---|---|---|---|
| INTERCEP | 1 | 52.338358 | 77.04163711 | 0.679 | 0.5073 |
| X1 | 1 | 0.257170 | 0.04467547 | 5.756 | 0.0001 |
| X2 | 1 | 21.187617 | 45.00904700 | 0.471 | 0.6446 |

$$\widehat{RENT} = 52.34 + 0.257(2{,}500) + 21.19 \cdot (0) = 694.84$$
$$= a + b_1 X_1$$

이며 설비를 할 경우의 회귀식의 절편을 $a'$라고 하고 설비를 안한 경우의 절편을 $a$라고 하면 $a' = a + b_2$가 된다.

$$\widehat{RENT} = 52.34 + 0.257(2{,}500) + 21.19 \cdot (1) = 716.03$$
$$= 52.34 + 21.19(1) + 0.257(2{,}500)$$
$$= a + b_2 + b_1 X_1$$
$$= a' + b_1 X_1$$

이 회사는 건물에 설비를 하고 운영하려면 한달에 100(단위 : 십만 원) 이상의 임대료를 더 받아야 하나 시장에서 형성된 임대료 가격에 따르면 21.19

[그림 2] 가변수가 하나인 경우 회귀선

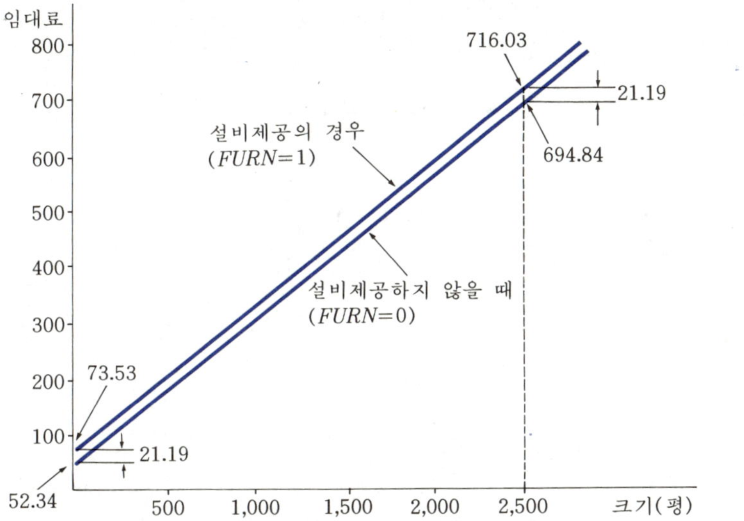


만큼만 더 받을 수 있다. 그러므로 이 회사는 설비를 안한 상태로 건물을 임대하기로 결정하는 것이 타당하다(716.03−694.84 = 21.19이며 이 21.19는 *FURN*의 계수이다).

## 2. 잔차분석

만일 회귀모형이 올바른 독립변수를 사용하고 회귀모형의 가정이 충족되면 잔차들은 0을 중심으로 무작위적으로 분포되어 있어야 한다. 즉 잔차들의 95% 이상이 0을 중심으로 $[-2s,\ +2s]$의 범위에 분포되어야 한다. 그러므로 잔차들이 무작위성을 보이지 않거나 잔차의 일부 값들이 너무 지나치게 크거나 작으면 관측치들을 재검토하고 적절한 조치가 필요하다. 적절한 조치는 잔차들이 무작위성을 보이지 않는 이유에 의존하기 때문에 일률적으로 말하기는 어려우나 앞의 예를 통하여 하나의 경우를 고찰해 보자.

[그림 3]은 회귀분석의 잔차들을 보여 준다. 여기서 $[-2s,\ +2s]$는 [−189.90 , +189.90]이 된다. [그림 3]에서 알 수 있듯이 18개의 관측치들에서 17개가 위의 범위 안에 놓이게 된다. 1개의 관측치는 너무나 큰 음수의 값(−325.007)을 가지므로 그 관측치는 다시 조사하는 것이 바람직하다.

[그림 3] 잔차의 분포(18개의 관측치)

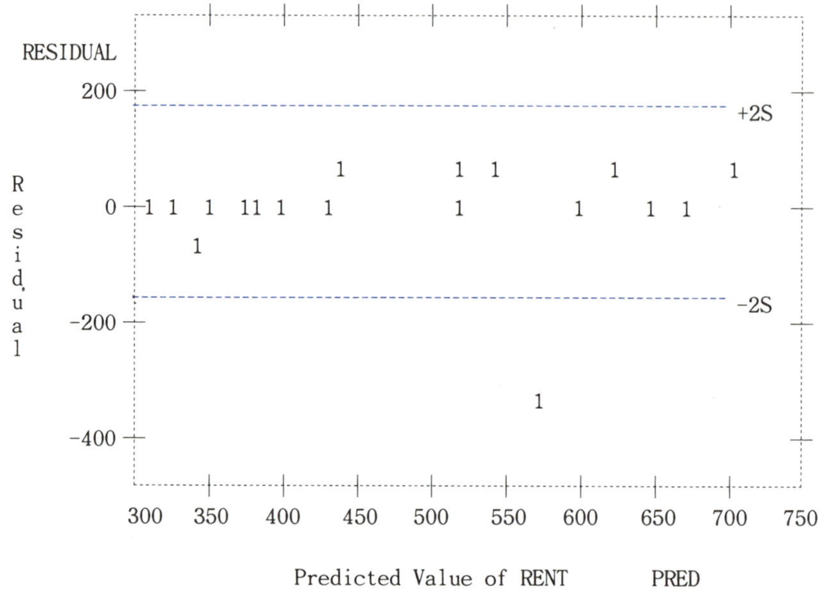


이 예에서 14번째의 관측치의 예상임대료수입은 회귀모형을 이용하면 575이며 실제의 임대료는 250이었다. ABC건설회사는 14번째 관측치의 자료처리과정에서 오류가 있었는지를 검토하였고 그 결과 자료처리과정의 오류는 없었고 실제의 임대료가 250이었다. 그러나 이처럼 임대료가 저렴한 이유는 건물주인이 가까운 친척에게 싼값으로 임대하였기 때문인 것이 밝혀졌다. 따라서 14번째 자료는 임대료의 시장가격을 반영하지 않으므로 ABC건설회사의 분석목적상 적합한 자료가 아니므로 제외시키기로 하였다.

17개의 자료로 회귀분석을 다시 실시한 결과가 [그림 4]에 나타나 있다.

[그림 4]의 SAS출력물에서 우리는 하나의 예외적인 관측치가 회귀분석 결과에 상당히 큰 영향을 미쳤었다는 것을 알 수 있다. $R^2$은 0.6958에서 0.9635로 증가하였고 $F$값은 17.19에서 184.67로 증가하였다. 17개의 관측치들의 회귀분석에서는 *SIZE*와 *FURN* 두 개의 변수의 $t$값이 각각 18.50과 3.88로 어떤 유의수준에서도 0이 아님을 보여 준다. $s$값은 94.95에서 31.82로서 전보다 훨씬 줄어들었으며 모든 잔차들은 $[-2s, +2s]$ 범위 안에 들어오는 것을 [그림 5]를 통하여 알 수 있다.

[그림 4] 17개의 관측치의 회귀분석

Analysis of Variance

| Source | DF | Sum of Squares | Mean Square | F Value | Prob>F |
|---|---|---|---|---|---|
| Model | 2 | 373920.58735 | 186960.29367 | 184.671 | 0.0001 |
| Error | 14 | 14173.53030 | 1012.39502 | | |
| C Total | 16 | 388094.11765 | | | |

| | | | |
|---|---|---|---|
| Root MSE | 31.81816 | R-square | 0.9635 |
| Dep Mean | 494.41176 | Adj R-sq | 0.9583 |
| C.V. | 6.43556 | | |

Parameter Estimates

| Variable | DF | Parameter Estimate | Standard Error | T for H0: Parameter=0 | Prob > \|T\| |
|---|---|---|---|---|---|
| INTERCEP | 1 | 17.044988 | 26.01709639 | 0.655 | 0.5230 |
| X1 | 1 | 0.279618 | 0.01511054 | 18.505 | 0.0001 |
| X2 | 1 | 60.207877 | 15.49857711 | 3.885 | 0.0017 |

17개의 관측치들의 표본회귀식은 다음과 같다.

$$\widehat{RENT} = 17.04 + 0.280\,SIZE + 60.21\,FURN$$

따라서 2500평의 건물에 대하여 ABC건설회사는

$$\widehat{RENT} = 17.04 + 0.280(2{,}500) + 60.21(0) = 717.04$$

설비가 안 된 경우 평균임대료를 717.04로 고려할 수 있으며

$$\widehat{RENT} = 17.04 + 0.280(2{,}500) + 60.21(1) = 777.25$$

설비가 된 경우 평균임대료는 777.25로 예측할 수 있다. 17개의 관측치로 분석을 하여도 설비를 한 경우가 설비를 안한 경우보다 평균 60.21만큼만 임대

[그림 5] 잔차의 분포(17개의 관측치)

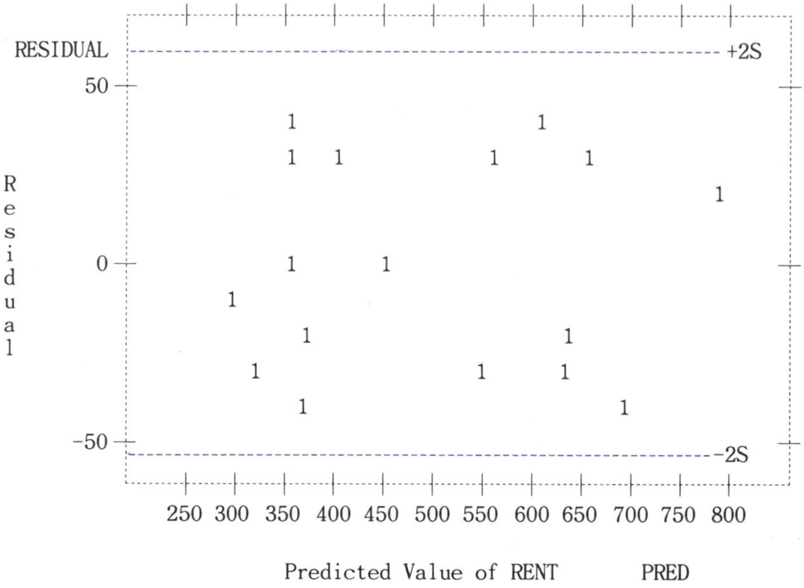


료를 더 부과할 수 있다. 따라서 ABC건설회사는 임대시 건물에 설비를 하지 않기로 결정하게 된다.

## 3. 가변수가 2개인 경우

이번에는 가변수가 2개인 경우로 추가적인 가변수가 고려될 수 있다. 즉 건물의 관리(경비 · 청소 등)의 유무에 따라 $MGT$를 다음과 같이 정의한다.

$$MGT = \begin{cases} 0, & \text{건물관리가 없는 경우} \\ 1, & \text{건물관리가 있는 경우} \end{cases}$$

두 개의 가변수 $FURN$과 $MGT$를 사용할 경우 4개의 상황이 발생한다. 예를 들면 $FURN=0$, $MGT=0$이면 건물은 설비가 안 되고 관리가 제공되지 않는 경우이며 $FURN=1$, $MGT=0$이면 건물은 설비가 되고 관리는 제공되지 않는 경우이다. 이제 17개의 관측치로 회귀분석을 하면

$$\widehat{RENT} = 9.73 + 0.269\,SIZE + 64.83\,FURN + 55.24\,MGT$$

이 되며 설비가 된 경우는 설비가 안 된 경우보다 평균 64.83만큼 임대료가 더 지불되며 건물관리가 제공되는 경우는 그렇지 않은 경우보다 55.24만큼의 임대료가 더 지불된다. ABC회사의 판단으로는 설비가 제공되는 경우는 최소한 70 이상의 추가적인 임대료수입이 있어야 사업의 수익성이 있다고 판단하므로 ABC회사는 건물만을 임대하기로 의사결정을 내리게 된다.

[그림 6] 가변수가 2개인 경우의 SAS출력결과 일부

Parameter Estimates

| Variable | DF | Parameter Estimate | Standard Error | T for H0: Parameter=0 | Prob > \|T\| |
|---|---|---|---|---|---|
| INTERCEP | 1 | 9.728180 | 10.68252200 | 0.911 | 0.3790 |
| X1 | 1 | 0.268656 | 0.00631980 | 42.510 | 0.0001 |
| X2 | 1 | 64.828001 | 6.36626959 | 10.183 | 0.0001 |
| X3 | 1 | 55.239367 | 6.57436477 | 8.402 | 0.0001 |

# 20. 카이제곱($\chi^2$)검정

카이제곱분포는 표준정규분포를 따르는 확률변수($Z$)의 제곱(혹은 제곱합)으로 정의되는 확률변수(즉 $Z^2$ 혹은 $\sum Z_i^2$)의 분포로서 표본분포의 성격을 갖는다. 우리는 모집단의 분산을 추론하기 위한 검정통계량을 정의하는데 이미 $\chi^2$ 분포를 이용하였다.

그러나 본 장에서 설명할 $\chi^2$검정은 범주별 자료를 이용한 분석이므로 앞서 분석한 것과 같은 母數統計學이 아니고 非母數統計學 분야라고 볼 수 있다.

분산분석이나 회귀분석에서 논의된 통계적 기법은 분석을 위한 자료가 몸무게 · 키 · 증권의 수익률 · 광고비 · 시험성적 등의 측정치(measurements)로서 이루어졌다. 그러나 경우에 따라서는 수집가능한 자료가 측정치로서 제공되지 못하고 범주별로 빈도(frequency)만이 주어질 수 있다. 자료가 범주별로 빈도만이 주어지는 범주별 자료의 분석은 일반적으로 $\chi^2$분포를 이용한 검정법이 이용되고 있다.

$\chi^2$검정은 자료를 범주별로 구분하는 기준이 하나인 경우와 둘인 경우로 구분할 수 있다. 기준이 하나인 경우란 표본이 단일기준에 의하여 구분된 경우로 적합도검정의 성격을 갖는다. 기준이 둘인 경우란 표본이 복수기준(즉 두 개의 속성 혹은 변수)에 의하여 구분된 경우로 독립성검정과 동일성검정의 성격을 갖는다.

$\chi^2$검정은 범주별 사건의 발생빈도를 이용하여 수행되므로 양적 변수나 질적 변수 모두에게 적용될 수 있으며 多項分布가 적용될 수 있는 기본가정들이 충족되어야 한다.

본 교재에서 설명할 카이제곱($\chi^2$)검정은 다음과 같다.

**$\chi^2$검정**

**1) 단일모집단**

(i) 기본적 적합도검정

(ii) 모집단의 분포에 대한 적합도검정

(iii) 독립성검정(단일모집단, 두 개의 특성)*

**2) 두 개 이상의 모집단**

(iv) 동일성검정(두 개 이상 모집단분포의 동일성검정)*

# 제 1 절 카이제곱통계량과 기본적 적합도검정

## 1. 카이제곱통계량($k=2$인 경우)

여기서는 우선 1900년대의 피어슨(Karl Pearson)이 제안한 카이제곱통계량과 그의 응용에 대하여 설명해 보자.

먼저 근사적으로만 카이제곱분포를 갖는 카이제곱통계량에 대하여 살펴보자. 카이제곱통계량은 다항분포를 따르는 확률변수 $Y_1$, $Y_2, \cdots, Y_k$에 근거하고 있다. 우선 이항분포의 경우부터 살펴보자.

$Y_1$이 이항분포 $b(n,\ p_1)$, $0<p_1<1$을 따른다고 하자. 중심극한정리에 의하여

$$Z=\frac{Y_1-np_1}{\sqrt{np_1(1-p_1)}} \tag{20.1}$$

은 $n$이 충분히 클 때, 즉 $np_1\geq 5$이고 $n(1-p_1)\geq 5$일 때 근사적으로 표준정규분포를 갖는다. 따라서 $Q_1=Z^2$은 근사적으로 $\chi^2(1)$분포를 따른다.

이제 $Y_2=n-Y_1$, $p_2=1-p_1$으로 정의하면

$$\begin{aligned} Q_1&=\frac{(Y_1-np_1)^2}{np_1(1-p_1)}\\ &=\frac{(Y_1-np_1)^2}{np_1}+\frac{(Y_1-np_1)^2}{n(1-p_1)}\\ &=\frac{(Y_1-np_1)^2}{np_1}+\frac{(Y_2-np_2)^2}{np_2} \end{aligned} \tag{20.2}$$

으로 표시할 수 있다.[1)]

식 (20.2)에서 $Y_1$은 '성공'의 횟수를 $np_1$은 '성공'의 횟수의 기대치이며, $Y_2$와 $np_2$는 각각 '실패'의 횟수와 '실패'의 횟수의 기대치로 볼 수 있다. 따라서 $Q_1$의 각 분자항은 관측횟수(observed number)와 그에 대응된 기대횟수(expected number)의 차이의 제곱이다. 이 경우 $Q_1$은 다음과 같이 표시된다.

---

1) $(Y_1-np_1)^2=[(n-Y_2)-n(1-p_2)]^2=(n-Y_2-n+np_2)^2=(Y_2-np_2)^2$
R. V. Hogg and E. A. Tanis, *Probability and Statical Inference,* 2nd ed., Macmilian, pp. 407~411.

$$Q_1 = \sum_{i=1}^{2} \frac{(Y_i - np_i)^2}{np_i} \tag{20.3}$$

$Q_1$은 근사적으로 $\chi^2(1)$의 분포를 따른다.

$Q_1$은 관측치와 그에 대응한 기대횟수의 근접성(closeness)에 대한 척도이다. 예를 들어 $Y_1$과 $Y_2$가 그들의 기대치와 같다면 $Q_1$의 관측치는 $q_1 = 0$이 될 것이다. 그러나 $Y_1$과 $Y_2$가 각각의 기대치와 차이가 많이 나면 $Q_1$의 관측치인 $q_1$은 상대적으로 큰 값을 가질 것이다.

## 2. 카이제곱통계량($k \geq 2$인 일반적인 경우)

이제 사상의 수가 2개인 이항분포에서 다항분포로 일반화시켜 보자. $Q_1$ 통계량을 일반화시키기 위하여 실험의 결과가 $k$개의 상호배타적(mutually exclusive)이고 완비된(exhaustive) 사상 $A_1, A_2, \cdots, A_k$로 구성되어 있고 $P(A_i) = p_i$이고 $\sum_{i=1}^{k} p_i = 1$이라고 하자. 이 실험은 $n$번 독립적으로 반복되고 $Y_i$를 사상 $A_i (i = 1, 2, \cdots, k)$가 발생하는 횟수라면 제 6 장에서 설명하였듯이 $Y_1, Y_2, \cdots, Y_k$는 모수 $n, p_1, p_2, \cdots, p_k$를 가지는 다항분포를 따른다.[2)]

$Y_i$의 관측치를 $y_i$라 하면 $y_i$와 그것의 기대횟수 $e_i = np_i (i = 1, 2 \cdots, k)$의 근접성(closeness)을 측정하는 통계량의 관측치는

$$q_{k-1} = \sum_{i=1}^{k} \frac{(y_i - np_i)^2}{np_i} = \sum_{i=1}^{k} \frac{(y_i - e_i)^2}{e_i} \tag{20.4}$$

이며 이에 대응하는 확률변수 $Q_{k-1}$은 다음과 같다.

$$Q_{k-1} = \sum_{i=1}^{k} \frac{(Y_i - np_i)^2}{np_i} \tag{20.5}$$

$Q_{k-1}$은 $n$이 충분히 큰 경우 근사적 $\chi^2(k-1)$의 분포를 따른다.

2) $k = 3$인 경우를 생각해 보자. $Y_1 + Y_2 + Y_3 = n$이므로 $Y_1$과 $Y_2$가 주어지면 $Y_3 = n - Y_1 - Y_2$가 되고 $p_3 = 1 - p_1 - p_2$가 되기 때문에 실제로는 $Y_1$, $Y_2$의 분포가 된다. $k = 2$인 이항분포의 경우도 $Y_1$, $Y_2$의 분포가 아닌 $Y_1$의 분포이다.

$Q_{k-1}$이 $\chi^2(k-1)$분포를 따르는 이유는 $Y_1$, $Y_2, \cdots, Y_{k-1}$이 다항분포를 따르는 데 있다.[3] 이는 $k=2$인 경우 $Y_1$은 이항분포를 따르며 평균이 $np_1$이고 분산이 $np_1(1-p_1)$인 근사적 정규분포를 하는 사실과 비슷하며 $k=2$인 경우의 $Q_{k-1}$이 $\chi^2(1)$인 점을 생각하면 유추가 가능할 것이다.

우리는 제 9 장 제 2 절에서 $n \to \infty$인 경우 이항분포는 정규분포로 접근하며, $np \geq 5$(단, $p < 1-p$인 경우)인 경우 정규분포에 의한 근사치계산이 가능한 것을 설명하였다. 이와 유사하게 다항분포를 따르는 $Y_i$가 정규분포에 가까워지려면 시행횟수 $n$이 상당히 커야 하며 일반적으로 $np_i \geq 5(i=1, 2, \cdots, k)$의 조건이 만족되어야 한다. 따라서 $Q_{k-1}$이 $\chi^2(k-1)$의 분포를 따르기 위해서는 $np_i \geq 5$인 조건이 만족되어야 한다. 그러나 $np_i \geq 1$인 경우에도 근사치는 만족할만한 결과를 얻는다고 한다.[4] 이보다 더 중요한 것은 어떤 $np_i$가 너무 작아지면 $q_{k-1}$에서 그에 대응되는 $\frac{(y_i-np_i)^2}{np_i}$항이 너무 커져서($np_i$가 분모에 있기 때문에) 결과적으로 $q_{k-1}$의 값이 너무 커진다는 데 있다.[5]

## 3. 카이제곱통계량에 의한 가설검정

$Q_{k-1}$이 근사적으로 $\chi^2(k-1)$의 분포를 따른다는 사실을 이용하여 여러 가지 사상들의 확률에 대한 가설검정의 시행방법을 설명해 보자.

다항분포의 조건인 $k$개의 상호배타적이며 완비된 결과 $A_1$, $A_2, \cdots, A_k$를 갖는 실험을 고려하자. 여기서 $p_i = P(A_i)$가 알려진 값인 $p_{iO}$와 같은지를 검정하려고 한다. 즉 가설

$$H_0 : p_i = p_{iO}, \ i=1, 2, \cdots, k$$

을 검정하기 위하여 $n$개의 확률표본을 추출하였다고 하자. $H_0$가 참이면 $A_i$의 발생횟수인 $y_i$와 그것의 기대치인 $np_{iO}$가 큰 차이가 없을 것으로 기대된다. 따라서

$$q_{k-1} = \sum_{i=1}^{k} \frac{(y_i - np_{iO})^2}{np_{iO}}$$

3) 증명은 이 책의 수준을 넘는 것이므로 생략한다.
4) R. V. Hogg and E. A. Tanis, *op. cit.*, p. 411.
5) $q_{k-1}$의 값은 $\chi^2$통계량의 계산된 값으로 가설검정에 직접 사용되기 때문에 정확한 값이 요구된다.

이 작은 값을 가지면 $H_0$를 채택하게 되므로 $H_0$의 기각역은 다음과 같다.

$H_0$ : $p_i = p_{iO}(i=1, 2, \cdots, k)$의 **기각역**(유의수준 $\alpha$)

$$q_{k-1} = \sum_{i=1}^{k} \frac{(y_i - np_{iO})^2}{np_{iO}} > \chi^2_\alpha(k-1) \tag{20.6}$$

## 4. 기본적 적합도검정의 例

다음의 예제를 통하여 카이제곱통계량의 기본적인 적합도검정에 대하여 살펴 보자.

**예제 20.1**

시중에서 판매되고 있는 6종류(A, B, C, D, E, F)의 TV의 시장점유율이 모두 동일한지 검정하려고 한다. 최근 TV를 구입한 120명의 소비자를 대상으로 구입한 제품의 상표를 조사한 결과 A = 26, B = 13, C = 21, D = 29, E = 20, F = 11이었다. $\alpha = 0.05$에서 $H_0$ : $p_i = 1/6(i = \text{A, B, C, D, E, F})$을 검정해 보자.

(풀이)

검정통계량의 계산은 다음과 같다.

〈표 20.1〉 검정통계량의 계산

| 상 표 | 관측횟수($Y_i$) | 기대횟수($e_i = np_i$) | $Y_i - e_i$ | $\frac{(Y_i - e_i)^2}{e_i}$ |
|---|---|---|---|---|
| A | 26 | 20 | 6 | 36/20 |
| B | 13 | 20 | 7 | 49/20 |
| C | 21 | 20 | 1 | 1/20 |
| D | 29 | 20 | 9 | 81/20 |
| E | 20 | 20 | 0 | 0/20 |
| F | 11 | 20 | 9 | 81/20 |
| 합 계 | 120 | 120 | 0 | $q_5 = 248/20 = 12.4$ |

기대횟수 $e_i = np_i$는 $120 \cdot 1/6 = 20$이다. $q_5 = 12.4 > \chi^2_{0.05}(5) = 11.07$이므로 $H_0$ : $p_i = 1/6$은 유의수준 $\alpha = 0.05$에서 기각된다.

## 제 2 절 모집단의 분포에 대한 적합도검정

우리는 앞에서 표본이 하나의 기준에 의하여 선정된 경우 카이제곱통계량을 이용하여 기본적인 적합도를 검증하는 방법에 대하여 설명하였다. 여기서는 표본이 추출된 모집단의 확률분포의 형태를 가설로 설정하고 표본자료를 이용하여 모집단에 대한 그 가설이 타당한지를 카이제곱통계량을 이용하여 검정하려고 한다. 이러한 검정을 카이제곱의 適合度檢定(chi-square goodness of fit test)이라고 한다. 이 때 검정이 가능한 분포는 정규분포・이항분포・포아송분포 등 어떠한 분포라도 가능하나 여기서는 정규분포만을 설명하고 나머지 분포들에 대한 검정은 연습문제에서 다루기로 한다.

대부분의 경우 우리는 모집단이 정규분포를 따른다는 가정을 많이 한다. 이런 경우 실제관측치의 횟수를 이용하여 모집단이 정규분포를 따른다는 귀무가설을 검정할 수 있다.

검정의 절차는 앞에서 설명된 기본적인 적합도검정의 방식과 유사하다. 즉 실제관측치를 크기에 따라 적당수의 구간별로 분류하고 분류된 구간별로 실제관측횟수($Y_i$)와 기대횟수($e_i$)를 비교하여 카이제곱통계량의 값을 구한 후 의사결정을 하면 된다.

정규분포의 적합도검정의 경우 카이제곱통계량과 분포의 자유도는 $(n-1)-k$가 되는데, 여기서 $k$는 미지의 모수에 대신하여 사용한 추정량의 수가 된다. 정규분포의 적합도검정의 경우 추정량의 수는 $\bar{X}$와 $S^2$의 두 개가 되므로 $(n-1)-k=n-3$이 된다. 따라서 검정통계량과 기각역은 다음과 같다.

"$H_0$ : **모집단은 정규분포를 따른다"에 대한 기각역**(유의수준 $\alpha$)

$$q_{n-3}=\sum_{i=1}^{n}\frac{(y_i-e_i)^2}{e_i}>\chi^2_\alpha(n-3) \qquad (20.7)$$

다음 예제를 통하여 정규분포에 대한 적합도검정에 대하여 고찰해 보자.

**예제 20.2**

A투자신탁회사의 경영자는 잘 분산된 보통주의 포트폴리오의 수익률이

정규분포를 따르는지를 조사하려고 한다. 따라서 귀무가설은 다음과 같다.

$H_0$ : 포트폴리오의 수익률은 정규분포를 따른다.

유의수준 $\alpha = 0.05$에서 이를 검정하기 위하여 90개의 월 수익률을 표본으로 선정하였다. 월 수익률은 투자금액 1,000원에 대한 총수익액으로 표시할 때 $\bar{x} = 1{,}010$이고 표본표준편차 $s = 20$이다. 이 표본의 데이터를 크기에 따라 분류하고 각각의 관측횟수를 표시한 것이 〈표 20. 2〉이다. 포트폴리오의 수익률이 정규분포를 따른다는 가설을 검정하시오.

〈표 20. 2〉 총수익의 도수분포

| 범 위 | 도 수(관찰횟수) |
|---|---|
| 970 이하 | 4 |
| 970 − 980 | 4 |
| 980 − 990 | 10 |
| 990 − 1,000 | 13 |
| 1,000 − 1,010 | 16 |
| 1,010 − 1,020 | 15 |
| 1,020 − 1,030 | 13 |
| 1,030 − 1,040 | 8 |
| 1,040 − 0,050 | 5 |
| 1,050 이상 | 2 |

주 : 각각의 구간에서 하한값은 포함되고 상한값은 포함되지 않음.

(풀이)

기대횟수($e_i$)를 구하기 위하여 우선 총수익의 범위의 하한값과 상한값의 $X$를 $Z = (X - \bar{X})/S$를 이용하여 표준화시킨다. 예를 들어 1,020을 표준화시키면 $(1{,}020 - 1{,}010)/20 = 0.5$이다. 총수익의 범위가 〈표 20. 3〉의 (2)열과 같이 표준화되면 부록의 표준정규분포를 이용하여 각 구간의 확률을 (3)열과 같이 구할 수 있다. 기대횟수($e_i$)인 (4)열을 구하기 위하여는 총관측횟수 90에 (3)열을 곱하면 된다. 이 때 기대횟수($e_i$)가 5보다 작은 구간은 통합하고 계산을 하며 이는 (4)열에 나타나 있다. 이제 관측횟수($Y_i$)와 이에 대응되는 기대횟수($e_i$)가 구해졌으므로 카이제곱통계량을 구할 수 있다. 이와 같은 계산과정은 〈표 20. 3〉에 나타나 있다.

만일 $\mu$가 $\sigma$가 알려진 경우라면 카이제곱 분포에 적용되는 자유도는 8−

〈표 20.3〉 $\chi^2$ 통계량의 계산과정

| (1) $X$ | (2) $Z=\frac{X-\bar{X}}{S}$ | (3) 확률 | (4) $e_i$ | | (5) $Y_i$ | | (6) $Y_i-e_i$ | (7) $(Y_i-e_i)^2$ | (8) $\frac{(Y_i-e_i)^2}{e_i}$ |
|---|---|---|---|---|---|---|---|---|---|
| 970 이하 | −2.0 이하 | 0.023 | 2.07 | 6.03 | 4 | 8 | 1.97 | 3.881 | 0.644 |
| 970 − 980 | [−2.0, −1.5] | 0.044 | 3.96 | | 4 | | | | |
| 980−990 | [−1.5, −1.0] | 0.092 | 8.28 | | 10 | | 1.72 | 2.958 | 0.357 |
| 990−1,000 | [−1.0, −0.5] | 0.150 | 13.50 | | 13 | | -0.50 | 0.250 | 0.019 |
| 1,000−1,010 | [−0.5, 0.0] | 0.191 | 17.19 | | 16 | | -1.19 | 1.416 | 0.082 |
| 1,010−1,020 | [0.0, 0.5] | 0.191 | 17.19 | | 15 | | -2.19 | 4.796 | 0.279 |
| 1,020−1,030 | [0.5, 1.0] | 0.150 | 13.50 | | 13 | | -0.50 | 0.250 | 0.019 |
| 1,030−1,040 | [1.0, 1.5] | 0.092 | 8.28 | | 8 | | -0.28 | 0.0078 | 0.009 |
| 1,040−1,050 | [1.5, 2.0] | 0.044 | 3.96 | 6.03 | 5 | 7 | 0.97 | 0.941 | 0.156 |
| 1,050 이상 | 2.0 이상 | 0.023 | 2.07 | | 2 | | | | |
| 합 계 | | 1.000 | 90.00 | | 90 | | 0.00 | | $q_5=1.565$ |

1 = 7일 것이다. 그러나 평균과 표준편차가 표본자료를 기초로 하여 추정되므로 2개의 자유도를 더 잃기 때문에 자유도는 8−1−2 = 5가 된다.

계산된 카이제곱통계량과 임계치를 비교하면

$$q_5 = 1.565 < \chi^2_{0.05}(5) = 11.070$$

이므로 수익률의 분포가 정규분포라는 귀무가설을 기각할 수 없다.

## 제 3 절 독립성검정(동일 모집단, 두 개의 다른 특성)*

동일한 확률실험의 결과가 키와 몸무게처럼 두 개의 다른 특성(attributes)으로 분류된다고 하자. 첫번째 특성은 $k$개의 상호배타적이고 완비적인 사상 $A_1, A_2, \cdots, A_k$ 중의 하나에 속하고 두 번째 특성은 $h$개의 상호배타적이고 완비적인 사상 $B_1, B_2, \cdots, B_h$ 중의 하나에 속한다고 가정하자.

$$p_{ij} = P(A_i \cap B_j) \qquad i = 1, 2, \cdots, k \qquad j = 1, 2, \cdots, h$$

로 정의하며, 이러한 확률실험을 $n$번 독립적으로 시행할 때 사상 $A_i \cap B_j$가 발생하는 횟수를 $Y_{ij}$라고 하자. $A_i \cap B_j$로 정의되는 사상들이 $h \cdot k$개가 있고

〈표 20.4〉 분할표(contingency table)의 확률

| 行의 변수 ($A_i$) | 列의 변수($B_j$) | | | | | | |
|---|---|---|---|---|---|---|---|
| | $B_1$ | $B_2$ | … | $B_j$ | … | $B_h$ | 行확률의 합 |
| $A_1$ | $p_{11}$ | $p_{12}$ | … | $p_{1j}$ | … | $p_{1h}$ | $p_{1\cdot}$ |
| $A_2$ | $p_{21}$ | $p_{22}$ | … | $p_{2j}$ | … | $p_{2h}$ | $p_{2\cdot}$ |
| ⋮ | ⋮ | ⋮ | | ⋮ | | ⋮ | ⋮ |
| $A_i$ | $p_{i1}$ | $p_{i2}$ | … | $p_{ij}$ | … | $p_{ih}$ | $p_{i\cdot}$ |
| ⋮ | ⋮ | ⋮ | | ⋮ | | ⋮ | ⋮ |
| $A_k$ | $p_{k1}$ | $p_{k2}$ | … | $p_{kj}$ | … | $p_{kh}$ | $p_{k\cdot}$ |
| 列확률의 합 | $p_{\cdot 1}$ | $p_{\cdot 2}$ | | $p_{\cdot j}$ | | $p_{\cdot h}$ | 1.0 |

$$Q_{hk-1}=\sum_{j=1}^{h}\sum_{i=1}^{k}\frac{(Y_{ij}-np_{ij})^2}{np_{ij}} \tag{20.8}$$

은 $n$이 큰 경우 자유도가 $hk-1$인 근사적 카이제곱분포를 한다.

자료를 두 개의 특성에 따라 분류시켜 표로 만들어 놓은 것을 분할표(contingency table)라고 한다. 〈표 20.4〉는 분할표의 확률을 나타낸다.

〈표 20.4〉는 두 변수를 기준으로 자료를 분류하였을 때 각 칸의 확률을 나타내고 있다. 行(row)의 변수가 $k$개의 사상이 있고 列(column)의 변수가 $h$개의 사상이 있으면 모집단의 총 칸수는 $hk$가 된다. 〈표 20.4〉에서 $p_{ij}$는 추출된 표본이 $i$번째 行의 변수와 $j$번째 列의 변수에 동시에 속할 結合確率(joint probability)을 나타내며 $p_{i\cdot}$는 $i$번째 行의 주변확률(marginal probability)을 $p_{\cdot j}$는 $j$번째 列의 주변확률을 나타낸다.

위의 〈표 20.4〉에서 $p_{ij}$ 대신에 관측치 $Y_{ij}$를 나타내면 이를 분할표라고 한다.

이제 $A_i$와 $B_j$가 독립적이라는 다음과 같은 가설

$$H_0 : P(A_i \cap B_j)=P(A_i)P(B_j) \qquad i=1,\ 2, \cdots, k \qquad j=1,\ 2, \cdots, h$$

을 검정해 보자. 여기서 $P(A_i)=p_{i\cdot}$, $P(B_j)=p_{\cdot j}$라고 하면

$$p_{i\cdot}=\sum_{j=1}^{h}p_{ij}=P(A_i)$$

$$p_{\cdot j}=\sum_{i=1}^{k}p_{ij}=P(B_j)$$

이고

$$\sum_{j=1}^{h}\sum_{i=1}^{k}p_{ij}=\sum_{j=1}^{h}p_{\cdot j}=\sum_{i=1}^{k}p_{i\cdot}=1$$

이 성립한다. 따라서 주어진 가설 $H_0$는

$$H_0: p_{ij}=p_{\cdot j}p_{i\cdot} \qquad i=1, 2, \cdots, k \qquad j=1, 2, \cdots, h$$

로 바꾸어 나타낼 수 있다.

$H_0$를 검정하기 위하여 우리는 식 (20.8)의 $Q_{hk-1}$에서 $p_{ij}$를 $p_{\cdot j}p_{i\cdot}$로 대체할 수 있다. 그러나 대부분 현실적인 문제에서 $p_{i\cdot}(i=1, 2, \cdots, k)$와 $p_{\cdot j}(j=1, 2, \cdots, h)$는 未知이며 이 경우 $Q_{hk-1}$을 계산할 수 없다. 이런 경우 未知의 母數 $p_{\cdot j}$와 $p_{i\cdot}$를

$$\hat{p}_{i\cdot}=\frac{y_{i\cdot}}{n}, \qquad i=1, 2, \cdots, k$$

$$\hat{p}_{\cdot j}=\frac{y_{\cdot j}}{n}, \qquad j=1, 2, \cdots, h \tag{20.9}$$

로 추정하여야 한다. $y_{i\cdot}(y_{i\cdot}=\sum_{j=1}^{h}y_{ij})$는 사상 $A_i$의 관측횟수이고 $y_{\cdot j}(y_{\cdot j}=\sum_{i=1}^{k}y_{ij})$는 사상 $B_j$의 관측횟수이다.

그리고 $\sum_i p_{i\cdot}=\sum_j p_{\cdot j}=1$을 만족하여야 하므로 전체 추정하여야 하는 모수의 수는

$$(k-1)+(h-1)=k+h-2$$

이 되며 이 추정치들을 $p_{ij}=p_{i\cdot}p_{\cdot j}$에 적용할 때 식 (20.8)은 자유도가 $(k-1)(h-1)$인 근사적 카이제곱분포를 따르며[6] 기각역은 다음과 같다.

$H_0: p_{ij}=p_{i\cdot}p_{\cdot j}$ (독립성의 가설)에 대한 기각역(유의수준 $\alpha$)

$$Q_{(k-1)(h-1)}=\sum_{j=1}^{h}\sum_{i=1}^{k}\frac{[Y_{ij}-n(Y_{i\cdot}/n)(Y_{\cdot j}/n)]^2}{n(Y_{i\cdot}/n)(Y_{\cdot j}/n)}>\chi^2_{\alpha}[(k-1)(h-1)] \tag{20.10}$$

6) $(hk-1)-(k+h-2)=hk-k-h+1=(h-1)(k-1)$

다음 예제를 통하여 독립성의 검정(test of independence)에 대하여 고찰해 보자.

**예제 20.3**

어느 편의점 주인은 편의점에서 물건을 사는 사람의 성별과 그들이 지출하는 금액 사이의 독립성에 대하여 검정하고자 한다. 편의점에서 물건을 산 548명의 확률표본을 추출하여 다음과 같은 표를 얻었을 때 구매액과 성별은 독립적이라는 독립성의 검정을 해 보자.

〈표 20.5〉 성별에 의한 구매액의 관찰횟수

| | 구 매 액(만 원) | | | |
|---|---|---|---|---|
| | 2 이하 | 2~5 | 5 이상 | 합 계 |
| 남 | 40<br>(55.7) | 90<br>(110.4) | 130<br>(121.9) | 288 |
| 여 | 60<br>(50.3) | 120<br>(99.6) | 102<br>(110.1) | 260 |
| 합 계 | 106 | 210 | 232 | 548 |

(풀이)

$$\hat{p}_{1\cdot}=\frac{288}{548},\qquad \hat{p}_{2\cdot}=\frac{260}{548}$$

$$\hat{p}_{\cdot 1}=\frac{106}{548},\qquad \hat{p}_{\cdot 2}=\frac{210}{548},\qquad \hat{p}_{\cdot 3}=\frac{232}{548}$$

이므로 $Y_{11}$에 대응하는 $e_{11}$을 구하면

$$n(Y_{1\cdot}/n)(Y_{\cdot 1}/n)=548\cdot(288/548)(106/548)=55.7$$

이다. 이와 같은 과정을 거쳐서 $q$를 계산하면

$$q_2=\frac{(40-55.7)^2}{55.7}+\frac{(90-110.4)^2}{110.4}+\cdots+\frac{(102-110.1)^2}{110.1}$$
$$=12.645>\chi^2_{0.05}(2)$$
$$[\chi^2_{0.05}(2)=5.991]$$

따라서 $H_0$를 기각한다. 즉 성별과 구매액은 독립적이라고 말할 수 없다.

두 개의 특성에 대한 검정방법은 세 개 이상의 특성에 대한 검정방법으로 확장시킬 수 있으며 원리는 같다.

## 제 4 절 동일성검정(두 개 이상의 모집단)*

두 개 이상의 다항분포의 동일성을 검정하는 데에도 $\chi^2$분포가 이용된다. 독립성의 검정의 경우에는 동일모집단에서 표본을 추출하는 반면 동일성검정에서는 서로 다른 두 개 이상의 모집단에서 표본을 추출하는 것이 두 검정의 다른 점이다.

다음의 예제를 통하여 同一性의 檢定(test of homogeneity)에 대하여 설명해 보자.

**예제 20.4**

어느 회사의 마케팅 담당 관리자는 $\alpha = 0.05$에서 TV프로그램에 대한 세 연령그룹의 선호도가 동일한지를 검정하려고 한다. 각 연령그룹에서 200명, 100명, 100명의 확률표본을 추출하여 각 개인에게 $B_1$, $B_2$, $B_3$의 세 가지 프로그램 중에서 선호하는 프로그램을 선정하게 하여 표로 정리하였다. ( ) 안은 기대횟수이다. 여기서 각 연령그룹은 각각 다항분포를 따르며 $n_1$, $n_2$, $n_3$ 회의 시행횟수를 갖는다.

〈표 20.6〉 세 연령그룹의 선호도에 대한 동일성검정

| | 프로그램종류($j$) | | | |
|---|---|---|---|---|
| 연령대($i$) | $B_1$ | $B_2$ | $B_3$ | 합 계 |
| 30 이하 | 120<br>(70) | 30<br>(67.50) | 50<br>(62.50) | 200($n_1$) : 첫번째 실험 |
| 30 ~ 44 | 10<br>(35) | 75<br>(33.75) | 15<br>(31.25) | 100($n_2$) : 두 번째 실험 |
| 45 이상 | 10<br>(35) | 30<br>(33.75) | 60<br>(31.25) | 100($n_3$) : 세 번째 실험 |
| 합 계 | 140 | 135 | 125 | 400($n$) |

(풀이)

적절한 가설은

$H_0$ : TV 프로그램에 대한 세 연령그룹의 선호도는 동일하다.

$H_1$ : 세 연령그룹의 선호도는 동일하지 않다.

즉, 세 개의 다항분포($i=1, 2, 3$)에서 각 $B_j(j=1, 2, 3)$가 발생할 확률이 같다는 의미이므로 귀무가설은 다음과 같이 표현할 수 있다.

$$p_{11}=p_{21}=p_{31}, \qquad j=1$$
$$p_{12}=p_{22}=p_{32}, \qquad j=2$$
$$p_{13}=p_{23}=p_{33}, \qquad j=3$$

$H_0$가 참일 때 $p_{1j}=p_{2j}=p_{3j}(j=1, 2, 3)$을 상대도수인 $(Y_{1j}+Y_{2j}+Y_{3j})/n$을 사용하여 추정할 수 있다. 즉 $H_0$가 참일 때 3개의 독립적인 실험을 하나의 큰 실험으로 묶어 볼 수 있으며, 이 때 $Y_{1j}+Y_{2j}+Y_{3j}(j=1, 2, 3)$는 사상 $B_j$가 발생하는 횟수로 볼 수 있다.

예를 들어 $p_{1j}=p_{2j}=p_{3j}=p_j$라고 하면 $p_j(j=1, 2, 3)$는

$$\hat{p}_1=\frac{120+10+10}{400}=\frac{140}{400}, \qquad \hat{p}_2=\frac{135}{400}, \qquad \hat{p}_3=\frac{125}{400}$$

로 추정할 수 있다. 관측횟수 $Y_{11}$에 대응하는 기대횟수 $e_{11}$은

$$e_{11}=n_1\hat{p}_1=(200)\left(\frac{140}{400}\right)=70$$

이 되며 각 $e_{ij}$는 표의 괄호 안에 표시되어 있다.

두 개 이상의 다항분포의 동일성검정에 사용되는 검정통계량은

$$Q=\sum_{i=1}^{k}\sum_{j=1}^{h}\frac{(Y_{ij}-n_i\hat{p}_j)^2}{n_i\hat{p}_j} \tag{20.11}$$

이며 $Q$는 자유도가 $(k-1)(h-1)$인 $\chi^2$분포를 한다.[7] 여기서 $k=3$, $h=3$이므

7) 각 실험은 $\chi^2$분포를 하며 각각의 자유도는 $h-1$이다. 이러한 실험이 $k$개 있으므로 $\chi^2$분포의 가법성을 이용하면 $Q$의 자유도는 $k(h-1)$이 된다. 그러나 $Q$에서 $\hat{p}_j$을 사용하므로 자유도를 $h-1$개를 잃게 된다($\sum_{j=1}^{h}\hat{p}_j=1$에 유의). 따라서 $Q$의 자유도는 $k(h-1)-(h-1)=(k-1)(h-1)$이 된다.

로 검정통계량은 $\chi^2(4)$의 분포를 한다. 검정통계량의 값은

$$q = \frac{(120-70)^2}{70} + \frac{(10-35)^2}{35} + \cdots + \frac{(60-31.25)^2}{31.25}$$
$$= 180.495$$

이 된다. 검정통계량 $Q$의 계산된 값인 $q$와 임계치를 비교하면

$$q = 180.495 > \chi^2_{0.05}(4) = 9.488$$

이므로 $H_0$를 기각하게 된다.

다항분포 이외에 일반적인 형태의 독립적인 분포들에 대한 동일성의 검정에도 $\chi^2$검정법이 사용될 수 있다.

## □ 연습문제

20. 1 맥주회사의 선호도율에 대한 다음과 같은 가설검정을 하려고 한다.

$H_0$ : $p_A = 0.30$, $p_B = 0.50$, $p_C = 0.20$
$H_1$ : $H_0$가 사실이 아님.

어느 시장조사팀에서 200여명을 표본으로 추출하여 $A$, $B$, $C$에 대한 선호도를 조사한 결과 48, 98, 54의 결과를 얻었다.

(1) 카이제곱통계량의 값을 구하시오.
(2) $\chi^2_{0.05}(2)$의 값을 구하시오.
(3) $\alpha = 0.05$에서 가설검정하시오.

20. 2 어느 슈퍼마켓에 5분당 찾아오는 고객의 수가 포아송분포를 따르는지를 $\alpha = 0.05$에서 검정하고자 한다.

(1) $\bar{Y} = \hat{\lambda}$을 구하시오.
(2) 다음 표를 완성하시오.

〈표 20.7〉 포아송분포의 적합도검정

| 고객의 수 | 포아송확률 | 관측치 | 기대도수($e_i$) | $(y_i - e_i)^2/e_i$ |
|---|---|---|---|---|
| 0, 1 | 0.0404 | 10 | 5.1712 | ( ③ ) |
| 2 | 0.0842 | 10 | 10.7776 | ( ④ ) |
| 3 | 0.1404 | 12 | 17.9712 | 1.9840 |
| 4 | 0.1755 | 18 | 22.4640 | 0.8871 |
| 5 | 0.1755 | 22 | 22.4640 | 0.0096 |
| 6 | 0.1462 | 22 | ( ① ) | 0.5771 |
| 7 | 0.1044 | 16 | 13.3632 | 0.5203 |
| 8 | 0.0653 | 12 | 8.3584 | 1.5866 |
| 9 이상 | 0.0681 | 6 | ( ② ) | ( ⑤ ) |
| | 1.0000 | 128 | 128.0000 | 10.9767 |

주 : 관측치는 0이 2명, 1이 8명이고 고객의 수가 9 이상은 고객의 수가 9인 경우 관측치가 6이다.

(3) $n$, $k$, $n-1-k$의 값을 구하시오.

(4) $\chi^2_{0.05}(7)$의 값을 구하시오.

(5) 가설검정하시오.

20. 3* K자동차 판매팀에서는 자동차의 모델과 운전자의 거주지가 어떤 연관이 있는지를 조사하려고 한다. 500명의 운전자를 뽑아서 차종과 거주지를 조사하니 다음과 같다.

| 거 주 지 | 차 종 | | | 합 계 |
|---|---|---|---|---|
| | A | B | C | |
| 1 | 52 | 64 | 24 | 140 |
| 2 | 60 | 59 | 52 | 171 |
| 3 | 50 | 65 | 74 | 189 |
| 합 계 | 162 | 188 | 150 | 500 |

검정할 가설은 다음과 같다.

$H_0$ : 차종과 거주지는 독립적이다.

$H_1$ : 차종과 거주지는 독립적이 아니다.

(1) $e_{11}$, $e_{21}$, $e_{31}$, $e_{22}$, $e_{33}$를 구하시오.

(2) 검정통계량의 값 $q_4$의 값을 구하시오.

(3) $\chi^2_{0.05}(4)$의 값을 구하시오.

(4) $\alpha = 0.05$에서 가설검정하시오.

20. 4* 공장 1과 공장 2의 종업원들을 대상으로 작업의 만족도를 조사하려고 한다.

| 공 장 | 만 족 도 | | | 합 계 |
|---|---|---|---|---|
| | 매우 만족 | 보 통 | 매우 불만족 | |
| 공장 1 | 48 | 39 | 23 | 110 |
| 공장 2 | 12 | 36 | 72 | 120 |
| 합 계 | 60 | 75 | 95 | 230 |

이와 같은 자료를 이용하여 $\alpha = 0.05$에서 두 공장의 종업원들의 만족도가 동일한지(homogeneous)를 검정하시오.

## □ 응용사례

# 카이제곱검정과 random walk 이론

재무관리분야의 'random walk'이론은 주가의 단기변동은 무작위적 패턴(random pattern)을 따른다는 것이다. 즉 주식의 가격은 술에 취한 사람이 다음 걸음을 어디에 놓을지 모르는 것과 마찬가지로 예측할 수 없다는 것이다. 즉 이 이론에 의하면 어제 주가의 변동은 오늘 주가의 변동을 설명하는 데 아무런 도움을 주지 않는다는 것이다. 따라서 어제의 주가변동($t$시점)은 오늘의 주가변동($t+1$시점)과 독립적이어야 한다는 것이다.

$t$시점의 주가변화를 $\Delta P_t$로, 그 다음 날인 $t+1$시점의 주가변화를 $\Delta P_{t+1}$로 표시하기로 하자. 무작위로 추출된 240개의 주식의 가격변화를 관측하여 다음과 같은 표를 얻었다.

〈표 1〉 주가변화의 관측치

| $t+1$일의 주가변화 | $t$일의 주가변화 | | 합 계 |
|---|---|---|---|
| | $\Delta P_t > 0 (j=1)$ | $\Delta P_t \le 0 (j=2)$ | |
| $\Delta P_{t+1} > 0$ | 47 | 53 | 100 |
| $\Delta P_{t+1} \le 0$ | 63 | 77 | 140 |
| 합 계 | 110 | 130 | 240 |

이제 다음과 같은 가설을 검정해 보자.

$H_0$ : $t+1$ 일의 주가변화는 $t$일의 주가변화와 독립적이다.

$H_1$ : 두 변수는 독립적이 아니다.

기대횟수($e_{ij}$)를 우선 구해 보자.

$$e_{11} = 240\left(\frac{100}{240}\right)\left(\frac{110}{240}\right) = 45.83$$

$$e_{12} = 240\left(\frac{100}{240}\right)\left(\frac{130}{240}\right) = 54.17$$

$$e_{21} = 240\left(\frac{140}{240}\right)\left(\frac{110}{240}\right) = 64.17$$

〈표 2〉 카이제곱통계량의 계산

| 行과 列 | $e_{ij}$ | $Y_{ij}$ | $Y_{ij}-e_{ij}$ | $(Y_{ij}-e_{ij})^2$ | $\frac{(Y_{ij}-e_{ij})^2}{e_{ij}}$ |
|---|---|---|---|---|---|
| (1, 1) | 45.83 | 47.00 | 1.17 | 1.3689 | 0.02987 |
| (1, 2) | 54.17 | 53.00 | −1.17 | 1.3689 | 0.02527 |
| (2, 1) | 64.17 | 63.00 | −1.17 | 1.3689 | 0.02133 |
| (2, 2) | 75.83 | 77.00 | 1.17 | 1.3689 | 0.01805 |
| 합 계 | 240.00 | 240.00 | 0 | | $q_1 = 0.09452$ |

$$e_{22} = 240\left(\frac{140}{240}\right)\left(\frac{130}{240}\right) = 75.83$$

관측횟수와 기대횟수를 구했으므로 카이제곱통계량을 구할 수 있다. 결합확률 $p_{ij}$가 주어지지 않았으므로 카이제곱통계량의 자유도는 $(k-1)(h-1) = (2-1)(2-1) = 1$이다. $\alpha = 0.05$에서 임계치는 $\chi^2_{0.05}(1) = 3.841$이고 카이제곱통계량의 계산값이 3.841보다 작은 경우 $H_0$를 기각하지 않는다.

〈표 2〉와 같이 계산한 결과 $q_1 = 0.09452 < \chi^2_{0.001}(1) = 3.841$이다. 따라서 $H_0$를 기각하지 못한다. 즉 $t$일의 주가변동과 $t+1$일의 주가변동은 서로 독립적이므로 'random walk'이론은 이 데이터 분석결과로는 지지를 받는다고 말할 수 있다.

# 21. 비모수통계학

지금까지의 논의를 돌이켜 보면 대부분의 추론절차들은 모집단의 분포형태가 알려졌다는 가정하에서 모평균이나 모분산 등과 같은 모수에 대한 특성을 확인하려는 과정이었다. 또 통계적 추론을 위한 분포형태는 대부분 정규분포가 가정되었다.

그러나 실제의 통계적 추론에서는 모집단의 분포가 정규분포를 한다는 등의 가정을 만족시키지 못하는 경우가 많은데, 이런 경우 모집단의 분포나 모양에 대해서 아무런 제약적인 가정을 가하지 않고 수행할 수 있는 통계적 검정방법들이 있다. 이러한 방법들을 분포에 대하여 아무런 가정도 하지 않는다고 해서 "분포에 구애받지 않는(distribution-free)" 또는 모수에 대한 특정치를 가설로 하지 않는다는 의미에서 "非母數的 統計方法"이라 부른다.

$t$검정 등과 같이 모수와 관련된 지금까지의 추론방법들을 모수적 방법(parametric procedures)이라 하고 이를 다루는 학문을 母數統計學(parametric statistics)이라 한다. 그리고 모수에 연관되지 않거나 또는 모집단의 분포에 대한 가정을 필요로 하지 않는 방법을 비모수적 방법(nonparametric procedures)이라 하고 이에 관련된 이론과 방법을 다루는 학문을 非母數統計學(nonparametric statistics)이라 한다.

이번 장에서는 비모수적 방법이 사용될 수 있는 경우를 소개한 후에 많이 사용되는 비모수적 방법들을 고찰하기로 한다.

## 제 1 절 비모수적 방법의 사용

非母數的 方法을 사용하는데 있어서 가장 주의를 요하는 점은 모집단의 분포와 모양에 대한 가정이 성립되어 모수적 방법을 적용할 수 있는 경우에 비모수적 방법을 사용해서는 안 된다는 것이다. 이는 비모수적 방법의 檢定力(power of test)이 모수적 방법에 비해 낮기 때문이다. 그러면 어느 경우에 비모수적 방법을 사용하는 것이 적당한지를 살펴보자. 비모수적 방법을 많이 사용하는 경우는 일반적으로 네 가지로 구분할 수 있다.

첫째의 경우는 분석의 대상이 되는 자료가 어떤 특정한 검정방법을 사용하는 데 전제로 되어 있는 가정들을 충족시키지 못함으로써 모수적 방법을 사용할 수 없는 경우이다. 예를 들면, 가설의 본질상 $t$검정의 적용이 바람직하나 표본자료가 정규분포를 하지 않는 모집단으로부터 추출된 경우 $t$검정을 사용할 수 없다. 이러한 경우 모집단이 정규분포를 하여야 한다는 가정에 구애받지 않는 비모수적 방법이 사용된다.

모수적 방법이 적당하지 않는 두 번째 경우는 자료가 순위(rank)로 되어 있는 경우이다. 예를 들어 어느 비누회사의 판매부장이 여러 회사의 비누제품에 대한 소비자의 선호도를 조사하기 위하여 소비자들에게 선호도를 질문했다고 하자. 이 때 질문을 받은 소비자들은 그들의 선호도를 $A$회사의 제품은 64, $B$회사의 제품은 95, $C$회사의 제품은 50 등의 수치로 표시하기는 어렵지만, $B$회사 제품이 제일 좋고(1등), $A$회사 제품이 그 다음(2등), 그리고 $C$회사 제품을 3번째로 좋아한다는 등으로 순위를 부여하는 것은 어렵지 않다. 이렇게 자료들이 순위로 되어 있는 경우의 분석에 비모수적 방법이 사용된다.

셋째로 답을 요하는 질문이 모수와는 무관한 경우에는 비모수적 방법의 사용이 적합하다. 즉 어느 한 표본이 확률표본인지의 여부를 알고자 하는 경우, 이는 모수와는 하등의 관계가 없는 성질이므로 이 경우에는 적합한 비모수 방법을 사용하게 된다.

끝으로 조사연구의 시간제약으로 인하여 대략적인 결과를 빨리 얻고자 하는 경우에 비모수적 방법을 사용할 수 있을 것이다. 이는 비모수적 방법에 의한 계산이 모수적 방법보다 빠르고 쉽기 때문이다.

본 교재에서 설명할 非母數的 방법들은 다음과 같다.

**비모수적 검정방법**

1) **적합도검정**

콜모고로프-스미르노프의 적합도검정*

2) **무작위성검정**

연속성의 검정(runs test)

3) **동일성검정**

(i) 연관된 표본
- 2개의 표본 : 부호검정 · 윌콕슨검정*
- 3개 이상의 표본 : 프리드만의 순위이원분산분석*

(ii) 독립된 표본
- 2개의 표본 : 맨-위트니의 $U$검정 · 중위수검정*
- 3개 이상의 표본 : 크루스칼-월리스의 순위일원분산분석

4) 순위상관관계 검정

(i) 스피어만의 순위상관계수*

(ii) 켄달의 순위상관계수*

## 제 2 절 콜모고로프-스미르노프의 적합도검정*

카이제곱 적합도검정은 $k$개의 범주별로 나누어진 관측치들과 이와 동일한 범주의 가정된 분포(hypothesized distribution) 사이의 적합도를 측정하였다. 제20장에서는 $\chi^2$검정의 조건이 $np \geq 5$임을 제시하였으며 각 범주의 관측치가 충분하지 않은 경우 인접범주와 통합하여 $\chi^2$통계량을 계산하였다. 그러나 이러한 통합은 특히 모집단의 분포가 연속분포인 경우나 분석의 성격상 작은 범주를 많이 만들 필요가 있는 경우에는 표본으로부터 얻을 수 있는 정보를 상실하는 것이다.

이러한 단점을 보완하기 위하여 범주별로 일정수 이상의 예상횟수와 같은 조건을 부여하지 않는 적합도검정방법이 콜모고로프-스미르노프의 검정이다. 콜모고로프-스미르노프의 검정은 범주별 데이터를 가정하지 않을 뿐 아니라 연속형 데이터에도 적용할 수 있다. 검정자가 자료를 범주별로 분류하는 것은 계산의 편의를 위해서이다.

콜모고로프-스미르노프의 단일표본에 대한 적합도검정(one-sample Kolmogorov-Smirnov test for goodness of fit)은 관측된 표본분포와 가정된 분포 사이의 적합도를 검사함으로써 행할 수 있다. 이 방법은 관측된 자료의 크기를 나열한 후 각 관측치들의 누적확률을 구한 다음 가정된 분포의 누적확률과 비교한다. 이 때 두 累積確率의 差의 最大値가 임계치보다 작으면 표본이 가정된 분포(hypothesized distribution)를 따르는 모집단에서 추출되었다고 본다. 그러나 누적확률의 차의 최대치가 임계치보다 크면 표본이 가정된 분포를 따르는 가설을 기각한다.

이제 크기 $n$인 확률표본이 연속형 누적분포함수 $F(x)$ : $F_0(x)$로부터 추출되었다고 가정하자. 이 경우 표본의 누적분포함수를 $F_n(x)$라고 할 때 콜모고로프-스미르노프 통계량은 다음과 같이 정의된다.

**콜모고로프-스미르노프 통계량**

$$D_n = \max \mid F_n(x) - F_0(x) \mid \tag{21.1}$$

따라서 콜모고로프-스미르노프 통계량은 변수의 모든 범위에 걸쳐서 표본과 가정된 누적분포함수 사이의 최대거리를 의미하며 $D_n$은 표본크기 $n$에 따라 달라진다. [그림 21. 1]은 $F_0(x)$와 $F_n(x)$를 표시하고 있고 두 누적분포의 差의 최대치인 $D_n$은 $X = x_0$인 경우에 발생하며 $D_n = \mid F_n(x_0) - F_0(x_0) \mid$이 된다.

$H_0$ : $F(x) = F_0(x)$인 경우 $D_n$이 충분히 작으면 $F_n(x)$가 $F_0(x)$와 크게 차이가 나지 않으므로 귀무가설을 채택하게 되고 $D_n$이 충분히 큰 경우(부록의 수표에서 유의수준과 표본의 크기에 따라 선택된 임계치보다 큰 경우) $F_0(x)$가 $F_n(x)$에 의하여 설명이 되지 않는다고 생각되므로 $H_0$를 기각하게 된다.

[그림 21. 1] 콜모고로프-스미르노프 통계량

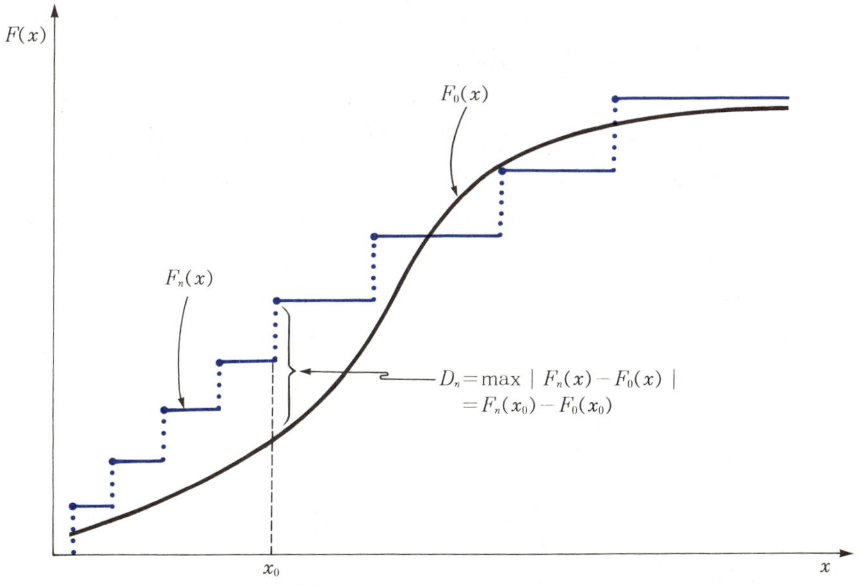

예제 21. 1

$F_0(x)$가 다음과 같이 정의될 때 가설 $H_0$ : $F(x) = F_0(x)$, $H_1$ : $F(x) \neq F_0(x)$를 검정해 보자.

$$F_0(x) = \begin{cases} 0 & x < 0 \\ x & 0 \leq x < 1 \\ 1 & x \geq 1 \end{cases}$$

확률표본의 관측치는 다음과 같이 주어졌다.

0.62, 0.36, 0.23, 0.76, 0.65, 0.09, 0.55, 0.26, 0.38, 0.24

(풀이)

귀무가설은 $X$가 균등분포 $U(0, 1)$인 것을 나타낸다. 표본의 크기 $n = 10$이고 $\alpha = 0.1$인 경우 기각역은 부록의 [표 9]에서

$$C = \{d_{10} : d_{10} > 0.368\}$$

이다. 여기서 $d_{10}$은 콜모고로프-스미르노프 통계량 $D_{10}$의 관측치이다. $d_{10}$을 계산하는 절차는 〈표 21. 1〉과 같다.

〈표 21. 1〉 콜모고로프-스미르노프 통계량의 계산

| 표본관측치<br>$X$ | 표본의 누적확률<br>$F_n(x)$ | $H_0$의 누적확률<br>$F_0(x)$ | 두 누적확률의 차<br>$\lvert F_n(x) - F_0(x) \rvert$ |
|---|---|---|---|
| 0.09 | 0.1 | 0.09 | 0.01 |
| 0.23 | 0.2 | 0.23 | 0.03 |
| 0.24 | 0.3 | 0.24 | 0.06 |
| 0.26 | 0.4 | 0.26 | 0.14 |
| 0.36 | 0.5 | 0.36 | 0.14 |
| 0.38 | 0.6 | 0.38 | 0.22 |
| 0.55 | 0.7 | 0.55 | 0.15 |
| 0.62 | 0.8 | 0.62 | 0.18 |
| 0.65 | 0.9 | 0.65 | 0.25 |
| 0.76 | 1.0 | 0.76 | 0.24 |

$d_{10} = \lvert F_{10}(0.65) - F_0(0.65) \rvert = 0.25$이므로 $H_0$는 유의수준 $\alpha = 0.1$에서 기각되지 않는다.

# 제 3 절　무작위성의 검정

## 1. 연속(run)의 개념

지금까지는 표본이 모집단으로부터 무작위(randomly)로 추출되었다는 가정하에 통계적 추론을 행하였다. 그러나 이러한 무작위성에 대한 가정이 합리적인 것인지의 여부에 대하여는 조사를 해보기 전에는 누구도 확신을 할 수 없는 것이다. 즉 통계적 응용에 있어서 표본의 무작위성에 대한 의문이 자주 일어나며, 이에 대한 확실한 답은 표본의 선정방법을 검토함으로써만 가능한 것이다. 이러한 표본의 무작위성을 검정하는 방법을 無作爲性의 檢定(test of randomness) 또는 連續性의 檢定(runs test)이라 부른다.

연속(run)이란 동일한 사상이 부호가 다른 사상이나 또는 상이한 사상들에 의하여 방해를 받음이 없이 계속되는 것을 말한다. 예를 들면, 어느 표본이 "＋＋－－＋＋＋－＋－－"와 같은 일련의 부호로 표기되어 있다면 이는 6개의 연속으로 되어 있다. 즉 첫번째 연속은 2개의 ＋이고, 두 번째 연속은 2개의 －이며, 세 번째 연속은 3개의 ＋, 네 번째 연속은 하나의 －, 다섯번째 연속은 하나의 ＋, 여섯 째 연속은 두 개의 －로 되어 있다.

연속(run)의 수를 구하는 방법은 ① 관측치를 중위수를 중심으로 그들의 크기를 중위수와 비교하여 중위수보다 크면 '＋', 작으면 '－'를 부여한 후 연속의 수를 구하는 방법과 ② 열거된 관측치들을 첫번 관측치와 바로 다음의 관측치의 크기를 비교, 두 번째 것이 첫번째 것보다 크면 '＋', 작으면 '－', 또 세 번째 관측치가 두 번째 관측치보다 크면 '＋', 작으면 '－'의 부호를 계속적으로 부여하는 방법의 두 가지가 있다. 여기서는 중위수를 중심으로 하는 ①의 경우를 기준으로 설명한다.[1)]

또 표본정보가 남·녀 등과 같이 이미 양분된 경우에는 그대로 사용하면 된다. 설명의 편의상, 이 검정에 사용되는 공식의 전개는 위의 ＋와 －부호로 된 11개의 관측치의 예를 기준으로 하여 정의하기로 한다. 즉

$n_1$ = 표본 내에서 동일하게 표시된 한 부호(관측치)의 총수, 예를 들면 위

---

1) ②의 경우에 대한 예는 21장의 응용사례를 참고하시오.

의 예에서 6개의 +부호의 수

$n_2$ = 표본 내에서 $n_1$ 경우의 부호와는 다른 부호로 표시된 관측치의 총수, 위의 예에서 5개의 '−' 부호의 수($n = n_1 + n_2$)

$r$ = 표본 내의 연속의 수, 위의 예에서 연속의 수는 6이었다.

## 2. 표(table)를 이용한 무작위성의 검정(test of randomness)

무작위성의 검정은 사상들의 연속이 무작위적 순서로 일어나는지의 여부를 검정하는 방법이다. 이 검정은 일련의 사상들 속에서 $r$로 표기되는 연속의 총수를 집계하여 연속의 수 $r$이 너무 크거나 또는 너무 작으면 무작위성의 가설은 기각되는 것이다. 예를 들어 하나의 동전을 10회 던지는 경우에 다음과 같은 두 결과를 얻었다면 무작위성에 대한 의문을 낳게 된다.

결과 1 : H H H H H T T T T T
결과 2 : H T H T H T H T H T

이 두 경우에 앞면(H)이 나오는 것이 5회이고, 이는 동전을 10번 던지는 경우의 결과로서 비합리적인 것이라고는 할 수 없다. 그러나 결과 1의 경우에는 오직 2개의 연속으로 되어 있고, 결과 2의 경우에는 동전을 던질 때마다 결과가 바뀌어 10개의 연속으로 되어 있다. 만약에 동전을 던져 일어나는 결과들이 진실로 무작위적이라면, 5개의 앞면과 5개의 뒷면으로 된 연속의 수가 위 두 극단적인 결과의 사이에 있게 될 것으로 기대된다.

유의수준 $\alpha$에서 연속성의 검정에 쓰이는 임계치는 부록의 [표 10 A]와 [표 10 B]에 나타나 있으며 두 개의 표는 양측검정의 각각의 임계치이다. [표 10 A]는 무작위성을 인정하기에는 너무 작은 연속(run)의 수를 나타낸다. 즉 [표 10 A]에 나타난 연속(run)의 수는 너무 작기 때문에 귀무가설이 참일 때(즉 무작위성일 때) 표에 나타난 연속(run)의 수와 같거나 작을 확률은 $\alpha/2 = 0.025$나 그 이하이다. 이와 반대로 [표 10 B]에 나타난 연속(run)의 수는 무작위성이라고 보기에는 너무 큰 연속(run)의 수이다. 즉 [표 10 B]에 나타난 연속(run)의 수는 너무 커서 무작위성이 인정될 때(귀무가설이 참일 때) 표에 나타난 연속(run)의 수와 같거나 클 확률은 $\alpha/2 = 0.025$나 그 이상이다.

임계치 중 하한임계치를 $r_a$ 그리고 상한임계치를 $r_b$라고 하면 $r_a < r < r_b$

인 경우에는 귀무가설($H_0$ : 표본은 무작위로 추출되었다)를 채택하고 $r \geq r_b$이거나 $r \leq r_a$인 경우는 귀무가설을 기각한다.

**표를 이용한 무작위검정**(小標本의 경우)

$H_0$ : '표본은 무작위로 추출되었다'에 대한 양측검정의 절차는 다음과 같다.

1) 연속(run)의 수를 구한다(연속의 수 $= r$)
2) 두 종류로 구분된 사상에 속하는 표본 수 $n_1$과 $n_2$를 구한다.
3) [표 10 A]와 [표 10 B]를 이용하여 유의수준 $\alpha$에서 $n_1$과 $n_2$에 대응하는 연속(run)의 두 임계치($r_a =$ 하한임계치, $r_b =$ 상한임계치)를 찾는다.
4) $r_a < r < r_b$인 경우 $H_0$를 채택하고
   $r \geq r_b$ 혹은 $r \leq r_a$인 경우 $H_0$를 기각한다.

**예제 21.2**

앞의 예에서 $H_0$ : 표본이 무작위로 추출되었다는 것을 $\alpha = 0.05$에서 검정해 보자.

**(풀이)**

$r = 6$, $n_1 = 6$, $n_2 = 5$이므로 부록의 [표 10 A]와 [표 10 B]에서 $r_a = 3 < r = 6 < r_b = 10$이 성립한다. 따라서 $H_0$를 채택한다. 즉 표본은 무작위로 추출되었다고 본다.

## 3. 대표본의 무작위성검정

부록의 [표 10 A]와 [표 10 B]는 $n_1 = 20$, $n_2 = 20$인 경우까지만 이용할 수 있다. 즉 [표 10 A]와 [표 10 B]는 소표본인 경우에 이용된다. $n_1$과 $n_2$가 각각 10 이상인 표본에서는 근사적 표준정규분포가 이용된다.

표본을 추출하였을 때 관측되는 연속의 수 $R$은 확률변수이다. $n_1$과 $n_2$가 각각 10 이상이면 $R$은 정규분포를 따르는 확률변수로 근사화할 수 있다.[2)]

2) 중위수를 중심으로 크기를 중위수와 비교하여 +, −를 만들고 연속의 수를 구하는 경우이다. 전후의 관측치를 비교하여 +, −를 만들어서 연속의 수를 검정하는 경우는 제21장의 응용사례를 참고하시오.

**무작위성검정을 위한 검정통계량**$(n_1 \geq 10,\ n_2 \geq 10)$

$$Z=\frac{R-\mu_R}{\sqrt{\mathrm{Var}(R)}} \sim N(0,\ 1) \qquad (21.2)$$

여기서

$$\mu_R=E(R)=\frac{2n_1n_2}{n_1+n_2}+1 \qquad (21.3)$$

$$\mathrm{Var}(R)=\frac{(\mu_R-1)(\mu_R-2)}{n_1+n_2-1}=\frac{2n_1n_2(2n_1n_2-n_1-n_2)}{(n_1+n_2)^2(n_1+n_2-1)} \qquad (21.4)$$

$Z$는 $N(0,\ 1)$의 분포를 하므로 유의수준 $\alpha$에서 $-z_{\alpha/2} < Z < z_{\alpha/2}$ 이면 귀무가설(무작위성)은 채택되고 $Z \geq z_{\alpha/2}$, $Z \leq -z_{\alpha/2}$ 이면 귀무가설은 기각된다.

**예제 21.3**

어느 백화점에서 25명의 고객을 선정하여, 이들에게 그 백화점에서 상품을 구입했는지를 물었다. '구입했다(Y)' 또는 '구입하지 않았다(N)'는 답을 질문한 시간순으로 정리한 결과가 다음과 같다.

Y Y N N N Y Y Y Y N N Y Y Y Y Y N N N N N Y Y Y Y

무작위성검정방법을 사용하여 위의 표본이 무작위로 선정되었는지의 여부를 5%의 유의수준에서 검정하라.

(풀이)

$H_0$ : 고객들은 무작위적으로 선정되었다. 즉 표본에서 얻은 연속수와 연속수의 기대치간에는 아무런 차가 없다.

$H_1$ : 고객들은 무작위적으로 선정되지 않았다.

$\alpha=0.05$

$n_1=$ Y의 수 $=15$, $n_2=$ N의 수 $=10$, 그리고 $R=7$이므로,

$$E(R)=\frac{2(15)(10)}{15+10}+1=13$$

$$\sigma_R=\sqrt{\frac{2(15)(10)(2\cdot15\cdot10-15-10)}{(15+10)^2(15+10-1)}} \fallingdotseq 2.35$$

$$z=\frac{7-13}{2.35} \fallingdotseq -2.55$$

여기에서 우리의 주관심사는 표본으로 관찰된 연속의 수가 연속수의 기대치 $E(R)$보다 유의적으로 큰지 또는 작은지의 검정에 있으므로 양측검정이 적합함을 알 수 있다. 5%의 유의수준에서 계산된 $z$값의 결과가 $\pm 1.96$ 범위 밖에 놓이게 되므로 귀무가설은 기각되고 25명의 고객이 무작위로 선정되었다는 주장은 받아들일 수 없게 된다.

## 제 4 절 부호검정

우리는 앞에서 비모수적 통계방법인 적합도의 검정과 무작위성검정에 대하여 고찰하였다. 이 검정들은 기본적으로 단일표본을 대상으로 한 것이다.

지금부터는 2개 이상의 표본을 대상으로 하는 검정에 대하여 설명해 보자. 이 문제는 근본적으로는 2개 이상의 모집단의 평균들이 같은지에 대한 동일성검정에 속하며 표본들이 서로 연관되어 있는 경우와 서로 독립적인 경우로 나누어서 생각할 수 있다.

표본들이 서로 연관되어 있는 경우는 표본의 수가 2개인 경우와 3개 이상인 경우로 나누어 설명될 수 있다. 서로 연관된 표본의 수가 2개인 경우의 검정방법은 부호검정과 윌콕슨(Wilcoxon)의 검정이 있으며 서로 연관된 표본의 수가 3개 이상인 경우의 검정방법은 프리드만(Friedman)의 검정이 있다. 이 이외에도 다른 방법들이 있으나 여기서는 설명하지 않는다.

이제 표본들이 서로 연관된 경우의 동일성검정을 먼저 설명한 후에 서로 독립적인 표본들의 동일성검정에 대하여 고찰해 보자.

우리는 제11장에서 연관된(쌍을 이루는) 두 표본의 평균의 차이에 대한 $t$검정법에 대하여 고찰하였다. 이 $t$검정은 모수검정으로 쌍을 이루는 두 표본이 正規分布를 이루는 모집단으로부터 추출되었다는 가정이 필요하고(두 집단의 분산이 같을 필요는 없음) 표본자료가 量的 資料이어야 한다.

그러나 경우에 따라서는 모집단의 분포가 정규분포라는 확신이 없거나 자료가 단순히 어느 것을 선호하는 정도로만 주어지는 경우 모수검정을 이용할 수 없다. 이런 경우, 모수검정에서 고찰한 연관된 두 표본의 평균의 동일성을 검정하는 $t$검정에 대응하여 비모수검정을 할 수 있으며 두 개의 연관된 표본에 대한 비모수검정방법으로는 符號檢定과 윌콕슨(Wilcoxon)檢定이 있다.

이와 같은 두 비모수검정방법은 평균보다는 중위수에 대한 검정이며 분포가 대칭인 경우 중위수에 대한 동일성검정은 평균에 대한 동일성검정이 된다.

부호검정은 짝으로 연결되는 관측치들 사이의 差를 양(+)과 음(−)의 부호로 나타낸 후 이를 이용하는 검정방법이다. 이는 표본들이 연관되어 있는 경우 두 중위수(평균) 사이의 差에 대한 가설을 검정하는 편리한 방법이다.

예를 들어 휴가가 노동자의 생산성에 미치는 영향을 조사하기 위해 휴가 전에 취한 표본을 $X_i$로 표시하고, 휴가를 다녀온 뒤에 취한 표본을 $Y_i$로 표시하면 두 표본 속에서 짝으로 연결되는 관측치들 사이의 差($Y_i-X_i$)를 얻을 수 있다. 이 경우 $Y_i > X_i$이면 이 차를 양(+)으로 표시하고, 그리고 $Y_i < X_i$이면 그 차를 음(−)로 표시한다. 실제 예를 들어 부호검정을 설명해 보자.

어느 제조업체에서 휴가가 종업원들의 생산성을 증대시키는지의 여부를 조사하기 위하여 22명의 종업원들이 휴가를 가기 전과 갔다온 후 일 주일 간의 생산량을 표본으로 취했다. $X$와 $Y$를 각각 휴가 전과 후의 주당 산출량이라 할 때 표본자료로부터 〈표 21.2〉를 얻었다.

이 경우에 검정되어야 할 귀무가설은 "휴가는 종업원들의 생산량에 아무런 영향을 주지 않는다"이며 더 정확히는 "$H_0$ : 휴가 전후의 생산량의 差의 中位數는 0이다"라고 기술할 수 있다. 이는 바꾸어 말하면 양의 差가 발생하는 확률과 음의 差가 발생하는 확률이 같다는 의미이며 이는 간편하게 다음과 같이 나타낼 수도 있다.

$$H_0 : P(X_i > Y_i) = P(X_i < Y_i) = 0.5$$

그러므로 연관된 각 관측치들의 짝에서 ($Y_i-X_i$)를 계산하여 얻은 양과 음의 부호로 된 확률표본을 통하여 귀무가설이 진실일 경우에 양의 부호의 수만큼 음의 부호의 수를 기대할 수 있다. 마찬가지로 $p$가 양의 부호를 얻을 확률이라 하면 귀무가설은 $H_0 : p=0.5$라고 기술할 수 있다. 그리고 검정이 휴가가 유기적으로 종업원들의 생산성을 증대시키느냐의 여부를 결정하려는 것이므로 대립가설은 $H_1 : p > 0.5$로 기술할 수 있다.

〈표 21.2〉 휴가 전과 후의 산출량

| 종업원($i$) | 휴가 전 산출량($X_i$) | 휴가 후 산출량($Y_i$) | $Y_i - X_i$의 부호 |
|---|---|---|---|
| 1 | 83 | 79 | − |
| 2 | 85 | 87 | + |
| 3 | 75 | 70 | − |
| 4 | 91 | 93 | + |
| 5 | 80 | 85 | + |
| 6 | 75 | 75 | 0 |
| 7 | 90 | 80 | − |
| 8 | 65 | 71 | + |
| 9 | 78 | 80 | + |
| 10 | 85 | 88 | + |
| 11 | 83 | 82 | − |
| 12 | 75 | 71 | − |
| 13 | 78 | 75 | − |
| 14 | 80 | 85 | + |
| 15 | 82 | 86 | + |
| 16 | 88 | 85 | − |
| 17 | 85 | 82 | − |
| 18 | 80 | 87 | + |
| 19 | 78 | 78 | 0 |
| 20 | 81 | 84 | + |
| 21 | 70 | 85 | + |
| 22 | 80 | 81 | + |

$H_0$가 참일 때 양의 부호가 $x$개 나타날 확률은 연관된 관측치 두 개를 하나로 표시한 짝(또는 쌍)의 수가 $n$이고 $p=0.5$인 이항분포를 이용하여 구한다. 그러므로 양의 부호가 $x$개가 될 확률은 다음과 같다.

$$f(x) = \binom{n}{x} p^x (1-p)^{n-x}$$

$n$의 수를 결정할 때, 짝으로 된 두 관측치의 차가 0(zero)이라면 그 관측치들의 짝은 제외되어 나머지 관측치들로 된 짝의 수만이 표본의 크기 $n$으로 된다. 즉 差가 0이 되는 짝의 수만큼 표본의 크기가 감소되는 것이다.

이제 부호검정을 이용한 가설검정에 대하여 고찰해 보자.[3)]

3) 부호검정은 $p=0.5$만 검정할 수 있는 것은 아니다. 예를 들어 +가 나올 확률이 3/4인 것을 검정할 때도 $P(X \geq c \mid p=0.75) = \alpha$를 그대로 이용할 수 있다.

**부호검정**

$H_0$ : $p(+) = p(-)$, 즉 $p = 0.5$(差의 중위수는 0이다)

$H_1$ : 差의 중위수는 양(+)이다(우측검정).

양(+)의 부호수를 확률변수 $X$라고 하면 $X$는 이항분포를 따른다.

유의수준 $\alpha$에서 기각역은 다음과 같다.

$$P(X \geq c \mid p = 0.5) = \alpha \tag{21.5}$$

여기서

$c$ : 임계치

주 : 양측검정일 경우 식 (21.5)의 $\alpha$ 대신에 $\alpha/2$가 되는 두 개의 $c$가 임계치가 된다.

예에서 양의 부호가 12개, 음이 8개, 그리고 관측치들 짝 2개가 0으로 되어 있다. 이 경우 0으로 된 두 개의 짝은 제외되므로 표본의 크기 $n$은 20이 되고 또 성공(양의 부호)의 수는 12개가 된다. 부록의 이항분포표 [표 1]이 20개의 시행에서 14개 또는 그 이상이 성공(+부호)을 얻을 확률이 0.0577임을 나타내고 있다. 즉,

$$P(X \geq 14 \mid n = 20,\ p = 0.5) = 0.0577$$

따라서 $\alpha = 0.05$의 우측검정에서 임계치 $c$는 대략 14가 된다. 그러나 관측된 정의 부호는 12이므로 이는 임계치보다 작기 때문에 휴가는 종업원들의 생산성에 아무런 영향을 주지 않는다는 귀무가설은 채택된다.

부호검정은 표본의 크기가 큰 경우에는 正規近似法을 이용할 수 있다. 이 경우의 기대치와 표준편차는 각각

$$E(X) = np$$
$$\sigma_X = \sqrt{np(1-p)}$$

그리고 유의수준 $\alpha = 0.05$에서 임계치는 아래와 같이 구한다.

$$\mu + z_\alpha \cdot \sigma_X$$

위의 예를 적용해 보면($\alpha = 0.05$의 우측검정)

$$\mu = np = 20(0.5) = 10$$
$$\sigma_X = \sqrt{np(1-p)} = \sqrt{20(0.5)(0.5)} = \sqrt{5} \fallingdotseq 2.2236$$
$$\mu + z_{0.05} \cdot \sigma_X = 10 + 1.645(2.2236) = 13.678(\text{임계치})$$

관측치 12는 임계치 13.678보다 작으므로 귀무가설은 채택된다.

## 제 5 절 윌콕슨(Wilcoxon)의 $T$검정*

부호검정은 짝으로 된 두 관측치들 사이의 差의 부호만을 고려의 대상으로 하였으며 差의 크기에 대해서는 관심을 두지 않았다. 이러한 부호검정에 대한 진보된 검정방법으로 1965년에 윌콕슨(Frank Wilcoxon)에 의해 제시된 방법을 윌콕슨검정 혹은 부호를 사용한 순위검정(signed rank test)이라고 한다. 윌콕슨검정은 짝으로 된 두 관측치들 사이의 差에 대한 부호는 물론 差의 크기를 고려하는 검정방법이다.

윌콕슨검정통계량 $T$를 구하는 순서는 다음과 같다(〈표 21.3〉을 참고).

1) 관측치들이 $n$개의 짝으로 되어 있을 때, 우선 각 짝으로 되어 있는 관측치들의 차 $d$를 구한 다음 이들 차의 절대치에 따라 순위를 부여한다. 즉 양과 음의 부호와 관계없는 차의 절대치 $|d|$에 의하여 이들을 가장 작은 값으로부터 큰 값에 이르기까지 1부터 시작하여 $n$까지의 순위를 부여하는 것이다. 이 때 만약에 둘 또는 그 이상의 差가 같게 되는 경우에는, 이들에게 해당되는 순위의 평균치를 순위로 부여한다. 예를 들어 두 개의 차가 3번째와 4번째 순위에 해당되며, 이들이 같은 경우에는 이들 순위의 평균치 $(3+4)/2=3.5$가 순위로 부여되는 것이다.

2) 다음 단계로는 이들 각 순위에 각 부호별로 본래의 부호를 붙인다.

3) 끝 단계로 검정통계량 $T$를 계산한다. 이 때 각 부호별로 계산된 두 개의 합은 각각 양의 부호를 갖는 것으로 간주하여 합이 작은 것이 $T$가 된다. 그리고 윌콕슨검정에서도 부호검정에서와 마찬가지로 差가 0이 되는 것은 고려의 대상에서 제외된다.

귀무가설은 “두 표본들이 추출되어진 두 모집단은 동일하다.” 더 정확히는 “모집단에서 差의 분포의 중위수는 0이다”라고 기술된다. 만약에 두 모집

〈표 21.3〉 검정통계량 $T$의 계산

| 종업원 | $X_i$ | $Y$ | $Y_i-X_i$ | 순 위 | 부호를 사용한 순위 | |
|---|---|---|---|---|---|---|
| | | | | | $-$ | $+$ |
| 1 | 83 | 79 | $-4$ | 12 | $-12$ | |
| 2 | 85 | 87 | $+2$ | 4 | | $+4$ |
| 3 | 75 | 70 | $-5$ | 15 | $-15$ | |
| 4 | 91 | 93 | $+2$ | 4 | | $+4$ |
| 5 | 80 | 85 | $+5$ | 15 | | $+15$ |
| 6 | 75 | 75 | 0 | — | | |
| 7 | 90 | 80 | $-10$ | 19 | $-19$ | |
| 8 | 65 | 71 | $+6$ | 17 | | $+17$ |
| 9 | 78 | 80 | $+2$ | 4 | | $+4$ |
| 10 | 85 | 88 | $+3$ | 8 | | $+8$ |
| 11 | 83 | 82 | $-1$ | 1.5 | $-1.5$ | |
| 12 | 75 | 71 | $-4$ | 12 | $-12$ | |
| 13 | 78 | 75 | $-3$ | 8 | $-8$ | |
| 14 | 80 | 85 | $+5$ | 15 | | $+15$ |
| 15 | 82 | 86 | $+4$ | 12 | | $+12$ |
| 16 | 88 | 85 | $-3$ | 8 | $-8$ | |
| 17 | 85 | 82 | $-3$ | 8 | $-8$ | |
| 18 | 80 | 87 | $+7$ | 18 | | $+18$ |
| 19 | 78 | 78 | 0 | — | | |
| 20 | 81 | 84 | $+3$ | 8 | | $+8$ |
| 21 | 70 | 85 | $+15$ | 20 | | $+20$ |
| 22 | 80 | 81 | $+1$ | 1.5 | | $+1.5$ |
| 합 계 | | | | | $-83.5$ | 126.5 |

단이 동일하다는 이 귀무가설이 진실일 경우에는 양의 부호를 갖는 순위의 수와 음의 부호를 갖는 순위의 수는 거의 같을 것이기 때문에 두 합들은 거의 동일하게 되어야 한다. 만약에 두 합이 서로 차이가 많이 난다면 두 모집단은 동일하지 않다고 해석할 수 있다. 바꾸어 말하면, 양의 순위의 합이나 또는 음의 순위의 합이 아주 작은 경우 귀무가설은 기각된다.

전체순위들 1, 2, 3, …, $n$의 합은 다음과 같은 공식으로 간단히 구할 수 있다.

$$\frac{n}{2}(1+n) \tag{21.6}$$

즉, 만약에 $n=20$이라면 1에서 20에 이르는 순위의 합은 $20(1+20)/2=210$이 되고 양 또는 음의 순위의 합에 대한 기대치는 각각 $210/2=105$가 된다.

윌콕슨(Wilcoxon)검정의 기본목적은 계산으로 얻은 부호를 사용하는 순위의 합과 그 순위의 합에 대한 기대치 사이에 유의적으로 큰 差가 있는지의 여부를 결정하는 데 있다. 그리고 이 검정에 사용되는 검정통계량 $T$는 양측 또는 단측검정의 어느 경우에도 사용된다.

이제 부호검정에서 고찰하였던 휴가가 생산성에 영향을 주는지의 여부에 대한 표본자료를 이용하여 $T$를 구해 보자.

부호검정에서와 마찬가지로 差가 0인 두 개의 짝은 제외된다. 위에서 설명한 바와 같이 순위가 같게 되는 경우, 동일한 절대치를 갖는 差에 해당순위들의 평균을 같이 부여한다. 예를 들면 차가 $-1$인 11번째 종업원과 차가 $+1$인 22번째 종업원은 차의 절대치로 보아 같게 되며, 이는 첫번째와 두 번째의 순위에 해당한다. 그러므로 순위 1과 순위 2의 평균, 즉 $(1+2)/2=1.5$를 11번째와 22번째의 종업원의 공통순위로 부여한다. 마찬가지로 차가 $+2$인 2번째와 4번째 종업원 그리고 9번째의 종업원의 경우에도 같으므로, 이들 해당순위의 평균 $(3+4+5)/3=4$를 이들의 공통순위로 부여하는 것이다. 그리고 양의 부호를 갖는 순위들의 합과 부의 부호를 갖는 순위들의 합의 절대치(또는 이들을 부호에 관계없이 양의 값으로 취급하여) 중 작은 값을 검정통계량 $T$로 하므로, 이 경우에는 83.5가 $T$가 되는 것이다. 이 검정통계량 $T$는 부록의 [표 11]의 주어진 유의수준 $\alpha$에서 임계치와 비교하게 된다.

이 예의 대립가설은 "휴가는 종업원들의 생산성(그러므로 $Y$값)을 증대시킨다"가 될 수 있으므로 단측검정을 하게 된다. 이 때 만약에 관측된 검정통계량 $T$값이 $T$의 임계치보다 작거나 또는 같게 되면 귀무가설은 기각된다. 이 예에서 짝의 수가 $n=20$이므로 1%의 유의수준에서 $T$의 임계치는 43이 된다. 그리고 관측된 검정통계량의 값 83.5는 임계치 43보다 크므로 귀무가설은 채택된다. 즉 휴가는 종업원들의 생산성에 아무런 영향을 미치지 않는다고 할 수 있다.

표본의 크기(즉 연관된 관측치들의 짝의 수)가 16과 같거나 클 경우 (즉 $n \geq 16$이면) $T$의 표본분포는 근사적으로 정규분포한다.

**표본크기($n$)가 큰 경우 윌콕슨(Wilcoxon)의 검정통계량**

$$Z = \frac{T - E(T)}{\sigma_T} \tag{21.7}$$

여기서

$$E(T) = \frac{n(n+1)}{4} \tag{21.8}$$

$$\mathrm{Var}(T) = \sigma_T^2 = \frac{n(n+1)(2n+1)}{24} \tag{21.9}$$

앞의 예를 적용하면

$$E(T) = \frac{20(21)}{4} = 105$$

$$\mathrm{Var}(T) = \frac{20(21)(41)}{24} = 717.7, \qquad \sigma_T = 26.786$$

따라서

$$z = \frac{83.5 - 105}{26.786} = -0.8027$$

한편 유의수준 $\alpha = 5\%$에 대응되는 $Z$의 임계치는 양측검정일 경우 $\pm z_{0.025} = \pm 1.96$, 단측검정인 경우 $-z_{0.05} = -1.645$이므로 어느 경우나 $H_0$를 기각할 수 없다.

## 제 6 절 프리드만(Friedman)의 검정*

지금까지 고찰한 부호검정과 윌콕슨(Wilcoxon)검정은 연관된 2개의 표본에 대한 동일성검정이었다. 여기서는 연관된 표본의 수가 3개 이상인 경우의 모집단의 평균이 동일한지를 검정하려고 한다.

모수통계에서는 3개 이상의 집단의 평균의 동일성(즉 $\mu_1 = \mu_2 = \mu_3 = \cdots = \mu_k$)의 검정은 분산분석을 이용하였다. 모수통계의 분산분석은 표본들이 同一한 分散을 가진 正規母集團에서 추출되었다는 가정을 필요로 한다. 그러나 이러한 가정이 충족되지 못하는 상황이거나 질적 자료만이 주어지는 경우는 비모수적 분산분석을 이용하게 되며 프리드만(Friedman)의 검정은 그와 같은 방법 중의 하나이다.

연관된 3개 이상의 표본에 대하여 분석하는 방법 중의 하나인 프리드만(Friedman)의 검정법은 모집단의 분포에 대한 가정이 필요하지 않으며 서수적 자료만으로 분석이 가능하다. 프리드만의 검정은 제16장에서 설명한 이원분산분석을 비모수적 방법으로 검정하는 것이므로 보통 順位二元分散分析(Friedman two-way ANOVA by rank)이라고 한다.

예를 이용하여 프리드만의 검정법을 설명하고자 한다. *A, B, C* 세 대의 자동차에 대한 젊은층의 선호도를 정리한 것이 〈표 21.4〉이다. 선호도가 낮은 것이 1, 중간이 2, 높은 것이 3으로 표시되어 있다. 여기서 2.5는 동점이 생긴 경우 평균순위를 준 것이다.

만일 *A, B, C*에 대한 선호도가 동일하다면 각 차에 대한 선호도의 합인 $R_1$, $R_2$, $R_3$가 비슷하여야 할 것이다. 만일 $R_1$, $R_2$, $R_3$간의 차이가 크면 선호도가 비슷하다고 볼 수 없다.

프리드만의 검정통계량은 다음과 같이 나타낼 수 있으며, 이 값이 표에 나타난 임계치보다 크면 3대의 자동차에 대한 선호도가 동일하다는 귀무가설을 기각한다.

〈표 21.4〉 젊은층의 차에 대한 선호도

| 사람($i$) | 차 종 | | |
|---|---|---|---|
| | $A(j=1)$ | $B(j=2)$ | $C(j=3)$ |
| $i=1$ | 2 | 1 | 3 |
| $i=2$ | 1 | 2 | 3 |
| $i=3$ | 1 | 2 | 3 |
| $i=4$ | 2 | 1 | 3 |
| $i=5$ | 2 | 1 | 3 |
| $i=6$ | 3 | 2 | 1 |
| $i=7$ | 2.5 | 1 | 2.5 |
| $i=8$ | 3 | 2 | 1 |
| $i=9$ | 1 | 2 | 3 |
| 합($R_i$) | 17.5 | 14 | 22.5 |

**프리드만의 검정통계량**[$\chi^2(b-1)$의 분포를 함]

$$\chi^2_{b-1} = \frac{12}{ab(b+1)} \sum_{j=1}^{b} (R_j)^2 - 3a(b+1) \tag{21.10}$$

여기서

$b$ : 列의 수(여기서는 자동차의 종류)

$a$ : 行의 수(여기서는 조사대상 사람)

$R_j$ : $j$번째 列의 순위합

이제 프리드만의 검정통계량을 계산해 보자.

$$\chi^2_{b-1} = \frac{12}{9(3)(3+1)}[(17.5)^2(14)^2 + (22.5)^2] - 3(9)(3+1)$$
$$= 4.0556$$

7번째 조사대상자에게 동점이 있으므로 다음 식으로 수정한다. 동점이 있는 경우 검정통계량을 다음의 식으로 나누어 준다.

$$C = 1 - \frac{\sum_{i=1}^{p} T_i}{ab(b^2-1)} = \frac{\sum_{i=1}^{p}(t_i^3 - t_i)}{ab(b^2-1)}$$

$p$는 관측치들이 같은 경우에 동점을 이루는 횟수, $t_i$는 동점을 이루는 관측치의 수이다. 이 경우에 7번째 사람에게만 동점이 있으므로(즉 $p=1$) $T_7 = 2^3 - 2 = 6$이고 다른 $T_i(i=1, 2, 3, 4, 5, 6, 7, 8, 9)$는 0이 된다.

$$c = 1 - \frac{(2^3-2)}{(9)(3)(9-1)} = 0.9722$$

따라서 조정된 검정통계량 값은 4.1716이다. 부록의 [표 12]를 이용하면 $b=3$이고 $a=9$일 때 검정통계량의 $p$값은 0.187과 0.154 사이에 있는 것을 알 수 있다. 따라서 유의수준 $\alpha=0.05$에서 $H_0$를 기각하지 못한다.

프리드만의 검정통계량은 $(b-1)$의 자유도를 갖는 $\chi^2$분포를 하므로 부록의 [표 12]에 나타나 있지 않는 $b$와 $a$값에 대하여는 $\chi^2$분포표를 이용하면 된다.

## 제 7 절 맨-위트니(Mann-Whitney)의 $U$검정

지금까지 설명한 부호검정·윌콕슨검정 및 프리드만검정은 서로 연관된 표본에 대한 비모수적 검정방법들이다. 여기서는 독립된 표본의 비모수적 검정방법에 대하여 설명하고자 한다.

제11장의 모수적 검정방법에서 우리는 독립적인 두 모집단의 평균의 동일성에 관한 $t$검정에 대하여 고찰하였다. $t$검정은 두 모집단의 분포가 正規分布이며 두 모집단의 分散이 同一한 量的 資料인 조건이 충족되어야만 가능하다.

그러나 이러한 조건이 충족되지 못하는 경우가 많으며 이런 경우에는 비모수적 검정방법을 사용한다. 맨-위트니(Mann-Whitney)의 $U$검정과 중위수검정은 두 개의 독립된 모집단에 대한 비모수적 검정방법들이다.

1947년에 이 방법을 최초로 전개한 두 통계학자의 이름이 붙여진 맨-위트니(Mann-Whitney)검정은 $U$검정이라고도 간편하게 불리는데, 다른 비모수적 방법들과 마찬가지로 표본이 추출된 모집단에 대하여 모수적 방법에서와 같은 경직된 가정을 필요로 하지 않는다. 이 방법을 사용하는 데 필요한 유일한 가정은 고려되는 확률변수의 분포가 연속적이라는 점이다. 그러나 실제적용에 있어서는 이 가정이 충족되지 않는다 할지라도 심각한 문제를 일으키지는 않는다.

### 1. 평균의 동일성에 대한 검정

맨-위트니의 $U$검정은 두 독립표본이 동일한 모집단에서 추출되었는지 또는 동일한 평균을 갖고 있는 두 모집단에서 추출되었는지를 검정하는 데 주로 사용된다. 그러므로 검정해야 할 귀무가설은 "두 표본이 동일한 평균을 갖고 있는 모집단들로부터 독립적으로 추출되었다"라고 기술할 수 있고, 검정은 단측 또는 양측검정의 어느 형태로도 할 수 있다. 그러므로 맨-위트니검정은 $t$검정시 필요한 가정들을 피하고자 하는 경우에 $t$검정의 대안으로 적합한 것이다.

맨-위트니의 $U$검정법을 설명해 보자.

우선 관측치의 크기가 $n_1$인 표본 Ⅰ과 $n_2$인 표본 Ⅱ의 관측치들을 통합한 후 통합된 관측치들을 크기의 순으로 정렬시켜서 가장 작은 관측치에 1을 부여하고 다음으로 작은 것에 2를 부여하는 등의 방법으로 순위를 부여한다. 만약에 둘 또는 그 이상의 관측치들이 같을 경우에는 같은 관측치들에게 해당되는 순위들의 평균치를 공통순위로 부여한다.

그런 다음 $n_1$의 관측치로 된 표본 Ⅰ을 취하여 이들에게 부여된 순위의 합을 계산하고 이 합을 $R_1$이라 표기한다. 이제 첫번째 $U$를 다음과 같이 정의한다.

$$U = n_1 n_2 + \frac{n_1(n_1+1)}{2} - R_1 \tag{21.11}$$

마찬가지로 $n_2$개의 관측치로 된 표본 Ⅱ를 취해 이들의 순위의 합을 계산하여 그 합을 $R_2$라 하고 두 번째 $U$를 다음과 같이 정의한다.

$$U = n_1 n_2 + \frac{n_2(n_2+1)}{2} - R_2 \tag{21.12}$$

이와 같은 방법으로 얻은 첫번째 $U$와 두 번째 $U$ 중에서 작은 값을 택하여 검정통계량 $U$로 사용한다. 설명의 편의상 첫번째 $U$와 두 번째 $U$ 중에서 큰 값을 $U'$로 표기하기로 하자. 그리고 이 검정을 실제로 적용하기 전에 $n_1n_2/2$을 사용하여 비교함으로써 $U$를 구했는지 또는 $U'$를 구했는지를 확인할 수 있다. 만약에 처음에 구한 값이 $n_1n_2/2$보다 크면, 그 값은 $U'$가 되며 $U$값은 다음의 공식을 사용하여 구할 수 있다.

$$U = n_1 n_2 - U' \tag{21.13}$$

이 $U$값이 부록의 [표 13]의 임계치와 비교하여 임계치보다 작으면 귀무가설(즉, $H_0$ : 두 모집단의 평균은 동일하다)은 기각된다.

그러나 $n_1$과 $n_2$가 각각 10 이상으로 표본이 큰 경우에는 통계량 $U$의 표본분포는 근사적으로 정규분포한다. 따라서 맨-위트니의 검정통계량은 다음과 같다.

**맨-위트니(Mann-Whitney)의 검정통계량**

$$Z = \frac{U - E(U)}{\sqrt{\mathrm{Var}(U)}} \qquad (21.14\mathrm{A})$$

여기서

$$E(U) = \frac{n_1 n_2}{2} \qquad (21.15)$$

$$\mathrm{Var}(U) = \frac{n_1 n_2 (n_1 + n_2 + 1)}{12} \qquad (21.16)$$

이 때 한 가지 부연할 점은 $U$의 표본분포에 대해 정규근사법을 사용하는 경우에는 $Z$의 절대치에는 변함이 없으므로 $U$를 사용하든 또는 $U'$를 사용하든 결과는 동일하다.

**예제 21.4**

어느 대학에서 동일한 문제로 된 영어시험을 2학급에 부과하였다. 학급 Ⅰ에는 12명의 학생이 있고, 학급 Ⅱ에는 10명의 학생이 시험을 치루었다. 이들 22명의 시험결과를 점수의 크기대로 정리하고 또 순위를 부여한 것이 다음의 〈표 21.5〉이다. 이에 담당교수는 이 두 학급의 평균점수 사이에 유의적인 차이가 있는지의 여부를 알고자 한다. 유의수준은 0.05이다.

(풀이)

1) 가설의 설정

$H_0$ : 두 학급의 평균성적(모평균)은 동일하다.
$H_1$ : 두 학급의 평균성적(모평균)은 동일하지 않다.

2) 부록의 표를 이용한 검정

우선 검정통계량 $U$를 계산해 보자.

$$U_1 = (12)(10) + \frac{12(12+1)}{2} - 156.5 = 41.5$$

$$U_2 = (12)(10) + \frac{10(10+1)}{2} - 96.5 = 78.5$$

$$U = \min(U_1,\ U_2) = 41.5$$

부록의 표에서 $\alpha = 0.05$(양측검정), $n_1 = 12$, $n_2 = 10$인 경우의 임계치는

〈표 21.5〉 맨-위트니검정을 위한 자료

| 학 생 | 학급 I | | 학급 II | |
|---|---|---|---|---|
| | 점 수 | 순 위 | 점 수 | 순 위 |
| 1 | 60 | 1 | 62 | 2 |
| 2 | 64 | 3 | 67 | 4 |
| 3 | 72 | 6.5 | 69 | 5 |
| 4 | 78 | 9 | 72 | 6.5 |
| 5 | 80 | 10 | 74 | 8 |
| 6 | 88 | 14 | 82 | 11 |
| 7 | 89 | 15 | 84 | 12 |
| 8 | 91 | 17 | 86 | 13 |
| 9 | 93 | 18 | 90 | 16 |
| 10 | 96 | 20 | 95 | 19 |
| 11 | 97 | 21 | | |
| 12 | 100 | 22 | | |
| 합 계 | 1,008 | $156.5=R_1$ | 781 | $96.5=R_2$ |
| 평 균 | $\frac{1,008}{12}=84$ | | $\frac{781}{10}=78$ | |

29이다. $U=41.5>29$이므로 귀무가설을 기각하지 못한다.

3) 정규근사법의 이용

표본들이 크므로 정규근사법을 이용할 수 있다.

정규분포를 적용할 때 동점순위가 발생하면 동점순위에 평균순위를 부여하고 식 (21. 14A) 대신에 다음과 같이 동점순위를 조절한 식 (21. 14B)를 사용한다. 여기서 $t_i$는 각 순위에서 동점을 이루는 표본의 수이다.

$$Z=\frac{U-(n_1n_2)/2}{\sqrt{\frac{n_1n_2(n_1+n_2+1)}{12}-\frac{n_1n_2\sum(t_i^3-t_i)}{12(n_1+n_2)(n_1+n_2-1)}}} \qquad (21.14B)$$

따라서 $Z$를 계산하면

$$z=\frac{41.5-(12)(10)/2}{\sqrt{\frac{(12)(10)(12+10+1)}{12}-\frac{(12)(10)(8-2)}{12(12+10)(12+10-1)}}}=-1.2202$$

5%의 유의수준에서 양측검정을 사용하면 $Z$의 임계치가 $\pm1.96$이 되며, 만약에 계산된 $Z$값이 이 범위를 벗어나면 $H_0$는 기각된다. 이 경우에서는 계산된

$Z$값이 $-1.22$이므로 귀무가설은 채택된다. 즉 두 학급의 평균은 차이가 없다. 동점을 이루는 표본이 많지 않을 때는 일반적으로 식 (21.14A)를 사용한다.

## 2. 분산의 동일성에 대한 검정*

$U$검정은 어느 한 모집단의 산포도(dispersion)가 다른 모집단의 산포도와 같은지를 검정하는 데에도 사용될 수 있다. 즉 이 검정은 두 개의 독립표본들이 상이한 분산을 갖고 있는 두 모집단에서 추출되었다는 대립가설에 대하여 이들은 분산이 동일한 모집단들에서 선정되었다는 귀무가설을 검정하는 데 사용될 수 있는 것이다.

이 검정에 필요한 $U$값을 계산하는 과정은 다음과 같다. 첫째로 두 표본을 한데 묶어 전체 관측치들을 크기의 순으로 정리한다. 두 번째로 이들 관측치들에 가장 작은 것과 가장 큰 것으로부터 가운데에 있는 값을 향해 순위를 부여한다. 즉 가장 작은 관측치는 순위가 1이 되고, 가장 큰 관측치와 그 다음으로 큰 관측치에 순위 2와 3을, 그리고 두 번째와 또 세 번째로 작은 값에 순위 4와 5를 부여하는 식으로 순위를 결정한다. 그러므로 중위수는 가장 높은 순위가 된다. 그런 다음 $U$값은 전과 마찬가지로 식 (21.11) 또는 식 (21.12)를 이용하여 계산한다.

위의 예제 21.4의 자료를 사용하여 새로운 방법으로 순위를 부여한 것이 〈표 21.6〉에 나타나 있다.

〈표 21.6〉 〈표 21.5〉의 자료에 대한 순위 부여

| 점 수 | 학급 구분 | 순 위 | 점 수 | 학급 구분 | 순 위 |
|---|---|---|---|---|---|
| 60 | I | 1 | 84 | II | 22 |
| 62 | II | 4 | 86 | II | 19 |
| 64 | I | 5 | 88 | I | 18 |
| 67 | II | 8 | 89 | I | 15 |
| 69 | II | 9 | 90 | II | 14 |
| 72 | I | 12 | 91 | I | 11 |
| 72 | II | 13 | 93 | I | 10 |
| 74 | II | 16 | 95 | II | 7 |
| 78 | I | 17 | 96 | I | 6 |
| 80 | I | 20 | 97 | I | 3 |
| 82 | II | 21 | 100 | I | 2 |

〈표 21.7〉 〈표 21.6〉의 자료재정리

| 학 생 | 학급 Ⅰ | | 학급 Ⅱ | |
|---|---|---|---|---|
| | 점 수 | 순 위 | 점 수 | 순 위 |
| 1 | 60 | 1 | 62 | 4 |
| 2 | 64 | 5 | 67 | 8 |
| 3 | 72 | 12 | 69 | 9 |
| 4 | 78 | 17 | 72 | 13 |
| 5 | 80 | 20 | 74 | 16 |
| 6 | 88 | 18 | 82 | 21 |
| 7 | 89 | 15 | 84 | 22 |
| 8 | 91 | 11 | 86 | 19 |
| 9 | 93 | 10 | 90 | 14 |
| 10 | 96 | 6 | 95 | 7 |
| 11 | 97 | 3 | | |
| 12 | 100 | 2 | | |
| 합 계 | 1,008 | $120=R_1$ | 781 | $133=R_2$ |

두 모집단의 변동성의 差에 대한 검정을 하는 이론적 근거는 다음과 같다. 만약에 크기가 $n_1(n_2)$인 표본이 추출된 모집단이 큰(작은) 변동성을 갖고 있다면 $R_1(R_2)$은 작게(크게) 되고 또 $U$의 값은 커(작아)지게 된다. 이런 경우에는 두 모집단이 동일한 변동성(분산 · 산포도)을 갖고 있다는 귀무가설은 기각된다.

이렇게 새로운 순위부여방법을 사용하여 정리한 〈표 21.6〉을 계산의 편의를 위해 〈표 21.7〉과 같이 재정리할 수 있다.

정규근사법을 사용하는 경우는 $U$를 사용하든 $U'$를 사용하든 결과는 같다. 여기서는 큰 $U$값을 검정통계량으로 사용하기로 하자.

$n_1=12$, $n_2=10$ 그리고 $R_1=120$이므로,

$$U=(12)(10)+\frac{12(12+1)}{2}-120=78$$

$$E(U)=\frac{n_1 n_2}{2}=\frac{(12)(10)}{2}=60$$

$$\sigma_U=\sqrt{\frac{(12)(10)(12+10+1)}{12}}=15.16$$

$$z=\frac{78-60}{15.16}\fallingdotseq 1.19$$

계산된 $z$값 1.19는 5%의 유의수준에서 $Z$의 임계치 +1.96보다 작으므로 귀무가설은 채택되고 학급 Ⅰ의 점수의 산포도는 학급 Ⅱ의 점수의 산포도와 유의적인 차이가 없다고 결론내릴 수 있다.

## 제 8 절 중위수검정*

中位數檢定(median test)이란 둘 또는 그 이상의 표본들이 동일한 중위수를 갖고 있는 모집단들에서 추출되었는지의 여부를 검정하는 방법이다. 이 검정방법을 두 개 이상의 표본에 대해서도 쉽사리 적용할 수 있지만 설명의 단순화를 위해서 두 개의 표본의 경우로만 국한하기로 한다. 중위수검정 역시 앞에서 설명한 비모수적 검정방법과 같이 표본들이 추출되어진 모집단들에 대해서는 아무런 가정도 필요로 하지 않는다.

검정의 형태는 양측·좌측 또는 우측검정의 어느 것으로든 할 수 있다. 이 때 설정되어야 할 귀무가설은 "두 표본이 추출된 모집단들은 동일한 중위수를 갖고 있다"가 될 수 있으며, 대립가설은 "이 두 모집단은 상이한 중위수를 갖고 있다"가 된다.

이 검정을 수행하기 위해서는 우선 중위수를 결정해야 한다. 이 중위수는 두 표본을 하나로 통합하여 전체 관측치들을 대상으로 하여 얻은 중위수를 말한다. 중위수가 결정되면 각 표본의 관측치들을 이 중위수와 크기를 비교하여 큰 그룹에 속하는 관측치들의 수와 작은 그룹에 속하는 관측치들의 수를 집계한 결과를 아래와 같은 방법으로 2×2 분할표로 작성한다. 이 때 두 표본을 구분하기 위하여 표본 Ⅰ과 표본 Ⅱ로 표시하고 이들 표본에 포함된 관측치들을 각각 $n_1$과 $n_2$로 표기하도록 한다.

만약에 귀무가설이 참이라면, 즉 두 모집단이 동일한 중위수를 갖고 있다

〈표 21.8〉 分 割 表

| 관측치의 수 | 표본 Ⅰ | 표본 Ⅱ | 계 |
|---|---|---|---|
| 중위수 보다 큰 것 | $a$ | $b$ | $a+b$ |
| 중위수 보다 작은 것 | $c$ | $d$ | $c+d$ |
| 합 계 | $a+c=n_1$ | $b+d=n_2$ | $n_1+n_2=n$ |

면, 각 표본의 관측치의 반은 중위수보다 크고 나머지 반은 중위수보다 작아야 한다. 바꾸어 말하면, $a=c=n_1/2$ 그리고 $b=d=n_2/2$가 예상된다.

$n=n_1+n_2$가 20보다 크고 또 각 항에 있어서의 기대도수가 적어도 5 이상일 경우에는 아래와 같이 정의된 검정통계량으로 $\chi^2$검정을 사용할 수 있다. 그리고 이렇게 계산된 $\chi^2$의 자유도는 1이다.

$$\chi^2=\frac{n(ad-bc)^2}{(a+b)(a+c)(c+d)(b+d)} \tag{21.17}$$

이 경우 자유도는 (2−1)(2−1)=1이 된다.

많은 경우에 이항분포에 대한 정규분포 근사법에 사용되는 수정계수와 유사한, 예츠(Yates)의 修正係數(Yates' correction for continuity)를 보다 바람직한 근사치를 구하기 위하여 사용한다. 즉 수정된 $\chi^2$값은 다음의 공식으로 구하게 된다.

$$\chi^2=\frac{n\left(|ad-bc|-\frac{n}{2}\right)^2}{(a+b)(a+c)(c+d)(b+d)} \tag{21.18}$$

이 때 한 가지 주의를 요하는 점은 식 (21.18)의 수정된 $\chi^2$은 자유도가 1일 경우에만 사용된다는 것이다.

중위수검정에 있어서 자주 일어나는 문제는 하나 또는 그 이상의 관측치들이 중위수와 같은 경우이다. 예로서 실제로 관측치의 수가 홀수인 경우에는 이 관측치들 중의 하나는 언제나 중위수와 같게 되는 것이다. 이러한 상황에서는 만약에 $n_1$과 $n_2$가 충분히 크고 또 중위수와 같은 관측치들의 수가 많지 않다면, 이 관측치들을 분석에서 제외시킬 수 있다.

**예제 21.5**

어느 공장에서 남자종업원의 임금의 중위수와 여자종업원의 임금의 중위수가 같은지의 여부를 알고자 한다. 이 조사를 위하여 설정된 귀무가설은 "남자종업원의 임금에 대한 중위수와 여자종업원의 임금에 대한 중위수는 동일하다"가 되고 대립가설은 "남자종업원의 임금에 대한 중위수는 여자종업원의 임금에 대한 중위수와 다르다"가 된다. 가설검정을 위하여 남자종업원 14명($n_1=14$)을 한 표본으로, 그리고 여자종업원 16명($n_2=16$)을 또 다른 한 표본

〈표 21.9〉 분할표(예제 21.5)

| 임 금 | 남자종업원 | 여자종업원 | 계 |
|---|---|---|---|
| 중위수보다 큼 | 9 | 6 | 15 |
| 중위수보다 작음 | 5 | 10 | 15 |
| 계 | 14 | 16 | 30 |

으로 독립적으로 각각 추출하고 〈표 21.9〉와 같이 2×2 분할표를 작성하였다.

(풀이)

식 (21.18)을 사용하면

$$\chi^2 = \frac{30\left[\,|\,9(10)-6(5)\,|\,-\dfrac{30}{2}\right]^2}{(9+6)(9+5)(5+10)(6+10)} = \frac{30(\,|\,90-30\,|\,-15)^2}{50{,}400}$$

$$= \frac{60{,}750}{50{,}400} = 1.205$$

5%의 유의수준에서 자유도가 1인 $\chi^2$의 임계치는 3.8415이다. $1.205 < 3.8415$이므로 $H_0$를 기각할 수 없다. 즉 남자종업원의 중위수와 여자종업원의 중위수는 유의적인 차가 없다고 결론지을 수 있다.

중위수검정은 쉽고 또 간단하기 때문에 모수적 방법을 사용할 수 있는 상황 아래에서도 이 방법이 사용되기도 한다. 그러나 이 때 주의해야 할 점은 이 방법은 대체되는 모수적 방법에 비하여 검정력이 약하다는 점이다. 그러므로 모수적 방법과 동일한 결과를 얻기 위해서는 표본크기가 충분히 커야 한다.

## 제 9 절 크루스칼-월리스(Kruskal-Wallis)의 $H$검정

크루스칼(W. H. Kruskal)과 월리스(W. A. Wallis)는 1952년에 3개 또는 그 이상의 독립표본을 다룰 수 있는 검정방법을 고안 발표하였으며, 이 방법에 그들의 이름을 붙여 크루스칼-월리스(Kruskal-Wallis)검정 또는 간략하게 $H$검정이라고 한다. $H$검정은 3개 또는 그 이상의 표본들이 비교되어야 하는 상황을 다룰 수 있도록 맨-위트니(Mann-Whitney)검정방법을 발전시킨 것으로 順位一元分散分析(one-way ANOVA by ranks)이라고 한다.

모수통계에서 여러 개의 독립적인 집단의 모평균이 동일하다는 가설(즉 $H_0$ : $\mu_1 = \mu_2 = \mu_3 = \cdots = \mu_k$)에 대한 검정은 제16장에서 고찰한 바와 같이 분산분석을 사용한다. 그러나 일원분산분석의 사용은 모집단분포의 正規性(normality of population distribution)과 分散의 同一性(homogeneity of variance)이라는 경직된 가정의 성립을 전제로 하고 있다. 이러한 가정들이 충족되지 못하는 상황 또는 이들에게 구애받고 싶지 않은 경우에, 대안적 방법으로 표본 속의 관측치를 분석의 대상으로 하지 않고 이들의 순위를 대상으로 하는 비모수적 검정방법으로 크루스칼-월리스(Kruskal-Wallis)의 $H$검정이 있다.

검정되어야 할 귀무가설은 '표본들이 추출된 $K$개의 모집단들의 평균들은 동일하다' 또는 '$K$개의 독립표본들은 동일한 분포를 하는 모집단에서 추출되었다'가 되며, 대립가설은 '표본들이 추출된 $K$개의 모집단들의 평균들은 상이하다' 또는 '$K$개의 독립표본들은 서로 다른 분포를 하는 모집단들로부터 추출되었다'가 된다.

$H$검정은 모든 관측치들에게 순위를 부여하는 것에서부터 시작된다. 즉 $K$개의 표본들 속에 있는 모든 관측치들을 하나로 묶어 이들 관측치에 가장 작은 값으로부터 시작하여 가장 큰 값에 이르기까지 1에서부터 시작하는 일련번호를 부여한다. 이 때 동일한 크기의 관측치들이 있는 경우는, 그들에게 해당되는 순위들의 평균치를 공통순위로 부여한다. 두 번째 단계로 각 표본에 속하는 관측치들의 순위의 합계를 각각의 표본마다 계산하고, 이를 $R_j$($j$번째 표본의 순위의 합계)로 표기한다. 이제 만약에 각 표본의 크기가 모든 경우에 3보다 크거나 같다면($n_j \geq 3$) 검정통계량 $H$는 다음과 같이 정의된다.

**크루스칼-월리스(Kruskal-Wallis)의 검정통계량**

$$H = \left[ \frac{12}{n(n+1)} \sum_{j=1}^{b} \frac{(R_j)^2}{n_j} \right] - 3(n+1) \qquad (21.19)$$

여기서

$b$ = 표본의 수

$n_j$ = $j$번째 표본 내의 관측치 수

$$n = \sum_{j=1}^{b} n_j (j = 1, 2, \cdots, b)$$

$R_j = j$번째 표본 내 관측치들 순위의 합

그리고 검정통계량 $H$는 $(b-1)$의 자유도를 갖고 근사적으로 $\chi^2$분포를 한다. $b$개의 표본들이 동일한 평균을 갖는 모집단들로부터 추출되었다는 귀무가설을 검정하는 경우, 계산된 $H$값을 유의수준 $\alpha$에서의 $\chi^2$의 임계치와 비교하여 그 채택 여부를 결정하는 것이다.

순위를 부여할 때 만약에 관측치들의 값이 같은 경우에는 이들에게 순위의 평균치를 공통순위로 부여하는 이외에 식 (21.19)도 조정이 필요하다. 조정된 $H$값을 $H'$로 표기하면 아래의 식을 사용하여 구한다.

$$H' = \frac{H}{C} \tag{21.20}$$

이 경우 $C$는 수정계수가 되며 다음과 같이 정의된다.

$$C = 1 - \frac{\sum_{i=1}^{p} (t_i^3 - t_i)}{n^3 - n} \tag{21.21}$$

위 식에서 $p$는 관측치들이 같은 경우에 동점을 이루는 횟수, 그리고 $t_i$는 동점을 이루는 관측치의 수를 나타낸다.

세 개의 표본으로부터 각각 5개 이하의 관측치들을 표본으로 추출한 경우에는 부록의 [표 14]를 이용할 수 있다(부록의 $p$는 $p$-값을 의미한다). 그러나 [표 14]를 이용하지 못하는 경우에는 $(b-1)$의 자유도를 갖는 $\chi^2$분포를 이용한다.

예제 21.6

창원공업단지 내의 여러 공장에서 근무하고 있는 용접공·선반공 그리고 배선공들의 임금이 상호 유의적인 차이가 있는지를 알고자 한다. 즉 이들 '세 직종에 근무하는 기능공들의 임금에는 차가 없다'는 귀무가설을 '그들의 임금 사이에는 차가 있다'는 대립가설에 대해 검정하고자 하는 것이다. 세 개의 독립표본($b=3$)의 각각에 대한 표본의 크기·임금수준 그리고 위에서 설명한 방법에 따른 각 관측치들의 순위가 다음의 〈표 21.10〉과 같다.

〈표 21. 10〉 기능공들의 임금에 관한 자료 (단위 : 만 원)

| 용 접 공 | | 선 반 공 | | 배 선 공 | |
|---|---|---|---|---|---|
| 임 금 | 순 위 | 임 금 | 순 위 | 임 금 | 순 위 |
| 310 | 8.5 | 312 | 10 | 315 | 11 |
| 316 | 12.5 | 307 | 5 | 325 | 18 |
| 322 | 16 | 304 | 3 | 330 | 19 |
| 316 | 12.5 | 310 | 8.5 | 332 | 20 |
| 318 | 14 | 300 | 1 | 323 | 17 |
| 305 | 4 | 308 | 6.5 | 320 | 15 |
| 308 | 6.5 | 301 | 2 | — | — |
| $R_1=74.0$ $n_1=7$ | | $R_2=36.0$ $n_2=7$ | | $R_3=100.0$ $n_3=6$ | |

세 표본 내의 관측치 총계는

$$n = n_1+n_2+n_3 = 7+7+6 = 20$$

그리고 수표에 정리된 자료를 식 (21. 19)에 대입하여 $H$를 구한다.

$$H=\left[\frac{12}{20(20+1)}\sum_{j=1}^{3}\frac{R_j^2}{n_j}\right]-3(20+1)$$

$$=\frac{12}{420}\left(\frac{74^2}{7}+\frac{36^2}{7}+\frac{100^2}{6}\right)-63=12.26$$

그러나 관측치가 같은 경우가 3회($p=3$) 있으므로 $H'$를 식 (21. 20)을 사용하여 구한다. 먼저 수정계수를 구하면

$$C=1-\left[\frac{3(2^3-2)}{20^3-20}\right]=1-\frac{18}{7980}\fallingdotseq 0.998$$

이 되므로

$$H'=\frac{H}{C}=\frac{12.26}{0.998}\fallingdotseq 12.28$$

$\alpha=1\%$의 유의수준에서 자유도가 $2(b-1=3-1=2)$인 $\chi^2$의 임계치는 9.21이다. 계산된 $H'$ 값 12.28은 임계치를 초과하므로 귀무가설은 기각된다. 따라서 1%의 유의수준에서 기능공들의 임금에는 차이가 있다고 결론을 내린다.

## 제10절 스피어만(Spearman)의 순위상관계수*

우리는 제17장에서 두 변수 간의 관계를 나타내는, 모수적 상관계수는 두 변수의 자료가 수량적 자료이며 두 변수가 二變量正規分布(bivariate normal distribution)를 따른다는 가정하에서 논의를 전개하였다. 모수적 상관계수에 내재하는 이러한 가정들이 충족되지 않는 경우에는 대안적인 방법으로 順位의 相關關係檢定이라고 알려진 방법을 사용한다.

제10절과 제11절에서는 일반적으로 사용되고 있는 순위의 상관관계 검정 두 가지를 고찰하기로 한다. 첫번째는 1904년에 스피어만(Carl Spearman)에 의해 제안된 방법이고 두 번째는 1938년에 켄달(Maurice G. Kendall)에 의하여 제시된 방법이다. 이 두 가지 모두가 비모수적 방법으로 각 변수의 값에 順位를 부여하여 검정을 하는 방법이다.

더욱이 이 방법들은 변수 간의 관계를 각 변수의 순위에 따라 분석하는 것이므로 정확하게 수치로 표시할 수 없는 상황에도 이 방법들은 어려움 없이 적용이 가능하다. 예를 들어 작업장에서 노동자들의 성실성을 수치로 측정하기는 어렵지만 노동자들 간의 성실성에 대한 순위를 부여하는 것은 비교적 어려운 일은 아니다.

관측치들이 기수가 아닌 서수로 되어 있는 이변량 모집단으로부터 $n$개의 짝으로 된 표본들이 선정된 경우에는 두 변수 간의 상관관계, 즉 모수적 상관계수는 측정할 수 없다. 이러한 경우에 순위를 사용한 두 변수 간의 관련도 측정이 스피어만의 順位相關係數(Spearman rank correlation coefficient)이며 $r_s$로 표기한다.

분석을 위한 이변량확률표본의 크기가 $n$인 경우에, 이 중 하나의 변수를 $X$로 표시하고 다른 하나의 변수를 $Y$로 표시하기로 한다. 이제 변수 $X$의 $i$번째 관측치의 순위를 $x_i$로, 그리고 변수 $Y$의 $i$번째 관측치의 순위를 $y_i$로 표시한다.

스피어만의 순위상관계수는 짝으로 구성된 두 관측치들 순위의 차, 즉 $d_i = x_i - y_i$에 중점을 둔다. 스피어만의 순위상관계수는 다음과 같이 정의된다.

**스피어만(Spearman)의 순위상관계수**

$$r_s = 1 - \frac{6\sum_i d_i^2}{n(n^2-1)} \tag{21.22}$$

여기서

$$d_i = x_i - y_i$$

$x_i$와 $y_i$ 사이의 差, 즉 $d_i$가 크면 클수록 $\sum d_i^2$도 크게 된다. 만약에 모든 짝에서의 차가 0인 경우에는 $\sum d_i^2$은 역시 0이 되고 또 식 (21.22)에서 $r_s$는 1이 되어 두 변수 간의 관계는 완전한 +의 상관관계가 성립한다. 만약에 모든 짝에서 $x$와 $y$의 순위가 반대로 되어 있는 경우에는 $\sum d_i^2$은 최대가 될 것이며 $r_s$는 −1이 된다. 즉 식 (21.22)에서 $-1 \le r_s \le 1$의 관계를 알 수 있다. 그리고 $r_s = 0$인 경우에는 순위로 표시된 두 변수 간에는 아무런 관계도 없다.

표본의 크기가 작은 경우에는 부록의 $r_s$의 분포에 대한 [수표 15]를 사용할 수 있다. 그러나 $n \ge 20$인 경우에는 $H_0$ : $\rho_s = 0$을 검정하기 위해 아래의 통계량 $T$를 사용할 수 있다. 통계량 $T$는 자유도가 $n-2$인 근사적 $t$분포를 한다.

**스피어만(Spearman)의 검정통계량**

$$T = \frac{r_s\sqrt{n-2}}{\sqrt{1-r_s^2}} \tag{21.23}$$

표본의 크기가 $8 \le n \le 20$인 경우에도, 연속에 대한 수정(correction for continuity)을 하면 $t$검정은 계속 만족할 만한 결과를 가져온다. 수정된 순위상관계수(corrected rank-correlation coefficient)를 $\bar{r}_s$로 표기하면,

$$\bar{r}_s = 1 - \frac{\sum_i d_i^2}{(1/6)[n(n^2-1)]+1} \tag{21.24}$$

위의 수정된 순위상관계수를 사용한 통계량 $T$도

$$T = \frac{\bar{r}_s \sqrt{n-2}}{\sqrt{1-\bar{r}_s^2}} \tag{21.25}$$

자유도가 $n-2$인 근사적 $t$분포를 한다.

예제 21.7

어느 다이빙대회에서 두 명의 심판관이 10명의 선수들을 그들의 능력에 따라 각각의 선수에게 순위를 부여한 결과가 다음의 〈표 21.11〉과 같다. 유의수준 $\alpha = 0.05$에서, 이들 심판관들이 서로 심판하는 관점이 같은지 검정하라. 즉, $H_0$ : $\rho_s = 0$, $H_1$ : $\rho_s > 0$(단측검정)을 검정하라.

(풀이)

위 문제에서 표본의 크기가 비교적 작으므로, 수정된 순위상관계수 $\bar{r}_s$를 식 (21.24)를 사용하여 계산하면

$$\bar{r}_s = 1 - \frac{24}{(1/6)[10(10^2-1)]+1} = 1 - \frac{24}{166} \fallingdotseq 0.8554$$

1) 부록의 [표 15] 이용

부록의 [표 15]에서 $n = 10$, $\alpha = 0.05$에서 임계치를 찾으면 0.564이다. 따라서 결정규칙은 다음과 같다(단측검정).

만약 $\bar{r}_s \leq 0.564$이면, $H_0$를 채택

만약 $\bar{r}_s > 0.564$이면, $H_0$를 기각

〈표 21.11〉 스피어만 순위상관계수의 계산 예

| 선 수 | 심판관 Ⅰ | 심판관 Ⅱ | $d_i$ | $d_i^2$ |
|---|---|---|---|---|
| 1 | 8 | 9 | −1 | 1 |
| 2 | 3 | 5 | −2 | 4 |
| 3 | 9 | 10 | −1 | 1 |
| 4 | 2 | 1 | +1 | 1 |
| 5 | 7 | 8 | −1 | 1 |
| 6 | 10 | 7 | +3 | 9 |
| 7 | 4 | 3 | +1 | 1 |
| 8 | 6 | 4 | +2 | 4 |
| 9 | 1 | 2 | −1 | 1 |
| 10 | 5 | 6 | −1 | 1 |
| 합 계 | | | 0 | 24 |

$\bar{r}_s = 0.8554 > 0.564$이므로 $H_0$를 기각하게 된다.

2) 식 (21.25)의 이용

$\bar{r}_s = 0.8554$가 5%의 유의수준에서 유의적인지의 여부를 결정하기 위해 식 (21.25)를 적용하여 $t$값을 구하면

$$t = \frac{0.8554\sqrt{10-2}}{\sqrt{1-(0.8554)^2}} \doteq 4.67$$

$t_{0.05}(8) = 1.860$이므로 순위상관의 계산된 값은 유의적이다. 그러므로 귀무가설 $\rho_s = 0$은 기각되고 대립가설 $\rho_s > 0$이 채택되며 두 심판관의 심판 관점은 상당히 유사하다고 말할 수 있다. 여기서 검정된 $H_0 : \rho = 0$은 순위로 된 두 변수들이 독립적이라는 것이다. 즉 귀무가설은 한 변수의 순위들과 다른 변수의 순위들 사이에는 어떤 특정 관계가 없다는 의미이다.

## 제11절 켄달(Kendall)의 순위상관계수*

스피어만의 순위상관계수 $r_s$와 마찬가지로, Kendall의 순위상관계수 $\tau$('타우'로 읽음)도 관측치들이 순위로 표시된 두 변수 간의 상관도의 측정치이다. 예를 들어 어느 회사의 중역 두 명(중역 I과 중역 II)이 업무수행능력을 기준으로 5명의 부장 $A$, $B$, $C$, $D$와 $E$를 평가하여 순위를 부여한 결과가 다음의 표와 같다고 하자.

〈표 21.12〉 부장들의 업무능력순위

| 부 장 | 중역 I | 중역 II |
|---|---|---|
| $A$ | 2 | 3 |
| $B$ | 3 | 1 |
| $C$ | 1 | 2 |
| $D$ | 5 | 4 |
| $E$ | 4 | 5 |

이제 중역 I의 순위가 작은 수에서 큰 수가 되도록 순위의 배열을 재조정하여 위 표를 재작성하면 다음과 같게 된다.

〈표 21.13〉 켄달의 순위상관계수 계산을 위한 재조정

| 부 장 | $C$ | $A$ | $B$ | $E$ | $D$ |
|---|---|---|---|---|---|
| 중역 Ⅰ의 순위 | 1 | 2 | 3 | 4 | 5 |
| 중역 Ⅱ의 순위 | 2 | 3 | 1 | 5 | 4 |

켄달의 순위상관계수 $\tau$를 계산하는 다음 단계는, 앞 표와 같이 순위의 크기에 따라 재배열된 중역 Ⅰ의 순위를 기준으로 중역 Ⅱ가 부여한 순위들을 짝으로 비교하는 것이다. 각 짝들의 비교에서 그 짝들이 크기에 따라 동일한 순서로 배열되었느냐 또는 반대의 순서로 배열되었느냐에 따라 각각 +1 또는 −1을 부여한다. 이러한 값들의 산술적 합계는 $S$로 표기되어 $\tau$의 분자가 된다.

$S$의 계산과정을 설명해 보자.

1) $S_1$ : 중역 Ⅱ의 판정순위를 부장 $C$와 $A$, $C$와 $B$, $C$와 $E$, $C$와 $D$에 대하여 비교할 때 결과가 중역 Ⅰ과 같은 서열로 판정된 경우 +1, 그리고 반대의 서열로 판정된 경우 −1의 값을 부여하여 이들 값을 합하면 $S_1$이 된다.
2) $S_2$ : 이번에는 중역 Ⅱ의 두 번째를 기준으로 한다. 즉 $A$와 $B$, $A$와 $E$, $A$와 $D$에 대하여 동일하게 $S_2$를 계산한다.
3) $S_3$ : 중역 Ⅱ의 세 번째를 기준으로 한다. 즉 $B$와 $E$, $B$와 $D$에 대하여 동일하게 $S_3$를 계산한다.
4) $S_4$ : 마지막으로 $E$와 $D$에 대하여 동일하게 $S_4$를 계산한다.
5) $S = S_1 + S_2 + S_2 + S_4$

중역 Ⅰ의 $C$와 $A$, $C$와 $B$ 등 모든 쌍은 항상 증가의 서열로 되어 있는 것에 착안하여 $S$를 다음과 같이 간편하게 구할 수 있다. 즉 중역 Ⅱ를 기준으로 첫번째 숫자 2로부터 시작해서 오른쪽으로 2보다 큰 순위의 개수를 집계한다(이 경우에는 순위 3, 5, 4가 순위 2보다 크므로 3개가 된다). 그 다음에는 오른쪽으로 순위가 2보다 작은 순위의 개수를 감한다(이 경우에는 순위 1이 순위 2보다 작으므로 1개가 된다). 같은 방식으로 기준을 두 번째, 세 번째, … 등으로 옮겨 가면서 구한 값을 모두 합하면 $S$가 된다. 즉

$$S = (3-1) + (2-1) + (2-0) + (0-1) = 4$$

전체 크기 $n$에서 한번에 2개를 선택하는 조합의 수는 $\binom{n}{2}$이므로 $n$개의 관측치가 있는 경우에 비교해야 할 짝의 총수는

$$\binom{n}{2}=\frac{n!}{2!(n-2)!}=\frac{n(n-1)}{2}$$

가 되며 이는 또한 $S$의 최대값이다. $S$는 중역 Ⅰ과 중역 Ⅱ에 의한 두 순위들이 완전히 일치가 되는 경우에만 최대값에 이르게 된다. 중역 Ⅰ의 순위가 크기에 따라 자연스럽게 배열되었고 그리고 중역 Ⅱ에 의해 부여된 순위들의 모든 짝들이 자연스럽게 크기에 따라 배열되었을 때에는, 중역 Ⅱ에 의해 부여된 순위의 모든 짝들은 $+1$의 값을 갖게 되고 또 이런 짝들의 수는 $\binom{n}{2}$가 된다. 그리고 만약에 중역 Ⅰ과 중역 Ⅱ에 의해 부여된 순위들이 서로 반대로 되어 있는 경우에는 $S$의 값은 각 짝들이 $-1$이 되므로 $-\binom{n}{2}$가 된다.

켄달의 순위상관계수는 짝의 총수에 대한 $S$의 비율이다. 즉,

**켄달(Kendall)의 순위상관계수**

$$\tau=\frac{S}{n(n-1)/2} \tag{21.26}$$

위의 예에서는, 5개의 관측치($n=5$)가 있으므로

$$\tau=\frac{S}{n(n-1)/2}=\frac{+4}{5(5-1)/2}=\frac{+4}{10}=0.4$$

$\tau$의 값은 $-1$과 $+1$ 사이에 놓이게 된다. 표본의 크기가 작은 경우에는 ($n\le 10$) 부록의 켄달의 순위상관계수표 [표 16]을 이용하여 검정할 수 있다.

**예제 21.8**

앞의 예를 $\alpha=0.05$하에서 $H_0$ : $\rho=0$, $H_1$ : $\rho>0$을 검정해 보자.

(풀이)

$n=5$이므로 켄달의 상관계수표를 이용하여 검정한다. 부록의 [표 16]에서

$$P(S\ge 4 \mid n=5)=0.242,\ \text{즉}\ P\left(\tau\ge\frac{4}{5(5-1)/2}=0.4\right)=0.242$$

이다. 따라서 $\alpha=0.05$하에서 $H_0$를 기각할 수 없다.

그리고 표본의 크기가 10보다 큰 경우($n>10$)에는 $\tau$는 근사적으로 정규분포를 한다.

**켄달의 검정통계량**($n>10$)

$$Z=\frac{\tau-E(\tau)}{\sigma_\tau}=\frac{\tau}{\sqrt{2(2n+5)/9n(n-1)}} \tag{21.27}$$

여기서

$$E(\tau)=0 \tag{21.28}$$

$$\mathrm{Var}(\tau)=\sqrt{\frac{2(2n+5)}{9n(n-1)}} \tag{21.29}$$

이제 위의 검정통계량을 사용하여 두 관측치들의 집합 사이에는 아무런 상관관계가 없다는 귀무가설을 그들 사이에는 상관관계가 존재한다는 대립가설에 대하여 검정할 수 있다.

예제 21.9

켄달의 순위상관계수 $\tau$의 표본분포에 대한 정규근사법의 적용 예를 들어보자. 편의상 위의 예를 표본의 크기만 11로 증대시켜 보기로 한다. 즉 순위들의 두 집합이 다음 표와 같다.

| 부 장 | $A$ | $B$ | $C$ | $D$ | $E$ | $F$ | $G$ | $H$ | $I$ | $J$ | $K$ |
|---|---|---|---|---|---|---|---|---|---|---|---|
| 중역 Ⅰ의 순위 | 4 | 2 | 6 | 1 | 3 | 7 | 5 | 10 | 11 | 8 | 9 |
| 중역 Ⅱ의 순위 | 3 | 2 | 5 | 4 | 1 | 11 | 10 | 9 | 8 | 6 | 7 |

위 표를 다시 중역 Ⅰ에 의해 부여된 순위들을 크기의 순서대로 재정리하여 표를 작성하면 다음과 같다.

| 부 장 | $D$ | $B$ | $E$ | $A$ | $G$ | $C$ | $F$ | $J$ | $K$ | $H$ | $I$ |
|---|---|---|---|---|---|---|---|---|---|---|---|
| 중역 Ⅰ의 순위 | 1 | 2 | 3 | 4 | 5 | 6 | 7 | 8 | 9 | 10 | 11 |
| 중역 Ⅱ의 순위 | 4 | 2 | 1 | 3 | 10 | 5 | 11 | 6 | 7 | 9 | 8 |

크기에 따라 배열된 중역 Ⅰ의 순위를 기준으로 하고, 중역 Ⅱ에 의해 부여된 순위를 앞에서 설명한 대로 첫번째 순위(순위 4)에서 시작하여 오른쪽으

로 이보다 큰 순위의 개수(+1을 부여)와 작은 순위의 개수(−1을 부여)를 집계하는 방법을 중역 Ⅱ의 모든 순위에 대해 반복하면 $S$를 구할 수 있다.

$$\begin{aligned} S &= (7-3)+(8-1)+(8-0)+(7-0)+(1-5)+(5-0) \\ &\quad +(0-4)+(3-0)+(2-0)+(0-1) \\ &= 4+7+8+7-4+5-4+3+2-1 \\ &= +27 \end{aligned}$$

$n=11$이고 $S=27$이므로 식 (21. 26)을 사용하여 $\tau$를 계산한다.

$$\tau = \frac{+27}{11(11-1)/2} = \frac{27}{55} \fallingdotseq 0.49$$

그리고 검정통계량 $Z$는

$$z = \frac{0.49}{\sqrt{2[2(11)+5]/9(11)(11-1)}} = \frac{0.49}{0.2336} = 2.097$$

5%의 유의수준에서 양측검정인 경우 $Z$의 임계치는 1.96이고, 1%에서는 2.575이므로 계산된 $Z$값 2.097은 5%와 1%의 사이에 위치한다. 그러므로 순위들의 두 집합 사이에는 아무런 상관관계가 없다는 귀무가설을 5%의 유의수준에서는 기각하게 되는 반면에 1%의 유의수준에서는 채택하게 된다.

만약에 순위가 같게 되는 경우가 발생하면 일반적인 방법, 즉 해당순위들의 평균치를 공통순위로 부여하여 위에 설명한 대로 동일한 절차에 의해 $\tau$를 계산한다. 그리고 부연해야 될 사실은 계산하는 데 동일한 자료를 사용한다 할지라도 $r_s$와 $\tau$는 같지 않을 수 있다는 것이다. 그럼에도 불구하고 이들은 모집단 사이에 있어서의 상관관계를 탐색하는 데는 동등한 탐색력을 갖고 있다. 그러나 $r_s$에 비하여 $\tau$의 이점은 $r_s$가 편상관분석(partial correlation analysis)에 적용할 수 없는 반면에 $\tau$는 적용할 수 있다는 점이다.

## 제12절 모수통계학과 비모수통계학

이제까지 가장 광범위하게 사용되는 비모수통계학에 속하는 여러 가지 방법들을 고찰하였다. 비모수통계이론이 시작된 그 기원을 19C 중엽에까지 거

슬러 올라갈 수 있으나, 이 이론의 진정한 기원은 1904년 공변동(covariability)에 대한 스피어만의 순위상관계수검정이다. 그러나 1945년에 이르기까지는 비모수통계학은 별 관심을 받지 못하였으나 1945년에 윌콕슨에 의해 두 표본을 대상으로 한 부호를 사용한 순위검정법(signed rank test)이 발표되면서 비모수방법에 대한 일대 전환점이 되었다.

1945년 이래 비모수적 이론이 급진적으로 성장하고 또 광범위하게 받아들여지게 된 이유로는 여러 가지가 있겠지만 크게 보아 이론적 및 실제적 필요성에 의한 것이라 할 수 있다. 이론적 측면에서 볼 때 가정들을 통해 부과되는 여러 가지 제약들을 최소로 할 수 있는 통계적 추론절차는 바람직스럽다는 점이다. 즉 비모수적 방법들은 모집단의 분포양상 또는 분산의 동질성 여부에 대한 가정을 고려하지 않으므로 최소의 가정으로 수행하는 추론절차인 것이다. 그리고 실제적인 측면에서 볼 때 통계조사자들에게는 조사를 수행하는 데 있어서 간편하고 광범위하게 인정받는 방법(techniques)이 중요하다는 점이다. 비모수적 방법의 장점 중 하나는 사용이 간편하고 계산이 간단하다는 점인 것은 이미 고찰한 바 있다.

순위관계에 우선적인 관심을 두는 비모수통계학의 연구와 발전은 두 가지 중요한 동기에 기인한다. 첫째 자료가 자연스럽게 순위의 형태를 취할 수 있다는 것이다. 둘째, 이론적 측면에서 볼 때 비모수적 이론이 갖는 가장 근본적인 중요성은 조사대상인 모집단의 분포가 어떤 특정형태를 취해야 한다는 가정의 필요성을 배제하고 단지 연속적이라는 단순한 가정만을 요구한다는 것이다. 연속성의 가정마저도 때로는 꼭 필요로 하는 것은 아니다. 그러므로 분포가 알려지지 않았거나 또는 분포를 가정할 수 없는 모집단에서 자료를 수집한 경우에는 비모수적 방법을 사용할 수 밖에 없다.

이상의 설명이 의사결정과정에 있어서 비모수적 방법을 사용하는 것이 모수적 방법의 사용보다 우월하다는 것은 결코 아님을 독자들은 유의해 주길 바란다. 실제적으로 모수적 방법과 비모수적 방법을 동시에 적용할 수 있는 경우에는 다음의 두 가지 관점에서 모수적 방법이 비모수적 방법보다 훨씬 바람직스러운 것이다.

첫째로, 비모수적 검정은 일반적으로 모수적 검정에 비하여 100%보다 작은 검정력 효율성(power efficiency)을 지닌다. 검정력 효율성의 개념을 간단한 예를 들어 설명해 보자. 예를 들어 주어진 귀무가설 $H_0$를 검정하는 데 두 개의 대안적 검정방법 $A$와 $B$가 있다 하자. 만약에 95%의 검정력에 도달하는 데 $A$방법은 표본의 크기 $n=25$ 그리고 $B$방법은 $n=50$을 필요로 한다면, $B$의 검정력 효율성은 $A$의 그것에 대해 50%라고 한다. 정규모집단의 경우에 동일한 결론을 얻기 위해서는 예를 들면 부호검정은 $t$검정에 비해 40%에서 50% 정도의 많은 관측치를 필요로 하고, 그리고 윌콕슨의 부호를 사용한 순위검정법은 $t$검정에 비해 대략 5% 정도의 많은 관측치들을 필요로 한다.

두 번째는 비모수적 방법에 의해 검정되는 귀무가설은 모수적 방법에 의해 검정되는 것과는 좀처럼 같지 않다. 일반적으로 비모수적 방법으로 검정되는 가설들은 덜 정확할 뿐만 아니라 결론에 있어서도 보다 적은 정보를 제공한다.

## □ 연습문제

21. 1 모수적 통계학과 비모수적 통계학을 비교 설명하시오.

21. 2 비모수적 통계방법을 적용하는 경우를 설명하시오.

21. 3 連續(run)이란?

21. 4 어떤 주유소에는 A, B 두 등급의 기름(gas)을 판매하고 있다. 어떤 날에 처음 50명의 고객을 순서대로 조사해 보니 A와 B의 선택순서는 다음과 같았다.

A A B A A B A B B A
A A B B A B B A B B
A B B A B B A A B B
B B A A B A B A B A
A A B A A A A A B B

이 주유소에서는 A, B기름이 무작위로 판매되는지를 검정하려고 한다.

(1) $n_1$, $n_2$, $r$($n_1$ = A의 수, $n_2$ = B의 수)를 구하시오.

(2) $Z$를 구하시오.

(3) $\alpha = 0.05$에서 가설검정하시오(runs test).

21. 5 15명의 종업원을 대상으로 음악이 없는 환경하에서 작업을 한 달간하고 생산량을 조사하고, 그 다음은 음악이 있는 환경하에서 생산량을 한 달간 조사하여 다음과 같은 결과를 얻었다. 각 수치는 한 달 동안의 하루의 평균생산량이다. $\alpha = 0.05$에서 음악이 있는 환경이 생산량을 향상시키는지를 검정하시오. 즉

$H_0$ : 差의 중위수는 0이다.

$H_1$ : 差의 중위수는 양(+)이다.

를 검정하시오.

| 종 업 원 | 하루의 평균생산량 | | $(Y_i - X_i)$의 부호 |
|---|---|---|---|
| | 음악이 있기 전 환경($X_i$) | 음악이 있는 환경($Y_i$) | |
| 1 | 0 | 99 | + |
| 2 | 80 | 75 | − |
| 3 | 92 | 98 | + |
| 4 | 80 | 83 | + |
| 5 | 81 | 78 | − |
| 6 | 90 | 91 | + |
| 7 | 85 | 82 | − |
| 8 | 80 | 82 | + |
| 9 | 87 | 89 | + |
| 10 | 86 | 89 | + |
| 11 | 92 | 90 | − |
| 12 | 85 | 87 | + |
| 13 | 79 | 82 | + |
| 14 | 88 | 90 | + |
| 15 | 89 | 85 | − |

21. 6* 문제 21. 5의 자료를 이용하여 $\alpha = 0.05$에서

(1) 표를 이용하여 윌콕슨의 $T$검정을 하시오.

(2) 윌콕슨 검정통계량을 이용하여 윌콕슨의 $T$검정을 하시오.

21. 7* 계산기를 주로 사용하는 5사람에게 A, B, C 3종류의 계산기의 선호도를 조사하였다.

$H_0$ : 세 계산기의 선호도에는 차이가 없다.
$H_1$ : $H_0$가 사실이 아니다.

를 $\alpha = 0.05$에서 프리드만의 순위이원분산분석을 이용하여 검정하시오.

| 사 용 자 | A | B | C |
|---|---|---|---|
| 1 | 1 | 2 | 3 |
| 2 | 1 | 2 | 3 |
| 3 | 2 | 1 | 3 |
| 4 | 1 | 2 | 3 |
| 5 | 1 | 3 | 2 |
| $R_i$ | 6 | 10 | 14 |

21. 8 두 대의 컴퓨터 A, B의 총사용시간에 대한 다운타임(down time)의 비율이 다음과 같이 주어졌다(단위 : %).

$H_0$ : 다운타임의 퍼센트(비율)은 동일하다.
$H_1$ : 다운타임의 퍼센트(비율)는 동일하지 않다

를 맨-위트니의 $U$검정을 이용하여 $\alpha = 0.1$에서 양측검정하시오($n_1 = 4$, $n_2 = 5$인 경우 $\alpha = 0.1$에서 양측검정의 임계치는 3이다).

| 컴퓨터 A | 컴퓨터 B |
|---|---|
| 2.54 | 2.81 |
| 2.84 | 2.14 |
| 1.26 | 2.56 |
| 2.12 | 2.94 |
| | 2.64 |

21. 9* 어느 백화점 A, B 두 분점의 매출액이 다음과 같이 표로 정리될 때 두 분점의 매출액 중위수가 같은지를 중위수검정을 이용하여 $\alpha = 0.05$에서 검정하시오.

| | A | B | C |
|---|---|---|---|
| 중위수보다 큼 | 5 | 10 | 15 |
| 중위수보다 작음 | 10 | 5 | 15 |
| | 15 | 15 | 30 |

21.10 어느 슈퍼마켓에서 판매되는 3가지 종류의 커피에 대한 한 달 판매량들을 조사하여 다음과 같은 자료를 얻었다. $\alpha = 0.01$에서 다음을 검정하시오.

$H_0$ : 표본들이 추출된 모집단들의 분포는 동일하다(각 커피의 평균판매량은 같다).

$H_1$ : 표본들이 추출된 모집단들의 분포는 상이하다.

| 표본 1 | | 표본 2 | | 표본 3 | |
|---|---|---|---|---|---|
| 판매량 | 순위 | 판매량 | 순위 | 판매량 | 순위 |
| 29 | 17.5 | 36 | 26.5 | 24 | 11.5 |
| 36 | 26.5 | 17 | 2 | 18 | 3 |
| 37 | 29.5 | 19 | 4 | 20 | 5 |
| 36 | 26.5 | 21 | 7 | 24 | 11.5 |
| 36 | 26.5 | 26 | 14 | 25 | 13 |
| 35 | 24 | 29 | 17.5 | 28 | 16 |
| 39 | 32 | 27 | 15 | 31 | 20 |
| 38 | 31 | 21 | 7 | 34 | 23 |
| 40 | 33 | 32 | 21 | 30 | 19 |
| 23 | 10 | 33 | 22 | 22 | 9 |
| | | 37 | 29.5 | 21 | 7 |
| | | | | 16 | 1 |
| | $R_1 = 256.5$<br>$n_1 = 10$ | | $R_2 = 165.5$<br>$n_2 = 11$ | | $R_3 = 139.0$<br>$n_3 = 12$ |

21.11* 어느 공장의 종업원 15명의 작업만족도와 하루 평균생산성의 순위가 다음과 같이 주어졌을 때

$H_0$ : $X_i$와 $Y_i$는 독립적이다.

$H_1$ : 큰 $X_i$는 큰 $Y_i$와 연관되어지는 경향이 있다.

| 종 업 원 | 만족도($X_i$) | 평균생산성($Y_i$) | $d_i$ | $d_i^2$ |
|---|---|---|---|---|
| 1 | 13 | 15 | −2 | 4 |
| 2 | 9 | 14 | −5 | 25 |
| 3 | 2 | 4 | −2 | 4 |
| 4 | 15 | 13 | 2 | 4 |
| 5 | 10 | 12 | −2 | 4 |
| 6 | 3 | 2 | 1 | 1 |
| 7 | 14 | 11 | 3 | 9 |
| 8 | 1 | 7 | −6 | 36 |
| 9 | 7 | 3 | 4 | 16 |
| 10 | 6 | 5 | 1 | 1 |
| 11 | 4 | 6 | −2 | 4 |
| 12 | 8 | 10 | −2 | 4 |
| 13 | 11 | 9 | 2 | 4 |
| 14 | 5 | 1 | 4 | 16 |
| 15 | 12 | 8 | 4 | 16 |
| | | | | 148 |

를 스피어만의 순위상관계수를 이용하여 $\alpha = 0.01$에서 검정하시오.

## 응용사례

# 주가변동의 무작위성검정을 위한 runs test

경제학과 재무관리 분야에서 흥미 있는 주제 중의 하나는 가격의 시계열이다. 투자론의 'random walk'이론은 과거 주식시장의 주가데이터는 미래의 주가예측에 사용될 수 없다는 것이다. 따라서 'random walk'이론을 지지하는 사람들 입장에서 볼 때 미래의 주가를 예측하기 위하여 과거의 주가를 분석하는 사람들은 시간을 낭비하고 있다고 생각한다. 'random walk'이론에 의하면 미래의 주가변동은 과거 주가변동과는 독립적이라는 것이다. 즉 주가변동액(오늘 주가 − 어제 주가)은 양(+)과 음(−)의 값을 무작위로 가져야 한다.

본문에서 설명한 연속성의 검정(runs test)은 관측치들의 중위수를 중심으로 크기를 비교하여 상이한 부호를 부여하였다. 그러나 응용사례의 주가변동은 전후의 관측치의 크기를 비교하여 +, −의 부호를 부여하여 연속(runs)의 수를 계산하므로 약간 다르다.

예를 들어 주가가 다음과 같을 때 연속(runs)의 수는 3개가 된다.

| | | | | | | |
|---|---|---|---|---|---|---|
| 관 측 치 : | 97, | 89, | 85, | 89, | 90, | 88 |
| 변 화 : | | − | − | + | + | − |
| run의 수 : | | ① | | ② | | ③ |

H자동차회사의 일일 주가변동액을 일 년 동안 관찰한 결과 242개의 변동액을 얻었다(즉 관측치 $n=243$이다). 이 중 양(+)이 109개(즉, $n_1=109$), 음(−)이 133개(즉, $n_2=133$)이고, 이 표본의 연속(run)의 수는 $R=150$이다. 표본의 수가 크므로 부록의 표를 이용할 수 없고 정규분포의 근사치를 이용한다. $n \geq 20$인 경우 연속(run)의 수 $R$은 근사적 정규분포를 따르며 평균과 표준편차는 다음과 같다(식 (21.2)와는 다른 것에 유의할 것).

$$E(R)=\mu_R=\frac{2n-1}{3} \tag{21.30}$$

$$\mathrm{Var}(R)=\sigma_R^2=\frac{16n-29}{90} \tag{21.31}$$

표본의 수가 큰 경우 '$H_0$ : 주가변동은 무작위적이다'라는 가설은 표준정규분포를 갖는 확률변수 $Z$를 이용하여 검정한다.

$$Z_R = \frac{R - \mu_R}{\sigma_R} \tag{21.32}$$

이 표본의 데이터를 이용하면

$$\mu_R = \frac{2(243) - 1}{3} = 161.67$$

$$\sigma_R = \sqrt{\frac{16(243) - 29}{90}} = 6.548$$

따라서,

$$z_R = \frac{150 - 161.67}{6.548} = -1.782$$

$Z_R$의 값이 음수이므로 H자동차회사의 표본은 $R$의 기대치보다 적은 연속(runs)을 가지고 있다. $\alpha = 0.05$하에서 양측검정의 임계치는

$$Z \le -1.96, \qquad Z \ge 1.96$$

이다. $-1.96 \le (z_R = -1.782) \le 1.96$이므로 유의수준 5%에서 귀무가설을 기각할 수 없게 된다. 즉 H자동차회사의 일일주가변동에 대한 표본에 관한 한 전날 주가가 오르면 다음 날 주가가 오르고, 전날 주가가 내리면 다음 날 주가가 내리는 것과 같은 현상은 없었다는 것을 알 수 있다. 따라서 이 표본에 의한 검정에 기초하는 경우 'random walk'이론은 지지를 받는다. 물론 추출되는 표본에 따라 그 결과가 달라질 수도 있다.

주가변동과 같은 연속적인 사건의 무작위성에 대한 모수통계적 검정방법이 없는 점을 고려하면 연속성검정(runs test)은 중요한 검정방법인 것이다.

# 22. 시계열분석과 지수

경제·경영분야에서 중요한 변수 중의 하나는 시간이다. 일정 기간에 걸쳐 어떤 변수를 관측한 결과를 숫자로 기록한 것을 時系列(time series)이라고 한다.

이번 장에서는 시계열변동에 기초하여 과거의 경험 및 경제적 변화를 분석해 보기로 한다. 과거의 성과에 대한 분석은 그것이 미래의 행태에 대하여 보다 정확한 예측을 할 수 있도록 해 준다는 의미에서 매우 중요한 것이라 할 수 있다. 또 시계열분석과 관련하여 지수에 대하여도 설명하고자 한다.

## 제 1 절 시계열변동의 기본양태

기업의 판매활동, 국가의 경제활동 등을 나타내는 시계열(time series)은 자연적 요인은 물론 경제·경영·정치 및 사회적 영향들과 같은 여러 변화요인들의 상호작용에 의한 결과이다. 일반적으로 시계열의 변동요인은 4개의 부분으로 분류할 수 있다.

[그림 22.1] 시계열자료의 예

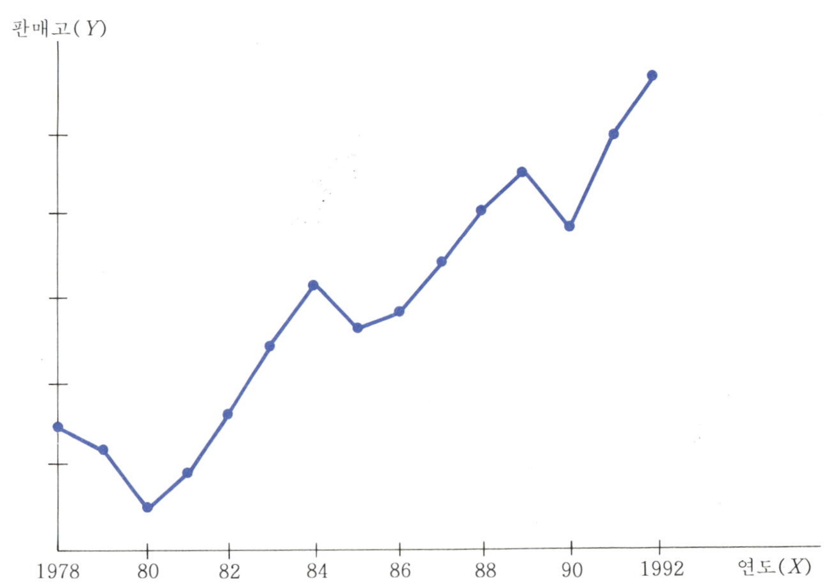

### (1) 추세변동

趨勢變動(secular trend)은 GNP의 증가, 인구의 증가 등과 같이 오랜 기간에 걸친 시계열변동의 방향을 나타내는 것으로 변동의 방향은 상승추세에 있는 것과 하강추세에 있는 것이 된다. 이를 그래프로 작성하면 보통 직선이나 유연한 곡선으로 나타난다.

### (2) 계절변동

季節變動(seasonal variation)은 시계열의 반복적인 주기변동을 나타내는 것으로, 주기의 단위는 일 년 미만으로 분기 · 월 등이 될 수 있다. 계절변동을 초래하는 주요인들로는 기후와 전통적인 활동(추석 · 설날) 등이다.

### (3) 주기변동

週期變動(cyclical variation)은 순환변동이라고도 하며 경기동향 · 실업률 등과 같이 일정한 주기를 가지고 상하로 움직이는 변동을 말한다.

### (4) 불규칙변동

不規則變動(irregular movements)은 추세변동 · 계절변동 및 주기변동에 의하여 설명되지 않는 시계열의 그 밖의 다른 변동을 말한다. 불규칙변동을 초래하는 요인들에는 여러 가지가 있으며 이들은 본질상 확률적이다.

시계열의 주요 변동요인

승법모형

$$Y = T \cdot S \cdot C \cdot I \qquad (22.1)$$

가법모형

$$Y = T + S + C + I \qquad (22.2)$$

여기서

$Y$ : 본래의 자료에 포함된 실제값

$T$ : $Y$의 추세변동값

$S$ : $Y$에 대한 계절변동값
$C$ : $Y$에 대한 주기변동값
$I$ : $Y$에 대한 불규칙변동값

승법모형은 모양이 간단할 뿐만 아니라 약간의 변환을 거치면 가법모형의 형태로 전환이 가능한 장점이 있기 때문에 많이 이용되고 있다.

## 제 2 절 추세변동

### 1. 선형추세

추세변동을 그래프로 표시하면 추세선(trend line)이 대략 직선의 형태를 취하는 경우와 곡선의 형태를 취하는 경우로 구분할 수 있다. 직선(선형)이 추세변동을 나타내기 위해 사용되는 경우 방정식은 일반적으로 다음의 형태를 취한다.

$$Y_C = a + bX \tag{22.3}$$

여기서

$Y_C$ : 주어진 시점에 대한 계산된 추세값
(첨자가 없는 $Y$는 실제값을 나타낸다.)
$a$ : 절편
$b$ : 직선의 기울기
$X$ : 연도(시간)등과 같은 부여될 수치

방정식을 적용하는 데 있어서 연도의 실제값인 1991 또는 1992 등을 $X$ 변수의 값으로 사용하는 것은 불편하다. 따라서 실제 적용을 하는 경우 하나의 연도에 임의로 수치 0을 부여하고 그 밖의 연도를 나타내는 수치는 다른 수치로 부여한다. 예를 들어, 시계열이 1986년부터 1992년까지로 되어 있는 경우에는 첫번째 연도인 1986년에 0. 그리고 $1987=1, 1988=2, \cdots, 1992=6$ 등으로 수치를 부여할 수 있다. 그리고 만약에 이들 중 중간연도를 기점(origin)으로 한다면 $1988=-1$, 1989년에 0, $1990=1$ 등의 수치를 부여하여 사용할 수 있는 것이다. 이상의 예를 표로 작성하면 〈표 22.1〉과 같다.

〈표 22.1〉 연도에 부여된 수치

| 본래의 수치로 된 연도 : | 1986 | 1987 | 1988 | 1989 | 1990 | 1991 | 1992 |
|---|---|---|---|---|---|---|---|
| 부여된 수치로 된 연도 : (1986 = 기점) | 0 | 1 | 2 | 3 | 4 | 5 | 6 |
| 부여된 수치로 된 연도 : (1989 = 기점) | −3 | −2 | −1 | 0 | 1 | 2 | 3 |

추세변동을 나타내는 데 사용되는 직선과 그의 방정식의 추정은 제17장에서 고찰한 최소자승법을 이용하여 구할 수 있다(예제 22.3과 [그림 22.5]의 A를 참고하시오).

## 2. 비선형추세

추세변동은 선형으로 정확하게 나타낼 수도 있지만 많은 경우에 실제 자료를 정확하게 나타내지 못하는 것이 일반적이다. 예를 들어 시계열자료가 초기에는 급히 증대(또는 급히 감소)하다가 후기에 이르러 급히 감소(또는 급히 증대)하는 경우는 시계열의 변동을 직선보다는 곡선으로 나타내는 것이 더 정확할 것이다.

非線型趨勢의 양상은 여러 가지인데 여기서는 2차추세포물선과 대수에 의한 추세측정을 살펴보자.

### (1) 이차추세포물선

다항식의 일반적인 형태는 다음과 같다.

$$Y_C = a + bX + cX^2 + dX^3 + eX^4 + \cdots$$

다항식을 비선형추세변동을 나타내는 데 사용하는 경우에는 보통 다음과 같이 형태가 많이 사용된다.

$$Y_C = a + bX + cX^2 \qquad (22.4)$$

이를 이차다항식 또는 포물선이라 하고 이차다항식에 의한 추세포물선은 최소자승법에 의하여 구할 수 있다.

### (2) 대수에 의한 추세측정

여기에서는 일반적으로 대수로 측정되는 두 가지 추세의 형태인 指數的趨勢(exponential trends)와 成長曲線(growth curve)에 대해 살펴보기로 한다.

#### 지수적 추세

추세변동을 나타내는 데 사용되는 지수방정식은 일반적인 형태로 다음과 같이 기술된다.

$$Y_C = ab^X \qquad (22.5)$$

위 식의 양변에 대해 대수를 취하면

$$\log Y_C = \log a + (\log b)X \qquad (22.6)$$

$\log Y_C = Y_C'$, $\log a = a'$, $\log b = b'$ 로 놓고 $a'$ 와 $b'$ 를 구하면 된다.

#### 성장곡선

경제 및 경영활동에 관련된 많은 형태의 시계열은 3단계로 그 추세를 나타낼 수가 있다. 컬러 TV 판매 경우를 가정해 보자. 컬러 TV가 시장에 처음 소개되었을 때인 초기단계에는 컬러 TV 판매는 서서히 증가할 것이며, 컬러 TV가 대중에게 충분히 인식된 단계에서는 판매성장률은 급속히 상승하게 될 것이며, 그리고 마지막 단계로 컬러 TV의 판매성장률은 안정점에 이르게 된다. 이러한 성장형태를 나타내는 데 사용되는 곡선을 성장곡선(growth curve)이라고 한다.

경제 및 경영활동에 대한 추세분석에서 광범위하게 사용되는 성장곡선으로 곰페르츠(Gompertz)곡선과 로지스틱(Logistic)곡선(또는 Pearl-Reed curve)이 있다. 곰페르츠곡선은 벤자민 곰페르츠(Benjamin Gompertz)에 의해 보험수리학(acturial science)에서 사망률표를 작성하는 데 처음 사용되었고, 로지스틱(Logistic)곡선은 펄(Raymond Pearl)과 리드(L. J. Reed)에 의해 인구성장을 분석하는 데 처음 사용되었다.

이들 두 곡선들을 그래프에 표시하게 되면 [그림 22.2]에서와 같이 완만한 S자 모양이 된다. S字 모양은 초기에는 완만하게, 중간에는 급격하게, 그리고 말기에는 안정적인 증가를 나타내는 성장양상을 가리키는 것이다.

[그림 22.2] 곰페르츠 추세선

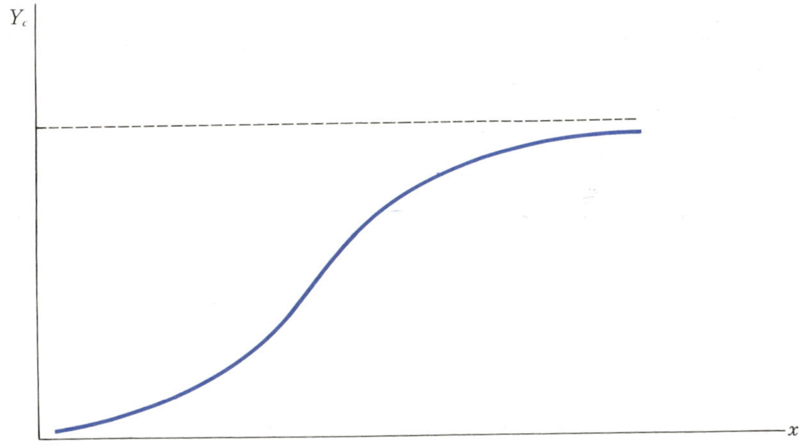


곰베르츠(Gompertz)곡선의 방정식은 다음과 같이 기술된다.

$$Y_C = ab^{c^x} \tag{22.7}$$

## 3. 이동평균법에 의한 추정

추세변동은 移動平均法(moving average method)에 의해서도 측정될 수 있다. 이 방법은 시계열에 있어서의 변동을 고르게 반영하여 일반적인 추세의 방향을 가리키는 곡선을 구하는 방법이다. 시계열에 있어서 매 연도에 대한 이동평균치란 각 연도를 중심으로 전후 일정 기간의 값들의 산술평균을 말한다. 시계열에서 이동평균치를 구하는 절차를 다음 예를 통하여 살펴보기로 한다.

예제 22.1

〈표 22.2〉의 자료를 대상으로 ① 3개년 이동평균치 ② 5개년 이동평균치를 구하고, 또 각 경우에 추세선을 도출해 보기로 한다.

(풀이)

우선 예제에 대한 이동평균치의 계산은 표 22.2에 기술되어 있다. 각 이동평균치를 구하기 위해서는 첫단계로 이동총계(moving total)를 구한 다음 이동총계를 총계에 포함된 연도들의 수로 나눈다. 이렇게 구한 값이 포함된 연도들의 중간연도에 대한 이동평균치이다.

1) 3개년 이동평균치는 다음과 같이 계산한다. 우선 첫 3개년 이동총계는 1978년, 1979년, 1980년의 값들을 합하여 구한다. 즉,

$$7+6+2=15(\text{억 원})$$

이때 3개년의 중간연도는 1979년 이므로 1979년의 이동평균치는 이동총계 15를 포함된 연도의 수 3으로 나누어 준 값

$$\frac{15}{3}=5(\text{억 원})$$

이 되는 것이다. 두 번째 3개년의 이동총계는 1979년, 1980년, 1981년의 값들의 합이므로

$$6+2+4=12(\text{억 원})$$

이 되고, 이 경우의 중간연도는 1980년이므로 1980년의 이동평균치는

〈표 22.2〉 이동평균법에 의한 추세치 계산

| 연 도 | 3개년 이동평균치 | | | 5개년 이동평균치 | | |
|---|---|---|---|---|---|---|
| | 판매고 | 3개년 이동총계 | 3개년 이동 평균치(3)/3 | 판매고 | 5개년 이동총계 | 5개년 이동 평균치 (6)/5 |
| (1) | (2) | (3) | (4) | (5) | (6) | (7) |
| 1978 | 7 | | | 7 | | |
| 1979 | 6 | 15 | 5 | 6 | | |
| 1980 | 2 | 12 | 4 | 2 | 27 | 5 2/5 |
| 1981 | 4 | 14 | 4 2/3 | 4 | 36 | 7 1/5 |
| 1982 | 8 | 28 | 9 1/3 | 8 | 43 | 8 3/5 |
| 1983 | 16 | 37 | 12 1/3 | 16 | 55 | 11 |
| 1984 | 13 | 43 | 14 1/3 | 13 | 68 | 13 3/5 |
| 1985 | 14 | 44 | 14 2/3 | 14 | 80 | 16 |
| 1986 | 17 | 51 | 17 | 17 | 87 | 17 2/5 |
| 1987 | 20 | 60 | 20 | 20 | 93 | 18 3/5 |
| 1988 | 23 | 62 | 20 2/3 | 23 | 104 | 20 4/5 |
| 1989 | 19 | 67 | 22 1/3 | 19 | 115 | 23 |
| 1990 | 25 | 72 | 24 | 25 | 124 | 24 4/5 |
| 1991 | 28 | 82 | 27 1/2 | 28 | | |
| 1992 | 29 | | | 29 | | |

$$\frac{12}{3} = 4(\text{억 원})$$

이 된다. 이와 같은 방법으로 그 밖에 다른 연도에 대한 이동평균치도 구할 수 있다. 그러나 첫해인 1978년과 마지막 해인 1992년에 대한 이동평균치는 그 전년도와 그 후년도의 값이 없으므로 구할 수 없다.

2) 5개년 이동평균치도 같은 방법으로 구한다. 3개년 이동평균치와 5개년 이동평균치, 그리고 원래의 자료를 표시한 것이 [그림 22.3]이다. 원래의 자료를 연결한 선은 변동이 심한 반면에 이동평균법에 의한 두 추세선은 시계열의 상승추세를 분명하게 나타내고 있다. 일반적으로 이동평균치를 계산하는 데 보다 많은 기간(긴 기간)이 포함되는 경우 이동평균곡선은 보다 매끄럽게 된다.

[그림 22.3] 이동평균추세선

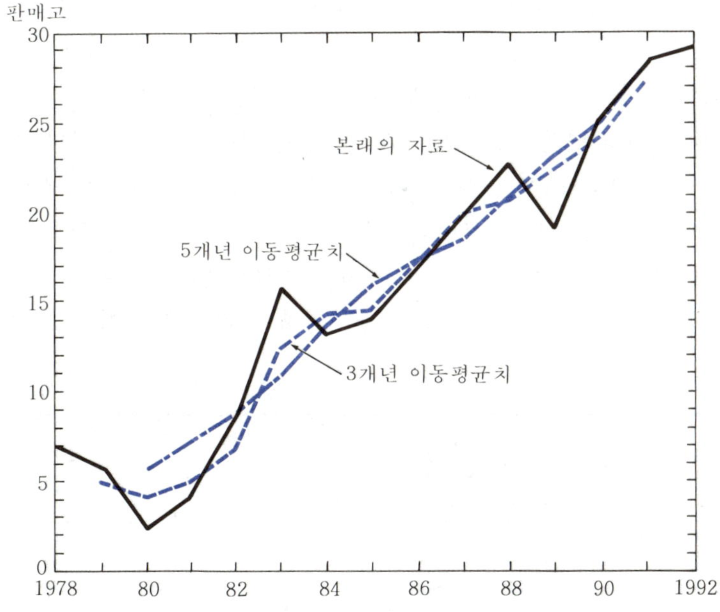

# 제 3 절 계절변동*

분기별·월별·일별과 같이 1년 미만의 기간들로 분류되는 시계열(time series)이 반복적이고 주기적인 변동을 나타내는 경우 이러한 변동을 季節變動(seasonal variation)이라 한다. 계절변동의 측정치는 백분율로 표시되는 季節指數(seasonal indexes)이다. 이제 계절변동의 존재를 조사하는 방법과 계절지수를 구하는 방법에 대해 살펴보기로 한다.

## 1. 계절변동의 조사

시계열이 계절변동을 내포할 수도 있고 내포하지 않을 수도 있으므로 지수를 계산하기 전에, 불필요한 계산으로 시간을 낭비하지 않기 위해서 변동에 대해 주의 깊게 조사해야 할 필요가 있다.

변동을 조사하는 가장 간단한 방법은 수표나 도표를 사용하여 개별 측정치를 매년도의 평균치와 비교해 보는 것이다. 〈표 22.3〉과 [그림 22.4]는 1988년에서 1992년까지 N백화점의 분기별 판매고를 나타낸다. 이들은 또한 각 분기별 판매고와 각 연도에 대한 분기별 판매고의 평균치와의 비교를 보여 준다. 즉 첫번째 분기들의 판매고는 각 연도의 분기별 판매고의 평균치보다 아래에 있고, 두 번째와 네 번째 분기들의 판매고는 각 연도의 분기별 판매고의 평균치와 별 차이가 없으나 세 번째 분기들의 판매고는 연평균치보다

〈표 22.3〉 N백화점의 분기별 판매고(1988∼1992)

| 연 도 | 분기별 판매고(단위: 억 원) | | | | 연총계 | 평 균 |
|---|---|---|---|---|---|---|
| | 1/4 분기 | 2/4 분기 | 3/4 분기 | 4/4 분기 | | |
| 1988 | 1 | 2 | 4 | 3 | 10 | 2.50 |
| 1989 | 2 | 3 | 5 | 4 | 14 | 3.50 |
| 1990 | 2 | 4 | 5 | 3 | 14 | 3.50 |
| 1991 | 3 | 4 | 7 | 6 | 20 | 5.00 |
| 1992 | 6 | 7 | 8 | 7 | 27 | 6.75 |
| 총 계 | 13 | 20 | 29 | 23 | 85 | 21.25 |
| 평 균 | 2.6 | 4 | 5.8 | 4.6 | 17 | 4.25 |

[그림 22.4] N백화점의 분기별 판매고에 대한 계절변동의 파악

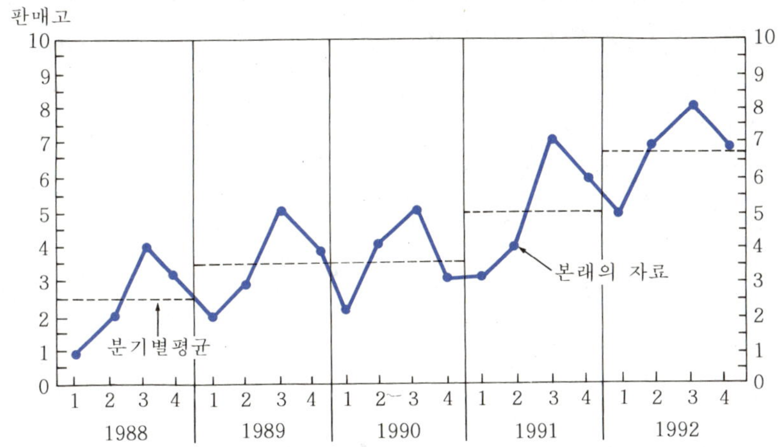


위에 있음을 알 수 있는데 이는 시계열에 계절변동이 분명히 존재함을 보여주는 것이다.

시계열의 계절변동은 시계열상의 추세(trend)·주기(cycical) 그리고 불규칙(irregular)변동의 효과를 제거하고 난 후에 측정된다. 주어진 시계열의 계절지수를 계산하는 방법은 여러 가지가 있으나 가장 많이 사용되는 방법은 이동평균비율법이다.

## 2. 이동평균비율법

移動平均比率法(the method of ratios to moving average)은 4가지 요인(추세·계절·주기·불규칙변동)이 시계열에 주는 효과의 결과가 합이라기보다는 곱이라는 가정에 기초하고 있다. 즉

$$Y = T \cdot S \cdot C \cdot I$$

정상적인 조건하에서의 이동평균은 추세와 주기변동의 곱($T \cdot C$)의 추정치와 비슷하게 나타난다.

이동평균치에 의한 $T \cdot C$는 [그림 22.4]에 표시되었다. [그림 22.4]에서 이동평균을 나타내는 완만한 곡선이 위 아래로 변하는 것은 주기변동에 기인

하고 또 계속 상승하는 것은 추세변동에 기인한다. 각 이동평균치들을 구한 다음에는 식 (22.9)와 같이 보통 분기 또는 월의 중앙인 해당 시점에 따른 이동평균치에 대한 $Y$(본래의 값)의 비율을 구할 수 있다. 이 비율은 계절변동과 불규칙변동의 곱($S \cdot I$)을 나타낸다.

계절변동은 약간의 차이가 있을 수는 있지만 매년 규칙적이다. 그러므로 4개의 분기나 12개월 이동평균은 거의 완전히 계절변동을 제거하게 된다. 즉 12개월 이동평균은 시계열자료를 계절변동지수로 나눈 효과와 같다.

$$\text{이동평균치}(MA) = \frac{T \cdot S \cdot C}{S} = T \cdot C \qquad (22.8)$$

따라서

$$\frac{Y}{\text{이동평균치}(MA)} = \frac{T \cdot S \cdot C \cdot I}{T \cdot C} = S \cdot I \qquad (22.9)$$

불규칙변동의 효과 $I$는 이 단계에서 구할 수는 없으나 대신에 $I$(또는 $I$의 일부분)는 각 분기(혹은 월)의 비율을 평균하는 과정에서 제거된다.

**예제 22.2**

〈표 22.3〉의 자료를 대상으로 이동평균비율법을 이용하여 계절지수를 구하라.

(풀이)

1) 이동평균법에 의해 각 분기별 추세-주기치($TC$)를 구한다. 4개의 분기별 이동평균치들은 〈표 22.4〉의 列 (6)과 [그림 22.5]에 표시되어 있다. 1988년의 판매고를 기초로 하여 시계열에서 4개의 분기별 판매고의 평균은 다음과 같다.

$$\frac{1+2+4+3}{4} = \frac{10}{4} = 2.5$$

이는 1988년 7월 1일 혹은 처음 4개 분기의 중간에 위치한 분기별 $TC$를 나타낸다. 그러므로 각 분기의 판매고에 부응하는 $TC$값을 얻기 위해 새로운 방법이 모색되어야 한다. 일반적인 방법은 5개 분기들의 중간 혹은 세 번째 분기에 중심을 둔 이동평균은 2개의 4분기 이동총합을 8로 나눈 것과 같다. 이 값은 列 (6)에 나타나 있다.

[그림 22.5] N백화점의 분기별 판매고에 대한 이동평균치

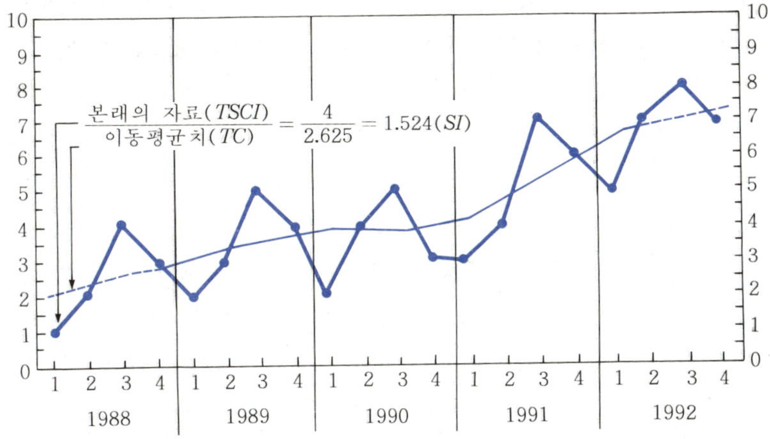


〈표 22.4〉 N백화점의 4개 분기 이동평균의 계산

| 연 도<br>(1) | 분 기<br>(2) | 분기별 판매고 $Y=TSCI$<br>(3) | 4-분기 이동총합<br>(4) | 2개의 4분기 이동총합<br>(5) | 4분기 이동평균 (5)/8<br>(6) | $Y/T\cdot C$ $=S\cdot I$ (3)/(6)<br>(7) |
|---|---|---|---|---|---|---|
| 1988 | 1번째 | 1 | | | | |
| | 2번째 | 2 | 10 | | | |
| | 3번째 | 4 | 11 | 21 | 2.625 | 1.524 |
| | 4번째 | 3 | 12 | 23 | 2.875 | 1.043 |
| 1989 | 1번째 | 2 | 13 | 25 | 3.125 | 0.640 |
| | 2번째 | 3 | 14 | 27 | 3.375 | 0.889 |
| | 3번째 | 5 | 14 | 28 | 3.500 | 1.429 |
| | 4번째 | 4 | 15 | 29 | 3.625 | 1.103 |
| 1990 | 1번째 | 2 | 15 | 30 | 3.750 | 0.533 |
| | 2번째 | 4 | 14 | 29 | 3.625 | 1.103 |
| | 3번째 | 5 | 15 | 29 | 3.625 | 1.379 |
| | 4번째 | 3 | 15 | 30 | 3.750 | 0.800 |
| 1991 | 1번째 | 3 | 17 | 32 | 4.000 | 0.750 |
| | 2번째 | 4 | 20 | 37 | 4.625 | 0.865 |
| | 3번째 | 7 | 22 | 42 | 5.250 | 1.333 |
| | 4번째 | 6 | 25 | 47 | 5.875 | 1.021 |
| 1992 | 1번째 | 5 | 26 | 51 | 6.875 | 0.784 |
| | 2번째 | 7 | 27 | 53 | 6.625 | 1.057 |
| | 3번째 | 8 | | | | |
| | 4번째 | 7 | | | | |

주 : 제 4 열의 값들은 분기와 분기 사이에 해당하는 값이다. 즉 4 열의 10은 두 번째 분기와 세 번째 분기의 중간에 해당되는 값이다.

2) 해당 이동평균에 의한 분기별 판매고 $Y$의 비율($SI$)을 구한다. 예를 들어 1988년도 세 번째 분기의 $SI$는 그 분기의 $Y$값을 세 번째 분기의 이동평균으로 나눈다(4/2.625 = 1.524). 이 비율들은 〈표 22. 4〉의 列 (7)에 기술되어 있다.

3) 계절지수를 구한다. 이를 위해 우선 비율($SI$)들의 조정산술평균을 구한다. 조정산술평균(modified arithmatic mean)에 기초를 둔 계절지수의 계산은 〈표 22. 5〉에 나타나 있다. 각 조정산술평균은 극단적으로 높고 낮은 비율을 제외시킴으로써 구해진다. 위의 예에서는 조정산술평균은 각 분기들에서 가장 높고 가장 낮은 비율들을 제외시켜 계산되었다. 즉, 각 분기들의 비율을 〈표 22. 5〉에서와 같이 비율의 크기에 따라 차례로 배열한 다음 가장 높거나 가장 낮은 비율을 제외시킨다. 그 다음 남아 있는 비율들을 대상으로 계산하여 조정산술평균을 구한다.

조정산술평균의 합계는 410.4이다. 계절지수의 합계는 400이 되어야 하므로, 각 조정산술평균에 400/410.4 = 0.9747을 곱하면 계절지수가 된다.

〈표 22. 5〉 N백화점의 계절지수 계산

| | 분기 | | | | 합 계 |
|---|---|---|---|---|---|
| | 1 | 2 | 3 | 4 | |
| 최저비율 | 53.3 | 86.5 | 133.3 | 80.0 | |
| | 64.0 | 88.9 | 137.9 | 102.1 | |
| | 75.0 | 105.7 | 142.9 | 104.3 | |
| 최고비율 | 78.4 | 110.3 | 152.4 | 110.3 | |
| 중간비율의 총합 | 139.0 | 194.6 | 280.8 | 206.4 | |
| 조정산술평균 | 69.5 | 97.3 | 140.4 | 103.2 | 410.4 |
| 계절지수 | 67.7 | 94.8 | 136.9 | 100.6 | 400.0 |

## 3. 계절지수의 사용

계절지수는 ① 현재나 미래의 기업활동의 지침이나 예측을 위하여 ② 계절조정(seasonal-adjusted)된 자료를 구하는 데 사용된다.

### (1) 기업활동의 지침으로서의 계절지수

어느 한 기업활동에 대한 季節指數를 알고 있는 경우에는 기업주는 현재의 기업활동을 합리적인 방법으로 계획하고 통제할 수 있게 된다. 예를 들어 한 백화점의 경영주가 추석을 전후로 하여 판매고가 월평균보다 20% 정도 높다는 전형적 계절변동 양태를 알고 있다면, 그는 미리 이에 대비하여 물품구입 및 판매대책 등의 관련된 모든 준비를 할 수 있을 것이다.

### (2) 계절조정자료

계절변동의 영향이 시계열에서 제거되었을 때 그 시계열자료를 季節調整資料(seasonal adjusted data)라고 부른다. 계절변동이 조정된 시계열은 기업활동이 단지 추세 · 주기 그리고 불규칙변동에만 영향을 받는 경우 기업활동이 어떻게 될 것인가를 보여 준다. 계절조정자료를 기호로 표시하면 다음과 같다.

$$\text{계절조정자료} = \frac{\text{본래의 자료}}{\text{계절지수}} = \frac{TSCI}{S} = TCI$$

시계열이 계절변동에 의해 상당한 영향을 받는 경우에는 계절조정에 의하여 시계열에서 현재의 추세변동과 주기변동의 효과는 정확하게 측정될 수 있다.

## 제 4 절 주기변동*

### 1. 연도별 자료에 대한 주기변동예측

계절변동은 연도별로 주기적 변동을 나타내는데 시계열의 기간단위를 "年"으로 하게 되면 계절변동은 제거된다. 또한 불규칙변동이 이 시계열에 미치는 영향도 역시 연간 분류로 대부분이 제거된다. 따라서 주기변동 측정을 위한 연도별 시계열의 승법모델은 다음과 같다.

$$Y = T \cdot C \tag{22.10}$$

따라서

$$C = \frac{Y}{T} \tag{22.11}$$

이 비율을 추세변동조정자료(adjusted data for secular trend)라고 한다. 추세치($T$)는 제 2 절에서 설명한 여러 가지 방법으로 구할 수 있다.

예제 22.3

〈표 22.6〉의 제 2 列에 표시된 M백화점의 1978년에서 1992년에 이르는 연도별 판매고에 대한 자료를 대상으로 ① 최소자승법을 이용하여 연도별 추세치를 구하고 ② 주기변동의 영향을 나타내는 도표를 작성하라.

(풀이)

1) 구하고자 하는 추세치들($T$ 또는 $Y_C$)은 최소자승법으로 구했고, 또 이는 〈표 22.6〉의 세 번째 列에 표시되어 있다.

2) 이 자료에 대한 주기변동의 영향은 [그림 22.6]에서와 같이 두 부분

〈표 22.6〉 M백화점 판매고에 대한 추세조정된 자료의 주기변동 측정치 계산

| 연 도<br>(1) | 실제판매고<br>$Y$<br>(2) | 추세판매고<br>$T$ 또는 $Y_C$<br>(3) | 추세변동 조정 판매고 $Y/T$ | | 추세치와의 편차<br>(추세=100%)<br>(6) |
|---|---|---|---|---|---|
| | | | 소수 (4) | 백분율 (5) | |
| 1978 | 7 | 2.4 | 2.92 | 292 | +192 |
| 1979 | 6 | 4.3 | 1.40 | 140 | +40 |
| 1980 | 2 | 6.2 | 0.32 | 32 | −68 |
| 1981 | 4 | 8.0 | 0.50 | 50 | −50 |
| 1982 | 8 | 9.8 | 0.82 | 82 | −18 |
| 1983 | 16 | 11.7 | 1.37 | 137 | +37 |
| 1984 | 13 | 13.6 | 0.96 | 96 | +4 |
| 1985 | 14 | 15.4 | 0.91 | 91 | +9 |
| 1986 | 17 | 17.2 | 0.99 | 99 | −1 |
| 1987 | 20 | 19.1 | 1.05 | 105 | +5 |
| 1988 | 23 | 21.0 | 1.10 | 110 | +10 |
| 1989 | 19 | 22.8 | 0.83 | 83 | −17 |
| 1990 | 25 | 24.6 | 1.02 | 102 | +2 |
| 1991 | 28 | 26.5 | 1.06 | 106 | +6 |
| 1992 | 29 | 28.4 | 1.02 | 102 | +2 |
| 합 계 | 231 | 231.0 | | | |

[그림 22.6] 주기변동의 영향

(A) 원래 자료

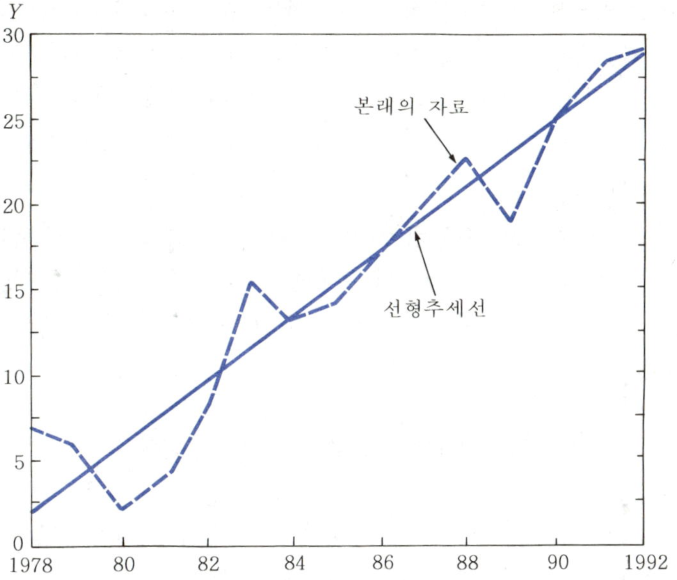


(B) 추세변동조정자료

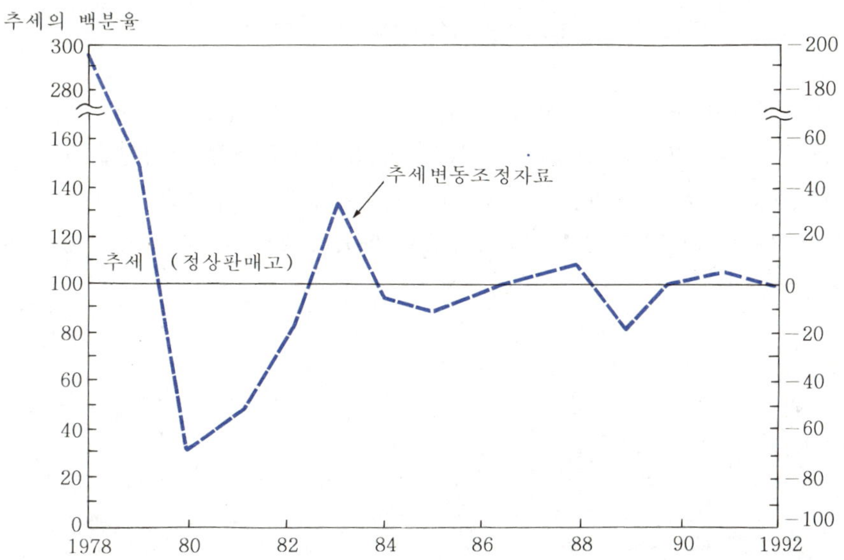

으로 구분하여 표시할 수 있다.

첫째는, 원래의 자료에서 관찰할 수 있는 영향이다([그림 22.6]의 (A) 참조) 추세치들을 연도별 정상판매고로 간주하면 원래 자료의 주기양상이 정상판매고(또는 추세선)를 중심으로 오르고 내리고 하는 파동을 쉽게 관찰할 수 있다. 그러나 이 경우에는 절대치들의 변동을 나타내는 것이므로 비교를 위해서·상대치로 변동을 표시하는 것이 바람직하게 된다. [그림 22.6]의 (B)는 상대치로 작성된 것이다.

둘째는, 그 영향은 추세변동조정자료에서 측정한다. 추세변동조정자료 또는 추세치들에 대한 원래 자료의 비율은 소수 또는 백분율로 표시할 수 있는데, 예를 들어 〈표 22.6〉의 첫번째 연도 1978년의 비율은 다음과 같이 계산한다.

$$C = \frac{Y}{T} = \frac{7}{2.4} = 2.916 \qquad \text{혹은} \qquad 2.92 = 292\%$$

소수로 표시된 비율은 〈표 22.6〉의 제 4 列에 그리고 백분율로 표시된 것은 제 5 열과 [그림 22.6]의 (B)에 표시되어 있다.

### 2. 1년 미만의 자료에 대한 주기변동 측정

시계열이 분기·월·주 등과 같이 1년 미만의 기간으로 분류된 경우에는 시계열은 추세($T$)·계절($S$)·주기($C$) 및 불규칙($I$)변동의 영향을 받게 된다.

원론적으로 1년 미만 자료의 주기변동측정은 먼저 $T$를 구하고 $T$의 효과를 제거하고 그 다음 $S$를 구하고 $S$의 효과를 제거한 후 $I$의 영향을 제거하면 된다.

## 제 5 절 지수이론*

### 1. 개 요

경제학이나 경영학을 연구하는 데 있어서 가장 중요한 문제의 하나는 서로 다른 총계량들을 어떻게 측정하느냐 하는 것이다. 여기에서 總計量이란 가격·생산량·인구·고용·GNP 등을 가리킨다. 어떠한 경우이든 측정의 문제는 여러 기간에 걸친 또는 장소를 달리하는 데 따른 변화를 나타내는 단일값을 구하는 데 있다. 그러한 측정을 위한 통계적 방법이 지수(index numbers)이다.

이러한 지수에는 단 하나의 변수를 대상으로 계산한 단일지수(univariate index)와 여러 개의 변수를 대상으로 한 종합지수(composite index)가 있다.

### (1) 單一指數

지수의 본질을 파악하기 위해 가상적인 생산에 관한 자료인 〈표 22.7〉을 대상으로 단일지수를 설정해 보기로 한다. 우선 여러 기간에 걸친 총량들의 변화를 비교하기 위해 사용되는 기준이 되는 기간을 기준시점(base period)이라 하고, 비교되는 개개 기간을 비교시점(given period)이라 한다.

〈표 22.7〉 단일생산지수의 예

| 기 간 | 생 산 량 | 지수 A (1986＝100) | 지수 B (1980~1981＝100) |
|---|---|---|---|
| 1980 | 8.5 | 63 | 81 |
| 1981 | 12.5 | 93 | 119 |
| 1982 | 9.4 | 70 | 90 |
| 1983 | 10.7 | 79 | 102 |
| 1984 | 13.6 | 101 | 130 |
| 1985 | 15.3 | 113 | 146 |
| 1986 | 13.5 | 100 | 129 |
| 1987 | 12.8 | 95 | 122 |
| 1988 | 14.7 | 109 | 140 |
| 1989 | 16.7 | 124 | 159 |
| 1990 | 18.0 | 133 | 171 |

지수 A는 1986년을 기준시점으로 하여 각 연도의 생산량을 1986년의 생산량으로 나누어서 100을 곱해 주는 방법으로 측정한 것이다. 따라서 지수는 백분율(%)의 형태를 취한다. 각 연도에 대한 지수는 기준시점을 이용하여 해석한다. 예를 들어, 1990년에 대한 지수 A는 "1990년도의 생산량은 1986년의 생산량의 133%이다"라는 것을 의미한다. 지수 B는 1980년과 1981년의 평균

생산량(즉, 10.5)을 기준(base)으로 하고 각 연도의 생산량을 기준평균생산량으로 나누어 준 다음 100을 곱하여 측정한 것이다.

단일지수의 주요 기능은 시간의 경과에 따른 변수의 변화를 쉽게 비교할 수 있도록 변수의 절대량을 상대적 수치로 전환시켜 나타내는 것이다.

### (2) 綜合指數

종합지수에는 여러 가지 형태가 있고 또 여러 방법으로 설정될 수 있다. 이 장에서는 경제학·경영학에서 자주 사용되는 지수로 한정하여 고찰하기로 한다. 이러한 지수들을 논의의 순서에 따라 열거하면 다음과 같이 구분할 수 있다.

**종합지수의 종류**

1) **단순총계지수**(simple aggregate indices)
   (i) 단순총물가지수(simple average price index)
   (ii) 단순총물량지수(simple aggregate quantity index)
2) **단순평균상대지수**(simple average of relatives indices)
   (i) 단순평균상대물가지수(simple average of relative price index)
   (ii) 단순평균상대물량지수(simple average of relative quantity index)
3) **가중총계지수**(weighted aggregate indices)
   (i) 가중총물가지수(weighted aggregate price index)
   (ii) 가중총물량지수(weighted aggregate quantity index)
4) **가중평균상대지수**(weighted average of relatives indices)
   (i) 가중평균상대물가지수(weighted average of relatives price indices)
   (ii) 가중평균상대물량지수(weighted average of relatives quantity indices)

지수에서 주로 사용하는 기호들을 정의하면 다음과 같다.

$p$ = 단일상품가격

$q$ = 단일상품수량

$p_0$ = 기준시점의 상품가격

$q_0$ = 기준시점의 상품수량

$p_n$ = 비교시점의 상품가격, $n$은 기간(연도)

$q_n$ = 비교시점의 상품수량

$i$ = 개별 상품, 예를 들어 $p_{oi}$는 기준시점의 $i$번째 상품가격

$k$ = 지수에 포함된 상품의 수

$P$ = 물가지수

$Q$ = 물량지수

$P_b$ = 가중치로 기준시점의 수량을 사용하여 구한 물가지수

$P_n$ = 가중치로 비교시점의 수량을 사용하여 구한 물가지수

$Q_b$ = 가중치로 기준시점의 가격을 사용하여 구한 물량지수

$Q_n$ = 가중치로 비교시점의 가격을 사용하여 구한 물량지수

위의 지수들의 고찰을 위한 계산을 간단히 하기 위해 〈표 22.8〉의 가상적 자료를 이용하기로 한다. 즉, 1992년에 설립한 한 기업이 3종류의 상품 A, B, C를 생산하고, 가격은 연평균 판매가격이고, 또 생산량은 연간총생산량을 나타낸다. 이제 이 기업이 연도별로 판매가격의 변화와 총생산량의 변화를 측정하고자 한다.

〈표 22.8〉 가격과 생산량에 대한 자료(1992～94)

| 상 품 | 단위당 가격(단위 : 천 원) | | | 수량(단위: 천 개) | | |
|---|---|---|---|---|---|---|
| | 1992 | 1993 | 1994 | 1992 | 1993 | 1994 |
| A | 1.00 | 1.25 | 1.50 | 10,000 | 12,500 | 13,000 |
| B | 10.00 | 11.75 | 13.50 | 1,000 | 1,100 | 1,250 |
| C | 4.00 | 5.00 | 4.50 | 500 | 500 | 400 |

## 2. 단순총계지수

單純總物價指數(simple aggregate price indices)는 다음과 같이 구한다. 우선, 각 시점(기간) $n$의 각 값에 대한 총계 $\Sigma p_n$을 얻을 수 있도록 각 시점에 대한 여러 가격들을 합한다. 그런 다음 주어진 각 비교시점에서의 총계를 기준시점의 총계로 나누면 단순총물가지수가 된다. 이러한 계산은 〈표 22.9〉에 표시되어 있고, 단순총물가지수를 구하는 일반적 형태는 다음과 같다.

〈표 22.9〉 단순총물가지수의 계산(1992 = 100)

| 상　　품 | 1992 $p_0$ | 1993 $p_1$ | 1994 $p_2$ |
|---|---|---|---|
| A | 1.00 | 1.25 | 1.50 |
| B | 10.00 | 11.75 | 13.50 |
| C | 4.00 | 5.00 | 4.50 |
| 총　　계 | 15.00 | 18.00 | 19.50 |
| 지　　수 | 1.00 | 1.20 | 1.30 |
| 또는 % | 100 | 120 | 130 |

**단순총물가지수**(simple aggregate price index)

$$P=\frac{\sum_i p_{ni}}{\sum_i p_{0i}}\times 100 \qquad (22.12)$$

그리고 단순총물량지수는 보통 백분율로 표시되며 구하는 공식은 다음과 같다.

$$Q=\frac{\sum_i q_{ni}}{\sum_i q_{0i}}\times 100 \qquad (22.13)$$

이 공식은 상품들의 단위가 서로 다른 총계량의 경우에는 사용할 수 없다. 왜냐하면, 예를 들어 상품 A는 톤(ton)으로, 상품 B는 "근"으로, 또 상품 C는 온스(ounce)로 측정된 것을 합한다는 것은 의미가 없는 것이기 때문이다. 그리고 만약에 식 (22.13)을 동일한 단위로 측정된 상품들에 대한 지수를 구하는 데 사용한다면, 매년 각 상품의 가격이 단위당 1,000원인 것같이 하여 매년 실제로 구입되는 상품구입에 대하여 기준연도에 있어서의 수량에 대한 비교연도에 있어서의 수량을 비교하는 것이 된다. 이는 매우 비현실적인 가정이므로 이 공식은 수량의 변화를 측정하는 데 별로 사용되고 있지 않다.

## 3. 단순평균상대지수

〈표 22.10〉에 의해 예시된 것과 같이 單純平均相對物價指數를 측정하기 위해서는 우선 비교시점의 $i$번째 상품의 가격 $p_{ni}$를 기준시점의 $i$번째 상품의 가격 $p_{0i}$로 나누어 가격상대치를 구하고, 그런 다음에는 가격상대치들의 총계를 구하여 이를 상품의 수 $k$로 나누어 주면 된다. 이 방법을 수식으로 나타내면 다음과 같다.

단순평균상대물가지수

$$P=\frac{\sum_{i=1}^{k}\left(\frac{p_{ni}}{p_{0i}}\right)}{k}\times 100 \qquad (22.14)$$

예를 들어,

$$P_{1993}=\frac{3.675}{3}=1.225 \quad \text{또는} \quad 122.5\%$$

단순평균상대물량지수도 같은 방법으로 구한다. 단순평균상대물량지수를 구하는 절차는 〈표 22.11〉에 열거되어 있고, 구하는 공식은 다음과 같다.

$$Q=\frac{\sum_{i=1}^{k}\left(\frac{q_{ni}}{q_{0i}}\right)}{k}\times 100 \qquad (22.15)$$

〈표 22.10〉과 〈표 22.11〉로부터 얻어진 결과를 통해 2년 동안에 가격은 평균 32.5% 상승했고, 수량은 평균 11.7% 증가했음을 알 수 있다.

## 4. 가중총계지수

다음 절의 고찰에서 가중치에 대해 좀 더 상세히 설명할 기회가 있으므로, 여기에서는 다만 총물가지수에 가장 많이 이용되는 가중치는 기준연도 상품의 수량이고, 총물량지수에 이용되는 가중치들은 기준연도의 상품가격이나, 비교연도의 상품가격이라는 것을 지적해 둔다.

〈표 22. 10〉 단순평균상대물가지수의 계산 예(1992 = 100)

| 상 품 (i) | 1992 $\frac{p_{0i}}{p_{0i}}$ | 1993 $\frac{p_{1i}}{p_{0i}}$ | 1994 $\frac{p_{2i}}{p_{0i}}$ |
|---|---|---|---|
| A | 1.00 | 1.250 | 1.500 |
| B | 1.00 | 1.175 | 1.350 |
| C | 1.00 | 1.250 | 1.125 |
| 총 계 | 3.00 | 3.675 | 3.975 |
| 지 수 | 1.00 | 122.5 | 132.5 |

〈표 22. 11〉 단순평균상대물량지수의 계산 예(1992 = 100)

| 상 품 (i) | 1992 $\frac{q_{0i}}{q_{0i}}$ | 1993 $\frac{q_{1i}}{q_{0i}}$ | 1994 $\frac{q_{2i}}{q_{0i}}$ |
|---|---|---|---|
| A | 1.00 | 1.25 | 1.30 |
| B | 1.00 | 1.10 | 1.25 |
| C | 1.00 | 1.00 | 0.80 |
| 총 계 | 3.00 | 3.35 | 3.35 |
| 지 수 | 1.00 | 1.117 | 1.117 |

**라스페이레스(Laspeyres)물가지수**

가중치로 기준연도의 수량을 이용하는 가중총물가지수를 라스페이레스물가지수라고 한다.

$$P_b = \frac{\sum_{i=1}^{k} p_{ni}\, q_{0i}}{\sum_{i=1}^{k} p_{0i}\, q_{0i}} \times 100 \tag{22.16}$$

이 공식의 내용은 〈표 22. 12〉에 나타나 있듯이 3단계로 되어 있다.

1) 기준연도의 $p_{0i}\,q_{0i}$와 비교연도의 $p_{ni}\,q_{0i}$를 구하기 위하여 각 연도의 상품가격을 그 상품의 기준년도 수량으로 곱해 준다.
2) 1단계에서 계산된 곱의 총합을 구한다.
3) 각 비교연도의 총계를 기준연도의 총계로 나눈다.

〈표 22. 12〉 기준연도의 수량을 가중치로 이용한 총물가지수 계산 예

| 상 품 (i) | 비교연도 가격에서 1992년도 수량의 가치 | | |
|---|---|---|---|
| | 1992 | 1993 | 1994 |
| | $p_{0i}\,q_{0i}$ | $p_{1i}\,q_{0i}$ | $p_{2i}\,q_{0i}$ |
| A | (1)10,000 = 10,000 | (1.25)10,000 = 12,500 | (1.50)10,000 = 15,000 |
| B | (10)1,000 = 10,000 | (11.75)1,000 = 11,750 | (13.50)1,000 = 13,500 |
| C | (4)500 = 2,000 | (5.00)500 = 2,500 | (4.50)500 = 2,250 |
| 총 계 | 22,000 | 26,750 | 30,750 |
| 지 수 | 100.0 | 121.6 | 139.8 |

위 〈표 22. 12〉에서 1993년의 라스페이레스지수 121.6은 1993년도의 평균 판매가격이 1992년도에 비하여 21.6% 올랐다는 것을 의미한다. 라스페이레스(Laspeyres)공식을 소비자물가지수를 계산하는 데 사용한다면 라페이레스지수는 기준연도의 생활수준을 유지하기 위한 비교연도의 생활비를 기준연도를 기준으로 한 백분율(%)로 표시한 것을 의미한다. 라스페이레스(Laspeyres)지수는 "기준연도와 비교연도를 가격으로 평가할 때, 기준연도의 상품의 총가치는 얼마나 변했는가?" 하는 질문에 대한 답을 구하는 데 사용된다.

**파쉐(Paasche)물가지수**

가중치로 비교연도의 수량을 이용하는 가중총물가지수를 파쉐물가지수라고 한다.

$$P_n = \frac{\sum_{i=1}^{k} p_{ni}\,q_{ni}}{\sum_{i=1}^{k} p_{0i}\,q_{ni}} \times 100 \qquad (22.\,17)$$

파쉐(Paasche)지수의 계산절차는 〈표 22. 13〉에 표시되어 있다.

1994년의 140.9라는 지수는 "1994년의 상품판매에서 얻는 것이 동일한 양의 상품을 1992년의 가격으로 판매하여 얻는 것에 비해 40.9% 높다"라고 해석할 수 있다. 소비자물가지수를 계산하는 데 사용되는 경우 파쉐(Paasche)지수는 비교연도의 생활수준을 유지하기 위한, 비교연도의 생활비와 기준연도의 생활비를 비교하는 것이다. 파쉐(Paasche)지수는 "기준연도와 비교연도가

가격으로 평가될 때 비교연도의 상품의 총가치에 있어서의 변화는 어떻게 될까?" 하는 질문에 대한 답을 얻는 데 사용한다.

가중총물량지수는 가중치로 가격을 사용한다. 라스페이레스(Laspeyres)와 파쉐(Paasche)총물량지수는 각각 다음과 같은 공식으로 정의된다.

$$Q_b = \frac{\sum_{i=1}^{k} p_{0i}\, q_{ni}}{\sum_{i=1}^{k} p_{0i}\, q_{0i}} \times 100 \tag{22.18}$$

$$Q_n = \frac{\sum_{i=1}^{k} p_{ni}\, q_{ni}}{\sum_{i=1}^{k} p_{ni}\, q_{0i}} \times 100 \tag{22.19}$$

〈표 22.13〉 비교연도의 수량을 가중치로 이용한 총물가지수 계산 예

| 상 품 (i) | 비교연도 가격에서 비교연도 수량의 가치 | | | 1992년 가격에서 비교연도 수량의 가치 | | |
|---|---|---|---|---|---|---|
| | 1992 | 1993 | 1994 | 1992 | 1993 | 1994 |
| | $p_{0i}\, q_{0i}$ | $p_{1i}\, q_{1i}$ | $p_{2i}\, q_{2i}$ | $p_{0i}\, q_{0i}$ | $p_{0i}\, q_{1i}$ | $p_{0i}\, q_{2i}$ |
| A | 10,000 | 15,625 | 19,500 | 10,000 | 12,500 | 13,000 |
| B | 10,000 | 12,925 | 16,875 | 10,000 | 11,000 | 12,500 |
| C | 2,000 | 2,500 | 1,800 | 2,000 | 2,000 | 1,600 |
| 총 계 | 22,000 | 31,050 | 38,175 | 22,000 | 25,500 | 27,100 |
| 지 수 | | | | 100.0 | 121.8 | 140.9* |

주 : $140.9 = \sum p_{2i}\, q_{2i} / \sum p_{0i}\, q_{2i} = 38.175/27.100$

〈표 22.12〉와 〈표 22.13〉을 이용하여 가중치로 기준연도의 가격을 사용한 1994년에 있어서의 총물량지수를 구하면 다음과 같다.

$$Q_b = \frac{\sum p_0\, q_0}{\sum p_0\, q_0} = \frac{27{,}100}{22{,}000} = 1.232 \quad \text{또는} \quad 123.2\%$$

가중치로 비교연도 가격을 사용한 1994년의 물량지수는 다음과 같다.

$$Q_n = \frac{\sum p_2\, q_2}{\sum p_2\, q_0} = \frac{38{,}175}{30{,}750} = 1.241 \quad \text{또는} \quad 124.1\%$$

첫번째 결과는 1992년 가격에서 생산량의 크기가 23.2% 증가했다는 것

을 의미하고, 두 번째 결과는 1994년 가격에서 생산량의 크기가 1992년과 1994년 사이에는 24.1% 증가했다는 것을 의미한다. 따라서 일반적으로 가중 총물량지수는 "두 기간에 상품을 동일한 가격으로 구입(또는 판매)하는 수량을 다르게 한다면, 기준연도에 대하여 비교연도에는 얼마나 지출(또는 수입)이 될까?" 하는 질문에 대한 해답을 얻으려는 경우에 사용한다.

라스페이레스(Laspeyres)공식과 파쉐(Paasche)공식을 사용하여 물가 또는 물량지수를 구하는 경우 그 결과는 다르게 된다. 이는 물론 가중치를 달리 사용하는 차이에서 기인하는 것으로, 이 중 어느 것이 더 정확하거나 좋은 것이라고는 할 수 없다. 이들 각각의 방식은 간단하면서도 명료한 해석을 할 수 있으므로 그 나름대로의 의미가 있는 것이다. 예를 들어, 위의 두 방법 중 어느 한 방법에 의해 계산된 물가지수가 110이고, 다른 방법에 의한 지수가 130인 경우라면 물가수준은 100에서 110과 130 사이로 변했다고 할 수도 있는 것이다. 이는 정확한 것은 되지 못한다 할지라도 매우 유용한 정보인 것이다. 그러므로 비교연도의 가중치와 기준연도의 가중치간의 차이가 작으면 작을수록 이 범위는 점점 작아져서 더욱 정확한 것이 될 수 있을 것이다. 2년에서 5년 사이와 같이 짧은 기간 동안에는 가중치들은 보통 크게 변하지는 않는다. 그러한 결과로 해서, 라스페이레스(Laspeyres)지수가 이용되든 파쉐(Paasche)지수가 이용되든 간에 이론상으로는 큰 차가 없게 되는 것이다.

## 5. 가중평균상대지수

加重平均相對指數는 적합한 가중치를 사용하는 것을 제외하고는 단순평균상대지수를 계산하는 것과 마찬가지로 간단하다. 여기서 사용되는 가중치는 상품의 총계를 화폐가치로 환산한 가중치이다. 따라서 기준연도의 가치가 가중치로 사용된다면 가중치는 $p_{0i}q_{0i}$가 된다. 그리고 비교연도의 가치를 이용하는 경우에는 가중치는 $p_{ni}q_{ni}$가 될 것이다. 만약에 이론적 가치가 가중치로 사용된다면 가중치는 $p_{ni}q_{0i}$ 또는 $p_{0i}q_{ni}$가 될 것이다.

그 밖의 다른 가중평균과 마찬가지로, 상대치들의 가중평균도 각 상대치에 그의 가중치를 곱하고, 그들의 합을 가중치의 합으로 나누어 구한다.

라스페이레스와 파쉐 가중평균상대지수는 다음과 같다.

**라스페이레스(Laspeyres)가중평균상대물가지수**

$$P_b = \frac{\sum_{i=1}^{k} (p_{0i}\, q_{0i})\left(\frac{p_{ni}}{p_{0i}}\right)}{\sum_{i=1}^{k} p_{0i}\, q_{0i}} \times 100 \tag{22.20}$$

**파쉐(Paasche)가중평균상대물가지수**

$$P_n = \frac{\sum_{i=1}^{k} (p_{0i}\, q_{ni})\left(\frac{p_{ni}}{p_{0i}}\right)}{\sum_{i=1}^{k} p_{0i}\, q_{ni}} \times 100 \tag{22.21}$$

라스페이레스와 파쉐의 가중평균상대물량지수는 다음과 같다.

$$Q_b = \frac{\sum_{i=1}^{k} (p_{0i}\, q_{0i})\left(\frac{q_{ni}}{q_{0i}}\right)}{\sum_{i=1}^{k} p_{0i}\, q_{0i}} \times 100 \tag{22.22}$$

$$Q_n = \frac{\sum_{i=1}^{k} (p_{ni}\, q_{0i})\left(\frac{q_{ni}}{q_{0i}}\right)}{\sum_{i=1}^{k} p_{ni}\, q_{0i}} \times 100 \tag{22.23}$$

위의 4가지 지수의 계산과정은 모두 비슷하므로, 여기서는 한 가지 예로 식 (22.20)을 이용하여 물가지수를 구하면 〈표 22.14〉와 같다.

〈표 22.14〉 기준연도 가치를 가중치로 한 가중평균상대물가지수의 계산 예

| 상품 (i) | 가 중 치 | 상대가격 | | 가중상대가격 | |
|---|---|---|---|---|---|
| | 1992 | 1993 | 1994 | 1993 | 1994 |
| | $p_{0i}\, q_{0i}$ | $\frac{p_{1i}}{p_{0i}}$ | $\frac{p_{2i}}{p_{0i}}$ | $(p_{0i}\, q_{0i})\frac{p_{1i}}{p_{0i}}$ | $(p_{0i}\, q_{0i})\frac{p_{2i}}{p_{0i}}$ |
| A | 10,000 | 1,250 | 1,500 | 12,500 | 15,000 |
| B | 10,000 | 1,175 | 1,350 | 11,750 | 13,500 |
| C | 2,000 | 1,250 | 1,125 | 2,500 | 2,250 |
| 총 계 | 22,000 | | | 26,750 | 30,750 |
| 지 수 | 100.0 | | | 121.6* | 139.8 |

주 : 121.6 = 26,750/22,000

## 연습문제

22. 1 다음을 간단히 설명하시오.

(1) 시계열

(2) 추세변동

(3) 계절변동

(4) 주기변동

(5) 불규칙변동

(6) $Y = T \times S \times C \times I$

(7) $Y = T + S + C + I$

(8) 단순지수와 복합지수

(9) 기준시점과 비교시점

(10) 단순평균상대지수

(11) 가중총계지수

(12) 가중평균상대지수

22. 2 다음의 표는 어느 제과점 A의 1984년에서 1992년에 이르는 기간 동안의 판매고에 대한 자료이다. 최소자승법을 이용하여

(1) 선형추세방정식을 유도하고 1984, 1986, 1990년의 추세치를 구하라.

(2) 대수적 선형추세방정식을 구하고 1984년, 1986년의 추세치를 구하라.

(3) 추세치들을 그래프에 표시하고 추세선을 표시하시오.

| 연 도 | 판 매 고(단위 : 천 원) |
|---|---|
| 1984 | 2,000 |
| 1985 | 6,000 |
| 1986 | 7,000 |
| 1987 | 11,000 |
| 1988 | 12,000 |
| 1989 | 15,000 |
| 1990 | 14,000 |
| 1991 | 17,000 |
| 1992 | 16,000 |

22. 3* 1986년 첫번째 분기부터 1992년 4번째 분기에 이르는 기간 동안에 P 제약의 약품판매고가 표의 열 (2)에 표시되어 있다. 본래의 자료를 대상으로 하여 단순평균법으로 판매고에 대한 계절변동지수를 구하시오.

22. 4* 위 표를 대상으로 하여 이동평균비율법으로 계절지수를 구하시오.

(1) 열 (3), (4), (5), (6)의 빈 칸을 채우시오.

(2) 4개 분기 이동평균비율치들의 배열을 나타내는 표를 작성하시오.

(3) 조정산술평균을 이용하여 계절지수를 구하시오.

22. 5* 계절지수를 이용하여 위 표의 제 (7)열의 빈 칸을 채우시오.

22. 6* A회사는 생산을 위해 1,000종류 이상의 원자재를 구입하는데 회사에서는 구매하는 물량과 비용에 있어서의 변화를 측정하고자 한다. 구매되는 원자재 중 5가지인 A, B, C, D, E가 가장 중요한 것들이며, 이들의 구매가격과 구매량은 다음과 같다.

| 품 목 | 측정단위 | 단위가격(단위 : 천 원) | | 구 매 량 | |
|---|---|---|---|---|---|
| | | 1992 | 1995 | 1992 | 1995 |
| A | 파운드 | 0.50 | 0.65 | 4,500 | 4,000 |
| B | 톤 | 50.00 | 52.00 | 50 | 65 |
| C | 갤론 | 1.50 | 2.00 | 1,250 | 1,500 |
| D | 야드 | 4.00 | 5.50 | 400 | 350 |
| E | 온스 | 0.25 | 0.15 | 80,000 | 120,000 |

(1) 1992년을 기준연도로 하여 다음을 구하시오.

(a) 단순총물가지수

(b) 단순평균상대물가지수

(c) 단순평균상대물량지수

(d) 기준연도 수량을 가중치로 사용한 가중총물가지수

(e) 비교연도 수량을 가중치로 사용한 가중총물가지수

(f) 기준연도 가격을 가중치로 사용한 가중총물량지수

(g) 비교연도 가격을 가중치로 사용한 가중총물량지수

(h) 기준연도의 가치를 가중치로 사용한 가중평균상대물가지수

(i) 기준연도의 가치를 가중치로 사용한 가중평균상대물량지수

(2) 1995년을 기준연도로 하여 다음을 설정하라.

(a) 기준연도의 수량으로 가중된 총물가지수

(b) 파쉐(Paasche)공식을 이용한 가중평균상대물량지수

22. 7* P제약에서는 1993연도에 대한 판매고를 2,000만 원으로 예측하였다. 문제 22.4의 (3)에서 계산된 지수를 이용하여 분기별 판매고의 예측치를 구하시오.

| 연도 및 분기 (1) | | 판 매 고 $Y = TSCI$ (2) | 4개분기 이동총계 (3) | 두 4개분기 이동총계합 (4) | 4개분기 이동평균 (5) | 이동평균치에 대한비율 $SI$(%) (6) | 조정된 판매고 $Y/S$ (7) |
|---|---|---|---|---|---|---|---|
| 1986 | 1 | 5 | | | | | 6.7 |
| | 2 | 17 | 52 | | | | 14.2 |
| | 3 | 9 | 59 | 111 | 13.875 | 64.9 | 12.5 |
| | 4 | 21 | 66 | 125 | 15.625 | 134.4 | 15.7 |
| 1987 | 1 | 12 | 73 | 139 | 17.375 | 69.1 | 16.1 |
| | 2 | 24 | 84 | 157 | 19.625 | 122.3 | 20.1 |
| | 3 | 16 | 91 | 175 | 21.875 | 73.1 | 22.2 |
| | 4 | 32 | 97 | 188 | 23.500 | 136.2 | 23.9 |
| 1988 | 1 | 19 | 99 | 196 | 24.500 | 77.6 | 25.5 |
| | 2 | 30 | 101 | 200 | 25.000 | 120.0 | 25.1 |
| | 3 | 18 | 99 | 200 | 25.000 | 72.0 | 25.0 |
| | 4 | 34 | 96 | 195 | 24.375 | 139.5 | 25.4 |
| 1989 | 1 | 17 | 92 | 188 | 23.500 | 72.3 | 22.8 |
| | 2 | 27 | 97 | 189 | 23.625 | 114.3 | 22.6 |
| | 3 | 14 | 100 | 197 | 24.625 | 56.9 | 19.4 |
| | 4 | 39 | | | | 149.3 | 29.1 |
| 1990 | 1 | 20 | | | | 70.2 | |
| | 2 | 36 | | | 30.000 | | |
| | 3 | 24 | | 249 | 31.125 | | |
| | 4 | 41 | | 266 | 33.250 | 123.3 | |
| 1991 | 1 | 27 | 144 | 282 | 35.250 | 76.6 | 36.2 |
| | 2 | 46 | 151 | 295 | 36.875 | 124.7 | 38.5 |
| | 3 | 30 | 158 | 309 | 38.625 | 77.7 | 41.6 |
| | 4 | 48 | 159 | 317 | 39.625 | 121.2 | 35.9 |
| 1992 | 1 | 34 | 168 | 327 | 40.875 | 83.2 | 45.6 |
| | 2 | 47 | 170 | 338 | 42.250 | 111.2 | 39.3 |
| | 3 | 39 | | | | | 54.1 |
| | 4 | 50 | | | | | 37.4 |

주 : (3)열의 — 선은 두 분기 사이의 값이다(예 : 52는 2분기와 3분기 사이의 값).

# 23. 통계적 의사결정

제 1 절　성과표(Payoff table)*
제 2 절　비확률적 의사결정*
제 3 절　최대기대이득의 기준*
제 4 절　기대효용극대화의 원칙*
제 5 절　평균 · 분산기준(The Mean-Variance Rule)*
제 6 절　베이즈 의사결정이론(Bayesian Decision Making)*
연습문제
응용사례

우리는 경제나 경영문제를 다룰 때 여러 대안 중에서 하나를 선택하여야 하는 상황에 처할 때가 흔히 있으나 不確實性이 존재하는 상황하에서의 意思決定은 쉬운 문제가 아니다. 그 이유는 각 대안에서 발생되는 결과를 예측하기가 쉽지 않기 때문이다. 이 장에서는 이와 같은 문제에 대한 통계적 의사결정에 대하여 고찰하고자 한다. 여기서 설명되는 접근방법 중의 일부는 확률론적 방법이 이용되지 않으나 대다수 접근방법은 확률론적 방법을 사용한다.

## 제 1 절 성과표(payoff table)*

어떤 사람은 새로운 사업을 구상하고 있는데 다음의 3가지 사업분야에 대한 투자의사결정을 하려고 한다.

$A_1$ : 건설업에의 참여
$A_2$ : 라면생산업에의 참여
$A_3$ : 청량음료산업에의 참여

이 의사결정자는 미래의 경제상태를 다음의 세 가지 경우로 가정하였다.

$S_1$ : 호황
$S_2$ : 보통
$S_3$ : 불황

이와 같은 투자대안(activities, alternatives) $A_1$, $A_2$, $A_3$와 상태(state of nature) $S_1$, $S_2$, $S_3$하에서 예상되는 경제적 결과인 성과 혹은 이득(payoff)을 나타내는 표를 成果表 혹은 利得表(payoff table)라고 하며 〈표 23.1〉과 같다.

〈표 23.1〉 성과표(payoff table)

| 대안($A_i$) | 상태($S_j$) : | $S_1$(호황) | $S_2$(보통) | $S_3$(불황) |
|---|---|---|---|---|
| | 확률($p_j$) : | $p_1=1/3$ | $p_2=1/3$ | $p_3=1/3$ |
| $A_1$(건설업) | | 500($R_{11}$) | 300($R_{12}$) | 10($R_{13}$) |
| $A_2$(라면생산) | | 40($R_{21}$) | 150($R_{22}$) | 100($R_{23}$) |
| $A_3$(청량음료) | | 80($R_{31}$) | 60($R_{32}$) | 70($R_{33}$) |

주 : $R_{ij}$는 성과(payoff) 혹은 결과(outcomes)라고 한다.

〈표 23.1〉에 나타난 숫자는 이 경우 각 사업에 참여하는 경우의 성과 혹은 이득을 나타내고 있다(여기에서 성과 혹은 이득은 이윤을 나타낸다).

〈표 23.1〉의 $A_1$, $A_2$, $A_3$는 대안으로서 선택가능한 모든 행위를 말한다. 의사결정이란 이와 같은 대안들 중에서 하나를 선택하는 것을 말한다.

〈표 23.1〉의 $S_1$, $S_2$, $S_3$는 상태(state of nature)로서 미래에 발생할 수 있는 여러 현상을 나타내는 서로 구분될 수 있는 사상(event)이다. 여기서 사상들은 相互排他的이고 完備的인(mutually exculusive and exhaustive) 결과들이어야 한다. 미래상태의 예상은 확률분포에 의해서만 예측될 수 있다.

〈표 23.1〉의 성과 혹은 이득(payoff)은 각 대안에 따른 각기 다른 상태하에서 예상되는 경제적 결과들이며 성과의 확률분포는 상태의 확률분포와 동일하다.

이제 이러한 성과표가 주어진 경우 대안을 선택하는 의사결정기준들에 대하여 고찰해 보자.

## 제 2 절 비확률적 의사결정*

어떤 의사결정기준은 非確率的이며 성과표상 각 대안 하나의 값에 의존한다. 이제 비확률적 의사결정기준에 대하여 설명해 보자.

### 1. 맥시맥스(maximax)기준

맥시맥스(maximax)기준은 각 대안별로 예상되는 성과 중에서 가장 큰 값인 최대이득을 서로 비교하여 그 중의 최대값을 선정하는 방법이다. 즉 각 行의 최대치 중에서 최대값(the maximum value of the row's maxima)을 가진 대안을 선정하는 방법이다. 주어진 예에서

$$\max\ A_1 = 500$$
$$\max\ A_2 = 150$$
$$\max\ A_3 = 80$$

이므로 각 대안의 최대치들 중에서 최대값은 500이다. 따라서 의사결정자가

maximax기준에 따라 의사결정을 하는 경우 $A_1$을 선택하게 된다. 이 기준은 매우 낙관적인 사람이 하는 의사결정이라고 생각할 수 있다.

## 2. 맥시민(maximin)기준

maximin기준은 각 대안별로 예상되는 성과 중에서 가장 작은 값인 최소이득을 서로 비교하여 그 중의 최대값을 선정하는 방법이다. 앞의 예에서

$$\min A_1 = 10$$
$$\min A_2 = 40$$
$$\min A_3 = 60$$

이므로 각 대안의 최소치들 중에서 최대값은 60이다. 따라서 의사결정자가 maximin기준에 따라 의사결정을 하는 경우 $A_3$를 선택하게 된다. 이 기준은 매우 비관적인 사람이 하는 의사결정이라고 생각할 수 있다.

## 3. 미니맥스(minimax)기준

〈표 23.1〉의 이득이 비용(cost)으로 대치되는 경우 앞에서 설명한 맥시민(maximin)기준은 미니맥스(minimax)기준으로 바뀐다. 예를 들어 목표판매량을 달성하기 위하여 3가지 광고방법을 나타내는 표를 생각해 보자.

〈표 23.2〉 비용표(cost matrix)[1)]

| 대 안 | 상 태 | | | max | min |
|---|---|---|---|---|---|
| | $S_1$(호황) | $S_2$(보통) | $S_3$(불황) | | |
| $A_1$(TV광고) | 10 | 20 | 35 | 35 | 10 |
| $A_2$(신문광고) | 60 | 40 | 50 | 60 | 40 |
| $A_3$(우편광고) | 20 | 30 | 25 | 30 | 20 |

미니맥스(minimax)기준은 각 대안에서 최대비용 중 최소값을 갖는 대안을 선택하는 방법이다. 따라서 의사결정자가 미니맥스(minimax)기준을 따른다

1) 성과(pay off)가 이득·비용·손실인 경우 성과표(pay off table)는 이득표·비용표·손실표가 된다.

면 $A_3$(우편광고)를 선택하게 된다. 이 기준은 비관적인 사람이 하는 의사결정이다.

## 4. 미니민(minimin)기준

낙관적인 의사결정자(성과표에서 maximax기준이 적용되는 사람)는 각 대안에서 최소비용 중에서 최소값을 갖는 대안을 선택한다. 따라서 의사결정자가 minimin기준에 따르면 〈표 23. 2〉에서 $A_1$(TV광고)을 선택하게 된다.

## 5. minimax regret기준

여기서 regret란 일종의 기회손실로서 각 상태마다 발생하는 최대이익에서 각 상태하의 각 대안에 따른 실제이득과의 차이이다. 〈표 23. 1〉에서 $A_1$은 주어진 상태 $S_1$에서 최대이득을 나타내므로 regret(즉 후회)는 0이다. 그러나 $A_1$은 주어진 상태 $S_3$에서는 최대이득을 나타내지 않으며 주어진 상태 $S_3$에서의 최대이득은 $A_2$를 선택하는 경우(즉 100)이다. 따라서 이 경우 $A_1$의 regret는 100(최대이득) − 10(실제이득) = 90이다.

이와 같은 과정을 거쳐 機會損失表(regret table)를 만들면 〈표 23. 3〉과 같다.

〈표 23. 3〉 기회손실표(regret table)

| 대 안 | 상태 | | |
|---|---|---|---|
| | $S_1$(호황) | $S_2$(보통) | $S_3$(불황) |
| $A_1$(건 설 업) | 0 | 0 | 90 |
| $A_2$(라면생산) | 460 | 150 | 0 |
| $A_3$(청량음료) | 420 | 240 | 30 |

각 대안의 최대기회손실(maximum regret)은 〈표 23. 3〉에 청색으로 나타나 있다. 최대기회손실 중 최소값이 90이므로 의사결정자가 minimax regret기준에 따른다면 $A_1$을 선택하게 된다.

이와 같은 의사결정기준들은 각 대안의 최대값이나 최소값 등의 극단적인 값(extreme value)에 의존하여 의사결정을 하므로 여러 가지 면에서 불합리한 점이 많이 있다. 따라서 이와 같은 불리한 점을 극복할 수 있는 확률론적 의사결정방법들에 대하여 설명해 보자.

## 제 3 절 최대기대이득의 기준*

### 1. 최대기대이득의 기준

앞에서 고찰한 비확률적 의사결정방법은 각 대안의 최대값이나 최소값에 의존하였다. 이에 반하여 最大期待利得의 基準은 모든 이득(outcomes)과 그의 확률을 고려하여 기대치를 계산하고 최대의 기대이득이 나타나는 대안을 선택하는 것이다.

기대이득을 구하는 일반식과 최대기대이득의 기준은 다음과 같다.

**성과표(payoff table)에서의 기대이득**

$$E(A_i) = R_{i1} \cdot p_1 + R_{i2} \cdot p_2 + \cdots + R_{in} \cdot p_n$$
$$= \sum_{j=1}^{n} R_{ij} \cdot p_j \qquad (23.1)$$

여기서

$A_i$는 $i$번째 대안

$R_{ij}$는 $j$번째 상태하에서 $i$번째 대안의 이득

$p_j$는 $j$번째 상태의 확률( $= R_{ij}$가 일어날 확률)

**최대기대이득의 기준 :**

max $\{E(A_1), E(A_2), \cdots, E(A_k)\}$을 선택

〈표 23.1〉에서 각각의 상태(state of nature)에 1/3의 확률이 주어진 경우 ($p_1 = 1/3$, $p_2 = 1/3$, $p_3 = 1/3$) 각 대안의 기대이득을 구해 보자.

$$E(A_1) = 500(1/3) + 300(1/3) + 10(1/3) = 270.0$$
$$E(A_2) = 40(1/3) + 150(1/3) + 100(1/3) = 96.7$$
$$E(A_3) = 80(1/3) + 60(1/3) + 70(1/3) = 70.0$$

최대의 기대이득을 나타내는 대안은 $A_1$이므로 의사결정자가 최대기대이득의 기준에 의하여 의사결정을 할 경우 $A_1$을 선택하게 된다.

최대기대이득의 기준은 경제적 결과인 이득(payoff)들의 기대치에 따라 의사결정을 하기 때문에 각 대안의 극단적인 값(extreme value)에 의존하는 비확률적 방법의 단점을 극복하고 있으나 완전히 만족스러운 기준은 되지 못하고 있다. 즉 많은 의사결정자나 투자가들은 최대기대이득의 기준에 따라 행동하지 않는 경우가 많이 있는 것이다. 최대기대이득 기준의 단점을 보완한 의사결정기준이 기대효용극대화원칙이며 다음에 설명될 것이다.

기대효용극대화원칙을 설명하기 전에 최대기대이득의 기준이 의사결정의 기준으로 사용될 수 없는 고전적인 예인 세인트 피터스버그의 역설(St. Petersburg Paradox)을 먼저 설명해 보자.

## 2. 세인트 피터스버그의 역설(St. Petersburg Paradox)

다음과 같은 동전 던지기 게임을 고려해 보자. '만약 어떤 사람이 동전 던지기를 시행하여 첫번째 던지기에서 앞면이 나오면 2원을 받고, 두 번째 던지기에서 앞면이 나오면 4원을, 그리고 3번째 던지기에서 앞면이 나오면 8원을 받는 식의 게임을 한다. 앞면이 나오면 게임은 끝나고 뒷면이 나오면 앞면이 나올 때까지 게임은 계속된다. 이 게임의 기대치는 얼마인가?'

이와 같은 게임에서 $n$번째 던지기에서 비로소 앞면이 나왔다면 상금은 $2^n$이 될 것이며 이를 표로 표시하면 다음과 같다.

〈표 23.4〉 세인트 피터스버그의 역설

| 동전 던지는 횟수 | 상 금($R_i$) | 확 률($p_i$) | 결과를 위한 실험 |
|---|---|---|---|
| 1 | 2 | 1/2 | H |
| 2 | $2^2$ | $(1/2)^2$ | T H |
| 3 | $2^3$ | $(1/2)^3$ | T T H |
| ⋮ | ⋮ | ⋮ | |
| $n$ | $2^n$ | $(1/2)^n$ | T T … $[n-1]$ · H |

이 게임의 기대수익 혹은 기대치(EV ; Expected Value)는 다음과 같다.

$$\begin{aligned}\mathrm{EV} = \sum_i R_i \cdot p_i &= 2(1/2) + 2^2(1/2)^2 + 2^3(1/2)^3 + \cdots + 2^n(1/2)^n + \cdots \\ &= 1 + 1 + 1 + \cdots \\ &= \infty\end{aligned}$$

기대이득의 가설에 따르면 이 게임을 실시하는 사람은 이 기회를 얻고자 어떤 금액(즉, ∞의 값)이라도 반대급부로 지급하여야 한다. 그러나 많은 사람들은 이 게임에 대하여 많아도 8원 이상은 지급하려고 하지 않는다. 이와 같은 모순을 세인트 피터스버그의 역설이라고 하며 이는 의사결정시 위험이 고려되지 않았기 때문에 발생한다.

## 제 4 절 기대효용극대화의 원칙*

### 1. 효용함수

效用(utility)이란 재화 및 용역을 획득함으로써 발생하는 만족도(즉 선호의 지수 : preference index)를 나타내는 개념이며 화폐단위로 측정된 재화의 양과 효용의 관계를 나타낸 것을 效用函數(utility function)라고 한다.

효용에 대한 기본 가정은 사람들은 적은 재화보다는 많은 재화를 선호한다는 것이다. 따라서 효용함수는 재화가 증가함에 따라 효용도 증가하는 형태를 갖는다. 그러나 재화의 증가에 따른 효용의 증가는 재화의 크기와 언제나 비례하는 것은 아니다. 예를 들면 어떤 재화 100만 원에 부여된 효용이 0.5라고 할 때 200만 원에 부여되는 효용이 반드시 1.0일 필요는 없다. 또 이 효용은 개인에 따라서 달라지기 때문에 어떤 재화 100만 원에 부여된 효용이 다른 사람에게는 1.0이 될 수도 있다. 효용의 크기는 위험에 대한 개인의 태도(선호의 태도)에 의하여 결정된다.

의사결정자는 위험에 대한 태도에 따라 위험회피형(risk averse) · 위험중립형(risk neutral) · 위험추구형의 3가지 형태로 구분될 수 있다.

위험회피형 의사결정자는 다른 조건이 같다면 보다 적은 위험을 택하는 사람으로서 [그림 23. 1]의 (a)와 같이 재화가 증가함에 따라 한계효용이 체감하는(diminishing marginal utility) 형태를 갖는다.

위험추구형 의사결정자는 보다 큰 위험을 선호하는 사람으로 [그림 23.1]

[그림 23. 1] 위험에 대한 태도와 효용함수

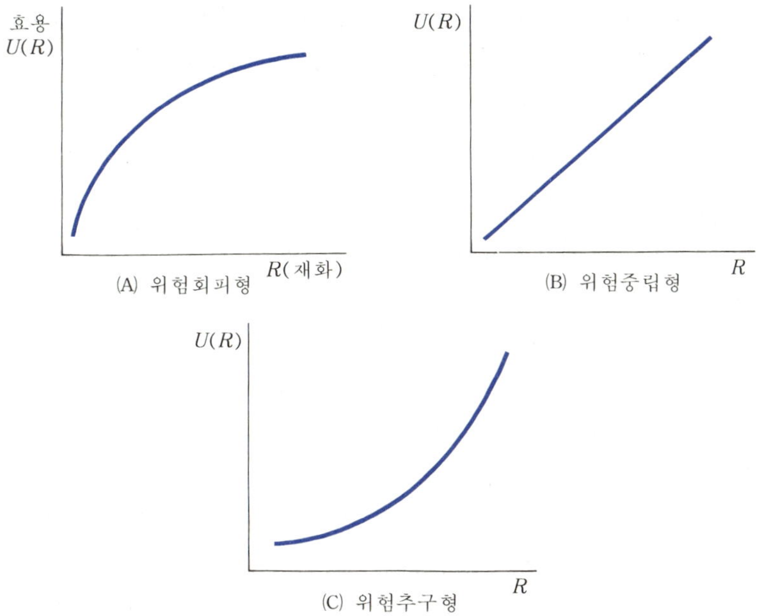


의 (c)와 같이 한계효용이 체증하는 형태를 갖는다.

위험중립형 의사결정자는 위험에 관계없이 의사결정을 하며 [그림 23. 1]의 (b)와 같이 한계효용이 일정한 형태를 갖는다. 위험중립형의 사람은 위험 자체가 의사결정에 영향을 미치지 않기 때문에 기대이득에 의하여 의사결정을 한다.

경제행위와 관련된 의사결정의 경우 의사결정자는 위험회피형이 일반적이며 이들은 위험을 회피하려고 하기 때문에 불확실한 미래의 기대이득보다는 이와 동액인 확실한 이득을 선호한다. 예를 들면 어떤 대안의 기대이득이 100만 원이라고 하면 위험회피형의 사람은 이 대안의 기대이득 100만 원보다는 확실한 수익 100만 원을 선호한다.

## 2. 기대효용극대화의 원칙

불확실성하의 의사결정원리에서 최대기대이득기준은 위험을 고려하지 않았다는 점 때문에 그 약점이 있으며 이러한 문제점을 보완한 것이 기대효용(expected utility)극대화의 원칙으로 폰 노이만과 모겐스턴(J. von Neuman and O. Morgenstern)은 그들의 저서 「게임과 경제행동의 이론(Theory of Games and Economic Behavior)」(1947)에서 선택행동에 적용되는 공리의 체계를 확립함으로써 오늘날 효용이론을 구축하는 기반을 제공하였다.

기대효용은 각 대안의 가능한 결과(성과·이득)에 부여된 효용의 기대치이며 기대효용이 의사결정의 기준으로 이용된다. 즉 기대효용이 가장 큰 대안을 선택하는 것이 기대효용극대화에 의한 의사결정이다.

성과표의 각 대안으로부터 얻어지는 가능한 각 결과들(이득 : outcomes, payoff)에 대하여 효용이라는 선호의 지수(만족도)를 부여할 수 있다면 각 대안의 확률분포는 가능한 결과(이득)의 확률분포로 혹은 가능한 효용의 확률분포로 생각해 볼 수 있다. 각 대안의 확률분포를 가능한 결과(이득)의 확률분포와 연관시켜 각 대안의 기대이득을 구한 후 최대기대치를 갖는 대안을 선택하는 것이 최대기대이득기준이며, 각 대안의 확률분포를 가능한 결과에 대응하는 효용의 확률분포와 연관시켜 각 대안의 기대효용(expected utility)을 구한 후 최대기대효용을 갖는 대안을 선택하는 것이 期待效用極大化의 원칙이다.

기대효용을 구하는 일반식과 기대효용극대화의 원칙은 다음과 같다.

**성과표에서의 기대효용**

$$EU_i = U(R_{i1})\cdot p_1 + U(R_{i2})\cdot p_2 + \cdots + U(R_{in})\cdot p_n$$
$$= \sum_{j=1}^{n} U(R_{ij})\cdot p_j \qquad (23.2)$$

여기서

$EU_i$ : $2i$번째 대안의 기대효용

$R_{ij}$ : $j$번째 상태하에서 $i$번째 대안의 이득

$U(R_{ij})$ : 결과(이득)가 $R_{ij}$일 때의 효용

$p_j$ : $j$번째 상태의 확률( $=R_{ij}$가 일어날 확률 $=U(R_{ij})$가 일어날 확률)

**기대효용극대화의 원칙 :**

$\max \{EU_1, EU_2, \cdots, EU_k\}$를 선택

다음의 예제를 통하여 기대효용극대화의 원칙을 설명해 보자.

예제 23. 1

$A_1$, $A_2$, $A_3$의 3가지 투자대안이 있고 이 때 각각의 대안에 대한 상태(state of nature)가 $S_1, S_2, S_3, S_4, S_5$로 주어지고 각 상태의 확률은 $p_1$, $p_2$, $p_3$, $p_4$, $p_5$로 〈표 23.5〉와 같이 주어졌다. 의사결정자가 기대효용극대화의 원칙을 의사결정기준으로 할 때 이 사람이 선택하는 대안을 구하시오. 이 사람의 효용함수는 $U(R) = \sqrt{R}$이다. 여기서 $R$은 〈표 23.5〉에 나타난 수치들로서 결과(이득)를 나타낸다.

〈표 23.5〉 투자대안에 대한 성과표

| | $S_1$ | $S_2$ | $S_3$ | $S_4$ | $S_5$ | |
|---|---|---|---|---|---|---|
| | $p_1 = 0.5$ | $p_2 = 0.1$ | $p_3 = 0.2$ | $p_4 = 0.1$ | $p_5 = 0.1$ | $E(A_i)$ |
| $A_1$ | 215 | 195 | 195 | 195 | 195 | $E(A_1) = 205$ |
| $A_2$ | 215 | 210 | 205 | 190 | 165 | $E(A_2) = 205$ |
| $A_3$ | 215 | 215 | 215 | 215 | 115 | $E(A_3) = 205$ |

3가지 대안 모두 $E(A_i) = 205$로 기대이득은 같다. 즉 최대기대이득기준을 의사결정기준으로 하는 경우는 3대안 중 어느 것을 택하여도 상관이 없다. 이제 식 (23.2)를 이용하여 각 대안의 기대효용을 구해 보자.

$$EU_{A1} = 0.5(\sqrt{215}) + 0.1(\sqrt{195}) + 0.2(\sqrt{195}) + 0.1(\sqrt{195}) + 0.1(\sqrt{195}) = 14.314$$

$$EU_{A2} = 0.5(\sqrt{215}) + 0.1(\sqrt{210}) + 0.2(\sqrt{205}) + 0.1(\sqrt{190}) + 0.1(\sqrt{165}) = 14.307$$

$$EU_{A3} = 0.5(\sqrt{215}) + 0.1(\sqrt{215}) + 0.2(\sqrt{215}) + 0.1(\sqrt{215}) + 0.1(\sqrt{115}) = 13.197$$

$EU_{A1}$이 가장 크므로 기대효용극대화의 원칙을 의사결정기준으로 할 때는 $A_1$의 대안을 선택하게 된다.

## 제 5 절 평균 · 분산기준(The Mean-Variance Rule)*

기대효용극대화의 원칙은 이용할 수 있는 가장 좋은 의사결정기준이지만 적용하기가 어려운 경우가 생긴다. 즉 의사결정자의 효용함수가 알려져 있지 않은 경우는 기대효용을 계산할 수 없는데 현실적으로 의사결정자의 효용함수를 예제 23.1과 같이 수식으로 표현하는 것은 어려운 일이다. 또 기업의 경우 많은 주주들의 효용함수가 모두 다르므로 이들을 대신하여 기업을 경영하는 경영자는 기대효용에 기초한 의사결정을 하는 데 문제점이 생긴다.

따라서 이론적으로 상당히 완벽한 기대효용극대화의 원칙 대신에 현실적으로 적용 가능한 平均·分散基準이 의사결정기준으로 이용될 수 있다. 평균·분산기준은 한정된 가정하에서 적용될 수 있음에도 현대 재무관리이론에서 투자자가 의사결정을 하는 기준으로 많이 사용되고 있다.

**평균·분산기준**(The Mean-Variance Rule)

평균·분산기준에 있어서 투자수익은 期待收益(expected return)으로 투자위험은 收益率의 分散(variance of the return)으로 측정되며 투자자의 의사결정은 위험·수익의 상반관계(trade-off between profit and risk)에 의하여 이루어진다.

다음과 같은 4개의 투자대안이 있다고 가정하자.

〈표 23.6〉 투자대안에 따른 수익률의 평균과 분산

| 투자대안 | 평균(mean) | 분산(variance) |
|---|---|---|
| $A$ | 10 | 100 |
| $B$ | 9 | 80 |
| $C$ | 8 | 90 |
| $D$ | 7 | 95 |

각 대안의 평균과 분산을 쌍으로 비교해 볼 때 투자대안 $B$는 대안 $C$나 $D$보다 우월하다는 것을 알 수 있다. $B$는 수익률에서 $C$와 $D$보다 높고 위험은 $C$와 $D$보다 낮기 때문이다. 그러나 $A$와 $B$는 결정할 기준이 없다. 즉 $A$는 $E(A) > E(B)$이지만 $\text{Var}(A) > \text{Var}(B)$이다. 이와 같은 경우 투자자는 수익과 위험의 상반관계(trade-off between profit and risk)를 고려하여 판단하여야 한다.

## 제 6 절 베이즈 의사결정이론(Bayesian Decision Making)*

우리는 제 4 장에서 기본적인 베이즈 정리에 대하여 이미 설명하였다. 여기서는 다음과 같은 베이즈 접근방법의 두 가지 측면을 고려하려고 한다.

1) 모수에 대한 보다 좋은 추정을 위하여 표본의 활용방법을 고찰한다. 즉 표본정보와 사전적 확률(prior distribution)을 이용하여 사후적 확률(posterior distribution)의 계산을 고찰한다.

2) 목적함수를 결정한 후 불확실성하에서의 의사결정을 위하여 사전적 확률과 사후적 확률의 이용법을 고찰한다. 즉 표본정보를 이용하지 않는 경우의 의사결정에 대한 대안으로서 표본정보를 이용하는 경우의 의사결정에 대하여 고찰한다.

이제 예를 들어 베이즈 의사결정이론을 설명해 보자.

어느 회사에서 새로운 제품을 개발한 후에 신제품을 시중에 판매할 것인지에 대한 의사결정을 하려고 한다. 제품의 가격을 5(단위 : 천 원)로 할 경우 총인구 대 제품을 구입하려고 할 사람의 비율($p$)은 알려져 있지 않다. 그러나 이 회사의 경영자는 구매의사가 있는 비율 $p$에 대한 사전적 확률을 〈표 23.7〉과 같이 추정하였다.

〈표 23.7〉 $p$에 대한 사전적 확률

| $p$ | 확 률 |
|---|---|
| 0.10 | 0.50 |
| 0.20 | 0.25 |
| 0.30 | 0.15 |
| 0.50 | 0.10 |
| | 1.00 |

의사결정에 필요한 다른 자료는 다음과 같다.

1) 이 회사가 신제품을 시장에 판매하는 경우의 초기비용은 19,000이다 (단위 : 천 원).

2) 초기비용을 무시하고 제품 하나 판매시 1의 이윤이 발생한다.

3) 총인구는 100,000이다.

모수 $p$의 참값을 더 잘 추정하기 위하여 이 회사의 경영자는 5명의 확률표본을 추출하여 신제품구입의사를 조사하였다. 5명 중 오직 1명이 신제품을 구입하겠다고 응답하였다(즉 $X=1$). 모수 $p$와 표본크기 $n$이 주어진 경우 제품구입의사가 있는 사람의 수($X$)는 다음과 같은 이항분포를 따른다.

$$P(X=x|n,\ p_0)=\binom{n}{x}(p_0)^x(1-p_0)^{n-x}$$

여기서

$x$ : 제품구입의사를 표명한 사람의 수

$n$ : 표본크기

$p_0$ : 모수 $p$의 참값이 $p_0$라고 가정한 경우의 확률

표본결과가 $X=1$인 경우를 고려해 보자. $p=0.1$이 참이면 표본크기가 5인 경우 $X=1$을 얻을 尤度(likelihood)는

$$P(X=1\ |\ n=5,\ p=0.10)=\binom{5}{1}(0.10)^1(0.90)^4=0.32805$$

$p=0.20$이 참이면 $X=1$을 얻을 확률은

$$P(X=1\ |\ n=5,\ p=0.20)=\binom{5}{1}(0.20)^1(0.80)^4=0.40960$$

각각의 $p$에 대하여 $X=1$이 나올 우도(尤度, likelihood)를 구할 수 있으며 이는 〈표 23.8〉의 3번째 열에 나타나 있다.

〈표 23.8〉 사후적 분포($n=5$, $X=1$인 경우)

| (1)<br>$p$ | (2)<br>사전적 확률 | (3)<br>우도(likelihood) | (4)<br>(2)列 × (3)列 | (5)<br>사후적 확률 |
|---|---|---|---|---|
| 0.10 | 0.50 | 0.32805 | 0.1640 | 0.4881 |
| 0.20 | 0.25 | 0.40960 | 0.1020 | 0.3047 |
| 0.30 | 0.15 | 0.36015 | 0.0540 | 0.1607 |
| 0.50 | 0.10 | 0.15625 | 0.0156 | 0.0465 |
| 합 계 | 1.00 | 1.25405 | 0.3360 | 1.000 |

$p=0.10$의 사전적 확률은 0.50이다. $X=1$인 표본결과를 얻은 후에 우리는 다음과 같은 질문을 해 볼 수 있다. 즉 '표본에서 $X=1$이 주어진 조건하에서 $p=0.10$의 조건부확률은 얼마인가?' 이 확률을 $p=0.10$의 사후적 확률

이라고 하며 이는 일반적으로 사전적 확률과는 다르다. 사후적 확률은 베이즈 정리(Bayes' Theorem)를 이용하여 구할 수 있다.

$$P(p=0.10|X=1)=\frac{P(X=1|n=5,\ p=0.10)P(p=0.10)}{\sum_i(X=1|n=5,\ p=p_i)P(p=p_i)} \quad (23.3)$$

$$=\frac{(0.32805)(0.50)}{0.3360}$$

$$=0.4881$$

여기서 $P(X=1|n=5,\ p=p_i)$는 $p$의 참값이 $p_i$(즉 $p_i$는 0.10, 0.20, 0.30 혹은 0.50이다)라고 가정한 경우의 표본결과(즉 $X=1$)을 얻을 확률이며 이를 표본결과의 우도(likelihood)라고 한다. $P(p=p_i)$는 $p_i$의 사전적 확률이다. 식 (23.3)의 분모값은 0.3360이며 이는 〈표 23.8〉의 (4)列의 합계에 나타나 있다. 이 분모값은 $P(X=1)$이고 〈표 23.8〉은 모든 $p$의 값에 대한 사후적 확률의 값을 나타내고 있다. 이제 사전적 확률과 사후적 확률에 기초한 순이윤($\pi$)을 비교해 보자. 먼저 사전적 확률에 기초한 순이윤의 기대값 $\pi_0$는 다음과 같다.

$$\begin{aligned}\pi_0 &= [(0.50)(0.10)(100{,}000)(1)+(0.25)(0.20)(100{,}000)(1)\\ &\quad +(0.15)(0.30)(100{,}000)(1)+(0.10)(0.50)(100{,}000)(1)]\\ &\quad -19{,}000\\ &=19{,}500-19{,}000=500(\text{단위 : 천 원})\end{aligned}$$

사후적 확률에 기초한 순이윤의 기대값 $\pi_1$은 다음과 같다.

$$\begin{aligned}\pi_1 &= [(0.4881)(0.10)(100{,}000)(1)+(0.3047)(0.20)(100{,}000)(1)\\ &\quad +(0.1607)(0.30)(100{,}000)(1)+(0.0465)(0.50)(100{,}000)(1)]\\ &\quad -19{,}000\\ &=18{,}121-19{,}000\\ &=-879(\text{단위 : 천 원})\end{aligned}$$

$\pi_1$은 $\pi_0$보다 작은데 이는 표본정보가 $p$의 높은 값(즉 $p=0.05$)에 대하여 낮은 확률을 나타내고 있기 때문이다. 사전적 확률 대신에 사후적 확률이 사용된 경우 이윤이 양에서 음으로 변화된다.

이제 이 회사의 경영자가 $n=5$인 다른 표본을 추출하여 제품구입 의사자의 수($X$)를 조사하니 $X=4$이었다고 하자. 이 경영자는 전에 얻었던 사후적 확률을 다시 개선(revise)할 수 있는 상황이 되었다. 새로운 사후적 확률을 얻는 과정은 전과 동일하다. 〈표 23.9〉의 제 2열의 값은 〈표 23.8〉의 제 5列과 같음을 주의하여야 한다. 즉 전에 얻었던 사후적 확률은 새로이 사전적 확률이 되는 것이다.

〈표 23.9〉 두 번째 표본에 기초한 사후적 확률($n=5,\ X=4$)

| (1) $p$ | (2) 사전적 확률[a] | (3) 우도(likelihood)[b] | (4) 제 2列 × 제 3列 | (5) 사후적 확률 |
|---|---|---|---|---|
| 0.10 | 0.4881 | 0.00045 | 0.0002196 | 0.0157 |
| 0.20 | 0.3047 | 0.00640 | 0.0019501 | 0.1394 |
| 0.30 | 0.1607 | 0.02835 | 0.0045558 | 0.3256 |
| 0.50 | 0.0465 | 0.15625 | 0.0072656 | 0.5193 |
| 합 계 | 1.000 | 0.19145 | 0.0139911 | 1.0000 |

주 : (a) 〈표 23.8〉의 제 5 열로부터 얻음.
(b) 예를 들어 $p=0.10$인 경우

$$P(X=4|n=5,\ p=0.10)=\binom{5}{4}(0.10)^4(0.90)^1=0.00045$$

두 번째의 사후적 확률에 기초한 순이윤의 기대값 $\pi_2$는 다음과 같다.

$$\begin{aligned}\pi_2 &= [(0.0157)(0.10)(100{,}000)(1)+(0.1394)(0.20)(100{,}000)(1)\\ &\quad+(0.3256)(0.30)(100{,}000)(1)+(0.5193)(0.50)(100{,}000)(1)]\\ &\quad-19{,}000\\ &=38{,}678-19{,}000\\ &=19{,}678(\text{단위 : 천 원})\end{aligned}$$

두 번째 표본으로부터 얻을 수 있는 정보는 $p$값이 첫번째 표본이 나타냈던 것보다는 훨씬 높을 것이라는 것이다. 따라서 $\pi_2>\pi_0>\pi_1$이다.

베이즈 접근방법의 중요한 특징은 독립적인 표본들이 연속적으로 추출된 경우 사후적 확률이 표본마다 연속적으로 계산되는 경우나 모든 표본들을 하나로 만들어 사후적 확률을 한번 계산하는 경우나 최종적인 사후적 확률은 같다는 것이다. 이 특징을 확인하기 위하여 표본크기 $n=10$(첫번째 표본크기＋두 번째 표본크기)이고 제품의 구매의사를 밝힌 사람의 수가 5($X=5$ : 첫번째 $X$＋두 번째 $X$)인 경우의 사후적 확률을 계산해 보자.

〈표 23.10〉의 제 5 열과 〈표 23.9〉의 제 5 열은 같음을 알 수 있다. 약간의 차이는 계산시 반올림으로 인한 오차이다.

〈표 23. 10〉 단일표본을 구성한 경우의 사후적 확률($n = 10,\ X = 5$)

| (1) $p$ | (2) 사전적 확률 | (3) 우도(likelihood)[a] | (4) 제 2 列 × 제 3 列 | (5) 사후적 확률 |
|---|---|---|---|---|
| 0.10 | 0.50 | 0.00149 | 0.000745 | 0.0157 |
| 0.20 | 0.25 | 0.02642 | 0.006605 | 0.1394 |
| 0.30 | 0.15 | 0.10292 | 0.015438 | 0.3257 |
| 0.50 | 0.10 | 0.24609 | 0.024609 | 0.5192 |
| 합 계 | 1.00 | 0.37692 | 0.047397 | 1.0000 |

주 : (a) $P(X=5 \mid n=10,\ p=0.10) = \binom{10}{5}(0.10)^5(0.90)^5 = 0.00149$

## □ 연습문제

23. 1* 어느 기업은 다음의 3가지 업종에 대한 투자를 생각하고 있다. 각 투자대안과 상태에 따른 이득(이윤)은 다음과 같다.

| 대 안 | 상 태 | | |
|---|---|---|---|
| | $S_1$(원유가상승) | $S_2$(원유가하락) | $S_3$(원유가불변) |
| $A_1$(자동차생산업) | 100 | 500 | 300 |
| $A_2$(정유산업) | 400 | 200 | 250 |
| $A_3$(냉동식품업) | 290 | 310 | 300 |

(1) 맥시민(maximin)기준에 따를 때 선택하는 대안은?

(2) 맥시맥스(maximax)기준에 따를 때 선택하는 대안은?

23. 2* 연습문제 23. 1을 이용하여

(1) 기회손실표(regret table)를 작성하시오.

(2) 미니맥스 리그레트(minimax regret)기준에 따를때 선택하는 대안은?

23. 3* 연습문제 23. 1을 이용한다. 각 상태가 일어날 확률이 다음과 같이 주어졌을 때 최대기대이득기준이 적용될 때 선택하는 대안은?

(1) $P(S_1) = 1/3,\ P(S_2) = 1/3,\ P(S_3) = 1/3$

(2) $P(S_1) = 0.1$, $P(S_2) = 0.8$, $P(S_3) = 0.1$

23. 4* 어떤 의사결정자 효용함수가 $U(X) = \sqrt{X}$ 로 주어졌다. 그 사람은 두 가지 투자대안에서 하나를 선택하려고 한다.

| 대안 $A$ | | 대안 $B$ | |
|---|---|---|---|
| 확 률 | 이 윤 | 확 률 | 이 윤 |
| 1/3 | 0 | 3/4 | 0 |
| 1/3 | 100 | 1/4 | 1,600 |
| 1/3 | 900 | | |

(1) 어떤 대안이 더 큰 기대이윤을 갖는가?

(2) 기대효용기준을 적용하면 어떤 대안을 선택하는가?($U = \sqrt{X}$ )

(3) 만일 $U(X) = 10 + 2\sqrt{X}$ 이면 어떤 대안을 선택하는가?

23. 5* 6개의 투자대안 수익률의 평균과 분산이 다음과 같을 때 평균·분산 기준을 의사결정기준으로 하면 어떤 대안들은 확실히 선택하지 않을 수 있다. 어떤 대안들인가?

| 대 안 | $A$ | $B$ | $C$ | $D$ | $E$ | $F$ |
|---|---|---|---|---|---|---|
| 평 균 | 5 | 7 | 8 | 9 | 12 | 4 |
| 분 산 | 14 | 10 | 8 | 3 | 12 | 8 |

□ 응용사례

# 기대효용과 보험의사결정

보험료는 순보험료와 부가보험료로 나누어진다. 순보험료(net premium)는 손실의 보상에 쓰이는 보험료이며 부가보험료(loadings)는 사업비 등 제반 경비에 쓰이는 보험료이다. 이 두 보험료를 합한 보험료를 영업보험료(gross premium)라고 하며 보험계약자들이 납부하는 보험료는 영업보험료이다.

## 1. 보험과 기대효용

期待效用의 가설은 보험에 대하여도 적용될 수 있다. 어떤 사람 A는 가옥에 대한 화재보험에 가입하려고 한다. *A*의 부의 총액은 625원이고 그 중에서 가옥의 가치는 525원이다. *A*의 집은 화재로 인하여 소실될 수도 있고 소실되지 않을 수도 있다. 가장 간단한 경우로 화재로 인한 손실은 全損(total loss)만을 가정한다. 화재가 발생할 확률은 0.25라고 가정하자. A의 효용함수는 식 (1)과 같다.

$$U(W) = \sqrt{W} \tag{1}$$

*A*의 최종 부는 화재가 발생하지 않은 경우는 625원이고 화재가 발생한 경우는 100원이며 각각의 확률은 0.75와 0.25이다. 보험에 가입하지 않은 경우의 기대효용은 다음과 같다.

$$EU_{NI} = 0.75 \cdot U(625) + 0.25 \cdot U(100) = 21.25 \tag{2}$$

이제 보험에 가입하는 경우를 고려해 본다. 손실은 화재가 나는 경우 525원이고 화재가 나지 않는 경우는 0이므로 손실의 기대치는

$$EV = 0.25(525) + 0.75(0) = 131.25 \tag{3}$$

식 (3)은 보험계약에 대한 손실의 기대치이며 순보험료라고 생각할 수 있다.

보험회사가 보험료를 $E = 131.25$로 하면 A는 보험에 가입할 것인가라는

[그림 1] 위험회피형의 효용함수

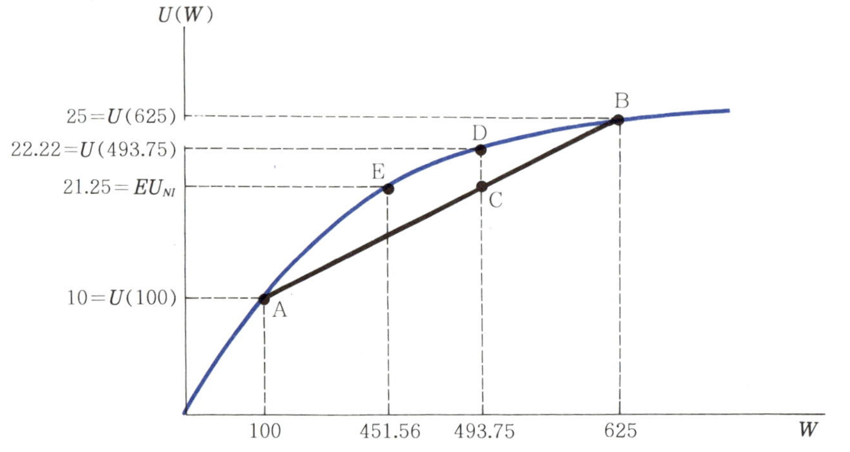


문제를 고려해 보자. [그림 1]은 A의 효용함수로 위험회피형의 효용함수를 나타낸다.

[그림 1]의 $x$축은 A의 최종 부를 나타내며, $y$축은 그에 따른 효용을 나타낸다. A가 보험에 가입하지 않은 경우 A의 가능한 최종 부는 625원이나 100원이다. A가 보험에 가입한 경우 보험료로 131.25원을 보험회사에 납입하는 대신에 A는 화재로 인한 부의 손실가능성을 제거하는 것이다. 따라서 보험에 가입한 경우 $A$의 최종 부는 항상 $625-131.25=493.75$원이 되며 이 경우 기대효용은

$$EU_I = 1.0 \cdot U(493.75) = 22.22 \tag{4}$$

[그림 1]이나 식 (2)와 (3)에서 알 수 있듯이 A의 경우(위험회피형) 보험에 가입한 경우의 기대효용이 보험에 가입하지 않은 기대효용보다 크다. [그림 1]과 같이 효용함수가 오목하면(concave) 보험에 가입하지 않은 경우의 기대효용의 값을 $x$축으로 연장한 점 C는 보험에 가입한 경우의 최종 부의 효용인 점 D보다 항상 밑에 위치하게 된다.

어떤 사람 B는 위험에 대한 태도가 위험추구형이라고 가정하자. 이 때 B의 효용함수는 다음과 같다.

$$U(W) = \frac{1}{10{,}000} W^2 \tag{5}$$

이 경우 $EU_{NI}$와 $EU_I$를 계산하면 다음과 같다.

$$EU_{NI} = 0.75 \cdot U(625) + 0.25 \cdot U(100) = 39.31 \tag{6}$$

$$EU_I = 1.0 \cdot U(493.75) = 24.38 \tag{7}$$

식 (6)과 (7)의 결과는 [그림 2]의 (A)에 나타나 있으며 B는 131.25원의 순 보험료로는 보험에 가입하지 않으려 할 것이다.

[그림 2] 위험추구형과 위험중립형의 효용함수

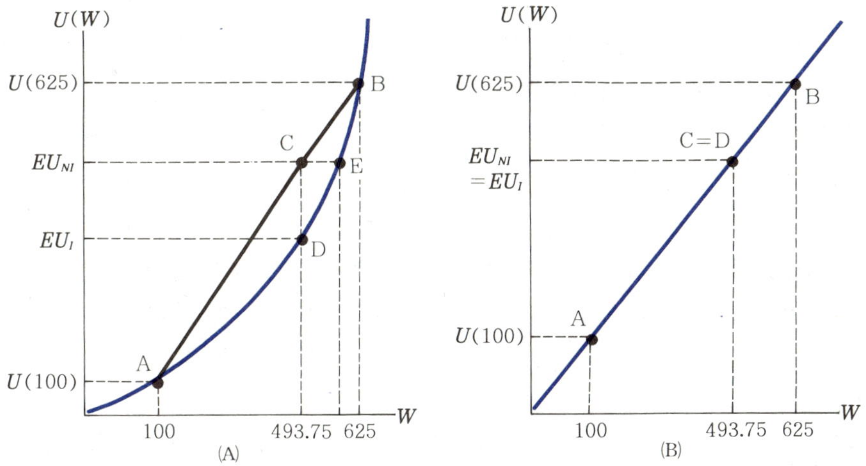


어떤 사람 C의 효용함수가 [그림 2]의 (B)처럼 주어졌을 경우 보험에 가입하지 않을 때의 기대효용과 보험에 가입할 때의 기대효용이 같음을 알 수 있다. 따라서 위험중립적인 C는 보험에 관한 의사결정을 기대치의 가설에 의하여 할 수 있으며 위험 그 자체는 고려의 대상이 되지 않는다.

## 2. 부가보험료와 위험프리미엄(Risk Premium)

손실액의 기대치를 순보험료라고 정의하고 보험에 가입할 것인가의 의사결정에 대하여 고찰하였다. 그러나 보험시장이 완전경쟁시장이라고 하더라도 실제 형성되는 보험상품의 가격은 순보험료보다는 높을 것이다. 이는 보험자의 이윤이 배제된다 하더라도 보험산업에 종사하는 종업원의 급여나 보험상품 판매에 수반되는 제반 비용은 현실적으로 고려되어야만 하기 때문이다. 이와 같은 현실적인 보험료(즉 부가보험료를 포함한 영업보험료)와 기대효용에 대하여 고찰해 본다.

[그림 1]의 A의 효용함수를 다시 고찰해 보자. 어느 보험회사에서 앞에서 설명된 화재보험의 보험료를 131.25원(이 경우 A의 최종 부는 493.75) 대신에 150원을 부과하였다고 가정하자(이 경우 부가보험료는 150 − 131.25 = 18.75원이다). 이 경우 A의 최종 부는 625 − 150 = 475원이며 A가 보험에 가입함으로써 얻는 기대효용은 $U(475) = 21.79$임을 알 수 있다. $U(475)$는 [그림 1]에서 알 수 있듯이 $U(493.75)$와 $EU_{NI}$의 사이에 있으므로 A는 보험료가 150원인 경우에도 보험에 가입하고자 할 것이다. 보험료가 173.44원인 경우 A의 최종 부는 451.56원이므로 보험에 가입하지 않을 경우의 기대효용과 보험에 가입하는 경우의 기대효용이 같다. 따라서 보험료가 173.44원보다 낮을 경우 A는 보험에 가입할 것이며 173.44원보다 높을 경우 A는 보험에 가입하지 않을 것이다.

이와 같은 관점에서 위험회피형의 사람은 손실의 기대치(순보험료) 이상의 보험료를 기꺼이 납입하고 위험을 제거하려고 노력하는 것을 알 수 있다. A가 기꺼이 납입하고자 하는 순보험료의 초과분의 최대치를 위험프리미엄(risk premium)이라고 한다. [그림 1]의 경우 위험프리미엄은 493.75 − 451.56 = 42.19원임을 알 수 있다.

A가 위험을 제거하기 위하여 위험프리미엄을 제공하면서까지 보험에 가입하려고 하는 것은 위험회피형의 사람이기 때문이며 위험회피의 정도가 심할수록 위험프리미엄의 값은 커진다.

위험프리미엄의 값은 사람에 따라 달라지므로 보험회사에서 책정한 위험프리미엄이 어떤 사람에게는 보험에 가입하지 못할 정도로 높게 느껴질 수도 있지만 어떤 사람에게는 그렇지 않을 수도 있다. 각 개인 $i$가 다음의 조건을 만족시키면 개인 $i$는 보험에 가입할 것이다.

$$P - E(X) < RP_i \tag{8}$$

여기서 $P$는 영업보험료, $E(X)$는 손실의 기대치, $RP_i$는 개인 $i$의 위험프리미엄이다. 식 (8)의 좌변은 附加保險料를 나타내며 $RP_i$는 개인에 따라 달라지는 주관적인 것이다.

# 연습문제 해답

## 제 3 장

3. 4

(1) $M_d = 30 + \dfrac{101/2-31}{27} \times 4 = 32.89$

(2) $M_0 = 32$

(3) $\bar{X} = 3480/100 = 34.8$

(4) $V^2 = \dfrac{130{,}670}{100} - \left(\dfrac{3480}{100}\right)^2 = 95.66,$

$V = 9.78$

$S^2 = \dfrac{130{,}670-100(34.8)^2}{100-1} = 96.63,$

$S = 9.83$

(5) $\dfrac{3(34.8-32.89)}{9.83} = 0.58$

(6) $\dfrac{9.83}{34.8} = 0.28$

3. 5

(1) $\bar{X} = \sum f_i X_i/n = 1767.50/300 = 5.89$

(2) $S^2 = (\sum f_i X_i^2 - n\bar{X}^2)/(n-1)$

$= \dfrac{13961.25-300(5.89^2)}{(300-1)}$

$= 11.89$

$S = \sqrt{S^2} = 3.45\%$

3. 6

(1) $L_{0.25} = 50{,}000, \quad f_{0.25} = 50,$

$C = 25{,}000, \quad F = 44$

(2) $X_{0.25} = 50{,}000 + \dfrac{70.25-44}{50}(25{,}000)$

$= 63{,}125$

(3) $X_{0.75} = 100{,}000 + \dfrac{210-164}{57}(50{,}000)$

$= 141{,}008.77$

(4) $X_{0.50} = 75{,}000 + \dfrac{140.5-94}{70}(25{,}000)$

$= 91{,}607.14$

3. 7

$(0.6)(10\%) + (0.4)(5\%) = 8\%$

## 제 4 장

4. 3

(1), (2) 모두 맞음

4. 4

(1) $\{5, 7, 8, 9, 10\}$ (2) $\{5, 7\}$

(3) $\{6, 8\}$ (4) $\{6, 9, 10\}$

4. 5

$P(A|B) = P(B|A) \cdot P(A)/P(B)$

$= (0.80)(0.20)/0.25$

$= 0.64$

4. 6

(1) 0.90, 0 (2) 독립적이 아님

4. 7

$A = \{2, 4, 6\}$, $B = \{1, 3, 5\}$ 그리고 $S = \{1, 2, 3, 4, 5, 6\}$인 경우 $A \cap B = \phi$이고 $A \cup B = S$이다. 그러므로 $A$와 $B$는 상호배타적이고 완비적이다.

4. 8

(1) 0.35, 0.8, 2/3

(2) $P(A \cap B) \neq P(A) \cdot P(B)$이므로 독립적이 아니다.

4. 9

(1) (i) 0.10 (ii) 0.142

(iii) 0.015 (iv) $15/142 = 0.1056$

(v) $(100+250)/1000 = 0.35$

(vi) $0.10+0.142-0.015 = 0.227$

(2) (i) 0.075 (ii) 0.165 (iii) 0.010

(iv) $P(A_4 \cap B_3) = 0.010$

(v) $P(A_4) + P(B_3) - P(A_4 \cap B_3)$

$= 0.230$

(vi) 0.438 (vii) 0.600

(3) 독립적이 아님

예 : $P(A_1 \cap B_1) \neq P(A_1) \cdot P(B_1)$

4.10

$P(W \mid M)$

$= \frac{(0.50)(0.01)}{(0.50)(0.01)+(0.20)(0.04)+(0.30)(0.02)}$

$= 0.263$

4.11

(1) $P(D) = (0.35)(0.02)+(0.25)(0.01) + (0.40)(0.03)=0.0215$

(2) $P(\text{Ⅲ} \mid \text{D}) = \frac{(0.4)(0.03)}{0.0215} = 0.558$

(3) 기계 Ⅲ이 기계 Ⅰ이나 Ⅱ보다 더 높은 불량률을 갖기 때문이다.

4.12

$\binom{15}{2} = \frac{15!}{13! \cdot 2!} = 105$

4.13

$\binom{9}{5} \times \binom{12}{5} = 126 \times 792 = 99{,}792$

## 제 5 장

5. 2

(1)

| $2X$ | $-2$ | 0 | 2 |
|---|---|---|---|
| $f(2x)$ | 1/5 | 3/10 | 1/2 |

| $(X-0.3)^2$ | 1.69 | 0.09 | 0.49 |
|---|---|---|---|
| $f[(x-0.3)^2]$ | 1/5 | 3/10 | 1/2 |

5. 3

381.25

5. 4

20, 3.2, 0.2

5. 5

불량품을 $D$로 표시하면, $D$가 취할 수 있는 수는 0, 1, 2, 3이 되므로, 12개의 공에서 3개를 취할 경우 표본의 크기는 $\binom{12}{3} = 220$이 된다. 그리고 불량품이 하나도 없을 경우는 $\binom{5}{0}\binom{7}{3} = 35$, 불량품이 하나인 경우 $\binom{5}{1}\binom{7}{2} = 105$, 2인 경우는 $\binom{5}{2}\binom{7}{1} = 70$, 그리고 3인 경우는 $\binom{5}{3}\binom{7}{0} = 10$이므로 이를 종합하면 문제에서 주어진 표와 같은 확률분포 및 누적분포함수를 얻을 수 있다.

5. 6

$E(X) = 1.5$ ; $E(Y) = 2$ ; $E(XY) = 3$ ; 이 결과를 기초로 하면 $E(XY) = E(X)E(Y)$가 성립하지만, 모든 $j$와 $i$값에 대해서는 $f(x_j, y_i) = f_1(x_j) \cdot f_2(y_i)$가 성립하지 않으므로 독립적이 아니다.

5. 7

(1) $k = 2, \quad 1 - \frac{1}{k^2} = 0.75$

즉 적어도 0.75(75%)

(2) $1 - \frac{1}{k^2} = 0.99 \quad \therefore\ k = 10$

따라서 [9,000, 11,000]

5. 8

83(천 원)

5. 9

0.07, 0.0141, 0.12

5.10

$\text{Var}(R_p) = (0.4)^2(0.2)^2 + (0.6)^2(0.4)^2 + 2(0.4)(0.6)(0.6)(0.2)(0.4) = 0.08704$

5.11

(1) $f_1(x) = \sum_{y=1}^{2} \frac{x+2y}{18} = \frac{2x+6}{18}, \ x = 1, 2$

$f_2(y) = \sum_{x=1}^{2} \frac{x+2y}{18} = \frac{3+4y}{18}, \ y = 1, 2$

(2) $f(x, y) \neq f_1(x) \cdot f_2(y)$이므로 종속적이다.

(3) $\mu_X = (1)\left(\frac{8}{18}\right) + (2)\left(\frac{10}{18}\right) = \frac{14}{9}$

$$\sigma_X^2 = \sum_{x=1}^{2}(x^2)\left(\frac{2x+6}{18}\right) - \left(\frac{14}{9}\right)^2$$

$$= \frac{24}{9} - \frac{196}{81} = \frac{20}{81}$$

$$\mu_Y = (1)\left(\frac{7}{18}\right) + (2)\left(\frac{11}{18}\right) = \frac{29}{18}$$

$$\sigma_Y^2 = \sum_{y=1}^{2}(y^2)\left(\frac{3+4y}{18}\right) - \left(\frac{29}{18}\right)^2$$

$$= \frac{51}{18} - \frac{841}{324} = \frac{77}{324}$$

(4) $\mathrm{Cov}(X, Y)$

$$= \sum_{y=1}^{2}\sum_{x=1}^{2}(xy)\left(\frac{x+2y}{18}\right) - \left(\frac{14}{9}\right)\left(\frac{29}{18}\right)$$

$$= (1)(1)\left(\frac{3}{18}\right) + (2)(1)\left(\frac{4}{18}\right) + (1)(2)$$

$$\left(\frac{5}{18}\right) + (2)(2)\left(\frac{6}{18}\right) - \left(\frac{14}{9}\right)\left(\frac{29}{18}\right)$$

$$= \frac{45}{18} - \frac{406}{162} = -\frac{1}{162}$$

(5) $\rho = \dfrac{-1/162}{\sqrt{(20/81)(77/324)}}$

$$= \frac{-1}{\sqrt{1540}} = -0.025$$

## 제 6 장

### 6. 8

$p = 0.5$인 이항분포는 대칭이며, 두 경우의 확률은 동일하다.

$$P(X=0) = \binom{5}{0}(0.5)^0(0.5)^5 = 0.03125$$

$$P(X=5) = \binom{5}{5}(0.5)^5(0.5)^0 = 0.03125$$

### 6. 9

$$P(X=0) = \binom{5}{0}(1/6)^0(5/6)^5$$

$$= 3125/7776$$

$$P(X=5) = \binom{5}{5}(1/6)^5(5/6)^0$$

$$= 1/7776$$

### 6.10

(1) $P(X=0) = \binom{4}{0}(0.01)^0(0.99)^4$

$$\fallingdotseq 0.96$$

$P(X \leq 1) = P(X=0) + P(X=1)$

$= \binom{4}{0}(0.01)^0(0.99)^4 + \binom{4}{1}(0.01)$

$(0.99)^3 \fallingdotseq 0.9606 + 0.0388 = 0.9994$

(2) $E(X) = np = 50(0.01) = 0.5$

$\mathrm{Var}(X) = npq = 50(0.01)(0.99)$

$= 0.495$

$\sigma_X = \sqrt{npq} = \sqrt{0.495} \fallingdotseq 0.704$

### 6.11

(1) $p = \frac{2}{5}, \quad q = \frac{3}{5}$

$$P(X=0) = {}_3C_0\left(\frac{2}{5}\right)^0\left(\frac{3}{5}\right)^3 = 0.2160$$

$$P(X=1) = {}_3C_1\left(\frac{2}{5}\right)^1\left(\frac{3}{5}\right)^2 = 0.4320$$

$$P(X=2) = {}_3C_2\left(\frac{2}{5}\right)^2\left(\frac{3}{5}\right)^1 = 0.2880$$

$$P(X=3) = {}_3C_3\left(\frac{2}{5}\right)^3\left(\frac{3}{5}\right)^0 = 0.0640$$

(2) $\mu = np = 3\left(\frac{2}{5}\right) = 1.2$

$$\sigma^2 = npq = 3\left(\frac{2}{5}\right)\left(\frac{3}{5}\right) = 0.72$$

$$\sigma = \sqrt{npq} = 0.848528$$

### 6.12

(1) $P(X=0) = \binom{2}{0}\binom{3}{3}\Big/\binom{5}{3} = \frac{1}{10}$

$$P(X=1) = \binom{2}{1}\binom{3}{2}\Big/\binom{5}{3} = \frac{6}{10}$$

$P(X=2) = \binom{2}{2}\binom{3}{1} \Big/ \binom{5}{3} = \frac{3}{10}$

$P(X=3) = 0.0$

(2) $\mu = np = 3\left(\frac{2}{5}\right) = 1.2$

$\sigma^2 = npq \cdot \left(\frac{N-n}{N-1}\right)$

$= 3\left(\frac{2}{5}\right)\left(\frac{3}{5}\right)\left(\frac{5-3}{5-1}\right) = \frac{9}{25}$

$\sigma = \sqrt{\frac{9}{25}} = \frac{3}{5}$

**6.13**

(1) 0.2061

(2) $P(X=4) = P(X \le 4) - P(X \le 3)$
$= 0.6296 - 0.4114$
$= 0.2182$

(3) $P(X \ge 4) = 1 - P(X \le 3)$
$= 1 - 0.41145 = 0.5886$

(4) $np = 20 \times 0.2 = 4$

**6.14**

$Y \sim b(20,\ 0.5)$

(1) $P(Y=5) = \binom{20}{5}\left(\frac{1}{2}\right)^5\left(\frac{1}{2}\right)^{15}$
$= P(Y \le 5) - P(Y \le 4)$
$= 0.0148$

(2) $P(Y \ge 8) = 1 - P(Y \le 7)$
$= 1 - 0.1316 = 0.8684$

**6.15**

(1) $Y \sim b(6,\ 0.2)$
$P(Y=0) = (0.80)^6 = 0.26214$

(2) $P(Y=2) = P(Y \le 2) - P(Y \le 1)$
$= 0.24576$

**6.16**

$\lambda = 10$,

$P(X > 10) = 1 - P(X \le 10)$
$= 1 - 0.583 = 0.417$,

$P(X > 12) = 1 - P(X \le 12) = 0.208$,

$P(X > 15) = 0.049$

**6.17**

(1) $\lambda = 0.2$,
$P(X \ge 2) = 1 - P(X \le 1) = 1 - 0.982$
$= 0.018$

(2) $\lambda = 2$, $P(X=0) = e^{-2} = 0.135$

**6.18**

(1) 이항분포 :

$P(X=3) = {}_{10}C_3\left(\frac{1}{10}\right)^3 \cdot \left(\frac{9}{10}\right)^7$
$= 0.0574$

포아송분포 :

$P(X=3) = \frac{\lambda^x e^{-\lambda}}{x!} = \frac{1^3 e^{-1}}{3!}$
$= 0.0613$

(2) 이항분포 :

$\mu_X = np = 10 \times 0.1 = 1$,

$\sigma_X^2 = npq = 10 \times 0.1 \times 0.9 = 0.9$

포아송분포 :

$\mu_X = \lambda = np = 1$ ; $\sigma_X^2 = \lambda = np = 1$

**6.19**

(1) $P(Y=6) = \binom{800}{6}(0.01)^6(0.99)^{794}$
$= 0.12229$

(2) $\lambda = np = (800)(0.01) = 8$

$P(X=6) = \frac{8^6 e^{-8}}{6!} = 0.12214$

(3) $n$이 큰 경우 근사치가 더 정확해진다.

**6.20**

(1) $P(X \le 5) = 0.895$

(2) $P(X=0) = 0.041$

(3) $P(X \ge 1) = 1 - P(X \le 0)$
$= 1 - 0.041$
$= 0.959$

6.21

$\lambda = 6$

$P(X \geq 5) = 1 - P(X \leq 4) = 1 - 0.285$
$= 0.715$

6.22

(1) $\dfrac{20!}{1! \cdot 0! \cdot 19!}(0.04)^1(0.01)^0(0.95)^{19}$

(2) $\dfrac{20!}{1! \cdot 1! \cdot 18!}(0.04)^1(0.01)^1(0.95)^{18}$

6.23

관중의 수가 많기 때문에 비복원추출이지만 복원추출이라고 생각해도 무방하다.

$\dfrac{20!}{7! \cdot 8! \cdot 5!}(0.23)^7(0.59)^8(0.18)^5$
$= 0.0094$

## 제 7 장

7. 3

(1) 3/2 (2) $\dfrac{y^3+1}{2}$, $-1 < y < 1$

(3) 1/2, 1/2, 0

7. 4

(1) $f(x) = \dfrac{1}{20}$, $70 \leq x \leq 90$ ;
0, 그 외의 경우

(2) 0.25 (3) 0.40

(4) $E(X) = 80$, $\sigma_X = 5.77$ (5) 0

7. 5

(1) $f(x) = 1/4$, $3 \leq x \leq 7$ ;
0, 그 외의 경우

(2) 0 (3) 1/2 (4) $E(X) = 5$, $\sigma^2 = 4/3$

7. 6

(1) 0 (2) 0.7967 (3) 0.0475

(4) 0.8664

7. 7

$E(Y) = E(X_1) - E(X_2) = 27 - 25 = 2$,

$\text{Var}(Y) = \text{Var}(X_1) + \text{Var}(X_2) = 9 + 16$
$= 25$,

$P(X > 5) = 1 - \Phi\left(\dfrac{5-2}{5}\right)$
$= 1 - \Phi(0.6) = 1 - 0.7257$
$= 0.2743$

7. 8

(1) 0.1357 (2) 0.19%

(3) $\dfrac{X - 7.8}{2} = -z_{0.01} = -2.327$

$\therefore\ X = 3.14$년

7. 9

(1) 0.0918

(2) $\dfrac{X - 10{,}000}{1{,}500} = z_{0.05} = 1.645$,

$X = 12{,}468$개

7.10

(1) 0.2295 (2) 0.0228

7.11

$P(X_1 < 5) = 0.3821$,

$P(X_2 < 5) = 0.4129$

따라서 $X_1$을 선택

7.12

92.90

7.13

$$E(\bar{X}) = \frac{1}{n}\mu + \frac{1}{n}\mu + \frac{1}{n}\mu + \cdots + \frac{1}{n}\mu = \frac{1}{n}(n\mu) = \mu$$

$$\text{Var}(\bar{X}) = \frac{1}{n^2}\sigma^2 + \frac{1}{n^2}\sigma^2 + \cdots + \frac{1}{n^2}\sigma^2 = \frac{1}{n^2}(n\sigma^2) = \frac{\sigma^2}{n}$$

7.14

(1) $P(X>100)=\int_{100}^{\infty}\frac{1}{100}e^{-x/100}dx$

$=e^{-1}=0.367879(\lambda x=1$ 이므로 부록의 표를 이용해도 동일하다)

(2) $E(X)=\frac{1}{\lambda}=100$시간

## 제 8 장

8. 1

| 난 수 | 사탕색깔 | 난 수 | 사탕색깔 |
|---|---|---|---|
| 0.1514 | 흰색 | 0.2354 | 흰색 |
| 0.6697 | 흰색 | 0.9662 | 노란색 |
| 0.0527 | 빨간색 | 0.0043 | 빨간색 |
| 0.4749 | 흰색 | 0.1003 | 흰색 |
| 0.2900 | 흰색 | 0.9192 | 노란색 |

이 표본에는 빨간색 사탕 2개, 흰색 사탕 6개, 노란색 사탕 2개가 나와서 예상과 매우 유사하다.

8. 2

첫 번째 열을 위에서부터 읽으면 0.3407, 0.5044, 0.0045, 0.7536, 0.7653이고, 이는 FFFSS에 해당되고 성공의 횟수는 $x_1=2$이다. 그 다음 열의 5개의 숫자는 FFFFS에 해당되며, 따라서 $x_2=1$이다. 성공의 횟수 $x_i$는 $x_3=0$, $x_4=2$, $x_5=1$, $x_6=2$, $x_7=1$, $x_8=1$, $x_9=1$이다. 이것이 단순확률표본추출에 의한 이항확률변수의 관측치이다.

8. 3

(1) 93 (2) 5.385

8. 4

(1) $\binom{5}{3}=10$이 된다.

(3) 1.6, 0.173 (4) 1.6, 1.04

(5) $E(\bar{X})=\mu=1.6$

$\mathrm{Var}(\bar{X})=[(N-n)/(N-1)][\sigma^2/n]$

$=[(5-3)/(5-1)]\left[\frac{1.04}{3}\right]$

$=0.173$

(6) (3)과 (5)의 값은 같으나 (5)번의 계산방법이 편하다.

8. 5

(2) 1.290(사용) ; 1.297(사용하지 않음)

8. 6

$E(\hat{p})=p=0.3$

$\mathrm{Var}(\hat{p})=\frac{p(1-p)}{n}=\frac{(0.3)(0.7)}{100}$

$=0.0021$

8. 7 (1)

| 첫번째 구 슬 | 두 번째 구 슬 | 확 률 |
|---|---|---|
| 1 | 1 | (3/8)(2/7) = 6/56 |
| 1 | 2 | (3/8)(5/7) = 15/56 |
| 2 | 1 | (5/8)(3/7) = 15/56 |
| 2 | 2 | (5/8)(4/7) = 20/56 |

(2)

| $X_1-X_2$ | 확 률 |
|---|---|
| −1 | 15/56 |
| 0 | 26/56 |
| 1 | 15/56 |

8. 8

$\mathrm{Var}(\hat{p})=p(1-p)/100=0.0025$

$\therefore\ p=0.5$

## 제 9 장

9. 1

(1) 0.6680 (2) 0.7888

9. 2

(1) $P(0.55 < \hat{p} < 0.65)$

$= P\left(\dfrac{0.55-0.60}{\sqrt{(0.6)(0.4)/30}} < Z < \dfrac{0.65-0.60}{\sqrt{(0.6)(0.4)/30}}\right)$

$= P(-0.56 < Z < 0.56)$

$= 0.7123 \times 2 - 1 = 0.4246$

(2) 0.5704 (3) 0.6922

9. 3

(1) $E(S) = nE(X) = 60(3.5) = 210$

(2) $\mathrm{Var}(S) = n\ \mathrm{Var}(X) = 60(35/12)$ $= 175$

(3) $P(S \leq 200) \fallingdotseq \Phi[(200-210)/\sqrt{175}]$

$\fallingdotseq \Phi(-0.76)$

$\fallingdotseq 0.2236$

9. 4

(1) $P(X \geq 64) = 1 - P(X \leq 63)$

$\fallingdotseq 1 - \Phi\left[\dfrac{63.5-50}{\sqrt{2500(0.02)(0.98)}}\right]$

$\fallingdotseq 1 - \Phi(1.93)$

$\fallingdotseq 1 - 0.9732 = 0.0268$

(2) $P(X \leq 36) \fallingdotseq \Phi(-1.93) \fallingdotseq 0.0268$

(3) $P(36 \leq X \leq 64)$

$= P(X \leq 64) - P(X \leq 35)$

$\fallingdotseq \Phi(2.07) - \Phi(-2.07)$

$\fallingdotseq 0.9808 - 0.0192 = 0.9616$

9. 5

| 표본비율 | 확 률 |
|---|---|
| 0.0 | 0.07776 |
| 0.2 | 0.25920 |
| 0.4 | 0.34560 |
| 0.6 | 0.23040 |
| 0.8 | 0.07680 |
| 1.0 | 0.01024 |

9. 6

$p = 0.4$

$\sigma_{\hat{p}} = \sqrt{(0.4)(0.6)/100} \fallingdotseq 0.0489898$

$CCF = 0.5/100 = 0.005$

그러므로

$P(\hat{p} \geq 50/100)$

$\fallingdotseq 1 - \Phi\left[\dfrac{(49/100)+0.005-0.4}{0.0489898}\right]$

$\fallingdotseq 1 - \Phi(1.94)$

$\fallingdotseq 1 - 0.9738 = 0.0262$

9. 7

$P(|Z| \leq 1.96 = \sqrt{3.841}) = 0.95$(표 4)

$P(Z^2 \leq 3.841) = 0.95$(표 6)

$\therefore\ a = \sqrt{b}$ 이다.

9. 8

$U$는 $\chi^2(4)$이고 $W$는 $\chi^2(3)$이다.

따라서 $P(0.711 \leq U \leq 7.779)$

$= 0.90 - 0.05 = 0.85$

$P(0.352 \leq W \leq 6.251) = 0.90 - 0.05$

$= 0.85$

9. 9

부록의 [표 6]으로부터 $r = 19$인 $\chi^2$분포에서 $P(X \leq 30.14) = 0.95$이다. 따라서 $P(X > 30.14) = 0.05$이다. $P(X > 30.14)$인 것을 성공이라고 하면 $P(X > 30.14) = 0.05 = p$인 이항분포로부터 ([표 1] 이용)

$\binom{10}{2}(0.05)^2(0.95)^8$

$= P(Y \leq 2) - P(Y \leq 1)$

$= 0.9885 - 0.9139 = 0.0746$

9.10

$\dfrac{\bar{X}-\mu}{S/\sqrt{25}} = \dfrac{5(\bar{X}-\mu)}{S}$는 $t(24)$인 분포를 한다. 따라서 $r = 24$인 $t$분포로부터 $a = 2.064$이다.

**9.11**

$a = F_{0.95}(8, 6)$, $b = F_{0.05}(8, 6)$이다.

[표 7]로부터

$b = F_{0.05}(8, 6) = 4.15$

$$a = F_{0.95}(8, 6) = \frac{1}{F_{0.05}(6, 8)} = \frac{1}{3.58} = 0.279$$

**9.12**

(1) $P(3 \le Y < 6) = P(2.5 \le Y \le 5.5)$

$$P\left(\frac{2.5-5}{\sqrt{10/4}} \le \frac{Y-5}{\sqrt{10/4}} \le \frac{5.5-5}{\sqrt{10/4}}\right)$$

$\fallingdotseq \Phi(0.316) - \Phi(-1.581)$

$= 0.6240 - 0.0570 = 0.5670$

(2) [표 1]을 이용하면 $P(3 \le Y \le 5)$

$= 0.5683$

**9.13** (단위를 천 원으로 보면)

(1) $\bar{X} = \frac{1}{25} \sum_{i=1}^{25} X_i$

$E(\bar{X}) = \mu_{\bar{X}} = 20, \sigma_{\bar{X}} = \frac{4}{\sqrt{25}}$,

$P(19 \le \bar{X} \le 21)$

$$= P\left(\frac{19-20}{4/\sqrt{25}} \le \frac{\bar{X}-20}{4/\sqrt{25}} \le \frac{21-20}{4/\sqrt{25}}\right)$$

$$= P\left(\frac{-1.0}{0.8} \le Z \le \frac{1.0}{0.8}\right)$$

$= P(-1.25 \le Z \le 1.25)$

$= 0.7888$

(2) 같은 방법으로 $P(\bar{X} \ge 20.4) = 0.2743$

**9.14**

$P(203 \le \bar{X} \le 206)$

$$= P\left(\frac{203-205}{10/8} \le \frac{\bar{X}-205}{10/8} \le \frac{206-205}{10/8}\right)$$

$= \Phi(0.8) - \Phi(-1.6)$

$= \Phi(0.8) - [1 - \Phi(1.6)]$

$= 0.7881 - (1 - 0.9452) = 0.7333$

**9.15**

(1) [정리 9.6]에 의하여 $\chi^2(18)$

(2) 0.0756과 0.9974

**9.16**

$\varDelta\bar{X} = \bar{X}_1 - \bar{X}_2$이면

$E(\varDelta\bar{X}) = \varDelta\mu = \mu_1 - \mu_2$,

$\mathrm{Var}(\varDelta\bar{X}) = (\sigma_1^2/n_1) + (\sigma_2^2/n_2)$이다.

$E(\varDelta\bar{X}) = 1200 - 1000 = 200$,

$\mathrm{Var}(\varDelta\bar{X}) = [(200)^2/100] + [(150)^2/100]$

$= (25)^2$

$\sigma_{\varDelta\bar{X}} = 25$,

$P(\varDelta\bar{X} \ge 220) = 1 - P(\varDelta\bar{X} < 220)$

$$= 1 - \Phi\left(\frac{220-200}{25}\right)$$

$= 1 - \Phi(0.8) = 1 - 0.7881 = 0.2119$

**9.17**

$\varDelta\hat{p} = \hat{p}_1 - \hat{p}_2$이면

$E(\varDelta\hat{p}) = \varDelta p = p_1 - p_2$,

$\mathrm{Var}(\varDelta\hat{p})$

$= [p_1(1-p_1)/n_1] + [p_2(1-p_2)/n_2]$이다.

(1) $p_1 - p_2 = 0.3 - 0.2 = 0.1$

$\mathrm{Var}(\varDelta\hat{p}) = [(0.3)(0.7)/100] + [(0.2)(0.8)/200] = 0.0029$

$P(\varDelta\hat{p} > 0.21) = 1 - P(\varDelta\hat{p} \le 0.21)$

$$= 1 - \Phi\left(\frac{0.21-0.1}{\sqrt{0.0029}}\right)$$

$= 1 - \Phi(2.043) = 1 - 0.97945$

$= 0.02055$

(2) $p_1 - p_2 = 0.1$

$\mathrm{Var}(\varDelta\hat{p}) = 0.0037$

$P(\varDelta\hat{p} > 0.21)$

$= 1 - \Phi(1.808) = 1 - 0.96426$

$= 0.03574$

**9.18**

$P(S^2 \ge 150)$

$= P\left[\frac{\sigma^2}{n-1} \cdot \frac{(n-1)S^2}{\sigma^2} \geq 150\right]$

$= P\left[\frac{(n-1)S^2}{\sigma^2} \geq 40\right]$

$\chi^2(20)$의 분포에서

$P\left[\frac{(n-1)S^2}{\sigma^2} \leq 40\right] = 0.995$이다. 따라서

$P(S^2 \geq 150) = 1 - 0.995 = 0.005$

## 제10장

**10. 4**

(1) $E(Y) = \frac{1}{6}E(X_1 + 2X_2 + 3X_3)$

$= \frac{1}{6}(\mu + 2\mu + 3\mu) = \mu$

(2) $\mathrm{Var}(Y) = (1/6)^2\sigma^2 + (2/6)^2\sigma^2 + (3/6)^2\sigma^2$

$= (7/18)\sigma^2$

(3) $\bar{X}$와 $Y$는 모두 $\mu$에 대한 불편추정량이지만 $\mathrm{Var}(\bar{X}) < \mathrm{Var}(Y)$이기 때문에 $\bar{X}$가 $Y$보다 좋은 추정량이 된다.

## 제11장

**11. 1**

$\sigma/\sqrt{n} = 200/\sqrt{16} = 50$이다. 따라서
6,200 ± 1.96(50)이므로 [6,102, 6,298]

**11. 2**

$68 \pm 2.575\sqrt{\frac{100}{150}}\sqrt{\frac{(1{,}000-150)}{(1{,}000-1)}}$

$= 68 \pm 2.575(0.8165)(0.9224)$이므로
[66.2111, 69.7889]

**11. 3**

$t_{0.025}(15) = 2.1315$

$13 \pm 2.1315(3/\sqrt{16})$이므로, [11.4, 14.6]

**11. 4**

$t_{0.05}(14) = 1.761$,

$27.38 \pm 1.761(2.26/\sqrt{15})$이므로, [26.35, 28.41]

**11. 5**

(1) $\bar{x} = 77.7/16 = 4.856$,
$s = \sqrt{0.60/15} = 0.20$

(2) $t_{0.025}(15) = 2.131$ (3) [4.749, 4.963]

**11. 6**

$\bar{x} = 19.07$, $s^2 = 10.60$, $19.07 \pm 1.96\sqrt{10.60/32}$이므로 [17.94, 20.20]

$(22-20) \pm 1.96\sqrt{(10/25)+(10/16)}$으로부터 [0.02, 3.98]

**11. 8**

$w = \bar{x} - \bar{y} = 2$,
$\sigma_W = \sqrt{16/40 + 16/45} = 0.87$
따라서 [0.3, 3.7]

**11. 9**

$z_{0.05} = 1.645$, $w = \bar{x} - \bar{y} = 5$, $s_W = 2.07$,
식 (11.9) 를 이용하면 신뢰구간은
$5 \pm (1.645)(2.07) = 5 \pm 3.405$이므로
[1.595, 8.405]

**11.10**

$(81.31 - 78.61) \pm (2.074) \cdot \sqrt{[(8)(60.76)+(14)(48.24)]/22} \cdot \sqrt{(1/9)+(1/15)}$이므로
$[-3.65, 9.05]$($t_{0.025}(22) = 2.074$임)

**11.11**

$t_{0.025}(35) = 2.0301$, $\bar{x} - \bar{y} = 4.1$, $s_p = 2.18$
따라서 신뢰구간은
$4.1 \pm 2.0301(2.18)$이므로
$[-0.326, 8.526]$

**11.12**

$\bar{D} = \frac{15}{10} = 1.5$, $S_D = \sqrt{5.17} = 2.3$,

$S_{\bar{D}} = S_D/\sqrt{n} = 2.3/\sqrt{10} = 0.73$

따라서

$1.5 \pm 2.2622(0.73)$으로부터 $[-0.2, 3.2]$

11.13

$$n = \frac{(1.96)^2(1340)^2}{(500)^2} = 27.59$$

따라서 $n = 28$

## 제12장

12. 1

$0.456 \pm (2.575)(0.0045) = 0.456 \pm 0.0115$이므로 $[0.4445, 0.4675]$

12. 2

$p = 400/900 = 0.444$,

$0.444 \pm (1.96)\sqrt{\dfrac{(0.444)(0.556)}{900}}$ 이므로

$[0.412, 0.476]$

12. 3

$(0.692-0.532) \pm 1.645 \cdot \sqrt{(0.692)(0.308)/91+(0.532)(0.468)/79}$

이므로 $[0.038, 0.282]$

12. 4

$\hat{p}_1 = 0.55$, $\hat{p}_2 = 0.7$, $z_{0.025} = 1.96$이므로 95%신뢰구간은 $(0.55-0.7) \pm (1.96)(0.08624)$이므로 $[-0.194, -0.06376]$

12. 5

$$n = \frac{(1.96)^2}{4(0.05)^2} = 384.15 \text{ 따라서 } n = 385$$

12. 6

$$n = \frac{(1.645)^2}{4(0.03)^2} = 751.67 \text{ 따라서 } n = 752$$

12. 7

$\chi^2_{0.025}(50) = 71.42$, $\chi^2_{0.975}(50) = 32.36$이므로

$$\left[\frac{(50)(0.021)}{71.42}, \frac{(50)(0.021)}{32.36}\right]$$

$= [0.0147, 0.0325]$

12. 8

$s^2 = 437.5/5 = 87.5$, $\chi^2_{0.05}(5) = 11.07$,

$\chi^2_{0.95}(5) = 1.145$이므로

$$\left[\frac{(4)(87.5)}{11.07}, \frac{(4)(87.5)}{1.145}\right]$$

$= [31.62, 305.67]$

12. 9

(1) $\chi^2_{0.05}(17) = 25.59$,

$\chi^2_{0.95}(17) = 8.672$이므로

$$\left[\frac{(17)(0.36)}{25.59}, \frac{(17)(0.36)}{8.672}\right]$$

$= [0.2218, 0.7057]$

(2) $[\sqrt{0.2218}, \sqrt{0.7057}]$

$= [0.471, 0.840]$

12.10

$F_{0.025}(20, 15) = 2.76$,

$F_{0.025}(15, 20) = 2.57$

$$\left[\frac{1}{2.57} \cdot \frac{1200}{800}, 2.76 \cdot \frac{1200}{800}\right]$$

$= [0.58, 4.14]$

12.11

$s_X^2 = 37.7$, $s_Y^2 = 25.37$, $\bar{x} = 5.8$,

$\bar{y} = 6.83\%$

$F_{0.025}(5, 4) = 9.36$,

$F_{0.975}(5, 4) = 1/F_{0.025}(4, 5) = \dfrac{1}{7.39}$

이므로 $\sigma_X^2/\sigma_Y^2$에 대한 95% 신뢰구간은

$$\left[\left(\frac{1}{7.39}\right)\left(\frac{37.7}{25.37}\right), (9.36)\left(\frac{37.7}{25.37}\right)\right]$$

$= [0.20, 13.90]$

## 제13장

13. 2

(1) $p$-값 $= P(\bar{X} \le 88.25 \ ; \ \mu = 90)$

$$= \Phi\left(\frac{88.25-90}{3/4}\right)$$

$$= \Phi\left(-\frac{7}{3}\right) = 0.0098$$

(2) $p$-값 $<\alpha$이므로

귀무가설 $H_0$는 기각된다.

(3) $\alpha = P(\bar{X} \le 88.5\ ;\ \mu = 90)$

$$= P\left(\frac{\bar{X}-90}{3/4} \le \frac{88.5-90}{3/4}\ ;\ \mu = 90\right)$$

$$= \Phi\left(\frac{88.5-90}{3/4}\right) = \Phi(-2)$$

$$= 1 - 0.9772 = 0.0228$$

(4) $K(\mu) = P(\bar{X} \le 88.5\ ;\ \mu)$

$$= P\left(\frac{\bar{X}-\mu}{3/4} \le \frac{88.5-\mu}{3/4}\ :\ \mu\right)$$

$$= \Phi\left(\frac{88.5-\mu}{3/4}\right)$$

13. 3

(1) $\bar{X} \sim N(50,\ 36/16)$

(2) $\bar{X} \sim N(55,\ 36/16)$

(3) $\alpha = P(\bar{X} > 53,\ H_0$가 참$)$

$$= P\left(\frac{\bar{X}-50}{6/4} > \frac{53-50}{6/4}\ ;\ H_0\text{가 참}\right)$$

$$= 1 - \Phi(2) = 0.0228$$

(4) $\beta = P(\bar{X} \le 53\ ;\ H_1$이 참$)$

$$= P\left(\frac{\bar{X}-55}{6/4} \le \frac{53-55}{6/4}\ ;\ H_1\text{이 참}\right)$$

$$= \Phi(-4/3) = 1 - 0.9087 = 0.0913$$

13. 4

(1) $\alpha = P(Y \ge 9\ ;\ p = 0.4)$

$$= \sum_{y=9}^{15} \binom{15}{y} (0.4)^y (0.6)^{15-y}$$

$$= 1 - 0.9050 = 0.095$$

(2) $\beta = P(Y \le 8\ ;\ p = 0.5) = 0.6964$

(3) $K(p) = 1 - \beta = P(Y \ge 9\ ;\ p)$

$$= \sum_{y=9}^{15} \binom{15}{y} p^y (1-p)^{15-y}$$

## 제14장

14. 1

$H_0\ :\ \mu = 1000,\ H_1\ :\ \mu < 1000$

$\sigma_{\bar{X}} = 90/\sqrt{100} = 9,$

$z = \dfrac{990-1000}{9} \fallingdotseq -1.11 > -z_{0.05} = -1.65$

따라서 $H_0$를 기각하지 못함.

14. 2

$\sigma_{\bar{X}} = 5/\sqrt{36} = 0.833,$

$z = \dfrac{34-30}{0.833} = 4.80 > z_{0.01} = 2.33$

따라서 $H_0$를 기각한다. 즉, 평균수명은 30 이상이다.

14. 3

(1) $t_{0.05}(8) = 1.860$

$$t = \frac{4.3-4.0}{1.2/\sqrt{9}} = 0.75,$$

$0.75 < 1.860$이므로 $H_0$를 기각할 수 없다.

(2) $p$-값 $= P(|T| \ge 0.75) = 0.47$

$p$-값이 $\alpha$보다 크기 때문에 $\alpha = 0.1$에서 $H_0$를 기각할 수 없다(채택한다).

14. 4

$n \ge 30$이므로 $Z$를 검정통계량으로 이용할 수 있다.

$z_C = \dfrac{33.5-35}{4/\sqrt{64}} = -3.0,$

$-z_\alpha = -z_{0.05} = -1.645$

$z_C < -z_\alpha$이므로 $H_0$을 기각한다.

14. 5

$t_{0.05}(24) = 1.711,\quad t = \dfrac{35-30}{10/\sqrt{25}} = 2.5$

$2.5 > t_{0.025}(24) = 1.711$이므로 $H_0$를 기각한다. 신뢰구간은 [31.578, 38.422]로 30을 포함하지 않는다.

14. 6

(1) $z = \dfrac{32-30}{\sqrt{(16/40)+(16/45)}} = 2.30$,

$2.30 > z_{\alpha/2} = 1.96$이므로 $H_0$는 기각된다.

(2) [0.3, 3.7]

(3) $\mu_A - \mu_B$에 대한 95% 신뢰구간이 0을 포함하지 않으므로 $H_0$를 기각한다.

14. 7

$H_0$ : $\mu_X = \mu_Y$, $H_1$ : $\mu_X \neq \mu_Y$

$$z = \frac{(1230)-(1190)-0}{\sqrt{\dfrac{(120)^2}{80} + \dfrac{(90)^2}{100}}} = 2.48,$$

$z_{0.025} = 1.96$이므로

$\alpha = 5\%$에서는 $H_0$를 기각하고, $z_{0.005} = 2.575$이므로 $\alpha = 1\%$에서는 $H_0$를 기각하지 않는다.

14. 8

(1) $\sqrt{\dfrac{S_X^2}{n} + \dfrac{S_Y^2}{n}} = \sqrt{\dfrac{9050}{100} + \dfrac{8700}{100}}$

$= 12.7671$

$z = \dfrac{(5900-5800)-0}{12.7671} = 7.83$,

$z_{0.05} = 1.645$

$7.83 > 1.645$이므로 $H_0$를 기각한다.

(2) $\mu_X - \mu_Y$에 대한 90% 신뢰구간은 0을 포함하지 않으므로 표본자료는 $H_0$를 지지하지 않는다.

14. 9

(1) $H_0$ : $\mu_X - \mu_Y \leq 0$, $H_1$ : $\mu_X - \mu_Y > 0$

(2) $W = \dfrac{(14-12.5)-0}{\sqrt{9/50+4/30}} = 2.68$,

($W$는 근사적으로 $N(0, 1)$분포)

$z_{0.05} = 1.645$, $2.68 > z_{0.05} = 1.645$이므로 $H_0$를 기각한다. 따라서 공급업자를 $B$회사로 바꾼다.

14.10

$$t = \frac{81.31-78.61}{\sqrt{\dfrac{8(60.76)+14(48.24)}{22}\left(\dfrac{1}{9}+\dfrac{1}{15}\right)}}$$

$= 0.88 < t_{0.025}(22) = 2.074$

따라서 $H_0$는 기각되지 않는다.

14.11

$\bar{x} = 1.03$, $\bar{y} = 1.66$, $S_X^2 = 0.24$, $S_Y^2 = 0.35$

$$t = \frac{(1.03-1.66)-(0)}{\sqrt{\dfrac{10(0.24)+11(0.35)}{11+13-1}\left(\dfrac{1}{11}+\dfrac{1}{13}\right)}}$$

$= -2.81$

$t = -2.81 < -2.508 = -t_{0.01}(22)$

따라서 유의수준 $\alpha = 0.01$에서 $H_0$는 기각된다.

14.12

$t_{0.05}(20) = 1.725$, $t = \dfrac{80}{58.79} = 1.361$

$1.361 < t_{0.05}(20) = 1.725$이므로 $H_0$를 기각하지 못한다.

14.13

(1) $t_{\alpha/2}(n+m-2) = t_{0.025}(35) = 2.0301$,

계산된 $t$값 $= 1.88$

$t = 1.88 < t_{0.025}(35) = 2.0301$이므로 $H_0$는 기각될 수 없다.

(2) 95% 신뢰구간이 [−0.326, 8.526]이므로 0을 포함한다. 즉, 표본자료는 $H_0$를 지지한다.

14.14

(1) $t_{0.025}(9) = 2.262$,

$\dfrac{\bar{D}-0}{S_D/\sqrt{n}} = \dfrac{3-0}{3.129/\sqrt{10}} = 3.034$

$3.034 > 2.262$이므로 $H_0$를 기각한다.

(2) $3 \pm 2.262(3.129/\sqrt{10})$으로부터 $[0.76,\ 5.24]$

(3) $\mu_X - \mu_Y$에 대한 신뢰구간이 0을 포함하고 있지 않으므로 표본자료는 $H_0$를 지지하지 않는다.

14.15

검정통계량 $t = \dfrac{30-20}{33.5/\sqrt{6}} = 0.7311$,

$0.7311 < t_{0.1}(5) = 1.476$이므로 $H_0$를 기각하지 못한다.

## 제15장

15. 1

$$z = \frac{0.8-0.9}{\sqrt{\dfrac{(0.9)(0.1)}{200}}}$$

$= -4.71 < -z_{0.01} = -2.325$

따라서 $\alpha = 0.01$에서 $H_0$를 기각한다.

15. 2

$H_0$ : $p \geq 0.7$, $H_1$ : $p < 0.7$

$$z = \frac{0.6-0.7}{\sqrt{\dfrac{(0.7)(0.3)}{200}}}$$

$= -3.09 < -z_{0.05} = -1.645$

따라서 $H_0$를 기각한다. 그러므로 우유통을 바꾸지 않는다.

15. 3

(1) $|\hat{p}_1 - \hat{p}_2| = |0.692 - 0.532|$

$= 0.160$, $1.645 \times$

$$\sqrt{\frac{(0.692)(0.308)}{91} + \frac{(0.532)(0.468)}{79}}$$

$= 0.122$

따라서 $0.160 > 0.122$이므로 [표 15. 2]로부터 $H_0$를 기각한다.

(2) $0.692 - 0.532 \pm 1.645 \times$

$$\sqrt{\frac{(0.692)(0.308)}{91} + \frac{(0.532)(0.468)}{79}}$$

로부터 $[0.038,\ 0.282]$이다.

(3) $p_1 - p_2$에 대한 90% 신뢰구간은 0을 포함하지 않는다. 따라서 $H_0$를 기각한다.

15. 4

$z = 2.128 > 1.282 = z_{0.01}$ 따라서 $H_0$를 기각한다.

15. 5

(1) $p_1 = 0.55$, $p_2 = 0.6333$,

$SD(\Delta\hat{p}) = 0.04485$, $z_{0.05} = 1.645$

$(0.55 - 0.6333) \pm (1.645)(0.04485)$에서 $[-0.15707,\ -0.00952]$

(2) $Z = (0.55 - 0.633)/SD(\Delta\hat{p})$

$= (0.55 - 0.6333)/0.04485 = -1.857$

$-1.857 < -z_{0.05} = -1.645$이므로 $H_0$를 기각한다. 즉 $p_1 < p_2$이다.

15. 6

$s^2 = 437.5/5 = 87.5$,

$\dfrac{(n-1)S^2}{\sigma_0^2} = \dfrac{(4)(87.5)}{30} = 11.666$,

$\chi^2_{0.05}(5) = 12.83$,

$11.666 < 12.83 = \chi^2_{0.05}(5)$이므로 $H_0$를 기각하지 못한다.

15. 7

$\chi^2 = \dfrac{(24)(0.025)}{0.016} = 37.5$,

$\chi^2_{0.05}(24) = 36.42$

$37.5 > 36.42$이므로 $H_0$는 기각된다.

15. 8

(1) $F_\alpha(n-1,\ m-1) = F_{0.01}(9,\ 12)$

$= 4.39$,

$F = \dfrac{(2000)^2}{(1800)^2} = 1.235$,

$1.235 < F_{0.01}(9,\ 12) = 4.39$,

따라서 $H_0$를 기각하지 못한다.

(2) $F_{\alpha/2}(n-1,\ m-1) = F_{0.025}(9,\ 12)$
$= 3.44,$

$F_{1-\alpha/2}(n-1,\ m-1)$
$= F_{0.975}(9,\ 12)$
$= \dfrac{1}{F_{0.025}(12,\ 9)}$
$= \dfrac{1}{3.87} = 0.26,$

$F_{0.975}(9,\ 12) < F$
$= 1.235 < F_{0.025}(9,\ 12) = 3.44$
이므로 $H_0$를 기각하지 못한다.

15. 9

$F_{0.05}(12,\ 9) = 3.07,\ F = \dfrac{150}{120} = 1.25$

$1.25 < 3.07$이므로 $H_0$을 기각하지 못한다.

## 제16장

16. 5

(1) A = 342,276, B = 318,402,
C = 321.846

(2) SSB = 3,444 SSW = 20, 430

(3) MSB = SSB/2 = 1,722,
MSW = SSW/15 = 1,362

(4) $F_{0.05}(2,\ 15) = 3.68$

(5) $F = 1.264$ $1.264 < 3.68$이므로 $H_0$를 기각하지 못한다.

16. 6 (1)

| 변동요인 | 제곱합 | 자유도 | 평균제곱 | $F$ |
|---|---|---|---|---|
| 인자(그룹간) | 4,690 | 2 | 2,345 | 1.083 |
| 오차(그룹내) | 25,980 | 12 | 2,165 | |
| 전 체 | 30,670 | 14 | | |

(2) $F = 1.083 < F_{0.05}(2,\ 12) = 3.89$이므로 $H_0$를 기각하지 못한다.

16. 7

(1) A = 195,327 B = 193,764.03
C = 194,104.06 D = 194,034.50
E = 194,374.60

(3)

| 변동요인 | 제곱합 | 자유도 | 평균제곱 | $F$ |
|---|---|---|---|---|
| 행 간 | 340.03 | 1 | 340.030 | 8.57 |
| 열 간 | 270.47 | 2 | 135.235 | 3.41 |
| 교호작용 | 0.07 | 2 | 0.035 | 0.0009 |
| 오 차 | 952.40 | 24 | 39.683 | |
| 전 체 | 1,562.97 | 29 | | |

(4) 교호효과 : $F = 0.0009 < F_{0.05}(2,\ 24)$ $= 3.40$이므로 $H_0$를 기각하지 못한다.

행효과 : $F = 8.57 > F_{0.05}(1,\ 24)$ $= 4.26$이므로 $H_0$를 기각한다.

열효과 : $F = 3.41 > F_{0.05}(2,\ 24)$ $= 3.40$이므로 $H_0$를 기각한다.

16. 8 교호효과, 행효과는 없음($0.174 > 0.05$) 열효과가 있음($0.000 < 0.05$)

## 제17장

17. 2

(1)의 두 식은 좌변식의 분모분자에 $n$을 곱하면 우변식이 된다.

(1)의 분자 $= \sum X_i Y_i - \bar{X} \sum Y_i$
$= \sum [X_i Y_i - \bar{X} Y_i] = \sum (X_i - \bar{X}) Y_i =$ (3)의 분자

$\bar{X} = \dfrac{1}{n} \sum X_i$이므로

$\sum X_i = n\bar{X} = \sum \bar{X},\ \sum (X_i - \bar{X}) = 0$이 성립한다.

$\bar{Y} \sum (X_i - \bar{X}) = \sum (X_i - \bar{X})\ \bar{Y} = 0$

따라서

(1)의 분자 $= \sum X_i Y_i - \bar{X} \sum Y_i$

$= \sum(X_i - \bar{X})\, Y_i - 0 = \sum(X_i - \bar{X})\, Y_i$

$- \sum(X_i - \bar{X})\, \bar{Y}$

$= \sum[X_i - \bar{X})\, Y_i - (X_i - \bar{X})\, \bar{Y}]$

$= \sum(X_i - \bar{X})(Y_i - \bar{Y}) =$ (2)의 분자.

따라서 (1), (2), (3)의 분자는 같다.

$\sum(X_i - \bar{X})^2 = \sum[X_i^2 - 2X_i\bar{X} + \bar{X}^2]$

$= \sum X_i^2 - 2\bar{X}\sum X_i + \bar{X}\sum\bar{X}$

$= \sum X_i^2 - \bar{X}\sum X_i (\because\ \sum\bar{X} = \sum X_i)$

따라서 (1), (2), (3)의 분모는 같다.

17. 3

(1) $\bar{X} = 15.90,\ \sum X_i^2 = 2{,}891$

$\bar{Y} = 16.5,\ \sum Y_i^2 = 2{,}993.5$

$\sum X_i Y_i = 2879.5$

(2) $\sum x_i^2 = \sum X_i^2 - n(\bar{X})^2$

$= 2891 - 10(15.90)^2 = 362.9$

$\sum x_i y_i = \sum X_i Y_i - n(\bar{X})(\bar{Y})$

$= 2879.5 - 10(15.9)(16.5)$

$= 256$

(3) $b = \dfrac{256}{362.9} = 0.705,$

$a = \bar{Y} - b\bar{X} = 5.3$

(4) $\text{SST} = \sum y_i^2 = 2993.5 - 10(16.5)^2$

$= 271,$

$\text{SSR} = b^2 \sum x_i^2 = (0.705)^2 (362.9)$

$= 180.37,$

$\text{SSE} = 271 - 180.37 = 90.63$

(5) $s = \sqrt{\dfrac{\text{SSE}}{n-2}} = \sqrt{\dfrac{90.63}{8}} = 3.366$

(6) $r^2 = \text{SSR}/\text{SST} = 0.666$

(7) $r = \sum x_i y_i / \sqrt{\sum y_i^2 \sum x_i^2}$

$= 256 / \sqrt{(362.9)(271)} = 0.8163$

17. 4

(1) $\hat{Y} = 1812.11 - 73.91\,X$ (2) 851.28

(3) $s = 121.78 \quad r^2 = 0.8083$

$r = -0.89907$

17. 5

(1) $\hat{Y} = 5.031 + 0.2942X$

(2) $\text{SST} = 38.83,\ \text{SSR} = 26.08,$

$\text{SSE} = 12.76$

(3) $s = 1.786,\ r^2 = 0.672,\ r = 0.81943$

## 제18장

18. 1

(1) $s_b = s \cdot \sqrt{\dfrac{1}{\sum x_i^2}}$

$= (3.366)\left(\dfrac{1}{\sqrt{362.9}}\right) = 0.177$

(2) $b \pm t_{0.025}(8) \cdot s_b = 0.705 \pm (2.306) \times (0.177)$이므로 $[0.2968,\ 1.1132]$

(3) $t = \dfrac{0.705}{0.177} = 3.983,$

$t = 3.983 > t_{0.01}(8) = 2.896$이므로 $H_0$를 기각한다.

(4) (a) $\hat{Y}_i = 5.3 + 0.705(25) = 22.925,$

$\sqrt{\dfrac{1}{n} + \dfrac{(X_i - \bar{X})^2}{\sum(X_i - \bar{X})^2}}$

$= \sqrt{\dfrac{1}{10} + \dfrac{(25 - 15.9)^2}{362.9}}$

$= 0.573,$

$t_{0.025}(8) = 2.306$이므로

$Y$의 평균값의 95% 신뢰구간은 $22.925 \pm (2.306)(3.366)(0.573)$이므로 $[18.478,\ 27.373]$이다.

(b) $\sqrt{\dfrac{1}{n} + \dfrac{(X_i - \bar{X})^2}{\sum(X_i - \bar{X})^2} + 1}$

$= \sqrt{\dfrac{1}{10} + \dfrac{(25 - 15.9)^2}{362.9} + 1}$

$= 1.152$이므로

개별 $Y$의 95% 예측구간은 $22.925 \pm (2.306)(3.366)(1.152)$이므로 $[13.983,\ 31.867]$이다.

(5) $F=\frac{\text{MSR}}{\text{MSE}}=\frac{180.59}{11.30}=15.980$,

$F_{0.05}(1, 8)=5.32$

$F>F_{0.05}(1, 8)=5.32$이므로 $H_0$를 기각한다.

(6) $t=\frac{0.8163\sqrt{10-2}}{\sqrt{1-0.666}}=3.995$,

$t_{0.005}(8)=3.355$

$t=3.995>t_{0.005}(8)=3.355$이므로 $\alpha=0.01$에서 $H_0$를 기각한다.

18. 2

(1) $b=\frac{\sum(X_i-\bar{X})Y_i}{\sum(X_i-\bar{X})^2}=\frac{57}{10}=5.7$,

$a=\bar{Y}-b\bar{X}=32.2-(5.7)(4)=9.4$

(2) $\sum(Y_i-\hat{Y}_i)^2=1.9$, $\sum(X_i-\bar{X})^2=10$

따라서 $\sum(\hat{Y}_i-\bar{Y})^2=\beta^2\sum(X_i-\bar{X})^2$

$=(5.7)^2(10)=324.9$

$\sum(Y_i-\bar{Y})^2=326.8$

| 변동요인 | *SS* | 자유도 | *MS* | *F* |
|---|---|---|---|---|
| 회 귀 | 324.9 | 1 | 324.9 | 513.0 |
| 오 차 | 1.9 | 3 | 0.633 | |
| 합 계 | 326.8 | 4 | | |

$F_{0.05}(1, 3)=10.13$, 따라서 $\alpha=0.05$에서 $H_0 : \beta=0$은 기각된다.

(3) $\hat{Y}_0=9.4+5.7(7)=49.3$,

$49.3\pm(3.182)\sqrt{1+\frac{1}{5}+\frac{(7-4)^2}{10}}\cdot\sqrt{0.633}$이므로 $[45.63, 52.97]$이 된다. $X_0=7$은 주어진 범위를 벗어나므로 회귀식은 $X_0$에서 $X$와 $Y$의 올바른 관계를 나타내지 못할 가능성이 있다.

18. 3

(1) $b=1.267$, $a=-0.667$

(2) Prob $>F$가 0.0511이고 Prob $>|T|$가 0.0511이므로 $\alpha=0.05$에서는 $H_0$를 기각하지 못하나 $\alpha=0.1$에서는 $H_0$가 기각된다.

(3) $s=5.037$이므로 $1.267\pm0.980$, 신뢰구간이 유효하려면 모든 $i$에 대하여 $\varepsilon_i\sim N(0, \sigma^2)$이어야 한다.

(4) $r^2=0.655$, 총변동의 2/3정도가 $X$와 $Y$의 선형관계에 의해 설명된다.

(5) $14.53\pm15.316$

(6) (b)의 $X$와 $e$의 관계에서 독립성 등의 관계는 충족되나 (a)의 잔차로 볼 때 정규성의 가정은 충족되지 않는다.

(7) $r=0.8092$

(8) $\gamma^2=0.655=(0.8092)^2=(r)^2$

(9) $X$와 $Y$가 이변량정규분포를 할 때 $t=\frac{r\sqrt{n-2}}{\sqrt{1-r^2}}$는 $t(n-2)$의 분포를 한다.

$t=\frac{0.8092\sqrt{4}}{\sqrt{1-(0.8092)^2}}=2.755$

임계치는 $t_{0.05}(4)=2.132$이므로 $H_0$를 기각한다. 이 예에서 $X$와 $Y$가 이변량정규분포를 하는지 결정하기가 힘들다.

(10) (9)번의 $t=\frac{0.8092\sqrt{4}}{\sqrt{1-(0.8092)^2}}=2.755$

$=$(2)번의 $t=\frac{1.2667}{0.4598}=2.755$

18. 4

(1) 시장의 평균수익률이 1% 증가하면 어느 특정 주식의 수익률은 1.72% 증가함을 의미한다.

(2) $s=1.154414$, $r^2=0.9894$

(3) (i) $s_b=0.072721$,

(ii) $t=(1.718-1.40)/0.072721$

$=4.3728$

(iii) $t_{0.01}(6)=3.143$,

(iv) $4.3728 > 3.143$이므로 $H_0$를 기각한다.

18. 5

(1) $r = 0.7873$

(2) (i) $T = 0.7873\sqrt{\dfrac{10-2}{1-(0.7873)^2}}$

$= 3.612$

(ii) $t_{0.025}(8) = 2.306$

(iii) $3.612 > 2.306$이므로 $H_0$를 기각

(iv) 95% 신뢰구간이 0을 포함하고 있지 않으므로 $H_0: \rho = 0$을 기각한다.

## 제19장

19. 2

(1) $\sum Y = 6{,}100 \quad \bar{Y} = 677.778,$

$\sum X_1 = 39.0, \quad \bar{X}_1 = 4.333,$

$\sum X_2 = 23.5, \ \bar{X}_2 = 2.6111$

$\sum Y^2 = 4{,}283{,}850, \ \sum X_1^2 = 181.5,$

$\sum X_2^2 = 64.75, \ \sum X_1 Y = 25{,}175,$

$\sum X_2 Y = 15{,}500, \ \sum X_1 X_2 = 106.75$

(2) $\sum y_i^2 = \sum Y^2 - n\bar{Y}^2 = 149402.84,$

$\sum x_{i1}^2 = \sum X_1^2 - n\bar{X}_1^2 = 12.526$

$x_{i2}^2 = \sum X_{i2}^2 - n\bar{X}_2^2 = 3.389,$

$\sum y_i x_{i1} = \sum X_1 Y - n(\bar{Y})(\bar{X}_1)$

$= -1256.31$

$\sum y_i x_{i2} = \sum Y X_2 - n(\bar{Y})(\bar{X}_2)$

$= -427.715,$

$\sum x_{i1} x_{i2} = \sum X_1 X_2 - n(\bar{X}_1)(\bar{X}_2)$

$= 4.925$

(3) $b_1 =$

$$\frac{(-1256.31)(3.389)-(-427.715)(4.925)}{(12.526)(3.389)-(4.925)^2}$$

$= -118.227,$

$b_2 =$

$$\frac{(-427.715)(12.526)-(-1256.31)(4.925)}{(12.526)(3.389)-(4.925)^2}$$

$= 45.604,$

$a = 677.78 - (-118.227)(4.333)$

$- (45.604)(2.6111)$

$= 1070.979$

(4) $s_Y = \hat{\sigma}_Y = \sqrt{\dfrac{y_i^2}{n-1}}$

$= \sqrt{149{,}402.8}\,\dfrac{4}{8} = 136.66,$

$\hat{\sigma}_{X1} = s_{X1} = \sqrt{\dfrac{12.526}{8}} = 1.25,$

$s_{X2} = \hat{\sigma}_{X2} = \dfrac{\sqrt{3.389}}{8} = 0.651$

(5) $SST = \sum y_i^2 = 149{,}402.84,$

$SSR = b_1 \sum y_i x_{i1} + b_2 \sum y_i x_{i2}$

$= 129{,}024.25,$

$SSE = SST - SSR = 20{,}378.59,$

$s = \sqrt{\dfrac{SSE}{9-2-1}} = 58.279,$

$R^2 = 0.864, \ \bar{R}^2 = 0.819$

(6) $F = [SSR/k]/[SSE/n-k-1]$

$= 18.994,$

$18.994 > F_{0.05}(2, 6) = 5.14$이므로 $H_0$를 기각

(7) $s_{b1} = 25.152, \ s_{b2} = 48.355,$

(8) (i) $t = b_1/s_{b1} = -4.70,$

$t_{0.025}(6) = 2.447, \quad |t| > 2.447$이므로 $H_0$를 기각

(ii) $t = b_2/s_{b2} = 0.943,$

$|t| < 2.447$이므로 $H_0$를 기각하지 못함.

(9) $\beta_1$ : $[-179.77 - 56.68],$

$\beta_2$ : $[-72.72, \ 163.93]$

(10) $a^* = \dfrac{a}{S_Y} = \dfrac{1070.979}{136.66} = 7.84,$

$b_1^* = b_1 \dfrac{S_1}{S_Y}$

$= (-118.227)\dfrac{1.25}{136.66} = -1.08$

$b_2^* = b_2\dfrac{S_2}{S_Y}$

$= (45.604)\dfrac{0.651}{136.66} = 0.217$

(11) $\dfrac{\hat{Y}_i}{136.66} = 7.84 - 1.08\left(\dfrac{X_{i1}}{1.25}\right) + 0.217\left(\dfrac{X_{i2}}{0.651}\right)$

(12) $r_{Y1} = (-1256.31)/[\sqrt{149,402.842}\sqrt{12.526}] = -0.918$

$r_{Y2} = (-427.715)/[\sqrt{149,402.842}\sqrt{3.389}] = -0.601$

$r_{12} = (4.925)/[\sqrt{12.526}\ \sqrt{3.389} = 0.7559$

(13) $\gamma_{Y1\cdot2} = -0.886,\quad \gamma_{Y2\cdot1} = 0.3579,$
$\gamma_{12\cdot Y} = 0.6442$

(14) $t = (-0.886)\sqrt{9-3}/\sqrt{1-(-0.886)^2} = |-4.68| > t_{0.025}(6) = 2.447$이므로 $H_0$를 기각한다.

**19. 3**

$\hat{Y}_1 = -0.8983 + 0.6914X_{i1} + 0.6207X_{i2}$

**19. 4**

(4) $\alpha$ : $-0.8984 \pm 2.3654(0.4318)$
$-1.9196 \le \alpha \le 0.1228$ ;
$\beta_1$ : $0.6914 \pm 2.365(0.2166)$
$0.1791 \le \beta_1 \le 1.2037$ ;
$\beta_2$ : $0.6207 \pm 2.365(0.1942)$
$0.1614 \le \beta_2 \le 1.0800$

**19.15**

(1) $r_{Y1} = \dfrac{25}{\sqrt{20(36.9)}} \fallingdotseq 0.9203,$

$r_{Y1}^2 \fallingdotseq 0.8470$ ;

$r_{Y2} = \dfrac{27.9}{\sqrt{24.9(36.9)}} \fallingdotseq 0.9204,$

$r_{Y2}^2 \fallingdotseq 0.8471$ ;

$r_{12} = \dfrac{18}{\sqrt{20(24.9)}} \fallingdotseq 0.8066,$

$r_{12}^2 \fallingdotseq 0.6506$

(2) $r_{Y1\cdot2} = \dfrac{0.9203-(0.9204)(0.8066)}{\sqrt{(1-0.8471)(1-0.6506)}}$

$\fallingdotseq 0.7698$ ;

$r_{Y1\cdot2}^2 \fallingdotseq 0.5926$ ;

$r_{Y2\cdot1} = \dfrac{0.9204-(0.9203)(0.8066)}{\sqrt{(1-0.8470)(1-0.6506)}}$

$\fallingdotseq 0.7696$ ;

$r_{Y2\cdot1}^2 \fallingdotseq 0.5923$ ;

(3) $R = \sqrt{R^2} = \sqrt{0.9377} = 0.96835$

**19. 6**

(1) $a = -10.02590,\ b_1 = 0.73780,$
$b_2 = 1.59846$

(2) $H_0$ : $\beta_i = 0(i = 1,\ 2)$은 기각된다.

(3) $R^2 = 0.7451,\ s = 5.35466$

(4) $F = 14.617$이고 Prob $>F$가 0.0011이므로 $\alpha = 0.0011$보다 큰 유의수준에서 $X_1, X_2$는 회귀모형에서 통계적으로 유의하다.

## 제20장

**20. 1**

(1) $x^2 = 2.40 + 0.04 + 4.90 = 7.34$

(2) 5.99

(3) $7.34 > 5.99$이므로 $H_0$를 기각

**20. 2**

(1) $\bar{Y} = \hat{\lambda} = [0(2) + 1(8) + \cdots + 9(6)]/128 = 5$

(2) ① 18.7136 ② 8.7168 ③ 4.5091
④ 0.0561 ⑤ 0.8468

(3) $n = 9,\quad k = 1,\quad n-1-k = 7$

(4) 14.07

(5) $q_7 = 10.9767 < 14.07$이므로 $H_0$를 기각하지 못함.

20. 3

(1) $e_{11} = 45.36$, $e_{21} = 55.40$, $e_{31} = 61.24$, $e_{22} = 64.30$, $e_{33} = 56.70$

(2) $q_5 = 19.825$ (3) 9.488

(4) $q_5 > 9.488$이므로 $H_0$를 기각한다.

20. 4

$q_2 = 46.63 > \chi^2_{0.05}(2) = 5.991$이므로 $H_0$를 기각한다. 즉, 동일하지가 않다.

## 제21장

21. 4

(1) $n_1 = 26$, $n_2 = 24$, $r = 28$

(2) $z = 0.58$

(3) $H_0$를 기각 못함, 즉 무작위성을 갖는다.

21. 5

$P(X \geq 11 | p = 0.5) = 0.0592$,
$P(X \geq 12 | p = 0.5) = 0.0176$이다.
+부호의 수는 10이므로 $H_0$를 기각할 수 없다.

21. 6

(1) $n = 15$에서 합계는 73과 $-47$이므로 $T = 47$이 된다.

(2) $E(T) = (15)(16)/4 = 60$
$\text{Var}(T) = (15)(16)(31)/24 = 310$
$\sigma_T = 17.61$, 따라서
$z = (47-60)/17.61 = -0.783$,
양측검정일 경우 $\pm z_{0.025} = \pm 1.96$
단측검정일 경우 $-z_{0.05} = -1.645$이므로 $H_0$를 기각할 수 없다.

21. 7

$$\chi^2_2 = \frac{12}{5(3)(3+1)}[(6)^2 + (10)^2 + (14)^2] - 3(5)(3+1) = 6.4$$

부록의 표에서 $a = 5$일 때 $\chi^2$값이 6.4 이상일 확률이 0.039이므로 $H_0$를 기각한다. 즉, 세개의 계산기 선호도는 같다고 할 수 없다.

21. 8

$U = 5$, $p = a/2 = 0.05$, $U = 5 > 3$(임계치)이므로 $H_0$를 기각할 수 없다.

21. 9

$$\chi^2 = \frac{30[(5)(5)-(10)(10)]^2}{(15)(15)(15)(15)} = 3.3$$

$\chi^2_{0.05}(1) = 3.841$이므로 중위수가 같다는 $H_0$를 기각할 수 없다.

21.10

$$H = \frac{12}{33(33+1)} \cdot \left[\frac{(256.5)^2}{10} + \frac{(165.5)^2}{11} + \frac{(139)^2}{12}\right] - 3(33+1) = 12.22$$

$$C = 1 - \left[\frac{(3)(2^3-2)+(3^3-3)+(4^3-4)}{33^2-33}\right] = 0.997$$

$H' = \dfrac{H}{C} = 12.26$, $\chi^2_{0.01}(2) = 9.21$이다.

$H' > 9.21$이므로 $H_0$를 기각한다.

21.11

$$r_S = 1 - \frac{6(148)}{15(15^2-1)} = 0.74,$$

$\alpha = 0.01$(단측검정)에서 임계치는 0.623이다. $r_S > 0.623$이므로 $H_0$를 기각한다.

## 제22장

22. 2

(1) $Y_C = 11.1111 + 1.7833X$,

1984 : $X = -4$, $Y_C = 3.9779$

1986 : $X = -2$, $Y_C = 7.5445$,

1990 : $X = 2$, $Y_C = 14.6777$

(2) $\log Y_C = 0.97796 + 0.09510X$,

1984 : $X = -4$, $\log Y_C = 0.59756$,

$Y_C = 3.96$

1986 : $\log Y_C = 0.78776$, $Y_C = 6.13$

22. 3

| 분 기 | 평 균 | 평균/110.8 | 지 수 |
|---|---|---|---|
| 1 | 19.1 | 0.172 | 68.8 |
| 2 | 32.4 | 0.292 | 116.8 |
| 3 | 21.4 | 0.193 | 77.2 |
| 4 | 37.9 | 0.343 | 137.2 |
| 계 | 110.8 | 1.000 | 400.0 |

22. 4

(1)

| 종렬(3) | 종렬(4) | 종렬(5) | 종렬(6) |
|---|---|---|---|
| 109 | 209 | 26.125 | 120.0 |
| 119 | 228 | 28.500 | 77.1 |
| 121 | 240 | | |
| 128 | | | |
| 138 | | | |

(2)

| 연 도 | 분 | | 기 | |
|---|---|---|---|---|
| | 1 | 2 | 3 | 4 |
| 1986 | — | — | 64.9 | 134.4 |
| 1987 | 69.1 | 122.3 | 73.1 | 136.2 |
| 1988 | 77.6 | 120.0 | 72.0 | 139.5 |
| 1989 | 72.3 | 114.3 | 56.9 | 149.3 |
| 1990 | 70.2 | 120.0 | 77.1 | 123.3 |
| 1991 | 76.6 | 124.7 | 77.7 | 121.1 |
| 1992 | 83.2 | 111.2 | — | — |
| 계 | 449.0 | 712.5 | 421.7 | 803.8 |
| 평 균 | 74.833 | 118.75 | 70.283 | 133.967 |

(3)

| 분 기 | 조정산술평균 | 지수(%) |
|---|---|---|
| 1 | 74.18 | 74.5 |
| 2 | 119.15 | 119.6 |
| 3 | 71.78 | 72.1 |
| 4 | 133.35 | 133.8 |
| 계 | 398.46 | 400.0 |

조정요소 : 400/398.46 = 1.00386

22. 5

첫째 분기 : 20/0.745 = 26.8,

둘째 분기 : 36/1.196 = 30.1,

셋째 분기 : 24/0.721 = 33.3,

넷째 분기 : 41/1.338 = 30.6

22. 6

(1) (a) $P = (\sum p_n / \sum p_0)(100)$

$= (60.30/56.25)(100) = 107.2$

(b) $P_{1995} = \dfrac{(\sum p_n / p_0(100)}{k} = 564.8/5$

(c) $Q_{1995} \fallingdotseq 576.4/5 \fallingdotseq 115.3$

(d) $P_b \fallingdotseq 78.7$ (e) $P_n( \fallingdotseq 74.3$

(f) $Q_b = 137.8$ (g) $Q_n \fallingdotseq 130.1$

(2) (a) 134.6 (b) 72.6

22. 7

1983 : 2000/4 = 500(분기당)

첫째분기 : 500 × 0.745 = 372.5

둘째분기 : 500 × 1.196 = 598.0

셋째분기 : 500 × 0.721 = 360.5

넷째분기 : 500 × 1.338 = 669.0

2000.0

## 제23장

23. 1

(1) $A_3$ (2) $A_1$

23. 2

(2) $A_3$

23. 3

(1) $E(A_1) = 300 \quad E(A_2) = 283.3$

$E(A_3) = 300$ 따라서 $A_1$이나 $A_3$

(2) $E(A_1) = 440$, $E(A_2) = 225$

$E(A_3) = 307$, 따라서 $A_1$

23. 4

(1) $B$ (2) $A$ (3) $A$

23. 5

$A$, $B$, $C$, $F$

# 부 록

## [표 1] 누적이항분포표

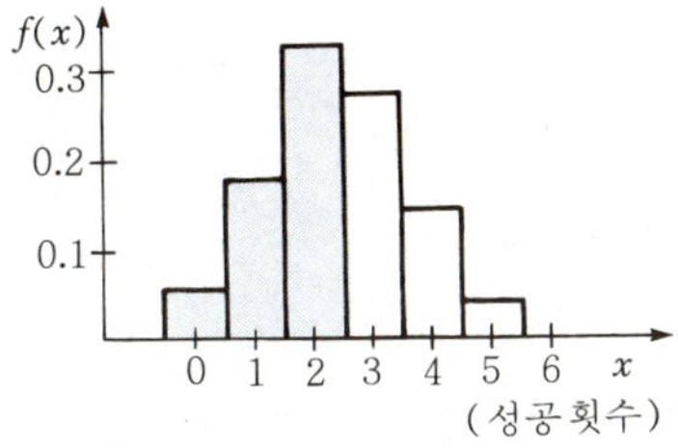


표에 나타난 값들은 $n$과 $p$에 따른 이항분포의 누적확률인 $F(x)=P(X\leq x)$를 나타낸다.

예 : $n=6$, $p=0.4$일 때 성공횟수 $x$가

(i) 2 이하일 확률$=P(X\leq 2)=0.5443$(옆의 그림)

(ii) 2 일 확률 $= P(X=2)=P(X\leq 2)-P(X\leq 1)$

$= 0.5443-0.2333=0.3110$

| | | p | | | | | | | | | |
|---|---|---|---|---|---|---|---|---|---|---|---|
| n | x | 0.05 | 0.10 | 0.15 | 0.20 | 0.25 | 0.30 | 0.35 | 0.40 | 0.45 | 0.50 |
| 2 | 0 | 0.9025 | 0.8100 | 0.7225 | 0.6400 | 0.5625 | 0.4900 | 0.4225 | 0.3600 | 0.3025 | 0.2500 |
| | 1 | 0.9975 | 0.9900 | 0.9775 | 0.9600 | 0.9375 | 0.9100 | 0.8775 | 0.8400 | 0.7975 | 0.7500 |
| | 2 | 1.0000 | 1.0000 | 1.0000 | 1.0000 | 1.0000 | 1.0000 | 1.0000 | 1.0000 | 1.0000 | 1.0000 |
| 3 | 0 | 0.8574 | 0.7290 | 0.6141 | 0.5120 | 0.4219 | 0.3430 | 0.2746 | 0.2160 | 0.1664 | 0.1250 |
| | 1 | 0.9928 | 0.9720 | 0.9392 | 0.8960 | 0.8438 | 0.7840 | 0.7182 | 0.6480 | 0.5748 | 0.5000 |
| | 2 | 0.9999 | 0.9990 | 0.9966 | 0.9920 | 0.9844 | 0.9730 | 0.9571 | 0.9360 | 0.9089 | 0.8750 |
| | 3 | 1.0000 | 1.0000 | 1.0000 | 1.0000 | 1.0000 | 1.0000 | 1.0000 | 1.0000 | 1.0000 | 1.0000 |
| 4 | 0 | 0.8145 | 0.6561 | 0.5220 | 0.4096 | 0.3164 | 0.2401 | 0.1785 | 0.1296 | 0.0915 | 0.0625 |
| | 1 | 0.9860 | 0.9477 | 0.8905 | 0.8192 | 0.7383 | 0.6517 | 0.5630 | 0.4752 | 0.3910 | 0.3125 |
| | 2 | 0.9995 | 0.9963 | 0.9880 | 0.9728 | 0.9492 | 0.9163 | 0.8735 | 0.8208 | 0.7585 | 0.6875 |
| | 3 | 1.0000 | 0.9999 | 0.9995 | 0.9984 | 0.9961 | 0.9919 | 0.9850 | 0.9744 | 0.9590 | 0.9375 |
| | 4 | 1.0000 | 1.0000 | 1.0000 | 1.0000 | 1.0000 | 1.0000 | 1.0000 | 1.0000 | 1.0000 | 1.0000 |
| 5 | 0 | 0.7738 | 0.5905 | 0.4437 | 0.3277 | 0.2373 | 0.1681 | 0.1160 | 0.0778 | 0.0503 | 0.0312 |
| | 1 | 0.9774 | 0.9185 | 0.8352 | 0.7373 | 0.6328 | 0.5282 | 0.4284 | 0.3370 | 0.2562 | 0.1875 |
| | 2 | 0.9988 | 0.9914 | 0.9734 | 0.9421 | 0.8965 | 0.8369 | 0.7648 | 0.6826 | 0.5931 | 0.5000 |
| | 3 | 1.0000 | 0.9995 | 0.9978 | 0.9933 | 0.9844 | 0.9692 | 0.9460 | 0.9130 | 0.8688 | 0.8125 |
| | 4 | 1.0000 | 1.0000 | 0.9999 | 0.9997 | 0.9990 | 0.9976 | 0.9947 | 0.9898 | 0.9815 | 0.9688 |
| | 5 | 1.0000 | 1.0000 | 1.0000 | 1.0000 | 1.0000 | 1.0000 | 1.0000 | 1.0000 | 1.0000 | 1.0000 |
| 6 | 0 | 0.7351 | 0.5314 | 0.3771 | 0.2621 | 0.1780 | 0.1176 | 0.0754 | 0.0467 | 0.0277 | 0.0156 |
| | 1 | 0.9672 | 0.8857 | 0.7765 | 0.6553 | 0.5339 | 0.4202 | 0.3191 | 0.2333 | 0.1636 | 0.1094 |
| | 2 | 0.9978 | 0.9842 | 0.9527 | 0.9011 | 0.8306 | 0.7443 | 0.6471 | 0.5443 | 0.4415 | 0.3438 |
| | 3 | 0.9999 | 0.9987 | 0.9941 | 0.9830 | 0.9624 | 0.9295 | 0.8826 | 0.8208 | 0.7447 | 0.6562 |
| | 4 | 1.0000 | 0.9999 | 0.9996 | 0.9984 | 0.9954 | 0.9891 | 0.9777 | 0.9590 | 0.9308 | 0.8906 |
| | 5 | 1.0000 | 1.0000 | 1.0000 | 0.9999 | 0.9998 | 0.9993 | 0.9982 | 0.9959 | 0.9917 | 0.9844 |
| | 6 | 1.0000 | 1.0000 | 1.0000 | 1.0000 | 1.0000 | 1.0000 | 1.0000 | 1.0000 | 1.0000 | 1.0000 |
| 7 | 0 | 0.6983 | 0.4783 | 0.3206 | 0.2097 | 0.1335 | 0.0824 | 0.0490 | 0.0280 | 0.0152 | 0.0078 |
| | 1 | 0.9556 | 0.8503 | 0.7166 | 0.5767 | 0.4449 | 0.3294 | 0.2338 | 0.1586 | 0.1024 | 0.0625 |
| | 2 | 0.9962 | 0.9743 | 0.9262 | 0.8520 | 0.7654 | 0.6471 | 0.5323 | 0.4199 | 0.3164 | 0.2266 |
| | 3 | 0.9998 | 0.9973 | 0.9879 | 0.9667 | 0.9294 | 0.8740 | 0.8002 | 0.7102 | 0.6083 | 0.5000 |
| | 4 | 1.0000 | 0.9998 | 0.9988 | 0.9953 | 0.9871 | 0.9712 | 0.9444 | 0.9037 | 0.8471 | 0.7734 |
| | 5 | 1.0000 | 1.0000 | 0.9999 | 0.9996 | 0.9987 | 0.9962 | 0.9910 | 0.9812 | 0.9643 | 0.9375 |
| | 6 | 1.0000 | 1.0000 | 1.0000 | 1.0000 | 0.9999 | 0.9998 | 0.9994 | 0.9984 | 0.9963 | 0.9922 |
| | 7 | 1.0000 | 1.0000 | 1.0000 | 1.0000 | 1.0000 | 1.0000 | 1.0000 | 1.0000 | 1.0000 | 1.0000 |

[표 1] (계　속)

| n | x | 0.05 | 0.10 | 0.15 | 0.20 | 0.25 | 0.30 | 0.35 | 0.40 | 0.45 | 0.50 |
|---|---|---|---|---|---|---|---|---|---|---|---|
| 8 | 0 | 0.6634 | 0.4305 | 0.2725 | 0.1678 | 0.1001 | 0.0576 | 0.0319 | 0.0168 | 0.0084 | 0.0039 |
| | 1 | 0.9428 | 0.8131 | 0.6572 | 0.5033 | 0.3671 | 0.2553 | 0.1691 | 0.1064 | 0.0632 | 0.0352 |
| | 2 | 0.9942 | 0.9619 | 0.8948 | 0.7969 | 0.6785 | 0.5518 | 0.4278 | 0.3154 | 0.2201 | 0.1445 |
| | 3 | 0.9996 | 0.9950 | 0.9786 | 0.9437 | 0.8862 | 0.8059 | 0.7064 | 0.5941 | 0.4770 | 0.3633 |
| | 4 | 1.0000 | 0.9996 | 0.9971 | 0.9896 | 0.9727 | 0.9420 | 0.8939 | 0.8263 | 0.7396 | 0.6367 |
| | 5 | 1.0000 | 1.0000 | 0.9998 | 0.9988 | 0.9958 | 0.9887 | 0.9747 | 0.9502 | 0.9115 | 0.8555 |
| | 6 | 1.0000 | 1.0000 | 1.0000 | 0.9999 | 0.9996 | 0.9987 | 0.9964 | 0.9915 | 0.9819 | 0.9648 |
| | 7 | 1.0000 | 1.0000 | 1.0000 | 1.0000 | 1.0000 | 0.9999 | 0.9998 | 0.9993 | 0.9983 | 0.9961 |
| | 8 | 1.0000 | 1.0000 | 1.0000 | 1.0000 | 1.0000 | 1.0000 | 1.0000 | 1.0000 | 1.0000 | 1.0000 |
| 9 | 0 | 0.6302 | 0.3874 | 0.2316 | 0.1342 | 0.0751 | 0.0404 | 0.0207 | 0.0101 | 0.0046 | 0.0020 |
| | 1 | 0.9288 | 0.7748 | 0.5995 | 0.4362 | 0.3003 | 0.1960 | 0.1211 | 0.0705 | 0.0385 | 0.0195 |
| | 2 | 0.9916 | 0.9470 | 0.8591 | 0.7382 | 0.6007 | 0.4628 | 0.3373 | 0.2318 | 0.1495 | 0.0898 |
| | 3 | 0.9994 | 0.9917 | 0.9661 | 0.9144 | 0.8343 | 0.7297 | 0.6089 | 0.4826 | 0.3614 | 0.2539 |
| | 4 | 1.0000 | 0.9991 | 0.9944 | 0.9804 | 0.9511 | 0.9012 | 0.8283 | 0.7334 | 0.6214 | 0.5000 |
| | 5 | 1.0000 | 0.9999 | 0.9994 | 0.9969 | 0.9900 | 0.9747 | 0.9464 | 0.9006 | 0.8342 | 0.7461 |
| | 6 | 1.0000 | 1.0000 | 1.0000 | 0.9997 | 0.9987 | 0.9957 | 0.9988 | 0.9750 | 0.9502 | 0.9102 |
| | 7 | 1.0000 | 1.0000 | 1.0000 | 1.0000 | 0.9999 | 0.9996 | 0.9986 | 0.9962 | 0.9909 | 0.9805 |
| | 8 | 1.0000 | 1.0000 | 1.0000 | 1.0000 | 1.0000 | 1.0000 | 0.9999 | 0.9997 | 0.9992 | 0.9980 |
| | 9 | 1.0000 | 1.0000 | 1.0000 | 1.0000 | 1.0000 | 1.0000 | 1.0000 | 1.0000 | 1.0000 | 1.0000 |
| 10 | 0 | 0.5987 | 0.3487 | 0.1969 | 0.1074 | 0.0563 | 0.0282 | 0.0135 | 0.0060 | 0.0025 | 0.0010 |
| | 1 | 0.9139 | 0.7361 | 0.5443 | 0.3758 | 0.2440 | 0.1493 | 0.0860 | 0.0464 | 0.0233 | 0.0107 |
| | 2 | 0.9885 | 0.9298 | 0.8202 | 0.6778 | 0.5256 | 0.3828 | 0.2616 | 0.1673 | 0.0996 | 0.0547 |
| | 3 | 0.9990 | 0.9872 | 0.9500 | 0.8791 | 0.7759 | 0.6496 | 0.5138 | 0.3823 | 0.2660 | 0.1719 |
| | 4 | 0.9999 | 0.9984 | 0.9901 | 0.9672 | 0.9219 | 0.8497 | 0.7515 | 0.6331 | 0.5044 | 0.3770 |
| | 5 | 1.0000 | 0.9999 | 0.9986 | 0.9936 | 0.9803 | 0.9527 | 0.9051 | 0.8338 | 0.7384 | 0.6230 |
| | 6 | 1.0000 | 1.0000 | 0.9999 | 0.9991 | 0.9965 | 0.9894 | 0.9740 | 0.9452 | 0.8980 | 0.8281 |
| | 7 | 1.0000 | 1.0000 | 1.0000 | 0.9999 | 0.9996 | 0.9984 | 0.9952 | 0.9877 | 0.9726 | 0.9453 |
| | 8 | 1.0000 | 1.0000 | 1.0000 | 1.0000 | 1.0000 | 0.9999 | 0.9995 | 0.9983 | 0.9955 | 0.9893 |
| | 9 | 1.0000 | 1.0000 | 1.0000 | 1.0000 | 1.0000 | 1.0000 | 1.0000 | 0.9999 | 0.9997 | 0.9990 |
| | 10 | 1.0000 | 1.0000 | 1.0000 | 1.0000 | 1.0000 | 1.0000 | 1.0000 | 1.0000 | 1.0000 | 1.0000 |
| 12 | 0 | 0.5404 | 0.2824 | 0.1422 | 0.0687 | 0.0317 | 0.0138 | 0.0057 | 0.0022 | 0.0008 | 0.0002 |
| | 1 | 0.8816 | 0.6590 | 0.4435 | 0.2749 | 0.1584 | 0.0850 | 0.0424 | 0.0196 | 0.0083 | 0.0032 |
| | 2 | 0.9804 | 0.8891 | 0.7358 | 0.5583 | 0.3907 | 0.2528 | 0.1513 | 0.0834 | 0.0421 | 0.0193 |
| | 3 | 0.9978 | 0.9744 | 0.9078 | 0.7946 | 0.6488 | 0.4925 | 0.3467 | 0.2253 | 0.1345 | 0.0730 |
| | 4 | 0.9998 | 0.9957 | 0.9761 | 0.9274 | 0.8424 | 0.7237 | 0.5833 | 0.4382 | 0.3044 | 0.1938 |
| | 5 | 1.0000 | 0.9995 | 0.9954 | 0.9806 | 0.9456 | 0.8822 | 0.7873 | 0.6652 | 0.5269 | 0.3872 |
| | 6 | 1.0000 | 0.9999 | 0.9993 | 0.9961 | 0.9857 | 0.9614 | 0.9154 | 0.8418 | 0.7393 | 0.6128 |
| | 7 | 1.0000 | 1.0000 | 0.9999 | 0.9994 | 0.9972 | 0.9905 | 0.9745 | 0.9427 | 0.883 | 0.8062 |
| | 8 | 1.0000 | 1.0000 | 1.0000 | 0.9999 | 0.9996 | 0.9983 | 0.9944 | 0.9847 | 0.9644 | 0.9270 |
| | 9 | 1.0000 | 1.0000 | 1.0000 | 1.0000 | 1.0000 | 0.9998 | 0.9992 | 0.9972 | 0.9921 | 0.9807 |
| | 10 | 1.0000 | 1.0000 | 1.0000 | 1.0000 | 1.0000 | 1.0000 | 0.9999 | 0.9997 | 0.9989 | 0.9968 |
| | 11 | 1.0000 | 1.0000 | 1.0000 | 1.0000 | 1.0000 | 1.0000 | 1.0000 | 1.0000 | 0.9999 | 0.9998 |
| | 12 | 1.0000 | 1.0000 | 1.0000 | 1.0000 | 1.0000 | 1.0000 | 1.0000 | 1.0000 | 1.0000 | 1.0000 |

(The column headings 0.05–0.50 are values of $p$.)

[표 1] (계 속)

| n | x | 0.05 | 0.10 | 0.15 | 0.20 | 0.25 | 0.30 | 0.35 | 0.40 | 0.45 | 0.50 |
|---|---|---|---|---|---|---|---|---|---|---|---|
| 15 | 0 | 0.4633 | 0.2059 | 0.0874 | 0.0352 | 0.0134 | 0.0047 | 0.0016 | 0.0005 | 0.0001 | 0.0000 |
| | 1 | 0.8290 | 0.5490 | 0.3186 | 0.1671 | 0.0802 | 0.0353 | 0.0142 | 0.0052 | 0.0017 | 0.0005 |
| | 2 | 0.9638 | 0.8159 | 0.6042 | 0.3980 | 0.2361 | 0.1268 | 0.0617 | 0.0271 | 0.0107 | 0.0037 |
| | 3 | 0.9945 | 0.9444 | 0.8227 | 0.6482 | 0.4613 | 0.2969 | 0.1727 | 0.0905 | 0.0424 | 0.0176 |
| | 4 | 0.9994 | 0.9873 | 0.9383 | 0.8358 | 0.6865 | 0.5155 | 0.3519 | 0.2173 | 0.1204 | 0.0592 |
| | 5 | 0.9999 | 0.9978 | 0.9832 | 0.9389 | 0.8516 | 0.7216 | 0.5643 | 0.4032 | 0.2608 | 0.1509 |
| | 6 | 1.0000 | 0.9997 | 0.9964 | 0.9819 | 0.9434 | 0.8689 | 0.7548 | 0.6098 | 0.4522 | 0.3036 |
| | 7 | 1.0000 | 1.0000 | 0.9994 | 0.9958 | 0.9827 | 0.9500 | 0.8868 | 0.7869 | 0.6535 | 0.5000 |
| | 8 | 1.0000 | 1.0000 | 0.9999 | 0.9992 | 0.9958 | 0.9848 | 0.9578 | 0.9050 | 0.8182 | 0.6964 |
| | 9 | 1.0000 | 1.0000 | 1.0000 | 0.9999 | 0.9992 | 0.9963 | 0.9876 | 0.9662 | 0.9231 | 0.8491 |
| | 10 | 1.0000 | 1.0000 | 1.0000 | 1.0000 | 0.9999 | 0.9993 | 0.9972 | 0.9907 | 0.9745 | 0.9408 |
| | 11 | 1.0000 | 1.0000 | 1.0000 | 1.0000 | 1.0000 | 0.9999 | 0.9995 | 0.9981 | 0.9937 | 0.9824 |
| | 12 | 1.0000 | 1.0000 | 1.0000 | 1.0000 | 1.0000 | 1.0000 | 0.9999 | 0.9997 | 0.9989 | 0.9963 |
| | 13 | 1.0000 | 1.0000 | 1.0000 | 1.0000 | 1.0000 | 1.0000 | 1.0000 | 1.0000 | 0.9999 | 0.9995 |
| | 14 | 1.0000 | 1.0000 | 1.0000 | 1.0000 | 1.0000 | 1.0000 | 1.0000 | 1.0000 | 1.0000 | 1.0000 |
| | 15 | 1.0000 | 1.0000 | 1.0000 | 1.0000 | 1.0000 | 1.0000 | 1.0000 | 1.0000 | 1.0000 | 1.0000 |
| 20 | 0 | 0.3585 | 0.1216 | 0.0388 | 0.0115 | 0.0032 | 0.0008 | 0.0002 | 0.0000 | 0.0000 | 0.0000 |
| | 1 | 0.7358 | 0.3917 | 0.1756 | 0.0692 | 0.0243 | 0.0076 | 0.0021 | 0.0005 | 0.0001 | 0.0000 |
| | 2 | 0.9245 | 0.6769 | 0.4049 | 0.2061 | 0.0913 | 0.0355 | 0.0121 | 0.0036 | 0.0009 | 0.0002 |
| | 3 | 0.9841 | 0.8670 | 0.6477 | 0.4114 | 0.2252 | 0.1071 | 0.0444 | 0.0160 | 0.0049 | 0.0013 |
| | 4 | 0.9974 | 0.9568 | 0.8298 | 0.6296 | 0.4148 | 0.2375 | 0.1182 | 0.0510 | 0.0189 | 0.0059 |
| | 5 | 0.9997 | 0.9887 | 0.9327 | 0.8042 | 0.6172 | 0.4164 | 0.2454 | 0.1256 | 0.0553 | 0.0207 |
| | 6 | 1.0000 | 0.9976 | 0.9781 | 0.9133 | 0.7858 | 0.6080 | 0.4166 | 0.2500 | 0.1299 | 0.0577 |
| | 7 | 1.0000 | 0.9996 | 0.9941 | 0.9679 | 0.8982 | 0.7723 | 0.6010 | 0.4159 | 0.2520 | 0.1316 |
| | 8 | 1.0000 | 0.9999 | 0.9987 | 0.9900 | 0.9591 | 0.8867 | 0.7624 | 0.5956 | 0.4143 | 0.2517 |
| | 9 | 1.0000 | 1.0000 | 0.9998 | 0.9974 | 0.9861 | 0.9520 | 0.8782 | 0.7553 | 0.5914 | 0.4119 |
| | 10 | 1.0000 | 1.0000 | 1.0000 | 0.9994 | 0.9961 | 0.9829 | 0.9468 | 0.8725 | 0.7507 | 0.5881 |
| | 11 | 1.0000 | 1.0000 | 1.0000 | 0.9999 | 0.9991 | 0.9949 | 0.9804 | 0.9435 | 0.8692 | 0.7483 |
| | 12 | 1.0000 | 1.0000 | 1.0000 | 1.0000 | 0.9998 | 0.9987 | 0.9940 | 0.9790 | 0.9420 | 0.8684 |
| | 13 | 1.0000 | 1.0000 | 1.0000 | 1.0000 | 1.0000 | 0.9997 | 0.9985 | 0.9935 | 0.9786 | 0.9423 |
| | 14 | 1.0000 | 1.0000 | 1.0000 | 1.0000 | 1.0000 | 1.0000 | 0.9997 | 0.9984 | 0.9936 | 0.9793 |
| | 15 | 1.0000 | 1.0000 | 1.0000 | 1.0000 | 1.0000 | 1.0000 | 1.0000 | 0.9997 | 0.9985 | 0.9941 |
| | 16 | 1.0000 | 1.0000 | 1.0000 | 1.0000 | 1.0000 | 1.0000 | 1.0000 | 1.0000 | 0.9997 | 0.9987 |
| | 17 | 1.0000 | 1.0000 | 1.0000 | 1.0000 | 1.0000 | 1.0000 | 1.0000 | 1.0000 | 1.0000 | 0.9998 |
| | 18 | 1.0000 | 1.0000 | 1.0000 | 1.0000 | 1.0000 | 1.0000 | 1.0000 | 1.0000 | 1.0000 | 1.0000 |
| | 19 | 1.0000 | 1.0000 | 1.0000 | 1.0000 | 1.0000 | 1.0000 | 1.0000 | 1.0000 | 1.0000 | 1.0000 |
| | 20 | 1.0000 | 1.0000 | 1.0000 | 1.0000 | 1.0000 | 1.0000 | 1.0000 | 1.0000 | 1.0000 | 1.0000 |

## [표 2] 누적포아송분포표

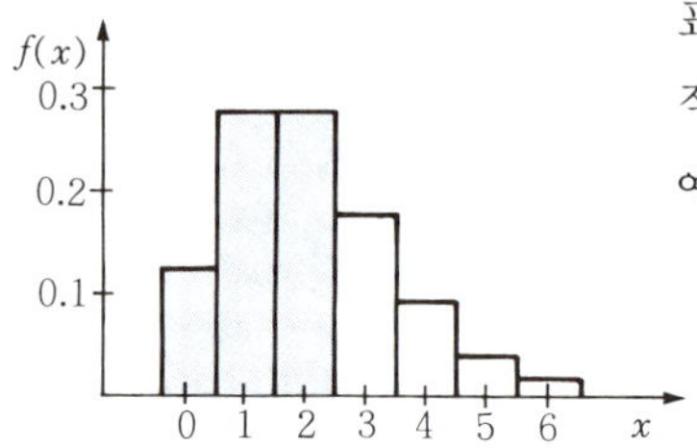


표에 나타난 값들은 $\lambda$에 따른 포아송분포의 누적확률인 $F(x)=P(X\leq x)$를 나타낸다.

예 : $\lambda=2$일 때 발생횟수 $x$가

(i) 2 이하일 확률 $=P(X\leq 2)=0.677$(옆의 그림)

(ii) 2 일 확률 $=P(X=2)=P(X\leq 2)-P(X\leq 1)$

$=0.677-0.406=0.271$

| $x$ | $\lambda=E(X)$ | | | | | | | | | |
|---|---|---|---|---|---|---|---|---|---|---|
| | 0.1 | 0.2 | 0.3 | 0.4 | 0.5 | 0.6 | 0.7 | 0.8 | 0.9 | 1.0 |
| 0 | 0.905 | 0.819 | 0.741 | 0.670 | 0.607 | 0.549 | 0.497 | 0.449 | 0.407 | 0.368 |
| 1 | 0.995 | 0.982 | 0.963 | 0.938 | 0.910 | 0.878 | 0.844 | 0.809 | 0.772 | 0.736 |
| 2 | 1.000 | 0.999 | 0.996 | 0.992 | 0.986 | 0.977 | 0.966 | 0.953 | 0.937 | 0.920 |
| 3 | 1.000 | 1.000 | 1.000 | 0.999 | 0.998 | 0.997 | 0.994 | 0.991 | 0.987 | 0.981 |
| 4 | 1.000 | 1.000 | 1.000 | 1.000 | 1.000 | 1.000 | 0.999 | 0.999 | 0.998 | 0.996 |
| 5 | 1.000 | 1.000 | 1.000 | 1.000 | 1.000 | 1.000 | 1.000 | 1.000 | 1.000 | 0.999 |
| 6 | 1.000 | 1.000 | 1.000 | 1.000 | 1.000 | 1.000 | 1.000 | 1.000 | 1.000 | 1.000 |

| $x$ | 1.1 | 1.2 | 1.3 | 1.4 | 1.5 | 1.6 | 1.7 | 1.8 | 1.9 | 2.0 |
|---|---|---|---|---|---|---|---|---|---|---|
| 0 | 0.333 | 0.301 | 0.273 | 0.247 | 0.223 | 0.202 | 0.183 | 0.165 | 0.150 | 0.135 |
| 1 | 0.699 | 0.663 | 0.627 | 0.592 | 0.558 | 0.525 | 0.493 | 0.463 | 0.434 | 0.406 |
| 2 | 0.900 | 0.879 | 0.857 | 0.833 | 0.809 | 0.783 | 0.757 | 0.731 | 0.704 | 0.677 |
| 3 | 0.974 | 0.966 | 0.957 | 0.946 | 0.934 | 0.921 | 0.907 | 0.891 | 0.875 | 0.857 |
| 4 | 0.995 | 0.992 | 0.989 | 0.986 | 0.981 | 0.976 | 0.970 | 0.964 | 0.956 | 0.947 |
| 5 | 0.999 | 0.998 | 0.998 | 0.997 | 0.996 | 0.994 | 0.992 | 0.990 | 0.987 | 0.983 |
| 6 | 1.000 | 1.000 | 1.000 | 0.999 | 0.999 | 0.999 | 0.998 | 0.997 | 0.997 | 0.995 |
| 7 | 1.000 | 1.000 | 1.000 | 1.000 | 1.000 | 1.000 | 1.000 | 0.999 | 0.999 | 0.999 |
| 8 | 1.000 | 1.000 | 1.000 | 1.000 | 1.000 | 1.000 | 1.000 | 1.000 | 1.000 | 1.000 |

| $x$ | 2.2 | 2.4 | 2.6 | 2.8 | 3.0 | 3.2 | 3.4 | 3.6 | 3.8 | 4.0 |
|---|---|---|---|---|---|---|---|---|---|---|
| 0 | 0.111 | 0.091 | 0.074 | 0.061 | 0.050 | 0.041 | 0.033 | 0.027 | 0.022 | 0.018 |
| 1 | 0.355 | 0.308 | 0.267 | 0.231 | 0.199 | 0.171 | 0.147 | 0.126 | 0.107 | 0.092 |
| 2 | 0.623 | 0.570 | 0.518 | 0.469 | 0.423 | 0.380 | 0.340 | 0.303 | 0.269 | 0.238 |
| 3 | 0.819 | 0.779 | 0.736 | 0.692 | 0.647 | 0.603 | 0.558 | 0.515 | 0.473 | 0.433 |
| 4 | 0.928 | 0.904 | 0.877 | 0.848 | 0.815 | 0.781 | 0.744 | 0.706 | 0.668 | 0.629 |
| 5 | 0.975 | 0.964 | 0.951 | 0.935 | 0.916 | 0.895 | 0.871 | 0.844 | 0.816 | 0.785 |
| 6 | 0.993 | 0.988 | 0.983 | 0.976 | 0.966 | 0.955 | 0.942 | 0.927 | 0.909 | 0.889 |
| 7 | 0.998 | 0.997 | 0.995 | 0.992 | 0.988 | 0.983 | 0.977 | 0.969 | 0.960 | 0.949 |
| 8 | 1.000 | 0.999 | 0.999 | 0.998 | 0.996 | 0.994 | 0.992 | 0.988 | 0.984 | 0.979 |
| 9 | 1.000 | 1.000 | 1.000 | 0.999 | 0.999 | 0.998 | 0.997 | 0.996 | 0.994 | 0.992 |
| 10 | 1.000 | 1.000 | 1.000 | 1.000 | 1.000 | 1.000 | 0.999 | 0.999 | 0.998 | 0.997 |
| 11 | 1.000 | 1.000 | 1.000 | 1.000 | 1.000 | 1.000 | 1.000 | 1.000 | 0.999 | 0.999 |
| 12 | 1.000 | 1.000 | 1.000 | 1.000 | 1.000 | 1.000 | 3.000 | 1.000 | 1.000 | 1.000 |

[표 2] (계 속)

| $x$ | $\lambda=E(X)$ | | | | | | | | | |
|---|---|---|---|---|---|---|---|---|---|---|
| | 4.2 | 4.4 | 4.6 | 4.8 | 5.0 | 5.2 | 5.4 | 5.6 | 5.8 | 6.0 |
| 0 | 0.015 | 0.012 | 0.010 | 0.008 | 0.007 | 0.006 | 0.005 | 0.004 | 0.003 | 0.002 |
| 1 | 0.078 | 0.066 | 0.056 | 0.048 | 0.040 | 0.034 | 0.029 | 0.024 | 0.021 | 0.017 |
| 2 | 0.210 | 0.185 | 0.163 | 0.143 | 0.125 | 0.109 | 0.095 | 0.082 | 0.072 | 0.062 |
| 3 | 0.395 | 0.359 | 0.326 | 0.294 | 0.265 | 0.238 | 0.213 | 0.191 | 0.170 | 0.151 |
| 4 | 0.590 | 0.551 | 0.513 | 0.476 | 0.440 | 0.406 | 0.373 | 0.342 | 0.313 | 0.285 |
| 5 | 0.753 | 0.720 | 0.686 | 0.651 | 0.616 | 0.581 | 0.546 | 0.512 | 0.478 | 0.446 |
| 6 | 0.867 | 0.844 | 0.818 | 0.791 | 0.762 | 0.732 | 0.702 | 0.670 | 0.638 | 0.606 |
| 7 | 0.936 | 0.921 | 0.905 | 0.887 | 0.867 | 0.845 | 0.822 | 0.797 | 0.771 | 0.744 |
| 8 | 0.972 | 0.964 | 0.955 | 0.944 | 0.932 | 0.918 | 0.903 | 0.886 | 0.867 | 0.847 |
| 9 | 0.989 | 0.985 | 0.980 | 0.975 | 0.968 | 0.960 | 0.951 | 0.941 | 0.929 | 0.916 |
| 10 | 0.996 | 0.994 | 0.992 | 0.990 | 0.986 | 0.982 | 0.977 | 0.972 | 0.965 | 0.957 |
| 11 | 0.999 | 0.998 | 0.997 | 0.996 | 0.995 | 0.993 | 0.990 | 0.988 | 0.984 | 0.980 |
| 12 | 1.000 | 0.999 | 0.999 | 0.999 | 0.998 | 0.997 | 0.996 | 0.995 | 0.993 | 0.991 |
| 13 | 1.000 | 1.000 | 1.000 | 1.000 | 0.999 | 0.999 | 0.999 | 0.998 | 0.997 | 0.996 |
| 14 | 1.000 | 1.000 | 1.000 | 1.000 | 1.000 | 1.000 | 0.999 | 0.999 | 0.999 | 0.999 |
| 15 | 1.000 | 1.000 | 1.000 | 1.000 | 1.000 | 1.000 | 1.000 | 1.000 | 1.000 | 0.999 |
| 16 | 1.000 | 1.000 | 1.000 | 1.000 | 1.000 | 1.000 | 1.000 | 1.000 | 1.000 | 1.000 |

| $x$ | 6.5 | 7.0 | 7.5 | 8.0 | 8.5 | 9.0 | 9.5 | 10.0 | 10.5 | 11.0 |
|---|---|---|---|---|---|---|---|---|---|---|
| 0 | 0.002 | 0.001 | 0.001 | 0.000 | 0.000 | 0.000 | 0.000 | 0.000 | 0.000 | 0.000 |
| 1 | 0.011 | 0.007 | 0.005 | 0.003 | 0.002 | 0.001 | 0.001 | 0.000 | 0.000 | 0.000 |
| 2 | 0.043 | 0.030 | 0.020 | 0.014 | 0.009 | 0.006 | 0.004 | 0.003 | 0.002 | 0.001 |
| 3 | 0.112 | 0.082 | 0.059 | 0.042 | 0.030 | 0.021 | 0.015 | 0.010 | 0.007 | 0.005 |
| 4 | 0.224 | 0.173 | 0.132 | 0.100 | 0.074 | 0.055 | 0.040 | 0.029 | 0.021 | 0.015 |
| 5 | 0.369 | 0.301 | 0.241 | 0.191 | 0.150 | 0.116 | 0.089 | 0.067 | 0.050 | 0.038 |
| 6 | 0.527 | 0.450 | 0.378 | 0.313 | 0.256 | 0.207 | 0.165 | 0.130 | 0.102 | 0.079 |
| 7 | 0.673 | 0.599 | 0.525 | 0.453 | 0.386 | 0.324 | 0.269 | 0.220 | 0.179 | 0.143 |
| 8 | 0.792 | 0.729 | 0.662 | 0.593 | 0.523 | 0.456 | 0.392 | 0.333 | 0.279 | 0.232 |
| 9 | 0.877 | 0.830 | 0.776 | 0.717 | 0.653 | 0.587 | 0.522 | 0.458 | 0.397 | 0.341 |
| 10 | 0.933 | 0.901 | 0.862 | 0.816 | 0.763 | 0.706 | 0.645 | 0.583 | 0.521 | 0.460 |
| 11 | 0.966 | 0.947 | 0.921 | 0.888 | 0.849 | 0.803 | 0.752 | 0.697 | 0.639 | 0.579 |
| 12 | 0.984 | 0.973 | 0.957 | 0.936 | 0.909 | 0.876 | 0.836 | 0.792 | 0.742 | 0.689 |
| 13 | 0.993 | 0.987 | 0.978 | 0.966 | 0.949 | 0.926 | 0.898 | 0.864 | 0.825 | 0.781 |
| 14 | 0.997 | 0.994 | 0.990 | 0.983 | 0.973 | 0.959 | 0.940 | 0.917 | 0.888 | 0.854 |
| 15 | 0.999 | 0.998 | 0.995 | 0.992 | 0.986 | 0.978 | 0.967 | 0.951 | 0.932 | 0.907 |
| 16 | 1.000 | 0.999 | 0.998 | 0.996 | 0.993 | 0.989 | 0.982 | 0.973 | 0.960 | 0.944 |
| 17 | 1.000 | 1.000 | 0.999 | 0.998 | 0.997 | 0.995 | 0.991 | 0.986 | 0.978 | 0.968 |
| 18 | 1.000 | 1.000 | 1.000 | 0.999 | 0.999 | 0.998 | 0.996 | 0.993 | 0.988 | 0.982 |
| 19 | 1.000 | 1.000 | 1.000 | 1.000 | 0.999 | 0.999 | 0.998 | 0.997 | 0.994 | 0.991 |
| 20 | 1.000 | 1.000 | 1.000 | 1.000 | 1.000 | 1.000 | 0.999 | 0.998 | 0.997 | 0.995 |
| 21 | 1.000 | 1.000 | 1.000 | 1.000 | 1.000 | 1.000 | 1.000 | 0.999 | 0.999 | 0.998 |
| 22 | 1.000 | 1.000 | 1.000 | 1.000 | 1.000 | 1.000 | 1.000 | 1.000 | 0.999 | 0.999 |
| 23 | 1.000 | 1.000 | 1.000 | 1.000 | 1.000 | 1.000 | 1.000 | 1.000 | 1.000 | 1.000 |

## [표 3] 지수분포표($e^{-\lambda x}$의 값)

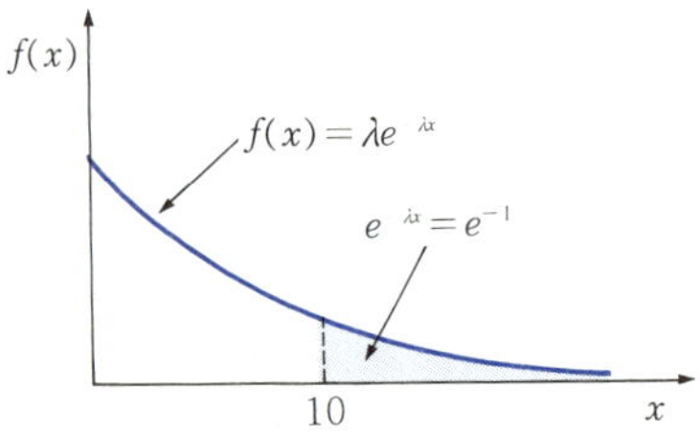


이 표는 편의상 $x$값 대신 $\lambda x$값에 대한 $e^{-\lambda x}$값을 나타낸다. 지수분포에서 $e^{-\lambda x}=P(X\geq x)$이다.

예 : $\lambda=1/10$일 때 $X$가 10 이상일 확률을 구하면
$\lambda x=(1/10)(10)=1$ 이므로
$P(X\geq 10)=e^{-\lambda x}=e^{-1}=0.367879$이다.

| $\lambda x$ | $e^{-\lambda x}$ | $\lambda x$ | $e^{-\lambda x}$ | $\lambda x$ | $e^{-\lambda x}$ |
|---|---|---|---|---|---|
| 0.00 | 1.000000 | 3.50 | .030197 | 7.00 | .000912 |
| 0.10 | .904837 | 3.60 | .027324 | 7.10 | .000825 |
| 0.20 | .818731 | 3.70 | .024724 | 7.20 | .000747 |
| 0.30 | .740818 | 3.80 | .022371 | 7.30 | .000676 |
| 0.40 | .670320 | 3.90 | .020242 | 7.40 | .000611 |
| 0.50 | .606531 | 4.00 | .018316 | 7.50 | .000553 |
| 0.60 | .548812 | 4.10 | .016573 | 7.60 | .000501 |
| 0.70 | .496585 | 4.20 | .014996 | 7.70 | .000453 |
| 0.80 | .449329 | 4.30 | .013569 | 7.80 | .000410 |
| 0.90 | .406570 | 4.40 | .012277 | 7.90 | .000371 |
| 1.00 | .367879 | 4.50 | .011109 | 8.00 | .000336 |
| 1.10 | .332871 | 4.60 | .010052 | 8.10 | .000304 |
| 1.20 | .301194 | 4.70 | .009095 | 8.20 | .000275 |
| 1.30 | .272532 | 4.80 | .008230 | 8.30 | .000249 |
| 1.40 | .246597 | 4.90 | .007447 | 8.40 | .000225 |
| 1.50 | .223130 | 5.00 | .006738 | 8.50 | .000204 |
| 1.60 | .201897 | 5.10 | .006097 | 8.60 | .000184 |
| 1.70 | .182684 | 5.20 | .005517 | 8.70 | .000167 |
| 1.80 | .165299 | 5.30 | .004992 | 8.80 | .000151 |
| 1.90 | .149569 | 5.40 | .004517 | 8.90 | .000136 |
| 2.00 | .135335 | 5.50 | .004087 | 9.00 | .000123 |
| 2.10 | .122456 | 5.60 | .003698 | 9.10 | .000112 |
| 2.20 | .110803 | 5.70 | .003346 | 9.20 | .000101 |
| 2.30 | .100259 | 5.80 | .003028 | 9.30 | .000091 |
| 2.40 | .090718 | 5.90 | .002739 | 9.40 | .000083 |
| 2.50 | .082085 | 6.00 | .002479 | 9.50 | .000075 |
| 2.60 | .074274 | 6.10 | .002243 | 9.60 | .000068 |
| 2.70 | .067206 | 6.20 | .002029 | 9.70 | .000061 |
| 2.80 | .060810 | 6.30 | .001836 | 9.80 | .000056 |
| 2.90 | .055023 | 6.40 | .001661 | 9.90 | .000050 |
| 3.00 | .049787 | 6.50 | .001503 | 10.00 | .000450 |
| 3.10 | .045049 | 6.60 | .001360 | | |
| 3.20 | .040762 | 6.70 | .001231 | | |
| 3.30 | .036883 | 6.80 | .001114 | | |
| 3.40 | .033373 | 6.90 | .001008 | | |

## [표 4] 누적표준정규분포표($\Phi(z)$)

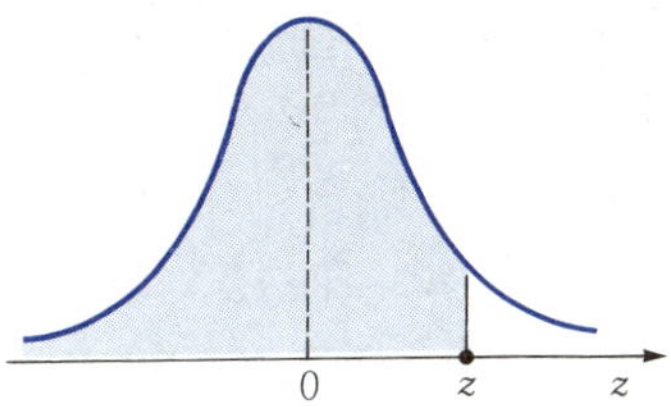


표 안의 값들은 표준정규분포의 누적확률을 나타내며 그림의 파란색 부분을 나타낸다.

$P(Z \leq z) = \Phi(z)$

$P(Z \leq -z) = \Phi(-z) = 1 - \Phi(z)$

예 : $P(Z \leq 1.96) = \Phi(1.96) = 0.975$

| $z$ | 0.00 | 0.01 | 0.02 | 0.03 | 0.04 | 0.05 | 0.06 | 0.07 | 0.08 | 0.09 |
|---|---|---|---|---|---|---|---|---|---|---|
| 0.0 | 0.5000 | 0.5040 | 0.5080 | 0.5120 | 0.5160 | 0.5199 | 0.5239 | 0.5279 | 0.5319 | 0.5359 |
| 0.1 | 0.5398 | 0.5438 | 0.5478 | 0.5517 | 0.5557 | 0.5596 | 0.5636 | 0.5675 | 0.5714 | 0.5753 |
| 0.2 | 0.5793 | 0.5832 | 0.5871 | 0.5910 | 0.5948 | 0.5987 | 0.6026 | 0.6064 | 0.6103 | 0.6141 |
| 0.3 | 0.6179 | 0.6217 | 0.6255 | 0.6293 | 0.6331 | 0.6368 | 0.6406 | 0.6443 | 0.6480 | 0.6517 |
| 0.4 | 0.6554 | 0.6591 | 0.6628 | 0.6664 | 0.6700 | 0.6736 | 0.6772 | 0.6808 | 0.6844 | 0.6879 |
| 0.5 | 0.6915 | 0.6950 | 0.6985 | 0.7019 | 0.7054 | 0.7088 | 0.7123 | 0.7157 | 0.7190 | 0.7224 |
| 0.6 | 0.7257 | 0.7291 | 0.7324 | 0.7357 | 0.7389 | 0.7422 | 0.7454 | 0.7486 | 0.7517 | 0.7549 |
| 0.7 | 0.7580 | 0.7611 | 0.7642 | 0.7673 | 0.7703 | 0.7734 | 0.7764 | 0.7794 | 0.7823 | 0.7852 |
| 0.8 | 0.7881 | 0.7910 | 0.7939 | 0.7967 | 0.7995 | 0.8023 | 0.8051 | 0.8078 | 0.8106 | 0.8133 |
| 0.9 | 0.8159 | 0.8186 | 0.8212 | 0.8238 | 0.8264 | 0.8289 | 0.8315 | 0.8340 | 0.8365 | 0.8389 |
| 1.0 | 0.8413 | 0.8438 | 0.8461 | 0.8485 | 0.8508 | 0.8531 | 0.8554 | 0.8577 | 0.8599 | 0.8621 |
| 1.1 | 0.8643 | 0.8665 | 0.8686 | 0.8708 | 0.8729 | 0.8749 | 0.8770 | 0.8790 | 0.8810 | 0.8830 |
| 1.2 | 0.8849 | 0.8869 | 0.8888 | 0.8907 | 0.8925 | 0.8944 | 0.8962 | 0.8980 | 0.8997 | 0.9015 |
| 1.3 | 0.9032 | 0.9049 | 0.9066 | 0.9082 | 0.9099 | 0.9115 | 0.9131 | 0.9147 | 0.9162 | 0.9177 |
| 1.4 | 0.9192 | 0.9207 | 0.9222 | 0.9236 | 0.9251 | 0.9265 | 0.9279 | 0.9292 | 0.9306 | 0.9319 |
| 1.5 | 0.9332 | 0.9345 | 0.9357 | 0.9370 | 0.9382 | 0.9394 | 0.9406 | 0.9418 | 0.9429 | 0.9441 |
| 1.6 | 0.9452 | 0.9463 | 0.9474 | 0.9484 | 0.9495 | 0.9505 | 0.9515 | 0.9525 | 0.9535 | 0.9545 |
| 1.7 | 0.9554 | 0.9564 | 0.9573 | 0.9582 | 0.9591 | 0.9599 | 0.9608 | 0.9616 | 0.9625 | 0.9633 |
| 1.8 | 0.9641 | 0.9649 | 0.9656 | 0.9664 | 0.9671 | 0.9678 | 0.9686 | 0.9693 | 0.9699 | 0.9706 |
| 1.9 | 0.9713 | 0.9719 | 0.9726 | 0.9732 | 0.9738 | 0.9744 | 0.9750 | 0.9756 | 0.9761 | 0.9767 |
| 2.0 | 0.9772 | 0.9778 | 0.9783 | 0.9788 | 0.9793 | 0.9798 | 0.9803 | 0.9808 | 0.9812 | 0.9817 |
| 2.1 | 0.9821 | 0.9826 | 0.9830 | 0.9834 | 0.9838 | 0.9842 | 0.9846 | 0.9850 | 0.9854 | 0.9857 |
| 2.2 | 0.9861 | 0.9864 | 0.9868 | 0.9871 | 0.9875 | 0.9878 | 0.9881 | 0.9884 | 0.9887 | 0.9890 |
| 2.3 | 0.9893 | 0.9896 | 0.9898 | 0.9901 | 0.9904 | 0.9906 | 0.9909 | 0.9911 | 0.9913 | 0.9916 |
| 2.4 | 0.9918 | 0.9920 | 0.9922 | 0.9925 | 0.9927 | 0.9929 | 0.9931 | 0.9932 | 0.9934 | 0.9936 |
| 2.5 | 0.9938 | 0.9940 | 0.9941 | 0.9943 | 0.9945 | 0.9946 | 0.9948 | 0.9949 | 0.9951 | 0.9952 |
| 2.6 | 0.9953 | 0.9955 | 0.9956 | 0.9957 | 0.9959 | 0.9960 | 0.9961 | 0.9962 | 0.9963 | 0.9964 |
| 2.7 | 0.9965 | 0.9966 | 0.9967 | 0.9968 | 0.9969 | 0.9970 | 0.9971 | 0.9972 | 0.9973 | 0.9974 |
| 2.8 | 0.9974 | 0.9975 | 0.9976 | 0.9977 | 0.9977 | 0.9978 | 0.9979 | 0.9979 | 0.9980 | 0.9981 |
| 2.9 | 0.9981 | 0.9982 | 0.9982 | 0.9983 | 0.9984 | 0.9984 | 0.9985 | 0.9985 | 0.9986 | 0.9986 |
| 3.0 | 0.9987 | 0.9987 | 0.9987 | 0.9988 | 0.9988 | 0.9989 | 0.9989 | 0.9989 | 0.9990 | 0.9990 |

| $\alpha$ | 0.100 | 0.050 | 0.025 | 0.010 | 0.005 |
|---|---|---|---|---|---|
| $z_\alpha$ | 1.282 | 1.645 | 1.960 | 2.326 | 2.576 |

## [표 5] $t$분포표

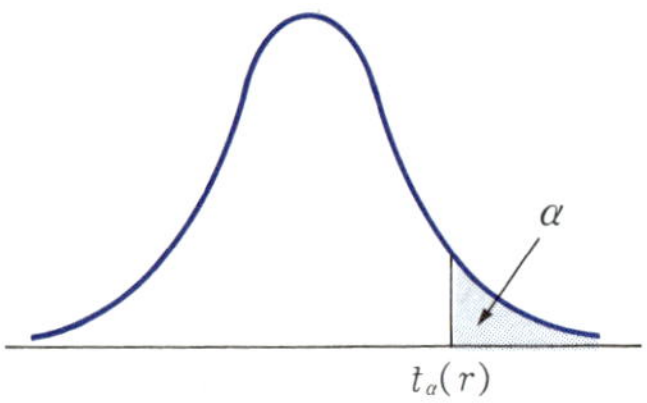


아래의 표는 자유도 $r$과 우측 꼬리면적이 $\alpha$인 $t_\alpha(r)$을 나타낸다.

예 : $t_{0.05}(10)=1.812$

$t_{0.95}(10)=-t_{0.05}(10)=-1.812$

| $r$ | 우측 꼬리면적$=\alpha$ | | | | |
|---|---|---|---|---|---|
| | 0.10 | 0.05 | 0.025 | 0.01 | 0.005 |
| 1 | 3.078 | 6.314 | 12.706 | 31.821 | 63.657 |
| 2 | 1.886 | 2.920 | 4.303 | 6.965 | 9.925 |
| 3 | 1.638 | 2.353 | 3.182 | 4.541 | 5.841 |
| 4 | 1.533 | 2.132 | 2.776 | 3.747 | 4.604 |
| 5 | 1.476 | 2.015 | 2.571 | 3.365 | 4.032 |
| 6 | 1.440 | 1.943 | 2.447 | 3.143 | 3.707 |
| 7 | 1.415 | 1.895 | 2.365 | 2.998 | 3.499 |
| 8 | 1.397 | 1.860 | 2.306 | 2.896 | 3.355 |
| 9 | 1.383 | 1.833 | 2.262 | 2.821 | 3.250 |
| 10 | 1.372 | 1.812 | 2.228 | 2.764 | 3.169 |
| 11 | 1.363 | 1.796 | 2.201 | 2.718 | 3.106 |
| 12 | 1.356 | 1.782 | 2.179 | 2.681 | 3.055 |
| 13 | 1.350 | 1.771 | 2.160 | 2.650 | 3.012 |
| 14 | 1.345 | 1.761 | 2.145 | 2.624 | 2.977 |
| 15 | 1.341 | 1.753 | 2.131 | 2.602 | 2.947 |
| 16 | 1.337 | 1.746 | 2.120 | 2.583 | 2.921 |
| 17 | 1.333 | 1.740 | 2.110 | 2.567 | 2.898 |
| 18 | 1.330 | 1.734 | 2.101 | 2.552 | 2.878 |
| 19 | 1.328 | 1.729 | 2.093 | 2.539 | 2.861 |
| 20 | 1.325 | 1.725 | 2.086 | 2.528 | 2.845 |
| 21 | 1.323 | 1.721 | 2.080 | 2.518 | 2.831 |
| 22 | 1.321 | 1.717 | 2.074 | 2.508 | 2.819 |
| 23 | 1.319 | 1.714 | 2.069 | 2.500 | 2.807 |
| 24 | 1.318 | 1.711 | 2.064 | 2.492 | 2.797 |
| 25 | 1.316 | 1.708 | 2.060 | 2.485 | 2.787 |
| 26 | 1.315 | 1.706 | 2.056 | 2.479 | 2.779 |
| 27 | 1.314 | 1.703 | 2.052 | 2.473 | 2.771 |
| 28 | 1.313 | 1.701 | 2.048 | 2.467 | 2.763 |
| 29 | 1.311 | 1.699 | 2.045 | 2.462 | 2.756 |
| 30 | 1.310 | 1.697 | 2.042 | 2.457 | 2.750 |
| ∞ | 1.282 | 1.645 | 1.960 | 2.326 | 2.576 |

## [표 6] $\chi^2$분포표

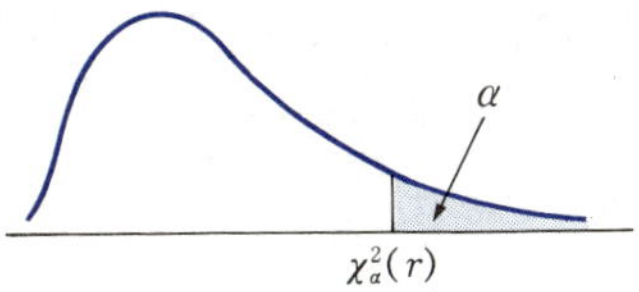


아래의 표는 자유도 $r$과 우측 꼬리면적이 $\alpha$인 $\chi^2_\alpha(r)$을 나타낸다.

예 : $\chi^2_{0.025}(5)=12.83$

| $r$ | 우측 꼬리면적$=\alpha$ | | | | | | | |
|---|---|---|---|---|---|---|---|---|
| | 0.99 | 0.975 | 0.95 | 0.9 | 0.10 | 0.05 | 0.025 | 0.01 |
| 1 | 0.000 | 0.001 | 0.004 | 0.016 | 2.706 | 3.841 | 5.024 | 6.635 |
| 2 | 0.020 | 0.051 | 0.103 | 0.211 | 4.605 | 5.991 | 7.378 | 9.210 |
| 3 | 0.115 | 0.216 | 0.352 | 0.584 | 6.251 | 7.815 | 9.348 | 11.34 |
| 4 | 0.297 | 0.484 | 0.711 | 1.064 | 7.779 | 9.488 | 11.14 | 13.28 |
| 5 | 0.554 | 0.831 | 1.145 | 1.610 | 9.236 | 11.07 | 12.83 | 15.09 |
| 6 | 0.872 | 1.237 | 1.635 | 2.204 | 10.64 | 12.59 | 14.45 | 16.81 |
| 7 | 1.239 | 1.690 | 2.167 | 2.833 | 12.02 | 14.07 | 16.01 | 18.48 |
| 8 | 1.646 | 2.180 | 2.733 | 3.490 | 13.36 | 15.51 | 17.54 | 20.09 |
| 9 | 2.088 | 2.700 | 3.325 | 4.168 | 14.68 | 16.92 | 19.02 | 21.67 |
| 10 | 2.558 | 3.247 | 3.940 | 4.865 | 15.99 | 18.31 | 20.48 | 23.21 |
| 11 | 3.053 | 3.816 | 4.575 | 5.578 | 17.28 | 19.68 | 21.92 | 24.72 |
| 12 | 3.571 | 4.404 | 5.226 | 6.304 | 18.55 | 21.03 | 23.34 | 26.22 |
| 13 | 4.107 | 5.009 | 5.892 | 7.042 | 19.81 | 22.36 | 24.74 | 27.69 |
| 14 | 4.660 | 5.629 | 6.571 | 7.790 | 21.06 | 23.68 | 26.12 | 29.14 |
| 15 | 5.229 | 6.262 | 7.261 | 8.547 | 22.31 | 25.00 | 27.49 | 30.58 |
| 16 | 5.812 | 6.908 | 7.962 | 9.312 | 23.54 | 26.30 | 28.84 | 32.00 |
| 17 | 6.408 | 7.564 | 8.672 | 10.08 | 24.77 | 27.59 | 30.19 | 33.41 |
| 18 | 7.015 | 8.231 | 9.390 | 10.86 | 25.99 | 28.87 | 31.53 | 34.80 |
| 19 | 7.633 | 8.907 | 10.12 | 11.65 | 27.20 | 30.14 | 32.85 | 36.19 |
| 20 | 8.260 | 9.591 | 10.85 | 12.44 | 28.41 | 31.41 | 34.17 | 37.57 |
| 21 | 8.897 | 10.28 | 11.59 | 13.24 | 29.62 | 32.67 | 35.48 | 38.93 |
| 22 | 9.542 | 10.98 | 12.34 | 14.04 | 30.81 | 33.92 | 36.78 | 40.29 |
| 23 | 10.20 | 11.69 | 13.09 | 14.85 | 32.01 | 35.17 | 38.08 | 41.64 |
| 24 | 10.86 | 12.40 | 13.85 | 15.66 | 33.20 | 36.42 | 39.36 | 42.98 |
| 25 | 11.52 | 13.12 | 14.61 | 16.47 | 34.38 | 37.65 | 40.65 | 44.31 |
| 26 | 12.20 | 13.84 | 15.38 | 17.29 | 35.56 | 38.88 | 41.92 | 45.64 |
| 27 | 12.88 | 14.57 | 16.15 | 18.11 | 36.74 | 40.11 | 43.19 | 46.96 |
| 28 | 13.56 | 15.31 | 16.93 | 18.94 | 37.92 | 41.34 | 44.46 | 48.28 |
| 29 | 14.26 | 16.05 | 17.71 | 19.77 | 39.09 | 42.56 | 45.72 | 49.59 |
| 30 | 14.95 | 16.79 | 18.49 | 20.60 | 40.26 | 43.77 | 46.98 | 50.89 |
| 40 | 22.16 | 24.43 | 26.51 | 29.05 | 51.80 | 55.76 | 59.34 | 63.69 |
| 50 | 29.71 | 32.36 | 34.76 | 37.69 | 63.17 | 67.50 | 71.42 | 76.15 |
| 60 | 37.48 | 40.48 | 43.19 | 46.46 | 74.40 | 79.08 | 83.30 | 88.38 |
| 70 | 45.44 | 48.76 | 51.74 | 55.33 | 85.53 | 90.53 | 95.02 | 100.4 |
| 80 | 53.34 | 57.15 | 60.39 | 64.28 | 96.58 | 101.9 | 106.6 | 112.3 |

## [표 7A] $F$분포표($\alpha = 0.05$)

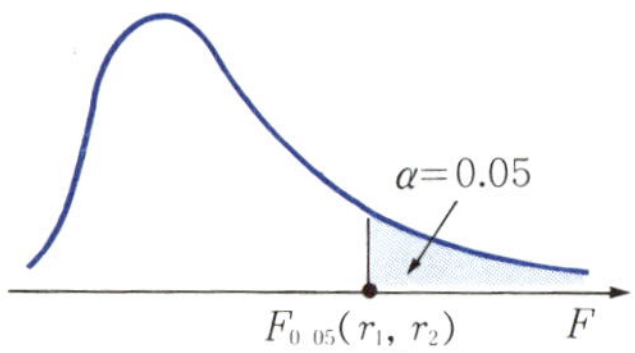


아래의 표는 자유도가 $r_1$, $r_2$일 때 우측 꼬리면적이 $\alpha = 0.05$인 $F_\alpha(r_1, r_2)$를 나타낸다.

예 : $F_\alpha(r_1, r_2) = F_{0.05}(5, 10) = 3.33$

| $r_2$ \ $r_1$ (분자 자유도) | 1 | 2 | 3 | 4 | 5 | 6 | 7 | 8 | 9 |
|---|---|---|---|---|---|---|---|---|---|
| 1 | 161.4 | 199.5 | 215.7 | 224.6 | 230.2 | 234.0 | 236.8 | 238.9 | 240.5 |
| 2 | 18.51 | 19.00 | 19.16 | 19.25 | 19.30 | 19.33 | 19.35 | 19.37 | 19.38 |
| 3 | 10.13 | 9.55 | 9.28 | 9.12 | 9.01 | 8.94 | 8.89 | 8.85 | 8.81 |
| 4 | 7.71 | 6.94 | 6.59 | 6.39 | 6.26 | 6.16 | 6.09 | 6.04 | 6.00 |
| 5 | 6.61 | 5.79 | 5.41 | 5.19 | 5.05 | 4.95 | 4.88 | 4.82 | 4.77 |
| 6 | 5.99 | 5.14 | 4.76 | 4.53 | 4.39 | 4.28 | 4.21 | 4.15 | 4.10 |
| 7 | 5.59 | 4.74 | 4.35 | 4.12 | 3.97 | 3.87 | 3.79 | 3.73 | 3.68 |
| 8 | 5.32 | 4.46 | 4.07 | 3.84 | 3.69 | 3.58 | 3.50 | 3.44 | 3.39 |
| 9 | 5.12 | 4.26 | 3.86 | 3.63 | 3.48 | 3.37 | 3.29 | 3.23 | 3.18 |
| 10 | 4.96 | 4.10 | 3.71 | 3.48 | 3.33 | 3.22 | 3.14 | 3.07 | 3.02 |
| 11 | 4.84 | 3.98 | 3.59 | 3.36 | 3.20 | 3.09 | 3.01 | 2.95 | 2.90 |
| 12 | 4.75 | 3.89 | 3.49 | 3.26 | 3.11 | 3.00 | 2.91 | 2.85 | 2.80 |
| 13 | 4.67 | 3.81 | 3.41 | 3.18 | 3.03 | 2.92 | 2.83 | 2.77 | 2.71 |
| 14 | 4.60 | 3.74 | 3.34 | 3.11 | 2.96 | 2.85 | 2.76 | 2.70 | 2.65 |
| 분모 자유도 15 | 4.54 | 3.68 | 3.29 | 3.06 | 2.90 | 2.79 | 2.71 | 2.64 | 2.59 |
| 16 | 4.49 | 3.63 | 3.24 | 3.01 | 2.85 | 2.74 | 2.66 | 2.59 | 2.54 |
| 17 | 4.45 | 3.59 | 3.20 | 2.96 | 2.81 | 2.70 | 2.61 | 2.55 | 2.49 |
| 18 | 4.41 | 3.55 | 3.16 | 2.93 | 2.77 | 2.66 | 2.58 | 2.51 | 2.46 |
| 19 | 4.38 | 3.52 | 3.13 | 2.90 | 2.74 | 2.63 | 2.54 | 2.48 | 2.42 |
| 20 | 4.35 | 3.49 | 3.10 | 2.87 | 2.71 | 2.60 | 2.51 | 2.45 | 2.39 |
| 21 | 4.32 | 3.47 | 3.07 | 2.84 | 2.68 | 2.57 | 2.49 | 2.42 | 2.37 |
| 22 | 4.30 | 3.44 | 3.05 | 2.82 | 2.66 | 2.55 | 2.46 | 2.40 | 2.34 |
| 23 | 4.28 | 3.42 | 3.03 | 2.80 | 2.64 | 2.53 | 2.44 | 2.37 | 2.32 |
| 24 | 4.26 | 3.40 | 3.01 | 2.78 | 2.62 | 2.51 | 2.42 | 2.36 | 2.30 |
| 25 | 4.24 | 3.39 | 2.99 | 2.76 | 2.60 | 2.49 | 2.40 | 2.34 | 2.28 |
| 26 | 4.23 | 3.37 | 2.98 | 2.74 | 2.59 | 2.47 | 2.39 | 2.32 | 2.27 |
| 27 | 4.21 | 3.35 | 2.96 | 2.73 | 2.57 | 2.46 | 2.37 | 2.31 | 2.25 |
| 28 | 4.20 | 3.34 | 2.95 | 2.71 | 2.56 | 2.45 | 2.36 | 2.29 | 2.24 |
| 29 | 4.18 | 3.33 | 2.93 | 2.70 | 2.55 | 2.43 | 2.35 | 2.28 | 2.22 |
| 30 | 4.17 | 3.32 | 2.92 | 2.69 | 2.53 | 2.42 | 2.33 | 2.27 | 2.21 |
| 40 | 4.08 | 3.23 | 2.84 | 2.61 | 2.45 | 2.34 | 2.25 | 2.18 | 2.12 |
| 60 | 4.00 | 3.15 | 2.76 | 2.53 | 2.37 | 2.25 | 2.17 | 2.10 | 2.04 |
| 120 | 3.92 | 3.07 | 2.68 | 2.45 | 2.29 | 2.17 | 2.09 | 2.02 | 1.96 |
| ∞ | 3.84 | 3.00 | 2.60 | 2.37 | 2.21 | 2.10 | 2.01 | 1.94 | 1.88 |

| 분자 자유도 | | | | | | | | | | $r_1$ / $r_2$ (분모 자유도) |
|---|---|---|---|---|---|---|---|---|---|---|
| 10 | 12 | 15 | 20 | 24 | 30 | 40 | 60 | 120 | ∞ | |
| 241.9 | 243.9 | 245.9 | 248.0 | 249.1 | 250.1 | 251.1 | 252.2 | 253.3 | 254.3 | 1 |
| 19.40 | 19.41 | 19.43 | 19.45 | 19.45 | 19.46 | 19.47 | 19.48 | 19.49 | 19.50 | 2 |
| 8.79 | 8.74 | 8.70 | 8.66 | 8.64 | 8.62 | 8.59 | 8.57 | 8.55 | 8.53 | 3 |
| 5.96 | 5.91 | 5.86 | 5.80 | 5.77 | 5.75 | 5.72 | 5.69 | 5.66 | 5.63 | 4 |
| 4.74 | 4.68 | 4.62 | 4.56 | 4.53 | 4.50 | 4.46 | 4.43 | 4.40 | 4.36 | 5 |
| 4.06 | 4.00 | 3.94 | 3.87 | 3.84 | 3.81 | 3.77 | 3.74 | 3.70 | 3.67 | 6 |
| 3.64 | 3.57 | 3.51 | 3.44 | 3.41 | 3.38 | 3.34 | 3.30 | 3.27 | 3.23 | 7 |
| 3.35 | 3.28 | 3.22 | 3.15 | 3.12 | 3.08 | 3.04 | 3.01 | 2.97 | 2.93 | 8 |
| 3.14 | 3.07 | 3.01 | 2.94 | 2.90 | 2.86 | 2.83 | 2.79 | 2.75 | 2.71 | 9 |
| 2.98 | 2.91 | 2.85 | 2.77 | 2.74 | 2.70 | 2.66 | 2.62 | 2.58 | 2.54 | 10 |
| 2.85 | 2.79 | 2.72 | 2.65 | 2.61 | 2.57 | 2.53 | 2.49 | 2.45 | 2.40 | 11 |
| 2.75 | 2.69 | 2.62 | 2.54 | 2.51 | 2.47 | 2.43 | 2.38 | 2.34 | 2.30 | 12 |
| 2.67 | 2.60 | 2.53 | 2.46 | 2.42 | 2.38 | 2.34 | 2.30 | 2.25 | 2.21 | 13 |
| 2.60 | 2.53 | 2.46 | 2.39 | 2.35 | 2.31 | 2.27 | 2.22 | 2.18 | 2.13 | 14 |
| 2.54 | 2.48 | 2.40 | 2.33 | 2.29 | 2.25 | 2.20 | 2.16 | 2.11 | 2.07 | 15 |
| 2.49 | 2.42 | 2.35 | 2.28 | 2.24 | 2.19 | 2.15 | 2.11 | 2.06 | 2.01 | 16 |
| 2.45 | 2.38 | 2.31 | 2.23 | 2.19 | 2.15 | 2.10 | 2.06 | 2.01 | 1.96 | 17 |
| 2.41 | 2.34 | 2.27 | 2.19 | 2.15 | 2.11 | 2.06 | 2.02 | 1.97 | 1.92 | 18 |
| 2.38 | 2.31 | 2.23 | 2.16 | 2.11 | 2.07 | 2.03 | 1.98 | 1.93 | 1.88 | 19 |
| 2.35 | 2.28 | 2.20 | 2.12 | 2.08 | 2.04 | 1.99 | 1.95 | 1.90 | 1.84 | 20 |
| 2.32 | 2.25 | 2.18 | 2.10 | 2.05 | 2.01 | 1.96 | 1.92 | 1.87 | 1.81 | 21 |
| 2.30 | 2.23 | 2.15 | 2.07 | 2.03 | 1.98 | 1.94 | 1.89 | 1.84 | 1.78 | 22 |
| 2.27 | 2.20 | 2.13 | 2.05 | 2.01 | 1.96 | 1.91 | 1.86 | 1.81 | 1.76 | 23 |
| 2.25 | 2.18 | 2.11 | 2.03 | 1.98 | 1.94 | 1.89 | 1.84 | 1.79 | 1.73 | 24 |
| 2.24 | 2.16 | 2.09 | 2.01 | 1.96 | 1.92 | 1.87 | 1.82 | 1.77 | 1.71 | 25 |
| 2.22 | 2.15 | 2.07 | 1.99 | 1.95 | 1.90 | 1.85 | 1.80 | 1.75 | 1.69 | 26 |
| 2.20 | 2.13 | 2.06 | 1.97 | 1.93 | 1.88 | 1.84 | 1.79 | 1.73 | 1.67 | 27 |
| 2.19 | 2.12 | 2.04 | 1.96 | 1.91 | 1.87 | 1.82 | 1.77 | 1.71 | 1.65 | 28 |
| 2.18 | 2.10 | 2.03 | 1.94 | 1.90 | 1.85 | 1.81 | 1.75 | 1.70 | 1.64 | 29 |
| 2.16 | 2.09 | 2.01 | 1.93 | 1.89 | 1.84 | 1.79 | 1.74 | 1.68 | 1.62 | 30 |
| 2.08 | 2.00 | 1.92 | 1.84 | 1.79 | 1.74 | 1.69 | 1.64 | 1.58 | 1.51 | 40 |
| 1.99 | 1.92 | 1.84 | 1.75 | 1.70 | 1.65 | 1.59 | 1.53 | 1.47 | 1.39 | 60 |
| 1.91 | 1.81 | 1.75 | 1.66 | 1.61 | 1.55 | 1.50 | 1.43 | 1.35 | 1.25 | 120 |
| 1.83 | 1.75 | 1.67 | 1.57 | 1.52 | 1.46 | 1.39 | 1.32 | 1.22 | 1.00 | ∞ |

## [표 7B] $F$분포표($\alpha = 0.025$)

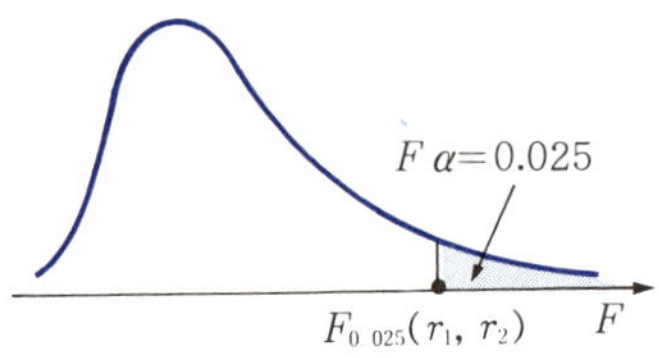


아래의 표는 자유도가 $r_1$, $r_2$일 때 우측 꼬리면적이 $\alpha = 0.025$인 $F_\alpha(r_1, r_2)$를 나타낸다.

예 : $F_\alpha(r_1, r_2) = F_{0.025}(5, 10) = 4.24$

| $r_2$ \ $r_1$ (분모 자유도 \ 분자 자유도) | 1 | 2 | 3 | 4 | 5 | 6 | 7 | 8 | 9 |
|---|---|---|---|---|---|---|---|---|---|
| 1 | 647.8 | 799.5 | 864.2 | 899.6 | 921.8 | 937.1 | 948.2 | 956.7 | 963.3 |
| 2 | 38.51 | 39.00 | 39.17 | 39.25 | 39.30 | 39.33 | 39.36 | 39.37 | 39.39 |
| 3 | 17.44 | 16.04 | 15.44 | 15.10 | 14.88 | 14.73 | 14.73 | 14.54 | 14.47 |
| 4 | 12.22 | 10.65 | 9.98 | 9.60 | 9.36 | 9.20 | 9.20 | 8.98 | 8.90 |
| 5 | 10.01 | 8.43 | 7.76 | 7.39 | 7.15 | 6.98 | 6.98 | 6.76 | 6.68 |
| 6 | 8.81 | 7.26 | 6.60 | 6.23 | 5.99 | 5.82 | 5.82 | 5.60 | 5.52 |
| 7 | 8.07 | 6.54 | 5.89 | 5.52 | 5.29 | 5.12 | 5.12 | 4.90 | 4.82 |
| 8 | 7.57 | 6.06 | 5.42 | 5.05 | 4.82 | 4.65 | 4.65 | 4.43 | 4.36 |
| 9 | 7.21 | 5.71 | 5.08 | 4.72 | 4.48 | 4.32 | 4.32 | 4.10 | 4.03 |
| 10 | 6.94 | 5.46 | 4.83 | 4.47 | 4.24 | 4.07 | 4.07 | 3.85 | 3.78 |
| 11 | 6.72 | 5.26 | 4.63 | 4.28 | 4.04 | 3.88 | 3.88 | 3.66 | 3.59 |
| 12 | 6.55 | 5.10 | 4.47 | 4.12 | 3.89 | 3.73 | 3.73 | 3.51 | 3.44 |
| 13 | 6.41 | 4.97 | 4.35 | 4.00 | 3.77 | 3.60 | 3.60 | 3.39 | 3.31 |
| 14 | 6.30 | 4.86 | 4.24 | 3.89 | 3.66 | 3.50 | 3.50 | 3.29 | 3.21 |
| 15 | 6.20 | 4.77 | 4.15 | 3.80 | 3.58 | 3.41 | 3.41 | 3.20 | 3.12 |
| 16 | 6.12 | 4.69 | 4.08 | 3.73 | 3.50 | 3.34 | 3.22 | 3.12 | 3.05 |
| 17 | 6.04 | 4.62 | 4.01 | 3.66 | 3.44 | 3.28 | 3.16 | 3.06 | 2.98 |
| 18 | 5.98 | 4.56 | 3.95 | 3.61 | 3.38 | 3.22 | 3.10 | 3.01 | 2.93 |
| 19 | 5.92 | 4.51 | 3.90 | 3.56 | 3.33 | 3.17 | 3.05 | 2.96 | 2.88 |
| 20 | 5.87 | 4.46 | 3.86 | 3.51 | 3.29 | 3.13 | 3.01 | 2.91 | 2.84 |
| 21 | 5.83 | 4.42 | 3.82 | 3.48 | 3.25 | 3.09 | 2.97 | 2.87 | 2.80 |
| 22 | 5.79 | 4.38 | 3.78 | 3.44 | 3.22 | 3.05 | 2.93 | 2.84 | 2.76 |
| 23 | 5.75 | 4.35 | 3.75 | 3.41 | 3.18 | 3.02 | 2.90 | 2.81 | 2.73 |
| 24 | 5.72 | 4.32 | 3.72 | 3.38 | 3.15 | 2.99 | 2.87 | 2.78 | 2.70 |
| 25 | 5.69 | 4.29 | 3.69 | 3.35 | 3.13 | 2.97 | 2.85 | 2.75 | 2.68 |
| 26 | 5.66 | 4.27 | 3.67 | 3.33 | 3.10 | 2.94 | 2.82 | 2.73 | 2.65 |
| 27 | 5.63 | 4.24 | 3.65 | 3.31 | 3.08 | 2.92 | 2.80 | 2.71 | 2.63 |
| 28 | 5.61 | 4.22 | 3.63 | 3.29 | 3.06 | 2.90 | 2.78 | 2.69 | 2.61 |
| 29 | 5.59 | 4.20 | 3.61 | 3.27 | 3.04 | 2.88 | 2.76 | 2.67 | 2.59 |
| 30 | 5.57 | 4.18 | 3.59 | 3.25 | 3.03 | 2.87 | 2.75 | 2.65 | 2.57 |
| 40 | 5.42 | 4.05 | 3.46 | 3.13 | 2.90 | 2.74 | 2.62 | 2.53 | 2.45 |
| 60 | 5.29 | 3.93 | 3.34 | 3.01 | 2.79 | 2.63 | 2.51 | 2.41 | 2.33 |
| 120 | 5.15 | 3.80 | 3.23 | 2.89 | 2.67 | 2.52 | 2.39 | 2.30 | 2.22 |
| ∞ | 5.02 | 3.69 | 3.12 | 2.79 | 2.57 | 2.41 | 2.29 | 2.19 | 2.11 |

| 분자 자유도 | | | | | | | | | | $r_1$ / $r_2$ (분모 자유도) |
|---|---|---|---|---|---|---|---|---|---|---|
| 10 | 12 | 15 | 20 | 24 | 30 | 40 | 60 | 120 | ∞ | |
| 968.6 | 976.7 | 984.9 | 993.1 | 997.2 | 1001 | 1006 | 1010 | 1014 | 1018 | 1 |
| 39.40 | 39.41 | 39.43 | 39.45 | 39.46 | 39.46 | 39.47 | 39.48 | 39.49 | 39.50 | 2 |
| 14.42 | 14.34 | 14.25 | 14.17 | 14.12 | 14.08 | 14.04 | 13.99 | 13.95 | 13.90 | 3 |
| 8.84 | 8.75 | 8.66 | 8.51 | 8.51 | 8.46 | 8.41 | 8.36 | 8.31 | 8.26 | 4 |
| 6.62 | 6.52 | 6.43 | 6.28 | 6.28 | 6.23 | 6.18 | 6.12 | 6.07 | 6.02 | 5 |
| 5.46 | 5.37 | 5.27 | 5.12 | 5.12 | 5.07 | 5.01 | 4.96 | 4.90 | 4.85 | 6 |
| 4.76 | 4.67 | 4.57 | 4.42 | 4.42 | 4.36 | 4.31 | 4.25 | 4.20 | 4.14 | 7 |
| 4.30 | 4.20 | 4.10 | 3.95 | 3.95 | 3.89 | 3.84 | 3.78 | 3.73 | 3.67 | 8 |
| 3.96 | 3.87 | 3.77 | 3.61 | 3.61 | 3.56 | 3.51 | 3.45 | 3.39 | 3.33 | 9 |
| 3.72 | 3.62 | 3.52 | 3.37 | 3.37 | 3.31 | 3.26 | 3.20 | 3.14 | 3.08 | 10 |
| 3.53 | 3.43 | 3.33 | 3.17 | 3.17 | 3.12 | 3.06 | 3.00 | 2.94 | 2.88 | 11 |
| 3.37 | 3.28 | 3.18 | 3.02 | 3.02 | 2.96 | 2.91 | 2.85 | 2.79 | 2.72 | 12 |
| 3.25 | 3.15 | 3.05 | 2.89 | 2.89 | 2.84 | 2.78 | 2.72 | 2.66 | 2.60 | 13 |
| 3.15 | 3.05 | 2.95 | 2.79 | 2.79 | 2.73 | 2.67 | 2.61 | 2.55 | 2.49 | 14 |
| 3.06 | 2.96 | 2.86 | 2.70 | 2.70 | 2.64 | 2.59 | 2.52 | 2.46 | 2.40 | 15 |
| 2.99 | 2.89 | 2.79 | 2.68 | 2.63 | 2.57 | 2.51 | 2.45 | 2.38 | 2.32 | 16 |
| 2.92 | 2.82 | 2.72 | 2.62 | 2.56 | 2.50 | 2.44 | 2.38 | 2.32 | 2.25 | 17 |
| 2.87 | 2.77 | 2.67 | 2.56 | 2.50 | 2.44 | 2.38 | 2.32 | 2.26 | 2.19 | 18 |
| 2.82 | 2.72 | 2.62 | 2.51 | 2.45 | 2.39 | 2.33 | 2.27 | 2.20 | 2.13 | 19 |
| 2.77 | 2.68 | 2.57 | 2.46 | 2.41 | 2.35 | 2.29 | 2.22 | 2.16 | 2.09 | 20 |
| 2.73 | 2.64 | 2.53 | 2.42 | 2.37 | 2.31 | 2.25 | 2.18 | 2.11 | 2.04 | 21 |
| 2.70 | 2.60 | 2.50 | 2.39 | 2.33 | 2.27 | 2.21 | 2.14 | 2.08 | 2.00 | 22 |
| 2.67 | 2.57 | 2.47 | 2.36 | 2.30 | 2.24 | 2.18 | 2.11 | 2.04 | 1.97 | 23 |
| 2.64 | 2.54 | 2.44 | 2.33 | 2.27 | 2.21 | 2.15 | 2.08 | 2.01 | 1.94 | 24 |
| 2.61 | 2.51 | 2.41 | 2.30 | 2.24 | 2.18 | 2.12 | 2.05 | 1.98 | 1.91 | 25 |
| 2.59 | 2.49 | 2.39 | 2.28 | 2.22 | 2.16 | 2.09 | 2.03 | 1.95 | 1.88 | 26 |
| 2.57 | 2.47 | 2.36 | 2.25 | 2.19 | 2.13 | 2.07 | 2.00 | 1.93 | 1.85 | 27 |
| 2.55 | 2.45 | 2.34 | 2.23 | 2.17 | 2.11 | 2.05 | 1.98 | 1.91 | 1.83 | 28 |
| 2.53 | 2.43 | 2.32 | 2.21 | 2.1 | 2.09 | 2.03 | 1.96 | 1.89 | 1.81 | 29 |
| 2.51 | 2.41 | 2.31 | 2.20 | 2.14 | 2.07 | 2.01 | 1.94 | 1.87 | 1.79 | 30 |
| 2.39 | 2.29 | 2.18 | 2.07 | 2.01 | 1.94 | 1.88 | 1.80 | 1.72 | 1.64 | 40 |
| 2.27 | 2.17 | 2.06 | 1.94 | 1.88 | 1.82 | 1.74 | 1.67 | 1.58 | 1.48 | 60 |
| 2.16 | 2.05 | 1.94 | 1.82 | 1.76 | 1.69 | 1.61 | 1.53 | 1.43 | 1.31 | 120 |
| 2.05 | 1.94 | 1.83 | 1.71 | 1.64 | 1.57 | 1.48 | 1.39 | 1.27 | 1.00 | ∞ |

## [표 7C] $F$분포표($\alpha = 0.01$)

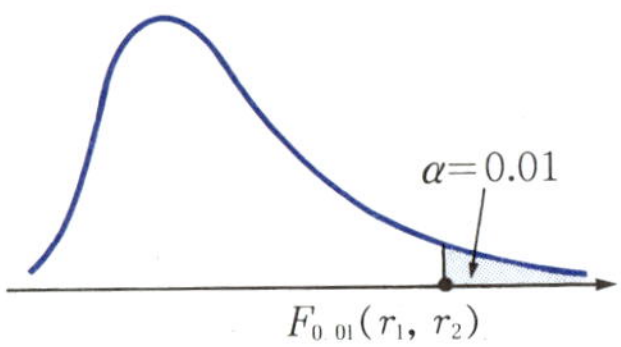


아래의 표는 자유도가 $r_1$, $r_2$일 때 우측 꼬리면적이 $\alpha = 0.01$인 $F_\alpha(r_1, r_2)$를 나타낸다.

예 : $F_\alpha(r_1, r_2) = F_{0.01}(5, 10) = 5.64$

| $r_2$ \ $r_1$ (분자 자유도) | 1 | 2 | 3 | 4 | 5 | 6 | 7 | 8 | 9 |
|---|---|---|---|---|---|---|---|---|---|
| 1 | 4052 | 4999.5 | 5403 | 5625 | 5764 | 5859 | 5928 | 5981 | 6022 |
| 2 | 98.50 | 99.00 | 99.17 | 99.25 | 99.30 | 99.33 | 99.36 | 99.37 | 99.39 |
| 3 | 34.12 | 30.82 | 29.46 | 28.71 | 28.24 | 27.91 | 27.67 | 27.49 | 27.35 |
| 4 | 21.20 | 18.00 | 16.69 | 15.98 | 15.52 | 15.21 | 14.98 | 14.80 | 14.66 |
| 5 | 16.26 | 13.27 | 12.06 | 11.39 | 10.97 | 10.67 | 10.46 | 10.29 | 10.16 |
| 6 | 13.75 | 10.92 | 9.78 | 9.15 | 8.75 | 8.47 | 8.26 | 8.10 | 7.98 |
| 7 | 12.25 | 9.55 | 8.45 | 7.85 | 7.46 | 7.19 | 6.99 | 6.84 | 6.72 |
| 8 | 11.26 | 8.65 | 7.59 | 7.01 | 6.63 | 6.37 | 6.18 | 6.03 | 5.91 |
| 9 | 10.56 | 8.02 | 6.99 | 6.42 | 6.06 | 5.80 | 5.61 | 5.47 | 5.35 |
| 10 | 10.04 | 7.56 | 6.55 | 5.99 | 5.64 | 5.39 | 5.20 | 5.06 | 4.94 |
| 11 | 9.65 | 7.21 | 6.22 | 5.67 | 5.32 | 5.07 | 4.89 | 4.74 | 4.63 |
| 12 | 9.33 | 6.93 | 5.95 | 5.41 | 5.06 | 4.82 | 4.64 | 4.50 | 4.39 |
| 13 | 9.07 | 6.70 | 5.74 | 5.21 | 4.86 | 4.62 | 4.44 | 4.30 | 4.19 |
| 14 | 8.86 | 6.51 | 5.56 | 5.04 | 4.69 | 4.46 | 4.28 | 4.14 | 4.03 |
| 분모 자유도 15 | 8.68 | 6.36 | 5.42 | 4.89 | 4.56 | 4.32 | 4.14 | 4.00 | 3.89 |
| 16 | 8.53 | 6.23 | 5.29 | 4.77 | 4.44 | 4.20 | 4.03 | 3.89 | 3.78 |
| 17 | 8.40 | 6.11 | 5.18 | 4.67 | 4.34 | 4.10 | 3.93 | 3.79 | 3.68 |
| 18 | 8.29 | 6.01 | 5.09 | 4.58 | 4.25 | 4.01 | 3.84 | 3.71 | 3.60 |
| 19 | 8.18 | 5.93 | 5.01 | 4.50 | 4.17 | 3.94 | 3.77 | 3.63 | 3.52 |
| 20 | 8.10 | 5.85 | 4.94 | 4.43 | 4.10 | 3.87 | 3.70 | 3.56 | 3.46 |
| 21 | 8.02 | 5.78 | 4.87 | 4.37 | 4.04 | 3.81 | 3.64 | 3.51 | 3.40 |
| 22 | 7.95 | 5.72 | 4.82 | 4.31 | 3.99 | 3.76 | 3.59 | 3.45 | 3.35 |
| 23 | 7.88 | 5.66 | 4.76 | 4.26 | 3.94 | 3.71 | 3.54 | 3.41 | 3.30 |
| 24 | 7.82 | 5.61 | 4.72 | 4.22 | 3.90 | 3.67 | 3.50 | 3.36 | 3.26 |
| 25 | 7.77 | 5.57 | 4.68 | 4.18 | 3.85 | 3.63 | 3.46 | 3.32 | 3.22 |
| 26 | 7.72 | 5.53 | 4.64 | 4.14 | 3.82 | 3.59 | 3.42 | 3.29 | 3.18 |
| 27 | 7.68 | 5.49 | 4.60 | 4.11 | 3.78 | 3.56 | 3.39 | 3.26 | 3.15 |
| 28 | 7.64 | 5.45 | 4.57 | 4.07 | 3.75 | 3.53 | 3.36 | 3.23 | 3.12 |
| 29 | 7.60 | 5.42 | 4.54 | 4.04 | 3.73 | 3.50 | 3.33 | 3.20 | 3.09 |
| 30 | 7.56 | 5.39 | 4.51 | 4.02 | 3.70 | 3.47 | 3.30 | 3.17 | 3.07 |
| 40 | 7.31 | 5.18 | 4.31 | 3.83 | 3.51 | 3.29 | 3.12 | 2.99 | 2.89 |
| 60 | 7.08 | 4.98 | 4.13 | 3.65 | 3.34 | 3.12 | 2.95 | 2.82 | 2.72 |
| 120 | 6.85 | 4.79 | 3.95 | 3.48 | 3.17 | 2.96 | 2.79 | 2.66 | 2.56 |
| $\infty$ | 6.63 | 4.61 | 3.78 | 3.32 | 3.02 | 2.80 | 2.64 | 2.51 | 2.41 |

| 10 | 12 | 15 | 20 | 24 | 30 | 40 | 60 | 120 | ∞ | $r_1$ / $r_2$ |
|---|---|---|---|---|---|---|---|---|---|---|
| 분자 자유도 | | | | | | | | | | 분모 자유도 |
| 6056 | 6106 | 6157 | 6209 | 6235 | 6261 | 6287 | 6313 | 6339 | 6366 | 1 |
| 99.40 | 99.42 | 99.43 | 99.45 | 99.46 | 99.47 | 99.47 | 99.48 | 99.49 | 99.50 | 2 |
| 27.23 | 27.05 | 26.87 | 26.69 | 26.60 | 26.50 | 26.41 | 26.32 | 26.22 | 26.13 | 3 |
| 14.55 | 14.37 | 14.20 | 14.02 | 13.93 | 13.84 | 13.75 | 13.65 | 13.56 | 13.46 | 4 |
| 10.05 | 9.89 | 9.72 | 9.55 | 9.47 | 9.38 | 9.29 | 9.20 | 9.11 | 9.02 | 5 |
| 7.87 | 7.72 | 7.56 | 7.40 | 7.31 | 7.23 | 7.14 | 7.06 | 6.97 | 6.88 | 6 |
| 6.62 | 6.47 | 6.31 | 6.16 | 6.07 | 5.99 | 5.91 | 5.82 | 5.74 | 5.65 | 7 |
| 5.81 | 5.67 | 5.52 | 5.36 | 5.28 | 5.20 | 5.12 | 5.03 | 4.95 | 4.86 | 8 |
| 5.26 | 5.11 | 4.96 | 4.81 | 4.73 | 4.65 | 4.57 | 4.48 | 4.40 | 4.31 | 9 |
| 4.85 | 4.71 | 4.56 | 4.41 | 4.33 | 4.25 | 4.17 | 4.08 | 4.00 | 3.91 | 10 |
| 4.54 | 4.40 | 4.25 | 4.10 | 4.02 | 3.94 | 3.86 | 3.78 | 3.69 | 3.60 | 11 |
| 4.30 | 4.16 | 4.01 | 3.86 | 3.78 | 3.70 | 3.62 | 3.54 | 3.45 | 3.36 | 12 |
| 4.10 | 3.96 | 3.82 | 3.66 | 3.59 | 3.51 | 3.43 | 3.34 | 3.25 | 3.17 | 13 |
| 3.94 | 3.80 | 3.66 | 3.51 | 3.43 | 3.35 | 3.27 | 3.18 | 3.09 | 3.00 | 14 |
| 3.80 | 3.67 | 3.52 | 3.37 | 3.29 | 3.21 | 3.13 | 3.05 | 2.96 | 2.87 | 15 |
| 3.69 | 3.55 | 3.41 | 3.26 | 3.18 | 3.10 | 3.02 | 2.93 | 2.84 | 2.75 | 16 |
| 3.59 | 3.46 | 3.31 | 3.16 | 3.08 | 3.00 | 2.92 | 2.83 | 2.75 | 2.65 | 17 |
| 3.51 | 3.37 | 3.23 | 3.08 | 3.00 | 2.92 | 2.64 | 2.75 | 2.66 | 2.57 | 18 |
| 3.43 | 3.30 | 3.15 | 3.00 | 2.92 | 2.84 | 2.76 | 2.67 | 2.58 | 2.49 | 19 |
| 3.37 | 3.23 | 3.09 | 2.94 | 2.86 | 2.78 | 2.69 | 2.61 | 2.52 | 2.42 | 20 |
| 3.31 | 3.17 | 3.03 | 2.88 | 2.80 | 2.72 | 2.64 | 2.55 | 2.46 | 2.36 | 21 |
| 3.26 | 3.12 | 2.98 | 2.83 | 2.75 | 2.67 | 2.58 | 2.50 | 2.40 | 2.31 | 22 |
| 3.21 | 3.07 | 2.93 | 2.78 | 2.70 | 2.62 | 2.54 | 2.45 | 2.35 | 2.26 | 23 |
| 3.17 | 3.03 | 2.89 | 2.74 | 2.65 | 2.58 | 2.49 | 2.40 | 2.31 | 2.21 | 24 |
| 3.13 | 2.99 | 2.85 | 2.70 | 2.62 | 2.54 | 2.45 | 2.36 | 2.27 | 2.17 | 25 |
| 3.09 | 2.96 | 2.81 | 2.66 | 2.58 | 2.50 | 2.42 | 2.33 | 2.23 | 2.13 | 26 |
| 3.06 | 2.93 | 2.78 | 2.63 | 2.55 | 2.47 | 2.38 | 2.29 | 2.20 | 2.10 | 27 |
| 3.03 | 2.90 | 2.75 | 2.60 | 2.52 | 2.44 | 2.35 | 2.26 | 2.17 | 2.06 | 28 |
| 3.00 | 2.87 | 2.73 | 2.57 | 2.49 | 2.41 | 2.33 | 2.23 | 2.14 | 2.03 | 29 |
| 2.98 | 2.84 | 2.70 | 2.55 | 2.47 | 2.39 | 2.30 | 2.21 | 2.11 | 2.01 | 30 |
| 2.80 | 2.66 | 2.52 | 2.37 | 2.29 | 2.20 | 2.11 | 2.02 | 1.92 | 1.80 | 40 |
| 2.63 | 2.50 | 2.35 | 2.20 | 2.12 | 2.03 | 1.94 | 1.84 | 1.73 | 1.60 | 60 |
| 2.47 | 2.34 | 2.19 | 2.03 | 1.95 | 1.86 | 1.76 | 1.66 | 1.53 | 1.38 | 120 |
| 2.32 | 2.18 | 2.04 | 1.88 | 1.79 | 1.70 | 1.59 | 1.47 | 1.32 | 1.00 | ∞ |

## [표 8] $Z=\left(\frac{1}{2}\right)\ln\left(\frac{1+r}{1-r}\right)$의 값

| $r$ | $r$(소수점 3자리) | | | | | $r$ | $r$(소수점 3자리) | | | | |
|---|---|---|---|---|---|---|---|---|---|---|---|
| | .000 | .002 | .004 | .006 | .008 | | .000 | .002 | .004 | .006 | .008 |
| .00 | .0000 | .0020 | .0040 | .0060 | .0080 | .40 | .4236 | .4260 | .4284 | .4308 | .4332 |
| 1 | .0100 | .0120 | .0140 | .0160 | .0180 | 1 | .4356 | .4380 | .4404 | .4428 | .4453 |
| 2 | .0200 | .0220 | .0240 | .0260 | .0280 | 2 | .4477 | .4501 | .4526 | .4550 | .4574 |
| 3 | .0300 | .0320 | .0340 | .0360 | .0380 | 3 | .4599 | .4624 | .4648 | .4673 | .4698 |
| 4 | .0400 | .0420 | .0440 | .0460 | .0480 | 4 | .4722 | .4747 | .4772 | .4797 | .4822 |
| .05 | .0500 | .0520 | .0541 | .0561 | .0581 | .45 | .4847 | .4872 | .4897 | .4922 | .4948 |
| 6 | .0601 | .0621 | .0641 | .0661 | .0681 | 6 | .4973 | .4999 | .5024 | .5049 | .4075 |
| 7 | .0701 | .0721 | .0741 | .0731 | .0782 | 7 | .5101 | .5126 | .5152 | .5178 | .5204 |
| 8 | .0802 | .0822 | .0842 | .0862 | .0882 | 8 | .5230 | .5256 | .5282 | .5308 | .5334 |
| 9 | .0902 | .0923 | .0943 | .0963 | .0983 | 9 | .5361 | .5387 | .5413 | .5440 | .5466 |
| .10 | .1003 | .1024 | .1044 | .1064 | .1084 | .50 | .5493 | .5520 | .5547 | .5573 | .5600 |
| 1 | .1104 | .1125 | .1145 | .1165 | .1186 | 1 | .5627 | .5654 | .5682 | .5709 | .5736 |
| 2 | .1206 | .1226 | .1246 | .1267 | .1287 | 2 | .5763 | .5791 | .5818 | .5846 | .5874 |
| 3 | .1307 | .1328 | .1348 | .1368 | .1389 | 3 | .5901 | .5929 | .5957 | .5985 | .6013 |
| 4 | .1409 | .1430 | .1450 | .1471 | .1491 | 4 | .6042 | .6070 | .6098 | .6127 | .6155 |
| .15 | .1511 | .1532 | .1552 | .1573 | .1593 | .55 | .6194 | .6213 | .6241 | .6270 | .6299 |
| 6 | .1614 | .1634 | .1655 | .1676 | .1696 | 6 | .6328 | .6358 | .6387 | .6416 | .6446 |
| 7 | .1717 | .1737 | .1758 | .1779 | .1799 | 7 | .6475 | .6505 | .6535 | .6565 | .6595 |
| 8 | .1820 | .1841 | .1861 | .1882 | .1903 | 8 | .6625 | .6655 | .6685 | .6716 | .6746 |
| 9 | .1923 | .1944 | .1965 | .1986 | .2007 | 9 | .6777 | .6807 | .6838 | .6869 | .6900 |
| .20 | .2027 | .2048 | .2069 | .2090 | .2111 | .60 | .6931 | .6963 | .6994 | .7026 | .7057 |
| 1 | .2132 | .2153 | .2174 | .2195 | .2216 | 1 | .7089 | .7121 | .7153 | .7185 | .7218 |
| 2 | .2237 | .2258 | .2279 | .2300 | .2321 | 2 | .7250 | .7283 | .7315 | .7348 | .7381 |
| 3 | .2342 | .2363 | .2384 | .2405 | .2427 | 3 | .7414 | .7447 | .7481 | .7514 | .7548 |
| 4 | .2448 | .2469 | .2490 | .2512 | .2533 | 4 | .7582 | .7616 | .7650 | .7684 | .7718 |
| .25 | .2554 | .2575 | .2597 | .2618 | .2640 | .65 | .7753 | .7788 | .7823 | .7858 | .7893 |
| 6 | .2661 | .2683 | .2704 | .2726 | .2747 | 6 | .7928 | .7964 | .7999 | .8035 | .8071 |
| 7 | .2769 | .2790 | .2812 | .2833 | .2855 | 7 | .8107 | .8144 | .8180 | .8217 | .8254 |
| 8 | .2877 | .2899 | .2920 | .2942 | .2964 | 8 | .8291 | .8328 | .8366 | .8404 | .8441 |
| 9 | .2986 | .3008 | .3029 | .3051 | .3073 | 9 | .8480 | .8518 | .8556 | .8595 | .8634 |
| .30 | .3095 | .3117 | .3139 | .3161 | .3183 | .70 | .8673 | .8712 | .8752 | .8792 | .8832 |
| 1 | .3205 | .3228 | .3250 | .3272 | .3294 | 1 | .8872 | .8912 | .8953 | .8994 | .9035 |
| 2 | .3316 | .3339 | .3361 | .3383 | .3406 | 2 | .9076 | .9118 | .9160 | .9202 | .9245 |
| 3 | .3428 | .3451 | .3473 | .3496 | .3518 | 3 | .9287 | .9330 | .9373 | .9417 | .9461 |
| 4 | .3541 | .3564 | .3586 | .3609 | .3632 | 4 | .9505 | .9549 | .9549 | .9639 | .9684 |
| .35 | .3654 | .3677 | .3700 | .3723 | .3746 | .75 | 0.973 | 0.978 | 0.982 | 0.987 | 0.991 |
| 6 | .3769 | .3792 | .3815 | .3838 | .3861 | 6 | 0.996 | 1.001 | 1.006 | 1.011 | 1.015 |
| 7 | .3884 | .3907 | .3931 | .3954 | .3977 | 7 | 1.020 | 1.025 | 1.030 | 1.035 | 1.040 |
| 8 | .4001 | .4024 | .4047 | .4071 | .4094 | 8 | 1.045 | 1.050 | 1.056 | 1.061 | 1.066 |
| 9 | .4118 | .4142 | .4165 | .4189 | .4213 | 9 | 1.071 | 1.077 | 1.082 | 1.088 | 1.093 |

[표 8] (계 속)

| $r$ | $r$(소수점 3자리) | | | | | $r$ | $r$(소수점 3자리) | | | | |
|---|---|---|---|---|---|---|---|---|---|---|---|
| | .000 | .002 | .004 | .006 | .008 | | .000 | .002 | .004 | .006 | .008 |
| .80 | 1.099 | 1.104 | 1.110 | 1.116 | 1.121 | .90 | 1.472 | 1.483 | 1.494 | 1.505 | 1.516 |
| 1 | 1.127 | 1.133 | 1.139 | 1.145 | 1.151 | 1 | 1.528 | 1.539 | 1.551 | 1.564 | 1.576 |
| 2 | 1.157 | 1.163 | 1.169 | 1.175 | 1.182 | 2 | 1.589 | 1.602 | 1.616 | 1.630 | 1.644 |
| 3 | 1.188 | 1.195 | 1.201 | 1.208 | 1.214 | 3 | 1.658 | 1.673 | 1.689 | 1.705 | 1.721 |
| 4 | 1.221 | 1.228 | 1.235 | 1.242 | 1.249 | 4 | 1.738 | 1.756 | 1.744 | 1.792 | 1.812 |
| .85 | 1.256 | 1.263 | 1.271 | 1.278 | 1.286 | .95 | 1.832 | 1.853 | 1.874 | 1.897 | 1.921 |
| 6 | 1.293 | 1.301 | 1.309 | 1.317 | 1.325 | 6 | 1.946 | 1.972 | 2.000 | 2.029 | 2.060 |
| 7 | 1.333 | 1.341 | 1.350 | 1.358 | 1.367 | 7 | 2.092 | 2.127 | 2.165 | 2.205 | 2.249 |
| 8 | 1.376 | 1.385 | 1.394 | 1.403 | 1.412 | 8 | 2.298 | 2.351 | 2.410 | 2.477 | 2.555 |
| 9 | 1.422 | 1.432 | 1.442 | 1.452 | 1.462 | 9 | 2.647 | 2.759 | 2.903 | 3.106 | 3.453 |

## [표 9] 콜모고로프-스미르노프의 단일표본검정에서의 $D_n$의 임계치

계산된 $D_n$의 값이 임계치보다 같거나 크면 $H_0$를 기각한다.

| 표본크기 ($N$) | $D_n = \max \mid F_n(x) - F_0(x) \mid$ 에 대한 유의수준 $\alpha$ | | | | |
|---|---|---|---|---|---|
| | 0.20 | 0.15 | 0.10 | 0.05 | 0.01 |
| 1 | 0.900 | 0.925 | 0.950 | 0.975 | 0.995 |
| 2 | 0.684 | 0.726 | 0.776 | 0.842 | 0.929 |
| 3 | 0.565 | 0.597 | 0.642 | 0.708 | 0.828 |
| 4 | 0.494 | 0.525 | 0.564 | 0.624 | 0.733 |
| 5 | 0.446 | 0.474 | 0.510 | 0.565 | 0.669 |
| 6 | 0.410 | 0.436 | 0.470 | 0.521 | 0.618 |
| 7 | 0.381 | 0.405 | 0.438 | 0.486 | 0.577 |
| 8 | 0.358 | 0.381 | 0.411 | 0.457 | 0.543 |
| 9 | 0.339 | 0.360 | 0.388 | 0.432 | 0.514 |
| 10 | 0.322 | 0.342 | 0.368 | 0.410 | 0.490 |
| 11 | 0.307 | 0.326 | 0.352 | 0.391 | 0.468 |
| 12 | 0.295 | 0.313 | 0.338 | 0.385 | 0.450 |
| 13 | 0.284 | 0.302 | 0.325 | 0.361 | 0.433 |
| 14 | 0.274 | 0.292 | 0.314 | 0.349 | 0.418 |
| 15 | 0.266 | 0.283 | 0.304 | 0.338 | 0.404 |
| 16 | 0.258 | 0.274 | 0.295 | 0.328 | 0.392 |
| 17 | 0.250 | 0.266 | 0.286 | 0.318 | 0.381 |
| 18 | 2.244 | 0.259 | 0.278 | 0.309 | 0.371 |
| 19 | 0.237 | 0.252 | 0.272 | 0.301 | 0.363 |
| 20 | 0.231 | 0.246 | 0.264 | 0.294 | 0.356 |
| 25 | 0.210 | 0.220 | 0.240 | 0.270 | 0.320 |
| 30 | 0.190 | 0.200 | 0.220 | 0.240 | 0.290 |
| 35 | 0.180 | 0.190 | 0.210 | 0.230 | 0.270 |
| Over 35 | $\frac{1.07}{\sqrt{N}}$ | $\frac{1.14}{\sqrt{N}}$ | $\frac{1.22}{\sqrt{N}}$ | $\frac{1.36}{\sqrt{N}}$ | $\frac{1.63}{\sqrt{N}}$ |

## [표 10] 연속성의 검정에 있어서 $r$의 임계치($\alpha = 0.05$, 표본크기 $n_1$, $n_2$)

단일검정의 경우 $r$의 값이 [표 10A]에 나타난 값보다 작거나 같을 때 또는 [표 10B]에 나타난 값보다 크거나 같을 때 $\alpha = 0.05$에서 유의적이다.

### [표 10A] $r$의 하한 임계치($r_a$)

| $n_1$ \ $n_2$ | 2 | 3 | 4 | 5 | 6 | 7 | 8 | 9 | 10 | 11 | 12 | 13 | 14 | 15 | 16 | 17 | 18 | 19 | 20 |
|---|---|---|---|---|---|---|---|---|---|---|---|---|---|---|---|---|---|---|---|
| 2 | | | | | | | | | | | 2 | 2 | 2 | 2 | 2 | 2 | 2 | 2 | 2 |
| 3 | | | | | 2 | 2 | 2 | 2 | 2 | 2 | 2 | 2 | 2 | 3 | 3 | 3 | 3 | 3 | 3 |
| 4 | | | | 2 | 2 | 2 | 3 | 3 | 3 | 3 | 3 | 3 | 3 | 3 | 4 | 4 | 4 | 4 | 4 |
| 5 | | | 2 | 2 | 3 | 3 | 3 | 3 | 3 | 4 | 4 | 4 | 4 | 4 | 4 | 4 | 5 | 5 | 5 |
| 6 | | 2 | 2 | 3 | 3 | 3 | 3 | 4 | 4 | 4 | 4 | 5 | 5 | 5 | 5 | 5 | 5 | 6 | 6 |
| 7 | | 2 | 2 | 3 | 3 | 3 | 4 | 4 | 5 | 5 | 5 | 5 | 5 | 6 | 6 | 6 | 6 | 6 | 6 |
| 8 | | 2 | 3 | 3 | 3 | 4 | 4 | 5 | 5 | 5 | 6 | 6 | 6 | 6 | 6 | 7 | 7 | 7 | 7 |
| 9 | | 2 | 3 | 3 | 4 | 4 | 5 | 5 | 5 | 6 | 6 | 6 | 7 | 7 | 7 | 7 | 8 | 8 | 8 |
| 10 | | 2 | 3 | 3 | 4 | 5 | 5 | 5 | 6 | 6 | 7 | 7 | 7 | 7 | 8 | 8 | 8 | 8 | 9 |
| 11 | | 2 | 3 | 4 | 4 | 5 | 5 | 6 | 6 | 7 | 7 | 7 | 8 | 8 | 8 | 9 | 9 | 9 | 9 |
| 12 | 2 | 2 | 3 | 4 | 4 | 5 | 6 | 6 | 7 | 7 | 7 | 8 | 8 | 8 | 9 | 9 | 9 | 10 | 10 |
| 13 | 2 | 2 | 3 | 4 | 5 | 5 | 6 | 6 | 7 | 7 | 8 | 8 | 9 | 9 | 9 | 10 | 10 | 10 | 10 |
| 14 | 2 | 2 | 3 | 4 | 5 | 5 | 6 | 7 | 7 | 8 | 8 | 9 | 9 | 9 | 10 | 10 | 10 | 11 | 11 |
| 15 | 2 | 3 | 3 | 4 | 5 | 6 | 6 | 7 | 7 | 8 | 8 | 9 | 9 | 10 | 10 | 11 | 11 | 11 | 12 |
| 16 | 2 | 3 | 4 | 4 | 5 | 6 | 6 | 7 | 8 | 8 | 9 | 9 | 10 | 10 | 11 | 11 | 11 | 12 | 12 |
| 17 | 2 | 3 | 4 | 4 | 5 | 6 | 7 | 7 | 8 | 9 | 9 | 10 | 10 | 11 | 11 | 11 | 12 | 12 | 13 |
| 18 | 2 | 3 | 4 | 5 | 5 | 6 | 7 | 8 | 8 | 9 | 9 | 10 | 10 | 11 | 11 | 12 | 12 | 13 | 13 |
| 19 | 2 | 3 | 4 | 5 | 6 | 6 | 7 | 8 | 8 | 9 | 10 | 10 | 11 | 11 | 12 | 12 | 13 | 13 | 13 |
| 20 | 2 | 3 | 4 | 5 | 6 | 6 | 7 | 8 | 9 | 9 | 10 | 10 | 11 | 12 | 12 | 13 | 13 | 13 | 14 |

### [표 10B] $r$의 상한 임계치($r_b$)

| $n_1$ \ $n_2$ | 2 | 3 | 4 | 5 | 6 | 7 | 8 | 9 | 10 | 11 | 12 | 13 | 14 | 15 | 16 | 17 | 18 | 19 | 20 |
|---|---|---|---|---|---|---|---|---|---|---|---|---|---|---|---|---|---|---|---|
| 2 | | | | | | | | | | | | | | | | | | | |
| 3 | | | | | | | | | | | | | | | | | | | |
| 4 | | | | 9 | 9 | | | | | | | | | | | | | | |
| 5 | | | 9 | 10 | 10 | 11 | 11 | | | | | | | | | | | | |
| 6 | | | 9 | 10 | 11 | 12 | 12 | 13 | 13 | 13 | 13 | | | | | | | | |
| 7 | | | | 11 | 12 | 13 | 13 | 14 | 14 | 14 | 14 | 15 | 15 | 15 | | | | | |
| 8 | | | | 11 | 12 | 13 | 14 | 14 | 15 | 15 | 16 | 16 | 16 | 16 | 17 | 17 | 17 | 17 | 17 |
| 9 | | | | | 13 | 14 | 14 | 15 | 16 | 16 | 16 | 17 | 17 | 18 | 18 | 18 | 18 | 18 | 18 |
| 10 | | | | | 13 | 14 | 15 | 16 | 16 | 17 | 17 | 18 | 18 | 18 | 19 | 19 | 19 | 20 | 20 |
| 11 | | | | | 13 | 14 | 15 | 16 | 17 | 17 | 18 | 19 | 19 | 19 | 20 | 20 | 20 | 21 | 21 |
| 12 | | | | | 13 | 14 | 16 | 16 | 17 | 18 | 19 | 19 | 20 | 20 | 21 | 21 | 21 | 22 | 22 |
| 13 | | | | | | 15 | 16 | 17 | 18 | 19 | 19 | 20 | 20 | 21 | 21 | 22 | 22 | 23 | 23 |
| 14 | | | | | | 15 | 16 | 17 | 18 | 19 | 20 | 20 | 21 | 22 | 22 | 23 | 23 | 23 | 24 |
| 15 | | | | | | 15 | 16 | 18 | 18 | 19 | 20 | 21 | 22 | 22 | 23 | 23 | 24 | 24 | 25 |
| 16 | | | | | | | 17 | 18 | 19 | 20 | 21 | 21 | 22 | 23 | 23 | 24 | 25 | 25 | 25 |
| 17 | | | | | | | 17 | 18 | 19 | 20 | 21 | 22 | 23 | 23 | 24 | 25 | 25 | 26 | 26 |
| 18 | | | | | | | 17 | 18 | 19 | 20 | 21 | 22 | 23 | 24 | 25 | 25 | 26 | 26 | 27 |
| 19 | | | | | | | 17 | 18 | 20 | 21 | 22 | 23 | 23 | 24 | 25 | 26 | 26 | 27 | 27 |
| 20 | | | | | | | 17 | 18 | 20 | 21 | 22 | 23 | 24 | 25 | 25 | 26 | 27 | 27 | 28 |

## [표 11] 윌콕슨(Wilcoxon) 검정통계량 $T$의 임계치

계산된 $T$의 값이 임계치보다 작거나 같으면 $H_0$를 기각한다.

| 단측검정 | 양측검정 | $n=5$ | $n=6$ | $n=7$ | $n=8$ | $n=9$ | $n=10$ |
|---|---|---|---|---|---|---|---|
| $\alpha=.05$ | $\alpha=.10$ | 1 | 2 | 4 | 6 | 8 | 11 |
| $\alpha=.025$ | $\alpha=.05$ |  | 1 | 2 | 4 | 6 | 8 |
| $\alpha=.01$ | $\alpha=.02$ |  |  | 0 | 2 | 3 | 5 |
| $\alpha=.005$ | $\alpha=.01$ |  |  |  | 0 | 2 | 3 |
|  |  | $n=11$ | $n=12$ | $n=13$ | $n=14$ | $n=15$ | $n=16$ |
| $\alpha=.05$ | $\alpha=.10$ | 14 | 17 | 21 | 26 | 30 | 36 |
| $\alpha=.025$ | $\alpha=.05$ | 11 | 14 | 17 | 21 | 25 | 30 |
| $\alpha=.01$ | $\alpha=.02$ | 7 | 10 | 13 | 16 | 20 | 24 |
| $\alpha=.005$ | $\alpha=.01$ | 5 | 7 | 10 | 13 | 16 | 19 |
|  |  | $n=17$ | $n=18$ | $n=19$ | $n=20$ | $n=21$ | $n=22$ |
| $\alpha=.05$ | $\alpha=.10$ | 41 | 47 | 54 | 60 | 68 | 75 |
| $\alpha=.025$ | $\alpha=.05$ | 35 | 40 | 46 | 52 | 59 | 66 |
| $\alpha=.01$ | $\alpha=.02$ | 28 | 33 | 38 | 43 | 49 | 56 |
| $\alpha=.005$ | $\alpha=.01$ | 23 | 28 | 32 | 37 | 43 | 49 |
|  |  | $n=23$ | $n=24$ | $n=25$ | $n=26$ | $n=27$ | $n=28$ |
| $\alpha=.05$ | $\alpha=.10$ | 83 | 92 | 101 | 110 | 120 | 130 |
| $\alpha=.025$ | $\alpha=.05$ | 73 | 81 | 90 | 98 | 107 | 117 |
| $\alpha=.01$ | $\alpha=.02$ | 62 | 69 | 77 | 85 | 94 | 102 |
| $\alpha=.005$ | $\alpha=.01$ | 55 | 61 | 68 | 76 | 84 | 92 |
|  |  | $n=29$ | $n=30$ | $n=31$ | $n=32$ | $n=33$ | $n=34$ |
| $\alpha=.05$ | $\alpha=.10$ | 141 | 152 | 163 | 175 | 188 | 201 |
| $\alpha=.025$ | $\alpha=.05$ | 127 | 137 | 148 | 159 | 171 | 183 |
| $\alpha=.01$ | $\alpha=.02$ | 111 | 120 | 130 | 141 | 151 | 162 |
| $\alpha=.005$ | $\alpha=.01$ | 100 | 109 | 118 | 128 | 138 | 149 |
|  |  | $n=35$ | $n=36$ | $n=37$ | $n=38$ | $n=39$ |  |
| $\alpha=.05$ | $\alpha=.10$ | 214 | 228 | 242 | 256 | 271 |  |
| $\alpha=.025$ | $\alpha=.05$ | 185 | 208 | 222 | 235 | 250 |  |
| $\alpha=.01$ | $\alpha=.02$ | 174 | 186 | 198 | 211 | 224 |  |
| $\alpha=.005$ | $\alpha=.01$ | 160 | 171 | 183 | 195 | 208 |  |
|  |  | $n=40$ | $n=41$ | $n=42$ | $n=43$ | $n=44$ | $n=45$ |
| $\alpha=.05$ | $\alpha=.10$ | 287 | 303 | 319 | 336 | 353 | 371 |
| $\alpha=.025$ | $\alpha=.05$ | 264 | 279 | 295 | 311 | 327 | 344 |
| $\alpha=.01$ | $\alpha=.02$ | 238 | 252 | 267 | 281 | 297 | 313 |
| $\alpha=.005$ | $\alpha=.01$ | 221 | 234 | 248 | 262 | 277 | 292 |
|  |  | $n=46$ | $n=47$ | $n=48$ | $n=49$ | $n=50$ |  |
| $\alpha=.05$ | $\alpha=.10$ | 389 | 408 | 427 | 446 | 466 |  |
| $\alpha=.025$ | $\alpha=.05$ | 361 | 379 | 397 | 415 | 434 |  |
| $\alpha=.01$ | $\alpha=.02$ | 329 | 345 | 362 | 380 | 398 |  |
| $\alpha=.005$ | $\alpha=.01$ | 307 | 323 | 339 | 356 | 373 |  |

## [표 12A] 프리드만(Friedman)의 순위이원분산분석표($b=3$)

표에 나타난 $p$는 값으로 표에 나타난 $\chi_r^2$보다 같거나 클 값을 가질 확률을 나타낸다.

예 : $b=3$, $a=9$인 경우 $P(\chi_r^2 \geq 8.667)=0.01$이다. 따라서 계산된 $\chi_r^2$의 값이 8.667보다 큰 경우 $\alpha=0.01$에서 $H_0$를 기각한다.

| $a=2$ | | $a=3$ | | $a=4$ | | $a=5$ | |
|---|---|---|---|---|---|---|---|
| $\chi_r^2$ | $p$ | $\chi_r^2$ | $p$ | $\chi_r^2$ | $p$ | $\chi_r^2$ | $p$ |
| 0 | 1.000 | 0.000 | 1.000 | 0.0 | 1.000 | 0.0 | 1.000 |
| 1 | 0.833 | 0.667 | 0.944 | 0.5 | 0.931 | 0.4 | 0.954 |
| 3 | 0.500 | 2.000 | 0.528 | 1.5 | 0.653 | 1.2 | 0.691 |
| 4 | 0.167 | 2.667 | 0.361 | 2.0 | 0.431 | 1.6 | 0.522 |
| | | 4.667 | 0.194 | 3.5 | 0.273 | 2.8 | 0.367 |
| | | 6.000 | 0.028 | 4.5 | 0.125 | 3.6 | 0.182 |
| | | | | 6.0 | 0.069 | 4.8 | 0.124 |
| | | | | 6.5 | 0.042 | 5.2 | 0.093 |
| | | | | 8.0 | 0.0046 | 6.4 | 0.039 |
| | | | | | | 7.6 | 0.024 |
| | | | | | | 8.4 | 0.0085 |
| | | | | | | 10.0 | 0.00077 |

| $a=6$ | | $a=7$ | | $a=8$ | | $a=9$ | |
|---|---|---|---|---|---|---|---|
| $\chi_r^2$ | $p$ | $\chi_r^2$ | $p$ | $\chi_r^2$ | $p$ | $\chi_r^2$ | $p$ |
| 0.00 | 1.000 | 0.000 | 1.000 | 0.00 | 1.000 | 0.000 | 1.000 |
| 0.33 | 0.956 | 0.286 | 0.964 | 0.25 | 0.967 | 0.222 | 0.971 |
| 1.00 | 0.740 | 0.857 | 0.768 | 0.75 | 0.794 | 0.667 | 0.814 |
| 1.33 | 0.570 | 1.143 | 0.620 | 1.00 | 0.654 | 0.889 | 0.865 |
| 2.33 | 0.430 | 2.000 | 0.486 | 1.75 | 0.531 | 1.556 | 0.569 |
| 3.00 | 0.252 | 2.571 | 0.305 | 2.25 | 0.355 | 2.000 | 0.398 |
| 4.00 | 0.184 | 3.429 | 0.237 | 3.00 | 0.285 | 2.667 | 0.328 |
| 4.33 | 0.142 | 3.714 | 0.192 | 3.25 | 0.236 | 2.889 | 0.278 |
| 5.33 | 0.072 | 4.571 | 0.112 | 4.00 | 0.149 | 3.556 | 0.187 |
| 6.33 | 0.052 | 5.429 | 0.085 | 4.75 | 0.120 | 4.222 | 0.154 |
| 7.00 | 0.029 | 6.000 | 0.052 | 5.25 | 0.079 | 4.667 | 0.107 |
| 8.33 | 0.012 | 7.143 | 0.027 | 6.25 | 0.047 | 5.556 | 0.069 |
| 9.00 | 0.0081 | 7.714 | 0.021 | 6.75 | 0.038 | 6.000 | 0.057 |
| 9.33 | 0.0055 | 8.000 | 0.016 | 7.00 | 0.030 | 6.222 | 0.048 |
| 10.33 | 0.0017 | 8.857 | 0.0084 | 7.75 | 0.018 | 6.889 | 0.031 |
| 12.00 | 0.00013 | 10.286 | 0.0036 | 9.00 | 0.0099 | 8.000 | 0.019 |
| | | 10.571 | 0.0027 | 9.25 | 0.0080 | 8.222 | 0.016 |
| | | 11.143 | 0.0012 | 9.75 | 0.0048 | 8.667 | 0.010 |
| | | 12.286 | 0.00032 | 10.75 | 0.0024 | 9.556 | 0.0060 |
| | | 14.000 | 0.000021 | 12.00 | 0.0011 | 10.667 | 0.0035 |
| | | | | 12.25 | 0.00086 | 10.889 | 0.0029 |
| | | | | 13.00 | 0.00026 | 11.556 | 0.0013 |
| | | | | 14.25 | 0.000061 | 12.667 | 0.00066 |
| | | | | 16.00 | 0.0000036 | 13.556 | 0.00035 |
| | | | | | | 14.000 | 0.00020 |
| | | | | | | 14.222 | 0.000097 |
| | | | | | | 14.889 | 0.000054 |
| | | | | | | 16.222 | 0.000011 |
| | | | | | | 18.000 | 0.0000006 |

[표 12B] 프리드만(Friedman)의 순위이원분산분석표($b=4$)

| $a=2$ | | $a=3$ | | $a=4$ | | | |
|---|---|---|---|---|---|---|---|
| $\chi_r^2$ | $p$ | $\chi_r^2$ | $p$ | $\chi_r^2$ | $p$ | $\chi_r^2$ | $p$ |
| 0.0 | 1.000 | 0.2 | 1.000 | 0.0 | 1.000 | 4.7 | 0.141 |
| 0.6 | 0.958 | 0.6 | 0.958 | 0.3 | 0.992 | 6.0 | 0.105 |
| 1.2 | 0.834 | 1.0 | 0.910 | 0.6 | 0.928 | 6.3 | 0.094 |
| 1.8 | 0.792 | 1.8 | 0.727 | 0.9 | 0.900 | 6.6 | 0.077 |
| 2.4 | 0.625 | 2.2 | 0.608 | 1.2 | 0.800 | 6.9 | 0.068 |
| 3.0 | 0.542 | 2.6 | 0.524 | 1.5 | 0.754 | 7.2 | 0.054 |
| 3.6 | 0.458 | 3.4 | 0.446 | 1.8 | 0.677 | 7.5 | 0.052 |
| 4.2 | 0.375 | 3.8 | 0.342 | 2.1 | 0.649 | 7.8 | 0.036 |
| 4.8 | 0.208 | 4.2 | 0.300 | 2.4 | 0.524 | 8.1 | 0.033 |
| 5.4 | 0.167 | 5.0 | 0.207 | 2.7 | 0.508 | 8.4 | 0.019 |
| 6.0 | 0.042 | 5.4 | 0.175 | 3.0 | 0.432 | 8.7 | 0.014 |
| | | 5.8 | 0.148 | 3.3 | 0.389 | 9.3 | 0.012 |
| | | 6.6 | 0.075 | 3.6 | 0.355 | 9.6 | 0.0069 |
| | | 7.0 | 0.054 | 3.9 | 0.324 | 9.9 | 0.0062 |
| | | 7.4 | 0.033 | 4.5 | 0.242 | 10.2 | 0.0027 |
| | | 8.2 | 0.017 | 4.8 | 0.200 | 10.8 | 0.0016 |
| | | 9.0 | 0.0017 | 5.1 | 0.190 | 11.1 | 0.00094 |
| | | | | 5.4 | 0.158 | 12.0 | 0.000072 |

## [표 13] Mann-Whitney 검정통계량 $U$의 임계치

계산된 $U$의 값이 임계치보다 작거나 같으면 $H_0$를 기각한다.

$\alpha = 0.001$에서 단측검정을 위한 또는 $\alpha = 0.002$에서 양측검정을 위한 $U$의 임계치

| $n_1$ \ $n_2$ | 9 | 10 | 11 | 12 | 13 | 14 | 15 | 16 | 17 | 18 | 19 | 20 |
|---|---|---|---|---|---|---|---|---|---|---|---|---|
| 1 | | | | | | | | | | | | |
| 2 | | | | | | | | | | | | |
| 3 | | | | | | | | | 0 | 0 | 0 | 0 |
| 4 | | 0 | 0 | 0 | 1 | 1 | 1 | 2 | 2 | 3 | 3 | 3 |
| 5 | 1 | 1 | 2 | 2 | 3 | 3 | 4 | 5 | 5 | 6 | 7 | 7 |
| 6 | 2 | 3 | 4 | 4 | 5 | 6 | 7 | 8 | 9 | 10 | 11 | 12 |
| 7 | 3 | 5 | 6 | 7 | 8 | 9 | 10 | 11 | 13 | 14 | 15 | 16 |
| 8 | 5 | 6 | 8 | 9 | 11 | 12 | 14 | 15 | 17 | 18 | 20 | 21 |
| 9 | 7 | 8 | 10 | 12 | 14 | 15 | 17 | 19 | 21 | 23 | 25 | 26 |
| 10 | 8 | 10 | 12 | 14 | 17 | 19 | 21 | 23 | 25 | 27 | 29 | 32 |
| 11 | 10 | 12 | 15 | 17 | 20 | 22 | 24 | 27 | 29 | 32 | 34 | 37 |
| 12 | 12 | 14 | 17 | 20 | 23 | 25 | 28 | 31 | 34 | 37 | 40 | 42 |
| 13 | 14 | 17 | 20 | 23 | 26 | 29 | 32 | 35 | 38 | 42 | 45 | 48 |
| 14 | 15 | 19 | 22 | 25 | 29 | 32 | 36 | 39 | 43 | 46 | 50 | 54 |
| 15 | 17 | 21 | 24 | 28 | 32 | 36 | 40 | 43 | 47 | 51 | 55 | 59 |
| 16 | 19 | 23 | 27 | 31 | 35 | 39 | 43 | 48 | 52 | 56 | 60 | 65 |
| 17 | 21 | 25 | 29 | 34 | 38 | 43 | 47 | 52 | 57 | 61 | 66 | 70 |
| 18 | 23 | 27 | 32 | 37 | 42 | 46 | 51 | 56 | 61 | 66 | 71 | 76 |
| 19 | 25 | 29 | 34 | 40 | 45 | 50 | 55 | 60 | 66 | 71 | 77 | 82 |
| 20 | 26 | 32 | 37 | 42 | 48 | 54 | 59 | 65 | 70 | 76 | 82 | 88 |

$\alpha = 0.01$에서 단측검정을 위한 또는 $\alpha = 0.02$에서 양측검정을 위한 $U$의 임계치

| $n_1$ \ $n_2$ | 9 | 10 | 11 | 12 | 13 | 14 | 15 | 16 | 17 | 18 | 19 | 20 |
|---|---|---|---|---|---|---|---|---|---|---|---|---|
| 1 | | | | | | | | | | | | |
| 2 | | | | | 0 | 0 | 0 | 0 | 0 | 0 | 1 | 1 |
| 3 | 1 | 1 | 1 | 2 | 2 | 2 | 3 | 3 | 4 | 4 | 4 | 5 |
| 4 | 3 | 3 | 4 | 5 | 5 | 6 | 7 | 7 | 8 | 9 | 9 | 10 |
| 5 | 5 | 6 | 7 | 8 | 9 | 10 | 11 | 12 | 13 | 14 | 15 | 16 |
| 6 | 7 | 8 | 9 | 11 | 12 | 13 | 15 | 16 | 18 | 19 | 20 | 22 |
| 7 | 9 | 11 | 12 | 14 | 16 | 17 | 19 | 21 | 23 | 24 | 26 | 28 |
| 8 | 11 | 13 | 15 | 17 | 20 | 22 | 24 | 26 | 28 | 30 | 32 | 34 |
| 9 | 14 | 16 | 18 | 21 | 23 | 26 | 28 | 31 | 33 | 36 | 38 | 40 |
| 10 | 16 | 19 | 22 | 24 | 27 | 30 | 33 | 36 | 38 | 41 | 44 | 47 |
| 11 | 18 | 22 | 25 | 28 | 31 | 34 | 37 | 41 | 44 | 47 | 50 | 53 |
| 12 | 21 | 24 | 28 | 31 | 35 | 38 | 42 | 46 | 49 | 53 | 56 | 60 |
| 13 | 23 | 27 | 31 | 35 | 39 | 43 | 47 | 51 | 55 | 59 | 63 | 67 |
| 14 | 26 | 30 | 34 | 38 | 43 | 47 | 51 | 56 | 60 | 65 | 69 | 73 |
| 15 | 28 | 33 | 37 | 42 | 47 | 51 | 56 | 61 | 66 | 70 | 75 | 80 |
| 16 | 31 | 36 | 41 | 46 | 51 | 56 | 61 | 66 | 71 | 76 | 82 | 87 |
| 17 | 33 | 38 | 44 | 49 | 55 | 60 | 66 | 71 | 77 | 82 | 88 | 93 |
| 18 | 36 | 41 | 47 | 53 | 59 | 65 | 70 | 76 | 82 | 88 | 94 | 100 |
| 19 | 38 | 44 | 50 | 56 | 63 | 69 | 75 | 82 | 88 | 94 | 101 | 107 |
| 20 | 40 | 47 | 53 | 60 | 67 | 73 | 80 | 87 | 93 | 100 | 107 | 114 |

$\alpha = 0.025$에서 단측검정을 위한 또는 $\alpha = 0.05$에서 양측검정을 위한 $U$의 임계치

| $n_1$ \ $n_2$ | 9 | 10 | 11 | 12 | 13 | 14 | 15 | 16 | 17 | 18 | 19 | 20 |
|---|---|---|---|---|---|---|---|---|---|---|---|---|
| 1 | | | | | | | | | | | | |
| 2 | 0 | 0 | 0 | 1 | 1 | 1 | 1 | 1 | 2 | 2 | 2 | 2 |
| 3 | 2 | 3 | 3 | 4 | 4 | 5 | 5 | 6 | 6 | 7 | 7 | 8 |
| 4 | 4 | 5 | 6 | 7 | 8 | 9 | 10 | 11 | 11 | 12 | 13 | 13 |
| 5 | 7 | 8 | 9 | 11 | 12 | 13 | 14 | 15 | 17 | 18 | 19 | 20 |
| 6 | 10 | 11 | 13 | 14 | 16 | 17 | 19 | 21 | 22 | 24 | 25 | 27 |
| 7 | 12 | 14 | 16 | 18 | 20 | 22 | 24 | 26 | 28 | 30 | 32 | 34 |
| 8 | 15 | 17 | 19 | 22 | 24 | 26 | 29 | 31 | 34 | 36 | 38 | 41 |
| 9 | 17 | 20 | 23 | 26 | 28 | 31 | 34 | 37 | 39 | 42 | 45 | 48 |
| 10 | 20 | 23 | 26 | 29 | 33 | 36 | 39 | 42 | 45 | 48 | 52 | 55 |
| 11 | 23 | 26 | 30 | 33 | 37 | 40 | 44 | 47 | 51 | 55 | 58 | 62 |
| 12 | 26 | 29 | 33 | 37 | 41 | 45 | 49 | 53 | 57 | 61 | 65 | 69 |
| 13 | 28 | 33 | 37 | 41 | 45 | 50 | 54 | 59 | 63 | 67 | 72 | 76 |
| 14 | 31 | 36 | 40 | 45 | 50 | 55 | 59 | 64 | 67 | 74 | 78 | 83 |
| 15 | 34 | 39 | 44 | 49 | 54 | 59 | 64 | 70 | 75 | 80 | 85 | 90 |
| 16 | 37 | 42 | 47 | 53 | 59 | 64 | 70 | 75 | 81 | 86 | 92 | 98 |
| 17 | 39 | 45 | 51 | 57 | 63 | 67 | 75 | 81 | 87 | 93 | 99 | 105 |
| 18 | 42 | 48 | 55 | 61 | 67 | 74 | 80 | 86 | 93 | 99 | 106 | 112 |
| 19 | 45 | 52 | 58 | 65 | 72 | 78 | 85 | 92 | 99 | 106 | 113 | 119 |
| 20 | 48 | 55 | 62 | 69 | 76 | 83 | 90 | 98 | 105 | 112 | 119 | 127 |

$\alpha = 0.05$에서 단측검정을 위한 또는 $\alpha = 0.10$에서 양측검정을 위한 $U$의 임계치

| $n_1$ \ $n_2$ | 9 | 10 | 11 | 12 | 13 | 14 | 15 | 16 | 17 | 18 | 19 | 20 |
|---|---|---|---|---|---|---|---|---|---|---|---|---|
| 1 | | | | | | | | | | | 0 | 0 |
| 2 | 1 | 1 | 1 | 2 | 2 | 2 | 3 | 3 | 3 | 4 | 4 | 4 |
| 3 | 3 | 4 | 5 | 5 | 6 | 7 | 7 | 8 | 9 | 9 | 10 | 11 |
| 4 | 6 | 7 | 8 | 9 | 10 | 11 | 12 | 14 | 15 | 16 | 17 | 18 |
| 5 | 9 | 11 | 12 | 13 | 15 | 16 | 18 | 19 | 20 | 22 | 23 | 25 |
| 6 | 12 | 14 | 16 | 17 | 19 | 21 | 23 | 25 | 26 | 28 | 30 | 32 |
| 7 | 15 | 17 | 19 | 21 | 24 | 26 | 28 | 30 | 33 | 35 | 37 | 39 |
| 8 | 18 | 20 | 23 | 26 | 28 | 31 | 33 | 36 | 39 | 41 | 44 | 47 |
| 9 | 21 | 24 | 27 | 30 | 33 | 36 | 39 | 42 | 45 | 48 | 51 | 54 |
| 10 | 24 | 27 | 31 | 34 | 37 | 41 | 44 | 48 | 51 | 55 | 58 | 62 |
| 11 | 27 | 31 | 34 | 38 | 42 | 46 | 50 | 54 | 57 | 61 | 65 | 69 |
| 12 | 30 | 34 | 38 | 42 | 47 | 51 | 55 | 60 | 64 | 68 | 72 | 77 |
| 13 | 33 | 37 | 42 | 47 | 51 | 56 | 61 | 65 | 70 | 75 | 80 | 84 |
| 14 | 36 | 41 | 46 | 51 | 56 | 61 | 66 | 71 | 77 | 82 | 87 | 92 |
| 15 | 39 | 44 | 50 | 55 | 61 | 66 | 72 | 77 | 83 | 88 | 94 | 100 |
| 16 | 42 | 48 | 54 | 60 | 65 | 71 | 77 | 83 | 89 | 95 | 101 | 107 |
| 17 | 45 | 51 | 57 | 64 | 70 | 77 | 83 | 89 | 96 | 102 | 109 | 115 |
| 18 | 48 | 55 | 61 | 68 | 75 | 82 | 88 | 95 | 102 | 109 | 116 | 123 |
| 19 | 51 | 58 | 65 | 72 | 80 | 87 | 94 | 101 | 109 | 116 | 123 | 130 |
| 20 | 54 | 62 | 69 | 77 | 84 | 92 | 100 | 107 | 115 | 123 | 130 | 138 |

## [표 14] 크루스칼-윌리스(Kruskal-Wallis) 검정통계량 H의 임계치

$p$는 $p$-값을 의미한다.

예 : 표본의 크기가 3, 3, 3인 경우 $H$의 값이 5.6보다 클 확률은 0.05이다.

따라서 $\alpha = 0.05$인 경우 계산된 $H$값이 5.6보다 큰 경우 $H_0$를 기각한다.

| 표본크기 | | | $H$ | $p$ |
|---|---|---|---|---|
| $n_1$ | $n_2$ | $n_3$ | | |
| 2 | 1 | 1 | 2.7000 | .500 |
| 2 | 2 | 1 | 3.6000 | .200 |
| 2 | 2 | 2 | 4.5714 | .067 |
| | | | 3.7143 | .200 |
| 3 | 1 | 1 | 3.2000 | .300 |
| 3 | 2 | 1 | 4.2857 | .100 |
| | | | 3.8571 | .133 |
| 3 | 2 | 2 | 5.3572 | .029 |
| | | | 4.7143 | .048 |
| | | | 4.5000 | .067 |
| | | | 4.4643 | .105 |
| 3 | 3 | 1 | 5.1429 | .043 |
| | | | 4.5714 | .100 |
| | | | 4.0000 | .129 |
| 3 | 3 | 2 | 6.5200 | .011 |
| | | | 5.3611 | .032 |
| | | | 5.1389 | .061 |
| | | | 4.5556 | .100 |
| | | | 4.2500 | .121 |
| 3 | 3 | 3 | 7.2000 | .004 |
| | | | 6.4889 | .011 |
| | | | 5.6889 | .029 |
| | | | 5.6000 | .050 |
| | | | 5.0667 | .086 |
| | | | 4.6222 | .100 |
| 4 | 1 | 1 | 3.5714 | .200 |
| 4 | 2 | 1 | 4.8214 | .057 |
| | | | 4.5000 | .076 |
| | | | 4.0179 | .114 |
| 4 | 2 | 2 | 6.0000 | .014 |
| | | | 5.3333 | .033 |
| | | | 5.1250 | .052 |
| | | | 4.1667 | .100 |
| | | | 4.1667 | .105 |

| 표본크기 | | | $H$ | $p$ |
|---|---|---|---|---|
| $n_1$ | $n_2$ | $n_3$ | | |
| 4 | 3 | 1 | 5.8333 | .021 |
| | | | 5.2083 | .050 |
| | | | 5.0000 | .057 |
| | | | 4.0556 | .093 |
| | | | 3.8889 | .129 |
| 4 | 3 | 2 | 6.4444 | .008 |
| | | | 6.3000 | .011 |
| | | | 5.4444 | .046 |
| | | | 5.4000 | .051 |
| | | | 4.5111 | .098 |
| | | | 4.4444 | .102 |
| 4 | 3 | 3 | 6.7455 | .010 |
| | | | 6.7091 | .013 |
| | | | 5.7909 | .046 |
| | | | 5.7273 | .050 |
| | | | 4.7091 | .092 |
| | | | 4.7000 | .101 |
| 4 | 4 | 1 | 6.6667 | .010 |
| | | | 6.1667 | .022 |
| | | | 4.9667 | .048 |
| | | | 4.8667 | .054 |
| | | | 4.1667 | .082 |
| | | | 4.0667 | .102 |
| 4 | 4 | 2 | 7.0364 | .006 |
| | | | 6.8727 | .011 |
| | | | 5.4545 | .046 |
| | | | 5.2364 | .052 |
| | | | 4.5545 | .098 |
| | | | 4.4455 | .103 |
| 4 | 4 | 3 | 7.1439 | .010 |
| | | | 7.1364 | .011 |
| | | | 5.5985 | .049 |
| | | | 5.5758 | .051 |
| | | | 4.5455 | .099 |
| | | | 4.4773 | .102 |
| 4 | 4 | 4 | 7.6538 | .008 |
| | | | 7.5385 | .011 |
| | | | 5.6923 | .049 |
| | | | 5.6538 | .054 |
| | | | 4.6539 | .097 |
| | | | 4.5001 | .104 |

[표 14] (계 속)

| 표본크기 | | | $H$ | $p$ |
|---|---|---|---|---|
| $n_1$ | $n_2$ | $n_3$ | | |
| 5 | 1 | 1 | 3.8571 | .143 |
| 5 | 2 | 1 | 5.2500 | .036 |
| | | | 5.0000 | .048 |
| | | | 4.4500 | .071 |
| | | | 4.2000 | .095 |
| | | | 4.0500 | .119 |
| | | | 5.6308 | .050 |
| | | | 4.5487 | .099 |
| | | | 4.5231 | .103 |
| 5 | 2 | 2 | 6.5333 | .008 |
| | | | 6.1333 | .013 |
| | | | 5.1600 | .034 |
| | | | 5.0400 | .056 |
| | | | 4.3733 | .090 |
| | | | 4.2933 | .122 |
| 5 | 3 | 1 | 6.4000 | .012 |
| | | | 4.9600 | .048 |
| | | | 4.8711 | .052 |
| | | | 4.0178 | .095 |
| | | | 3.8400 | .123 |
| 5 | 3 | 2 | 6.9091 | .009 |
| | | | 6.8218 | .010 |
| | | | 5.2509 | .049 |
| | | | 5.1055 | .052 |
| | | | 4.6509 | .091 |
| | | | 4.4945 | .101 |
| 5 | 3 | 3 | 7.0788 | .009 |
| | | | 6.9818 | .011 |
| | | | 5.6485 | .049 |
| | | | 5.5152 | .051 |
| | | | 4.5333 | .097 |
| | | | 4.4121 | .109 |
| 5 | 4 | 1 | 6.9545 | .008 |
| | | | 6.8400 | .011 |
| | | | 4.9855 | .044 |
| | | | 4.8600 | .056 |
| | | | 3.9873 | .098 |
| | | | 3.9600 | .102 |
| 5 | 4 | 2 | 7.2045 | .009 |
| | | | 7.1182 | .010 |
| | | | 5.2727 | .049 |
| | | | 5.2682 | .050 |
| | | | 4.5409 | .098 |
| | | | 4.5182 | .101 |
| 5 | 4 | 3 | 7.4449 | .010 |
| | | | 7.3949 | .011 |
| | | | 5.6564 | .049 |
| 5 | 4 | 4 | 7.7604 | .009 |
| | | | 7.7440 | .011 |
| | | | 5.6571 | .049 |
| | | | 5.6176 | .050 |
| | | | 4.6187 | .100 |
| | | | 4.5527 | .102 |
| 5 | 5 | 1 | 7.3091 | .009 |
| | | | 6.8364 | .011 |
| | | | 5.1273 | .046 |
| | | | 4.9091 | .053 |
| | | | 4.1091 | .086 |
| | | | 4.0364 | .105 |
| 5 | 5 | 2 | 7.3385 | .010 |
| | | | 7.2692 | .010 |
| | | | 5.3385 | .047 |
| | | | 5.2462 | .051 |
| | | | 4.6231 | .097 |
| | | | 4.5077 | .100 |
| 5 | 5 | 3 | 7.5780 | .010 |
| | | | 7.5429 | .010 |
| | | | 5.7055 | .046 |
| | | | 5.6264 | .051 |
| | | | 4.5451 | .100 |
| | | | 4.5363 | .102 |
| 5 | 5 | 4 | 7.8229 | .010 |
| | | | 7.7914 | .010 |
| | | | 5.6657 | .049 |
| | | | 5.6429 | .050 |
| | | | 4.5229 | .099 |
| | | | 4.5200 | .101 |
| 5 | 5 | 5 | 8.0000 | .009 |
| | | | 7.9800 | .010 |
| | | | 5.7800 | .049 |
| | | | 5.6600 | .051 |
| | | | 4.5600 | .100 |
| | | | 4.5000 | .102 |

## [표 15] 스피어만(Spearman)의 순위상관계수의 임계치

표에 나타난 상한임계치를 $r_s^*$라고 하면 $P(r_s \geq r_s^*) = \alpha$(단측검정)이다.

예 : $n=10$인 경우 $P(r_s \geq 0.564) = 0.05$이다. 따라서 $\alpha = 0.05$(단측검정) 혹은 $\alpha = 0.1$(양측검정)에서 계산된 $r_s$값이 0.564보다 크면 $H_0$를 기각한다.

| $n$ | 양측검정 $\alpha=0.1$ | $\alpha=0.05$ | $\alpha=0.02$ | $\alpha=0.01$ |
|---|---|---|---|---|
| | 단측검정 $\alpha=0.05$ | $\alpha=0.025$ | $\alpha=0.01$ | $\alpha=0.005$ |
| 5 | .900 | – | – | – |
| 6 | .829 | .886 | .943 | – |
| 7 | .714 | .786 | .893 | – |
| 8 | .643 | .738 | .833 | .881 |
| 9 | .600 | .683 | .783 | .833 |
| 10 | .564 | .648 | .745 | .794 |
| 11 | .523 | .623 | .736 | .818 |
| 12 | .497 | .591 | .703 | .780 |
| 13 | .475 | .566 | .673 | .745 |
| 14 | .457 | .545 | .646 | .716 |
| 15 | .441 | .525 | .623 | .689 |
| 16 | .425 | .507 | .601 | .666 |
| 17 | .412 | .490 | .582 | .645 |
| 18 | .399 | .476 | .564 | .625 |
| 19 | .388 | .462 | .549 | .608 |
| 20 | .377 | .450 | .534 | .591 |
| 21 | .368 | .438 | .521 | .576 |
| 22 | .359 | .428 | .508 | .562 |
| 23 | .351 | .418 | .496 | .549 |
| 24 | .343 | .409 | .485 | .537 |
| 25 | .336 | .400 | .475 | .526 |
| 26 | .329 | .392 | .465 | .515 |
| 27 | .323 | .385 | .456 | .505 |
| 28 | .317 | .377 | .448 | .496 |
| 29 | .311 | .370 | .440 | .487 |
| 30 | .306 | .364 | .432 | .478 |

주 : $r_s$의 하한임계치(lower-tail critical value)는 $-r_s^*$이다.

## [표 16] 켄달(Kendall)의 순위상관계수표

표에 주어진 수치는 관측된 $S$의 값이 표에 주어진 $S$의 값보다 같거나 클 확률이다.

| $S$ | $n$ | | | | $S$ | $n$ | | |
|---|---|---|---|---|---|---|---|---|
| | 4 | 5 | 8 | 9 | | 6 | 7 | 10 |
| 0 | .625 | .592 | .548 | .540 | 1 | .500 | .500 | .500 |
| 2 | .375 | .408 | .452 | .460 | 3 | .360 | .386 | .431 |
| 4 | .167 | .242 | .360 | .381 | 5 | .235 | .281 | .364 |
| 6 | .042 | .117 | .274 | .306 | 7 | .136 | .191 | .300 |
| 8 | | .042 | .199 | .238 | 9 | .068 | .119 | .242 |
| 10 | | .0083 | .138 | .179 | 11 | .028 | .068 | .190 |
| 12 | | | .089 | .130 | 13 | .0083 | .035 | .146 |
| 14 | | | .054 | .090 | 15 | .0014 | .015 | .108 |
| 16 | | | .031 | .060 | 17 | | .0054 | .078 |
| 18 | | | .016 | .038 | 19 | | .0014 | .054 |
| 20 | | | .0071 | .022 | 21 | | .00020 | .036 |
| 22 | | | .0028 | .012 | 23 | | | .023 |
| 24 | | | .00087 | .0063 | 25 | | | .014 |
| 26 | | | .00019 | .0029 | 27 | | | .0083 |
| 28 | | | .000025 | .0012 | 29 | | | .0046 |
| 30 | | | | .00043 | 31 | | | .0023 |
| 32 | | | | .00012 | 33 | | | .0011 |
| 34 | | | | .000025 | 35 | | | .00047 |
| 36 | | | | .0000028 | 37 | | | .00018 |
| | | | | | 39 | | | .000058 |
| | | | | | 41 | | | .000015 |
| | | | | | 43 | | | .0000028 |
| | | | | | 45 | | | .00000028 |

### [표 17] (0, 1)사이의 난수

| | | | | | | |
|---|---|---|---|---|---|---|
| 3407 | 1440 | 6960 | 8675 | 5649 | 5793 | 1514 |
| 5044 | 9859 | 4658 | 7779 | 7986 | 0520 | 6697 |
| 0045 | 4999 | 4930 | 7408 | 7551 | 3124 | 0527 |
| 7536 | 1448 | 7843 | 4801 | 3147 | 3071 | 4749 |
| 7653 | 4231 | 1233 | 4409 | 0609 | 6448 | 2900 |
| 6157 | 1144 | 4779 | 0951 | 3757 | 9562 | 2354 |
| 6593 | 8668 | 4871 | 0946 | 3155 | 3941 | 9662 |
| 3187 | 7434 | 0315 | 4418 | 1569 | 1101 | 0043 |
| 4780 | 1071 | 6814 | 2733 | 7968 | 8541 | 1003 |
| 9414 | 6170 | 2581 | 1398 | 2429 | 4763 | 9192 |
| 1948 | 2360 | 7244 | 9682 | 5418 | 0596 | 4971 |
| 1843 | 0914 | 9705 | 7861 | 6861 | 7865 | 7293 |
| 4944 | 8903 | 0460 | 0188 | 0530 | 7790 | 9118 |
| 3882 | 3195 | 8287 | 3298 | 9532 | 9066 | 8225 |
| 6596 | 9009 | 2055 | 4081 | 4842 | 7852 | 5915 |
| 4793 | 2503 | 2906 | 6807 | 2028 | 1075 | 7175 |
| 2112 | 0232 | 5334 | 1443 | 7306 | 6418 | 9639 |
| 0743 | 1083 | 8071 | 9779 | 5973 | 1141 | 4393 |
| 8856 | 5352 | 3384 | 8891 | 9189 | 1680 | 3192 |
| 8027 | 4975 | 2346 | 5786 | 0693 | 5615 | 2047 |
| 3134 | 1688 | 4071 | 3766 | 0570 | 2142 | 3492 |
| 0633 | 9002 | 1305 | 2256 | 5956 | 9256 | 8979 |
| 8771 | 6069 | 1598 | 4275 | 6017 | 5946 | 8189 |
| 2672 | 1304 | 2186 | 8279 | 2430 | 4896 | 3698 |
| 3136 | 1916 | 8886 | 8617 | 9312 | 5070 | 2720 |
| 6490 | 7491 | 6562 | 5355 | 3794 | 3555 | 7510 |
| 8628 | 0501 | 4618 | 3364 | 6709 | 1289 | 0543 |
| 9270 | 0504 | 5018 | 7013 | 4423 | 2147 | 4089 |
| 5723 | 3807 | 4997 | 4699 | 2231 | 3193 | 8130 |
| 6228 | 8874 | 7271 | 2621 | 5746 | 6333 | 0345 |
| 7645 | 3379 | 8376 | 3030 | 0351 | 8290 | 3640 |
| 6842 | 5836 | 6203 | 6171 | 2698 | 4086 | 5469 |
| 6126 | 7792 | 9337 | 7773 | 7286 | 4236 | 1788 |
| 4956 | 0215 | 3468 | 8038 | 6144 | 9753 | 3131 |
| 1327 | 4736 | 6229 | 8965 | 7215 | 6458 | 3937 |
| 9188 | 1516 | 5279 | 5433 | 2254 | 5768 | 8718 |
| 0271 | 9627 | 9442 | 9217 | 4656 | 7603 | 8826 |
| 2127 | 1847 | 1331 | 5122 | 8332 | 8195 | 3322 |
| 2102 | 9201 | 2911 | 7318 | 7970 | 6079 | 2676 |
| 1706 | 6011 | 5280 | 5552 | 5180 | 4630 | 4747 |
| 7501 | 7635 | 2301 | 0889 | 6955 | 8113 | 4364 |
| 5705 | 1900 | 7144 | 8707 | 9065 | 8163 | 9846 |
| 3234 | 2599 | 3295 | 9160 | 8441 | 0085 | 9317 |
| 5641 | 4935 | 7971 | 8917 | 1978 | 5649 | 5799 |
| 2127 | 1868 | 3664 | 9376 | 1984 | 6315 | 8396 |

## [표 18] Durbin-Watson 검정의 임계치(좌측검정 기준)

| | 유의수준 $\alpha=0.05$ | | | | | | | | | |
|---|---|---|---|---|---|---|---|---|---|---|
| | $k=1$ | | $k=2$ | | $k=3$ | | $k=4$ | | $k=5$ | |
| $n$ | $d_L$ | $d_U$ | $d_L$ | $d_U$ | $d_L$ | $d_U$ | $d_L$ | $d_U$ | $d_L$ | $d_U$ |
| 15 | 1.08 | 1.36 | 0.95 | 1.54 | 0.82 | 1.75 | 0.69 | 1.97 | 0.56 | 2.21 |
| 16 | 1.10 | 1.37 | 0.98 | 1.54 | 0.86 | 1.73 | 0.74 | 1.93 | 0.62 | 2.15 |
| 17 | 1.13 | 1.38 | 1.02 | 1.54 | 0.90 | 1.71 | 0.78 | 1.90 | 0.67 | 2.10 |
| 18 | 1.16 | 1.39 | 1.05 | 1.53 | 1.93 | 1.69 | 0.82 | 1.87 | 0.71 | 2.06 |
| 19 | 1.18 | 1.40 | 1.08 | 1.53 | 0.97 | 1.68 | 0.86 | 1.85 | 0.75 | 2.02 |
| 20 | 1.20 | 1.41 | 1.10 | 1.54 | 1.00 | 1.68 | 0.90 | 1.83 | 0.79 | 1.99 |
| 21 | 1.22 | 1.42 | 1.13 | 1.54 | 1.03 | 1.67 | 0.93 | 1.81 | 0.83 | 1.96 |
| 22 | 1.24 | 1.43 | 1.15 | 1.54 | 1.05 | 1.66 | 0.96 | 1.80 | 0.86 | 1.94 |
| 23 | 1.26 | 1.44 | 1.17 | 1.54 | 1.08 | 1.66 | 0.99 | 1.79 | 0.90 | 1.92 |
| 24 | 1.27 | 1.45 | 1.19 | 1.55 | 1.10 | 1.66 | 1.01 | 1.78 | 0.93 | 1.90 |
| 25 | 1.29 | 1.45 | 1.21 | 1.55 | 1.12 | 1.66 | 1.04 | 1.77 | 0.95 | 1.89 |
| 26 | 1.30 | 1.46 | 1.22 | 1.55 | 1.14 | 1.65 | 1.06 | 1.76 | 0.98 | 1.88 |
| 27 | 1.32 | 1.47 | 1.24 | 1.56 | 1.16 | 1.65 | 1.08 | 1.76 | 1.01 | 1.86 |
| 28 | 1.33 | 1.48 | 1.26 | 1.56 | 1.18 | 1.65 | 1.10 | 1.75 | 1.03 | 1.85 |
| 29 | 1.34 | 1.48 | 1.27 | 1.56 | 1.20 | 1.65 | 1.12 | 1.74 | 1.05 | 1.84 |
| 30 | 1.35 | 1.49 | 1.28 | 1.57 | 1.21 | 1.65 | 1.14 | 1.74 | 1.07 | 1.83 |
| 31 | 1.36 | 1.50 | 1.30 | 1.57 | 1.23 | 1.65 | 1.16 | 1.74 | 1.09 | 1.83 |
| 32 | 1.37 | 1.50 | 1.31 | 1.57 | 1.24 | 1.65 | 1.18 | 1.73 | 1.11 | 1.82 |
| 33 | 1.38 | 1.51 | 1.32 | 1.58 | 1.26 | 1.65 | 1.19 | 1.73 | 1.13 | 1.81 |
| 34 | 1.39 | 1.51 | 1.33 | 1.58 | 1.27 | 1.65 | 1.21 | 1.73 | 1.15 | 1.81 |
| 35 | 1.40 | 1.52 | 1.34 | 1.58 | 1.28 | 1.65 | 1.22 | 1.73 | 1.16 | 1.80 |
| 36 | 1.41 | 1.52 | 1.35 | 1.59 | 1.29 | 1.65 | 1.24 | 1.73 | 1.18 | 1.80 |
| 37 | 1.42 | 1.53 | 1.36 | 1.59 | 1.31 | 1.66 | 1.25 | 1.72 | 1.19 | 1.80 |
| 38 | 1.43 | 1.54 | 1.37 | 1.59 | 1.32 | 1.66 | 1.26 | 1.72 | 1.21 | 1.79 |
| 39 | 1.43 | 1.54 | 1.38 | 1.60 | 1.33 | 1.66 | 1.27 | 1.72 | 1.22 | 1.79 |
| 40 | 1.44 | 1.54 | 1.39 | 1.60 | 1.34 | 1.66 | 1.29 | 1.72 | 1.23 | 1.79 |
| 45 | 1.48 | 1.57 | 1.43 | 1.62 | 1.38 | 1.67 | 1.34 | 1.72 | 1.29 | 1.78 |
| 50 | 1.50 | 1.59 | 1.46 | 1.63 | 1.42 | 1.67 | 1.38 | 1.72 | 1.34 | 1.77 |
| 55 | 1.53 | 1.60 | 1.49 | 1.64 | 1.45 | 1.68 | 1.41 | 1.72 | 1.38 | 1.77 |
| 60 | 1.55 | 1.62 | 1.51 | 1.65 | 1.48 | 1.69 | 1.44 | 1.73 | 1.41 | 1.77 |
| 65 | 1.57 | 1.63 | 1.54 | 1.66 | 1.50 | 1.70 | 1.47 | 1.73 | 1.44 | 1.77 |
| 70 | 1.58 | 1.64 | 1.55 | 1.67 | 1.52 | 1.70 | 1.49 | 1.74 | 1.46 | 1.77 |
| 75 | 1.60 | 1.65 | 1.57 | 1.68 | 1.54 | 1.71 | 1.51 | 1.74 | 1.49 | 1.77 |
| 80 | 1.61 | 1.66 | 1.59 | 1.69 | 1.56 | 1.72 | 1.53 | 1.74 | 1.51 | 1.77 |
| 85 | 1.62 | 1.67 | 1.60 | 1.70 | 1.57 | 1.72 | 1.55 | 1.75 | 1.52 | 1.77 |
| 90 | 1.63 | 1.68 | 1.61 | 1.70 | 1.59 | 1.73 | 1.57 | 1.75 | 1.54 | 1.78 |
| 95 | 1.64 | 1.69 | 1.62 | 1.71 | 1.60 | 1.73 | 1.58 | 1.75 | 1.56 | 1.78 |
| 100 | 1.65 | 1.69 | 1.63 | 1.72 | 1.61 | 1.74 | 1.59 | 1.76 | 1.57 | 1.78 |

[표 18] (계 속)

| $n$ | 유의수준 $\alpha=0.01$ | | | | | | | | | |
|---|---|---|---|---|---|---|---|---|---|---|
| | $k=1$ | | $k=2$ | | $k=3$ | | $k=4$ | | $k=5$ | |
| | $d_L$ | $d_U$ | $d_L$ | $d_U$ | $d_L$ | $d_U$ | $d_L$ | $d_U$ | $d_L$ | $d_U$ |
| 15 | 0.81 | 1.07 | 0.70 | 1.25 | 0.59 | 1.46 | 0.49 | 1.70 | 0.39 | 1.96 |
| 16 | 0.84 | 1.09 | 0.74 | 1.25 | 0.63 | 1.44 | 0.53 | 1.66 | 0.44 | 1.90 |
| 17 | 0.87 | 1.10 | 0.77 | 1.25 | 0.67 | 1.43 | 0.57 | 1.63 | 0.48 | 1.85 |
| 18 | 0.90 | 1.12 | 0.80 | 1.26 | 0.71 | 1.42 | 0.61 | 1.60 | 0.52 | 1.80 |
| 19 | 0.93 | 1.13 | 0.83 | 1.26 | 0.74 | 1.41 | 0.65 | 1.58 | 0.56 | 1.77 |
| 20 | 0.95 | 1.15 | 0.86 | 1.27 | 0.77 | 1.41 | 0.68 | 1.57 | 0.60 | 1.74 |
| 21 | 0.97 | 1.16 | 0.89 | 1.27 | 0.80 | 1.41 | 0.72 | 1.55 | 0.63 | 1.71 |
| 22 | 1.00 | 1.17 | 0.91 | 1.28 | 0.83 | 1.40 | 0.75 | 1.54 | 0.66 | 1.69 |
| 23 | 1.02 | 1.19 | 0.94 | 1.29 | 0.86 | 1.40 | 0.77 | 1.53 | 0.70 | 1.67 |
| 24 | 1.04 | 1.20 | 0.96 | 1.30 | 0.88 | 1.41 | 0.80 | 1.53 | 0.72 | 1.66 |
| 25 | 1.05 | 1.21 | 0.98 | 1.30 | 0.90 | 1.41 | 0.83 | 1.52 | 0.75 | 1.65 |
| 26 | 1.07 | 1.22 | 1.00 | 1.31 | 0.93 | 1.41 | 0.85 | 1.52 | 0.78 | 1.64 |
| 27 | 1.09 | 1.23 | 1.02 | 1.32 | 0.95 | 1.41 | 0.88 | 1.51 | 0.81 | 1.63 |
| 28 | 1.10 | 1.24 | 1.04 | 1.32 | 0.97 | 1.41 | 0.90 | 1.51 | 0.83 | 1.62 |
| 29 | 1.12 | 1.25 | 1.05 | 1.33 | 0.99 | 1.42 | 0.92 | 1.51 | 0.85 | 1.61 |
| 30 | 1.13 | 1.26 | 1.07 | 1.34 | 1.01 | 1.42 | 0.94 | 1.51 | 0.88 | 1.61 |
| 31 | 1.15 | 1.27 | 1.08 | 1.34 | 1.02 | 1.42 | 0.96 | 1.51 | 0.90 | 1.60 |
| 32 | 1.16 | 1.28 | 1.10 | 1.35 | 1.04 | 1.43 | 0.98 | 1.51 | 0.92 | 1.60 |
| 33 | 1.17 | 1.29 | 1.11 | 1.36 | 1.05 | 1.43 | 1.00 | 1.51 | 0.94 | 1.59 |
| 34 | 1.18 | 1.30 | 1.13 | 1.36 | 1.07 | 1.43 | 1.01 | 1.51 | 0.95 | 1.59 |
| 35 | 1.19 | 1.31 | 1.14 | 1.37 | 1.08 | 1.44 | 1.03 | 1.51 | 0.97 | 1.59 |
| 36 | 1.21 | 1.32 | 1.15 | 1.38 | 1.10 | 1.44 | 1.04 | 1.51 | 0.99 | 1.59 |
| 37 | 1.22 | 1.32 | 1.16 | 1.38 | 1.11 | 1.45 | 1.06 | 1.51 | 1.00 | 1.59 |
| 38 | 1.23 | 1.33 | 1.18 | 1.39 | 1.12 | 1.45 | 1.07 | 1.52 | 1.02 | 1.58 |
| 39 | 1.24 | 1.34 | 1.19 | 1.39 | 1.14 | 1.45 | 1.09 | 1.52 | 1.03 | 1.58 |
| 40 | 1.25 | 1.34 | 1.20 | 1.40 | 1.15 | 1.46 | 1.10 | 1.52 | 1.05 | 1.58 |
| 45 | 1.29 | 1.38 | 1.24 | 1.42 | 1.20 | 1.48 | 1.16 | 1.53 | 1.11 | 1.58 |
| 50 | 1.32 | 1.40 | 1.28 | 1.45 | 1.24 | 1.49 | 1.20 | 1.54 | 1.16 | 1.59 |
| 55 | 1.36 | 1.43 | 1.32 | 1.47 | 1.28 | 1.51 | 1.25 | 1.55 | 1.21 | 1.59 |
| 60 | 1.38 | 1.45 | 1.35 | 1.48 | 1.32 | 1.52 | 1.28 | 1.56 | 1.25 | 1.60 |
| 65 | 1.41 | 1.47 | 1.38 | 1.50 | 1.35 | 1.53 | 1.31 | 1.57 | 1.28 | 1.61 |
| 70 | 1.43 | 1.49 | 1.40 | 1.52 | 1.37 | 1.55 | 1.34 | 1.58 | 1.31 | 1.61 |
| 75 | 1.45 | 1.50 | 1.42 | 1.53 | 1.39 | 1.56 | 1.37 | 1.59 | 1.34 | 1.62 |
| 80 | 1.47 | 1.52 | 1.44 | 1.54 | 1.42 | 1.57 | 1.39 | 1.60 | 1.36 | 1.62 |
| 85 | 1.48 | 1.53 | 1.46 | 1.55 | 1.43 | 1.58 | 1.41 | 1.60 | 1.39 | 1.63 |
| 90 | 1.50 | 1.54 | 1.47 | 1.56 | 1.45 | 1.59 | 1.43 | 1.61 | 1.41 | 1.64 |
| 95 | 1.51 | 1.55 | 1.49 | 1.57 | 1.47 | 1.60 | 1.45 | 1.62 | 1.42 | 1.64 |
| 100 | 1.52 | 1.56 | 1.50 | 1.58 | 1.48 | 1.60 | 1.46 | 1.63 | 1.44 | 1.65 |

# 찾 아 보 기

## 공저자 약력


**유 지 성**

연세대학교 정치외교학과 졸업
연세대학교 대학원 행정학석사
미국 American 대학교 경제학사
미국 Catholic대학교 경제학석사, 박사
세계은행(IBRD) 연구원
미국 북 Virginia대학 조교수
미국 Stanford대학 경제학과 객원교수
미국 Maryville대학 경제학과 교환교수
미국 UC San Diego(UCSD)경제학과 객원교수
현: 한양대학교 경제금융대학 경제학과 교수

저 서

「통계학」, 탑출판사, 1983
「계량경제학원론」, 박영사, 1985
「국제금융」(역), 석정출판사, 1987
「IMF · IBRD의 이해」, 한국경제신문사, 1988
「경제학원론」, 박영사, 1997
「통화금융론」, 박영사, 1998

**오 창 수**

연세대학교 행정학과 졸업
미국 University of Iowa, 통계학(보험수리학)석사
미국 University of Iowa, 경영학석사, 경영학박사
미국 University of Iowa, 경영대학 강사(보험학 · 재무관리 강의)
미국보험계리인(ASA), 한국보험계리인
현: 한양대학교 경영학부 교수
  미국보험계리인협회(Society of Actuaries)회원(1989-현재)
  국민연금 재정추계자문위원, 수리추계자문위원(보건복지부)
  한국계리학회회장
  보험감독 자문위원회위원, 보험계리기준위원회위원(금융감독원)
  금융발전심의회위원(금융위원회)

저 서

「최신보험수리학」, 박영사, 1992
「연금보험론」, 보험연수원, 1995
「보험수리학개론」, 보험연수원, 1997
「보험과 위험관리」(공저), 문영사, 1997
「생명보험론」(공저), 박영사, 1998 외 다수


## 현대통계학


1995년 3월 15일 초판발행
2013년 12월 30일 중판발행

공저자 柳志星 · 吳昌洙
발행인 안 종 만
발행처 (주) 박영사
서울특별시 종로구 평동 13-31번지
전화 (733)6771 FAX (736)4818
등록 1959. 3. 11. 제300-1959-1호(倫)

www.pybook.co.kr e-mail: pys@pybook.co.kr





정 가 30,000원 ISBN 979-11-303-0076-4